Fallujah Report

팔루자 리포트

Fallujah Report

팔루자 리포트

치열했던 600일,
이라크 팔루자 전투 보고서

빙 웨스트 지음 | 이종삼 옮김

산지니

NO TRUE GLORY : A Frontline Account of the Battle for Fallujah
Copyright ⓒ 2005 by Bing West
This translation is published by arrangement with
The Bantam Dell Publishing Group, a division of Random House, Inc.
All rights reserved.

Korean Translation Copyright ⓒ 2006 by Sanzini Books
Korean edition is published by arrangement with
The Bantam Dell Publishing Group, a division of Random House, Inc.
through Imprima Korea Agency

이 책의 한국어판 저작권은 Imprima Korea Agency를 통해
The Bantam Dell Publishing Group, a division of Random House, Inc. 와의
독점 계약으로 산지니가 소유합니다.
신 저작권법에 의하여 한국 내에서 보호를 받는 저작물이므로
무단전재와 무단복제를 금합니다.

이 전쟁을 피해 달아나는 것이, 영원히 늙지 않고 죽지 않는 길이라면, 나 자신 일선에 나가 싸우지도 않을뿐더러, 그대들을 전진시켜 영광을 얻게도 하지 않으리라. 하지만 지금 무수한 죽음의 정령들이 우리들을 에워싸고 있으니, 죽음을 타고난 인간으로선 아무도 거기서 벗어날 수도 도망갈 수도 없는 일, 전진하여 싸웁시다! 우리가 영광을 얻든, 적에게 영광을 안기든.

— 호머, 일리어스

고위 공직자들에겐 이미 영광이 주어졌으니, 그들로부터 많은 것이 기대된다.

옮긴이의 말

미군의 눈을 통해 본 이라크 전쟁

우리는 이라크 전쟁을 제대로 보고 있는가?

2003년 3월 20일 시작된 제2차 이라크 전쟁은 20일 만인 4월 9일 미 해병대가 바그다드를 점령한 후 시내 곳곳에서 미군환영인파가 쏟아져 나오고 부시 대통령이 항공모함 에이브람 링컨 호에서 사실상 종전을 선언함으로써 끝난 것처럼 보였다. 그러나 수니파 이라크인들의 밀집 거주지역인 바그다드 서북쪽 안바르 주의 한 조그마한 공업도시 팔루자에서 미군에 대한 거센 무력저항이 일어나 세칭 수니 삼각지대 전 지역으로 확산됨으로써 모처럼 평화로운 민주국가가 탄생할 것으로 보였던 이라크는 다시 참담한 전화와 종잡을 수 없는 혼란 속으로 빠져든다. 이 책은 바로 그 전화와 혼란의 구체적인 기록이다. 미군이 베트남전의 악몽을 떠올리게 하는 이라크라는 새로운 깊은 수렁에 빠지게 된 저간의 사정을 밝혀주는 기록이기도 하다. 기간은 2003년 4월 사담 후세인 정권 붕괴 때부터 2005년 1월 총선으로 새 이라크 정부가 수

립될 때까지이다. 무대는 저항세력의 본거지인 문제의 팔루자를 중심으로 그 이웃 도시 라마디, 그리고 반미성향의 시아파 젊은 지도자 알 사드르가 지휘하는 민병대 마흐디군이 두 차례에 걸쳐 폭동을 일으킨 나자프다. 저자는 약 5개월에 걸친 종군취재와 수많은 병사들과의 인터뷰, 그리고 참전 장병들로부터 인터넷으로 받은 엄청난 분량의 전투 회고담 등을 토대로 이 책을 썼다고 밝히고 있다.

사실, 이라크전쟁은 그간 뭇사람들의 판단을 무척 혼란스럽게 해왔다. 우선 이 전쟁을 보도하는 세계 유수 언론들의 논점 자체가 혼란스러웠기 때문이다. 대량살상무기 제거라는 당초의 침공의도가 빈말이 되었음에도 불구하고 처음에 미국언론들은 잔혹한 독재자 후세인을 제거하고 민주국가를 건설하겠다는 부시정부의 의도를 평가하여 비교적 호의적인 논조를 보였다. 그러나 해결의 실마리가 보이기는커녕 상황이 점점 악화돼가고 특히 미군을 비롯한 민간인들의 희생이 계속 커져가자 차츰 비판적인 자세로 돌아섰다. 한때 60퍼센트 이상 지지를 보였다가 40퍼센트 이하로 떨어진 미국의 여론과, 대책 없이 미국에 대한 비난만 하고 있는 일부 저작물들, 그리고 인터넷상에서 이라크 전쟁의 부정적인 면만을 부각시키는 논조 역시 사람들을 어리둥절하게 하긴 마찬가지였다.

이처럼 상황에 따라 변하는 언론논조나 조석변하는 여론만을 보고 이라크전을 평가할 수는 없는 일이다. 더욱이 UN 결의 없이 남의 나라를 침공한 '원죄'만을 따지거나 민간인 희생에 대한 비난에만 매달려서는, 또한 저항세력들이 외쳐대는 소리만 앵무새처럼 되뇌는 일부 주장만으로는 결코 이라크 전쟁을 제대로 설명하는 길이 되지 못할 것이다. 이라크 주민들의 안녕이나 미래는 안중에도 없이 무차별 폭탄테러를 자행한 알 자르카위의 맥을 잇는 외국인 무장 세력들의 만행과, 수세기 동안 다수파인 시아파를 지배해 온 소수 수니파 일부 강경 지도자들이 기득권 유지를 위해 벌이는 폭력에 대해선 입을 닫고 있다. 미국이 언론을 선전도구화하여 여론을 조작한다고 비난하면서도 이라크의 저항세력들이 자기들에게 동정적인 알 자지라 방송과 기타 아랍계 언론에만 팔루자 출입을 허용해 부지런히 세계여론을 조작하는 사실은 외면한다. 치안책임을 맡기기 위해 미군이 모집하여 수개월간 교육시키고 봉급을 주고 무기와 장비를 제공한 이라크 경찰과 보안군 대부분이 유사시엔 태반이 도주해버리거나 오히려 저항세력과 내통하는 일이 비일비재하다. 그 바람에 부득이 미군이 치안유지의 전면에 나서지 않을 수 없는 상황엔 눈을 감으면서, 치안 확보과정에서 일부 미군이 저지르는 과오나 과잉대응은 침소봉대하여 비난을 퍼붓는다. 그것이 다 '죄 없는' 남의 나라를 침공한 미국의 업보라고 치부해 버린다면 더 이상 논의가 필요 없는 일이긴 하다.

아무튼 지금껏 이라크 전쟁의 전체가 아닌 일면 만을 부각시켜 비난하는 사람들의 소리만 주로 들어온 게 사실이다. 이젠 비난을 받는 당사자인 현지 미군들의 소리도 한번 들어볼 때가 된 것 같다. 그것이 형평성에도 맞는 일이다. 이쪽저쪽 말을 다 들어 보아야 제대로 된 판단을 내릴 수 있을 게 아닌가? 사실 이라크 주둔 미군의 목소리는 그 동안 지휘관들의 정치색 짙은 기자회견 외엔 보통 사람들에게 잘 들리지도 그리고 별로 들으려고도 하지 않았다. 어쩌면 이 책의 가치는 저항세력이 벌이는 게릴라전 진압작전에 참전한 일선 미군장병들의 눈을 통해 본 최초의 이라크전 기록이라는 점에 있지 않나 싶다. 이 책은 이라크침공의 잘잘못을 따지는 비평서나 해설서가 아닌 전쟁다큐멘터리다. 실명으로 이 책에 등장하는 수많은 인물들은 지금도 이라크에서 저항세력들과 싸우고 있거나 미본토로 귀환하여 어느 부대에서 근무하고 있거나 또는 제대하여 사회생활하고 있는 사람들이다. 군데군데 미국정책 입안자들과 현지 미군 지휘관 및 행정관들의 정책과 작전 혼선에 대한 비판이 있긴 하지만, 지면의 대부분은 구체적인 전투묘사에 할애되고 있다. 그 전투의 기록을 통하여 독자들은 이라크전의 실상을 상세하게 이해할 수 있을 것이다.

팔루자에선 진정 무슨 일이 있었는가?

저자 빙 웨스트는 레이건 행정부 시절 국방부 국제안보담당 차관보로 재직한 전직 고위 관리다. 그는 이미『진군 : 미 해병대와 함께 바그다드를 점령하다』라는 책으로 논픽션부문 제너럴 그린상과 콜비상을 수상한 바 있는 베테랑 작가이다. 그 격에 걸맞게, 흔히 이런 종류의 전쟁 다큐멘터리 작품들이 빠지기 쉬운 맹목적 애국주의나 전쟁미화 또는 값싼 동정심에서 나오는 감상주의 같은 것이 이 책에는 전혀 없다. 그저 묵묵히, 때로는 지나치게 냉정하다싶을 정도로 전쟁을 실제 상황 그대로 그려나간다. 비록 미군의 눈을 통해 본 전쟁 다큐멘터리이긴 하지만 미군 측의 과오도 빠짐없이 서술한다. 특히 미군들의 공격방법이 구체적으로 묘사되고 있어 국제적으로 말썽이 되고 있는 미군의 과잉 무력사용에 대한 실상도 자세하게 드러난다. 예컨대 2004년 11월 초에 있었던 팔루자 2차 공격의 경우, 저항군 약 3천명(핵심 1천명, 단시간 참가자 2천명-미군추산)을 제압하기 위해 최첨단 무장을 갖춘 미군 9개 대대, 영국군 1개 대대, 이라크 보안군 3개 대대로 이루어 진 약 1만 2천명의 혼성사단을 투입하였다. 그리고 28만 명의 주민이 거의 소개된 약 2마일 폭의 이 조그마한 도시에 1주일 동안 540차례의 공중폭격, 1만4천발의 중포 및 박격포탄 발사, 2천500발의 탱크주포를 발사하여 도시 하나를 마치 토네이도가 휩쓸고 간 것 같은 폐허로 만들어버린다. 아파트 창문 안에서 AK 소총을 난사하고 있는 몇 명의 적을 제압하기 위해 자동수류탄 발사기(SMAW)로 한꺼번에 100발의 수류탄을 발사해 버리는 장면도 나온다. 적의 아지트를 폭파하기 위해 예사로 토 미사일이나 헬파이어 미사일 또는 500파운드 유도폭탄을 퍼붓는다. 이처럼 무지막지하게 쏟아 붓는 공격군의 화력에 대항하는 저항세력의 무장이란 박격포와 RPG와 AK 소총, 그리고 미군들이 가장 무서워하는 사제폭발물과 자살폭탄이 거의 전부다. 저항세력은 뚜렷한 이데올로기도 일관된 조직도 지휘관도 없다. 일부 수니파 강경 성직자들은 모스크를 중심으로 민중들을 선동하고 자금지원은 하지만 직접 일선에서 저항군들을 지휘하진 않는다. 저항세력의 가장 큰 무기는 전통적인 외국점령군 혐오증과 수니파 와하비즘에 대한 맹신, 그리고 젊은이들의 충성심과 열정이다. 교활한 강경 성직자들이 수니파 이라크인들의 이런 특성을 이용하여 교묘하게 선동하고 조종하고 때로는 위협하여 민중들을 자기들 편으로 끌어들인다. 초기 미군 점령군들의 어설픈 대처, 저항군과 민간인이 제대로 구분되지 않는데다 과잉 무력사용과 무차별 가택수색에 대한 주민들의 원한 등이 쌓여 사태를 더욱 악화시킨다. 미군이 고전을 면치 못한 이유가 이 때문이다. 민간인 살상과 시가지 파괴에 대한 국내외의 비난을 감안해야 하는 도시게릴라전이라는 특수성도 미군을 어렵게 한다. 복잡하게 얽히고설킨 종파간의 분쟁도 미국 정책입안자들의 이라크 미래 설계를 난감하게 하긴 마찬가지다. 지금은 미군의 존재보다는 수니 시아파 간의 종파 갈등이 이라크의 미래를 더 어둡게 하고 있다. 저항세력들은 미군만 물러가면 평화가 찾아온다고 선전하고 있지만 이 시점에선 미군 없는 이라크는 분단과 내전의 길로 곧장 치달을 조짐이다.

이 책은 이런 모든 것을 담고 있다. 사실 이라크 전쟁에 대해 이렇게 구체적인 사항들을 체계적으로 적시해 주는 책이 지금껏 한국에서는 없었던 것으로 안다. 비록 이라크전쟁에 대해 비판적인 시각을 가진 사람들도 이 책을 읽어 본 후에야 비로소 올바른 비판을 할 수 있을 것이란 생각이 든 것도 이 때문이다.

지금도 이라크에선 이 책에서 보여주는 참상이 계속 벌어지고 있다. 무차별 자살폭탄테러, 미군에 대한 공격, 상대파벌에 대한 보복학살 등으로 하루에도 100여 명씩 아까운 생명들이 죽어간다는 소식이다. 점령군에 대한 저항으로 시작한 폭력이 수니파와 시아파 간의 사생결단식 대결로 비화하고, 여기에 쿠르드 문제까지 끼어들어 자칫하면 나라가 세 동강이 날판이다. 부시 대통령의 입에서도 내전을 염려하는 소리가 나오고 있고, 이미 내전이 시작되었다고 단정하는 기사도 보인다. 미국 외교협의회회장인 리처드 N. 하스는 포린 어페어스지 2006년 11-12월호에 쓴 "새로운 중동(The New Middle East)"이란 제목의 글에서, 미국의 중동지배시대는 이미 끝났고 새로운 중동시대가 열리고 있다며 미군이 이라크에서 가능한 한 덜 초라하게 마무리 짓는 방법으로 손을 뗄 가능성이 있음을 시사하고 있다. 사담 후세인이라는 무서운 얼굴의 부적 그림이 붙어 있는 판도라의 상자를 겁 없이 열었다가 혼쭐이 나 슬슬 도망가고 있는 미국의 초라한 모습을 보고 있는 느낌이다. 이 책을 읽으면 왜 이라크의 미군이 이 지경에까지 이르게 되었는지를 알 수 있다. 하스는, 불가피한 전쟁이었던 1차 이라크전으로 미국의 중동지배시대가 열렸는데 별 필요도 없는 2차 이라크전을 벌이는 바람에 스스로 미국지배시대의 종언을 재촉한 사실을 두고 역사의 아이러니라고 말한다. 그는 이어서 이번 이라크 전쟁에서 보인 미련한 골리앗 같은 미국의 허약성으로 인해 소련제국 붕괴 후 수립된 미국 일극체제의 세계질서가 미국, 중국, 유럽, 러시아 등 다극체제의 질서로 바뀌게 될 것으로 예고한다. 정말 그렇게 된다면 이라크에서 미군의 발목을 잡는 결정적인 계기가 된 팔루자 전투를 다룬 이 책은 역사에 길이 남을 중요한 전쟁기록이 될 것이다.

2006년 10월 불로리에서
이종삼

머리말

　　세상에 잘 알려져 있지도 않은 가난에 찌든 공업도시 팔루자가 전투병 1만 5천여 명을 투입한 미군과 이라크 저항세력간의 격전장이 되어 151명의 미군병사와 수천 명의 이라크인 목숨을 앗아갔다. 팔루자는 자못 격렬해지기 쉬운 전투와 정치적 요인들이 뒤섞인, 이야기하기 매우 조심스런 사연을 가진 도시이다. 이 책은 그런 비극이 어떻게 일어났으며 그리고 왜 일어났는지를 그린다.

　　20개월에 걸친 팔루자 전투는 네 단계로 진행된다. 첫 단계는 2003년 4월 미군이 사담 후세인 정권을 무너뜨린 직후에 시작한다. 후세인 정권이 무너지자 2천만에 달하는 시아파 이라크인과 쿠르드인을 장기간 지배해 온 5백만 수니파 이라크인들의 권력도 함께 무너진다. 처음 그들은 권력에서 쫓겨난 걸 얼른 인정하려 하지 않는다. 이들 전 정권 핵심 분자들이 미군을 공격해 온 과격 이슬람원리주의자들로 구성된 저항세력에 합류함으로서 팔루자가 갑자기 저항세력의 본거지로 부각된다.

　　2003년 여름과 가을, 팔루자에 차례로 주둔했던 4개의 각기 다른 미군부대는 저항세력을 억제하기 위해 점령군들이 옛날부터 흔히 써

오던 고전적인 정책을 편다. 이를테면 저항세력이 마음대로 활개칠 수 있게 근거지를 제공해주는 사람들의 인심을 사서 그들을 저들과 떼어놓으려는 정책이다. 그러나 미국은 이라크 경제개발에 거의 돈을 쓰지 않고 이라크 지도자들의 지원도 거의 받지 못한다. 게다가 저항세력의 공격에 막강한 화력으로 대응하는 바람에, 좋은 인상을 심어주려는 그들의 갖은 노력에도 불구하고 결국 이라크인들의 원한을 산다.

두 번째 단계는 미국 경호회사 직원 4명이 피살되어 그들의 시신이 대낮에 도시 한복판에서 공공연히 훼손되는 사태가 벌어진 2004년 3월에 시작한다. 해병대를 투입하여 문제 지역을 무력으로 제압하려 했으나 난폭한 공격 장면들이 텔레비전으로 방영되어 국제적인 비난이 거세게 쏟아지는 바람에 중단된다. 6주 동안 해병대가 고투하지만 저항세력을 소탕하지 못한다.

세 번째 단계에서 팔루자는 전직 이라크 장군들의 손으로 넘어간다. 이들은 도시의 질서를 자기들이 회복할 수 있다고 공언해 왔다. 이들의 설명에 따르면 팔루자의 수니파들은 스스로 정한 지도자들 아래서 살고 싶어 하는 선량한 사람들이다. 그러나 팔루자는 평화로워지기는커녕 곧 살인마들을 배출하기 시작한다. 팔루자를 장악한 저항세력은 이들 운 나쁜 전직 장군들의 요구를 묵살하며 그 사이에 교활한 테러리스트인 아부 무삽 알 자르카위가 이 도시에 본거지를 만들고 각지에 자살폭탄 특공대를 보내기 시작한다. 팔루자는 이제 고문과 납치와 참수가 판을 치는 도시, 괴물 그렌델의 소굴 같은 모습으로 텔레비전 저녁 뉴스에 등장한다.

2004년 가을 네 번째 단계에서 해병대는 팔루자를 다시 장악하라는 명령을 받는다. 이교도 침입자들과 싸우기 위해 이라크에 몰려온 외국인 이슬람 전사 수백 명은 미군이 시가지에 들어오기를 기다린다. 미국의 돌격전문 군대인 해병대는 전 방위 공격을 감행한다. 성전파 핵심 분자들이 주택들을 요새로 삼아 결사적으로 저항했기 때문에 전투가 끝나자 팔루자의 주거지대가 폐허로 변한다.

　전투가 확대되자 저항세력의 끈질긴 투쟁, 이라크 지도자들의 지도력 부재, 미국 정책기획 입안자들의 계산착오, 미 지상군 병사들의 용기 등이 복합적으로 생생하게 전면에 드러난다.

주요 등장인물

아비자이드(Abiziaid) - 존 P. 아비자이드 육군대장. 미 중부군총사령관. 미 중부군엔 이라크 주둔 미군도 포함된다. 도널드 럼스펠드 국방장관에게 직접 보고하고 조지 부시 대통령, 리차드 마이어스 합참의장, 폴 브레머 대사 겸 최고행정관과 터놓고 상의한다.

브레머(Bremer) - L. 폴 브레머 3세. 이라크주재 미국대통령 특사이며 연합임시행정청(CPA) 최고행정관. 이라크 재건과 정권이양을 위한 정책, 기획, 예산을 총괄한다. 럼스펠드 국방장관을 통해 대통령에게 보고한다.

콘웨이(Conway) - 제임스 T. 콘웨이 해병중장. 이라크주둔 미 제1해병대원정군(MEF) 사령관. 제1해병대원정군은 항공단과 병참부대 및 전투부대(제1해병사단)로 구성된다. 콘웨이 장군은 바그다드에 있는 미 합동기동군 사령관인 산체스 장군(중장)에게 보고하며 아비자이드 중부군사령관과도 직접 상의한다. 브레머 최고행정관과는 거의 상의하지 않는다.

드링크와인(Drinkwine) - 브라이언 M. 드링크와인 육군중령. 2003년 9월부터 이듬해 3월 중순까지 팔루자 주둔 미 공수부대 대대장으로 팔루자에 대한 미국의 2차 전략을 수행한다.

자나비(Janabi) - 압둘라 알 자나비. 사업가이며 수니파 원리주의자로 팔루자 저항세력의 핵심 지도자. 매티스 장군을 포함한 팔루자 주둔 미군 지휘관들과 1년 이상 만나 회합을 갖기도 한다.

산체스(Sanchez) - 리카르도 S. 산체스 육군중장. 바그다드에 주둔하는 미 제7합동기동군(JTF7) 사령관으로 아비자이드 장군의 지휘를 받아 이라크의 모든 미군과 연합군을 통괄한다.

술레이만(Suleiman) - 술레이만 알 마라위 이라크군 중령. 훈련도 제대로 받지 못한 약체 이라크군 대대를 지휘하여 팔루자에서 미군과 함께 싸운다. 강인하고 자존심 강한 지휘관이며 자나비가 팔루자에 파괴와 죽음을 안기고 있다고 주장한다.

매티스(Mattis) - 제임스 N. 매티스 해병소장. 미 제1해병사단(2만2천명) 사단장. 4월 팔루자 전투 때 지상군 사령관이다. 보고라인은 콘웨이 장군이며, 아비자이드 장군이나 산체스 장군 또는 브레머 대사 겸 최고 행정관에게 직접 보고하는 경우는 드물다.

럼스펠드(Rumsfeld) - 미국 국방장관. 부시 대통령을 보좌하여 미국의 전 세계 국방정책을 통괄하며, 아비자이드 장군을 통하여 이라크에서의 주요 작전을 지휘한다. 이 지휘권은 아비자이드 장군에서 산체스 장군, 콘웨이 장군 순으로, 그리고 마지막으로 지상군 작전을 수행하는 매티스 장군에게로 연결된다. 럼스펠드는 부시 대통령, 마이어스 합참의장, 아비자이드 중부군사령관, 브레머 대사와 직접 상의한다. 이따금씩 산체스 장군과도 상의하지만 콘웨이 장군이나 매티스 장군과 상의하는 일은 드물다.

툴란(Toolan) - 존 툴란 해병대령. 대략 4개 대대 약 6천 명의 해병대로 구성된 제1전투연대를 지휘한다. 4월 팔루자 전투 때 전술사령관이며 특히 이라크군 대대장인 술레이만 중령과는 매일 서로 만나 상의할 정도로 가깝다. 팔루자에 대한 미국의 3차 전략을 수행한다.

웨슬리(Wesley) - 에릭 웨슬리 육군중령. 이라크 미 보병3사단 제2여단 선임참모. 2003년 여름 제1차 팔루자 공격을 입안하고 수행하는데 조력한다.

차례

옮긴이의 말   7
머리말   15
주요 등장인물   18

프롤로그   브룩클린 다리 위의 폭력   23

제1부   저항세력 진압작전 · 2003년 4월 – 2004년 3월   37

1. 미군에 가장 적대적인 도시   39
2. 무너진 지휘체계   53
3. 미군과 일하면 너는 죽는다   62
4. 인디언 컨트리   79
5. 발렌타인데이 대학살   93

제2부   1차 공격 · 2004년 3월 – 5월   107

6. 감히 미국인들에게 그런 짓을 하다니   109
7. 이라크군의 항명   124
8. 티핑 포인트   138
9. 되살아난 베트남 구정공세 악몽   162
10. 농부냐, 총잡이냐?   170
11. 거센 폭풍은 피하고 보자   199
12. 많은 사람들이 죽었고 지금도 죽어간다   218

13. 우울한 부활절 공격 234
14. 네놈들이 나를 쏜다고? 웃기지 마라 250
15. 팔루자 작전, 성공징후를 보이다 270
16. 두 얼굴을 한 족장과 이맘 278
17. 라라팔루자 297
18. 뒤죽박죽이 된 전략 318
19. 졸란 묘지 334
20. 악마와 타협하다 358

제3부   반전 · 2004년 5월 – 10월   381

21. 폭탄 제조공장 383
22. 소리를 낮춰라 401
23. 모든 것이 결국 허사? 419

제4부   2차 공격 · 2004년 11월 – 12월   433

24. 워치 독 435
25. 졸란지구의 회전목마 457
26. 헨리 확대군사활동선 473
27. 지옥의 집 501
28. 상등병 5명 519

에필로그   진보는 아주 조금씩   2005년 1월 – 5월   540

맺음말   영광은 어디에   543
그들은 지금 어디서 무얼하고 있을까?   552
감사의 글   556

프롤로그

부룩클린 다리 위의 폭력

팔루자의 수요일 아침은 출근차량들이 내뿜는 푸른 연기와 경적소리로 늘 부산하다. 대로 옆 인도는 꾀죄죄한 디시다사(아랍인들이 곧잘 입는 헐렁바지)에 색 바랜 셔츠를 입은 실업자들로 메워진다. 많은 사람들이 담배를 입에 물고 있고 다들 이곳저곳을 기웃거린다. 돈도 없고 직업도 없고 희망도 없는 사람들이다.

한 무리의 총잡이들이 픽업트럭을 타고 낡은 차들이 어지럽게 두 줄로 주차돼 있는 4차선 고속도로에 들어서 서쪽으로 달린다. 뻑뻑 클랙슨을 함부로 울리기도 하고 AK자동소총을 머리 위로 흔들어 보이기도 하고 다른 차 운전자들에게 얼른 저리 비키라는 시늉을 하기도 한다.

픽업트럭이 거리 한복판에 멈춰서고 남자들 5~6명이 뛰어내린다. 일부는 누가 자기들을 알아보지 못하도록 카피에(아랍 유목민들이 머리에 감는 천)로 얼굴을 가리고 있다. 그들 중 한 명이 수류탄 하나를 길거리에 던진다. 폭발위력이 작아 아무도 다치지 않고 몰려드는 사람들을 몰아내는 데 성공한다.

"미국 놈들이 옵니다! 이곳에서 빨리 피하시오!" 그들 중 한 명이 외친다.

총잡이들은 얼른 거리 한쪽으로 달려가 작은 상점들 출입구 안에 몸을 숨긴다.

―――

정오경 로스앤젤레스 타임스의 토니 페리 기자가 서부이라크 주둔 미 제1해병사단 사령부 복도를 사단장과 함께 천천히 걸으며 최근 전황에 대해 이것저것 묻는다. 사단장인 제임스 N. 매티스 소장—해병 대원들에겐 '미친개 매티스'로 통한다—이 갑자기 본부의 키 작은 한 참모에게로 급히 간다. 페리 기자는 매티스의 참모들과 이미 서로 잘 아는 사이다. 그날은 뉴스가 될 만한 게 별로 없어 무슨 기사거리가 없나 하고 이곳저곳 냄새를 맡으며 기웃거리고 있는 중이다.

"팔루자 시내에서 검은 연기가 치솟는다고 한 험비(지프와 경트럭의 특성을 합쳐 만든 군용 장갑차량) 운전병이 보고해 왔는데 별 것 아닌지도 모르겠습니다. 다시 점검하고 있는 중입니다." 병장 하나가 페리 기자에게 귀띔한다.

팔루자는 사단사령부에서 동쪽으로 30마일 떨어져 있다. 페리는 예감을 추적하기 위해 하루를 낭비하고 싶지 않아 건물 바깥으로 나오며 휴대전화를 꺼내 로스앤젤레스에 다이얼을 돌린다. 본사에서 어떤 소식을 듣고 있을지도 모르는 일이다. 그때 한 장교가 팔루자 사태를 본사에 설명하고 있는 페리 기자의 통화내역을 엿들을 수 있는 거리에까지 와 어슬렁거리다가 팔루자 외곽 1마일 지점에 주둔하고 있는 해병연대 사령부를 무전으로 불러낸다.

"어이 에드, 병장 통신망에 걸린 루머를 가지고 기자 하나가 여기서 당신이 맘에 들어 하는 도시에 대해 이러쿵저러쿵 하고 있는데 무슨 일이 있는 거야?"

아랍어를 유창하게 하는 에드 설리반 대위는 팔루자를 관할하는 연대 연락장교다. 그는 이상이 있다는 보고를 받은 바 없다. 혹시나 싶어 옆방에 있는 작전센터에 들러 다시 확인해 본다.

"팔루자가 다시 악화되고 있는 거야?"

"아니요, 아주 조용한걸요." 당직사관의 대답이다.

설리반은 자기 사무실로 돌아온다. 맞붙은 책상 앞에 앉은 상사가 컴퓨터를 열심히 들여다보고 있다.

"팔루자 시내에서 차량들이 습격 받은 뉴스를 로이터 통신이 보도하고 있는데요." 상사의 말이다.

설리반은 작전센터로 도로 뛰어 간다.

"무슨 일이 분명히 벌어지고 있어. 시장과 경찰서장을 불러야겠어. UAV(무인항공기)를 띄울 수 있을까?"

작전센터에서 점검되기로는 현재 팔루자에서 순찰 중인 미군 차량은 없다. 무인항공기는 20분 안에 시내 상공으로 날아갈 수 있다. 무장 순찰대를 조직하여 파견하는 것보다 그 편이 더 빠르다. 설리반은 전용선을 통해 시장에게 전화를 건다.

사단사령부 사무실로 되돌아 온 페리 기자는 로스앤젤레스 본사에서 지금 전화로 팔루자에서 무슨 일이 일어나고 있다는 사실을 확인해 줬다고 사단 참모에게 이야기한다. 사단 참모는 즉시 팔루자 연대를 불러 병장 통신망과 접촉하여 사태를 재점검하라고 지시한다.

같은 시간 사단 참모장 죠셉 F. 던포드 대령은 상급기관인 해병대

프롤로그

원정군사령부에서 온 전화를 받는다. "바그다드에서 온 보고에 따르면 팔루자에서 미군들이 희생됐다고 합니다. 그쪽에서 무슨 소식 들은 게 없습니까?"

던포드는 그의 작은 사무실을 나와 작전센터로 들어간다. 작전센터 비디오엔 무인항공기가 연기를 내뿜고 있는 두 대의 차량 주위를 둘러싼 폭도들을 비쳐주고 있다. 불붙은 타이어에서 치솟는 화염이 생생하게 눈에 들어온다. 무인항공기는 천천히 선회하며 이미 움직임이 정지된 시신을 향해 쇠막대기를 휘두르는 폭도 한 명을 망원카메라로 확대하여 보여준다. 쇠막대기가 계속 올라갔다 내려갔다 한다. 옆에 붙어 있는 스크린에선 위성 텔레비전이 화염에 까맣게 타 오그라든 시신 하나를 짓밟고 있는 한 무리의 남자들과 소년들을 비치고 있다.

던포드에게 그 장면은 아무런 의미가 없다. 해병대원들이 그 도시에 있었다는 보고가 없기 때문이다. 게다가 4대 이하의 차량으로 시내를 이동하는 것은 군법을 어기는 일이다. 저 일그러진 시신들은 미군일 수 없다.

———

해병부대에 사전 통보도 하지 않고 어떤 납품회사 경호를 맡은 미국인 사설 경호원 4명이, 이라크에서 가장 위험한 도시 팔루자를 가로질러 가기 위해 미쓰비시 파제로 스포츠형 차량 두 대에 분승하여 시내 간선도로인 10번 고속도로를 달리고 있다. 아침 출근 시간이어서 그들이 도시를 완전히 빠져 나가는 데는 20분 정도가 걸릴 예정이다. 이들 네 사람은 북 캘리포니아에 본사를 둔 블랙워터 시큐리티 컨설팅사 소속 경호원들로 모두 그 방면에 알맞은 전력을 소유한 사람들이다. 전직 미 해군 특수부대원이었던 스코트 헬벤스턴은 레이드 골루이스(Riad Gaulouise)로 불리는 400마일 지구력 경주에도 참가했다. 5개 국어를 유창하게 하는 제리 조브코는 제82공수사단에 복무했다. 마이클 티그는 아프카니스탄 전투에서 청동성장(靑銅星章)을 수여받았다. 웨슬리 바탈로나는 공수부대와 레인저 부대 두 군데를 모두 거쳤다.

이들이 탄 차는 오른편에 보이는 경찰본부와, 높은 담장을 둘러친, 전에 바트당 본부였던 시 위원회 건물들을 지나며 밀리고 있는 차량들 속에서 천천히 나아가고 있다. 시 중심부에 있는 정부종합센터가 그들이 차를 돌려 되돌아갈 수 있는 마지막 경계점이다. 총잡이들의 매복을 분명 알고 있을 이라크 경찰이 마음만 먹는다면 손을 흔들어 그렇게 할 수 있다. 하지만 아무도 손을 들어 그들에게 경고를 보내지 않는다.

몇 분 후 상점 출입구에서 튀어나온 총잡이들이 거리로 돌진해 와 경호원들이 탄 차량 두 대를 향해 AK소총을 난사한다(몇몇 사람들은 이라크 경찰 픽업트럭이 경호원들의 차량을 선도했으나 마지막 순간 달아나버렸다고 주장했다). 방탄장치가 없는 차 안의 4명은 미처 응사할 사이도 없이 순식간에 벌집이 된다.

난사가 끝난 후 총잡이들은 차를 타고 사라지고 한 무리의 남자들과 소년들이 몰려온다. 가슴에 총상을 입은 한 명이 피투성이가 된 채 엉금엉금 기어 나와 땅바닥에 나뒹굴어지자, 군중들이 그를 차고 밟고 쇠막대기로 찌른다. 한 소년이 휘발유통을 가져와 차량에 끼얹고는 성냥을 긋는다. 검은 연기가 하늘로 치솟고 흥분한 군중들이 와 하며 환호성을 올린다.

어른들의 격려에 신이 난 소년들은 불에 탄 시신들을 아스팔트 위로 끄집어내어 그슬린 살갗에서 퍼덕퍼덕 소리가 나도록 짓밟아댄다. 미국인들이 그들의 구두 발바닥 아래 짓밟히는 인간쓰레기들이라는 것을 보여주기 위해서다. 시신 하나를 찢어발긴 후 다리 하나에 로프를 매어 고속도로 위 전선에다 매단다.

던포드 대령이 사건 내막을 잘 모르고 있을 매티스 장군에게 무전으로 보고한다.

"팔루자에서 폭도들이 미국인 사설 경호원들을 살해했습니다. 소말리아 사건과 비슷해 보입니다. 바그다드(합동기동군 사령부)에선 우리가 현장에 들어가길 바랍니다."

"자넨, 어떻게 했으면 좋겠는가?" 매티스가 묻는다.

"경호원들은 죽었습니다." 던포드는 말했다. "시신들을 거두려 들어간다면 소년들을 포함한 수백 명의 사람들을 죽여야 할 것입니다. 설리반 대위 얘기로는 경찰서장이 시신들을 처리하겠다고 약속했답니다. 우리가 개입 안 하는 게 좋겠습니다."

"원정군사령부에선 뭐라고 그래?"

"콘웨이 장군께선 우리들이 개입하지 말고 폭도들이 제풀에 꺾이도록 내버려 둬야 한다는 의견이십니다." 콘웨이 장군은 해병대원정군 사령관이며 매티스의 직속상관이다.

"바로 그거야." 매티스는 말했다. "진입은 말이 안 돼."

팔루자에서는 하루 종일 소름끼치는 사육제가 계속된다. 군중들은 "무자헤딘 만세!"를 외치며 서로 자극되고 격려되어 의기충천해 한다. 새까맣게 탄 시신 2구가 자동차 꽁무니에 매달려 질질 끌려간다. 시신을 매단 자동차는 작은 상점들이 늘어서 있는 수크(야외시장)와 환호성을 지르는 수백 명의 군중들을 지나 미국인들이 브룩클린교라 부르는 유프라테스 강의 버팀 다리로 간다. 시신을 다리 난간에 대롱대롱 매달아 놓는다.

수크와 고속도로 대로변에 몰려있던 군중들 사이에 살기가 감돈다. 경찰은 질서를 바로잡을 생각도 하지 않고, 자동차에 붙은 불을 끄기 위해 소방차가 달려오지도 않는다. 시신을 싣고 갈 앰뷸런스도 오지 않는다. 이라크인 간호사 두 명이 시신들을 병원으로 옮기려고 했을 때 당장 꺼지지 않으면 사살해버리겠다는 경고를 받는다. 땅거미가 질 무렵, 찢어져 해체돼 버린 1구를 제외한 나머지 3구의 시신은 10번 고속도로를 내려가며 벌릴 마지막 개선행진을 장식하기 위해 회색 당나귀가 끄는 수레에 실린다. 소년도 끼어있는 군중들은 '미국 놈들의 기를 꺾어 놓았다'는 의미로 "슈와레테크"라고 외치며 수레 뒤를 따라간다.

무인비행기가 테크니컬러로 찍은 엽기적인 장면의 비디오는 해병대원정군 사령부와 바그다드 상급사령부(합동기동군사령부) 및 워싱턴의 전략센터에 상영된다. 시간이 지날수록 좌절감과 분노의 도가 높아 간다. 군중들은 팔루자에서 자신들의 애국적인 행동을 널리 선전하기 위해 이라크인 카메라맨들에게 현장을 촬영케 하고, 바그다드의 방송국들이 온 세계에 그 무참한 장면들을 방영키 위해 비디오를 사간다. 이튿날 신문 1면에는 사람들을 대경실색케 하는 사진들이 대문짝만하게 실린다. 새까맣게 탄 미국인들의 시신을 다리 난간에 매달아 놓고 그 앞에서 젊은이들이 마치 그들의 축구팀이 챔피언전에서 우승이나 한 것처럼 웃으며 손을 흔들고 있다.

―――

제1해병사단의 시각에서 볼 때 폭도들의 행위는 사전에 주의를 기울였다면 충분히 예방할 수 있는 일이었기 때문에 특히 비극적인 사건이었다. 네 사람의 죽음은 지난 해 팔루자지역에서 죽은 수십 명의 미국인 사망자 리스트에 추가된 것일 뿐이다. 콘웨이 장군, 매티스 장군, 던포드 대령—이들 모두는 미국인이 살해되어 불에 태워진 장면들을 이미 몇 차례나 본 사람들이다—은 감정이 아닌 사안 자체에 초점을 맞춘다. 전쟁은 날마다 죽음의 숫자를 변칙적으로 늘려간다. 이들 군 고위 지휘관들이 인적 손실의 충격을 마음속에서 떨쳐버리지 못한다면 그들이 맡은 임무를 제대로 수행하지 못하게 된다. 소년들도 낀 군중들이 이성을 잃고 흥분해 날뛰는 시내에 무장군인을 투입하여 유혈사태가 일어난다면 복수에 사무친 더 큰 살인과 분노와 절규를 야기할 수 있다. 따로 특별히 보호받아야 할 생명이 있는 것은 아니다. 전쟁이 다시 4명의 목숨을 앗아간 것일 뿐이다.

해병사단은 그들 나름대로 전략을 세운다. 몇 달 동안 미군은 장갑차를 이용한 전격적인 시가작전만 펼쳐왔다. 적도 그에 대응하여 무력을 강화했다. 다음 몇 달 넘게 해병대는 이라크 보안군과 함께 시가지에 대한 도보 수색작전을 펼칠 작정이다. 문제는 지난 해 이라크 경찰과 보안군이 시내에서 미군과 함께 있기를 꺼렸다는 점이다. 그들 역시 단독으로 팔루자를 장악하는데 실패했다. 해병대는 이라크군을 설득하여 공동으로 '안개처럼 조용한' 시가지 수색전을 펼칠 예정이다.

그 계획이 변경되지 않으리라 믿고 던포드는 미국의 저녁뉴스에 사용될 만한 이메일을 작성한다. "미군은 오늘의 폭력사태에 결코 과잉반응을 보이지 않을 것입니다. 우리는 인내하며 냉정하고 침착하게 대처하는 방법을 알고 있습니다. 이라크 보안군의 협조아래 책임자들을 가려내 응분의 대가를 치르게 할 것입니다."

―――

이튿날 이라크 경찰은 시신 3구를 수거해 오고 나머지 한 구는 그 다음날 수습해온다. CIA와 군 수사기관은 주모자들의 얼굴, 그들의 이름과 주소를 하나하나 대조해 가며 수사에 착수한다. 스무 개 이상의 이름이 소탕대상 리스트에 오른다. 예컨대 두 사람은 형제 사이로 유프라테스 강 동쪽 기슭 야자나무 숲속에 띄엄띄엄 흩어져 있는 부유층 마을에 살고 있는 것이 확인된다. 그들은 쉽게 제거할 수 있다. 다른 주모자는 시 중심부에서 컴퓨터와 포토 상점을 운영하는 사람이다. 그의 이메일과 지하출판물을 조사하면 정체가 드러날 것이다. 그는 설사 6-26기동타격대의 전문기술로 제압한다 해도 힘든 목표가 될 것이다. 특공대가 그들에 대한 소탕작전을 계획하고 준비하는 데만 몇 주가 걸릴 것 같다. 해병대가 단계적으로 그 일을 추진한다면 다음 달이나 돼야 주모자들을 체포하거나 사살할 수 있다.

콘웨이 장군의 직속상관은 이라크 내 모든 미군과 연합군을 지휘하고 있는 합동기동군 사령관 리카르도 산체스 중장이다. 산체스는 이번 사태를 신속하고 단호하게 보복하고 싶어 한다. 브룩클린교를 폭파해 버리는 것도 그 한 가지 방법이 되겠다. 콘웨이는 그런 작전에 반대한다. 그는 그 다리를 아군 수송 작전에 이용해야한다고 주장한다. "그렇다면 좋아요." 바그다드의 합동기동군 사령부 참모는 문제의 컴퓨터·포토 상점을 폭파하라는 지시를 내린다. "아니, 그 상점을 불태워서는 안 됩니다. 거기서 기록들을 찾아내 조사해 보아야 합니다. 그 밖에 젊은이들이 자주 드나드는 이메일 카페도 조사대상이 될 것입니다." 라고 해병대원정군 사령부에서 회신한다. 합동기동군 사령부에서 다시 지시가 내려온다. "좋아요, 그렇다면 유프라테스 강변의 주거지역을 폭파해버리시오." 해병대원정군 사령부에서 다시 회신한다. "아닙니다. 거기에는 이번 사건과 아무 관련 없는 다른 가족들도 살고 있을 뿐더러 막상 폭파할 때 주모자들은 거기 없을지도 모릅니다." 즉각 행동을 취해야한다는 합동기동군 사령부의 모든 제안들이 퇴짜를 맞는다.

프롤로그

해병대원정군 사령부는 해병대를 그 작전에 투입하는 것을 지나치게 조심스러워 한다.

"우리를 들볶지 마십시오. 주모자들이 경계를 풀고 있을 때 잡도록 몇 주간의 여유를 주십시오." 하고 원정군 사령부 참모는 바그다드 사령부에 요구한다. 28만 명이 사는 시가지를 일시에 급습하여 점령하는 것은 현명한 작전일 수 없다. 미군들이 일단 시내를 점령하게 되면 다음에는 어떻게 할 것인가? 무기가 손에 들려져 있는데 무슨 일이 벌어질지 모른다. 미 해병대가 아닌 이라크군을 투입하여 단계적으로 제압하는 것이 현명한 작전이 될 것이다. 그렇게 말 떨어지기 무섭게 대깍대깍 회신하지 말고 천천히 생각한 후에 하라고 해병대원정군 사령부에 충고가 내려온다. '일선에 있는 당신들이 국제적인 심각성을 이해할 리 있겠느냐'는 투다. 하기야 시신훼손은 전술적인 문제일 수 없다. 정치적 상징성이 엄청나게 큰 사건이며, 소말리아 사건과 비슷하다는 얘기가 텔레비전과 신문 비평가들 입에 오르내린다.

10년 전 미국은 아사상태에 빠진 수백만 난민들을 구하기 위해 소말리아에서 벌어진 종족간 내전에 개입한다. 그러나 분노한 반체제 쪽 부족이 유엔평화유지군 측에 총부리를 겨눠 파키스탄 군 24명을 학살하는 사태가 벌어진다. 유엔의 요청으로 미군이 현지에 들어가 반란군 측 지도자들을 체포하려 시도하다가 반군의 함정에 빠져 격렬한 전투를 벌인다. 전투가 끝난 후 복수심에 불타는 소말리아 폭도들은 미군 시신 한 구를 차에 매달아 온 시내로 끌고 다닌다. 이 사건에 대한 혐오감이 미국 여론을 경색시켜 이 야만국에 대한 원조를 중단하게 만든다. 시신훼손이 워싱턴의 정책 재검토로 이어지고 결국 소말리아에서 미군이 철수한다.

이제 또 다시 발생한 시신훼손에 워싱턴 관리들이 치를 떤다. 조지 부시 대통령이 보고를 받고 격노한 것으로 보도된다. 불에 그슬린 쇠고기 같은 미국인 시신들을 매달아 놓고 기뻐 환호성을 내지르는 폭도들은, 이번 전쟁이 이라크 국민을 해방시켜 감사히 여길 것이라는 이론적인 근거를 조롱한 셈이다. 시신훼손은 이라크전쟁에 대한 신랄한 힐책이며 동시에 도전이다. 국가적인 존엄성과 명예에 관련된 문제이다. 이라크주재 대통령 특사이며 연합임시행정청 최고행정관인 폴 브레머 3세는 바그다드에서 텔레비전 방송을 통해 "살인자는 반드시 징벌을 받을 것"이라고 단언하며 계속 그 잔혹성을 비난한다. 합동기동군 사령부 대변인인 마크 키미트 육군준장은 팔루자에 대한 공격이 '대대적으로' 전개될 것이라고 부언한다. 산체스 장군은 해병대 공격명령서를 작성하도록 그의 참모에게 지시하며 "수색하기 전에 타격부터 하라는 의미가 아니고 접촉을 특징으로 하는 행동양식을 취하라는 뜻일세."라고 말한다.

해병대원정군은 본래 이라크 주둔을 끝내고 미국으로 철수한 부대다. 그러나 6개월 만에 다시 이라크에 투입되고 도착한 지 1주일도 안 돼 인구 200만 명에 13개 도시를 가진 노스캐롤라이나 크기만한 주를 떠맡게 된다. 지금 콘웨이 장군은 산체스 장군의 합동기동군 사령부로부터 진입명령을 받고 있는데 그는 미군이 팔루자에 대해 실수를 하고 있다고 믿는다. 지난 해 그는 중부군 사령관인 존 아비자이드 장군과 건실한 신뢰감을 쌓았다. 중부군 사령부는 중동에 있는 전 미군을 총괄 지휘한다. 콘웨이와 아비자이드 둘 다 개방적인 성격이며, 그들이 명령을 내릴 때는 그 이유를 상세히 설명하는 걸 잊지 않는다. 때문에 그들의 참모들은 자기들 상관을 충성스레 보좌한다. 콘웨이는 아비자이드에게 지금 사태가 어떻게 진전되고 있는지 약간의 배경설명을 해주도록 부탁한다.

"이 문제를 럼스펠드 장관과 상의했더랬소, 짐" 하고 아비자이드는 말했다. "이 명령은 훨씬 높은 곳에서 온 것이오. 저 높은 곳에서."

해병대원정군은 팔루자 시내에 미군기지가 없다는 것이 마음에 걸렸다. 그들이 몇 달 이내 그 도시로 진입하는 것은 신중히 다루어야 할 전술적인 문제로 보였다. 그러나 아비자이드 대장과 럼스펠드 장관에게 팔루자는 통제권 바깥에 있으면서 계속 뉴스를 만들어 내는 도시였다. 그들로선 팔루자가 미국의 새 이라크 건설에 반기를 들겠다는 의미로도 받아들여지는 현 상황을 도무지 용납할 수 없었다. 아비자이드는 미군에 대한 팔루자 저항세력들의 공격이 계속되는 것을 보고 팔루자 지도자들을 직접 위협하기 위해 11월에 그곳을 방문했지만 그의 경고는 효과가 없었다. 2월 두 번째 방문에서는 그의 호위차량이 총격을 받고 시 외곽으로 철수해야만 했다.

럼스펠드와 아비자이드는 강력한 지지자인 브레머 대사와 함께 부시 대통령에게 팔루자를 곧 장악할 수 있을 것이라고 보고했다. 대통령은 해병대원정군에게 지체하지 말고 즉각 "맡은 바 책임을 다하도록" 지시했다. 대통령은 바로 그 해병대가 팔루자 시내로 진입하라는 자신의 명령에 동의하지 않았다는 보고는 받지 못했다.

미군이 마지막으로 시가전을 벌인 적은 26년 전 베트남 후에 시에서였다. 그 격렬했던 시가전은 한 달 동안 지속되었는데 얼마나 치열했던지 시내 블록의 모든 집들이 파괴되어 텅 빈 들판처럼 평평하게 될 정도였다. 미군 수백 명과 월맹군 수천 명이 죽었다. 해병대는 팔루자에서 참혹한 사태가 벌어질 수 있음을 알고 있다. 그들은 고위층에서 그걸 이해하기를 바랐다.

2004년 4월 2일, 해병대원정군은 합동기동군 사령부로부터 팔루자에 공격작전을 감행하라는 문서로 된 명령을 받는다. 그것이 지금까지의 왈가왈부한 이견들을 일거에 마무리 지었다. 토론할 시간은 이미 지났다. 해병대는 그들의 의견을 개진했던 것이고 아비자이드 중부군 사령관이 최종결정을 내린 것이다. 부시 대통령이 팔루자를 장악하기를 원했으니 해병대는 거기를 장악해야만 했다.

해병대는 경례를 올린 후 재빨리 뒤로 돌아서서 전화(戰禍)를 일으키기 시작했다.

1부

저항세력 진압작전

2003년 4월 – 2004년 3월

1
미군에 가장 적대적인 도시

2003년 4월 마지막 며칠 동안 이라크 거의 전 지역은 환희에 넘쳤다. 잔혹하기 이를 데 없는 사담 후세인 정권이 무너졌고, 총탄이 날아오고 폭탄이 터지는 전쟁도 끝났으며, 사람들은 그들이 원하는 어느 곳으로도 갈 수 있었고, 하고 싶은 이야기는 무엇이든 할 수 있었다. 바그다드 시민들은 미소를 짓고 손을 흔들고 환호성을 지르며 미군을 맞았다. 유프라테스 강 동쪽 기슭 프랑스 대사관 부근에 거주하는 부유한 수니파 주민들은 승리자에게 미리 호감을 사두고 싶은 생각에서 전직 고관들을 추적하는 미 해병대 병사들을 후세인 정권의 타리크 아지즈 부총리와 고위 장성들의 저택으로 인도했다. 피르도스 광장에서 촘촘한 코밑수염을 달고 오른 팔을 치켜들고 있는 사담 후세인의 거대한 스탈린식 동상을 끌어내릴 때는 미군과 이라크인들이 함께 힘을 합쳐 동상의 목에 맨 밧줄을 잡아 당겼다. 2003년 4월은 1944년 파리 해방을 상기시키는 환희의 막간, 즉 사람들이 가난도 두려움도 잊고 떼를 지어 거리로 몰려나와 미군에게 갈채를 보내던 시기였다.

하지만 팔루자에선 4월말 미 82공수사단 병사들이 시내에 진입했을 때 주민들은 미군을 환호하지 않았다. 바그다드에선 메뚜기떼 같은 수많은 도둑들이 모든 공공기관에 난입하여 약탈을 자행하였으며, 심지어 벽돌을 뜯어 내 수레로 실어가기도 했다. 팔루자에선 정부종합센터에 있는 바트당 본부건물의 창문과 전기 설치물들이 온전하게 그대로 남아 있었다. 이 도시에서 약탈은 대부분 공업지구와, 그리고 미군을 웃음으로 맞은 10번 고속도로 남쪽에 사는 가난한 사람들에 국한됐다. 시가지 남쪽 유프라테스 강 건너의, 바트당 간부들과 군 장성들의 호화저택과 별장이 있는 동리는 텅 비어 있었지만 손끝하나 건드리지 않았다. 평소 이곳은 출입구에 걸린 바트당 상징인 소용돌이모양의 장식에 의해 안전하게 보호를 받던 곳이다. 사담의 부하들은 패배를 인정하지 않았다. 그들은 임시로 숨어 지냈으며 팔루자는 아직도 그들의 보루였다. 이곳은 전쟁의 영향도 받지 않았고, 수백 명의 미군이 있다고 해서 그들에게 허리를 굽히지도 않았다.

2003년 4월 28일 해질 무렵— 이날은 사담 후세인의 생일이었다— 어린이들이 섞인 약 100여 명의 남녀 군중들이 서슬 푸른 자세로 시장 관사 안마당으로 몰려왔다. 82공수사단 예하 중대가 본부로 쓰고 있는 곳이다. 공수대원들은 반미시위가 벌어질 것이라는 사전경고를 받은 적이 없었고, 이라크인들이 무엇에 대해 왜 항의하는지도 모르고 있었다. 군중들은 밤에 미군들이 야간투시쌍안경으로 여자들을 훔쳐보고 아이들에게 포르노를 보여주고 있다며 어리벙벙해 있는 병사들에게 욕설을 퍼붓고 항의했다. 일단의 공수대원들이 확성기로 통역관을 통해 군중들에게 경고를 보냈다. 군중들은 이웃해 있는 몇몇 다른 블록으로도 몰려가 거기에 주둔 중인 예하 소대 병사들에게 야유를 하고 괴롭혔다. 군중들 속에서 몇 명의 남자들이 공중에다 AK-47소총을 난사했다. 고참 공수대원들은 군중들의 그런 행동을 위협이 아닌 허장성세로 해석했다. 그들은 군중들에게 물러가도록 종용했다.

그런데도 군중들은 물러가지 않고 학교 건물로 몰려가 교실 안에 잠자고 있는 또 다른 소대 병사들에게 욕설을 하고 야유를 보냈다. 밤 9시 지나 이미 어둠이 내린 후였다. 군중들은 새로운 요구조건을 내걸었다. 군인들이 즉시 이곳을 떠나야만 다음날 아이들이 학교에 올 수 있다고 했다. 군중들이 미군들에 의해 운동장 담벼락 쪽으로 밀려나자 근처 옥상에 있던 이라크인 3명이 소총을 난사하기 시작했다.

교실 안에 있던 한 분대장은 그들이 사격을 받는 줄 알고 무전으로 중대장에게 응사허가를 요청했다. 같은 시간 또 다른 하사관이 무전으로 같은 요구를 해 왔다. 부하들이 적의 공격을 받고 있는 줄 안 중대장은 응사명령을 내렸고, 여태껏 불안과 긴장에 쩔쩔매던 병사들은 자동화기로 일제사격을 가했다. 몇 분 사이에 어린이를 포함한 남녀 군중 15명이 죽고 수십 명이 부상을 입었다. 공수대원들은 부상자 한 명 없었다.

이튿날 서방의 7대 주요 언론사 기자들이 그 사건을 취재하기 위해 바그다드에서 달려왔다. 기자들 대부분은 이 끔찍한 비극을 어둠 속에서 우발적으로 일어난 사건으로 보도했다. 몇몇 이라크인들이 먼저 총을 쏘긴 했지만 공중을 보고 쏘았는데 미군은 자기들을 향해 쏘았다는 주장을 하고 있다고 보도했다. 기자들은 병사들이 자고 있는 학교 담벼락에 영어로 "나는 돼지를 사랑한다."와 같은 말로 이라크인들을 깔보고 그 아래에 이라크 택시회사라는 말과 함께 낙타를 그려놓은 낙서를 보았다고 보도했다.

언론은 그 사건으로 희생된 사람들과 문화의 충돌에 초점을 맞췄고, 팔루자 전 시민들이 사상자들에 대해 비통해 하고 있다고 보도했다. 뉴스해설은 그 총격사건이 한바탕 복수극을 불러와 더 많은 사람들이 죽고 더 많은 참극이 벌어질 것이라고 예고했다. 그러나 그 해설은 왜 또는 어떻게 팔루자 시민들이 사담 후세인 정권이 붕괴된 바로 다음날인 사담 생일에 반미시위를 벌이게 되었는지에 대해선 설명하지 않았다. 대부분의 다른 이라크 지역에선 바로 그때 사담의 축출을 축하하고 있었다.

6개월 후 팔루자 주민인 자밀 카라바가 체포되었다. 폭력단을 조직하고 사건 당시 항의 데모군중들 사이에 총잡이들을 심어놓았다며 떠들고 다닌 혐의였다.

'파괴분자'로 불린 카라바는 전직 바트 당원으로 전에 몇 차례 체포된 적이 있고 시내 깡패들과 교분을 가진 주정뱅이였다. 사건을 불러일으키는 요소는 사람들이 군대에 적의를 갖도록 만드는 오랜 역사를 가진 게릴라 술책이었다. 그리고 바로 이때가 과거에 흔히 그랬던 것처럼 그 술책을 이용하기 가장 좋은 시기였다.

다음날 한 무리의 군중들이 이슬람 법률고문인 쉐이크 자말 — 이슬람법을 해석하는 고위 이맘 — 을 어깨 위에 태우고 날카로운 구호를 외치며 공수부대가 있는 시청으로 몰려왔다.

"미국인들은 모두 이라크를 떠나라!" 자말이 외치고 군중들이 큰 소리로 반복했다.

―――

각 도시는 나름대로 어떤 특성이나 하다못해 캐리커처라도 갖고 있다. 뉴욕은 열광적이며 경솔하고, 샌프란시스코는 관대하고 느긋하며, 로스앤젤레스는 화려하고 명사적(名士的)인 기분을 고취한다. 팔루자에 대해 이라크인들에게 물어보면 그들은 눈알을 이리저리 굴린다. 팔루자는 서먹서먹하고 찌무룩하고 무모하고 화를 잘 내며 아주 인색한 구석이 있다. 팔루자인들은 외부인을 싫어한다. 그곳에서 태어나 자라지 않은 사람이면 누구든 마찬가지다. 립스틱을 칠하거나 서구 스타일의 긴 머리를 하고 있거나 맥주를 마시거나 미국 CD를 듣다간 손찌검을 당하거나 매를 맞을 각오를 해야 한다.

수세기 동안 이 도시는 서쪽 여러 도시에서 동쪽 바그다드를 드나드는 상인들과 상거래를 해 왔다. 그리고 약탈해 왔다. 드넓은 사막입구에 있는 이 변경도시는 부랑자와 범죄자들에게 매력을 주는 곳이었다. 20세기 초 유럽 여행자들은 팔루자에 머물기를 꺼렸다. 1959년 이라크가 독립한 후 팔루자는 수니파들이 주도하는 바트당 창설자들의 본거지가 되었다. 이 도시의 거친 평판은 후세인 정권 내내 계속됐다.

시가지가 넓은 가로들을 중심으로 바둑판처럼 펼쳐져 있는 팔루자는 마당과 담장, 1층이나 2층 콘크리트 주택과 건물, 그리고 지저분한 골목길이 있는 2천여 개의 블록으로 이루어져 있다. 반쯤 완성하여 입주해 살고 있는 집들 주위엔 쓰레기더미와 부서진 차량 잔해들이 이곳저곳에 널려 있다. 6차선 10번 고속도로가 시가지 동쪽 끝 입체교차로에서 서쪽 유프라테스 강 브루클린교까지 2마일 길이의 도심을 직선으로 통과한다. 10번 고속도로 남쪽은 노후화한 공장지대로 부식된 시멘트 건물들과 폐기물 구덩이들이 볼품없이 펼쳐져 있다. 항공지도에서는 직선으로 쭉쭉 뻗어있는 거리와 건물들로 촘촘한 블록들의 구획이 얼핏 보면 맨해튼을 닮은 것 같다. 그래서 미군병사들은 팔루자를 곧잘 맨해튼이라는 애칭으로 불렀다. 공장지대 다음 구역은 헐어빠진 서너 개의 방을 가진 단층짜리 집들로 이루어진 빈민굴 지역인데 퀸스라 불렀다. 10번 고속도로 북쪽은 주민 자력으로 건립한 몇 개의 모스크가 있는 그럴듯한 주거지역으로 동 맨해튼과 미드타운이란 애칭으로 불렀다. 정부종합센터는 미드타운 안에 있고, 졸란으로 불리는 구 야외시장과 신 시장은 서쪽 유프라테스 강 건너편에 있다. 주요 거리를 따라 광고판, 음식점, 자동차 수리소, 그리고 기를 쓰고 살아가는 상인들의 잡화 가게들이 늘어서 있다. 팔루자는 건축적인 세련미라고는 없는 단색의 도시이다.

시내에 47개, 시 외곽 마을에 50개 이상의 모스크를 가진 팔루자는 흔히 '100개의 모스크를 가진 도시'로 불린다. 수십 년 동안 이 도시는 사우디아라비아로부터 이어지는 전통인 과격 와하비파(Wahhabi, 코란의 교리를 고수하는 수니파의 한 종파, 살라피(salafi)라고도 한다)의 온상이었다. 팔루자의 근본주의를 불신하고 있던 사담 후세인은 이들 종파의 활동을 제한했고 이들을 앞잡이로 이용하였다.

이라크인 60퍼센트가 시아파이지만 20퍼센트의 수니파가 수세기 동안 정치권력을 장악해 왔다. 1991년 사담의 군대가 쿠웨이트에서 패퇴하여 철수했을 때 미국의 강력한 권고를 잘못 이해하여 용기백배한 이라크 시아파는 사담 정권에 저항하여 반란을 일으켰다. 이들을 진압하기 위해 사담은 종파적인 증오심을 부채질했다. 사담이 부추겨 수니파의 증오 대상이 된 시아파는 진정한 이슬람교를 보존하기 위해 죽지 않으면 안 되는 신성모독자들이었다. 팔루자와 기타 수니파 도시의 이맘들은 신도들에게 "오 이슬람, 당신을 되찾기 위해 우리의 피와 영혼을 바치노라"라는 찬송가를 부르게 했다. 수니파 장교들로 구성된 사담의 군대는 시아파 반란을 여지없이 분쇄했다.

2003년 4월 미군이 팔루자에 진입하기 직전, 그곳 수니파 고위 성직자이며 이슬람 법률고문인 자말이 팔루자 시민들에게 미국이 이라크를 시아파에게 넘겨주려한다고 경고했다. 과격파 성직자들은 부시 대통령을 '훌라구 2세'라 불렀다. 훌라구는 몽골 정복자로 당시 칼리프를 배반한 한 시아파 지도자의 도움을 받아 바그다드를 점령했다. 성직자들은 미국인들이 13세기 몽골인들과 같은 이교도 침입자들이며 점령자들이라고 시민들에게 선동했다.

―――

팔루자의 친 연립파(수니, 시아, 쿠르드의 연립정부수립을 계획하는 미국의 뜻에 동조하는 파) 시장인 타하 베다위는 총격사건이 불러 일으킨 분노를 도무지 무마할 수 없었다. 그는 보복공격이 반드시 뒤따를 것이라며 공수부대더러 시를 떠나도록 종용했다. 부족 사이 평화는 눈에는 눈, 목숨에는 목숨을 주고받음으로써 유지될 수 있다. 모욕을 당하고도 복수를 하지 않는 가족이나 부족은 비겁자들로 비치기 때문에 기를 쓰고 보복에 나선다. 시장이 이야기를 하고 있는 동안 '미국 살인자들을 우리가 몰아낼 것'이라는 플래카드를 든 군중들이 바깥에 몰려들었다.

제82공수사단 부대들이 2003년 5월 초순 예정대로 철수하고 제3기갑 연대 소속 1개 중대가 팔루자를 관할하게 됐다. 다음 수주 동안 미군병사들이 만사에 조심을 하고 있음에도 불구하고 총격전이 계속 일어났다. 수천 평방킬로미터가 넘는 지역의 순찰임무를 맡고 있는 기갑연대는 팔루자와 그 주변지역에 200명 미만의 병사들밖에 배치할 수 없었다.

10번 고속도로 쪽으로 늘어선 먼지투성이의 갈색 담벼락에는 매일 반미 구호 낙서들이 늘어갔다. "모스크 시의 거룩한 전사들에게 알라의 축복이 있기를", "이교도 미국놈들을 죽여라", "미군은 우리나라를 떠나라"

합동기동군사령부는 200명 미만의 제3기갑연대 소속 병사들을 제3보병사단 제2여단 1천500명 병사들로 대체하면서 팔루자를 '이라크에서 가장 확실하게 점거한 도시'로 만들기로 작정하였다.

제2여단의 팔루자 작전은 회초리와 당근 두 가지 방법으로 전개됐다. '회초리' 즉 무력은 기습에 집중됐다. 제2여단은 제보자나 CIA의 별칭인 OGA('다른 정부기관'이란 뜻)가 확인해 주는 건물에 야간기습공격 횟수를 늘렸다. 주간에는 일시에 시가지 전 지역을 차단하여 무기와 무기상들에 대한 대규모 수색작전을 폈다.

제2여단의 무력시위는 주민들에게 겁을 주기에 충분했다. 주간은 보통 평온했다. 간혹 이라크경찰이 미군의 지시를 무시하거나 아이들이 캔디를 달라며 웃음을 보이거나 돌멩이를 던지는 경우는 있었다. 어른들은 미군에게 거의 웃는 얼굴을 보이지 않았다. 그러나 10번 고속도로 남쪽 가난한 동리의 아이들은 미군에게 호의를 보였다. 여단 선임참모인 에릭 웨슬리 중령과 뉴욕타임스 기자인 마이클 고르돈이 구 졸란지역을 걸으며 노변 상인들과 이야기를 주고받을 정도로 치안이 꽤 안정돼 있는 것 같았다. 워싱턴 포스트 기자인 찬드라세카란은 유명한 케밥 식당인 하지 후세인에서 점심을 먹었다.

기습공격은 효과를 거두고 있었지만, 밤중에 문을 쾅쾅 치며 난입하여 가족들을 공포에 질리게 만드는 작전은, 특히 엉뚱한 집을 수색하는 실수를 저지를 경우, 팔루자 사람들에게 더 큰 적의를 심어주었다. 웨슬리 중령은 기습작전의 성공을 넓은 사과밭에서 사과를 하나하나 살펴보고 익은 것을 골라내는 '리니어(linear)'와 같다고 했다.

제2여단은 당근 작전이 재빨리 성공을 거두기를 바랐다. 일자리를 만들어주고, 기반시설을 건설해주며, 시장과 족장과 이슬람지도자들과 관계를 돈독히 하여 팔루자 사람들의 마음을 얻어내는 작전이었다.

미군이 팔루자 시 지도자들에게 자금과 도급공사를 주어 일자리를 늘이게 되면 젊은이들이 실업에서 벗어나 불평을 품지 않게 되고 폭력에 호소하고픈 마음을 가시게 만들어 현지 이라크 보안군에 자원하고 싶어할 것으로 보았다. 미군이 이라크인들의 삶의 질을 높이도록 도와주려한다는 마음을 보여준다면, 그리고 시 통치권과 전통을 절대로 건드리지 않는다는 확신을 심어준다면, 대부분의 젊은이들은 폭도들 편을 들지 않을 것으로 보았다.

시장과 족장들과 시 원로들의 물밑거래가 계속되었다. 제2여단은 이것을 '상관적인 접근'이라 불렀다. 즉 당신이 내게 무엇인가를 주면 나도 당신에게 무엇인가를 주겠다는 것이다.

"이런 일은 순리로 풀어나가야 합니다. 당신들은 더 좋은 미래를 갖게 될 것입니다. 우리 미군들은 오직 당신들을 돕기 위해 여기에 와 있습니다. 우리는 이 도시에 대해 아무런 욕심도 없습니다." 하고 웨슬리 중령은 시 지도자들에게 말했다.

저항세력의 야간공격이 감소할 때마다 통금을 해제시켰다. 빈약한 결과를 가져오긴 했지만 사면과 현금이 무기회수에 대한 보상으로 제시되었다. 소음이 적게 나고 아스팔트의 훼손을 줄일 수 있게 일상적인 순찰 차량을 탱크와 장갑차에서 험비로 교체했다. 사태가 진전되는 것으로 보이는 한 제2여단은 철권 대신 비로도 장갑을 보여줄 작정이었다.

하지만 수만 명의 성인 남자들 가운데서 누가 적인지 가려낸다는 것은, 그리고 주민들의 적대행위 정도를 판단한다는 것은 여간 어려운 일이 아니었다. 병사들은 시내에 1급 축구장을 건설하느라 하루 종일 불도저와 로다 그레이드와 씨름을 했다. 일을 끝내고 기지로 돌아오면 군중들이 축구장에 몰려와 골문 네트를 찢고 운동장의 흙을 파내고 음식찌꺼기를 쌓아 놓았다.

"도대체 어떤 사람들이 나쁜 소문을 퍼뜨려 득을 보려하는 걸까?" 하고 한 병사가 의아해 했다.

시내엔 이교도 침입자들이 주민들의 삶의 질을 높여주려 노력하고 있는 것을 일반인들이 전혀 알지 못하게 만들기로 작정한 적들이 있었다.

7월에 알 하산 모스크 안에서 일어난 거대한 폭발로 벽이 날아가고 지붕이 내려앉아 이맘과 이라크인 몇 명이 죽었다. 참변 현장에서 관계자들이 시신을 옮기고 있는데 군중들이 몰려와 미군에게 비난을 퍼부었다. 몇몇 사람이 눈에 안 보이는 비행기가 날아와 폭탄을 떨어뜨렸다고 소리치자 군중들은 "알라 외에 신은 없다. 미국은 알라의 적이다."라고 일제히 외쳤다.

사태는 전 도시의 폭동으로 확대될 조짐을 보였다. 영어를 유창하게 하는 시청 고위관리이며 시 원로들이 장래 시장으로 점찍고 있는 라아드 후세인 아베드가 웨슬리 중령을 찾아왔다. 그는 이 위기를 해소하기 위해 시에서 제일가는 부자 중 한 사람이며 가장 영향력이 큰 상인인 가지 족장과 웨슬리 중령과의 회합을 주선했다. 영리하고 세련된 사업가인 가지는 죽은 이맘이 시 외곽 고속도로를 다니는 미군차량들을 날려버리기 위해 사제폭발물을 장치하고 있는 것으로 알려진 급진파 이슬람 설교사였다는 사실을 웨슬리 중령에게 인정했다. 그는 웨슬리에게 소요사태는 없을 것이라고 분명하게 말했다.

웨슬리는 라아드와 같이 트인 생각을 하는 사람들과 도시발전 대책을 의논하면 시아파에 대한 공포와 이교도들에 대한 증오를 퍼뜨리고 있는 사악한 저항세력들의 호소를 약화시킬 수 있을 것으로 확신했다. 그는 4가지 유형의 저항세력들이 있다고 믿었다. 실업 중인 젊은이들,

종교적인 극단주의자들(그들은 추종자들을 거느림으로서 힘을 얻는다), 범죄자들, 그리고 전 바트 당원들(얼굴을 숨긴 기획자이며 재정원조자)이 바로 그들이다. 복수심이 동기가 된 사람들을 핵심 저항세력들로부터 떼어놓기 위해 여단사령부는 이라크부족들이 피 묻은 돈이라고 부르는 위자료를 4월 28일 총격전에서 죽거나 다친 사람들의 가족들에게 지급했다.

시 원로들은 제2여단의 그런 노력을 평가하였으며 이라크경찰이 더 큰 책임을 맡을 준비가 되어 있다고 단언했다. 제2여단장인 조셉 디살보 대령은 팔루자 시내의 22개 검문소를 경찰에 인계했다. 그러나 타하 시장은 자기의 친미적인 자세가 자신을 고립시키게 될지도 모른다며 걱정했다. 그는 저항세력들이 자세를 누그러뜨린 게 아니라 때를 기다리고 있다고 경고했다.

여단사령부는 쓰레기청소와 같은 프로젝트를 시작하여 실업자 젊은이들의 단합을 느슨하게 만들려고 '친구들인' 족장들과 계약을 맺었다. 학교에는 선풍기를, 병원에는 에어컨을 선물하고 수도국엔 발전기를 사줬다.

그럼에도 시에서 이것저것 요청하는 것이 항상 미군이 조달할 수 있는 능력을 초과했다. 여단은 1주일에 약 15만 달러를 사용하는데 반해 시 요구액은 그보다 천배나 많은 1억 5천만 달러에 달했다. 실업자가 7만 명이었으며, 공업단지는 개점휴업상태였고, 전력, 하수, 수도 시설은 노후화된지 오래였다. 농부들은 종자와 트랙터와 가솔린이 없어 아우성이었고, 각 학교에는 교과서와 전등이 없었다. 이라크의 모든 도시들과 마찬가지로 팔루자는 황폐해 가고 있었다. 사담 정권의 억압과 착취로 나라가 이 모양이 된 것이다. 어떤 회계사가 와서 회계장부를 보아도 속절없이 파산을 선언했을 것이다. 그러나 미군은 하면

된다는 정신으로 해보려고 노력했다.

이따금씩 저격병의 발포, 박격포와 RPG 발사 등 골치 아픈 공격이 있을 땐 제2여단의 노련한 병사들이 냉철하게 처리했다. 그러나 사제폭발물인 경우는 사정이 달랐다. 베트남에서는 적이 몰래 묻어 놓은 지뢰가 미군 보병 사상자의 20퍼센트를 차지하는 큰 재난을 안겨 군의 사기를 크게 약화시킨 바 있다. 보병들이 숲속 길을 전진해 가다가도 언제 공중으로 날려올라갈지 몰라 전전긍긍했다. 이라크와 같은 평지에서 고속도로가 전진해 가야할 길이다. 미군 사망자 68퍼센트가 사제폭발물 때문이었다. 길을 가는 모든 병사들이 이 폭발물을 제일 두려워했다.

사제폭발물은 제조가 간편했다. 유산탄(榴散彈)용 금속과 폭파용 뚜껑을 장착한 폭약을 서로 연결시켜 차고의 도어 오프너나 휴대전화의 무선주파수에 의해 폭발되게끔 조정해 놓으면 되었다. 폭파장치를 조종하는 사람이 멀리 떨어진 블록의 건물옥상에 숨어서도 폭파시킬 수 있었다.

제3보병사단 2여단은 사제폭발물을 쉽게 찾아내는 방법을 알아냈다. 그런 폭발물들은 주로 죽은 개의 위장 속, 모서리가 없이 비스듬히 기울어지게 만든 둥근 통, 바람에 잘 날려가지 않는 마분지 상자, 또는 이상한 장소에 주차돼 있는 차량 속에 장치하는 경우가 많았다. 하지만 7월 중순, 호송대가 서팔루자지역을 지나갈 때 폭파장치를 한 대포포탄이 터져 한 사람이 죽고 세 사람이 부상을 당했다. 현지 주민 수십 명이 폭발물 근방을 차를 몰고 다녔으나 아무도 미군에게 경고해주지 않았다.

그에 대한 대응으로 팔루자 주둔 미군 지휘관인 에릭 슈바르츠 중령은 고속도로의 모든 차량을 조사하기 위해 검문소를 설치했다. "이 같은 사고가 발생하면 우리는 그들의 기본권리 중 하나인 이동의 자유를 제약할 것이다." 하고 그는 말했다.

제2여단의 막강한 화력에 맞서는 대규모 총격전은 없었지만, 팔루자 사람들은 미군들에 대해 노골적으로 쌀쌀맞게 굴었다. 미군과 얼굴을 맞대는 사람들—예컨대 타하, 라아드, 가지 같은 사람들—은 조심스럽게 처신했다. 자기들이 미군과 얼마나 가깝게 지내는지를 다른 사람들이 평가하며 살피고 있음을 알고 있기 때문이다. 온 도시가 당장 폭발할 것 같은 날카로운 분노의 자세를 드러내고 있었다. 여름 중간쯤에 팔루자를 찾은 바 있는 워싱턴 포스트의 베테랑 기자인 라지브 찬드라세카란은 팔루자를 "이라크에서 미군에게 가장 적대적인 도시"라고 했다.

겉으로 여느 시민들과 다를 바 없어 보이는 적을 찾아내기란 여간 어려운 일이 아니었다. 저항세력들이 특별한 유니폼을 입을 리도 없었다. 그들은 군 막사가 아니라 가정집에서 작전을 짜고 행동으로 옮겼다. 도청이 가능한 군용 통신망이 있는 것도 아니었다. 계급구조를 가지고 있지도 않았다. 그들은 모두 서로를 잘 알고 있었다. 베트콩처럼 대부분의 게릴라 활동은 신원을 확인할 수 있는 계층조직과 분명한 지휘체계를 갖고 있는 것이 보통이다. 이라크에는 그런 것이 없었다. 2003년 여름에 수백 개의 독립적인 조직들이 작전을 펼쳤을 때 그들을 움직인 것은 충성심이었다. 대충 이와 유사한 것으로 19세기 아메리카 인디언 부족을 들 수 있을 것이다. 인디언은 식민자들에 대한 적의를 공유하면서도 각각 다른 이유로 다른 시간에 공격을 가했다.

불볕더위가 기승을 부리던 여름 내내—기온이 섭씨 48~54도를 오르내렸다—제3보병사단 2여단은 두 가지 접근수단, 즉 좋은 관계를 유지하려고 노력하면서 공격에는 단호히 대처하는 일과 빈사상태의 경제를 점진적으로 부양시키는 일을 계속했다.

8월 말에 제3보병사단은 그곳을 떠나 귀국했다. 웨슬리 중령은, 4월에 시민들이 살상된 비극적인 사건은, 바트 당원들보다는 이맘과 족장들에 의해 통제돼 온 전통적인 도시에 분노를 터뜨리게 한 것이라고 생각하며 이라크를 떠났다. 그는 저항세력 지원자들의 수를 줄일 수 있었던 것은 엄청난 액수의 돈을 썼기 때문에 가능했다는 사실을 알고 있었다. 하지만 그의 사단은 미국이 실제 원한다면 변화를 가져올 수 있다는 점을 주민들이 확신할 수 있게 기부한 것에 불과했다. 잔꾀를 부려 계약을 따내려고 하는 반면 재빨리 비난을 퍼붓기도 하는 족장들은 애가 닳게 조금씩 공급하는 자금에 좋은 인상을 갖지 않았다. 7만 명의 실업자들은 여전히 실업자로 남아있었다. 사제폭발물들은 여전히 맹위를 떨쳤다. 축구장은 쓰레기장이 돼 있었다. 사람들을 조직화할 수 있는 얼굴을 감춘 타산적인 적이 존재한다는 증거였다.

2
무너진 지휘체계

팔루자에서 미군 일선지휘관들은 경찰, 군인, 개발입안자, 경제행정가, 정치고문, 최종심 판사의 역할 모두를 수행했다. 그러나 1세기 전 중동지역을 통치했던 유럽 식민정권과는 달리 미국인들은 토착 군대와 공무원들의 도움 없이 현지의 군대, 경찰, 시당국, 그리고 정권의 역할을 해내고 있었다. 이런 점에서 팔루자는 2003년 여름의 이라크를 상징하는 곳이었다.

4월에 바그다드에서 벌어진 사담 정권과 그들 본거지에 대한 공격은 너무나 압도적이어서 대부분 사람들이 예상했던 것보다 더 빨리 정권이 무너졌다. 미군을 위주로 하여 상당수의 영국군으로 이루어진 연합군 최고지휘관은 중부군 사령관인 토미 프랭크스 장군이었다. 전쟁 전에 프랭크스는 도널드 럼스펠드 국방장관을 설득하여 전후 이라크 개발은 중부군 사령부 지휘 아래 둔다는 내락을 받아냈다.

"지휘체계 단일화는 가장 중요한 원칙이다. 전투에선 명령이 한 라인으로 내려와야 한다."라고 프랭크스 장군은 그의 회고록에 쓰고 있다.

 이런 접근법은 베트남에서 배운 교훈 덕택이다. 1967년 베트남에서 1천여 명에 이르는 재건 또는 평화 담당 미국인 고위관리들이 베트남 주재 미국대사와 개별적인 보고채널을 갖고 있었다. 그 바람에 행정관할권 싸움과 서로 상반되는 진행방식으로 인해 진척이 이루어지지 않았다. 이와는 대조적으로 현지 미군은 분명한 지휘체계와 표준화된 처리절차를 갖고 있었다. 그래서 민간부문이 지지부진하여 좌절감을 느끼던 존슨 대통령은 재건담당 관리들과 예산을 미국 대사 관할에서 월남군 사령관인 크레이턴 에이브람스 장군 관할로 옮겨버렸다. 이 이동으로 모든 복잡한, 서로 다투고 때로는 말썽 많은 미국의 민·군 평화 프로그램들이 일사불란한 단일 지휘체계 밑으로 들어오게 되었다. 국가안보를 책임지고 있는 한 사람의 군 사령관 아래 정책과 물자관리 양쪽에 대한 결정권을 통합시킨 것이다.

 이와 비슷하게 럼스펠드는 이라크에서 모든 명령체계를 군 지휘관 아래 두는 것이 바람직하다는 프랭크스 장군 의견에 동의했다. 럼스펠드는 퇴역중장인 제이 가너를 중부군 사령부의 재건담당 부사령관으로 임명했다.

 바그다드 점령 3주 후 부시 대통령은 이라크에서 대규모 적대행위가 종결되었다고 선언했다. 대통령은 항공모함 에이브라함 링컨호에 탑승해 열렬하게 환호하는 병사들에게 "우리는 해냈습니다."하고 선언했다.

 전쟁은 끝난 것처럼 보였지만, 이라크는 약탈로 대소동이 일어났다. 텔레비전 방송들이, 미국에 우호적이지만 통제되지 않는 군중들이 공공건물에 난입하여 마구 부수고 약탈하고 있는 화면들을 저녁 뉴스로 내보냈다. 박물관에서 수천 년의 역사를 가진 인공유물들이 약탈되어 당나귀가 끄는 수레에 실려 가고 있었다. 가너 중장과 그의 참모들은 이 혼란사태의 와중에서 지도자로서의 역할을 제대로 하지 못한 것으로 드러났다. 부시 대통령은 곧 지도자와 조직을 바꾸기로 결정했다.

5월 10일 대통령은 전직 대사인 폴 브레머 3세를 이라크주재 대통령 특사로 임명하여 가너의 업무를 맡게 했다. 브레머는 연합임시행정청(CPA)으로 불리는 새로운 조직을 관리하게 되었다. 그는 럼스펠드 장관을 통해 대통령에게 보고했으며 새 이라크 건설을 위한 폭넓은 정책결정과 예산집행권을 부여받았다.

이라크재건은 중부군 사령부가 측선으로 나서게 되었다. 지휘체계가 두 가닥으로 갈라진 것이다. 전쟁이 끝났다면 중부군 사령부는 남아 있을 필요가 없었다. 프랭크스 장군은 은퇴할 무렵 중부군 사령부의 재건담당 부사령관 자리를 없애는 데 매우 열심이었다. 프랭크스가 예측했듯이 브레머는 대통령의 개인 특사로서 백악관의 더 큰 정치적 영향력과 돈을 이라크에 가져올 것이었다. 그것은 주요 적대행위가 종결된 이라크가 실제로 무엇을 필요로 하고 있는지를 말해주는 것이다.

저항세력들의 적대행위가 지속되자, 초여름 럼스펠드 국방장관은 그들의 공격을, 성공할 기회를 갖지 못한 '막가는 사람들'의 행동으로 가볍게 치부했다. 하지만 7월 17일 새로 부임한 중부군사령관 아비자이드 대장은 럼스펠드의 평가를 뒤집었다. 그는 현 사태가 "전형적인 게릴라 공격으로 발전했으며, 이라크 전쟁이 끝나고 있는 게 아니라 게릴라전으로 계속되고 있다."고 말했다.

이라크에 전시상태가 지속됨으로서 대통령 특사인 브레머의 직위와 가장 유사한 역사적인 사례는 19세기 말 인도의 영국 총독을 들 수 있다. 하지만 그때 영국인들은 영군 장교들이 지휘하는 대규모 토착민

군대를 관리하고 있었으며, 총독이 모든 주요 군사작전을 재가했다. 브레머 경우는 이와 다르다. 그는 이라크 보안군— 경찰과 군대— 을 그가 적절하다고 보는 어떤 유형으로든지 만들기 위한 책임과 돈은 갖고 있었지만, 미군의 군사작전에 대해서는 승인하거나 거부하거나 심지어 비판할 수 있는 권한조차 없었다.

브레머는 바그다드에 그린 존이라 불리는 거대하고 육중한 방호물로 보호되는 바로크식 궁전에 본부를 설치했다. 아비자이드 장군은 바그다드 남쪽 400마일 떨어져 있는 카타르에 중부군 전진 사령부를 설치함으로써 그의 시간을 카타르와 중부군의 또 다른 사령부가 있는 플로리다 주 탐파로 갈라놓았다. 아비자이드는 산체스 중장을 바그다드 합동기동군사령관으로 임명하여 이라크 작전을 책임지게 했다. 산체스는 정치·군사 지정학에는 익숙하지 않고, 구체적인 군사작전을 좋아하는 열정적인 장군이었다. 브레머는 열정적이고 지적이며, 워싱턴의 지정학과 방침에 밝고 자기가 갖고 있는 결정권을 적재적소에 재빨리 사용할 줄 아는 사람이었다.

이제 막 설치된 브레머의 연합임시행정청(CPA)이 아직 제대로 체제를 갖추지 못하고, 이라크에 대한 조언자로서 국무부 지원도 아직 불충분한 상황이었기 때문에, 2003년 여름 동안 미군과 영국군 현지 대대장들이 이라크 여러 도시의 사실상의 시장으로서 기초적인 대민 봉사 업무를 복원하고 행정을 폈다. 캘리포니아 크기만한 나라에 산개돼 있는 대부대 40개가 체불임금, 범죄예방, 하수, 전력, 의료, 유류, 수도 및 미국이 용인할 것으로 생각하고 있는 천여 개가 넘는 시정 서비스로 인해 꼼짝달싹 못할 지경이었다. 연합임시행정청은 실질적인 도움을 줄 만한 직원도 자금도 갖고 있지 않았다. 짜증이 난 나머지 각 부대 사령관들은 CPA(연합임시행정청)를 '아무 것도 제공할 수 없는

(Cannot Provide Anything) 관청'이란 뜻에 비유했다. 이라크 전역에서 연합임시행정청과 합동기동군 사이의 인적·조직적 관계가 삐거덕거렸다.

사담 정권 아래서 소규모 범죄를 수사하고 시시한 수뢰사건에 빠지기도 한 이라크 지방경찰청에 대한 훈련과 장비 지원도 빈약했다. 사담 정권 때는 무시무시한 권력을 휘두른 정보부(무카바라트)와 육군이 신속하고 거칠게 중범죄들을 다루었다. 사담 정권이 붕괴된 후 연합임시행정청은 이라크 전국에 있는 경찰 8만5천명이 미국 도시 경찰처럼 국내치안을 담당할 수 있을 것으로 생각했다.

이라크 경찰 고문관으로 있는 연합임시행정청 고위관리가 이라크인들에게 이렇게 설명했다. "아주 간단하게 생각하자. 언제 경찰이 쿠데타를 일으키는 것을 당신들이 본 적이 있는가? 당신들이 강력한 경찰을 만들어낸다면 당신들은 공화국을 가지게 되고, 강력한 군대를 만들어낸다면 바나나 공화국을 가지게 된다."

이론상 장점이 무엇이든 간에 연합임시행정청의 치안계획은 팔루자 시내 상황과는 무관했다. 팔루자 경찰은 팔루자에 직원 한 명 파견하지 않고 긴요하게 사용할 수 있는 자금도 부족한 연합임시행정청으로부터 별로 도움을 받지 못했다.

2003년 초가을 제3보병사단이 팔루자에서 철수함으로써 이 도시는 백악관의 핵심 토의 대상에서 제외되었다. 그러나 대통령과 그의 보좌관들은 즉각 선거를 실시하라는 시아파로부터 압력이 고조되고 있는데도 불구하고 펜타곤과 연합임시행정청이 서로 협력하고 조정하는 팀워크를 발휘하지 못하고 있음을 우려했다. 그래서 10월에 백악관 내에서 이라크정책을 조정할 목적으로 세 번째 지휘체계인 '이라크 안정화 그룹(ISG)'을 추가로 만들었다.

그룹 책임자는 국가안보보좌관 콘돌리자 라이스 박사이며, 노련한 부책임자는 부시 대통령에게 이라크문제를 조언하는 부보좌관으로 임명된 로버트 블랙윌 대사이다. 브레머와 블랙윌은 국무부에서 함께 일한 동료였다.

　이리하여 세 사람의 강력하고 의지가 굳센 사람들—아비자이드, 브레머, 블랙윌—이 이라크문제에 대해 세 개의 별도 지휘체계와 커뮤니케이션 채널을 갖게 되었다. 아비자이드는 럼스펠드에게 보고했고, 브레머는 럼스펠드에게 보고하면서 동시에 대통령의 개인 특사로서 백악관에도 알려줬다. 그리고 블랙윌은 백악관 라이스 박사에게 보고했다.

　이 세 지휘체계의 우선권과 정보소스는 크게 차이가 났다. 브레머는 이라크를 정치·경제적으로 유지 가능한 민주국가로 이끌어 가면서 동시에 지방에 드문드문 파견돼 있는 참모들에 의존하여 바그다드 이외 지역 정보도 제공해야 하는 가장 방대한 업무를 맡고 있었다. 블랙윌은 궁극적으로 선거에 의해 구성된 이라크정부에 정권을 이양하는 길을 준비하는 일에 전념했다. 산체스를 통해 임무를 수행하고 있는 아비자이드는 전 이라크의 안보 및 경제상황에 대한 가장 완전한 데이터를 갖고 있었다. 브레머와 블랙윌은 정치적 안정을 위해 시아파에 모든 노력을 집중하는 반면, 아비자이드와 산체스 장군은 게릴라전 방어에 전념했다.

　2003년 가을 팔루자와 바그다드 북서쪽에 있는 수니파 삼각지대 전지역에는 사실상 현지경찰도 이라크군도 없었다. 약 15만 명의 미군이 500만 명의 수니파 주민들 사이에 숨어 있는 수천 명의 저항세력들과 싸우고 있었다. 수니파 주민 지도자들은 자기들이 저항세력들에게 아무 영향력도 행사할 수 없는 사람들이라고 말했다.

이라크군 부대와 이라크인 지도자들의 부재는 브레머 대사가 5월에 취한 두 가지 조치 때문이다. 첫째는 바트당 상급 당원들을 정부요직에서 추방한 점이다. 이들은 사담 정권에 봉사한 정치조직원들로서 의약, 교육 및 군대와 같은 전문 직업을 위한 엔트리 포인트를 제공하고 있었다. 수니파 바트 당원들에게 박해 받았던 쿠르드족과 시아파 지도자들은 집요하게 그들의 공직 추방을 요구했다.

둘째는 군을 해산하기로 결정한 점이다. 브레머는 단지 사실을 정리하고 있었을 뿐이라고 말했다. 즉 이라크군대는 누가 해산한 것이 아니라 스스로 분해돼 버렸다는 것이다. 그러나 그 말은 사실이 아니다. 모든 미군부대 지휘관들은 이라크군 장교들이 자기 부하들을 데리고 와서 미군과 함께 일하겠다는 제의에 골머리를 앓을 지경이었다. 미군 부대들은 심지어 이라크군 부대를 재편성하는 계획까지 세운 적이 있다.

펜타곤과 중부군 사령부 모두 브레머의 포고를 사전에 거절할 기회가 있었지만 그렇게 하지 않았다. 브레머가 5월에 그의 결정을 발표했을 때 펜타곤과 중부군 사령부 및 연합임시행정청은 충격전이 서서히 끝나가고 있으며 따라서 썩은 (이라크)군대를 복귀시키기 위해 서둘 필요가 없다는 잘못된 인식을 공유하고 있었다. 중부군 사령부로부터 확실한 반대의 소리를 듣지 못한 연합임시행정청은 국경수비대와 국내 어떤 역할로부터도 배제된 이라크군대를 처음부터 다시 양성하기 시작했다. 저항세력을 소탕하는 일은 새 이라크군대의 임무가 아니었다.

7월에 아비자이드 장군이 이라크는 "전형적인 게릴라 공격에 직면하고 있다"고 밝혔음에도 불구하고 중부군 사령부도 연합임시행정청도 전략이나 예산에서 어떤 중요한 조치도 취하지 않았다. 이것이 심각한 문제점으로 드러난다. 번영이 치안의 토대라는 시각을 반영하여 초가을에 브레머는 이라크용으로 180억 달러를 요구하는 예산서를 미 의회에 제출했다. 이 금액의 80퍼센트는 개발(전기 하수시설, 학교 등)에 그리고 20퍼센트는 치안(경찰·군대 양성 및 국경 수비)에 사용될 예정이었다. 저항세력들이 점점 강성해지고 있는 판에 연합임시행정청의 정책과 재원은 평화로운 이라크를 전제로 하고 있었다.

8월 말에 시작하여, 그리고 가을 내내, 이라크 동향을 우려하고 있던 국방부 부장관 폴 D. 울포위츠는 연합임시행정청에 40개 또는 그 이상의 보안군 형태로 된 이라크군 대대를 양성하기 위해 자금을 재배정하도록 요청했다. 각 수니파 도시에 1개 또는 2개 대대를 보내어 사기가 떨어져 있으면서도 무기를 많이 갖고 있는 경찰을 뒷받침하게 할 작정이었다. 울포위츠의 요구는 브레머와 일련의 예산논쟁을 가져왔다. 브레머는 그의 참모들에게 "펜타곤에서 돌보고 있는 다람쥐 우리에 사료 주기"라고 농담하면서 울포위츠를 "워싱턴에서 6천 마일 떨어진 곳에 있는 나사를 돌리는 스크루 드라이버"라고 불렀다.

브레머는 자신이 관리 감독해야 할 범위와 의무가 너무 커 비틀거렸다. 그는 임시정부 위원회 위원들을 선발하는 책임을 지고 있었으며, 럼스펠드 장관과 부시 대통령에게 조언하고, 유엔에 보고하고, 이라크의 통치권을 회복시킬 준비를 하고, 그리고 이라크 경제 및 안보 정책과 예산을 결정해야 했다. 의회가 성가시게 시시콜콜 따지고 든다는 점에 비추어 볼 때, 치안 관련 지출을 조정하는 작업도 결코 쉬운 일이 아니었다.

그럼에도 럼스펠드, 울포위츠, 아비자이드는 계속 압박을 가했고, 가을 중반까지 연합임시행정청은 추가 치안병력에 대한 자금을 마지 못해 재할당했다. 일단 연합임시행정청이 울포위츠의 요청을 받아들이자, 아비자이드는 이라크 주둔 미군사단의 신병모집과 훈련 및 새 이라크 보안군(임시로 이라크 민방위대라 불렀다)에 대한 봉급에 자금을 사용하도록 지시했다. 그러나 팔루자는 그런 보안군 부대가 주둔하는 도시들 중 최하위 순서에 들어가 있었다. 보안군 병사들은 2004년 2월까지 팔루자에 배치될 수 없었다.

3
미군과 일하면 너는 죽는다

2003년 여름이 끝날 즈음 미군은 팔루자 동쪽 2마일 지점에 큰 기지를 만들어 각 부대들을 이동시키고, 시내의 주간 순찰횟수를 늘렸다.

9월 초순 제82공수사단이 되돌아 왔다. 팔루자 시민들은 아직도 4월 28일의 비극적인 살상에 분노하고 있었지만 합동기동군 사령부는 거기에 보낼 만한 다른 예비부대를 갖고 있지 않았다. 505공수보병연대 제1대대가 팔루자에 들어가기 위해 5개월 만에 제5아메리칸 대대로 재편하였다. 최근 아프카니스탄에서 돌아온 이 대대는 7개월 동안 팔루자에 주둔할 예정이다.

대대장은 브라이언 M. 드링크와인 중령이다. 웨스트포인트 출신인 그는 편안하게 부대를 통솔하는 얌전한 지휘관이었는데 맡은 업무 규모에 강한 인상을 받고 있었다. 연대장인 제프리 스미스 대령은 휘하 6개 대대 대대장들을 불러 놓고 그들의 임무를 설명했다. 스미스 연대장이 지휘하는 4,400명의 공수보병연대 병사들은, 100만 명의 이라크인이 살고 있는 1,600평방킬로미터에 산개하여 다음 다섯 가지 임무를 수행하게 되었다. (1)얼굴을 숨긴 저항세력들의 공격에 대한 방어, (2)현지 이라크 과도통치위원회 재건, (3)수니파 주민들의 적대감 해소, (4)이라크 경찰 지원, (5)경제 활성화 지원이었다. 이들 임무는 미군과 영국군이 이라크 전역에서 떠맡고 있는 임무와 비슷했다. 그러나 바그다드의 합동기동군 사령부는 국가재건을 위한 최종 청사진을 제공하지 않았다. 각 대대는 상황에 따라 임무의 우선순위를 정하여 적용하기를 바란다고 스미스 연대장은 부드러운 어조로 설명했다.

드링크와인 중령은 낮에는 시 행정관, 족장 및 이맘들과 회합을 위해 시내에서 차를 몰고 다니며 시정관리에 전념했다. 밤에는 소총중대들을 파견하여 사제폭발물 예방 순찰을 돌게 했다. 대대가 도착한 첫 주에 사제폭발물 6개를 찾아내 폐기했다. 여름을 지나면서 저항세력들은 더 영악해져 갔다.

폭발물이 가장 많이 설치되는 시간은 어둠이 내린 직후와 새벽이 되기 직전이었다. 미군 감시 초소가 있음을 알고 있는 저항세력들은 두 대의 차량을 각각 다른 곳으로 몰고가 세우고는 마치 바람 빠진 타이어를 바꾸는 것처럼 차 뒤쪽으로 돌아가 어정거린다. 차 헤드라이트를 몇 분 동안 미군 초소의 야광 투시기 쪽으로 비쳐 기능을 정지시키는 동안 재빨리 폭발물을 가드레일 옆 미리 파논 구덩이에 떨어뜨린다. 몇 시간 뒤에 한 남자가 살금살금 와서 폭파 뚜껑이나 와이어 또는 무선 주파수 장치를 끼워 넣는다. 다음날 관목 숲 속에 숨어 있는 누군가가 그 폭발물을 터뜨릴 것이다. 공수부대 병사들이 폭발물을 숨겨놓을 만한 장소를 찾아내는 데 숙달되자, 저항세력들은 대낮에 장소를 바꿔가며 미군과 숨기고 찾기 경쟁을 벌이기도 했다.

초기에 대대의 시내순찰은 즉각 반격을 가할 수 있는 병력을 대동한 채 대규모로 행해졌다. 2003년 9월 11일 자정 직전, 알파중대에서 나온 제3소대가 버려진 놀이공원에 있는 그들의 기지를 떠나 고속도로를 감시하며 북쪽으로 걸어갔다. 병사들은 요르단 군이 주민들을 치료하기 위해 설립한 야전병원 서쪽 약 200미터 지점에서 매복에 들어갔다.

거의 같은 시각 시내에서는 검은 BMW 차량 안에서 누군가가 시장 사무실을 향해 총을 쏘다가 시장 민병대를 태운 1대의 경찰 승용차와 2대의 픽업트럭에 쫓겨 시가지 밖으로 내달았다. 불빛으로 보아 차량 4대가 빠른 속도로 고속도로를 질주해 왔다. 미군들은 차량들이 멈추어 서도록 플래시 라이트를 흔들며 비추었다. BMW 차량이 라이트를 끄며 미군들을 빠른 속도로 지나쳤을 때 총소리가 어지럽게 울려 퍼졌다. 경찰 픽업 하나가 벌집이 되어 뒤집혀 구르다 멈췄다. 경찰 승용차와 다른 픽업은 미끄러지며 멈춰 섰다.

운전수가 "경찰이야! 경찰!"하고 외치며 뛰어내렸다. 그러나 지금 미군은 서쪽 2층 빌딩 옥상으로부터 사격을 받고 있었다. 그 건물이 병원인줄도 모르고 미군은 50구경 기관총으로 그 건물을 향해 응사했다. 경찰 7명과 병원 수위들이 죽었다. 미국이 이라크를 점령한 지 6개월만에 아군 사이에 일어난 최악의 오발사고였으며 양편에 엄청난 슬픔을 남겼다.

드링크와인 중령은 깊이 유감을 표명하고 왜 경찰이 미군에게 무전연락도 하지 않았는지, 왜 플래시 라이트를 공격했는지 추궁했다. 경찰은 큰 소리로 되받았다. "왜냐고?, 너희들 미군들이 우리에게 장비를 주겠다고 약속만 해놓고 아무것도 주지 않았기 때문이야. 아무것도. 말만 번드르르하게 해 놓고는. 이제 너희들이 우리를 죽이고 있어."

　드링크와인은 경찰에 장비를 제공한 일이 거의 없었다. 그는 비극의 재발을 피하기 위한 사전통보절차를 만들고 플래시 라이트 몇 개를 구매하여 경찰에 넘겨주었다. 그는 왜 경찰이 그의 부대를 멀리 하는지 그 이유를 알아냈다. 경찰은 팔루자와 그 주변 마을에 살고 있는데, 그들 동리의 거리 한쪽 구석에서 빈둥거리며 지내고 있는 전직 관리들을 알고 있었다. 전직 관리들은 각자 집에 AK소총을 보관하고 있으며 비슷한 생각들을 하고 있는 패거리들이었다. 4개 미군대대가 그들에게 서로 정보를 교환하면 보호해주겠다는 조건을 제시하며 주둔했다가 떠났다. 그러나 저항세력에 동정적인 그 인사들은 떠나지 않았다.

　드링크와인은 몹시 바빴다. 순찰병들은 하루에 평균 사제폭발물 3개를 찾아냈다. 10월 초순 드링크와인이 회의에 참석하기 위해 시 중심부에 있는 정부종합센터에 막 도착했을 때 한 남자가 옆 거리에서 튀어 나와 "알라는 위대하다!"고 외치며 AK소총을 난사하기 시작했다. 병사들이 그를 제압했지만 행인 네 사람이 부상을 입었다.

　현지 주민들은 그 공격자를 자유의 투사라고 불렀으며, 한 경찰관은 더 많은 사람들이 들고 일어날 것이라고 단언했다.

　"사담 후세인은 끝났다. 그러나 지금 우리는 꼭 같은 정권을 갖고 있다. 미군이 팔루자 시내에 들어올 때마다 공격을 받을 것이다." 하고 그는 말했다.

　드링크와인은 물러서지 않고 오히려 더 압박을 가했다. 10월 중순, 시청에서 족장들과 회합을 갖기 위해 드링크와인은 브래들리 장갑차를 타고 가는 대신 찰리중대의 1개 소대와 함께 2킬로미터를 걸어갔다. 그들이 시장 사무실에 막 도착했을 때 푸른 셔츠와 청바지를 입은 한 남자가 은색 올스모빌(GM 차종) 승용차 뒤에 숨어서 특기병인 죤 폭스의 가슴을 겨누어 쏘았다. 탄환은 그의 방탄조끼에 가죽 끈으로 매어 놓은 그레이 스모크 수류탄을 맞추고는 튕겨나갔다. 병사들이 그 저격범을 향해 발사했다. 그는 죽어가면서 또렷하게 아랍 말로 "알라는 위대하다"는 말을 되뇌었다.

드링크와인은 판에 박힌 듯이 이슬람 성직자들과 족장들을 만나 그들의 불평과 원조요청을 들어주고, 그 대가로 그들의 악의에 찬 반미 설교 톤을 낮추어 줄 것을 요구했다. 미국 관리들은 4만 3천 명의 전직 바트 당원과 군인 및 정보부 요원들이 팔루자 시내와 그 주위 마을에 살고 있는 것으로 추산했다.

제82공수사단 산하 작전센터마다 저항세력에 가담하고 있는 것으로 의심되는 전 정권구성분자들(FRE)의 색출용 리스트와 사진들이 구비돼 있었다. 그 외에 팔루자 시에서 권력을 행사하는 지도자들— 드링크와인이 자주 만나는 족장, 이맘 및 관리들— 의 리스트도 있었다.

CIA와 군 정보 전문가들은 함께 그 리스트를 갱신해 나갔다. CIA가 이라크 정보부를 재건해야 한다고— 후세인정권 정보부에 대한 혐오감에도 불구하고— 연합임시행정청을 설득하는 데 6개월이 걸렸다. 한편 미군은 체포근거를 마련하기 위해 용의자 개인 프로필, 알려진 친지, 주소, 제보자를 탐문할 수 있는 자체 정보망을 개발했다.

드링크와인은 특히 특수전략기동대 6-26과 1-21의 솜씨에 호감을 가졌다. 이들 특수작전부대(SOC)는 어떤 지역에 대해서도 즉시 작전 수행이 가능했다. 그 부대 상교들과 부사관들은 나이가 많고 경험이 풍부했으며 좀처럼 감정을 드러내지 않았다. 그들이 모습을 드러낼 땐 어떤 특별한 임무를 띠었거나 힘든 정보를 캐낼 때였다. 드링크와인은 그들이 비밀정보를 수집하여 그의 공수부대에 전해주는 것에 고마워했다.

드링크와인은 운 좋게도 특기병 칼리드 두딘을 그의 참모로 활용하고 있었다. 두딘은 요르단 명문가 후손으로 귀화한 미국 시민인데 그의 가족 가운데는 대사와 요르단 국왕의 고문변호사도 있다. 그의 아버지는 아라비아 반도 도처에 흩어져 살고 있는 베드윈족에 대한 정부 교섭책으로 일했다. 어릴 때 두딘은 아버지와 함께 여행하며 부족정치의 뉘앙스를 감각적으로 익혔다. 마침내 가족들이 캘리포니아에 정착했고 9·11 사태 이후 공수부대에 들어갔다. 완벽한 아랍어와 옛날 족장들의 이야기로 이라크인들을 매료시킬 수 있는 능력을 가진 그는 팔루자의 정치를 조종하는 일에 드링크와인의 오른팔 역할을 톡톡히 해냈다.

한편 상급부대 사령부에선 족장들의 비위를 맞추는 일이 실질적으로 이익이 되는 것인지 아니면 사라져가는 봉건주의 계급제도에 단지 생명을 불어넣어 주는 것일 뿐인지에 대해 논쟁이 벌어졌다. 매주 수십 명의 족장들과 회합을 하는데도 드링크와인은 누가 실질적인 힘을 갖고 있는지 그들이 누구한테 충성을 하는지 도무지 알 수 없었다.

"소프라노스(미국 TV 드라마)를 생각해 보십시오." 두딘이 그에게 조언했다. "미국인이 팔루자를 이해하기 위해선 전쟁에서 패배한 후 피폐한 도시에 살고 있는 집단의 가족 입장에서 생각해야 합니다. 이 도시에는 도급계약과 돈을 제의하는 점령군과, 저항하도록 부추기는 성직자와, 숨어서 패거리들에게 돈을 주며 사제폭발물을 설치하게 하는 전직 장성들이 있습니다. 소프라노스들이 무엇을 하겠습니까? 그들은 어느 쪽에도 돈을 걸고, 돈을 벌고, 그들의 부족들을 함께 지키며, 그들에게 이익이 될 때 외에는 정치를 멀리합니다. 족장들은 마을에서 권력을 갖고 있지만 그들이 어떤 것을 보답해 줄 때만 그러합니다. 우리가 그들에게 돈을 준다면 그들과 현실적인 타협을 할 수 있습니다."

"팔루자에서 이맘들은 족장들보다 더 큰 권력을 갖고 있습니다. 이맘은 추종자들에게 평판이 높아야만 권력을 가질 수 있습니다. 팔루자 사람 대부분은 문맹이며 모스크는 남자들의 사회생활 중심입니다. 이맘은 그들에게 새로운 소식들을 이야기해 주고 감동시킵니다. 그 보답으로 이맘은 기부를 받고 활동의 몫을 받습니다. 미국인들이 이맘과 실질적인 거래를 하기는 어렵습니다. 우리는 그들에게 약간의 돈을 줄 수는 있지만, 그가 추종자들을 잃는다면 그는 끝납니다. 그에게 돈을 주는 것은 그를 위해서 훌륭한 거래가 될 수 없습니다."

드링크와인은 자신이 팔루자의 기본적인 권력구조를 알고 있다고 생각했다. 족장들은 실질적이지만 제한된 권력밖에 갖고 있지 않았다. 친미파 시장인 타하는 가장 큰 부족인 아부 에이사의 최고 족장 카미스 하스나위가 천거한 사람이다. 두 젊은 족장, 가지와 바라카트는 타하를 그들이 추천하는 라이드로 교체하고 싶어 했다. 제3보병사단은 라이드를 좋아하여 그를 시장 다음 위치인 '시 행정담당관'으로 임명했다. 나이 많은 족장인 카미스는 그의 젊은 라이벌들을 책략으로 이겨 타하의 자리를 지켜줬다. 그들의 라이벌 후원자들을 대신하여 타하와 라이드는 미국의 지지를 서로 많이 받으려고 경쟁했다. 연합임시행정청이 약속하고 있는 거대한 계약은 바그다드 라디오 방송국에 관한 것이다.

가지 족장은 정상을 달리는 금융가문을 이끌고 있다. 유프라테스강 서편 브룩클린 다리 건너에 있는 그의 저택은 그 창문너머에 있는 병원만큼이나 거대하다. 붉고 노란 장미와 히비스커스(불상화), 그리고 잘 다듬어진 초록 산울타리로 된 정원은 바트당의 복잡한 소용돌이 장식을 상징하게끔 설계되어 있다. 그는 메르세데스 벤츠 여러 대를 갖고 있으며, 시내에 있는 큰 저택에 두 번째 아내를 두고 있다. 휴가는 베이루트 해변에서 보내고 사우디 아라비아의 로열 패밀리와 교분이 있고 요르단에서 미국 관리들과 조용히 만나 자신이 전시 외교의 민감성을 이해하고 있음을 넌지시 비치기도 한다.

제3보병사단이 여름에 나누어 준 200만 달러를 드링크와인이 추적해 봤으나 분명한 결과를 거의 얻을 수 없었다. 돈은 소비되었으나 그들의 태도는 바뀌지 않았다. 교과서가 학교에 공급되었지만 교육국장은 사악한 시아파에 대한 편집증적인 악담을 계속했다. 드링크와인은 20만 달러치의 의료기기를 기부한 병원을 방문했지만, 부상당한 저항세력들을 숨겨주고 치료해줬다는 의심을 받고 있는 원장은 그와의 상담을 거절했다.

200명이 좀 넘는 팔루자시 성직자들 대부분은 지금 널리 유행하고 있는 반미정서를 고취하는 설교를 했다. 드링크와인은 살기 위해 입을 닫고 있는 시 원로들과 실제로 저항세력에 가담하고 있는 사람들을 분간할 수 없었다. 특수전략기동대는, 위험한 저항세력 지도자들은 미군이 출현할 땐 거의 모습을 드러내지 않는다고 믿었다. 일부는 시리아에 있고 팔루자에 살고 있는 저항세력들은 하급요원들이었다.

기동대는 전화도청, 무선도청, 제보 등을 통해, 비밀자금이 얼굴을 숨긴 전 바트 당원들로부터 중개인을 통해 시 위원회에 그리고 일선 전사들의 손에 어떻게 이동하는지 알 수 있는 상세한 경로 도표를 차츰 만들어갔다. 이를테면 망보는 사람에겐 50달러, 사제폭발물을 장치할 구덩이를 파는 사람에겐 100달러를, 폭파물을 터뜨리는 사람에겐 200달러를 지급했다. 자금은 적절한 '가문' 중 하나에 접근하면 마련할 수 있었다.

가장 부유한 상인인 가지 족장은 과거 기록이 남아있지 않은 내 동

급의 도급자들을 이용했다. 일부에선 그가 저항세력들의 공격에 필요한 자금책으로 활동하고 있는 바라카트 족장과 함께 시리아로부터 자금을 가져와 시내 접선자들에게 전달한다고 의심했다. 바라카트의 아들은 사제폭발물을 설치한다며 자랑하고 다녔다. 고위 이맘인 자말은 그의 모스크에 저항세력들을 숨겨주고 사제폭발물 공격 후 지불금 문제로 바라카트를 도와준다는 의심을 받았다. 드링크와인은 스미스 대령의 허락을 받아 자말의 모스크에 도청장치를 설치했다. 곤충모양의 그 장치가 발각되면 폭동을 각오해야하는 위험한 짓이다.

드링크와인은 미국인들이 바보가 아니라고 시 원로들에게 경고했지만 그 경고가 어떤 변화를 가져오지는 않았다. 10월 20일 동 맨해튼으로 불리는 시 동쪽 변두리를 순찰 중이던 미군 1개 소대가, 자동차 운전자들에게 항아리에 담긴 가솔린을 파는 행상인들이 후닥닥 뛰어 달아나는 것을 보았다. 소대의 한 병사가 감춰져 있는 압력금속판을 밟자 90파운드짜리 155밀리 포탄 2개가 들어있는 기름통이 폭발하여 파편이 온 사방으로 튀었다. P.J.죤슨 병장이 즉사하고 병사들 7명이 부상했다. 바로 그때 동북방향 시 외곽 쪽에서 총탄과 로켓탄이 날아왔다. 몇 시간 동안의 격전이 끝나고서야 드링크와인은 부상병들을 옮길 수 있었다. 압력 금속판은 CIA가 '로켓 맨'이라고 부르는 폭파 전문가인 한 현지주민의 작품이었다.

화가 머리끝까지 치민 드링크와인은 족장들과 이맘들에게 그 화를 풀었다. 특수전략기동대가 도청내용을 분석하여 7개의 물건들과 함께 묶여 있는 서류를 노획했는데 거기서 이슬람법률 고문 자말과 족장 바라카트가 이번 일에 관여한 증거가 드러났다. 이맘 한 사람을 체포하는 데도 특별허가가 필요했다. 자말이 그의 추종자들에게 미군들을 죽이라고 선동하고, 도청된 한 전화 목소리가 자말에게 테러리스트 하나를 그의 저택에 숨겨주도록 지시하는 내용이 연대장인 스미스 대령에게 보고되었다. 더욱이 자말이 폭도들의 활동을 상세하게 펜으로 적은 편지 세 통을 갖고 있었던 사실이 드러났다. 스미스는 자말과 바라카트를 체포하도록 지시했다.

급습조가 자말을 체포하고 그의 집 골방에 숨어 있는 예맨인 테러리스트를 붙잡았다. 자말은 드링크와인의 작전센터로 끌려와 정중하게 차 대접을 받았다.

자말이 차를 한 모금 마시자 특기병인 두딘이 자기의 손목시계를 바라보며 말했다. "당신을 다른 곳으로 모셔야겠소. 파티가 이제 막 시작될 겁니다."

당황한 자말은 파티에 함께 가려는 사람들을 둘러보았다. 그들이 마당을 가로질러 갈 때 밤마다 날아오곤 하는 박격포탄이 가까운 곳에서 터졌다. 두딘은 자말의 허리를 구부리게 하여 급히 벙커 안으로 데리고 들어갔다. 학자 티를 보이는 쉰여덟 살의 중간체격을 가진 자말은 박격포 공격으로 공포에 질려 있었다.

"이곳이 얼마나 위험한 곳인지 알겠지요?" 두딘이 완벽한 아랍어로 물었다.

"예, 예." 자말의 대답이다.

인근에서 터지는 포탄에 완전히 주눅이 든 자말은 그가 '근본주의자'를 숨겨주었으며 폭력을 선동했다고 고백하는 진술서를 썼다. 다음날 드링크와인은 이맘 5~6명을 초청하여 자말을 만나도록 했다. 자말은 그와 바라카트가 무슨 짓을 했는지 재차 고백한 터였다. 이들 두 사람이 아부그레이브 교도소에 수감된 후 70명 이상의 족장들과 이맘들이 시청에 모여 이번 체포에 대해 항의했다. 그러나 우두머리 족장이 그들에게 자말의 진술서를 보여주자 항의시위가 흐지부지 끝나버렸다. 드링크와인은 이것을 적극적인 신호로 삼았다.

―――

10월 마지막 날 정부종합센터 구내에 폭탄이 터지고 군중들이 몰려들어 타하 바다위 시장이 미국인들과 하청계약으로 수익을 올리고 있다고 비난했다. 그 항의집회는 미리 꾸민 속임수였고, 곧 총격전이 벌어져 본격적인 전투로 확대되었다. 드링크와인은 즉시 2개 보병소대를 투입하고 무장 헬기를 공중에서 지원하게 했다. 전투는 30시간이나 계속됐다. 전투가 끝났을 때 시청은 포연으로 가득 차 있었고 충실한 친미주의자였던 타하 시장은 도시를 떠났다.

라아드가 타하를 대신하여 시장이 되었다. 족장 가지가 나이 많은 족장인 카미스를 책략으로 이기고 미래의 도급계약 당사자를 자기로 만들어 놓았다. 잠정적으로 소추면제를 확신한 전직 바트당 당원 10여 명은 드링크와인이 주재한 비밀회의에 참석했다. 드링크와인이 소요 원인에 대한 그들 의견을 듣고 싶어 회의를 마련한 것이다. 그들은 팔루자에 주둔하는 미군 수를 줄이고 바트 당원들의 전직복귀를 요구했다. 그들은 82공수사단이 지나치게 빨리 너무 많은 화력을 퍼붓는다고 불평했다. 그리고 전에 제3보병사단과 제3기갑연대가 병사들을 시 외곽에 주둔시키고 일상의 시내 치안업무는 경찰과 현지 민병대에게 맡기던 접근방법을 선호했다.

"그들은 우리를 더 잘 이해했습니다. 그늘은 지금 당신들이 하는 것처럼 사람들을 화나게 하지 않았습니다. 무력강화로 대처해서는 이곳 일을 해결할 수 없습니다." 하고 카미스 족장은 말했다.

드링크와인의 상사인 스미스 연대장은 족장의 주장에 동의하지 않았다.

"초기(2003년 여름 동안)에 무력을 경제적으로 사용한 탓에, 전 정권 충성분자들, 바트당 고위 당원들 및 일부 극단주의자들이 자기들의 천국을 만들었다. 우리의 강화된 군사행동에 대한 반발로 밖에 보이지 않는다." 하고 스미스 대령은 드링크와인에게 말했다.

그 반발은 곧 치명적인 것으로 변했다. 11월 2일, 팔루자 외곽 상공을 날던 CH-47 치누크 헬기가 대공미사일 2발에 피격됐다. 헬기 추락으로 미군 15명이 사망하고 20명이 부상했다. 이라크 침공 이후 단일 사건으로는 최악의 사망자를 낸 것이다. 그 뉴스가 팔루자 시내를 축제에 휩싸이게 했다. 미군과의 대화를 증오하고 아이들은 캔디를 거절하였으며, 미군 엔지니어들은 위험을 무릅쓰지 않고는 막힌 하수관을 뚫거나 낡아빠진 전기 발전기를 수리할 수조차 없었다.

바그다드의 합동기동군사령부가 지시한 첫 대응방안은 제82공수사단이 팔루자시를 포위하여 블록별 수색으로 폭도들을 체포하고 숨겨놓은 무기들을 압수하는 일이었다. 스미스 대령과 드링크와인 중령은 닷지 시티(Dodge City)로 불린 4개 대대 작전계획에는 반대했다. 그들의 주장—5개월 후 교체병력으로 투입된 해병대가 그대로 되풀이 할 주장이다—에 따르면 그런 공격은 시내 젊은이들을 저항세력에게로 몰아갈 염려가 있다는 것이다.

"이렇게 해서는 안 됩니다. 우리가 과잉반응을 보이면 폭도들에게 합법성을 부여하게 됩니다." 하고 드링크와인은 말했다.

사태평가를 위해 날아온 아비자이드 장군도 이에 동의했다. 시를 블록별로 점령하는 방안 대신 그는 족장들을 만나 그들이 지도력을 발휘하여 폭력을 중지하게 해 달라고 요구했다. 족장들이 지배하고 있는 시 외곽 마을에서도 성직자들의 세력권인 시내 못지않게 저항세력들의 공격이 빈번했던 것이다. 아비자이드 장군은 아랍어로 족장들에게 이렇게 말했다. "지금 같은 상황에서는 더 나은 미래를 향한 재건도, 계약도, 직업도, 진보도 있을 수 없습니다."

족장들과 별도회합에서 제82공수사단장인 차알스 H. 스완네크 소장도 그들을 설득했다. "이 같은 공격은 더 이상 용인되지 않을 것입니다. 나는 여러 족장께서 자기 부족을 통제할 능력이 있음을 잘 알고 있습니다."

족장들은 82공수사단이 자기들의 권력한계를 이해하지 못하고 있다고 불평했다. 그들을 위협하는 짓은 현명한 일이 아닐 것이다. 이라크에 대한 발전계획은 총을 가진 사람들에게 아무런 변화도 주지 못했다. 족장들은 권력이 이미 자기들 손에서 팔루자 시내에 있는 젊은 성직자들에게로 옮겨간 것으로 보고 있었다. 그들 젊은 성직자들은 미국이 이슬람에 대한 용병전쟁을 하고 있으며 이라크를 지배하기 위해 유대인들을 끌어들이고 있다고 설교했다. 그 같은 메시지는 젊은이들 가슴에 불을 붙여 다른 나이든 성직자들이 추종자들에게 온건한 설교를 하도록 종용하는 일을 불가능하게 만들었다. 모스크에서는 미국인들을 쫓아내야 한다는 설교가 대세를 이루었다.

"그들이 외국군의 점령을 용인하지 못하는 것은 일종의 종교적 신념입니다." 팔루자에서 교사로 있는 사아디 무하마드의 말이다.

며칠 후 치누크 헬기 한 대가 또 피격돼 추락하고, 사제폭발물이 터져 미군 한 명이 죽었다. 이에 대한 보복으로 폭격기를 띄워 매복지역으로 의심되는 곳과 무기를 은닉한 가옥에 수천 파운드의 폭탄을 퍼부었다. 병사들이 포진한 곳에 박격포탄이 떨어지면, 응전 포대 레이더가 포탄이 발사된 곳을 추적하여 155밀리 곡사포를 발사했다. 전투는 가을이 깊어갈수록 점점 치열해져 갔다.

"그들의 공격이 하루도 빠짐없이 계속될 것으로 보입니다. 박격포를 쏘아대거나, 차를 타고 달리며 시장관사에 총탄을 퍼붓거나, 자동차 안에 매복해 있다가 공격을 하거나, 아니면 이 세 가지를 결합하여 공격하거나 할 것입니다." 드링크와인이 말했다.

스완네크 소장은 쇠망치 작전으로 불리는 강경대응을 승인했다. 무기 은닉처에 계속 공격을 퍼부어 쓸어버리고 저항세력 지도자들을 체포하기 위해 급습하는 방식이다. "이것은 전쟁이다. 호두를 까기 위해 대장장이 쇠망치를 사용할 것이다." 그는 말했다.

그것은 82공수사단이 홀로 치르는 전쟁이었다. 드링크와인의 900명 대대 병사들은 4만 3천 명의 잠재적인 저항세력 폭도들을 품고 있는 도시에서 게릴라 전쟁을 벌이고 있었다. 가장 선동적인 설교로 감옥에 있는 족장 자말의 빈자리를 채우고 있는 이맘은 50대 초반의 냉소적이고 옹색한 얼굴을 한 압둘라 알 자나비였다. 라아드 시장은 자나비가 사담 정권 아래서 체포되었다가 탈출한 바 있는 근본주의자라고 알려주었다. 자나비는 접근하기 어려운 신경질적인 타입의 사람이었다. 드링크와인이 그에게 미군에 대한 비난수위를 좀 낮춰달라고 요구했을 때, 자나비는 이교도와 시아파 및 배교자들에게 가차 없이 욕설을 퍼붓기 시작했다. 미국인과 협력하는 사람은 누구나 공격하겠다는 태도였다. 그는 드링크와인이 자기를 체포하여 폭동을 유발시키기를 바라는 것처럼 보였다.

드링크와인은 시 동쪽 인공호수가에 있는 그의 기지로 돌아와 자나비에게 편지를 썼다. 계속 선동적인 설교를 하면 체포하겠다는 경고 내용이었다. 종합정부센터 근처에 있는 그의 모스크가 도청되어 사태가 절박하다는 것을 안 자나비는 잠시 팔루자를 떠났다.

시내에서 누가 그들을 지원하고 있는지 알 수 없었다. 공수부대 병사들은 낮에 장갑차로 고속도로 외곽을 순찰하고 무력을 과시하며 시내로 들어가 차량들을 무작위로 수색했다. 급습체포 작전은 밤중에 펼쳤다. 그들이 즐겨 쓰는 전술이었다. 야간투시경을 이용하여 칠흑 같은 어둠 속에서 장갑차의 라이트를 끈 채 거리를 우르릉거리며 달리기도 하고 담장을 타고 넘어 정문과 계단으로 쇄도하여 침실로 돌진하기도 했다. 때로는 얼굴을 가린 제보자를 내세워 누구를 지적하거나 아니라고 머리를 흔드는 방법을 이용하기도 했다.

특기병 두딘은 사람들이 밤중에 들이닥치는 미군들을 부우부우(bou bou, 아프리카의 소매 없는 긴 옷)라 부른다고 했다. "미국에서 우리는 도깨비 나온다고 아이들을 위협합니다. 이라크에서 어머니들은 아이들에게 '그만두지 못해? 말을 듣지 않으면 부우부우 귀신이 잡아 갈 거야' 하고 말합니다. 우리는 부우부우 귀신이었습니다."

이 급습체포 작전은 대부분 성과를 거두어 공수부대를 만족시키고 있었다. 11월 초순 그들이 어떤 집을 급습하였으나 단서가 될 만한 어떤 것도 찾아내지 못했다. 하지만 그 집 사람들이 길 건너 한 집을 가리켰다. 그 길 건너 집을 급습한 병사들은 한 남자가 아래층 서재에 있는 컴퓨터 모니터 앞에 쭈그리고 앉아있는 것을 보았다. 스크린을 켜자 복잡한 사제폭발물 스케치가 나타났다. 그들은 로켓맨이란 별칭을 갖고 있는 박사이며 전직 이라크군 소장인 알 마하다이를 체포했다. 그는 사제폭발물팀의 최고 기술 트레이너이며 공급자였고 P.J. 죤슨 병장의 죽음에 책임이 있는 것으로 생각됐다.

시 원로들은 강화된 무력사용과 급습삭전, 그리고 사제폭발물이 터질 때마다 가하는 집중포격에 대해 격렬하게 항의했다. 그들은 그러한 처사가 오히려 사람들을 저항세력 편으로 몰아가고 있다고 주장했다. 스완네크 사단장은 폭도들의 가족이라는 이유로 붙잡아 둔 몇몇 부녀자들을 석방하도록 했다. 그러나 그것은 약간의 양보 중 하나에 불과했다. 단호한 정책이 성과를 가져오는 것처럼 보였다. 11월 중순까지 폭발물 공격은 하루에 두 개에서 하나로 줄어들었다.

한 달 후 전직 바트당 고위당원들을 추적하여 체포하는 미군의 가차 없는 군사행동은, 헝클어진 머리를 한 사담 후세인이 미군의 의과실험 요구에 응해 얌전하게 입을 벌리는 장면이 텔레비전으로 방영되었을 때 절정에 이르렀다. 수많은 이라크인들에게 사담 후세인은 때려죽여도 시원찮을 악마였다. 그의 생포로 그가 다시 권력을 잡아 1991년 걸프전이 끝난 후 그랬던 것처럼 그의 적들에게 복수할지도 모른다는 우려가 불식되었다.

하지만 팔루자에선 저항정신이 점점 약화될 것이라는 희망이 재빨리 사라져버렸다. 바그다드가 사담의 생포를 축하한 반면 팔루자는 폭동을 일으켰다. 옛 정권 지지자들이 공중에 AK소총을 쏘아대며 정부종합센터에 몰려와 미 점령자들에 대한 투쟁을 가열차게 계속할 것이라고 부르짖었다. 브래들리와 험비에 분승한 공수부대 1개 중대가 그에 대응했다. 로켓탄이 몇 대의 차량에 맞아 튀고 이라크인 한 명이 죽었다.

몇 주 후 시내의 한 초등학교를 방문한 귀빈이 학생들에게 미군병사들에 대해 물었다. "우리는 그들에게 저항해야 합니다. 폭탄으로, 폭발물로 그들을 쫓아내야 합니다. 우리는 지금 싸울 준비가 되어 있습니다." 하고 아이들은 외쳤다.

저항세력 내에서 팔루자의 근본주의 성직자들은 전에 그들을 지배했던 전직 정권 사람들과 경쟁했다. 수치스러운 사담의 생포는 저항세력의 강도를 약화시키지 않은 채 권력균형을 성전주의파 쪽으로 기울어지게 했다.

그해 12월이 저물어갈 무렵 드링크와인은 최소한도의 병력인 1개 소대를 차량 6대에 태워 팔루자에 들여보내곤 했다. 그들은 어떤 한 장소에 30분 이상 머물 수 없었다. 그 이상 머물다간 저항세력들이 몰래 살금살금 다가와 공격을 퍼부을 가능성이 있기 때문이다. 이라크 보안군이 제 기능을 발휘하려면 겨울 중반까진 기다려야 할 것 같았다. 한편 경찰이 공수부대 병사들과 동행한다면 의심스러운 사람들에 대해 사전에 미군들에게 경고해 줄 수 있을 것으로 보였다. 경찰은 필경 싸우려들지는 않겠지만, 그건 미군이 맡으면 되는 것이다.

그러나 경찰은 미군지원을 거부했다.

"우리는 미군들에게 도울 수 없다고 이야기할 것입니다. 그렇게 하면 무자헤딘은 당장 우리를 미군 협력자로 몰아세워, 미군과 함께 일하면 너는 죽는다고 말할 것입니다." 한 경감의 말이다.

4
인디언 컨트리

대통령 선거철이 시작되자 민주당은 부시행정부의 이라크정책에 대한 비난수위를 높였다. 대통령이 대규모 적대행위가 끝났다고 선언한 이후 미국인 344명이 이라크에서 죽었다. 대선을 10개월 남겨두고 민주당의 두 대통령후보 지원자—퇴역장군인 웨슬리 클라크와 매사추세츠 주 출신 상원의원인 존 케리—는 그들이 수집한 군사상의 기록을 위주로 이라크사태에 대한 비난 강도를 높인 반면, 세 번째 후보 지원자인 전 주지사 호워드 딘은 반전유세에 열을 올렸다.

12월 중순 사담 후세인 생포는 부시의 이라크정책에 대한 지지율을 당장 60퍼센트까지 끌어올렸지만, 2004년 1월에 그 비율은 재선을 바라고 있는 사람들에게는 결코 고무적인 숫자가 아닌 50퍼센트로 도로 내려앉았다.

전쟁 후 약탈이 시작되고, 기본 서비스 제공에 실패하고, 미군에 대한 공격이 증가하자, 언론보도의 논조가 축하에서 불만으로 변해갔다. 그러나 일선 기자들과 병사들 사이의 유대는 변치 않았다. 선박 조난 사고처럼 사제폭발물 사고가 계속 뉴스가 되고 있고, 그리고 기자들이 미군병사들에게 품은 연민의 정이, 감사하게 생각하지도 않는 이라크인들을 위해, 또는 그들 자신의 자유를 위해 싸우고 있는 이라크인들을 위해 미국이 희생을 치르고 있는 것에 대해 비판적인 기사를 쓰게 만들었다. 반대로 미국 주류 언론은 저항세력들의 방법이나 목표에 대해 공감을 표시하지 않았다. 그들은 이라크가 붕괴되어 테러리스트들을 위한 사육장이 되는 것을 원치 않았다. 실패에 걸려 있는 이해관계가 지나치게 높기 때문에 언론은 전투가 얼마나 오래 계속될지, 이라크군이 언제 미군을 대체할 수 있을지에 초점을 맞추었다.

럼스펠드 장관은 이라크군의 훈련 속도나 안전평가 수준에 만족하지 않았다. 가장 완강한 지역은 바그다드 서쪽 안바르 주의 팔루자를 위시한 몇몇 도시들과 다른 강경 수니파 도시들이었다. 유프라테스 강은 바그다드 서쪽 200마일 지점인 안바르 주의 북서쪽 귀퉁이 너머 시리아 영내에서 갈라져 주를 가로질러 흘러 내려온다. 안바르 원주민 대부분은 강을 따라 늘어서 있는 9개의 도시에 살고 있다. 반항적인 수니파이면서 부유하지도 않고 정치적 영향력도 없는 200만 안바르 주민들은 바그다드의 연합임시행정청이나 이라크인 민간 관리들의 배려를 거의 받지 못했다. 안바르 주는 미국 군부가 가장 엄격히 다루고 있는 인디언 컨트리였다.

안바르 주에 분명히 저항세력들의 순동이 있음에도 불구하고 2004년 초 산체스 장군은 낙관적인 평가를 내렸다. "우리는 안바르 주에서 의미 있는 진척을 이루었다. 이라크인들은 폭력에 염증을 내어 미군에 협력하고 있다. 그들은 이제 그들의 삶을 살아가고 싶어 한다." 산체스가 내린 결론이다.

펜타곤 고위 관리들은 그 같은 협력을 크게 확신하지 않았고, 울포위츠는 하찮은 예산문제로 먼 거리를 사이에 두고 논쟁을 하는 것에 지쳐 있었다. 국방부 부장관과 합동참모본부의 한 중장이 한 번도 아닌 여러 번이나 연합임시행정청에 전문을 보내 이라크 보안군용 트럭 및 자동소총용 예산배정을 요구했으나 별 효과가 없었다.

럼스펠드와 울포위츠는 그 문제를 중부군 사령부의 후원 아래 외부 기관 검토를 통해 처리하기로 결정했다. 2004년 1월 중순, 지적 엄격성을 갖춘 장군으로 이름난 칼 에이켄베리 소장이 평가단과 함께 바그다드에 도착했다. 그와 그의 팀은 육중한 보안 장치가 돼 있는 바그다드 그린 존 안의 살풍경한 궁전 속에서 흐느적거리며 일하고 있는 연합임시행정청 및 합동기동군 참모들의 브리핑을 받았다. 매일 밤 수천 명의 미국인들이 조그마한 에어컨이 달린 이동주택에서 잠을 자고 나와 카페테리아 스타일의 아침식사를 하기 위해 줄을 선다. 그리고는 베니어합판으로 칸막이가 된 작은 사무실로 들어가 컴퓨터 스크린 앞에서 하루 열두 시간을 보낸다. 이들 대부분은 60에이커의 영내 밖을 위험을 무릅쓰고 나가본 적이 없으며, 3~6개월간의 근무기간을 마치 미국의 어떤 감옥 속처럼 격리되어 안전하게 보낸다.

평가단원들은 18개 미군대대를 방문했다. 대대장들은 이라크인 보안군의 훈련 속도나 방향에 대해 불만스러워 했다. 바스라에서 남부지역을 관할하고 있는 영국군을 제외하곤 모두 저항세력이 이라크 보안군보다 더 빠르게 성장하고 있다면서 우려를 나타냈다.

그 무렵 연합임시행정청은 이라크 국경에서 매우 작은 역할을 하게 할 이라크 육군을 조직하고 있었다. 사담 정권 시대에 약탈행위로 악명이 높았던 이라크 육군은 신뢰를 받지 못했다. 연합임시행정청의 전략은 앞으로 2년이 걸릴지 5년이 걸릴지 모르지만 이라크 경찰이 국내

치안을 완벽하게 책임지는 평화시의 국가를 염두에 두고 있었다. 그것은 합동기동군이 이라크를 상대적으로 정상상태의 국가로 만드느냐 여부에 달려 있다. 그때가 되면 미군은 모두 병영으로 되돌아가고 이라크 보안군이 모든 치안 임무를 맡게 된다.

이라크 육군은 주로 이란 국경 쪽인 북쪽과 동쪽지역에 주둔하게 된다. 브레머 최고행정관은 새 이라크 육군의 국경선 방위에 20억 달러, 보안군의 국내치안에 7천500만 달러를 할당한 예산안의 미 의회 제출을 준비하고 있었다. 국경수비 병사 1인당 5만 달러, 저항세력들을 소탕하기 위한 보안군 1인당 3,400달러를 계산한 것이다.

중부군 노동자원국은 이 같은 예산안을 세우면서 펜타곤의 정책입안자들을 염두에 두지 않았다. 이 예산안을 보고 울포위츠 부장관은 "연합임시행정청과 중부군이 이라크군에 대한 잘못된 청사진을 갖고 있다."고 말했다.

중부군 사령부의 기획가들은 "이라크 육군을 국내용으로 사용할 계획은 없다"고 평가단에게 말했다. 에이켄베리 평가단의 조사연구는 "우리는 국내 저항세력 소탕에 참여하지 않는 호사스런 이라크 육군을 가질 필요는 없다고 본다."라는 결론을 내리며 노동자원국의 예산안에 동의하지 않았다. 이라크에서 저항세력소탕의 열쇠는 그들을 추적 격멸하는 공격적인 작전에 있는 것이 아니라 "이라크인들을 부흥시키고 강화하는데" 있다고 했다.

평가단은 자기들의 조사연구 내용을 연합임시행정청에서 중부군 사령부로 옮겨가며 소개했다. 이 두 기관이 예산편성과 이라크 육군 및 경찰정책을 총괄하고 있기 때문이다. 이라크 육군의 훈련계획은 이미 중부군 사령부로 이첩돼 있었으며, 다양한 국가 안보기능을 한 사람의 책임자 아래 통합하는 것으로 이해하고 있었다. 에이켄베리팀의 조사연구는 연합임시행정청이 갖고 있는 예산편성권을 중부군 사령부가 갖고 있는 작전권과 한 곳으로 모아 지휘권을 단일 체계로 통일할 것을 권고했다. 현존 프로그램들의 분열상에 대해 연합임시행정청으로부터 활발한 의견을 청취한 럼스펠드는 이라크 육군에 대한 관할권을 중부군 사령부로 넘기고, 반면 연합임시행정청은 경찰을 통괄하도록 하는 안에 합의하도록 조처했다.

팔루자와 그 밖의 지역에서 빈약한 훈련에다 옛날의 흉포한 습관을 가진 이라크 경찰이 악전고투하고 있었다. 연합임시행정청은 보스니아에서 했던 것처럼 유럽인 고문관들을 데려오고 싶어 했지만 지원자들이 거의 없었고, 특히 팔루자엔 아무도 지원하지 않았다. 82공수사단은 치안능력이 없는 그들의 작전지역에 모두 49개의 경찰서를 세워야 할 것으로 간주했다. 연합임시행정청은 82공수사단에서 요구한 318대의 경찰차량 중 92대를, 1,445대의 무전기 중 274대를, 그리고 60정의 권총과 천여 명의 장교들에 대한 3주 훈련과정을 제공했다.

스완네크 장군은 한 달이 멀다하고 연합임시행정청에 장비를 요구했다. 그는 이라크에 단지 몇 달간만 머물다가 그들이 한 약속을 이행하기도 전에 떠나버리는 '관료들'에 의해 그의 요구가 훼손되는 것으로 믿었다. "소귀에 경 읽기"라고 그는 말했다.

82공수사단은 바그다드의 연합임시행정청이 계속 엄격한 감독권을 행사하고 있으며 권한을 넘겨주려하지 않는다고 불평했다. 연합임시행정청과 합동기동군 사이의 커뮤니케이션 부족이 예증되고 있는데도, 그 책임이 연합임시행정청 주변의 복잡한 규정에 있다는 것을 공정하게 평가하지 않았다. 미 의회는 이라크군에 대한 예산을 복잡한 평화시의 제한규정에 묶어 놓았다. 몇몇 의원들은 연합임시행정청에게 병복현상을 나개해 나가도록 촉구한 반면 다른 일부 의원들은 브레머가 성급한 결정을 내리는 바람에 예산낭비를 초래했다고 비난했다. 연합임시행정청의 많은 사람들은 소액으로 천천히 지출하면서 구매하라는 몇 겹으로 된 의회 제한규정을 지적했다.

"모든 주요 프로젝트는 워싱턴으로 보내 예산검토를 하고 다시 그것을 승인받기 위해 의회로 넘겨야 합니다. 수십 개 프로그램 가운데 2퍼센트에 어떤 변화가 생기면 다시 의회로 되돌려 보내 해당 위원회 승인을 받아야 합니다. 예산지출을 허락하는 의회의 승인과정은 미로같이 복잡합니다." 연합임시행정청 참모장인 제프리 오스텔 중장의 말이다.

현지 여자 재봉사들이 이라크군용 유니폼을 만드는 것보다 미국시장에서 반드시 거쳐야 하는 경쟁 입찰이 오히려 납기를 수개월 지연시키는 요인이 되었다. 이라크 경찰용으로 구매하는 차량들은 미국국내에서 공고하여 경쟁 입찰을 거쳐야 되는데, 다섯 시간만 차를 타고 요르단 국경을 넘어가면 훨씬 싼 가격으로 얼마든지 트럭을 살 수 있다 (실제로 일부 대대장들은 조용하게 이 방법을 택하기도 한다).

느린 지금지출을 둘러싸고 행정부 내에서 알력과 중상이 벌어졌다. 국무부 부장관인 리처드 아미테지는 승인된 자금을 사용하지 않고 있다며 연합임시행정청을 정면으로 비난했다. "우리는 (이라크) 지출에 대한 의회 제한규정에 별 불만이 없다. 연합임시행정청이 필요이상으로 조심스럽게 처신하고 있는 것이 문제다."라고 그는 의회위원회에서 말했다.

브레머는 지출을 빨리 해도 늦게 해도 어차피 비난은 들었을 것이다.

―――

이라크에서 가장 위험한 도시의 창날 끝에 서 있는 드릭크와인 중령은 예산할당 문제를 둘러싼 고위층간의 비난이나 수십억 달러의 예산 자체에는 신경을 쓰지 않았다. 그의 관심은 오로지 이라크 경찰용 장비 부족, 부대에 대한 일상적인 공격, 그리고 비밀리에 저항세력들을 지원하고 있는 시 지도자들을 가려내는 일에 있었다.

드링크와인대대는 2004년 초 특수전략기동대와 합동으로 팔루자시 서쪽 끝 브룩클린교 너머에 있는 수크를 수색하기 시작했다. 이 지역은 이라크경찰이 순찰을 거부한 곳이다. 단층짜리 부티크 상점 수백 개로 이루어진 야외시장은 졸란지구라 불리는 시의 가장 오래된 구역에 좁은 골목길이 이리저리 미로처럼 얽혀있으며 그 양쪽으로 상점 가판대가 길을 메우다시피 하고 있다. 저항세력들은 졸란지구를 가장 안전한 곳이라며 자랑했다. 수백 개의 뒷골목으로 연결돼 있는 이 혼란스런 거리는 미군이 급습해 와도 저항세력들이 떼거리로 몰려다니는 사람들 틈에 끼어 달아나기가 쉽고 다시 사람들 틈에 끼어 되돌아오기도 쉽기 때문이다.

드링크와인은 특수전략기동대 병사들과 함께 그가 지금껏 열심히 추진해 온 변칙적인 작전을 펴기로 했다. 1월 2일 아침 수크는 사람과 차들로 붐볐고, 차 배기통에서 불완전하게 연소되어 나온 연기가 서쪽으로 난 거리 아래쪽 수백 미터 지점에 있는 브룩클린교 풍경을 몽롱하게 만들고 있었다. 드링크와인은 전격적인 급습을 위해 2개 중대를 배치해 놓았다. 변장한 델타중대 병사 2명이 수크에 들어가 목표를 정한 상점들을 살폈다. 혼란스런 인도를 오가는 수많은 이라크인들 가운데를 헤집고 다니는 꾀죄죄한 디시다사를 입은 한 미친 남자를 아무도 의심하지 않았다. 그는 절뚝거리며 상점에 진열돼 있는 무기들을 자세히 살펴보기도 하고 혼자서 중얼거리기도 하며 이곳저곳을 기웃거렸다.

수크 끝머리에 와서 그는 빵가게 트럭 주위를 걷다가 비틀거리며 넘어졌다. 그가 트럭 뒤쪽 움푹 들어간 펜더에다 화를 내며 주먹으로 쾅하고 치자, 뒤쪽 문이 갑자기 열리며 그를 끌어들이고는 쾅하고 문이 닫혔다. 이 델타 병사는 잠시 안도의 숨을 몰아쉬었다. 수크 안에서 한 무기상이 그를 의심했는데, 그의 서투른 아랍어 때문에 정체가 드러난 것이다. 유창한 아랍어를 하는 같이 간 그의 파트너가 그에게 빠져나가는 길을 이야기할 기회가 없었다면, 드링크와인은 충격전이 시작되었을 때 몹시 서둘러야 했을 것이다. 그 병사가 제 시간에 도착하느냐 여부가 다른 문제를 불러일으킬 것이기 때문이다.

안전하게 트럭 안으로 돌아온 델타 스파이는 공수부대가 핵심 공격 목표로 삼을 지점을 재빨리 스케치해 주었다. 몇 분 후 브래들리 전차가 비상경계 대형으로 우르릉거리며 나오자 공수부대 1개 중대가 매복해 있던 장소에서 뛰어나왔다. 특수전략기동대 병사들의 안내를 받은 공수부대 장병들은 이 골목 저 골목으로 돌진하여 이라크인 15명을 체포하고 사제폭발물 17개를 압수했다. 상점 뒤 골방을 깨고 들어가 덤프트럭 4대로 운반해야할 정도의 굉장히 많은 폭발물과 무기를 찾아냈다. 그들은 저항세력이 역공을 펼칠 수 있는 시간 이전에 재빨리 철수했다.

급습작전은 성공했지만 큰 의미는 없었다. 며칠 후 팔루자 저항세력들이 프랑스인 두 명을 죽였다. 미국회사에서 근무하고 있는 이들은 어떤 긴급 복구 건으로 차량통행이 폭주하는 대동맥선인 팔루자 외곽 6번 고속도로에 차를 멈춰 서 있었는데 지나가는 승용차 안에서 두 사람을 향해 총을 난사했다. 그 후엔 신중한 서구인들은 작은 그룹으로

는 팔루자 근처에 가는 것을 기피했다.

이 도시 근방을 항공기로 접근하는 것도 위험하기는 마찬가지였다. 1월 8일 동체에 5개의 붉은 큰 십자가를 그린 구급용 블랙호크 헬기가 팔루자 남쪽 유프라테스 강을 따라 구급차 날아가다가 지대공 미사일에 피격, 추락하여 미군병사 9명이 죽었으며, 이에 대한 미군의 보복 폭격으로 그 일대에서 이라크인 37명이 죽었다. 벌써 1주일 사이에 두 번째 격추였다. 바그다드 점령 이래 총 6대의 헬기가 격추되었는데 그 중 4대가 팔루자지역에서였다.

카미스 시르한이 시 남쪽 농장지구 안에 샘 지대공 미사일팀을 보냈다는 제보자들의 보고가 들어왔다. 사담 정권 때 육군소장이었던 시르한은 팔루자지역 저항세력의 최고위급 지도자였다. 바라카트 족장이 체포되기 전 그에게 자금을 전달한 적이 있다.

드링크와인은 시르한 체포에 나섰다. 2개 중대병사들로 농장지구를 포위하여 집집마다 뒤지는 수색작전이다. 샘 미사일팀은 이미 떠났고 일부는 시리아로 되돌아갔다고 했다. 한 부인이 시르한의 사촌을 안다고 자백했고, 그 사촌이란 사람을 잡아 시르한의 소재지를 알아냈다. 1월 11일 새벽 3시에 그 집을 포위 수색한 끝에 충돌 없이 시르한을 체포했다. 그는 6주 안에 체포된 사람들 중 8번째 가는 전직 고위 인사였다.

"우리가 그것을 해결하는데 5개월이 걸렸습니다." 두딘의 말이다. "그러나 마침내 우리가 한 가지 기술을 익히게 되었습니다. 특수전략 기동대 병사들과 정보부 사람들이 이 도시의 주동자와 선동자 리스트를 함께 작성했습니다. 대부분은 큰 저택과 큰 자부심을 갖고 있습니다. 그들은 야외나 임시거처 같은 데서 지내는 걸 싫어합니다. 곧 또는 나중에 집으로 돌아와 며칠 동안 머뭅니다. 며칠 밤새 우리는 그들의 집을 찾아내어 심지어 그들의 아이들을 깨우지도 않고 체포해 옵니다. 우리는 모든 것을 아주 조용하게 처리하는 기술을 익히게 된 것입니다. 많은 시간을 허비했지만 마침내 해냈습니다."

스스로 추진력이 있다고 믿고 있는 드링크와인은 족장들과 업계 지도자들과 이맘들로 구성된 팔루자 임시당국위원회(FPAC)를 결성했다. 은신 중이던 자나비는 이맘들에게 배정된 자리 중 하나를 요구하기 위해 나타났다. 드링크와인은 그의 의심스런 행동을 새로운 시작을 위해 별도로 기억해 두었다. 그는 감옥에 있는 시르한 장군을 포함하여 임시당국위원회 위원들을 초청했다. 그의 대대에서 임명한 팔루자 섭외팀(FLT) 11명과 책임을 분담하여 함께 일하게 하기 위해서였다. "여러분들이 요청하는 것이라면 해결해 드리도록 최대한 노력할 것입니다." 하고 드링크와인은 말했다.

1월 중순 팔루자 임시당국위원회 회합은 잘 진행돼 가는 것처럼 보였다. 미군들의 행동에 대해, 그리고 하청계약을 해주지 않는 것에 대해 불평들을 거침없이 쏟아냈지만, 폭력에 대한 경고나 위협은 없었다. 드링크와인은 자나비가 말을 한마디도 하지 않고 있음을 눈여겨보았다. 그 회합은 위원회 의장을 선출하고 다음 달에 회합을 갖기로 하고 끝났다.

이틀 후 한 무리의 군중이 팔루자 임시당국 위원회 선거에 항의하기 위해 정부종합센터 시장 사무실 앞에 몰려들었다. 공수부대 병사들이 그들을 해산하기 위해 나섰고 곧 폭동으로 발전해 이라크인 두 명이 죽었다.

"잘 처리했어. 그러나 이것은 알아두어야 할 것 같아. 만약 여러분이 저 나쁜 녀석들을 앞에 두고 1초만 눈감고 있으면 여러분 뒤로 돌아가 목을 따려고 할 거야." 드링크와인이 병사들에게 말했다.

드링크와인 중령은 정치적인 설득과 시정개선을 위해 노력했지만, 끝내 세련되지 않은 군사적인 완력으로 되돌아가고 말았다. 전선은 분명했다. 미군 대 저항세력이었다.

저항세력의 조직과 지도부가 바뀌고 있었다. 전 정권 구성분자들이 약화되자 악명 높은 테러리스트인 아부 무삽 알 자르카위를 포함한 외국인 전사들이 졸란에 침투하고 있다는 경고가 들어왔다. 자르카위는 그해 1월 팔루자에서 오사마 빈 라덴에게 편지를 보내 게릴라 투쟁을 계속하는 데 필요한 도움을 요청했다. 야간 급습에서 이집트인 2명이 체포됐다. 그들이 은거하고 있던 아파트 벽엔 양의 피로 오사마 빈 라덴을 지지한다는 낙서가 휘갈겨져 있었다. 이웃 사람들이 기자에게 전하는 바에 의하면 외국인 전사들은 서구 음악을 듣거나 서구식 머리를 하거나 노출되는 옷을 입거나 심지어 미국인 회사 하청업자에게 목재를 파는 사람들을 위협하고 있다고 했다.

"팔루자는 두 세력의 지배를 받고 있습니다. 미군과 무자헤딘이죠. 우리가 무자헤딘에게 협력하면 미군의 공격을 받습니다. 미군에게 협력하면 우리는 무자헤딘에게 죽습니다." 한 팔루자인이 미군의 공격 후에 한 말이다.

저항세력들 중 몇몇 그룹은 입체교차로에 세워둔 브래들리 장갑차들을 겨냥하여 대낮에 동 맨해튼 쪽에서 RPG를 쏘아댈 정도로 대담해지고 있었다. 이젠 사제폭발물이 고속도로보다 시내에서 더 많이 발견되었다.

"옛 군발이들은 미국놈들에게 대들 용기도 갖고 있지 않다면서 이슬람 근본주의자들이 사담의 졸개들에게 욕설을 퍼붓기 시작했다는 말을 들었습니다. 그들의 작전에 변화가 보입니다." 두딘이 말했다.

브래들리 장갑차 한 대가 팔루자 임시당국위원회 위원들의 딸들이

다니는 한 초등학교를 지나다가 총격을 받았다. 저항세력들이 학교 뒤편에서 튀어나와 몇 발을 쏘고는 다시 자취를 감추었다. 미군은 응사하지 않았다. 다음날 드링크와인은 2개 중대를 동원하여 시 동쪽 외곽의 입체교차로 근방을 급습하게 했다. 20분 만에 흰 섬광이 블루 모스크 위에서 번쩍했다. 10번 고속도로에서 서쪽으로 약 1킬로미터 떨어진 곳에 있는 모스크로 자나비가 설교를 하던 곳이다. 곧 픽업트럭들이 여러 골목길에서 튀어나와 등을 보인 체 멈추어 서서는 미군병사들 쪽으로 사격을 가했다. 미군들이 전진하자 그들은 시내 쪽으로 더 깊이 들어가며 응사했다. 드링크와인은 추격을 포기했다. 과격한 젊은이들과 충돌을 확대시켜봤자 별 이득이 없을 것 같아 보였기 때문이다.

그와 같은 갑작스런 접전이 팔루자에서 계속됐다. 작년 8월 이후 총 262회의 충돌이 있었다. 그 가운데 61회는 RPG와 박격포로 공격해 왔다. 여기에다 사제폭발물 270개가 터지거나 제거됐으며, 헬기에 대한 심각한 공격이 8회나 있었다. 그 같은 폭력에 직면한 드링크와인과 여단장인 스미스 대령은 낮에는 소탕전이라는 날이 넓은 칼을 쓰고 밤에는 기습전이라는 메스를 쓰기를 좋아했다.

"팔루자의 적들은 암종(癌腫)과 같다. 그것이 35년을 자라왔다. 암에 걸린 사람이 있으면 병원에 가서 수술로 그 부위를 도려내야 한다. 그렇게 하지 않고 그대로 두다간 계속 자라 나중엔 손을 못 댈 정도로 커질 것이다." 드링크와인의 말이다.

저항세력 쪽에선 같은 비유를 반미감정을 돋구는 데 이용했다. "강제점령은 암과 같은 것이다. 그 암 덩어리를 떼어내야 한다." 미군에 대한 공격음모를 꾸민 것으로 의심받고 있는 스물다섯 살짜리 수니파 성직자인 나딤 칼릴의 말이다.

1월이 끝나갈 무렵 드링크와인은 시 원로들이 수니파 성직자들의 격앙된 목소리를 점점 극복해 가고 있음을 알았다. 자나비 같은 설교사들은 팔루자 임시당국위원회에 와선 입을 닫았다. 그들은 주민들의 경제적인 향상에 의해 영향력이 점점 쇠잔해질 수 있는 불평분자들로 보였다. "암 덩어리를 떼어낸 후엔 몸을 보신하여 원기를 회복해야 한다. 지금 우리는 전 정권구성분자(FRE)를 잘라내고 있다. 그러면 병이 낫게 될 것이다. 팔루자는 건강한 경제생활이 필요하며 그것이 미래의 희망이 될 것이다." 드링크와인은 그의 암 비유 논리를 정성스레 고쳐서 말했다.

그의 전망에도 불구하고, 시 원로들은 정치적 경제적 고립, 변화와 외부세계에 대한 이유 없는 두려움 등으로 끊임없는 공포 속에서 살았다. 외부세계가 그들에게 한 번도 좋은 일을 가져다 준 적이 없기 때문이다. 그들 지역 특유의 악센트, 생활방식 및 엄청난 비율의 문맹으로 인해 그들은 바그다드 중산층 사이에서 곧잘 농담거리가 되곤 했다. 시 외곽의 분잡한 8차선 고속도로는 팔루자를 바그다드와 요르단 사이의 중간 휴게소 역할밖에 못하게 해 그들의 상업 활동을 철저하게 파괴했다. 사담 군사정권의 보조금으로 겨우 명맥을 유지해 온 제조업은 완전히 무너져버렸다. 농업과 유괴와 트럭운전 외에 이 도시 수입은 아무것도 없었다. 사업가들은 사업다운 사업을 하지 못했다.

모든 이라크 가정은 전에는 정부로부터 무료로 식품과 전기를 공급받았다. 이러한 생계경제 형태와 돈의 결핍은 미군들로 하여금 직장을 만들어내는 것이 저항세력들과 싸우는 가장 확실한 방법이라는 확신을 갖게 만들었다.

스미스 대령은 지금껏 자기 여단이 받아왔던 수량을 훨씬 초과하는 물자요청 목록을 갖고 정기적으로 길고 힘든 바그다드 여행을 하고 있다. 팔루자를 위해 그는 매월 20만 달러를 써 왔다. 하수도를 수리하고 수도여과장치 시스템을 손보는 데만 2천만 달러가 들어가야 할 형편이다. 30개의 산업이 놀고 있는 노동자 수만 명을 고용할 수 있다. 지금 그 산업에 원기를 불어넣어 주는 데 2천500만 달러가 필요하다.

"바그다드는 홀로 너무 많은 것을 갖고 있다." 스미스는 말했다.

바그다드는 이라크의 정치 경제 문화의 중심지였다. 연합임시행정청과 합동기동군이 거기에 본부를 두고 있었다. 바그다드는 안정과 경제성장을 위한 발전 청사진을 보여주어야 했다. 연합임시행정청의 다음 우선순위는 시아파의 정치적 열망을 처리하는 일이다. 그런데 키르쿠크에서 쿠르드족이 말을 듣지 않기 시작하고 모술과 바스라와 같은 인구밀집지역의 요구조건도 늘어갔다.

비록 팔루자가 폭력적인 면에서 목록의 수위를 차지하고 있긴 하지만 정치적인 면에서는 경제적 낙후가 제일 큰 문제였다.

5
발렌타인데이 대학살

2월에 이라크 보안군 2개 대대가 팔루자에 도착하였고 2월 12일 아비자이드 장군이 종합정부센터에서 그 대대 중 하나를 방문했다. 아비자이드는 이제 미군이 통제에서 손을 떼고 이라크인들 스스로 자조하도록 허용할 때가 온 것으로 보았다. "이 나라는 그들의 것이야. 이 나라 미래도 그들 것이고." 아비자이드는 말했다.

이라크군 대대장인 노와르 중령은 당당하게 브리핑을 했다. 아비자이드가 질문을 하자, 노와르는 "글쎄요, 우리 모두는 팔루자가 다루기 힘든 도시라는 걸 잘 알고 있습니다."라고 말하면서 장군의 물음에 답하기 시작했다.

그가 답변을 시작하자마자 로켓탄 두 발이 운동장에서 폭발했다.

"저렇다니까요." 노와르가 말했다.

미국 기자들이 지난여름에 했던 것처럼 아비자이드 장군이 시내를 걸어가기로 한 계획은 즉각 취소되었다.

82공수사단 장교들은 4성 장군이 팔루자에 체재할 때 공격을 받았다는 사실에 영 기분이 언짢았다. 경찰은 그 공격이 외부인과 범죄자들의 소행이라고 주장했다. 그들은 미군 협력자들에게 죽음을 안기겠다는 내용의 포스터가 거리에 붙은 것을 예사로 보아 넘겼다. 경찰은, 팔루자에 저항세력이란 없다고 말해 왔다. 미군이 물러나면 모든 것이 잘 될 거라고 했다. 드링크와인은 시내를 이라크 보안군 1개 대대에게 맡기고 그의 병사들은 모든 고정 검문소에서 철수키로 했다. 경찰은 그들이 사태를 잘 처리할 수 있다고 그에게 장담했다.

  2일후는 발렌타인데이였다. 드링크와인이 팔루자 동쪽 그의 대대본부에 있을 때 시 중심부에서 격렬한 총격전이 벌어지고 있다는 보고가 들어왔다. 20여 명의 저항세력과 약간의 보안군 및 경찰 유니폼을 입은 사람들이 경찰서 본부를 맹렬하게 공격했다. 그들은 "알라는 위대하다.", "알라 외에 신은 없다."라고 외치며 또한 보안군이 주둔하고 있는 건물을 공격했다. 총격전이 한 시간 반이 지나도 그치지를 않자 스미스 대령과 드링크와인 중령은 경찰과 보안군이 구조를 요청하지 않았는데도 기갑병들을 투입하기로 결정했다.

  탱크들이 부대 경계를 떠나기 전에 술레이만 알 마라위 중령이 픽업트럭 대여섯 대를 몰고 영내로 들어왔다. 짙고 검은 콧수염을 가진 작은 키의 술레이만은 브룩클린교 저쪽의 서부 반도에 주둔하고 있는 이라크 보안군 대대장이다. 그 대대는 일주일 전에 400명의 전직 병사와 실업자들을 모집하여 조직했는데 아직 훈련이 덜된 상태였다. 82공수사단이 그들에게 3주간 훈련을 시켜주고 AK자동소총과 유니폼 및 월 200달러씩 임금을 지급하기로 서로 약속한 상태였다. 스미스와 드링크와인의 호출을 받은 술레이만이 지금 흥분되고 생기 있는 얼굴을 한 젊은이 수 십 명을 이끌고 미군기지에 달려온 것이다.

드링크와인은 술레이만을 단지 몇 번 보았을 뿐이다. 술레이만은 팔루자에서 고등학교를 다녔으나 육군사관학교에 들어가기 전에 다른 도시로 이사를 갔다. 그는 바트당에 가입하고 공화국 수비대에 근무했으며 미군의 이라크 점령 이전에 반 이스라엘 아랍 무장 게릴라 조직의 하나인 페다이에 들어가 게릴라 훈련을 받았다. 그는 영어회화가 가능하면서도 영어로 말하려 하지 않았다. 술레이만은 통제하기 힘든 고집불통으로 알려진 외부인이었기 때문에 시 원로들은 시내에 무력 충돌이 있을 경우 그가 3번째로 무장군인을 이끌고 들어올 수 있게 허락했다. 그는 드링크와인에게 미군은 이번 싸움에서 물러나 있어야 한다고 말했다. 만약 자기들이 무장만 잘 되어 있다면 자기들 손으로 나쁜 놈들을 처치할 수 있다고 했다. 그러면서 수류탄과 휴대용 무전기 및 작전에 필요한 탄약을 요구했다.

스미스 대령은 술레이만에게 또 다른 이라크군 대대장인 노와르 중령은 지금 어디 있느냐고 물었다. 사라져버렸다고 술레이만이 말했다. 경찰서장 아부드는 어느 쪽에도 도움이 되지 않았다. 술레이만은 급하다는 듯 제스처를 하며 스미스에게 말했다. "당신들이 아니라 내가 보호자로 나설 필요가 있습니다."

그와 그의 지원병들은 무기가 필요했다. 의문의 여지가 없었다. 드링크와인은 그들의 요구를 수락했고 병사들이 픽업트럭에 탄약을 가득 실어 줬다. 술레이만은 곧 그의 작은 부대를 이끌고 시내로 들어갔다.

전투는 차츰 소강상태로 접어들었다. 교전을 시작한지 한 시간 만에 술레이만대대 병사들은 박살이 난 경찰서 안으로 진입하고 있었다. 저항군들은 경찰 23명을 죽였고 죄수 75명을 풀어주었다. 기껏 8명의 공격자들이 죽거나 포로가 되었다.

술레이만으로부터 와 보라는 연락을 받은 드링크와인은 브래들리 장갑차에 분승한 1개 중대를 이끌고 현장에 도착했다. 미군 위생병들이 부상당한 한 저항군의 몸에서 13개의 파편을 뽑아냈다. 마취제 탓으로 몽롱한 상태에 빠진 그는 자기 조직 지도자들 이름을 술술 불기 시작했다. 그들 중 일부는 병원에 있었다.

드링크와인과 술레이만은 즉시 병원으로 차를 몰았다. 병원장인 라피 아이에이사우는 복도에 핏자국이 선명한데도 죽거나 부상당한 저항군들은 없다며 보여주려 하지 않았다. 술레이만이 죽인다고 협박을 한 후에야 뒤로 물러섰다. 술레이만은 시신 2구를 확인했다. 동팔루자에 살고 있는 작은 부족인 루하이비 가문의 형제였다. 한 사람은 전 육군 중위였고 다른 한 사람은 대위였다. 둘 다 자르카위와 함께 시내에서 암약하고 있던 이슬람 근본주의자 세포였다.

드링크와인과 술레이만은 문제의 세포 본부를 덮쳤다. 벽면이 완만하게 경사진 황폐한 건물로 최근 도착한 한 이맘의 모스크로 사용되기도 했다. 자나비가 이 이맘을 후원하고 있었다. 술레이만에 따르면 지금 흔적이 묘연한 자나비는 그의 인생 대부분을 사업가로 보냈으며 설교도 돈벌이 방편으로 택한 것이라 했다. 공수부대 병사들은 인근에 있는 네 개의 작은 '모스크'를 수색하기 위해 이동했다. 역시 자나비가 세운 것으로 초라한 미완성 건물들이었다. 건물마다 무기와 폭발물들로 가득했다.

다음날 드링크와인은 제복착용을 거절하는 경찰서장을 해임했다. 저항세력과의 전투를 비참한 패배로 이끈 노와르 중령은 불명예 제대됐다. 저항군들이 공격할 것을 알고는 경찰과 시 성직자들 중 많은 사람들이 그날 시내를 떠나 있었다. 라아드 후세인 아베드 시장은 묘하게도 공격 때 자리를 비웠으며 다음날 심문에서도 불성실한 답변으로 일관했다. 그는 공모혐의와 정보 불고지 혐의로 체포됐다. 라아드는 자기 외에 많은 사람들이 공격 가능성을 듣고 있었다고 항의했다. 그의 적들이 그를 변호하려고 애를 썼다. 그래야만 그를 통해 미군의 하청계약을 딸 수 있을 것이기 때문이다. 라아드는, 전에 이 도시에 주둔하다가 지금은 귀국하여 텍사스에 머물고 있는 제3보병사단에 전화를 걸어보라고 말했다. 그 부대 지휘관들이 자기의 무고함을 증언해 줄 것이라고 했다. 그의 탄원은 효력이 없었고 결국 그는 감옥으로 갔다.

다음날 밤, 저항세력의 위협에도 불구하고 천여 명의 사람들이 안바르 주 위원회 대표들을 뽑기 위해 집을 나섰다. 족장들은 종합정부센터를 안전지대로 만들어야 한다며 살육전을 비난하고 부족들의 복수가 있을 것이라고 저항세력에게 위협했다. 앞서의 공격에서 저항세력은 미군 통역자들과 82공수사단 기지에서 청소를 맡은 하청업자를 살해했다. 이것은 미군과 협력하기 위해 자기들의 경고를 무시한 동료 시민들에 대한 첫 번째 공격이었다.

드링크와인은 족장들이 저항세력에게 보복하기를 바랐다. 며칠 후 그는 족장들이 그들에게 호통을 치고 맹렬한 비난은 퍼부으면서도 결코 무기를 들지는 않을 것으로 결론을 내렸다. 전통적인 부족 보복 시스템은 도시 안에서 누구도 더 이상 보호를 받을 수 없게 돼 있다. 미군이 탑승한 차량들이 순찰을 위해 매일 모스크와 교외를 지나다니자, 주민들의 저항의식이 점점 더 커져 갔다.

아비자이드 장군의 근본방침은 '미군이 통제에서 손을 떼는' 것이긴 하지만, 만약 팔루자에서 그랬다간 저항세력이 시 통제력을 완전 장악하게 될 위험이 있었다. 바그다드 합동기동군사령부 작전부국장인 키미트 준장은 팔루자 경찰서 사건에 대한 코멘트 요청을 받았을 때 이런 점을 알고 있었다. "사실은 팔루자와 같은 지역은 현지인들에게 통제권을 넘길 준비가 되어 있지 않다."고 말했다.

　같이 자라고 같이 먹고 같이 기도하며 동고동락한 이웃들을 단지 경찰이라는 이유로 성전파 저항세력과 전직 군인들이 합심하여 학살한 것이다. 팔루자에선 이제 더 이상 현지인들에 대한 통제를 그들 자신의 일이라고 배려하던가, 그들과의 접촉에서 조심스레 대접할 수 없게 되었다.

　총격전에서 23명의 사망자를 낸 것은 이라크전 어느 전투에서도 유래가 없는 일이었다. 공격 규모와 이웃이 이웃을 죽이는 그 냉혹성은 82공수사단이 전에 만났던 저항세력들과는 전혀 다른 심각한 양상을 보여주었다. 씨족 시스템은 문화적으로 소수의 지도자들에 대한 복종을 장려한다. 이번 공격은 새 그룹의 지도자들이 나타났다는 신호였다. 팔루자는 새로운 교전국면으로 치닫고 있었다.

　경찰살해에 대한 대응은 사건의 심각성에 대한 평가보다는 배반자들에 대한 체포와 심문에 초점이 맞춰졌다. CIA는 82공수사단 베이스캠프에 소수의 요원밖에 두지 않았으며 이라크 정부 내에 정보기능을 가진 부서도 없었다. 자나비는 특수전략기동대 6 26에 의해 특별히 주의해야할 인물로 붉은 줄이 그어져 있지 않았으며, 이번 공격에 관련된 두 사람의 이슬람 근본주의자 세포들은 더 이상 관심 대상이 아니었다.

　발렌타인데이 대학살은 미군 병력들의 교대시기였기 때문에 소극적으로 취급된 하나의 획기적인 사건이었다. 드링크와인 부대는 팔루자 철수를 준비하고 있었다. 결과가 미심쩍은 한 도시를 떠나 미국으로 돌아가는 것이다.

경찰서에 대한 저항세력의 공격과 파괴로 팔루자가 며칠 동안 미국 신문 1면을 장식했다. 하지만 이 도시의 악명은 이라크 전역에서 벌어지기 시작한 대규모 자동차 폭탄 테러에 의해 빛을 잃게 된다. 3월 3일, 카르발라의 종교휴일에 시아파 이라크인 143명이 작은 조각들이 되어 날아가 버렸다. 대부분의 사람들은 그것을 시아파와 수니파 사이에 내전을 일으키기 위해 애쓰고 있는 자르카위의 소행으로 보았다. 그 다음 주엔 스페인에서 192명이 죽었다. 알 카에다 테러 분자들이 기차를 날려버린 것이다. 5일 후 스페인은 이라크에 파견된 모든 스페인군을 철수시키겠다고 공약한 사람을 총리로 선출했다.

이런 좌절에도 불구하고 드링크와인은 몇 가지 희망의 몸짓을 보았다. 정보기동부대 덕택에 그는 급습에 성공해 왔다. 술레이만 중령은 전에 그의 동료였던 바트당 패거리들을 두려워하지 않는 단호한 지도자로 떠올랐다. 1929년 시카고 발렌타인데이 대학살에서 경찰로 가장한 폭도들이 다른 범죄자 7명을 사살했고, 반란을 일으킨 시민들이 나서서 그들의 도시를 정상으로 돌려놓은 바 있다. 드링크와인은 족장들이 술레이만을 그들의 엘리엇 네스(1930년대 시카고 범죄소탕자로 유명한 재무부소속 수사관)로 삼아 지원해 주기를 바랐다.

2월 말 팔루자 임시당국위원회는 사담 정권 아래서 팔루자 시장으로 봉직했던 한 남자를 새 시장으로 지명하기 위해 회의를 개최했다. 그런데 족장들은 지난번 대학살에 가담한 혐의를 받은 사람들을 체포한 미군을 호되게 나무라는 새 시장 편을 들었다. 일부 족장들은 술레이만이 병원에서 몇몇 사람들의 항의를 무시하고 죽은 순교자들을 강제 수색함으로써 이슬람법을 어겼다고 비난했다.

드링크와인대대는 7개월간의 주둔기간을 거의 끝내가고 있었다. 그는 중추역할을 하지 못하고 있는 시 원로들과 함께 꾸려갈 팔루자의 미래에 대한 그의 기대를 수정했다. 공수부대를 대신하여 이곳에 주둔할 해병대에게 이양할 업무를 정리하고 있는 중이었다. "우리가 이곳을 압도했을 땐 이런 일(무력저항)이 없었습니다." 3월에 드링크와인은 기자에게 이렇게 말한 바 있다. "지금부터 6개월 후, 해병대가 이곳을 떠날 때 그들은 더 많은 것을 만들어 놓을 것입니다. 더 많은 적들을 체포하고 죽일 것입니다. 그러나 대포와 공격이 미치지 않는 지역 바깥에는 적이 여전히 많이 남아 있을 것입니다."

―――

팔루자를 해병대에게 인계하는 일은 릴레이 경기 때 러너가 다음사람에게 바통을 넘기는 것과는 달랐다. 각 사단은 그 자체의 독특한 행동양식과 업무처리방식이 있는 법이다. 1년 전 제1해병사단은 양동작전으로 6개 이라크 사단을 짓이겨버리고는 진군속도를 늦추라는 명령을 무시한 채 당초 계획보다 수주 앞서 바그다드 동쪽 절반을 점령했다. 그 후 해병대는 미국으로 돌아가기 전 상대적으로 평화로운 수십 개의 시아파 도시에서 시정을 복구하는 데 수개월을 보냈다.

3월에 바로 그 해병대가 이라크로 되돌아 왔다. 2003년, 해병대 6만 6천 명을 쿠웨이트에서 이라크로 이끌고 가 혁혁한 전공을 세운 제임스 T. 콘웨이 중장이 제1해병대원정군 사령관이다. 원정군은 비행단과 병참지원단 및 보병사단으로 구성돼 있다. 콘웨이 중장 휘하의 제1해병사단 사단장은 매티스 소장이다. 그는 전선의 흐름을 감지하기 위해 계속 일선을 방문하는 호방하고 배짱 좋은 지휘관으로 이름난 사람이다. 제82공수사단과 마찬가지로 제1해병사단도 안바르 주 1만 6천 평방킬로미터에 산개해 주둔했다.

이라크 복귀를 위해 오레곤 주 펜들턴 임시야영지로 되돌아 온 콘웨이와 매티스는 그들의 대이라크 행동양식을 두 가지로 정리했다. 첫째 공격작전—소탕과 급습—을 강조했다. 적에 가까이 접근하는 것이 성공을 보장할 수 있는 길로 보았다. 목표물은 얼마든지 있었다. 그리고 병사들에게는 보상 귀향 제도를 운영하여 사기를 드높이기로 했다. 1만 8천 명 사단 병사들의 50퍼센트 이상이 바그다드 전투에 참가한 베테랑들이었다. 그들은 전투에 익숙했다. 그러나 안바르 주의 저항세력은 잠재적인 지원자 수십 만 명을 확보하고 있다. 미군이 단독으로는 저항세력을 이길 수 없다.

그들이 선택한 두 번째 행동양식은 현지 주민들에 대한 존경심과 이라크군 훈련을 강조한 점이다. 베트남에서 합동작전소대(CAP) 프로그램에 참여했다 제대한 해병재향군인들을 펜들턴에 초빙하여 토착군인들과 함께 생활하는 방식을 교육토록 했다. 113개 베트남 마을에서 개별 해병대 분대들이 농부들과 함께 1년간 생활하면서 그들을 지방 민병대로 훈련시킨 적이 있다. 합동작전소대 프로그램은 대단한 성공을 거뒀으며 마을 사람들과 마을에 파견된 미군분대들 모두에게 환영을 받았다.

매티스는 아랍 전문가들을 초빙하여 그의 휘하 지휘관들에게 강연하게 했으며, 병사들에게 아랍어 관용구를 학습시키고 현지인의 감정을 상하지 않게 처신하는 법을 배우게 했다. 반란진압방법을 상세하게 설명한 해병대소형전쟁교본(Marine Corps Small War Manual)도 읽도록 했다. 먼 오지의 스페인어 사용지역에서 현지 민병대 지휘관으로 명성을 날린 체스티 풀러와 스메들리 버틀러와 같은 전설적인 인물들이 사례로서 소개되었다. 프리스비(던지기 놀이의 플라스틱 원반), 축구공, 곰 인형도 전쟁무기와 함께 나무상자에 넣었다.

기자들은 라마디와 팔루자에 주둔 중인 미군병사들이 서투른 표현법으로 대충대충 해주는 이야기들—"출입문을 쾅쾅 쳐 밀고 들어갔다", "브래들리 전차가 승용차들을 쾅하고 들이받았다" 등—을 다듬지도 않고 본사로 넘기는 바람에 현지 미군들의 행동이 매우 거친 것으로 사람들에게 전달되는 경향이 있었다.

매티스는 그의 부하들에게 "적들은 여러분들이 모든 이라크인들을 증오하고 있는 것으로 조작하려 할 것입니다."로 시작되는 편지를 썼다. "적들에게 그런 승리를 허용해선 안 됩니다. 강력한 기강, 확고한 신념, 빈틈없는 조심성, 그리고 무고한 사람들에게 베푸는 명예를 중히 여기는 기사도 정신으로 우리는 이 임무를 수행할 것입니다. 기억하십시오. '더 좋은 친구도 없고 더 나쁜 적도 없다'는 우리의 군호에 '먼저 해치지 않는다'를 추가했습니다."

해병대는 문 아래쪽을 발로 차서 열지 않고 노크하여 열 것이며 사람들의 목에 구둣발을 올려놓지 않을 것이라고 매티스는 말했다. 집들을 불도저로 밀어붙이든가 저항세력의 친척들을 체포하는 일은 없을 것이라고도 했다. 총을 쏠 때도 일제사격은 가려서 할 것이라고 했다. 매티스는 '한 발에 한 사람을 죽이는' 사격의 정확성을 강조했다. 그의 희망대로 된다면, 미군병사들의 몸가짐과 화력의 자제는 미군의 큰 관용과 무장 저항세력의 작은 관용을 가져올 수도 있었다. 미군의 이 새로운 훈련교육에 대한 아랍신문들의 보도가 안바르 주에서 소문으로 유포되었다. 저항세력 선전 인쇄물들은 이 새로 훈련받은 미국군대에게 아와트(쉽게 부서지는 설탕으로 만든 부드러운 케이크)라는 별명을 붙였다.

미국 언론들은 해병대가 육군의 작전을 은근히 비난하고 있다고 보도했다. 콘웨이와 매티스는 둘 다 이 혐의를 부인했다. "우리는 육군이 수행해 온 일을 배우고 있습니다. 우리는 모든 사태를 처리하기 위해 필요한 화력우위 수준을 적용할 것입니다. 그러나 작전과정에서 무고한 사람들을 적으로 변하게 하는 일이 없도록 식별하여 사격할 필요가 있습니다."라고 콘웨이는 말했다.

그것을 부인하려는 노력에도 불구하고 육군과 해병대는 서로 다른 접근법을 가지고 있었다. 해병대는 적은 예산에 적은 장비로 사격의 정확성과 적극적인 소수부대 지휘에 중점을 두는 작전을 편다. 그들은 배에서 외국 해안으로 부대를 전개시키는 작전을 계속해 왔기 때문에, 작전의 기본원칙을 만들어내기 위해 본능적으로 현지 지도자들을 찾아낸다. 그들은 시아파 이라크인들과 그랬던 것처럼 수니파 이라크인들과 우호적으로 상호작용할 작정이다.

새로 오는 모든 부대들은 자기들이 전에 있던 부대보다 더 잘 할 수 있다고 생각한다. 귀국길에 오르는 공수부대원들 중 많은 사람들은 새로 오는 해병대가 사태를 지나치게 낙관하고 있다고 믿은 반면, 해병대는 공수부대가 사격을 너무 빨리 시작하는 버릇이 있다고 믿었다. 아무튼 수니파는 분명 시아파가 아니었으며, 팔루자는 분명 카발라가 아니었다. 1년 전 카발라에서는 시아파 시 위원회가 해병대 사령관을 그들의 시장으로 뽑았다. 제82공수사단은 미군사령관을 시장으로 뽑으려는 수니파 사람들을 한 사람도 본 적이 없다. 공수부대 병사들은 찌푸린 얼굴들과 폭발물의 영접을 받는 호된 근무를 했다. 저항세력들로부터 사격을 받았을 때 미군들이 지나치게 무차별 사격으로 대응한다고 불평하면서도 저항세력이 미군을 죽였을 때는 그냥 침묵을 지키는 팔루자 사람들과 함께 한 근무였다.

제82공수사단 사단장 차알스 스완네크 소장은 팔루자에서 사단 임무가 이제 끝났다며 기자회견을 가졌다. 드링크와인대대 병사들과는 달리 그는 저항세력과의 전쟁에서 크게 승리한 것으로 믿고 있었다.

그의 판단으로는 새로 온 해병대는 오직 낮은 수준의 저항만 받을 것이라 했다.

"나는 이곳(안바르 주)에서 지금 진행되고 있는 매우 심각한 저항세력의 준동을 크게 염려하지 않습니다. 그들의 지도자들과 불법자금과 저항을 촉진하는 요소들을 성공리에 제거했기 때문입니다. 이제 그들은 우리를 공격하는 연합세력들에게 아직 불만을 갖고 있는 더 낮은 수준의 개인들입니다."

연합임시행정청의 안바르 주재 고위 행정관인 케이스 마인즈 역시 3월에 이곳을 떠난다. 스완네크 소장과는 대조적으로 그의 마지막 보고는 신랄했다.

"이라크 보안군의 성장은 이해하기 어렵겠지만 실패입니다. 작전에 들어간 지 10개월이 돼도 알 안바르 주 전체에서 적절히 훈련을 받고 제대로 된 무기를 가진 이라크인 장교가 한 사람도 없습니다. 명부상에는 1만 명이 넘는 경찰과 민방위 담당 관리들이 있지만, 임시변통의 훈련과 초보적인 무기 외에는 어떤 것도 받은 게 없습니다."

그가 보기에 안바르 주는 82공수부대든 해병대든 1개 사단으로 통제하기에는 규모가 너무 컸다. 더욱 고약한 것은, 마인즈의 기록에 의하면, 안바르의 어떤 이라크 경찰 간부도 3주 이상 교육을 받은 적이 없으며, 보안군 부대들은 전혀 쓸모가 없다는 점이다. 치안은 완전히 미군에 의존하고 있는데, 그러면서도 미군의 존재가 수니파의 민족주의를 자극하고 있다는 것이다.

팔루자에서 7개월을 보낸 드링크와인 중령 역시 귀국했다. 그의 대대는 그 기간에 94명의 사상자를 냈다. 그는 발렌타인데이 대학살에서 영악한 바트당 지도자들과 이슬람 극단주의자들 사이에 '정략적인 야합'이 있었음을 알았다. 사람들은 족장들보다 이맘들로부터 더 많은 이야기를 들었으며, 드링크와인의 과격주의 성직자 리스트는 점점 늘어갔다. 리스트 제일 윗부분에 자나비와 다른 세 사람을 기록하고 있었지만, 그는 그들 중 어느 누구도 체포하지 않았다. 저항세력들은 미군에 저항하지 않는 동료 시민들을 죽이기 시작했다.

해병대는 그들이 이라크군 병사들과 함께 일할 수 있다고 생각했지만, 드링크와인은 담력 있는 오직 한 사람의 지도자―술레이만―를 발견했을 뿐이다. 술레이만은 유프라테스 강 서부반도에 있는 그의 영내에 머물렀다. 드링크와인은 해병대가 사제폭발물을 제거하고 무차별 총격전을 중지시킬 수 있으리라고 보지 않았다. 사제폭발물은 저항세력 소탕작전에서 보병들이 반드시 처리해야할 일이었으며, 팔루자는 수천 개의 폭발물을 만들 수 있었다.

"나는 해병부대가 팔루자에서 일을 잘 처리하리라 봅니다. 그러나 그들은 피범벅이 될 것입니다." 하고 그는 말했다.

2부

1차 공격

2004년 3월 – 5월

6
감히 미국인들에게 그런 짓을 하다니

제82공수사단은 2004년 3월 마지막 주에 해병대에게 안바르 주를 인계했다. 그러기 전에 양쪽 사단장들은 며칠간을 함께 보냈다. 해병 제1연대 2대대(2/1대대)가 팔루자에 배속되었다. 그레그 올손 대대장은 키가 크고 안경을 끼었으며 드링크와인처럼 사려 깊고 분석적인 사람으로 알려져 있다.

3월 18일, 드링크와인과 올손은 시 원로들을 만나기 위해 정부종합센터로 차를 몰고 갔다. 이들이 족장들과 이야기를 나누는 동안 공수부대와 해병대 병사들이 건물 옥상에서 경계를 폈다. 정오에 공수부대 로저 파크 상사가 경계근무 교대를 위해 병사들을 옥상으로 올려 보냈다.

업무교대를 하는 와중이어서 아무도 가까운 곳에서 쏘는 저항세력의 박격포탄이 포신에서 빠져 나가는 퓨웅! 하는 소리를 듣지 못했다. 포탄은 정확히 옥상 한복판에 떨어져 십 수 명의 공수대원 및 해병대원의 등뼈와 다리에 파편을 뿌렸다. 그것은 저항세력이 그때 임시로 정한 장소에서 쏜 첫 번째 포탄이었으며, 그들이 지금껏 쏘았던 수천 발 중 한 발이었다.

2/1대대 에코중대 중대장인 더그 젬빅 대위는 옥상에서 쉬익하는 날카로운 소리를 듣고 얼른 엎드리는 순간, 검은 연기와 먼지, 그리고 비명을 지르는 공수대원과 해병대원들이 눈에 들어왔다. 마당에서 파커 육군상사는 "여기 부상자가 생겼다!"는 고함소리를 들었다.

파커는 무전으로 시 변두리에 대기 중인 수송차량 4대를 가진 소개(疏開)팀에게 급히 출동토록 요청했다. 해병대와 공수부대 병사들이 계단을 급히 뛰어 올라갔다. 박격포탄 네 발이 더 날아와 주변에 터졌으나 피해를 입진 않았다. 로켓탄 두 발이 구내로 날아와 터져 옆 거리에 서 있던 이라크 주민 둘을 죽였다. 총격전이 벌어지고 재빨리 전투가 확대됐다. 모든 병사들이 난폭하게 총질을 하는 것 같았다.

"사격중지!" 젬빅 대위가 외쳤다. "사격중지! 목표물이 확인 안 되면 빌어먹을 포탄이 또 날아올지도 모르잖아!"

사격은 그것이 시작될 때처럼 갑자기 멈추었고, 모두들 부상자들을 아래층으로 옮기는 일을 거들었다. 파커는 가장 심각한 부상을 입은 사람이 제일 먼저 치료를 받아야 된다는 생각을 하면서 부상자 분류작업을 지도하고 있었다. 그는 디키트리 토델레스키 일등병이 한 공수대 병사를 아래로 옮기고 다른 부상자를 옮기기 위해 층계로 올라가는 것을 보았다. 세 번째로 층계를 올라가려고 했을 때 그는 다리가 뒤틀려 털썩 주저앉았다.

"지쳤나봅니다, 상사님. 기력을 다 써버린 것 같습니다."라고 토델레스키가 말했다.

파커는 토델레스키 일등병이 앉아있는 주위 시멘트 바닥에 핏물이 서서히 번지고 있는 것을 보았다.

"너는 지친 게 아니야, 토델레스키," 파커가 말했다. "거기에 가만 있어, 너에게 붕대를 감아주도록 위생병에게 얘기할게. 너는 오늘 할 일을 충분히 완수했어."

박격포탄 하나가 공수대원 18명과 해병대원 17명을 강타한 것이다. 죽은 병사는 없었지만 병사 네 명이 미국으로 후송돼야 했다. 111개의 파편 조각을 뽑아낸 부상병도 있었다. 공수부대가 철수할 때 해병대는 드링크와인의 공수부대에 감사를 표시하는 제스처로 의장대 대형을 만들었다.

"참으로 난폭한 첫날이었지요, 무슨 놈의 도시가 도시위원회 위원들을 죽이려 하다니요?" 젬빅이 말했다.

3월 24일, 제82공수사단은 정식으로 안바르 주 관할권을 해병대원 정군에게 넘겼다. 팔루자 외곽기지에서의 기념식은 헬리콥터가 해병 부상자 두 명을 시 근방에서 소개시키는 바람에 일시 중단됐다. 그날 밤 임무에서 돌아오고 있던 특수작전 소대가 팔루자 동쪽 10번 고속도로에서 공격을 받아 두 사람의 부상자가 난 것이다. 다음날 호송대가 같은 장소에서 매복조의 공격을 받아 해병대원 한 명이 죽었다. 팔루자에서 3월 들어서만 스물여섯 번째의 사망자를 냈다.

그 사건으로 콘웨이 중장의 인내가 한계에 이르렀다. "나는 사단장에게 지시하여 적절한 조치를 취하게 했습니다. 시가지로 통하는 군사도로를 안전하게 만들고 싶었습니다." 하고 그는 말했다.

2/1대대의 2개 소총중대에게 임무가 떨어졌다. 해군사관학교에서 레슬링 선수였던 근력뭉치인 젬빅 대위는 에코중대를 이끌었다. 그의 오른쪽엔 카일 스토다르드 대위가 폭스중대를 이끌고 있었다. 면도한 그의 두부와 조각한 것 같은 체격은 그를 미스터 클린(청렴한 정치가)처럼 보이게 만들었다. 50구경 기관총과, 40밀리 소형 수류탄을 연속

으로 발사하는 Mark19를 장착한 험비 6대와 함께 스토다르드와 젬빅은 중대원들을 이끌고 10번 고속도로 북쪽 동 맨해튼 안으로 들어갔다. 그곳은 수많은 전직 사담군 장교들이 살고 있는 동네였다. 해병대원들은 조심스럽게 이 부자동네 속을 이동했다. 쭉 곧은 포장길 양편으로 줄지어 선 담장 너머 마당 안쪽엔 시멘트로 지은 육중한 저택 주위에 터부룩한 야자나무들이 늘어서 있었다. 걸어 다니는 미군들을 거의 본 적이 없는 이라크인들은 저마다 집에서 나와 넋을 잃고 구경했다. 그들은 총격전이 벌어질 때면 공포에 쩔쩔매며 흩어졌다가도 호기심이 상식을 압도하여 다시 몰려들곤 했다.

길고 좁은 거리에 감금된 해병대원들은 자전거를 타고 있는 소년, 손에 휴대폰을 들고 거리 모퉁이에 서 있는 남자, 쌩쌩 지나가는 택시, 그리고 좀 떨어진 교차점 위를 날고 있는 검은 솔개들을 지나쳐 갔다. 거리에 나와 있던 사람들이 대문을 쾅 닫고 집안으로 들어가기 시작했다. 해병대원들이 간헐적인 사격을 시작하자, 수백 미터 전방에서 가로 쪽으로 걸어가던 한두 명의 남자가 충동적으로 총을 쏘고는 재빨리 은폐물 뒤로 몸을 피했다. 그들은 서투른 사격솜씨로 이쪽을 향해 무턱대고 쏘면서 다행히 명중하기를 바라는 눈치였다.

옥상에서 휴대전화로 이야기를 하며 웅크리고 있는 한 남자를 본 해병대 저격병이 그를 쏘았다. 군중들이 순식간에 몰려들어 그 남자는 아무 해를 끼칠 사람이 아니었다고 소리쳤다. 그 남자의 형이 흐느껴 울며 보도 위에 털썩 주저앉았다. 이라크인들은 해병대원들의 옷소매를 잡고는 더 많은 군중들이 시신을 모스크로 옮기기 위해 몰려올 것이니까 얼른 이곳을 떠나라며 손짓 발짓을 했다. 해병대원들은 그곳을 떠났으나 몇 블록도 가지 않아 로켓탄이 연속으로 날아들기 시작했다. 한 이라크인 카메라맨이 해병대원들의 대응작전을 보기 위해 거리 모퉁이 근방에서 머리를 내밀다가 총탄을 맞고 죽었다.

하루 종일 해병중대는 북동쪽 작전지구를 수색했다. 때때로 적들과 조우했다. 이쪽에선 AK소총으로 공격해 오다가 저쪽에 가선 RPG로켓탄으로 공격해 왔다. 그리고는 15분 동안 잠잠하다가 다시 총격전이 벌어졌다. 오후 중반경 수십 발의 총탄이 스토다르드 옆에 있는 벽에 튀면서 날았다. 주위를 둘러봤으나 어디서 날아오는지 알 수 없었다.

저항세력들은 적에게 노출되기 전에 총을 쏘려고 저택 안마당을 재빨리 들락거리며 사격을 해왔다. 승용차 한 대가 몇 블록 떨어진 거리를 달려오다가 끼익 소리를 내며 멈추고는 남자들이 창문 밖으로 상체를 내밀며 마구잡이로 총질을 해왔다. 해병들은 그들이 정지해 있는 가로만 확보하고 있었고, 다음 가로엔 저항세력들이 매복하여 그들을 기다리고 있었다.

어둠이 내릴 무렵 박격포탄이 떨어지기 시작했고 총격전이 더욱 격렬해졌다. 젬빅과 스토다르드가 그들의 2개 중대를 철수시켰을 때는 완전히 어두워진 후였다. 해병 1명을 잃었다. 그들은 주민들이 저항세력에게 "우리는 이곳에서 총격전이 벌어지는 것을 원치 않는다. 싸움은 다른 곳에 가서 시작하라."고 말해주기를 원했다.

그러나 최초 보고는 정반대의 내용을 시사했다. 무전도청으로 적 부상자들이 병원에 실려 갔다는 사실을 알았다. 이라크인 의료인들은 서방기자들에게 병원에 가까이 오지 말라고 경고했다. 무장을 하고 있는 슬픔에 빠진 가족들이 보복을 할지 모른다는 것이다. 이번 싸움은 저항세력의 분노 때문이 아니라 미군의 도전으로 일어난 것이다.

―――

다음 며칠 동안 해병대는 사태악화를 피하려 시 외곽 순찰에 집중하는 한편 술레이만 중령과 합동작전을 펴기 위해 공개적인 협상을 진행했다. 그러나 1주일도 채 안된 3월 31일, 블랙워터 보안회사 소속 경호원인 미국인 네 명이 10번 고속도로를 차량으로 통과하다 시 중심가에서 매복공격을 당하는 사건이 일어났다. 팔루자 외곽의 영내 식당에서 텔레비전을 보며 젬빅 대위는 "감히 미국인들에게 그런 짓을 하다니!" 하며 분개했다.

2천500년 전 호머는 일리어스에서 전쟁의 기본수칙을 정했다. 아킬레스는 대적(大敵) 헥토르의 시신을 그의 전차 뒤에 매달아 질질 끌고 다니는 것이 잘못임을 깨달았다. 시신 훼손은, 패배자는 품위를 갖출 가치가 없으며 승리자는 수칙에 속박되지 않는다는 의미였다. 헥토르의 사지를 해체하는 것은 모든 트로이 사람들을 공민권도 없는 동물로 취급해 왔다는 것을 의미하며, 언젠가 다른 부족들이 그리스 사람을 같은 방법으로 대접할 수 있음을 의미한다. 병사들이 전쟁수칙을 지키지 않으면, 호머가 우리에게 말했듯이 문명은 진보할 수 없다.

그러나 이렇듯 도덕상 절대로 저질러서는 안될 일임에도 불구하고, 더욱이 21세기 대명천지에, 미국에서 상세하게 증거를 제시하고 있듯이 흉악한 폭도들이 그런 무도한 시신훼손을 한 것이다. 콘웨이 중장은 모험을 즐기던 미국인 사설경호원 네 명의 죽음에 유감을 표명했다. 해병대원정군은 범인들 사진을 가지고 이름과 주소를 파악하여 그들을 체포하거나 죽이기로 결정했다. 그러나 해병대는 극적 조치나 성급한 보복을 계획하지는 않았다. 팔루자에서 미군은 주택, 아파트, 상점, 넓은 가로 및 뒷골목 길들이 있는 폭 2마일 도시의 통제권을 확보하는데 7개월이 걸렸다. 일주일간의 작은 충돌을 겪은 후 해병사단은 심각한 외국인 혐오, 과격한 성직자들의 영향력 및 미군의 화력에 대한 들끓는 분노를 감안하여 그들의 목표를 조정했다.

"팔루자에서 우리가 바랄 수 있는 최선의 길은 손실을 보지 않는 일입니다. 우리가 저항세력 기지로 육성되게 조장하는 어떤 자극적인 행동을 억제함으로써 감정에 호소하는 성전주의자들의 폭동을 사전에 방지하려는 것입니다. 미국인들은 여기서 절대로 환영받지 못할 것입니다." 사단 참모장인 던포드 대령이 말했다.

해병사단은 현 폭동상태를 웬만한 수준의 폭력으로 줄이고, 역량 있는 이라크 보안군을 육성하여, 팔루자가 신문 1면을 장식하는 것과는 거리가 먼 외진 낙후지역으로 올바르게 인식되도록 바로잡으려 했다. 그렇게 해야만, 현지 경찰과 보안군이 다음 10년 동안 과격파들과 싸워서 문제를 해결해 나갈 수 있을 것이다.

하지만 워싱턴은 그것을 잘못된 접근으로 보고 있었다. 이제 시신 훼손사건은 전쟁범죄가 아니라 미국에 대한 능멸, 미국의 점령에 대한 도전의 상징이 되었다.

"부시, 당신들이 여기 온 이유가 뭔가? 왜 이곳에 와서 팔루자 사람들의 일에 간섭하고 있는가?" 시신을 거리에 끌고 다니면서 폭도들이 이렇게 되풀이하여 외쳤던 것이다.

"모가디슈를 생각나게 하는 사건: 집단증오 표출, 불신암시"라는 제목으로 바그다드의 뉴욕 타임스 기자는, "미군 장군들 사이에서, 그 사건이 몇 주 전에 이미 고비를 넘긴 것으로 치부하지 않는 분위기가 감지된다."고 썼다. 1993년 소말리아 주민들이 미군병사 시신을 차에 매달아 모가디슈 거리를 끌고 다닌 후 클린턴은 미군을 철수시켰다. 2004년 이 사건 때도 역시 미군철수 요구가 높았다. 부시는 미군병사들이 이라크 국민들을 해방시켰다고 믿어오던 터였다.

"부시는 어디 있나?" 그를 여기 데려와 이것을 보여주자!"라고 한 소년이 불에 탄 시신을 가리키며 외쳤다.

부시 대통령은 그 시신훼손 화면을 직접 보았다. 차마 눈뜨고 볼 수 없는 참혹한 모습에 그는 감정적이고 공격적으로 반응했다. 럼스펠드 국방장관과 아비자이드 장군은 현지 해병대가 그 사건 처리에 대한 국제적인 파장을 무시하는 계산된 걸음으로 대응하는 계획을 세우기로 결정했다. 한 도시가 통제를 벗어나 제멋대로 비틀거리게 놓아둘 수는 없는 일이었다.

그런 정서는 브레머 대사도 갖고 있었다. 텔레비전을 통해 그 장면을 본 브레머는 산체스 장군을 사무실로 불렀다.

"강력한 대응을 권하고 싶은데요." 브레머가 말했다. 산체스는 동의했다. 그 역시 해병대의 부드러운 접근이 불만스러웠다.

창날 끝이 된 해병대는 하필이면 자기들이 28만 명이 사는 도시에 대한 공격—깊이 성찰해 보지도 않고—을 맡아야 하는 것에 썩 기분이 좋지 않았다. 시신훼손을 선동한 사람들은 저항세력 지도자들이 아니라 길가는 행인들이었다. 어떤 경우든 해병대가 그들을 공격하려면 우선 핵심 이라크 관리들과 동맹국들에게 통보하고 의논해야 할 것이다. 일단 해병대가 그 도시를 강제료 점령하게 되면 누군가가 나서서 도시 행정을 펴야 할 것이며 전기, 수도, 교통 등도 책임져야 할 것이다. 그런 일들은 이라크 사람들이 미군의 공격을 지지할 때 가능한 일이다. 전략적인 기초 작업이 전혀 마련돼 있지 않은 상태였다.

안바르 주의 연합임시행정청 행정관들은 해병대와 같은 입장을 취했으며 바그다드에 이메일을 보내 초점이 맞는 접근을 하도록 촉구했다. 특수전략기동대가 주모자들을 처리하게 하라고 촉구했다. 그들은 "주사위는 이미 던져졌다."는 이메일 회신을 받았다.

합동기동군 작전 부국장이면서 연합군 대변인인 키미트 준장은 4월 1일 기자회견을 가졌다. "미군은 팔루자에 들어갈 것입니다." 하고 그는 단언했다. "신중하게 할 것이며 정확히 할 것입니다. 그리고 압도할 것입니다."

이라크 저항운동의 심장이며 레지스탕스의 상징인 팔루자는 압도적인 미국의 힘을 절실하게 체험해야 할 운명이었다.

───

4월 2일, 해병대원정군사령부는 팔루자시 주변에 검문소와 교통차단선을 설치하라는 지시를 내렸다. 식품과 의약품 반입만 허용되었다. 징병연령에 해당되는 남자들에 한해서는 가족들과 동행할 경우가 아니면 도시 밖 외출을 금했다. 불도저로 도시 주위의 오물이 가득 찬 도로 갓길을 두둑하게 밀어 올리기 시작했다. 한쪽 측면으로 쳐서 약 5킬로미터 거리다. 올손 중령은 시 위원회 위원들을 만나 4명의 미국인 시신을 돌려준 것에 사의를 표하고 이번 시신훼손사건에 대한 서면으로 된 비난성명을 요구했다. 마을 사람들에게 살인자들 편을 들어서는 안 된다는 여러분들의 확고한 뜻을 보여주라고 촉구했다. 족장과 이맘들은 올손의 요구를 거절했다. 그 대신 시신훼손을 반대한다는 온건한 성명을 발표했다. 미국인들을 살해한 것에 대해서가 아닌 오직 시신훼손만을 유감으로 생각한다는 의미였다.

4월 3일 해병대원정군사령부는 팔루자 공격을 명하는 합동기동군사령부 서면명령서를 해병사단에 보냈다. 연합임시행정청은 공격지원 홍보기획을 준비했다. 물론 아랍계 언론사들에는 보내지 않을 작정이다. 브레머와 산체스는 이번 홍보기획에 안바르 주 주재 연합임시행정청 행정관들이 합리적이라며 제시한 의견들을 참작키로 했다.

콘웨이 장군은 해병대원정군 사령부 참모들에게 이번 작전의 전체적인 개념을 상세히 기획하고 항공단과 병참지원팀 및 해병사단에 의해 실행돼야 할 핵심 과업을 일일이 열거하도록 지시했다. 전투의 총지휘는 지상군 사령관인 매티스 장군이 맡을 것이다.

어떤 작전이든 작전을 앞두고 모든 부서 관리들은 그 작전의 사명과 투입병력 및 실행해야할 임무를 상술할 전투 작전계획 자료를 어떻게 편집하고 통합하는지에 대한 교육을 받는다. 작전계획은 수십 쪽이 되며 누가, 무엇을, 언제, 어떻게, 왜를 상세히 설명하는 수많은 부록이 포함된다. 작전계획은 전투에 대한 특정한 청사진을 제공하는 체계화된 서류이다.

하지만 워싱턴에선 팔루자에 대한 이와 유사한 전략계획이 없었다. 합동기동군사령부 명령서는 팔루자 점령을 어떻게 완수할 계획인지 상술하고 있지 않았다. 아비자이드 장군이 설명하는 작전임무, 럼스펠드 장관이 유기적으로 통합한 작전의지, 전략적 수준에서 반대에 대한 CIA의 예측, 연합임시행정청의 이라크통치위원회와의 상의, 또는 국무부의 동맹국과의 조정을 자세하게 설명한 전략적인 서류는 없었다. 예상되는 국면과 전략적인 군사작전시간표—주민들에 대한 경고, 동맹국과 협의, 이라크인들의 동의 획득, 기자회견준비, 의회 브리핑, 군대의 집결, 시 점령 시간표, 시정부 재수립—는 준비되지 않았다. 하위 기관인 해병대원정군사령부에서 준비한 작전계획과 연합임시행정청과 합동기동군 사령부 레벨에서 준비한 홍보기획이 전부였다.

―――

4월 4일, 팔루자는 세계 언론의 헤드라인을 독점했다. 미국정부가 대대적인 응징을 하겠다고 공언한 후 모든 주요 언론사들이 기자들과 비디오팀을 현지에 보냈기 때문이다. 그러나 전투는 엉뚱하게도 팔루자 저 너머 먼 곳에서 벌어질 징후를 보이고 있었다.

일주일 앞서 브레머 대사는 과격 시아파 성직자인 모크타다 알 사드르가 펴내고 있는 선동적인 신문인 하우자를 폐간했다. 1년 동안 사드르(1993년 사담의 지시로 사살된 한 존경받던 이맘의 아들(28))는 바그다드 동편 사드르시 한 빈민가에서 민중을 선동하는 설교를 해왔다. 그는 미군을 이교도 침략자로 매도하고 연합군에 협력하는 모든 이라크인들을 반역자로 낙인찍었다.

이라크 법정이 사드르를 라이벌 성직자 살인범으로 비밀리에 기소한 후 연합임시행정청은 그를 체포하려했지만 합동기동군의 무력이 없고는 실행할 수 없었다. 합동기동군은, 사드르를 체포하면 폭동이 일어날 것이라고 위협하는 시아파 성직자들의 주장에 동의하며 연합임시행정청의 요구를 거절했다. 시아파 성직자들은 그들이 사드르를 무력화시킬 수 있다고 주장했다. 그러나 1년 동안 자유롭게 활동하며 이란의 자금 원조를 받고 있던 사드르는 이라크 남부전역의 가난한 시아파 젊은이들로 구성되어 급격하게 세력을 확대하고 있는 민병대를 장악하기에 이르렀다. 그의 대중영합적인 운동은 사드르시에서 주요 시아파 도시들의 빈민촌으로까지 확대돼 갔다.

4월 2일 사드르의 신문을 폐간한 후 브레머는 사드르의 최고위 보좌관인 무스타파 야코우비를 체포했다. 다음날 사드르는 그의 추종자들에게 폭동을 일으키도록 지시했다. 마흐디군으로 불리는 그의 민병대가 거리를 점령했다.

"여러분들의 적에게 테러를 가하라!" 하고 사드르는 알자지라 텔레비전 방송에 나와 소리쳤다.

가난한 시아파 젊은이 수천 명이 흥분하여 AK소총과 RPG로 무장한 채 쿠파, 카르발라, 나자프, 나사리아, 쿠트 및 바스라의 거리로 쏟아져 나왔다. 시아파 도시들의 이라크경찰은 수니파 도시들의 경찰처럼 각자 자기 집으로 도망쳐버렸다. 합동기동군에 의해 배정되어 평화로운 시아파 도시에서 평시처럼 느슨한 자세로 주둔하고 있던 다국적군 부대들은 당황했다. 카르발라시의 불가리아 부대는 기지로 대피하여 미군에게 지원을 요청했다. 쿠트시의 우크라이나 부대는 포위공격을 받아 항복했다. 나자프의 스페인 병사들은 거리방어를 포기했다. 사드르 민병대―실제로는 거리의 폭력단이었다―는 치열한 전투를 벌이지도 않고 여러 도시들을 하나씩 수중에 넣었다.

폭도들의 신속성과 규모와 강도가 미국 관리들을 아연실색케 했다. 사담 정권의 붕괴는 이라크국민의 다수를 점하고 있는 시아파들의 목에서 억압의 멍에를 벗게 했다. 그러나 시아파 지도자들은 그들에게 자유를 안겨 준 미군에 대한 공격을 촉구하는 선동정치가들의 득세를 묵인했다. 만약 미군이 철수하면 수니파가 쉽게 시아파를 지배하게 될 것이다. 한데 사드르의 무장폭도들이 온 거리를 날뛰며 돌아다녀도 시아파 지도자 누구 하나 질서를 회복하기 위해 나서지 않았다. 기껏 대화만 강조하며 손을 놓은 채 미군에 대한 투쟁을 방치했다.

연합임시행정청과 합동기동군의 협조적인 지휘체계가 무너진 바람에 각각 독자적인 권한으로 주요 조치를 취한 결과였다. 4월 1일 아비자이드 장군은 수니파 도시인 팔루자에 대한 제재에 들어갔다. 4월 2일 브레머 대사는 사드르의 시아파 지도자들에 대한 제재를 시작했다. 하루 간격으로 벌인 별도의 두 작전은 서부와 남부 이라크 전역에 걸쳐 수니파와 시아파 폭도들의 연쇄 반작용을 불러 일으켰다.

―――

동바그다드와 남부 시아파 도시에서 일어난 사드르의 봉기는 서부 수니파 도시인 팔루자와 연관돼 있는 것 같지는 않았다. 합동기동군사령부는 팔루자에 대한 작전을 연기하라는 명령을 내리지 않았다. 4월 4일 해병대는, 도심전투가 모든 당사자들에게 혼란 상태를 야기할 것이란 점을 잘 알고는, 군대를 집결시켜 시를 고립시켜가며 전진키로 했다. 콘웨이 장군은 이번 공격이 이미 분개하고 있는 주민들을 더욱 흥분시켜 저항세력에 대한 지원을 촉진시킬 것이라는 점을 알고 있었다. 매티스는 일단 해병대가 시내의 긴 길거리에서 전투를 벌이면 해병대원들도 살아남는 저항세력들도 무고한 시민들도 서로 관용을 보이고 싶은 마음이 싹 가시게 될 것으로 보았다. 천성으로 거칠기 마련인 군대를 동원하여 팔루자를 점령하자는 것은 적개심에 불타는 도시를 정복하여 복종을 강요하자는 의미다. 매티스는 주어진 그의 임무를 (1)시체훼손 범인 체포, (2)외국인 전투원 일소, (3)도시로부터 모든 중무기 회수, (4)10번 고속도로를 군사용 도로로 안전하게 확보한다는 네 가지 목표를 세워 수행하기로 했다.

해병대원정군사령부는 합동기동군 사령부의 작전 명령서를 안바르 주둔 해병사단에 내려 보냈고, 사단은 그것을 존 툴란 대령이 지휘하는 제1연대에 보냈다. 브룩클린 출신인 툴란은 엄숙하고 각진 얼굴의 침착한 풍채를 하고 있다. 아일랜드식 말재주를 가진 스스럼없는 남자가 흥미로운 대화를 하는 것을 본다면, 그는 아마도 그것을 추적하여 조사하려 들 것이다. 그가 예정시간에 늦을 때 그의 참모는 "우리는 툴란 시간을 지키고 있다"고 말할 것이다. 그는 또한 바그다드로 진격한 연대를 지휘한 경험 많은 전술가였다.

해병사단이 세운 이번 작전계획은 '견인불발작전(Operation Vigilant Resolve)'으로 불렸으며 단순하고 솔직했다. 제1리콘대대는 시 남쪽에서 차폐군으로 활약하고, 2/1대대는 서북쪽에서 압박하고 1/5대대는 동남쪽에서 전진하기로 했다.

틀란 대령은 이 같은 병력 배치를 완료하는 데 하루를 잡았다. 그는 그 시간을 시 원로들에게 폭도 주모자들을 넘겨 달라고 요구하는 최종 마감시간으로 활용했다. 1년 동안 시 원로들은 미군의 부당한 조처, 부족한 식량, 바그다드의 무관심, 높은 종자가격, 시아파 음모, 수돗물 부족, 하청계약 약속 불이행, 변덕스러운 전력, 옳지 못한 부족들에 대한 편애 등 수많은 말들을 강물처럼 쏟아내며 한 번 만나면 몇 시간 동안 불평을 해댔다. 최종적인 메시지는 항상 똑같은 내용이었다. 시 발전을 위한 자금을 투입하고 미군이 절대 시내에 들어와선 안 되며, 그리고 이 모든 분쟁이 '국외자들' 탓이라는 것이다.

"그런데, 족장들은 시신 훼손까지 '국외자들' 탓으로 돌릴 수는 없을 것입니다." 하고 틀란 대령이 매티스 장군에게 보고했다. "불도저와 탱크가 시 외곽을 삥 둘러싸고 우르릉거리고 있다는 사실을 시 원로들이 알게 되면 아마도 그들은 현명한 방법을 택할 것이며 범죄자들을 넘겨줄 것입니다."

약 20명의 강경파 핵심 저항세력 지도자들이 여러 사람들의 반대에도 불구하고 시내에 버티고 있었다. 전직 바트당 당원들, 군 장교들, 범죄자들, 성전파들과 테러리스트들이 뒤섞여 있었다. 이들 강경파는 미군 희생자를 늘려야만 베트남과 소말리아에서와 꼭 같은 결과를 가져올 수 있다고 믿었다. 그들은 약 600명의 강인한 전사들을 거느리고 있으며 여기에다 다시 1천여 명의 단시간 협력자들이 있다. 이들 단시간 협력자들은 도시를 지키기 위하여, 또는 이슬람을 지키기 위하여, 또는 누군가가 가난하고 감수성 강한 10대들에게 지켜야 하는 것이라고 말하는 것이면 무엇이든 지키기 위하여 무기를 움켜잡는 사람들이다.

저항세력이 가진 두 가지 주된 무기는 AK-47자동소총과 RPG이다. 이라크에는 글자 그대로 수백만 정의 AK소총이 있다. 이 러시아제 소총은 튼튼한 7.62밀리 탄약으로 치명적인 연속사격이 가능하고, 총신이 짧은데다 반동정지 메커니즘을 갖고 있으며 디자인이 단순하면서도 성능이 탁월한 총이다. 어린이들조차도 경량급 AK소총을 다룰 수 있으며 장약, 소제, 발사하는 법을 금방 배울 수 있다. 사담 정권 아래서 소총 공장들은 마치 궐련 만들어 내듯이 AK소총을 대량생산했다. 진흙이나 오물, 모래 범벅이 되거나 또는 진흙 웅덩이에 빠뜨려도 한두 번 흔들고 나면 다시 발사할 수 있다. 사담시절 공장 노동자들이 변변치 못해 탄약 속에 다른 분말을 채워 넣는 경우가 있었는데 그럴 때면 간혹 불발이 되는 수가 있었다. 그러나 제대로 된 탄약일 경우 AK소총은 치명적인 무기였다.

RPG 역시 디자인이 간단한 만큼 오히려 더 큰 파괴적인 위력을 갖고 있다. 끝에 수류탄을 끼울 수 있는 얇은 원통에 간단한 방아쇠 장치와 쇠로 된 조준기 및 짧은 개머리판이 달려있다. 10대 소년이라도 사전 훈련을 받거나 궁리할 필요 없이 쏠 수 있다. 그것을 공중으로 쏘아 박격포처럼 포물선을 그리며 날아가게 할 수도 있고 차량이나 사람을 겨누어 직선으로 쏠 수도 있다. 로켓추진 수류탄이 빌딩에 명중했을 때는 시멘트 부스러기가 파편처럼 온 사방으로 튄다.

충분한 무기, 거대한 지원자층, 그리고 이교도 침략자들에 대항하여 도시를 지키려는 함성을 배경으로 팔루자의 저항세력 지도자들은 강력한 위치에 있었다. 툴란 대령과 매티스 장군이 예상했듯이 시 지도자들은 미군 편을 들지 않았다. 마감시간으로 준 4월 4일 하루 종일 주모자급 폭도들이 한 사람도 미군에 인계되지 않았다. 이날 해병대는 덩굴로 된 가시철선을 치고 바리케이드를 쌓고, 시내에서 탈출하는 시민들의 물결을 텐트촌으로 안내하고, 그리고 소총부대들을 공격위치로 옮기기 위해 춥고 흙먼지 가득한 밤까지 긴 시간을 일했다.

7
이라크군의 항명

4월 4일 저녁 올슨 중령은 트럭과 수륙양용차 및 험비의 종대를 이끌고 팔루자 북서쪽 외곽에 있는 한 아파트 단지로 향했다. 그간 적의 저항이 없었던 이 아파트 단지에 2/1대대를 배치하여 졸란지구의 적 방어태세를 면밀히 수색하기 위한 발진지점으로 삼을 예정이었다.

"사람들이 소총과 RPG를 휴대하고 있으며 만약 미군이 시내로 진입하면 그것들을 사용할 태세에 있습니다." 지역 족장인 카이스 할라 위가 귀띔해 줬다.

올슨 중령이 깜짝 놀라며 전진하고 있는 병사들을 얼른 멈춰 세웠다. 저 앞쪽에서 대부분 비무장인 사람들 십 수 명이 해병대의 전진을 막기 위해 트레일러트럭을 밀어 고속도로에 가로 걸쳐 세우고 있었고, 다른 일부 저항세력들이 측면에서 이쪽으로 사격을 하고 있는 게 아닌가. 올슨에게는 그것이 어리석은 짓으로 보였다. 해병대는 그 빈약한 매복공격을 간단히 제압하고 아파트 단지로 전진했다.

2/1대대는 바그다드의 제36이라크 대대에서 온 1개 중대와 동행하고 있었다. 대부분 쿠르드인 병사들로 구성된 이 이라크 중대는 아파트 단지에 도착하자 주민들에게 짐을 싸서 서둘러 떠나도록 했다. 가족당 200달러씩 지급했다. 올손은 골프중대를 보내 브룩클린교 서쪽 끝에 있는 반도 지역을 장악하게 했다. 에코와 폭스중대는 시 북쪽 폐기물 더미를 따라 전개했다. 승강장과 나지막한 건물들 및 버려진 철도차량들이 있는 기차역이 시 북쪽 약 300미터 지점에 있다. 폭스중대가 철로를 건너고 있을 때 시내 쪽에서 저항세력들이 AK소총과 RPG로 집중사격을 해와 타일러 페이 상등병이 죽었다. 팔루자 전투가 시작된 것이다.

　4월 5일 아침, 스토다르드 대위는 폭스중대를 이끌고 시가지 변두리 모스크와 묘지를 지나 3층짜리 주택들과 아파트 건물들이 늘어서 있는 좁은 거리로 들어갔다. 처음엔 한 무리의 아이들이 뛰어 나와 작은 손가락으로 권총처럼 겨누는 시늉을 하며 빵! 빵! 하고 소리쳤다. 거리가 갑자기 텅 비고 뒷골목과 집 옥상 이곳저곳으로부터 AK소총이 콩 볶는 소리를 내기 시작했다. 저항세력들은 5~10명씩 그룹을 지어 밀고 들어와 마구 총을 쏘고는 뒷골목으로 날쌔게 달아났다. 보병과 함께 전진하는 탱크들을 막기 위해 빈 버스와 승용차들로 도로 교차점을 차단해 놓았다. 박격포탄들이 날아와 터졌다. 몇 발은 당황할 정도로 가까이서 터졌고 나머지는 먼 곳에서 터지는 소리가 들렸다. 중무장한 해병대에겐 성가시고 피로한 전투였다. 몇 시간 후 올손 중령은 젬빅 대위의 에코중대를 전방으로 투입하였다. 졸란지구에서 저항군과 충돌은 하루 종일 시소게임을 벌이며 전개됐다.

　올손 중령이 젬빅의 에코중대를 동쪽으로 1킬로미터 더 전진케 하여 폭스중대와 나란히 전방 공격대형을 만들라고 지시하자, 젬빅 대위와 스토다르드 대위가 난색을 표했다. 저항세력들이 지나치게 투지를 보이고 있어 적 젊은이들 희생이 너무 크겠다는 것이다. 몇 시간 마다 5~10명씩 그룹을 지은 이라크 젊은이들이 해병대에 더 가까이서 공격하고 싶은 마음에 앞으로 튀어 나오다 죽음을 맞곤 했다. 젬빅 대위는 그들이 왜 죽음 속으로 계속 뛰어들고 있는지 도무지 이해할 수 없었다. 그러나 만약 에코중대가 별도의 축선으로 전진한다면, 그의 병사들은 온 사방에서 몰려드는 적들과 싸워야 될 것임이 분명해 보였다.

스토다르드의 폭스중대는 졸란지구에서 혼잡한 건물들 사이로 계속 전진하는 대신 묘지 쪽으로 향해 있는 한 블록의 2층 주택들을 점거하여 동편으로 차단물 없는 사격공간을 확보했다. 젬빅의 에코중대는 스토다르드중대의 북쪽 측면에서 밀고 들어갔다. 이들 2개 중대는 확보한 블록 건물의 옥상들을 요새화하기 시작했다.

4월 5일 어둠이 내릴 무렵, 개들이 밤에 흔히 그렇듯 한꺼번에 요란하게 짖어댔다. 바로 그때 올손 중령이 대대 작전본부를 설치했던 건물 영역에 로켓탄이 떨어지기 시작했다. 에코중대는 거기서 약 300미터를 더 전진해 있었다. 밤 10시경 한 무리의 저항세력이 전방 건물 뒤편에 몸을 숨기고 있다가 해병대 방어선 쪽으로 미끄러지듯 전진해 왔다. 공군 C-130 슬레이어기가 적외선 망원경과 2대의 20밀리 개틀링포, 그리고 50파운드의 포탄을 발사하는 105밀리 곡사포로 무장한 채 시 상공을 선회하고 있었다. 엄청난 위력을 가진 비행기의 4개 엔진이 마치 수천 개의 해머로 철판 원통을 치는 것 같은 소리를 내기 시작하고, 야간 전투에서 일상적인 것이 되다시피 한 무선 채팅이 시작됐다.

"오프라, 여기는 슬레이어 원. 귀측에서 남쪽으로 약 100미터 되는 지점 안마당에 20여 명의 무리가 보인다. 그들을 제거하길 원하는가?" AC-130기의 공군장교들은 스스럼이 없고 감정을 드러내지 않는다.

"슬레이어 원, 여기는 오프라." 에코중대에 와 있는 전진항공관제관인 마이클 마르티노 대위가 대답했다. "그래주면 고맙겠다."

뒤이어 AC-130의 20밀리 개틀링포가 마치 휴대용 동력 사슬 톱이 단단한 나무를 자르는 것 같은 찢는 소리를 내지르며 아래를 향해 불을 뿜었다.

"여기는 슬레이어 원, 그 무리를 지워 없앴다. 귀측 방위구역의 다른 쪽 상공을 날며 살펴보겠다. 더 이상 다른 적들이 보이지 않으면, 워 해머로 교신상대를 바꾸겠다."

1/5대대 남쪽 3킬로미터 지점에 워 해머로 불리는 야간공격 지휘소가 있다. 툴란 대령은 북서쪽의 2/1대대와 남동쪽으로부터 전진하고 있는 1/5대대 사이의 저항세력들을 분쇄해버리기를 바랐다. 남동쪽 공장지구를 소탕하기 위해 브레넌 T. 바이런 중령은 야간투시경의 이점을 살려 새벽 3시에 그의 대대를 전진하게 했다. 해병대원들은 부서진 파이프와 승용차 폐기물 더미가 있는 꾀죄죄한 자동차 수리점 골목으로 전진했다. 4층짜리 음료수 공장에 대대본부를 설치하는 동안 부라보와 알파중대는 며칠 전 젬빅 대위의 에코중대가 동 맨해튼에서 전투를 벌였던 곳을 똑바로 가로질러 10번 고속도로의 남쪽 측면으로 밀고 들어갔다.

동트기 전 툴란 대령은 저항세력의 RPG 공격을 곧잘 받는 험비를 타고 지휘하고 있었다. 해병들이 공격자들을 소탕하고 있는 동안 툴란 대령이 바이런 중령과 무전으로 정보를 교환했다. 바이런 중령은 저항세력들이 공장지구 북쪽에 있는 은거지에서 자고 일어나 아침식사를 한 후 동료들을 만나 택시를 불러 타고 싸움터로 나오는 것으로 확신했다.

브라보와 알파중대는 10번 고속도로 북쪽 측면의 한 모스크에 무리

지어 있는 저항세력과 싸우는데 4월 5일 하루를 다 보냈다. 모스크 안 저항군들은 자기들이 해병들에게 맞설 만큼 충분한 숫자가 되지 않는다는 것을 알고는 대원들이 자유롭게 AK소총 사격을 하도록 마당 안팎을 잽싸게 드나들며 박격포와 RPG를 쏘아대고 있었다. 며칠 전 젬빅 대위가 목격했듯이 일부 시민들은 거리 모퉁이에 서서 해병대가 싸우고 있는 것을 마치 스포츠 구경하듯 지켜보고 있었다. 팀 시파르스키 병장은 몇몇 가족들 틈에서 한 젊은이가 RPG를 들고 서 있는 것을 보았다. 아이들은 웃고 있었고 부녀자들은 그를 힐끗 쳐다보며 얼굴을 베일 속에 묻었다. 그가 덤벙거리며 근방에 있는 한 집을 향해 RPG를 발사하자 사람들이 흩어졌다. 1분후 사람들이 다시 몰려들어 RPG를 쏜 그 젊은이를 록 스타 대하듯 둘러쌌다. 해병들은 차마 군중들을 향해 발포할 수 없어 그 젊은이를 잡으려 달려갔고 그는 주차된 몇 대의 승용차들 틈으로 날쌔게 몸을 피하여 사라졌다. 해병들은 군중들에게 손을 흔들며 걸어서 그 거리를 벗어났다. 마치 그에 답례라도 하듯 저항세력 역시 집안으로 들어가고 있는 부녀자와 아이들을 향해 손을 흔들었다.

전투가 계속되고 있는 동안 바이런 중령의 지시에 따라 무기처리반이 불결한 공장 건물 안 가짜 벽을 허물어가며 조직적으로 수색하여 기관총 수십 정과 RPG 발사기, 그리고 파이프 폐물들을 용접하여 만든 로켓탄들을 수거했다. 병사들은 1톤이 넘는 TNT와 사제폭발물에 사용할 화약을 찾아냈다. 1/5대대 작전장교인 피터 파르눔 소령은 수거한 무기와 탄약을 1개 대대를 무장시키기에 충분한 양으로 추산했다.

4월 6일 오후까지 툴란 대령은 저항세력 전투방식을 이해하기에 충분할 만큼 그들과 접전을 벌인 것으로 결론을 내렸다. 저항세력에겐 지휘관과 부지휘관 등 정식 위계질서를 가진 군사조직이 없었다. 그들은 모스크, 동리, 지역 지도자들로 구성된 패거리들에 불과했다. 거리와 골목 지리를 잘 알고 있는 그들은 늘어선 건물 속에서 일정한 방어선을 구축하는 대신 계속 장소를 바꿔가며 벌이는 게릴라식 전투를 하고 있었다.

툴란 대령은 막강한 화력을 필요로 하지 않았다. 그는 더 많은 보병이 필요했다. 바이런 중령은 여세를 몰아갔다. 툴란은 바이런 오른쪽 측면에 1개 대대를 투입하여 저항군들을 졸란지구 내 북서쪽으로 몰아가 올손대대가 전진하고 있는 전선에 부딪쳐 분쇄되게 했다. 매티스는 툴란에게 1개 해병대대와 1개 이라크군 대대를 추가로 이번 전투에 투입하겠다고 말했다.

―――

이라크의 모든 미군 장성들―아비자이드, 산체스, 콘웨이 그리고 매티스―은 팔루자 전투에 이라크 병사들을 투입하고 싶어 했다. 2/1대대에 배속된 이라크 병사들은 의용군들이었지만 그들을 장기간 시내에 머물게 할 수는 없었다. 그래서 바그다드 북쪽에 주둔하고 있는 새 이라크군 제2대대가 팔루자로 이동하라는 명령을 받는다.

이라크군 제2대대 700명 병사들은 지난 해 10월 신병훈련소 과정을 마친 후 미군 제1기갑사단에서 약간의 추가훈련을 받았다. 그러나 이라크군을 지원하기 위해 3월에 도착한 미 고문단은 이라크군 병사들이 훈련의 종결을 의미하는 정치적 자유를 결의했음을 알았다. 새로 온 고문관들 중 한 명인 앤드루 가르시아 육군하사가 한 이라크 병사에게 막사청소를 지시했을 때 그 이라크병사는 "나는 쓰레기 치우는 일을 하지 않겠다, 나는 자유다."라고 말했다.

가르시아는 할 말을 잃었다. 거드름 피우는 일 외에 이 병사가 배운 것은 아무것도 없었다. 몇 주 전 이 억센 하사는 패리스 섬 훈련소에서 훈련교관으로 근무하고 있었다. 가르시아 하사의 세계에서 허세는 통하지 않았다. 그리고 개인은 있을 수 없었다. 훈련교관들은 긴급 회합을 갖고 이 이라크군 훈련소에 군대세계가 갖고 있는 본래의 질서를 새로 세워야 할 때라는 데 합의했다.

"우리는 그들을 6월의 풀처럼 푸른 신병으로 대접했습니다." 가르시아는 기자에게 말했다. "그들을 5시에 기상시켜 체력단련을 시키며 보병 기초훈련에 하루를 보냈습니다. 우리는 일상적으로 그들의 얼굴을 정면으로 쳐다보며 빽빽 소리를 지르고 동시에 그들의 자존심을 조금씩 되돌려 주었습니다. 그들은 쓰레기 치우는 일을 배웠습니다."

매티스 장군이 이라크군 투입을 요청했을 때, 고문관들은 제2대대가 적당할 것으로 믿었다. 선임 고문관인 데이비드 레인 소령이 헬기 편으로 툴란 대령의 대대본부로 날아갔다. 레인은 대대참모에게 그가 훈련시킨 이라크군 병사들은 교통통제와 도시를 탈출하는 수천 명의 시민들을 정리하는 일 같은 단순한 작업은 수행할 수 있다고 보장했다. 레인소령이 대대참모들과 협의하고 있는 동안 제2대대는 팔루자로 옮기기 위해 짐을 꾸렸다. 4월 5일 이 이라크군 병사들과 미국인 고문관 9명은 미 육군 험비 4대의 경호를 받으며 5시간의 장정에 올랐다.

캠프를 떠난 후 이라크군을 실은 수송차량들은 처음에는 고속도로를 오가는 민간인 차량들이 거의 없었기 때문에 기분 좋게 속력을 냈다. 저항세력들과 충돌은 어디에서나 벌어지고 있었다. 수니파 저항세력들이 팔루자에서 전투를 벌이고 있는 한편 바그다드의 빈민가에선 사드르에 충성하는 시아파 전사들이 폭동을 일으켰다. 텔레비전 방송국들은 십 수 개의 도시와 마을에서 일어난 소규모 전투와 폭동을 방영했다. 실업자 수천 명이 시장에 모여들어 서로 불평불만들을 주고받음으로써 일반적으로 불안하고 긴장된 분위기가 감돌았다.

바그다드 북쪽 외곽에서 고속도로는 4차로로 좁아졌다. 차들이 아무렇게나 주차돼 있어 이라크군을 실은 트럭들이 일렬종대로 엉금엉금 기어가지 않을 수 없었다. 도로 양편에 늘어선 꾀죄죄한 2층짜리 상가건물 상점들은 사람들로 붐볐다. 그들은 웃음 없는 얼굴로 이라크 군인들을 빤히 바라보곤 했다. 이라크 경찰들은 수송차량들을 통과시키기 위해 신경질적으로 말 안 듣는 구경꾼들에게 소리를 지르며 길에서 비켜나게 했다.

별도의 트럭에 두 사람씩 타고 가던 미군 고문관들이 불안해하고 있던 차에, 리드하고 있는 험비 운전병이 길을 막고 서 있는 한 트럭 운전자에게 비키라며 고함을 치는 동안 수송대열이 멈춰 섰다. 남자 몇 명이 드럼통과 큰 돌멩이를 고속도로에 굴려다 놓고는 거리 안쪽으로 뛰어갔다. 수송대열 뒤편 네 번째 트럭에서 가르시아가 그의 휴대용 무전기에 대고 소리쳤다. "멈춰선 트럭 옆으로 전진하라! 길 중앙으로 차를 몰아! 이 빌어먹을 곳에서 빨리 벗어나야 돼!"

이미 너무 늦었다. 늘어선 상가건물 옥상에서 콩 볶듯 하는 총소리가 났다. 길가를 메우고 있던 사람들이 혼비백산하여 건물 아래로 얼른 피하거나 골목길로 달아나거나 했다. 명령이 없었는데도 행동에 나선 몇몇 이라크군 병사들이 지붕이 없는 트럭에서 뛰어 내려 무턱대고 총을 쏘아댔다. 더 많은 병사들이 그들에게 합류했다. 더 많은 사격이 있었다. 가르시아는 AK소총과 RPG를 들고 골목 어귀에 모여 서 있는 남자들을 보았다. 곧 그들은 엎드린 걸음으로 평평한 옥상으로 올라가 옥상 경계벽 가장자리에 총신을 걸치고는 마구 쏘아댔다. 이라크 병사들도 훈련이 안 돼 있기는 마찬가지여서 온 사방으로 총알을 뿌려댔다. 양쪽 다 확실한 지휘자가 없었고 오직 탕탕 총을 쏘아대는 몇 무더기의 젊은이들뿐이었다. 군중들은 모기떼처럼 이리저리 우르르 몰려다녔다.

가르시아는 상황이 우스꽝스럽지만 치명적이 될 수 있다고 생각했다. "사격중지! 모두 트럭에 올라!" 하고 외쳤다. "사격중지! 빨리 움직여!"

1마일 이상 한 줄로 늘어서 민간차량들과 얽혀있는 수송차량들은 질서가 무너져버렸다. 중대급 인원의 이라크 경찰들은 무슨 행동을 취할 수도 없어 상부 명령을 기다리며 속수무책으로 쳐다보고만 있었다. 수송차량행렬의 아래 위에서 해병대 부사관들은 이라크병사들을 트럭 쪽으로 잡아끌기도 하고 빨리 차에 올라 이곳을 떠나야 한다고 고래고래 고함을 치기도 했다.

선임 고문관인 크리스 데이비스 소령은 행렬의 6번째 트럭에 타고 있었다. 행렬의 전진이 중지되고 사격이 치열해지기 시작했을 때 제일 앞 트럭으로 달려갔다. 거기서 그는 유력한 족장 조카인 제2대대 대대장이 모여 있는 군중들과 입씨름을 하고 있는 것을 보았다. 이건 미친 짓이라고 데이비드는 생각했다. "이같이 사람 잡을 지역에서 현지인들과 입씨름은 말할 것도 없고, 수송차량들을 정지시켜서는 절대 안 된단 말이오." 대대 통역관들은 달아나고 없었지만, 군중들이 미군 고문관들을 자기들에게 넘겨달라고 요구하고 있다는 것을 그들 제스처와 호통소리로부터 데이비스가 이해하는 데는 몇 초도 걸리지 않았다. 이라크군 대대장은 안 된다며 머리를 흔들고는 강경하게 그 이유를 설명하고 있었다.

데이비스는 그의 어깨를 잡아챘다. "자 갑시다. 가요."

대대장은 마치 그 험악한 장면을 처음 보는 것처럼 주위를 둘러보았다. 그가 한 무리와 입씨름을 벌이고 있는 동안 겨우 몇백 미터 아래쪽 거리에서 격렬한 총격전이 벌어지고 있었다. 그가 험비 위로 뛰어 올랐을 때 이라크 병사들도 모두 트럭에 올랐고 수송차량들은 천천히 앞으로 움직였다.

총격전이 시작됐을 때 가르시아가 탄 트럭 운전병은 껑충 뛰어내려 달아나 버렸다. 가르시아는 다른 트럭들이 출발하고 있는 것을 보았다. AK소총 총탄들이 바로 그의 트럭 가까이 우두둑 떨어지고 있었다. 연기를 내뿜는 유탄들이 그가 탄 트럭 주위 아스팔트 위에 짤랑짤랑 소리를 내며 뒹굴었다. 옥상의 저항군들이 무턱대고 머리 위로 쏜 총탄들이다. 가르시아는 한 블록 떨어진 곳에서 저니 맥나이트 하사가 사격대를 조직하려고 애쓰고 있는 것을 보았다.

"저기에 올라 타!" 가르시아는 버려진 트럭을 가리키며 소리쳤다. "자네가 운전해! 도망간 사람들은 우리가 떠나고 있는 것을 보면 돌아올 거야. 그들을 기다리기 위해 머물러서는 안 돼!"

맥나이트는 시동이 걸린 채 서 있는 현대자동차 트럭으로 달려갔다. 가르시아가 예상했듯이 이라크 병사들이 사방으로 마구 총질을 하며 쫓아와 트럭 베드에 기어올랐다. 트럭은 덜커덩 하고 튀어 오르며 앞으로 나아갔다. 맥나이트는 기어를 바꿀 생각도 하지 않았다. 맥나이트 옆에 앉아있는 가르시아는 상점건물 창문과 옥상 경계벽을 따라 소총 총신들이 삐죽이 나와 있는 것을 볼 수 있었다. 상점 주인들이 합세한 것이다. 가르시아는 골목 저쪽에서 한 무리의 사람들이 뛰어와 자신들이 탄 트럭 앞쪽을 향해 총을 쏘고 있는 것을 보았다. 50구경 기관총을 장착한 험비 한 대가 옆으로 달려오고 다른 한 대가 또 달려와 수송대열 뒤쪽을 향해 멈췄다. 기관총 포수가 맥나이트에게 서둘러 빨리 떠나라고 손짓을 했다.

맥나이트는 도무지 이곳을 뚫고 나갈 용기가 나지 않았다. 그의 오른쪽에서 턱수염 난 남자들이 도로 안쪽으로 드럼통을 굴려가고 있고 아이들 몇 명이 돌을 던지고 있었다. 또 다른 아이들은 길가 도랑에 몸을 구부린 채 트럭 타이어 아래로 이런저런 물건들을 내던지고 있었다. 맥나이트는 머리가죽이 얼얼하여 수류탄 파편을 맞은 것이라고 생각했다. 그런데 다시 보니 사람들이 어떤 종류의 게임을 하며 작은 돌멩이들을 자기 쪽으로 휙휙 던지고 있었다.

픽업트럭 한 대가 골목에서 미끄러져 나와 덜커덩 하고 맥나이트의 트럭 앞에 멈춰 섰다. 그는 황급히 트럭을 왼쪽으로 꺾어 주차돼 있는 승용차 두 대를 들이 받고는 균형을 잃었다가 겨우 통제력을 회복하여 흙으로 된 중앙 분리대 쪽으로 방향을 틀었다. 사람들이 계속 돌멩이와 콘크리트 블록과 쇠 조각들을 고속도로에다 던지고 있고 일부 다른 사람들은 총을 쏘고 있었다.

탄환 하나가 맥나이트의 어깨 옆에 있는 운전수 백미러를 박살냈다. 다른 한 발은 빗물지우개를 관통했다. 맥나이트는 기도를 했다. 그의 앞에는 가축 운반용으로 사용하는 푸른색 대형 농장 트럭이 고속도로의 두 차선을 가로막고 있고 뒤쪽 절반은 불에 타 걸쭉한 검은 연기를 공중으로 토하고 있었다. 맥나이트의 트럭이 옆으로 비켜나자, 몇몇 사람들이 가솔린 통을 그 불타는 트럭에 던졌다. 그들은 도망치는 수송차량보다 그들의 개인적인 모닥불에 더 흥미를 느끼는 것 같았다.

그 소동은 군사적인 행동은 아니었지만 미친 짓이었다. 사드르를 지지하는 일부 시아파 전사들이 미군에게 총을 쏘았고, 다른 사람들은 절반이 시아파인 이라크병사들에게 총질을 했다. 일부 상점 주인들은 그들 상점에 손실을 주는 것에 대해 큰소리로 항의를 하고 있었고 다른 주인들은 그들의 AK소총을 움켜잡고 아무데나 대고 마구 총을 쏘아댔다. 주차돼 있는 승용차와 트럭에 손상을 주고 때려 부수고 불을 놓았다. 소년들은 킥킥거리며 돌을 던졌고, 마치 카니발 축제를 즐기는 것처럼 장난치며 뛰어다녔다. 맥나이트는, AK소총을 손에 들고 그의 트럭 앞으로 달려와 웃으며 손을 흔드는 남자를 포함하여, 참으로 별난 꼴을 다 겪으며 목숨을 걸고 운전을 했다. 그 남자가 자기를 도와주러 온 것인지 죽이러 온 것인지 도무지 알 수가 없었다.

수송차량들이 그 혼잡하고 소란한 장소를 지그재그로 벗어나는 데는 한 시간이 걸렸다. 코린트 게임 기계의 강철 볼처럼 트럭들은 승용차와 중앙 분리대를 쾅쾅 들이받고 큰 돌멩이와 콘크리트 조각들에 부딪쳤다. 옛날식 노동복 셔츠와 헐렁 바지를 입은 남자들이 골목에서 뛰어 나와 건물 추녀 밑에서 AK소총을 쏘고는 달아나곤 했다. 검은 닌자 의상이나 검은 카프카스 의상을 걸친 조직화된 페다인 게릴라는 한 사람도 보이지 않았다. 단지 누구도 설명할 수 없는 격앙과 분노에 휩쓸린 평범한 실업자들일 뿐이었다. 가르시아는 골목에 서 있는 한 남자가 양손에 든 권총으로 공중에 대고 난사를 하고 있는 것을 보았다.

수송차량들이 수많은 인파에 압도당할 우려가 있자 아파치 헬기 두 대가 날아와 위에서 와락 덤벼들며 위협했고 이에 놀란 군중들은 건물 밑 안전한 곳으로 대피하느라 법석을 떨었다. 이라크군 대대는 마침내 약간의 공포가 느껴지던 거리를 벗어나 직선 코스로 된 사막 속의 고속도로를 따라 몇 마일을 달린 끝에 결국 광역 방어지역으로 들어가 대오를 재정비할 수 있었다.

"계속 2단 기어로 운전을 해온 바람에 엔진을 망가뜨렸습니다. 기어를 고단위로 바꾸려다 실속할까봐 겁이나 그냥 달렸지요. 현대자동차에 대해 다시는 농담 안 할 겁니다." 하고 맥나이트는 말했다.

그 엄청난 혼돈에 비겨 손실은 가벼웠다. 미 육군 리트리버 트럭 한 대가 로켓포를 맞아 못쓰게 됐고 군중들이 불을 질러 내버리고 왔다.

부상을 당한 두 이라크군 병사는 헬기로 후송됐다. 미군병사 하나가 수송대를 엄호하다가 얼굴에 총을 맞아 죽었다. 가르시아는 4대의 험비에 탄 제36보병 1대대에서 온 미군 병사들의 용맹성에 감탄했다. 전투 중 내내 그들은 아무도 뒤처지지 않게 안전을 확보한 채 앞뒤로 험비를 몰아가며 군중들의 도전에 대처했다.

일단 트럭들이 군중들의 방어벽에 둘러싸이게 되자, 이라크군 병사 수십 명은 민간 옷으로 갈아입고 냅다 도망질을 쳤다. 해병대 고문관들은 너무 어이가 없어 말이 안 나올 지경이었다. 미군들을 자기들에게 넘기라는 군중들 강요를 단호히 거절한 이라크군 장교들은 으쓱해 했다. 그들 설명에 따르면 그 지역에 사는 병사들이 있었기 때문에 해를 입지 않았다는 것이다.

이라크군 장교들이 지도력을 보이지 못하자 고문관들이 나서서 이라크병사들에게 방어선을 만들도록 하고, 주변에 두 사람이 들어가 총을 쏠 수 있는 은폐호를 파서 기관총 발사 시야를 확보케 하는 등 그들을 대신 지휘했다. 이라크군 장교들은 멀뚱히 서서 구경만 했다. 해병들은 규율도 없는 혼란스런 군중들이 협의했거나 통일된 목적도 없는 난폭한 인간 돌진으로 이라크군 제2대대를 공포에 떨게 하여 허둥지둥 퇴각케 만든 것에 화가 났다.

"당황했지요. 우리는 그 대대가 훌륭한 행동을 하리라고 기대했습니다. 그들이 그 군중들을 쉽게 통제했어야지요." 하고 선임 고문관 크리스 데이비스 소령은 말했다.

분이 안 풀린 데이비스는 팔루자에서 이라크군 대대가 바로 일선에 투입되지 못하고 재편성을 위해 기지로 되돌아와야 했다는 사실을 설명하기 위해 레인 소령을 방문했다. 그들은 탄약을 더 지급받은 후 그날 밤 헬기편으로 출발할 예정이었다. 그들이 트럭으로 우르르 되돌아

왔을 때 해병대원들은 점호를 실시했다. 두 사람이 부상을 당했고 28명이 '전투 중 행방불명' 된 탈영이었다.

그곳을 빠져나와 모든 게 정상으로 돌아가자 이라크 병사들은 트럭 안에서 자기들끼리 왁자지껄 흥분하여 떠들어댔다. 공항에 도착하자 수십 명이 자신들의 ID 카드를 내밀며 레인소령에게 접근했다. "우리들은 떠나겠습니다. 팔루자에서 죽기 싫습니다. 이건 시아파가 수니파를 공격하게 하는 미국 각본입니다. 미군은 이라크군을 매복공격에 투입했습니다. 그들은 폭도들을 소탕하기 위해 탱크를 보낼 수 있지만 그 대신 이라크군을 투입하여 학살되기를 바라고 있는 것입니다." 그들은 주장했다.

다른 이라크 병사들은 "겁쟁이들! 겁쟁이들!" 하고 항명자들에게 소리치며 서둘러 출발했다. 이라크군 장교들은 옆에서 모른 체하고 서 있었다. 팔루자는 미군의 문제이며, 이라크군이 거기서 싸우는 것은 잘못된 일이라고 그들은 말했다.

데이비스 소령은 해병대원들에게 선동자들 100명을 골라내 그들의 무기를 회수하고 체육관에 처넣어 지키도록 지시했다. 그들 100명은 소속대대 및 중대 지휘관들과 함께 임금대장에서 지워지고 다음날 해고될 예정이었다. 데이비스는 임금대장을 다시 훑어봤다. 685명 중 8명은 부상이었고, 106명은 탈영했고, 104명이 항명이었다. 대대인원 30퍼센트가 증발해 버렸다.

데이비스는 레인을 방문했다. "항명이 있었네. 팔루자에 오지 않는 건데." 하고 그는 말했다.

8
티핑 포인트

해병대가 팔루자에서 다음 단계 작전을 검토하는 동안 저항세력들은 다른 도시의 미군에 대한 더 큰 공격을 준비하고 있었다. 4월 5일, 전자도청과 첩보원 보고서는 팔루자에서 서쪽으로 30마일 떨어져 있는 주도(州都) 라마디에서 충돌이 일어날 것 같다는 모호한 예측을 했다. 40만 명의 인구를 가진 라마디는 팔루자보다 더 큰 도시이지만, 거리는 더 좁고 집들의 규모가 더 작다. 불결하고 붐비는 팔루자와 마찬가지다. 그러나 안바르 주에서 제일 크고 가장 활기가 넘치는 라마디는 수니파 고위 법률고문들이 많이 모여 있는 곳이며, 안바르 주에 있는 도시들 중 유일하게 바그다드에 조금이나마 영향력을 갖고 있는 곳이다. 라마디는 안바르 주를 통제하는 주체가 저항세력이 되느냐 정부가 되느냐를 판가름하는 가장 중요한 도시, 즉 티핑 포인트다. 라마디를 지배하는 세력이 안바르 주를 지배할 수 있기 때문이다. 라마디에서 저항세력의 공격이 있을지도 모른다는 모호한 경고는 그렇게 심각한 신호로 받아들여지지 않았다. 이렇게 된 데에는 이 도시가 지난 1년 동안 상대적으로 평화로웠던 탓도 있다.

3월 중순 해병대는 라마디에서 미 육군방위군인 124보병연대 제1대대와 교체했다. 적은 인원으로 넓은 지역에 엷게 산개하고 있던 1대대는 주로 간선도로를 따라 행하는 주간 기동순찰과 야간기습을 병행했다. 대대장인 헥토르 미라블 중령은 각 부족들에게 자신들의 주거지구에 자체 순찰대를 두어 치안에 힘쓰도록 애써 설득했다. 그는 족장들 사이에 하청계약 건으로 70만 달러를 뿌렸지만 완성된 프로젝트는 거의 없다. "족장들은 저마다 자기가 유력한 브로커라고 주장했습니다. 그러나 계약금은 자신의 가족들을 위해 사용되었고 다른 사람들은 거의 돈 구경을 못할 정도였습니다. 족장제도가 쇠퇴하면 쇠퇴할수록 사정이 더 좋아질 것입니다." 미라블 중령의 말이다.

새로 주둔하게 된 해병대 폴 케네디 중령은 이라크인들에 대한 정치는 피하고 군사작전에만 전념키로 했다. 전임 미라블 중령이 시 중심지에서 경계를 펴며 폭력과 혼란을 막으려 했던데 반해 케네디는 전체 시를 통제하려는 더 야심찬 목표를 세웠다. 전에 보병작전 강사이기도 했던 케네디는 2/4대대에 도보순찰에 주력하라고 지시하며 예하 중대장들에게 이렇게 훈시했다. "우리는 언제 어느 곳에도 우리가 있다는 평판을 얻도록 합시다. 밤이고 낮이고 우리가 못 갈 곳은 없습니다. 우리는 이 도시를 지배할 것입니다."

주지사인 카림 부르기스는 대대 간부들을 만찬에 초대하여 이 작전 개념에 찬사를 보냈다. 케네디는 케이스 마인즈로부터 부르기스를 열렬하게 칭찬하는 보고서를 받은 바 있다. 케이스 마인즈는 케네디가 도착할 무렵 이 도시를 떠난 연합임시행정청 라마디 주재 고위 고문이었다. 라틴 아메리카 정글에서 수년을 보낸 특수군 예비역 소령인 마인즈는 이라크 저항세력들에 정통한 행정관이었다. 그는 부르기스를 "나의 핵심 이라크인 파트너이며 이 지역의 다양한 당파를 하나로 통합할 수 있는 사람"이라고 소개했다. 라마디가 잘 돼 가고 있는 것으로 믿었던 마인즈는 바그다드에서 부르기스를 "우리의 목표를 공유하는 비전과 중용을 갖춘" 주지사로 부르고 있다고 말했다.

주지사 지원으로 해병대는 라마디시 전역에 전개하는 방식으로 주둔했다. 케네디는 대대본부를 라마디 서쪽 끝 유프라테스 강에 돌출돼 있는 작은 반도인 허리케인 포인트에 설치했다. 그는 대대 신속대응군으로 병기중대를 대대본부에 두었다. 가까운 기지로부터 폭스중대가 주간 순찰을 했다. 시 동쪽 끝은 미시간 루트 아래쪽 3킬로미터 지점에 컴뱃 아웃포스트라 불리는 장벽으로 둘러친 전초기지를 둔 에코와 골프중대가 방위했다. 미시간 루트란 라마디 중앙을 관통하는 간선 고속도로의 별칭이다.

8시간 도보순찰이 일상화됐다. 처음 며칠 동안은, 대부분 큰 소리로 떠들어대며 따라다니는 아이들 무리에 둘러싸여 걷고 있는 작은 그룹의 미군들을 운전자들이 의혹의 눈길로 쳐다보느라 시내 교통이 지연될 정도였다. 라마디 시가지는 길이 8킬로미터 폭 5킬로미터로 4만 5천 동의 건물이 들어서 있다. 해병대는 시내 중심가에서 꽤 떨어져 있는 주택지구로 걸어 들어가 개들이 낯선 미군 냄새를 맡고 시끄럽게 짖어대는 마당 주위를 살피고 다녔다. 3월 말이 되자 도보순찰에 지쳐 병사들은 정강이에 부목을 대고 뼈에 멍이 드는 일이 보통이었고 심지어 대대에 가장 적절한 일이 휴식이었을 정도가 되었다.

미군의 순찰은 저항세력들마저 지치게 하는 일이었다. 그들은 미군이 자기들 마음대로 시내를 돌아다니고 있는 것이 못내 눈꼴사나웠다. 대대본부가 있는 허리케인 기지 바깥에서 어느 날 아침 해병대는 터부룩한 회색 당나귀 한 마리를 발견했다. 그 당나귀 옆구리엔 페인트로 '부시'라고 쒸어 있고 다른 쪽 옆구리엔 '미국군대'라고 쒸어 있었다. 페인트를 벗겨낸 후 두 상등병이 당나귀를 애완동물로 부대 내에서 길렀지만 냄새와 울음소리 때문에 결국 추방하고 말았다. 며칠 후 나귀는 옥수수와 호밀 따위로 적당히 빨은 맛좋은 먹이 생각이 났는지 되돌아 왔고 옆구리에는 다시 조롱하는 낙서가 쒸어 있었다. 아직 저항세력들은 거리 주인이 새로 온 미군들이 아니라 자기들이라는 사실을 분명히 하기 위해 어떤 짓을 저지르지는 않았다. 해병대와 저항세력 중 누가 아와트(쉽게 부서지는 설탕으로 만든 부드러운 케이크)인지는 분명하지 않았다.

4월 5일, 전자 도청을 통해 예사롭지 않은 채팅이 포착되어 케네디는 얼른 부르기스 주지사를 찾았다. 부르기스 역시 무슨 일이 터질 것이라는 이야기를 들었다며 케네디를 찾았다고 했다. 경찰서장 무하마드 자단은 케네디에게 이라하빈(저항세력에 대한 이라크인들의 별칭)이 많은 미국인들을 죽일 거라고 허풍떨고 다닌다면서 주의하라고 경고했다. 이라크 경찰들은 모두 이라하빈을 알고 있는 것 같았다. 그러나 아직 아무도 체포되지는 않았다.

니코틴에 절은 누런 이빨을 가진 수다스럽고 사교적인 자단 경찰서장은 복합적인 성향을 가졌다는 평판을 듣고 있는 사람이다. 불시점검으로 경찰 임금대장에 유령이름이 기재돼 있는 사실이 밝혀졌을 때, 자단은 진짜 봉급대장이 불에 타버렸다고 주장했다. 그럼에도 그는 호감이 가는 사기꾼처럼 보였고 앞서 미군 부대와도 사이좋게 일한 바 있다.

며칠 전 케네디 중령과 제임스 부커 특무상사가 경찰서장과 함께 만찬에 참석한 후 차를 몰고 돌아오는데 로켓탄 4발이 옆 골목에서 연달아 터졌다. 험비가 미끄러지듯 멈춰서고 해병대가 뛰어내려 골목 아래쪽을 공격했다. 저항세력은 RPK기관총 엄호아래 달아나다가, 건물 뒤에 일단 멈추고는 다시 RPG로 공격했다. 부커 특무상사는 소총으로 두 발을 속사했다. 한 남자가 쓰러졌다가 일어나 달아났다. 해병대원들은 플래시로 핏자국을 따라갔다. 핏자국이 처음에는 매우 걸쭉했는데 엎지른 기름띠를 잘못 본 것이었다. 그들은 마당 안쪽에 있는 승용차 아래 피를 쏟고 죽어 있는 한 남자를 발견했다.

다음날 한 경찰서장 보좌관이 부커 특무상사에게 자기 사촌을 죽였다고 펑펑 울며 달려들었다. 그 보좌관은 전에 마피아 타입 범죄조직의 암살 단원이었는데 자단 서장이 직원으로 채용한 사람이다. 자단 서장 보좌관들 중 몇 명은 1년 전 사담 후세인이 모든 상습범들을 감옥에서 풀어준 후 돌아온 '오랫동안 안보이던 사람들'이었다는 소문이 계속 퍼지고 있었다.

부커는 대답을 하기 전에 몇 분 동안 그 남자가 고래고래 소리치도록 내버려 두었다.

"총을 쏜 것을 유감으로 생각합니다. 나는 두 발을 쏘았습니다." 부커는 말했다. "첫 발에 그 개자식을 죽였어야 하는 건데 말입니다."

4월 4일, 예정돼 있는 회의에 이라크 경찰, 보건 및 교육 공무원들이 나타나지 않았고 시내의 아침 교통량이 전에 없이 한산했다. 자단 경찰서장은 마치 그가 모험적인 사건을 즐기는 팬이기라도 한 것처럼 탱크들을 시내로 옮기도록 권유했다. 케네디 중령은 CIA 협조를 요청했다. 미군이 공격을 받기 전에 예방공격을 가하기 위해서였다. CIA가 혐의가 짙은 저항세력 명단과 집 주소를 알려왔다. 하늘에서 찍은 디지털 사진은 모든 거리와 뒷골목 및 건물들을 상세히 보여주었다. 건물 수천 동이 있는 도시에서 이번 와일드 번치 작전에서 찾고 있는 정확한 목표지점은 열여섯 곳이었다. 4월 6일 새벽 1시, 해병대가 작전지역내 건물의 문들을 두들기고 있었다.

병기중대장인 로브 웨일러 대위는 시내 남동 구역에 있는 한 집에 접근했다. 험비가 안마당으로 통하는 그 집 대문을 밀어 넘어뜨린 후, 장대하고 당당한 사나이인 웨일러는 현관문 앞으로 성큼 올라서 M16 소총으로 쾅쾅하고 문을 두드렸다. 온순해 뵈는 한 남자가 그를 안으로 맞아들여 차를 권했다. 웨일러의 통역을 통해 그는 최근 아부그레이브 감옥에서 석방되었다며 미군 서명이 든 증명서들을 보여주었다. 웨일러는 그 증명서들이 합당한 것들이라고 생각했지만 통역은 그 남자가 자신의 이름을 독특한 방식으로 발음하고 있다고 말했다. 해병대원들은 그의 두 형제들을 찾았다. "아하!" 하며 그 남자가 말했다. 그의 형은 이란과 전쟁 때 전사했다고 했다. "예, 그래요." 하고 그의 어머니가 거들었다.

통역이 그에게 바로 붙어 있는 옆집에는 누가 사느냐고 물었다. 모른다는 대답이 돌아왔다. 좀 이상하다며 통역이 웨일러 대위에게 속삭였다. 둘은 그 옆집 문을 노크했다. 방안에서 웃음을 띤 한 남자가 그들을 맞아들이고는 친절하게 각 방으로 그들을 안내했다. 그의 증명서를 제외하곤 모든 것이 합당해 보였다. 게다가 집에 무기도 없었다. 그는 지나치게 싹싹해 보였다.

웨일러 대위는 그들 두 사람을 허리케인 포인트로 데려왔다. 4시간에 걸친 심문 끝에 앞서 말한 그들의 진술이 거짓임이 드러났다. 와일드 번치 작전은 저항세력 지도자들인 파르한 형제 즉 아드난과 마지드 체포라는 수확을 올렸다.

두 사람 모두 저항세력의 공격에 대해서는 모른다고 부인했다. 여단사령부에서 더 증가된 전화도청내용을 알려왔다. 그러나 도청내용은 믿을 바가 못 되었다. 저항세력들이 실제 있지도 않은 전투에 대해 일상적으로 서로 허풍을 잘 떨기 때문이다. 그래서 케네디는 4월 6일에 벌였던 기습수색을 여느 때도 계속했다.

도시가 움직이고 있을 때 일상적인 순찰을 시작하는 것이 기본 순서였다. 미군이 이곳저곳 걷고 있는 것을 더 많은 사람들이 볼수록 더 좋은 일이었다. 존 헤스너 소위가 골프중대 3소대를 이끌고 주둔기지인 컴뱃 아웃포스트의 모래부대로 쌓은 정문을 나서 미시간 루트를 따라 서쪽으로 걸어간 것은 오전 9시가 지나서였다. 목적지는 3킬로미터 떨어져 있는 정부종합센터였다.

3개조로 나뉘어 각각 몇 블록 떨어져 별도의 거리를 걸어갔다. 북아일랜드의 영국군이 채택한 '위성 순찰활동' 이라 불리는 기술을 이용하면 지나가는 순찰대에게 총을 쏘는 어떤 저격범도 재빨리 포위할 수 있다. 3소대는 무전을 계속 켜놓고 있었다. 헤스너 소위는 미시간 루트 남쪽 몇 블록 축구장 근방에 있는 제1순찰대를 조커3-1 호출부호로 불러냈다.

조커3-1은 주민들이 아침 허드렛일을 하느라 길가에 쓰레기가 쌓여 있는 좁은 거리를 종종걸음을 치며 왔다 갔다 한다고 보고했다.

"아주 보기 싫은 녀석이 우리 뒤를 졸졸 따라오고 있습니다. 이상입니다." 소대 선임부사관인 데이먼 로드리게즈 하사가 말했다.

아침 교통은 한산했다. 차들 대부분이 도시 서쪽 외곽으로 향하고 있었다. 경찰과 이라크 보안군이 평소에 그들이 서 있어야할 위치에 없다는 것을 헤스너가 눈치 챈 순간, 정부종합센터로 숨어들고 있는 한 무리의 저항군들이 눈에 들어왔다. 간헐적인 총격전이 벌어졌다. AK가 불을 뿜고 M16이 그에 대응했다. 막연한 조준으로 쏜 로켓탄이 도로 위에서 터졌다. 총격전은 잠시 멈췄다가 다시 시작됐다. 단편적이던 총격전은 30분 안에 온 거리가 포효하는 대규모 총격전으로 변했다. 다른 두 순찰대가 달아나는 저항세력의 무리들과 각각 마주쳤기 때문이다.

제3순찰대는 정부종합센터 동쪽 1킬로미터 지점에 있는 미시간 루트 부근 대형 공동묘지에서 전투를 벌이고 있었다. 헤스너 소위와 제2순찰대는 두 블록을 달려가 묘지 비석들 사이에서 제3순찰대와 합류했다. 저항군들은 마구 총을 쏘며 납골당 사이로 달아나고 있었다. 해병들은 무덤 표시물들을 그들의 소총 휴지(休止) 돌출부로 이용하여 누구든 수초 이상 정지하기만 하면 명중시키겠다는 자세로 은폐물 아래서 기다리고 있었다.

제레미아 레터맨 병장이 복부에 총상을 입었다. 심각했지만 치명상은 아니었다. 헤스너는 무전으로 크리스 브론지 중대장에게 구급 헬기를 요청했다.

"여기에 튼튼한 방어벽을 구축해 놓고 있습니다. 그러나 밀고 나가려면 더 많은 병력이 필요합니다. 조커3-1은 축구장 남쪽 근방에 있습니다." 하고 헤스너는 브론지에게 무전으로 보고했다.

"귀관이 있는 곳을 유지하라. 조커3-1과 합류하여 귀관의 위치로 가겠다."

적은 그날 아침 대거 출현했다. 파르한 형제를 걱정하는 이야기가 오간 후 차석 지도자인 이맘이 예정보다 하루 앞당겨 정부종합센터를 급습하라는 명령을 내린 것이다. 저항세력 수백 명이 민간 차량을 이용, 소피아거리에서 동쪽으로 이동하여 뒷골목으로 숨어들었다. 이들은 체계적인 정규 무력조직이라기보다는 무장한 열혈 젊은이들이 각각 자기들의 지도자 아래 소형 중형 규모로 무리를 지은 폭력단들이었다. 일부는 체계적인 훈련을 받고 복종할 줄 알고 두려워할 줄 아는 억센 전직 군인들이고, 나머지는 실업자들로서 모험을 좋아하고 열성적인 동료애를 가진 무학의 젊은이들이었다. 이들 실업자들 중 일부는 몇 주 전 파르한 형제가 모집한 사람들이고 나머지는 과거 거리에서 저항세력 전사들이 뛰어다니는 것을 보고 그냥 총을 잡고 따라 나선 사람들이었다.

핵심 강경파 저항세력들은 검은 셔츠와 바지를 입고 싸구려 아디다스 고무창 운동화를 신는다. 일부는 붉고 흰 체크무늬가 있는 카피에로 얼굴을 가리고 나머지는 맨머리다. 대부분은 AK-47소총을 휴대하고 많은 사람들이 동유럽 전역에서 인기 있는 기관총인 RPK와 함께 로켓추진 수류탄 발사기인 RPG를 메고 다닌다.

대대 작전본부가 부상병들을 후송해오기 위해 기동강습 소대를 급파하고 있는 동안, 브론지 대위는 3개 분대와 험비 여덟 대와 함께 컴뱃 아웃포스트에 대기하고 있었다. 케네디 중령은 허리케인 포인트에서 정부종합센터로 이동했다. 거기에 해병 2개분대가 위층과 옥상에 산개하여 목표물을 노렸다. 총탄과 간헐적으로 로켓탄이 건물 벽에 부딪쳐 튀거나 터지곤 했지만 공격 강도는 약했다. 해병대는 그들이 받고 있는 것보다 훨씬 강력한 화력을 퍼부었다. 공동묘지에서 진지를 확보하고 있는 헤스너 소위와 함께 케네디 대대장은 저항군의 주력이 동쪽으로 집중하고 있다는 생각이 들었다. 그는 두 대의 무전기를 단 험비—과장하여, 움직이는 전투지휘소라 불렀다—를 타고 브론지 대위와 합류하기 위해 축구장으로 향했다.

———

공동묘지 남동쪽 1킬로미터 지점에서 호출부호 조커3-1 분대는 무전을 통해 헤스너 소위의 부상자 구출용 헬기 요청을 모니터했다. 분대원 11명은 총소리가 들렸지만 그들 중 누구도 표적이 되지는 않았다. 한 녀석이 여전히 뒤를 밟고 있었다. 축구장 서쪽 고속도로를 가로질러 공동묘지로 향했다. 4차선 도로를 종종걸음으로 건너가자, 근방 가옥들의 주인들이 도로 쪽으로 나 있는 대문을 닫아걸고 지나가는 미군들에겐 눈길 한번 안준 채 집 안으로 들어가 버린다. 해병들이 다음 교차로에 도착했을 때 거리에는 아무도 없었다.

"개자식들이 나타날 때다." 로드리게스 하사가 말했다.

몇 초 후 총탄이 사방에서 어지럽게 날아왔다. 로드리게스는 모든 것이 갑자기 번쩍번쩍 빛나 자신이 브로드웨이 무대 위로 걸어 들어가고 있다는 생각이 들었다. 아무도 보이지 않았다. 주위에서 탄환이 담벼락에 튀어 핑핑 소리를 내고 있었다. 그 소리가 귀를 멍멍하게 만들었다. 어쨌든 납작 엎드려 옥상을 향해 M16을 쏘아댔다. 그들이 어디서 총을 쏘고 있는지 알아냈다. 탄피가 저 앞쪽 땅에 떨어지고 있는 것을 보았기 때문이다. 총소리 때문에 대원들의 동정을 들을 수 없어 그는 얼른 주위를 둘러보았다. 그들 역시 납작 엎드려 미친 듯이 총을 쏘고 있는 것이 보였다. 탄창을 몇 개나 뜯어낸 후에 그들은 사격을 멈추고 목표물들을 살폈다.

분대장인 앨런 홀트 병장은 옆 건물옥상에서 얼른 사라지는 사람 뒤통수 하나를 보았다. 그는 수류탄의 코터핀을 고추 세워 땅바닥에서 한쪽 무릎에 몸의 힘을 실어 핀을 뽑고는 "수류탄 날아간다!" 하고 고함을 치며 옥상으로 냅다 던졌다. 폭발과 동시에 날카로운 비명소리가 들리고 사격 강도가 순간적으로 약해졌다. 해병들이 미처 자세를 가다듬기 전에 다른 방향으로부터 사격이 시작됐다.

로드리게스는 무전으로 브론지 대위를 불러 "조커6, 여기는 3-1, 이곳에 약간의 도움이 필요합니다. 소대규모 적들에게 포위되었습니다." 하고 말했다.

"지금 가고 있는 중이다. 15분 안에 도착예정이다." 골프 중대장이 응답했다.

15분은 충분히 견딜 만한 시간으로 보였다. 브론지 대위는 조커3-1이 축구장 동쪽에 있다고 생각했다. 실제 그 분대는 축구장 서쪽에 있었다.

호출부호 3-1분대는 M203수류탄 척탄통으로 이곳저곳 건물옥상을 겨냥하여 닥치는 대로 쏘면서 긴급 경계태세를 취했다. 그들이 수류탄 몇 발을 원을 그리며 옥상으로 쏘아올린 후 로드리게스는 갑자기 옥상에서 사람 하나가 불쑥 나타나 마당 담벼락 위를 발판삼아 휙 거리로 뛰어 내려와서는 길모퉁이로 사라지는 것을 보았다.

"저 녀석을 보았어? 고무 슬리퍼를 신고 있었어. 저걸 신고 어떻게 그렇게 빨리 달아날 수 있을까?" 로드리게스가 큰 소리로 말했다.

"이제 좀 정신을 차릴 수 있겠네!" 홀트가 큰 소리로 받았다.

로드리게스는 구조를 요청한 것이 과잉행동이 아니었을까 하는 생각을 했다. 지금 그들이 지나치게 나쁜 상황에 있는 것 같지 않았다. 그런데 적이 다시 사격 강도를 높이기 시작했다. 저항세력이 달아나지 않고 새로운 사격위치를 잡은 것이다. 조커3-1분대는 동쪽으로 난 거리에 주차돼 있는 한 대의 자동차 뒤편으로부터 계속 사격을 받고 있었다. 제임스 젠틸 병장이 앞쪽으로 전진하자 저항군 하나가 달려와 자동차 바퀴 뒤에 숨었다가 차를 후진시켜 거리 아래쪽으로 내려간다. 젠틸 병장이 그의 SAW로 사격을 하자, 운전자가 차에서 뛰어내려 달아났다.

로드리게스는 흰 티셔츠를 입은 한 남자가 거리를 걸어오다가 뒤로 물러서며 시야에서 사라지는 것을 보았다. 그 지점을 겨누었다. 1분 후 바로 그 남자가 AK소총을 들고 나와 뒷걸음질 치면서 사격을 해댔다. 로드리게스는 그의 가슴을 겨냥하여 방아쇠를 당겼고 그는 그 자리에 고꾸라졌다. 5분 후 앰뷸런스가 달려오더니 두 사람이 내려 그를 싣고 가버렸다.

해병 11명은 거리 양쪽으로 전개하여 서로 건너편을 엄호했다. 이제 저항세력이 그들을 공격하기 위해선 열린 공간으로 나와 그들에게 접근해야 할 것이다. 이건 완전히 방어 작전이었다. 약간 시간이 흐른 후 분대장인 홀트 병장은 다시 자동차들—창문이 없는 쭈그러진 네 문짝짜리 캐프리스(GM차종) 승용차와 낡고 작은 오렌지/흰색 택시—이 골목 어귀에서 잠깐 멈춰 서는 것을 보았다. 차들이 뒷걸음질 치면서 안에 탄 사람들이 차를 방패삼아 사격을 해왔다.

해병들이 총격전을 벌인지 30분이 지났다. 신속대응군은 아직 도착하지 않았다. 총소리에 귀가 멍멍해져—M16과 SAW 발사 소음이 도로와 주위 시멘트 건물에 반향되어 더욱 크게 들렸다—나중엔 해병들 귀에서 계속 종소리가 났다. 휴대용 무전기에다 대고 고함을 치고 있는 로드리게스는 상대방이 하는 이야기를 도무지 알아들을 수 없었다.

저항세력들이 살금살금 더 가까이 오고 있고, 총탄이 시멘트벽에 튀어 날았다. 탄환 한 발이 젠틸 병장 얼굴 측면을 스쳐 목에 명중했다. 그는 손에 들고 있던 SAW를 떨어뜨리며 로드리게스와 홀트 쪽으로 쓰러졌다. 젠틸을 마당 안쪽 은신처로 옮겼다. 그의 동공이 일그러진다. 목 상처에서 피가 콸콸 흘러나오고 숨소리가 더 거칠어졌다. 홀트가 압박붕대로 목의 상처를 감아주자 젠틸이 그에게 사진을 찍어달라고 한다. 홀트는 그런 행동이 참으로 냉정해 보이겠다는 생각을 한다.

죠셉 헤이스 상등병과 네 해병은 거리에 그대로 머물러 있었다. 헤이스가 어떤 건물의 창가에 있는 한 이라크인에게 수류탄 발사기로 40

밀리 수류탄을 쏘고는 그를 죽였다고 생각했다. 그러나 그 남자는 불쑥 도로 나타나 그때 막 거리를 가로지르고 있는 6피트 7의 거구인 데릭 할랄 일등병에게 사격을 가했다. 할랄은 다리에 총탄을 맞고 그대로 풀썩 쓰러졌다. 크게 휘익! 하며 명중하는 소리가 홀트를 잠시 허둥거리게 만들었다.

"할랄을 데려와!" 하고 그가 소리쳤다.

타피아 병장이 달려가 할랄 다리에 붕대를 감아주었다. 그때 할랄 쪽을 향해 총을 쏘며 자동차 한 대가 저쪽 골목에서 쏜살같이 튀어나왔다. 할랄의 뒤통수에 총알이 박히고 자동차는 사라졌다. 동료들이 그에게 모르핀을 꽂고 기도를 하는 동안 할랄은 입을 크게 벌린 채 숨을 헐떡거렸다. 몇 분 후 홀트는 로드리게스를 무전으로 불렀다.

"할랄이 죽었다."

타피아는 절친한 친구의 시신을 버려두고 싶지 않았다. 그러나 그들은 격렬한 사격을 받고 있었다. 헤이스는 세 사람을 마당 담벼락 아래 있는 자기 곁으로 끌어당겨 몸을 구부리게 했다. 수류탄 하나가 마당에 떨어졌다. 휙 몸을 굽혔다. 불발탄이었다. 새로 날아온 수류탄 하나가 쾅하고 터졌다. 두 해병이 쓰러졌다. 그들 손이 파편에 맞아 일그러져 있다. 헤이스와 타피아는 담벼락 아래 엎드린 채 옥상을 향해 사격을 했다.

블록의 몇 집을 더 내려간 로드리게스는 남아있는 해병들에게 자기가 젠틸을 데려다 놓았던 집 안으로 들어가 지키고 있으라는 신호를 보냈다. 모이서스 랑그홀스트 일등병은 마당 담장 바로 바깥에서 엄호사격을 하다 탄창을 갈아 끼우며 다른 동료들더러 담 안쪽으로 들어가 엎드리라고 신호를 보내다 털썩 쓰러졌다. 그의 손에 들린 SAW가 몇 초 동안 무엇을 날카롭게 찢는 듯한 소리를 내다 조용해진다. 로드리게스는 랑그홀스트가 SAW의 탄창을 바꾸는 걸 도와주려고 엉금엉금 기어갔으나 그는 죽어 있었다.

해병분대가 두 그룹으로 갈라져 버렸다. 두 그룹이 각각 다른 블록 끝을 따라 전진했기 때문에 이젠 서로 지원사격도 할 수 없었다. 두 사람이 죽었다. 로드리게스는 중상자 한 명과 사격이 가능한 다른 네 명과 함께였다. 헤이스는 부상자 두 명과 사격이 가능한 다른 두 명과 함께였다. 저항세력들이 거리에 계속 총탄을 퍼붓고 있기 때문에 로드리게스는 젠틸을 들쳐 메고 헤이스에게로 갈 수가 없었다. 휴대용 무전기에 의해 간헐적으로 두 그룹 사이에 소통이 이루어졌다.

"이쪽에서 조커6 쪽으로 갈 수가 없을 것 같아. 그쪽에서 이쪽으로 올 수 있나?" 로드리게스가 무전으로 말했다.

"가망 없어." 헤이스의 대답이다.

양쪽 모두 서로를 기다리는 궁지에 몰렸다. 양쪽 모두 각각 옥상과 대문 옆에서 교대하여 보초를 섰다. 로드리게스는 젠틸을 마당 담장에 기대어 놓았다. 그 집 식구 중 한 사람이 담요로 그를 감싸주었다. 피가 담요를 흥건하게 적시자 그 이라크인은 다른 담요를 가져왔다. 각 그룹에는 약 3다스의 탄약이 남아 있었다. 한 시간을 버티기엔 충분한 양이다.

저항세력들이 높은 건물 옥상에 올라가 해병들이 있는 마당에다 로켓탄을 퍼붓거나 화약을 잰 가방을 던져 넣어 폭발시키는 것은 단지 시간문제였다. 시멘트 건물 아래 숨어 있는 방어자들을 죽이는 방법은 폭약이다.

———

구조대는 조커 3-1의 구조요청을 잊지 않았지만 장소를 잘못 짚었다. 중대 작전센터에서 지적해 준 위치는 실제 위치에서 동쪽으로 1킬로미터 떨어진 축구장 근방이었다. 브론지 중대장은 병사 50명과 함께 축구장에서 하차했다. 브론지는 무전으로 조커3-1과 대화를 할 수는 없었지만 총소리를 들을 수 있어 자신들이 엉뚱한 지점에 와 있다는 것을 알았다. 3-1분대가 있는 곳까지 가는 데 얼마나 걸릴지 알 수 없었다.

그의 병사들이 축구장 서쪽 끝 근방에 도착한 순간 갑자기 격렬한 집중사격을 받았다. 로켓탄이 쉬익! 하며 날아와 터지고 총탄이 머리 위로 핑핑 스쳐 지나갔다. 기관총이 따따따 하며 불을 뿜는 소리가 들렸다. 브론지는 문득 베트남 후에의 한 미군소대에 대한 이야기를 쓴 『페이스 라인 그린(Phase Line Green)』이라는 책이 생각났다. 그 소대는 한 거리를 사이에 둔 월맹군과 사흘 동안 전투를 벌인다. 조커3-1과 10블록 떨어진 곳에서 브론지는 컴뱃 아웃포스트에 다른 소대를 파견해 달라고 요청했다.

4대의 험비에 장착한 50구경 기관총과 Mark19의 화력지원을 받으며, 브론지 대위의 해병들은 도보로 서북쪽으로 계속 전진해 갔다. 저항세력들은 거리 모퉁이와 고층 건물 창문턱 뒤에 숨어서 사격을 했다. 날카로운 총격전 소리가 건물에 반향돼 귀가 멍멍할 정도여서 어느 건물에서 무슨 종류의 무기로 발포를 하고 있는지 분간할 수가 없었다. 해병들은 그들의 측면을 살피며 삼각편제로 전진했다. 그들이 화력을 집중하는 곳마다 저항 세력이 흩어져 뒤로 물러났다.

젊은이들이 주위에 어지럽게 뛰어다니고 있었다. AK소총을 들고 그들의 집으로 달려가기도 하고 동리 패거리들에 합류하기 위해 거리로 뛰쳐나오기도 했다. 약간 빈정대는 투로 해병들은 그들을 "미니트맨"이라 불렀다. 이들 자발적인 지원자들은 종합정부센터를 접수하기 수 시간 전에 이미 그곳에 와 있던 저항세력을 크게 증강시켰다. 그들의 참가가 전투 초점을 변화시켰다. 저항세력들이 계획한 작전을 미군이 어떻게 대응하려고 협의하고 준비했든, 이제 그 계획은 소용돌이치는 난투극 속에서 무너지고 말았다. 해병대원들이 가는 곳마다 그들을 기다렸다가 총을 쏘는 누군가가 거기에 있었다.

케네디 중령은 험비 2대와 병사 11명과 함께 정부종합센터를 떠났다. 운전병 두 명과 기관총 사수 두 명을 제외하곤 모두 소총수로서 도보로 전진했다. 무전을 들으며 케네디 중령은 이 전투가 십 수 마리 고양이들이 먼지 속에서 차고 할퀴고 하는 모피 공놀이를 닮았다는 생각이 들었다. 그의 계획은 단순했다. 브론지 대위팀과 합류하여 조커 3-1을 구조한 뒤 공동묘지 쪽으로 전진하는 것이다. 가는 길에 기동강습대가 그들에게 합류할 예정이었다. 데이브 하릴 소령은 후미를 경계했다.

케네디 중령이 브론지 대위와 합류키로 예상했던 시간이 더 길어지고 있었다. 이 지휘 분대는 한 블록을 안전하게 걸어갈 수 있으리라 생각했다. 그런데 단지 20미터 떨어진 다음 건물옥상에 갑자기 적이 나타나 몇 초 동안 맹렬한 사격을 가하고는 숨어버렸다. 다른 무리들은 낡은 승용차 몇 대를 타고 교차로를 가로질러 건너가며 창문을 통해 사격을 했다. 일부는 달아났고 일부는 그러지 못했다.

막강한 화력을 갖고 있는 대대신속대응군의 전진속도가 더 빨라졌다. 제3기동강습대 지휘관인 앤서니 크러쳐 특무상사는 험비 5대에 탄 대원 30명과 함께 공동묘지로 향했다. 그들은 묘비석 사이에 엎드려 부지런히 살육을 감행하고 있는 헤스너 소위의 병사들을 발견했다. 공동묘지는 그 길이가 몇 개 블록 길이와 맞먹는다. 헤스너 군은 조직적으로 움직이면서 뒤에 어떤 저항군도 남기지 않는다는 각오를 하며 싸우고 있었다.

헤스너 군에게 탄약을 공급하고 부상병을 조심스레 험비에 태운 후 크러쳐 특무상사는 브론지 대위에 합류하기 위해 남쪽으로 내려갔다.

묘지에서 한 블록도 가기 전에 디버슨 로차드 병장은 긴 소매 셔츠와 붉고 흰 체크무늬 아칼을 입고 마치 버스를 기다리고 있는 것처럼 거리 모퉁이에 서 있는 한 남자를 발견했다. 그 남자는 AK소총을 어깨에 메고 RPG를 한 손에 쥐고 흔들흔들하고 있었다.

"내가 저 녀석을 없애버릴까요?" 로차드 병장이 무전으로 물었다.

"그래 좋아." 크러쳐 특무상사가 대답했다.

험비가 멈추고 로차드가 내려 그 남자를 향해 막 쏘려할 때 오렌지색 픽업 한 대가 그 타격지점으로 들어 왔다. 자동수류탄발사기에서 날아간 수류탄이 픽업 차를 담벼락 쪽으로 처박아버렸다. 해병들이 꽤 수월한 사냥이었다고 생각할 즈음 동쪽에서 RPG와 AK소총이 그들을 향해 불을 뿜었다.

크러쳐 특무상사가 무전으로 대대장에게 지시사항을 물었다. "계속 남쪽으로 전진해, 격렬한 사격에 잘 대응해 가면서." 케네디 중령의 대답이다.

저항세력들은 야자나무 몇 그루를 베어와 거리를 막아 놓았지만, 험비가 그것들을 옆으로 밀어제치고 전진했다. 건물옥상 가장자리를 향해 사격을 가하면서 차량 앞쪽에서 움직이고 있던 병사들도 나무를 치우는데 거들었다. 크러쳐 특무상사는 AK와 M16 총소리를 압도하는, 브론지 대위의 병사들이 쏘고 있는 격렬한 50구경 기관총 발사소리를 쉽게 구별했다. 클러쳐의 기동강습대가 조심스럽게 브론지에게 도착했을 때 컴뱃 아웃포스트에서 나온 소대는 브론지의 동쪽 측면을 커버할 수 있는 곳에 이르고 있었다.

이제 120명 이상의 병사와, 50구경 기관총과 Mark19를 장착한 험비 9대를 가지게 된 브론지군은 속도를 내어 조커3-1 쪽으로 얼른 가려고 서둘렀다. 지형지물이 전투의 성격을 규정한다. 해병대는 2, 3층 시멘트 건물이 빼곡히 들어찬 주거지역 중심부에서 싸우고 있었다. 시가지는 바둑판처럼 네모진 블록으로 짜여 있는데 평균 각 블록 폭은 50미터, 길이는 100미터이며 한 블록에는 사람 키 크기의 담장을 친 가옥들이 약 30동 들어서 있다. 각 블록은 조그마한 성채 같아서 저항세력들에게 안전하게 사격할 수 있는 은신처 두 곳을 제공한다. 하나는 작은 경계벽으로 둘러쳐진 평평한 옥상이고 다른 하나는 마당 담장 바깥에 사통팔달로 열려져 있는 골목길이다.

해병대는 시가지 블록들의 긴 남북 축선을 따라 이동하려 했다. 그 축선을 이용하면 저항세력들이 여러 골목길에서 한꺼번에 쏘아대는 십자포화를 덜 만날 수 있고 험비에 탑재한 대형무기들을 사용하기가 쉽기 때문이다. 50구경 기관총과 Mark19 둘 다 무서운 위력을 가진 무기이지만 2피트 두께의 담벼락을 꿰뚫을 수는 없다. 물론 콘크리트 조각들을 마구 튀게 하는 포탄 충격으로 먼지와 자잘한 파편들이 구름을 일으켜 경험이 부족한 저항세력들 대부분을 무기력하게 만들어 도망치게 하는 효과는 거둘 수 있다. Mark19는 옥상을 청소하는 데 매우 인기 있는 무기다.

제3기동강습대 분대장인 제어드 매켄지 상등병은, 옥상에 있는 저항세력은 단지 50여 미터 저쪽에서 사격을 하고 있으나, 거리에 있는 저항세력은 접근해 오는 차량들로 보아 수백 미터 떨어진 곳에 머물면서 여러 골목에서 튀어나오기도 하고 건물아래 숨어 총을 쏘기도 하는 것으로 판단했다. 매켄지 앞을 걸어가던 케네스 콩드 병장이 갑자기 픽 쓰러졌고 그의 어깨에서 흘러내리는 피가 길바닥을 적셨다.

"이런 제기럴, 당신 당했어!" 매켄지가 외쳤다.

콩드는 일어나 거리를 향해 총을 갈기곤 벌렁 자빠졌다. 매켄지가 달려가자 콩드는 비슬비슬 일어선다.

"이곳을 벗어나야 돼." 맥켄지가 말했다.

"피해 다니려고 이곳에 온 게 아니야. 약간 얼얼할 뿐이야." 콩드는 말했다.

매켄지는 콩드를 쓰레기가 꽉차 넘치는 대형 쓰레기 수납기 옆에 앉혔다. 위생병이 와서 그의 어깨를 붕대로 감았다. 그들은 다시 다른 분대원들의 꼬리를 뒤따라가기 시작했다. 그들이 다음 골목을 건넜을 때 AK소총을 든 세 사람이 몰래 나오다 그들과 딱 부딪쳤다. 첫 번째 사람이 멈춰서면서 이쪽을 빤히 노려보았다. 매켄지는 그의 얼굴을 쏘았다. 두 번째 사람은 뒤로 물러서며 손을 들고 애원했다. 매켄지는 그의 가슴을 쏘았다. 세 번째 사람은 돌아서 도망쳤다. 매켄지는 그의 등을 쏘았다.

거니 크러쳐는 포탄 케이스 다발이 지붕에서 땅 위에 떨어져 있는 어떤 집 옆을 걸어가다가, 현관문을 부수고 집 안으로 들어가 방바닥에 놓인 RPG와 침상 밑에 숨어 있는 한 남자를 찾아냈다. 그 남자 가방에는 약 8천 달러에 해당되는 이라크 돈 50만 디나가 들어 있었다. 크러쳐는 그 남자에 수갑을 채워 저항군들과 총격전 현장에서 붙잡힌 이라크 경찰관 한명과 함께 험비에 태웠다.

마이클 윌리엄스 병장은 AK소총을 가진 저항군 한 명이 이지 스트리트라 부르는 거리에 주차된 한 신형 모델 승용차 뒤에 숨어 있는 것을 보았다. 윌리엄스가 쏘자 그도 응사했다. 윌리엄스는 그가 다시 나타나기를 기다리며 조준하고 있었다. 그런데 그가 나타나는 대신 검은 부르카(이슬람 여성이 외출 때 입는 일종의 장옷)를 입은 한 부인이 아이 손을 잡고 승용차가 서 있는 다음 골목에서 걸어 나오고 있었다. 윌리엄스와 승용차 뒤의 그 남자 모두 그녀에게 소리를 질렀고 그녀는 우뚝 멈춰 섰다. 그녀의 손에 매달린 작은 여자아이가 그녀의 손을 잡아당겨 나왔던 골목으로 도로 들어갔다. 그 남자는 윌리엄스와 그 자신 사이에 있는 승용차를 방패로 하여 달아났다.

매켄지 상등병은 로켓탄들이 쉬익 쉬익 하며 날아와 터지는 소동이 막 끝난 후 골목길을 살피고 있는 한 해병분대 가까이로 걸어갔다.

"정지해 있지 말고 계속 움직이라구." 하고 매켄지가 말했다.

근접사격에 정신이 나간 병사들은 대답을 하지 않고 그냥 서 있었다. 매켄지는 어깨를 으쓱하고는 계속 전진했다. 그 병사들이 그의 부대 소속이 아니어서 그들 조에 끼이려고 하지 않았으나 그들이 뒤따라와 곧 함께 행동했다.

기동강습대 소속 병사들은 소음과 혼란, 총탄의 피웅 하는 날카로운 소리, 로켓탄의 쉬익 하는 무딘 소리, 그리고 폭발음과 섬광 등에 익숙해져 있었다. 난폭한 곳을 공격할 때 그들은 일을 덜기 위해 Mark19와 50구경 기관총을 동원했다.

30여 분 총격전을 벌인 후 브론지 대위는 약 8개 블록을 전진했다. 이제 조커3-1이 쏘는 M16 총소리가 몇 개의 거리 저편에서 들려왔다. 뒤쪽에선 장갑차가 우르릉거렸다. 케네디 중령의 직속상관인 여단장 벅 콘노르 대령은 시 외곽 3킬로미터 지점에 있는 그의 전술작전센터에서 전투상황을 점검하고 있었다. 그는 무전으로 케네디 중령에게 무장 앰뷸런스가 필요하냐고 물었다. 보내달라는 대답을 듣고 콘노르 대령은 앰뷸런스 두 대와 브래들리 장갑차 두 대를 대동하고 직접 거들기 위해 나섰다. 25밀리 부시마스터 연쇄포를 장착한 20톤의 브래들리 장갑차는 에이브람스 탱크가 지나다니기에는 좁은 골목길을 누비고 다니기에 안성맞춤이었다. 브래들리 장갑차의 화력 지원으로 브론지는 조커3-1을 찾아 거침없이 앞으로 나아갔다.

―――

조커3-1 소총수들은 두 집에서 30분을 보내면서 저항세력의 몇 차례 공격을 막아냈다. 로드리게스는 피터 플롬 일등병을 대문 곁에 세웠다. 저항세력이 대문으로 두 차례 돌진해 왔고 그때마다 플롬은 그냥 몸을 드러내 적을 향해 직사(直射)를 해댔다. 두 번 다 적이 견디지 못하고 물러났다. 플롬은 그 사실이 도무지 믿어지지 않았다. 그들이 지나치게 술을 마셨기 때문이라는 이야기는 말이 안 되고, 집중사격을 받고 달아나버렸던 것으로 추측된다.

저항세력은 옥상에서 찌르릉 소리를 내거나 거리모퉁이에서 총을 쏘거나 하면서 전혀 다른 곳에서 불쑥불쑥 튀어나오는 양동작전을 폈다. 그들은 로드리게스의 분대가 둘로 나뉘어 서로 고립돼 있음을 알았다. 그러나 저항세력은 접근전으로 제압하는 대신 RPK기관총을 가져와 헤이스 상등병이 버티고 있는 마당 담벼락에다 냅다 총탄을 퍼붓곤 했다. 집 안에 있던 해병들은 RPK기관총 발사가 혹시 폭발물을 가슴에 두른 자폭자를 집 안으로 들여보내기 위한 엄호사격이 아닌가 싶어 걱정했다.

헤이스 상등병이 탄창 9개 중 마지막 남은 것을 끼웠을 때 우르릉거리는 강력한 엔진 소리와 함께 쇠바퀴 돌아가는 소리가 분명히 들렸다.

"제기랄, 내가 듣던 소리 중 제일 부드러운 소리다." 하고 그는 저쪽 블록에 있는 로드리게스에게 무전으로 소리쳤다.

그들 쪽으로 다가오는 장갑차 대열을 보며 저항군들은 물러갔고 총소리도 그쳤다. 헤이스 상등병은 거리로 뛰쳐나갔고 브론지 대위가 그를 맞았다. 그들은 함께 할랄의 시신을 회수했다. 위생병들이 세 부상자를 돌보는 동안 브론지는 그들의 도착을 케네디 중령에게 보고했다.

콘노르 대령과 케네디 중령이 브론지 대위와 협의하는 것을 보며 거니 크러쳐 특무상사는 1분대 절반밖에 안 되는 병사들을 구하기 위해 많은 장교들이 모여든 것에 가슴이 뭉클했다. "그 거리 모퉁이가 사령부로 변한 것 같았습니다." 크러쳐는 말했다.

로드리게스는 한 블록 저쪽에 있었다. 브래들리 장갑차가 들어가기에는 너무 좁은 골목이었다. 브론지는 로드리게스를 지원하기 위해 매켄지 분대를 보냈다. 콘노르 대령은 험비에서 내려 여단 사령부의 로널드 T. 릴링 특무상사 뒤를 따라 걸었다. 그 뒤를 그가 타고 온 지휘 차량인, 50구경 기관총을 장착한 험비가 따랐다. 저항군들은 물러났고 총격전은 그쳤다.

거리 모퉁이에 있는 한 집에서 로드리게스가 나와 그들에게 손을 흔들었다. 곧 위생병들이 와 부상병을 돌봤다. 그들은 북서쪽 길모퉁이 담장 밖에 방치돼 있던 롱홀스트의 시신을 거뒀다. 그가 갖고 있던 분대지원화기(SAW)는 사라지고 없었다. 그의 시신은 담요에 덮여 있었다.

조커3-1은 해병 두 명을 잃었다.

"할랄은 주둔지에 가만히 박혀 있지를 않았습니다. 싸움터를 좋아한 것이지요. 성품이 소탈했어요. 방송인이 되겠다고 했습니다." 하고 로드리게스는 말을 이어갔다. "롱홀스트는 밝은 성격이었고 종교적이었습니다. 곧잘 하느님의 의지를 이야기하곤 했습니다. 그는 대식가였습니다. 내가 집 안에서 부상병을 돌볼 때 그는 Mark19로 우리를 커버하기 위해 바깥에서 지키고 있었습니다. 그는 자랑스러운 해병이었습니다."

사상자들의 후송을 지켜본 후 오후 2시에 케네디 중령은 긴급사항에서 풀려 잠시 숨을 돌렸다. 작전센터는 계속 분주했다. 작전 장교인 데이비드 할릴 소령은 한 시간 넘게 충돌지역 여남 곳을 추적하고 구조헬기 3대를 보내고, 전투지역으로부터 들어오는 대대 및 여단 지휘관들의 전화를 받고, 7개 파견대의 움직임을 추적하고 있었다. 그는 또한 제5파견대에 지시하여 적의 RPK기관총을 파괴하도록 했다.

"내 작전지도는 유치원생들이 그린 그림 같아 보였습니다. 이곳저곳에 마구 줄이 그어져 있었거든요." 할릴의 말이다.

대대본부 주변에서 "거리가 불타고 있다"는 소문이 쫙 퍼졌다. 미시간 루트의 경사진 곳에 있는 폐타이어 더미에 불이 붙어 검은 연기가 치솟고 있었기 때문이다. 구조대를 보내는 일로 부대 안이 소란스러웠다. 대대 상급 장교인 마이크 윌리 소령은 현장에 가기를 열망하는 지원자들이 몰려와 법석대는 바람에 계속 작전센터 장내정리를 해야 했다.

"제발 여기서 좀 나가 줘!" 윌리는 몇 차례나 말했다. "너희들 부서로 돌아가 있어, 어이구.... 너희들이 필요하면 부를 테니까."

전투는 거리의 분노를 높였다 낮췄다 했다. 브론지는 골프중대와 병기중대에서 온 14개 분대와 함께 있었다. 각 분대는 중기관총을 장착한 험비의 지원을 받고 있었다. 때때로 저항세력들은 앞에서 나타나기도 하고 옆에서 튀어나오기도 하고 뒤에서 따라오며 공격하기도 했다. 그들은 무기와 탄약 비밀 저장소를 시내 이곳저곳에 마련해 두고 있었다. 그들이 가정집이나 모스크로 날쌔게 뛰어다니면서 사격을 하고 도망갈 수 있는 것도 이 비밀 저장소가 있기 때문이다.

브론지 대위는 분대별로 망상조직을 만들어 대략 한 분대에 한 블록씩 배정하여 수색했다. 해병대는 조심스럽게 행렬을 유지하여 교차로를 경계선으로 이용하면서 동쪽으로 이동했다. 아침 10시 이후 계속 전투를 벌여 온 저항세력들은 미군의 컨디션을 따라가지 못했다. 험비에 물병 상자가 있음에도 해병 21명이 대대 군의관인 케네스 손 박사에 의해 소모성 열사병 진단을 받았다. 그 숫자는 아마도 저항군 쪽이 훨씬 높을 것이다. 케네디 중령과 브론지 대위는 시내 번화가에서 저항세력들을 이른 오후까지 칠 작정을 하고 있었다. 피로한 병사들에게 용기를 불어 넣어 긴장을 풀지 말고 블록과 블록을 소탕하고 집과 집을 뒤져 압박을 가하는 일이었다.

할릴 소령은 케네디 중령에게 무전으로 에코중대가 시 동쪽에서 격전을 벌이고 있으며 병기중대를 증원군으로 파견했다고 보고했다. 저항세력들과의 싸움은, 숲 속에 일어난 불길이 나무들을 건너뛰며 거리가 떨어진 이곳저곳으로 옮겨 붙는 산불과도 같았다. 싸움이 절정일 땐 여러 곳에 분산돼 있는 해병 분대들은ㅡ모두 합해 300명의 소총수들ㅡ10곳의 다른 장소에서 저항군 100여 명과 총격전을 벌였다.

오후 2시경 사단 참모장 던포드 대령은 저항군 100여 명이 종합정부센터 남쪽에 집결하였으며 모스크 세 곳이 성전을 촉구하고 있다는 CIA 소식통의 보고를 무전으로 예하부대에 주지시켰다. 케네디 중령은 문제의 CIA 소식통 보고가 틀림없다는 사실을 몸소 확인했다고 던포드 대령에게 무전으로 보고했다. 던포드는 케네디에게 행운을 빌어주며 그의 관심을 팔루자로 옮겼다.

케네디는 라마디 동쪽 교외에 나가있는 에코중대에 주의를 집중했다. 그 곳 전투가 갑자기 치열해지고 있었기 때문이다.

… 9

되살아난 베트남 구정공세 악몽

4월 6일 이라크 전역에서 발발한 전투는 미국에서 정치 후폭풍을 일으킬 우려가 있었다. 다국적군이 바그다드 남쪽에서 사드르 민병대에 대처할 수 없다는 사실이 판명됨으로서 합동기동군 사령부는 이 지역에 제1기갑사단을 투입해야 했다. 이 부대는 그 무렵 미국으로 돌아가기 위해 짐을 꾸리고 있던 중이었다. 이라크 현지에 예비 병력이 없었기 때문에 미국 신문들은 추가 병력 투입 필요성에 대한 추측 보도를 하고 있었다. 미국군대 추가파견은 분열적인 정치 논쟁을 유발하여 민주당 대통령 후보 경쟁자들로부터 호된 비판을 불러일으킬 게 뻔했다. 베트남 구정공세에 대한 기억이 어렴풋이 되살아났다. 1968년 월맹의 구정공세 이후 미국 군부가 베트남에 대한 추가파병을 요구했을 때 린든 B. 존슨 대통령의 재선희망이 내부파열을 일으켰다.

전에 제82공수사단이 안바르 주 전역에 너무 엷게 산개해 있었음은 이미 군부 안에 잘 알려져 있는 사실이다. 현재 팔루자에만 4개 대대를 투입해야하는 제1해병사단 역시 사실 안바르 주 전체를 커버하기엔 적은 병력이다. 광활한 지역 이곳저곳에서 저항세력들의 공격이 빈발한데다 최근엔 라마디시가 갑자기 진앙지로 부각되고 있기 때문이다.

남쪽으로 눈을 돌려보면, 제1기갑사단이 사드로 민병대의 영향력으로부터 시아파 성도(聖都)를 떼어놓기 위해 4월 4일 나자프에 1개 기동군을 투입했다. "우리는 마흐디군을 공격하여 소탕할 것입니다." 키미트 준장은 말했다.

그러나 그때나 그 이후에나 연합임시행정청, 합동기동군사령부 및 이라크 관리들 사이에서 사드르와 그의 '군대'를 끝내버리는 문제에 대한 일치된 의견이 전혀 없었다. 키미트의 말과는 대조적으로 펜타곤 관리들은, 군 지휘관들이 사드르를 퇴출시키기 위해 '신중하게' 움직일 것이라고 계속 언론에 이야기해 왔다. 연합임시행정청 목표는 사드르를 순교자로 만들지 않고 그의 권력기반을 조금씩 줄이는 데 있었다. 브레머 최고행정관은 합동기동군에게 '링컨 아나콘다 전략'에 착수하도록 촉구했다. 이는 이라크 각 정파들을 천천히 쇠잔하게 만들어 '연합(수니, 시아, 쿠르드의 연합)'을 강제로 만들어내려는 장기 전략을 말한다. 마치 마흐디 군이 각 도시에서 내몰려 차츰 그 세력을 잃어가는 경우와 같다할 수 있다.

사드르 민병대를 몰아내기 위해 합동기동군은 마틴 E. 뎀프시 소장이 지휘하는 제1기갑사단의 이라크 주둔기간을 90일 더 연장했다. 이 사단 보유차량과 헬기 절반은 귀국을 위해 이미 쿠웨이트에 가 있었다. 그들을 이라크에 재배치하기 위해서는 가장 규모가 큰 전시물자 수송 작전이 필요했다. 2차 대전 때의 레드 볼 익스프레스(Red Ball Express, 노르망디에서 트럭에 의한 내륙 수송 작전)에 비교되는 수고가 필요했다. 뎀프시 장군의 교통선(交通線) ─ 개략적으로 하루에 사용될 도로 네트워크— 이 500평방마일에서 50배 증가한 25,000평방마일로 확대되었으며 새로운 전진 작전기지 10개가 필요했고 매일 차량행렬 길이가 평균 100마일에 이르렀다. 지휘관들은 기자들에게 만약 사태가 악화되면 이라크에 더 많은 병력을 보내야 할 것이라고 말했다. 제1기갑사단의 또 다른 기동부대는 연합임시행정청 직원들이 현지 민병대 공격으로 쫓겨난 쿠트시를 탈환하기 위해 움직이고 있었다.

연합임시행정청은 일선에선 뎀프시의 제1기갑사단 병사들의 사정을 이해한 반면, 바그다드에선 군과 행정청 기획가들 사이에 협조가 부족하거나 심지어 정중성을 잃기까지 했다. 연합임시행정청과 합동기동군의 양쪽 참모들 사이를 더 가깝게 만들려는 노력의 일환으로 산체스 중장과 브레머 대사는 그린존의 궁전 내 브리핑 룸을 함께 사용했다. 하지만 통상적으로 브레머 참모들은 아침 7시에, 산체스 참모들은 그로부터 30분 늦게 브리핑을 했다.

연합임시행정청팀이 사드르 민병대 패거리들에 의해 쿠트시에서 쫓겨나고 그외 지역에서도 절망적인 상황이 전개되자, 브레머의 핵심 참모인 제프리 오스터는 합동기동군에게 다음 조치를 위한 브리핑을 요청했다.

"그건 연합임시행정청과 공유할 수 없는 군사상 일입니다. 사령관(산체스 중장)께서는 대사님(브레머)을 위해 일하지 않습니다." 한 대령이 오스터에게 말했다.

퇴역 해병중장인 오스터는 그 같은 관료적인 허튼 수작에 격분했다. 그는 산체스 장군 참모장인 죠셉 웨버 장군을 찾았다. 웨버는 앞으로 정보를 공유하기로 합의했다. 하지만 그 사건은 연합임시행정청과 합동기동군이 전쟁 와중에 공통의 전략을 수립하는 것이 얼마나 어려운 일인가를 보여주었다.

연합임시행정청 소속의 미·이라크 민간인 직원들은 군사상황에 대한 정보를 언론에 의존했다. 총격전에 대한 보도는 두 개의 중요한 소스 즉 주로 미국계인 서방 언론과 아랍 언론을 통해 접했다. 두 개의 주요한 아랍 위성방송은 두바이에 기지를 둔 알 아라비야(Al Arabiya)와 카타르에 기지를 둔 알 자지라였다. 이 두 방송은 수억 아랍인들이 수신하는 방송일 뿐만 아니라 이들의 현지보도는 바그다드에 기지를 둔 알 이라키야(Al Iraqiya)라 불리는 미국자본으로 설립된 방송국 보도보다 이라크인들에게 훨씬 더 신뢰감을 주고 있었다. 이라크인들 약 25퍼센트―부유하고 영향력이 큰 계층―가 위성방송을 시청하고 있으며, 5대 1의 비율로 그들은 알 이라키야보다 알 자지라를 선호했다. 알 자지라는 카타르의 에미르(토후)가, 아라비야는 사우디 족장들이 투자한 방송국이다.

두 방송국 모두 자기들에게 먹이를 주는 손을 물어뜯어서는 안 된다는 것을 잘 알고 있었다. 이집트, 시리아 및 기타 국가의 독재정권에 대한 비난은 해당국의 주재사무실 폐쇄와 광고수익 퇴출을 가져왔다. 이스라엘의 팔레스타인 점령과 미국의 이라크 점령에 대한 통렬한 비판은 아랍 정부들 사이에 폭넓은 지지를 받아 그들의 방송영역을 넓히는 두 가지 요소였다.

9월에 이들 두 방송국은 2주 동안 이라크에서 보도를 금지 당했다. 그들의 보도가 미군 수송단을 공격하는 저항세력들에게 정보를 제공하는 꼴이 되고, 당국 허락도 없이 사건들을 함부로 촬영하여 방영했기 때문이다. 11월에 사담 후세인이 미국인들에 대한 공격을 촉구하는 녹음된 메시지를 알 아라비야가 방영했을 때, 브레머는 이라크에서 이 방송국에 대한 또 다른 잠정적 취재금지조치를 승인하는 것으로 대응했다. 며칠 후 럼스펠드 국방장관은 알 아라비야와 알 자지라 두 방송국 모두 미군에 대한 비디오테이프 공격을 계속함으로써 저항세력들과 협력하고 있다고 비난했다. 미국 정부의 그러한 불평도 알 자지라의 보도 논조를 바꾸지 못 했다.

4월에 저항세력들은 알 자지라의 아하마드 만수르 기자와 그의 조수를 팔루자로 초청하였다. 거기서 두 사람은 병원의 여러 참혹한 장면들을 촬영했다. 4월 첫 주, 시간이 가고 날이 갈수록 알 자지라 방송은 죽음과 유혈과 불구의 영상들로 가득 차게 되었다. 이 아랍어 방송은 미군에 대한 저항세력들의 투쟁을 이스라엘에 대한 팔레스타인인들 봉기에 결부시켜 인티파다 레지스탕스(1987년 가자 지역과 웨스트뱅크 이스라엘 점령지역에서 팔레스타인인이 일으킨 반란)로 규정했다. 현장 인터뷰에선 애도자들의 통곡, 어머니들의 비탄과 절규, 피범벅이 된 의사들과 간호사들의 격앙된 외침과 근심어린 얼굴들을 클로즈업시켰다. 연민의 정으로, 그리고 괴로워서 차마 텔레비전을 바로 바라볼 수가 없을 지경이었다. 가장 신랄한 것은 아기들을 보도한 영상들이었다. 차례차례 하나씩 죽음의 휴식에 든 고요하고 덧없고 비참한 장면들을 보여주었다. 어디서 어떻게 그리고 언제 그들이 죽었는지에 대해선 언급하지 않았다. 시청자들은 이 모든 유아들이 팔루자에 주둔하고 있는 미 해병대에 의해 살해된 것으로 추정했다. 갓난아기들에 대한 사진들은 목석 같은 사람들도 눈물을 흘리게 만들 것이다.

바그다드에서 시아파 모스크의 뮬라(이슬람 율법학자)들은 팔루자를 위한 헌혈과 식료품 기부를 주민들에게 호소했다. 한편 수니파 도시들의 주민들은 급진 시아파 성직자인 모크타다 알 사드르의 모반을 찬양했다. 바그다드의 시아파 성직자들은 도시 전체에 파문처럼 퍼지고 있는 지하드를 위한 거리 저항을 촉구했다.

팔루자는 반연합정부파들의 분노를 재결집하는 핵심지역이 되었다. 이라크인들 사이에서 포위공격을 받고 있는 팔루자를 지원하자는 열렬한 함성이, 시간도 장소도 가리지 않고 벌어지는 전투, 프로판 가스와 가솔린을 사기 위해 하루 종일 줄을 서는 일, 자동차를 이용한 총격, 무작위로 벌이는 무서운 자살차량폭탄 등으로 인해 부글부글 끓어오르던 분노를 마침내 터뜨리게 했다. 차량 검문소에서 승용차를 향해 사격을 가하고 새벽 3시에 가정집을 급습하여 마구잡이로 뒤지는 외국인 점령자들에 대한 와락 터져 나오는 억압된 노여움이 붐비는 자동차 사이를 누비고 다니는 그들의 장갑차들을 증오하게 만들었다. 학생, 노동자, 의사, 경찰, 상점주인 등 각계각층 사람들이 이교도 점령자들을 격렬히 성토하기 위해 모스크로 몰려들었다.

알 자지라와 알 아라비야 방송은 팔루자 시민들의 곤경한 처지를 꾸준히 방영하고 있었다. 한편 인터넷은 해병대의 잔인성을 더욱 상세히 설명하고 분 단위로 온 세계에 항의했다. 4월 한 달 동안 구글 검색엔진에서는 팔루자라는 낱말로 뜨는 글이 700개에서 17만 5천 개로 껑충 뛰었으며 주로 해병대를 비난하는 내용이었다. 작은 소리의 말을 계속 반복하여 잘못된 확신을 심어줌으로써 양이 질을 그럴듯하게 결정하는 사태가 벌어진 것이다.

해병대와 함께 행동하는 서방 기자들이 취재한 보도는 광범위하고 무차별적인 대량학살 주장을 지지하지 않았다. 그러나 미 정부 고위 관리들은 이런 전술적인 보도를 숙독할 시간이 없었다. 그 대신 자기 사무실에서 케이블 뉴스를 틀어 팔루자에 대한 동영상을 보고 또 본다. 팔루자 시내에서 알 자지라 카메라맨을 포함한 풀 기자들로부터 입수한 영상은 이라크, 워싱턴 그리고 텍사스의 크로포드(부시 대통령 목장)에 있는 시청자들에게 영향을 미쳤다.

1968년 1월, 베트남 전쟁 경과에 대한 지나치게 낙관적인 보도들이 월맹군의 구정공세라 불리는 전면적인 공격 파도에 압도돼 버렸다. 언론은 여러 읍과 도시에서 일어나는 전투와 파괴를 상세하게 보도했다. 베트콩은 기대하지 않았던 전략적 승리를 미국 국내에서 얻었다. 미국에서 베트남 전쟁에 대한 지지율이 수직으로 떨어져버린 것이다. 몇 년 후 분석가들은 구정공세가 게릴라들에겐 망연자실할 정도의 손실을 가져온 작전상 실책이었던 것으로 결론을 내렸다.

1968년 구정공세가 베트콩 승리로 잘못 계산한 이유에 대해 책을 써 수상한 피터 브래스트룹(Peter Braestrup)은 그 책에서 "확실한 정보를 얻기가 가장 힘들었을 때 대부분의 지면과 기사취급 태도가 일찍부터 구정공세 이야기에 쏠려버렸다. 미디어 안에 국민들에게 전달되는 통로를 지키는 제도적인 시스템이 없고 최초의 인상을 갱신하는 것에 우선순위를 정하는 내부적인 절차가 없었다."고 쓰고 있다.

유사한 경우로, 대규모 민간인 희생자에 대해 알 자지라 방송이 만든 최초 인상이 팔루자에 대한 일반적으로 인정되는 이야기 줄거리가 되어버렸다. 그 도시에 들어가다간 포로로 잡혀 참수당하기 십상이기 때문에 서방 텔레비전 방송국들은 저항세력들에 의해 입장이 허용된 아랍 카메라맨들이 팔루자에서 촬영한 비디오를 함께 사용했다. 예상한대로 그들이 촬영한 영상은 파괴와 죽음을 강조했다. 서방 방송국들은 그 피해 규모를 정확히 증명할 길이 없었다. 어떤 다른 뉴스 소스를 찾으래야 찾을 수 없는 세계적 영향력을 가진 미국의 주요 신문과 텔레비전 방송들은, 팔루자의 이라크 및 요르단 의사들의 증거 없는 주장을 아랍 언론에서 인용한 추정치를 되풀이하여 보도했다. 팔루자 의사들은 600명 이상 사망에 1천명 이상 부상이라는 식으로 입증되지 않은 합의 숫자에 도달하곤 했다.

"알 자지라가 거짓말을 하고 있다." 부사단장인 존 켈리 소장은 말했다.

그러나 그의 불평을 입증할 수 있는 것이 아무 것도 없었다. 이러한 언론의 맹공격에도 불구하고 백악관, 펜타곤, 연합임시행정청과 중부군 사령부는 반응이 없었다. 부분적으로 이것은 '사망자 수'를 베트남에서의 궤주(潰走)에 어떻게든 비교하는 것을 피하려는 군부의 반사작용이었다. 그러나 지휘계통의 최고위층 사람들 중 어느 누구도 일상적인 접촉에서 해병부대에게 민간인 희생자와 적 희생자를 구별한 어떤 체계적인 개산(槪算)을 요구하지 않았다. 손상의 증거는 무인비행매체에 의해 기록된 비디오와 공중폭격 및 AC-130의 대포공격 때 촬영되는 영상물에 의해 아주 쉽게 수집되고 입증돼 왔다. 누구든 그렇게 하리라고 생각했던 일이다.

권위 있는 소스에 의해 제공된 확실한 상계(相計) 증거도 없이 알자지라 방송은 팔루자에 대한 세계의 이해를 구체화했다. 그들은 정보에 입각한 회의론자들의 정밀조사 요구를 반박해야 당연한 일인데 그러지도 않았다. 그로 인한 정치적인 압력이 팔루자와 사드르시 모두에 대한 군사행동을 속박했다.

10
농부냐 총잡이냐?

4월 6일, 언론은 팔루자 총격전에 초점을 맞추고 있었지만 실질적으로 치열한 전투가 벌어진 곳은 라마디였다. 정오까지 브론지 대위와 걸프중대는 시내를 통제할 수 있었다. 오후에 전투는 시내에서 동쪽 교외로 옮겨갔다. 그곳에서 에코중대는 모든 지상군이 몹시 싫어하는 임무—사제폭발물 청소—를 수행했다.

매일 사제폭발물이 30킬로미터의 도로 어딘가에서 터졌다. 그곳을 에코중대가 청소하려한 것이다. 그 작업은 에코중대를 지치게 만들었지만 불평은 하지 않았다. 그들은 시리아 국경근방 카임에서 같은 해병사단 자매 대대 하나가 170킬로미터의 도로를 청소하는 경이적인 책임을 맡고 있음을 알고 있었다.

해병대의 험비차량은 증가하고 있는 사제폭발물의 폭발위력에 잘 견딜 수 있을 만큼 장갑이 튼튼하지 않았다. 저항세력들은 미국정부의 조달시스템이 미군장비를 개선할 수 있는 기간보다 더 빨리 폭발물 성능을 개량하고 있었다. 병사들과 지휘관들은 위험을 함께 공유했다. 매티스 소장은 세 번 사제폭발물 공격을 받았고 그의 두 연대장은 부상을 입었다. 미국에서는 해군장관이 신형 장갑차를 안바르 주에 보내도록 거의 매일같이 요구하고 있었다. 그러나 미국에서 제작이 전선의 필요성을 따라잡을 때까지 해병대는 그들이 부리는 갖가지 청소기교를 계속해야 할 것이다. 저항세력의 사제폭발물 공격에 제동을 거는 한 가지 수단은 미군 저격병들의 활동이다.

전날 밤 헤드헌터2로 불리는 저격팀 하나가 임무에 들어갔다. 헤드헌터2는 신출귀몰하는 저격팀이다. 필리핀 출신인 로메오 산티아고 병장은 해병으로 6년을 근무했고 겨우 6개월 전에 미국시민권을 받은 병사다. 저격병으로 일한지 4년이 되는 그는 항상 웃는 얼굴을 하고 있으며 절대로 냉혹한 사람이 아니다. 테드 스탠턴과 카메론 펠구손 상등병도 산티아고처럼 태평스런 성격에 농담도 잘한다. 이들 세 사람 중 아무도 몸무게가 150파운드를 넘지 않으며 저격 장구들을 착용하고 있으면 우스꽝스럽게 작아 보인다.

네 번째 팀 멤버인 리챠드 스테이셀 상등병은 거구에다 근육질이다. "스테이셀은 켈리포니아의 파도타기 멋쟁이 같습니다. 그는 저격병 특징을 가장 적게 갖춘 사람입니다. 그래서 우리는 그에게 우라지게도 크다는 말 외에는 모든 실없는 소리를 다 해대고 그는 우리한테 마구 달려듭니다." 스텐턴은 웃으면서 말했다.

에코중대는 라마디시 동편에 있는 소피아지구를 맡았다. 이 지구는 35평방킬로미터의 드넓은 농장에 고급 주택과 야자나무 숲이 있고 관개수로가 정비되어 있는 곳이다. 도로는 그렇게 넓은 편이 아니다. 이곳 주민들은 밀수업자들과 부유한 바트당 당원들, 그리고 전직 군 장교들이다. 미군 저격병들은 이곳 지형을 잘 알고 있으며 훌륭한 후방연

락망을 갖고 있다. 그래서 켈리 로이어 대위는 노바 루트 야간 잠복에 그들을 내보냈다. 노바 루트는 에코 중대기지 북쪽 유프라테스 강둑을 따라 고리모양으로 뻗어있는 소피아지구로 들어가는 간선도로이다.

저격팀 네 명은 어둠이 깔린 후 기지에서 나와 떠들썩한 교외를 지나 북쪽으로 걸어갔다. 통금 이후여서 자동차는 다니지 않았지만, 이상한 냄새를 풍기는 저격병들을 향해 동리 개들이 멍멍 짖어대고 그럴 때마다 자주 소들이 음매 하고 개소리에 장단을 맞추곤 했다. 저격병들은 부서져 고철이 된 전 이라크군 탱크들을 어지럽게 쌓아 놓은 탱크무덤이 있는 들판에서 노바 루트를 가로질러갔다. 노바 북쪽 가장자리에는 양수대가 있어 유프라테스 강에서 강물을 빨아올려 관개수로로 흘려 보내고 있다. 저격팀은 진흙바닥에 쑥 나와 있는 양수대 시멘트 구조물 위에 앉아 야간투시경을 통해 텅 빈 도로를 이리저리 살폈다. 그날 밤에는 사제폭발물을 몰래 장치하는 이라크인을 발견하지 못했다.

4월 6일 아침 그들은 북쪽 강변으로 100여 미터를 걸어 관목 덤불 그늘에 자리를 잡았다. 무선 메시지와 멀리서 따따따 하며 계속 들리고 있는 총소리로 봐 아마도 골프중대와 병기중대 모든 병사들이 전투를 치르고 있는 모양이었다. 자기들을 제외한 모두가 행동에 들어가 있는 것 같았다. 노바 루트엔 차량 한 대 보이지 않았다.

"아마도 우리의 총탄 표적이 될 누군가가 올 거야." 스테이셀이 중얼거렸다.

전투에서 제외돼 있는 것에 계속 불만스러워하는 소리가 듣기 싫어 산티아고는 노바 루트를 좀 더 가까이서 살필 생각으로 논두렁을 타고 걸어갔다. 그가 걸어가는 논두렁은 물의 범람을 막기 위해 논바닥에서 약 2피트 높이로 쌓은 둑이다. 그는 도로에 막 올라서다가 대부분 푸른 이라크 육군 군복을 입고 있는 여러 명이 저쪽 편에 엎드려 있는 것을 보고 깜짝 놀랐다. 산티아고는 후닥닥 죽을 힘을 다해 걸어왔던 논두렁길을 도로 달려가며 "하지스다!" "하지스다!" 하고 외쳤다.

그의 뒤에서 붉고 검은 체크무늬 카피아를 쓴 한 이라크인이 고개를 내밀고 깜짝 놀라 하는 해병들을 당황한 표정으로 쳐다보고는 얼른 몸을 숙였다. 그리고는 몇 분 지나 다시 살펴보기 위해 머리를 치켜들었다. 해병들은 유탄발사기로 응답했다. 포탄 두 발이 원을 그리며 이제 막 맹렬히 총을 쏘고 있는 저항군들 사이에 떨어졌다. 포탄이 덤불 속에서 폭발하자 이라크인 두 명이 도로 위로 뛰어 올라와 AK소총을 허리에 걸친 채 난사하며 해병들이 있는 곳에서 북쪽으로 강 쪽을 향해 뛰었다. 일단 그들이 해병들 위쪽에 자리를 잡자 덤불을 은폐삼아 측면으로 밀고 들어오려 했다. 해병들에겐 M203 유탄발사기를 장착한 M16 소총 두 정과 수동 노리쇠와 망원경을 장착한 M40저격용 소총 두 정뿐이었다. 관목 덤불 뒤에 숨어 있다가 풀숲을 이용하여 이쪽으로 포복해 올 적을 대항하기엔 좋은 무장이 아니었다. 해병들은 각자 탄창 아홉 개밖에 갖고 있지 않았고 이미 그 절반을 사용한 터였다.

"저들을 도로에 범접 못 하게 해야 한다. 그들이 우리에게 돌진해 온다면 그쪽으로 나아가 싸워야 한다." 산티아고가 말했다.

"당신 미쳤어?" 스테이셀이 말했다.

산티아고는 신속대응군을 부르고 있었지만 총소리 때문에 처음엔 그의 메시지가 중대작전센터에 잘 전달되지 않았다.

"아니, 내가 지금 발사허가를 받고 있는 게 아니야. 지금 여기서 나는 총소리 들리지 않나. 지원이 필요하다."

통신이 또 다시 와전되었다.

"아니, 난 죽지 않았다. 내가 죽었다면 어떻게 신속대응군을 요청하겠어?"

정오를 막 지났을 때였다. 헤드헌트 북쪽에서 에코중대 제1소대가 도로수색을 벌이고 있었다. 전선이 달린 포탄 하나를 발견했다. 전선은 관목 숲 쪽을 향해 뻗어 있었다. 그들은 조금 전, 담배꽁초가 여기저기 흩어져 있고 인간 배설물 더미 위로 파리가 윙윙거리는 개간지가 있는 그 관목 숲을 가로질러 온 것이다. 포탄에 연결된 전선을 잘라버린 후 계속 걸었다. 그 포탄을 폭발처리하기 위해서는 엔지니어들을 불러와야 할 것이다. 몇백 미터를 더 전진하면서 원격조정 장치를 매달아 철사로 묶어놓은 포탄 2개 이상을 또 발견했다. 그들은 야자수 몇 그루가 서 있는 안전거리로 물러나 앉아 쉬며 폭발물 처리반을 기다렸다. 바로 그때 소대장인 빈센트 발데스 중위가 무전으로 산티아고 구조요청을 받는다. 발데스는 해병 10명을 뒤쪽이 개방돼 있는 험비에 태우고 급히 달려갔다. 5분 후 산티아고는 험비가 빠른 속도로 다가오고 있는 것을 보았다. 스테이셀은 자기들 위치를 알려주고 발데스 일행이 지금 전투지역 속으로 달리고 있음을 경고해주기 위해 흰 연기를 내는 신호탄을 터뜨렸다.

하지만 너무 늦었다. 험비는, 도로를 가로질러 돌격하기 위해 함께 모여 탱크 잔해 사이 풀밭에 엎드려 있는 저항세력 쪽으로 곧장 내달았다. 뒷좌석에 해병 8명을 태운 비장갑 험비는 벌집이 되었다. 쏟아지는 탄환들이 험비에 장착된 240골프기관총 총신과 걸쇠에 튀며 날아 일시적으로 사용할 수 없었다. 탄환 하나가 브랜던 룬드 일등병 손을 관통했다. 그는 압박붕대로 상처부위를 감으면서, '믿기지 않아. 내가 총을 맞았는데 아무도 안 보이는데.' 하는 생각이 들었다.

벤자민 카르멘 일등병이 앞으로 넘어졌다. 그의 오른팔 아래로 피가 줄줄 흘러 나왔다. 발데스 중위가 얼른 기관총을 부여잡고 험비 진행방향에서 왼편 지역을 향해 분무기에서 나오는 세찬 물살처럼 총탄을 뿌려댔다. 그동안 3급 위생병인 티론 데니스가 카르맨 일등병을 돌보았다. 데니스는 고회전 탄환이 카르맨 방탄조끼 금속판 틈새를 통과하여 가슴을 뚫고 등에 박혀있음을 알았다. 데니스가 할 수 있는 일이 없었다. 카르맨은 코로 피를 쏟으며 하얗게 변하다가 다시 창백한 푸른빛을 띠었다.

"그를 잃었군. 이 아까운 사람을" 발데스 중위가 말했다. "빨리 피해! 빨리!"

불시에 복병의 습격을 받을 때, 사각지대에 빠지지 않기 위해 즉각 취해야할 행동 수칙은 반격을 가하는 일이다. 발데스가 전초 라인에 있는 병사들로 하여금 적들이 엎드려 있는 탱크 잔해 쪽을 압박토록 지휘하고 있을 때 박격포탄이 떨어지기 시작했다. 첫 발이 폭발했을 때 분대장인 후르테이도 베런 상등병은 복부에 주먹으로 한 방 맞은 기분을 느꼈다. 그는 숨을 헐떡이며 방탄조끼 앞부분을 가볍게 치고는 몸을 구부렸다. 뜨거운 파편 조각들이 방탄조끼 앞부분을 때렸으나 미처 철판을 베어내지는 못했다. 그는 총을 움켜쥐고 분대원들을 따라잡으려 뛰었다.

탱크 잔해 동편으로 공격해 들어가고 있는 발데스를 본 산티아고와 그의 저격팀은 남쪽 측면을 방어하기 위해 종종걸음으로 총을 난사하며 도로를 건넜다. 스테이셀이 날쌔게 엎드려 사격자세를 취했다. 기껍게도 몇백 미터 떨어진 한 그루 나무 주위에서 살짝 몸을 피하고 있는 한 이라크인이 아래로 내려가선 돌아오지 않고 있었다. 스테이셀은 미친 사람처럼 외치기 시작했다.

"이 후레자식, 네놈은 독 안에 든 쥐새끼야! 우라!"

스테이셀이 입을 닫아줬으면 좋겠다고 산티아고는 생각했다. 4인

방은 발데스 중위와 그의 부하들이 있는 남쪽을 향해 200미터를 이동하고 있었다. 이들 두 그룹은 서로를 훤히 볼 수 있었으며 고함이나 손짓으로 의사소통 할 수 있었다. 산티아고는 그의 팀을 최전방 탄우 속으로 끌어들이고 싶지 않았다. 저격팀이 탱크 잔해 더미에 도착했을 때 스테이셀은 저항군 몇 명이 뒤를 좇아오고 있다고 소리쳤다.

스탠턴 상등병은 쇠망치가 등을 후려친 것 같은 충격을 받고는 털썩 무릎을 꿇었다가 쓰러지며 도와달라고 외쳤다. 펠구슨이 달려가 스탠턴의 방탄조끼 뒤쪽 금속판을 잡아당겼다. 거기에 10센트짜리 은화만한 구멍이 나 있고 피가 줄줄 흘러나오고 있었다. 그는 어찌할 바를 몰랐다. 압박붕대로 출혈을 막을 수 있을지 확신이 서지 않았다.

"파편조각이야. 피도 안 나" 펠구슨은 말했다. "잊어버려. 자, 일어나 싸워."

'피가 안 난다고? 거짓말도 잘한다, 피가 안 난다고?' 끈적끈적하고 축축한 기분을 느끼며 스탠턴은 속으로 중얼거렸다. 그는 일어서 전진하기 시작했다. 이젠 그들 주위에 더 가까이 탄환들이 우두둑 하는 선명한 소리를 내며 떨어지고 있었다. 누군가가 마구잡이로 쏘는 것이 아니라 표적사격을 하고 있음에 틀림없었다.

"빌어먹을 놈이 저 뒤에 숨어 있어! 저쪽에 있어, 봐 저쪽이야!" 하고 스테이셀이 탱크 잔해 하나를 가리키며 소리쳤다.

바로 그때 탄환 하나가 스테이셀 어깨 아래쪽을 쳤다. 그는 날카로운 비명을 지르며 넘어졌다. 산티아고는 등골이 오싹했다. 그는 똑바로 서서 전형적인 사격자세를 취하고는 크게 뜬 두 눈으로 앞뒤를 노려보며 적의 움직임을 기다리고 있었다. 그는 뒤쪽 100미터도 안 되는 곳에서 총을 고정시키기 위해 부서진 탱크 엔진 칸막이에 기대고 있는 한 남자를 보았다. 산티아고는 그 남자의 왼쪽 가슴을 향해 한 방을 날렸다. 그 남자는 옆으로 미끄러져 탱크 아래 빈터로 떨어졌다. 산티아고는 그의 가슴 쪽에 두 방을 더 발사한 후 죽었는지 확인하기 위해 그 곁으로 다가 갔다. 죽어 있었다. 턱수염도 없이 깨끗하게 면도를 하고 있는 그 남자는 진한 회색 옷을 입고 샌들을 신었다. 산티아고는 그 남자가 사용하던 망원경 달린 러시아제 드라구노프 SVD 저격용 총을 집어 들었다.

스테이셀은 땅에 누워 아직도 자신의 상처에 정신을 쏟고 있는 스탠턴을 향해 소리친다. 스탠턴이 달려가 스테이셀의 방탄조끼를 잘라낸다. 이제 자신에 대한 걱정은 잊어버렸다. 이라크 저격병의 총알은 스테이셀 가슴 아래쪽을 뚫고 들어가 빗장뼈를 부순 후 등에 큰 구멍을 남기고는 빠져나갔다. 그 구멍에서 피가 솟구치고 있었다.

"얼마나 나빠?" 스테이셀이 물었다. "정직하게 말해 줘. 아주 나쁘지? 그렇지? 엄마가 몹시 슬퍼하시겠어."

부상한 해병들은 몇 번이고 아내나 어머니를 들먹이며 그들 중 누군가가 당황해 하거나 슬퍼할까봐 걱정한다. 그들이 이들을 제일 염려하고 있기 때문일 것이다. 스탠턴은 전신에 힘이 싹 빠지는 기분을 느꼈다. 그는 서투르게 스테이셀 가슴에 압박붕대를 감고는 적의 사격이 진정되길 기다렸다. 스탠턴은 훤히 트인 공간 저쪽, 발데스 중위의 전초 라인 제일 가까이 있는 페드로 콘트레라스 상등병에게 소리를 쳤다. "위생병! 위생병을 불러줘!"

그 소리를 듣고 3급 위생병인 데니스가 전초라인에서 빠져 스탠턴에게로 달려왔다.

"내 주머니에 있는 수류탄을 꺼내. 그걸 깔고 누우면 다칠 수 있어." 스테이셀이 스텐턴에게 말했다. "어이, 핀을 뽑아 던져버려. 그게 어떻게 터지는지 같이 보자구."

"바보 같은 소리 집어 쳐"

스탠턴이 붕대를 더 꺼내기 위해 스테이셀의 일인용 소형 배낭을 샅샅이 뒤졌으나 뗐다 붙였다 하는 구겨진 판초 안감밖에 없었다.

"이런 자식이 있나. 탄약 여분을 좀 가져다녀야지" 스탠턴이 소리쳤다.

조금 떨어진 곳에선 발데스 병사들이 교전을 계속하고 있었다. 마르코스 체리 병장이 베런 분대장을 간절하게 불렀다.

"한 방 맞았어!" 체리가 고통스럽게 외쳤다.

그때 적의 기관총이 불을 뿜었다. 체리는 즉사했다. 베런은 체리의 지갑과 ID를 챙기고는 얼른 전초 라인으로 되돌아갔다. 발데스 중위는 주변에 잠복해 있는 저항군들을 소탕할 작정으로 도로 표시판을 따라 키 큰 풀숲이 있는 동편으로 공격해갔다. 산티아고와 펠구손도 합세했다.

데니스와 스탠턴은 스테이셀을 돌보느라 뒤에 남았다. 박격포탄이 이곳저곳에 떨어져 터졌다. 브래들리 장갑차 두 대가 노바 루트를 통해 접근해 왔을 때, 발데스 중위 일행은 도로에서 200미터 가량 떨어져 있었다. 그들은 다음에 취해야 할 행동을 고민했다. 장갑차가 도랑을 가로질러 건너올 수 없으니 거칠게 손을 흔들어 물러나라는 신호를 보냈다. 해병들이 도로 쪽으로 나가야 했다.

"걸을 수 있겠어?" 스탠턴이 스테이셀에게 물었다.

"안되겠는걸, 제기랄."

스테이셀을 들어 옮겨야 할 것 같았다. 키가 작은 스탠턴과 데니스 둘 다 이미 녹초가 돼 있었다.

"이것 참, 네가 너무 뚱뚱해서 들어 옮기려면 네게도 너무 나쁠 것 같아." 스탠턴이 말했다. "박격포탄 파편에 맞지 않아야 하니까 방탄조끼 한 벌을 네게 주고 갈게."

"이런 빌어먹을, 날 일으켜 세워봐."

스텐턴과 데니스를 양팔로 버팀목 삼아 스테이셀은 절뚝거리며 우툴두툴한 들판을 걸어갔다. 구멍 난 폐를 통해 나오는 숨길이 거칠어지고 어깨와 등에서 피가 흘러내렸다.

콘노르 대령이 브래들리 장갑차 곁에 서서 무전기로 전투상황을 점검하고 있었다. 조커3-1을 구출할 때 그랬던 것처럼 그는 의사 한 명과 장갑 앰뷸런스를 대동하고 왔다. 위생병들이 스테이셀에게 제대로 붕대를 감아주고 다른 두 부상자를 돌보러 이동했다.

스테이셀을 옮겨왔던 스탠턴은 얼른 전투에 참가하러 되돌아갔다. 오후 2시가 가까워 오고 있었다. 지난 2시간 동안 저격팀은 십 수 명의 저항군들이 4시간 걸릴 교전코스를 요리조리 숨어 다니며 공격해 오는 것을 보았다. 저격팀은 아마도 적 3~4명을 사살한 것 같았다. 이라크 전사들은 자살 공격을 감행하려 하지는 않았다. 그들은 전형적인, 치고 빠지는 게릴라 전법을 쓰고 있었다.

다른 동료들을 찾느라 몸을 아끼지 않는 두 병사를 바라보며 콘노르 대령이 지원을 제의했다. "자네들 인원이 부족한 것 같군. 몇 사람 더 붙여 줄까?"

"감사합니다, 대령님." 하고 스탠턴이 차렷 자세로 말했다.

콘노르는 그가 타고 온 브래들리 쪽으로 걸어가며 34보병연대 1대대에게 소피아 외곽으로 향하는 도로를 차단하라고 무전지시를 내리고, 브래들리 장갑차 뒤에 서 있는 병사 3명에게 스탠턴에 합류하라고 말했다.

여단사령부 릴링 특무상사가 고개를 흔들었다. "그들은 풋내기입니다, 대령님."

"그래서 어떻다는 건가?"

"우리하고 같이 가야 합니다."

특무상사와 대령은 따라오는 신병들에게 다음에 스탠턴과 접촉해 보라고 했다. 일행은 약간 떨어진 몇 채의 집들이 있는 동리에 숨어 그들을 노리고 있던 한 이라크인 저격병을 발사 직전에 사살하고는 조심스럽게 전진했다. 집들 가까이에 이르렀을 때 총격전이 그쳤다. 스탠턴은 병사 여러 명과 함께 첫 번째 집에 들어갔다. 그 집에선 아무 이상이 발견되지 않았다. 병사들은 다음 집으로 방향을 틀었다.

"자네들 세 명도 들어가 봐." 콘노르 대령이 지시했다.

세 병사는 대령을 멍하니 쳐다봤다. 훈련소에서 갓 나온 신병들은 이라크에서 첫 작전에 참가한 것이다.

"자네들은 내가 시범을 보여주기를 원하는가?"

"예 대령님, 하실 수 있다면."

콘노르는 이 젊은 이등병들이 재빨리 상등병에 이를 것이란 생각이 들었다. 대령은 특무상사를 앞세워 첫 번째 집에 들어갔다. 여느 때처럼 저항세력임이 분명한 비무장의 젊은이들이 집 안에 있었다. 그들은 아무것도 모른다고 했다. 스탠턴이 그 집 마당에 흘린 핏자국을 가리켰을 때 자기들은 아무 것도 보지 못했다고 계속 우겼다.

탱크 무덤에서 헤드헌터2 총격전은 이미 끝나 있었다. 저항세력들은 보이지 않았다. 그들은 이미 민간인들로 가득 찬 교외 주택가의 비무장 민간인이 되어 있었다.

헤드헌터2가 총격전을 벌이고 있다는 소식을 듣고 케네디 중령은 곧 병기중대에 지원명령을 내렸다. 병기중대장 웨일러 대위는 존 스티

븐스 중위가 지휘하는 기동강습소대와 함께 허리케인 포인트를 출발했다. 험비 6대에 나눠 탄 해병 30명은 양편에 1층짜리 상가들이 늘어선 좁은 도로를 타고 동쪽으로 황급히 달렸다. 도로 곳곳엔 승용차와 트럭들이 어지럽게 주차돼 있었다. 축구공만한 돌멩이들이 도로를 가로질러 여기저기 널려 있었으나 험비들은 쉽게 그 사이를 빠져나갈 수 있었다. 도로변 상점 안팎에 이라크인들이 한가하게 어슬렁거리고 있는 것을 본 스티븐스 중위는 큰 장애가 될 수 없었던 도로 위 돌멩이들을 매복공격을 위한 바리케이드로는 생각하지 않았다.

그러나 돌멩이들을 비껴가느라 험비들이 속력을 줄였던 바로 그 순간, 오른쪽 약 150미터 거리에 있는 한 빈터에서 갑자기 총탄 수십 발이 날아오기 시작했다. 총탄은 험비 위로 지나갔으나 뒤편 상점에 있는 사람들을 쉽게 죽일 수 있었다. 그들은 저항세력 매복조가 미군을 기다리고 있음을 미리 알았으면서도 상점 문을 닫고 대피하지 않았던 사람들이다. 해병들은 험비를 도로 왼쪽과 오른쪽 바깥으로 몰아 청어뼈 모형으로 세우고는 급히 뛰어내려 적의 발포지점을 찾았다. 조금 전까지만 해도 도로에는 자동차 수십 대가 오갔으나 어느새 거의 텅 비어 있었다. 도로 오른쪽 좀 떨어진 들판에 봉고트럭 한 대가 바퀴자국으로 굳어진 땅 위에서 상하로 심하게 흔들리며 달리고 있는 것이 보였다. 해병들은 그 봉고 운전수가 방금 자기들을 향해 총을 쏜 폭도들을 내려놓고 돌아가는 길은 아닐 거라고 선의로 해석하곤 그냥 내버려 두었다.

스티븐스 중위는 여남 살 되어 보이는 아이가 횃불을 들고 달려오더니 그의 곁을 지나 검은 기름이 괴어 있는 웅덩이에 그걸 던져 넣고는 의기양양하게 상점 쪽으로 뛰어 가버리는 걸 지켜보았다. 웅덩이는 처음에 낮은 불꽃을 일으키더니 곧 질식할 것 같은 새까만 연기를 토

해내기 시작했다. 검은 디시다샤를 입고 붉은 체크무늬 카피에를 머리에 두른 한 남자가 어깨에 RPG를 메고 골목 어귀로 달려 나와 로켓탄을 발사했다. 로켓탄은 보도 위를 껑충껑충 뛰면서 날아와 터졌다. 1분도 안 돼 로켓탄이 우박처럼 쏟아지기 시작했다. 몇 발은 박격포탄처럼 원을 그리며 날아와서 머리 위 전화선이 얽혀있는 곳에 맞아 터졌다. 다른 것들은 마치 누군가가 돌멩이를 물수제비 하기 위해 비스듬히 던지고 있는 것처럼 땅 위에 미끄러지고 튀면서 지글거리다 터졌다. 한 발은 미끄러져 오다가 펄쩍 뛰어 험비 차량 뒤편 덮개 없는 화물칸에 떨어져 터지고 다른 한 발은 검은 연기가 소용돌이치고 있는 웅덩이 곁에서 터졌다. 험비가 심하게 흔들리긴 했으나 손상은 입지 않았다. 운전병은 그 차를 다른 험비가 서 있는 줄에 더 가까이 붙여 놓았다.

도로 위에 어질러져 있는 돌멩이와 웅덩이에서 피어오르는 연기가 저들이 쏘는 RPG와 기관총의 표적점이라고 판단한 스티븐스 중위는 소대를 도로 쪽으로 더 전진시켜 저들이 연기를 향해 계속 쏘도록 내버려 두었다. 도로는 기름띠를 태우는 불꽃과 치솟는 검은 연기 그리고 어지럽게 주차돼 있는 민간인 차량들 속에서 우르릉거리는 험비들로 인해 어수선했다. 그늘진 곳에 몸을 숨기고 있는 저항군들과 그보다 훨씬 많은 해병들이 사방으로 총을 쏘고 있었다. 패트릭 콜맨 하사는 병사들을 이끌고 수상해 뵈는 한 집으로 불시에 쳐들어가 AK소총을 가진 남자 5명이 부녀자들과 아이들과 함께 계단 밑에 숨어 있는 것을 발견했다. 그들이 저항세력인지 집 주인들인지 확신이 가지 않았지만 콜맨은 남자들에게 수갑을 채웠다. 그들을 험비가 있는 곳으로 데리고 오면서 그는 절단된 발 하나가 샌들에서 비어져 나와 주위에 피범벅을 만들고 있는 곳을 지나왔다.

총탄과 로켓탄은 계속 소리를 내며 날고 있었고 택시와 오토바이는 더 많은 저항군들을 실어 날랐다. 앰뷸런스 두 대가 천천히 들어와 서더니 남자들이 내려 골목으로 달려 들어갔다. 스티븐스 중위는 그걸 지켜보며 그들이 전투에 참가하는 저항군들임을 확신했지만 앰뷸런스를 공격하지 않기로 했다.

웨일러 대위는 기동강습소대가 다른 저항군들과의 총격전에 말려 들어 헤드헌트 지원에 차질이 생길까봐 조바심이 났다. 복병들 규모가 얼마이며 어떻게 하면 이 지역을 빠져나갈 수 있을지 알아보기 위해 한 가정집 현관문을 부수고 옥상으로 올라가 살폈다.

무전병인 루리스 페레스 상등병이 웨일러 대위를 따라와 무전기를 그에게 건네주며 케네디 중령과 통화하게 했다. "헤드헌터는 이미 지원을 받고 있다. 귀관의 임무는 마주친 어떤 적도 박살내버리는 일이다. 동쪽으로 밀어붙여라. 이건 큰놈이다. 아주 큰놈이다."하고 케네디 중령은 말했다.

웨일러 대위가 1개 소대를 더 보내달라고 요청하는 동안 스티븐스 중위는 전면에서 저항군을 밀어붙이고 있었다. 아까 지나오며 총잡이들을 흘끗 보았을 뿐인 해병들은 총탄이 가장 많이 날아오고 있는 지점에 화력팀을 집중시키는 방법으로 공격을 감행했다. 해병들은, 이 대혼란이 안중에도 없는 듯 집 밖에 오븐을 걸어놓고 빵을 굽고 있는 한 할머니 곁을 지나 목제 관(棺)이 한 무더기 쌓여 있는 어떤 모스크 안마당으로 뛰어 들었다. 진한 청색의 BMW 승용차 한 대가 달려와 멈추고는 무기를 갖지 않은 네 남자가 내려 골목 안으로 뛰어갔다. 그로부터 몇 초도 지나지 않아 그 골목에서 총탄이 날아오기 시작했다. 몇 분 후 흰색과 오렌지색이 섞인 택시 한 대가 달려와 멈췄다. 해병이 발사한 AT-4 로켓탄이 그 택시를 진동시켰고 보닛에서 검은 연기가 피어

올랐다. 뒷문을 열고 비틀거리며 나온 승객이 탄약을 길바닥에 질질 흘리며 달아났다. 오토바이를 탄 한 남자가 골목에서 연기 나는 택시 뒤로 달려 나오며 한 손으로 AK소총을 발사했다. 그는 해병들의 일제 사격을 받곤 균형을 잃으며 오토바이와 함께 쳐박혔다가 겨우 몸을 일으켜 시야에서 사라졌다. 오토바이에 불꽃이 피어올랐다.

"어, 시원하다." 세인 닐린 병장이 말했다.

로켓탄 하나가 도로를 가로질러 날아와 전봇대에 명중했다. 뜨거운 전선들이 흐트러지며 주차한 차량들 사이로 쏟아져 탁탁 소리를 내며 불꽃 춤을 추었다. 운동복을 입은 한 남자가 길을 가로질러 뛰어 오다가 전깃줄에 발이 걸려 넘어졌다. 그는 주위에 지글지글 소리를 내는 불꽃 사이를 뒹굴다가 일어서 비틀거리며 달아났다. 해병들은 수색을 위해 몇몇 가정집에 난입했다. 침묵으로 맞서는 부녀자들, 울부짖는 아이들, 험상궂은 얼굴로 노려보는 남자들, 그들은 아무 것도 모른다고 잡아뗐다. 모기떼와 싸우는 것 같았다. 한 시간 만에 남자 60명을 체포했다. 웨일러 대위는 그 숫자가 곧 100명에 이를 것임을 알고 있었다. 누구 하나 총을 쏘았다는 증거가 있는 것은 아니었다. 해병들은 잔여 화약성분을 확인하는 화학테스트 도구를 지참하지 않았다.

"당신들이 무기를 잡지 않았다면 풀려 날거야." 웨일러 대위는 말했다.

데이비드 도브 중위의 소대—호출부호 레인 메이커—가 달려와 전투에 합류했다. 이제 해병 60명이 서로 뒤섞여 몇 명인지 파악하기 힘든 적과 싸움을 벌이고 있는 것이다. 택시 한 대가 옆 골목에서 빠져 나오더니 안에 탄 승객들이 차창을 통해 사격을 해 왔다. 몇 초 안에 그 택시는 벌집이 되었다. 한 남자가 비틀거리며 도망쳤다. 또 다른 남자는 트럭을 방패삼아 AK-47을 쏘다가 총탄을 맞고는 무기를 떨어뜨린 채 뒤로 사라졌다. AK소총을 가진 두 남자가 도로를 가로질러 뛰어와 담장을 기어오르려다 성공하지 못했다. 해병들은 그 도로 옆 공터에다 계속 사격을 가해 검은 디시다사를 입은 그 둘을 옴짝달싹 못하게 만들었다. 그러나 갑자기 그 두 사람이 번개처럼 튀어 나와 총탄을 피해가며 가히 세계 기록적인 속력으로 도망갔다.

저항군들은 그들이 사격을 하는 장소에 별 유의하지 않는 것처럼 보였다. 적어도 그들이 총을 쏘고 있을 때만은 그랬다. 기관총탄은 너무 높이 날랐고 RPG로켓 발사에도 일정한 패턴이 없었다. 덩치가 큰 콜맨 하사가 파편으로 얼굴에 가벼운 상처를 입었다. 그는 사나운 해적처럼 턱에 피를 철철 흘려가며 그의 동료들에게 "우릴 보고 쏘는 개자식들은 모조리 다 죽여라"라고 소리치며 날뛰었다. 동료들은 웃으며 그를 진정시켰다.

하마터면 유탄에 맞을 뻔 했던 웨일러 대위가 어느 집 마당 안으로 몸을 피했다. 푸른 셔츠를 입은 이라크인 경찰 4명이 그 집 담벼락 안에 숨어 있었다. 그들은 웨일러 대위에게 자기들 있는 곳으로 오라고 손짓을 했다. 웨일러 대위는 그들에게 전투에 동참하도록 손짓으로 권유했다. 그들은 무기를 갖고 있는 것 같지 않았지만 웨일러는 거리로 되돌아 나오면서 그 경찰들이 과연 누구 편을 들고 있었는지 아리송한 생각이 들었다.

로켓탄 몇 발이 우아한 푸른 빛깔의 돔을 가진 작은 모스크 안마당에서 날아와 터졌다. 근처 옥상에 있던 한 해병이 웨일러 대위에게, 모스크 첨탑 안에 한 녀석이 있으며 그가 RPG 사수들에게 큰 소리로 지시를 내리고 있는 게 틀림없다고 알려왔다. 웨일러에게 모스크 첨탑을 부셔버릴 권한은 없었지만 그 첨탑을 둘러싸고 있는 벽은 금렵이 해제된 사냥감이었다. 도브 중위가 험비장갑차에 지시하여 대전차 토

(TOW)미사일을 발사했다. 첨탑 벽이 폭파되고 시신조각들이 공중으로 날았다.

총탄이 간헐적으로 날아오고 있는 가운데 스티븐스 중위는, 고급 창문에 섬세한 돔형 아치를 한 근사하게 손질이 잘된 저택의 앞 담장을 넘도록 병사들에게 지시했다. 정원 안에는 금발의 낙타 한 마리가 조용히 풀을 씹고 있었다. 한 나이든 남자가 자신을 족장이라고 소개했다. 스티븐스 중위는 그에게 수갑을 채워 데려나왔다. 틀림없이 그를 죽이려 데려가는 줄 알고는 부녀자 몇 명이 찻길까지 달려 나와 비명을 지르며 울고불고 하였다.

전투는 두 시간 동안 계속됐다. 닐린 병장은 여기저기에 저항군 약 15명이 깔려 있음을 알았다. 다른 해병들은 총 6명 이상을 확인하지 못했다. 저항군들은 어린 야자나무 숲이나 집이나 골목에서 어떻게 길을 따라가며 어디서 잠복장소를 찾는지 잘 알고 있었다. 해병들은 그들이 노출돼 있을 때 재빨리 사격을 해야 했다. 속사(速射)는 대부분 빗나갔다. 제레미어 랜들 병장은 약 100미터 전방에 있는 회색 디시다사의 한 남자를 겨냥하여 쏘았다. 그 남자는 AK소총을 쥐고 랜들을 조롱하듯 거리 한가운데를 약간 지그재그로 몸을 흔들면서 은신처를 향해 뛰어갔다. 몇 분 후 그 남자는 그 춤 동작을 다시 반복하며 나타났다. 랜들은 또 총을 쏘았으나 빗나갔다. 그 남자가 두 번 이상 그의 운을 시험했을 때, 랜들은 그가 유탄발사기 사정거리 안에 있다는 것을 알고는 두 발 중 하나를 발사했다.

종격전이 점차 잦아들었을 때 웨일러 대위는 작은 담장 위에 뛰어올라가 총을 들고 외치기 시작했다. "오너라, 이 개자식들아! 우리가 왔다, 우리가 왔다! 그게 네놈들이 갖고 있는 것 전부냐?"

웨일러 대위는 부하들이 "우리가 왔다, 우리가 왔다!" 하며 복창하는 소리에 그들과 일체감을 느꼈다. 그는 작전회의를 할 때마다 이런 구호를 외치게 했다.

제3기동강습대가 헤드헌터2에 도착했을 때는 이른 오후였다. 콘노르 대령과 함께 발데스 중위가 사태를 이미 장악하고 있었고 전투는 동쪽으로 자리를 옮겨 갔다.

―

헤드헌터 전투가 벌어졌을 때 로이어 대위는 측면을 엄호하기 위해 수색대를 보냈다. 정오를 막 지났을 때 1개 분대가 동쪽의 이라크 보안군 병영인 '아치' 근방으로 가던 중 공격을 받았다. 이 병영은 완성되기도 전에 박격포 공격을 받아 파괴되어 아직 미완성인 채로 있었다. 로이어 대위는 존 로블레프스키 소위와 톰 코겐 소위가 각각 지휘하는 2개 소대를 보내 '아치'를 방어키로 했다. 도로를 3킬로미터 내려가 그들은, 그동안 가벼운 전투를 치르며 십 수 채의 집들을 조사한 수색대와 만났다. 코겐 소위는 북쪽에서 나는 총소리를 조사하기 위해 1개 분대를 이끌고 도보로 관개수로 여러 개를 건너갔다. 수백 미터 저쪽에는 로이어 대위와 함께 다른 분대가 역시 도로를 벗어나 전진하고 있었다.

코겐 분대가 가고 있는 쪽 몇백 미터 전방 옥상에서 총탄이 날아왔다. 그는 전투가 짜증나게 진전되고 있음을 알았다. 해병들이 서둘러 전진해야할 것 같았다. 그들이 어떤 집에 접근했을 때 디시다사를 입은 남자들이 이곳저곳 어딘가에서 나와 도망치듯 걸어가곤 했다. 다들 무기도 갖고 있지 않았고 전투원 차림도 아니었다. 몇 분 후에 총탄이 어느 집 또는 몇 백 미터 떨어진 야자나무 숲 속에서 날아올지도 모를 분위기였다.

500여 미터 저쪽에서 로이어 대위 일행과 또 다른 분대 하나가 꼭 같은 광경을 만나고 있었다. 총소리가 나서 서둘러 달려가 집을 뒤지면, 공포에 질린 어린이들이 울음을 터뜨리고, 비무장의 무뚝뚝한 남자들은 아무 것도 모른다고 잡아뗀다. 그들이 그 집을 나올 때쯤이면 또 다른 곳에서 총소리가 난다.

무전병이 로이어 대위에게, 에코중대의 다른 수색대가 북쪽 수 킬로미터 지점에서 격전을 벌이고 있다고 보고했다. 로이어는 모든 분대들을 그곳으로 투입하기로 결정하고 차량으로 돌아와 북쪽으로 이동했다.

당초 계획은 로블레프스키 소위 책임 아래 모든 차량들이 동북쪽 1킬로미터 지점에 있는 검문소로 이동해 가기로 되어 있었다. 해병들은 로이어 대위와 코겐 소위와 함께 도보로 들판을 가로질러 검문소에 가서 그 차량들을 만날 예정이었다. 그러나 계획이 바뀌어 로이어 대위가 급히 무전지시를 하며 손을 흔들어 차량을 정지시키려고 했을 때는 로블레프스키 소위가 검문소를 향해 차량들을 이미 출발시킨 후였다. 코겐 역시 로이어 대위와 꼭 같은 조치를 취했으나 허사였다. 모퉁이를 돌아간 바람에 로이어 시야에서 벗어난 로블레프스키는 엔진 소음 때문에 무전이 잘 들리지 않자 소리를 줄이기 위해 속력을 늦추었다. 다른 차량 대부분이 로블레프스키 차에 보조를 맞춰 서행하고 있는 동안, 하이백(뒤편에 병사들을 태우기 위해 긴 의자를 장착한 험비) 두 대가 답답하다는 듯 그 주위를 휙 돌아 검문소를 향해 질주해 갔다.

하이백 두 대가 가고 있는 도로는 진창길 오르막이었고 오른쪽 모퉁이로 다른 도로와 T자형으로 연결돼 있었다. 두 차량은 T자의 긴 줄기 쪽으로 전진했다. 비탈길 상단에는 도로 양쪽으로 허름한 1층짜리 슬래브 지붕을 한 상가건물들이 빼빼이 들어차 있었고, 낮은 경계벽을 두른 건물들 옥상에 십 수 명 또는 그 이상의 저항군 복병들이 군데군데 엎드려 도로 쪽을 향해 총을 겨누고 있었다. 측면에 작은 야자나무들이 서 있는 관목 숲 속에는 중기관총 한 정이 역시 도로 쪽을 노리고 있었다.

앞서 가는 하이백은 기관총을 장착하고 있었지만 차량 표면에 장갑 처리가 돼 있지 않았다. 저항군들은 하이백이 숲 속의 기관총 바로 앞에 도착할 때까지 기다렸다가 좌우 전면 세 곳에서 일제히 집중사격을 가했다. 차량 앞 유리와 타이어에 총탄이 집중됐다. 운전병이 즉사하고 차가 얼마간 굴러가다 멈췄다. 해병들은 몇 초 동안 변변찮은 반격을 가했다. 라이언 제러백 일등병이 기관총을 좌우로 돌려가며 직사사격을 했으나 이라크인 두 명을 쓰러뜨린 후 죽었다.

데손 오테이 병장이 뒷문으로 미끄러져 나와 낮은 담장 뒤로 전력질주했다. 트레비스 레이필드 병장과 간호사 3급 위생병인 페르난도 멘데자체베스 역시 그들 위 옥상에 있는 공격자들의 사격이 주춤한 틈을 타 후닥닥 뛰쳐나와 제일 가까운 상점 쪽으로 내달았다. 멘데자체베스는 상점 안에서 죽었다. 레이필드는 중상을 입고 비틀거리며 상점 뒷문으로 나온 후 죽었다. 다른 해병들은 트럭 밖으로 나오지 않았다. 공격자들이 너무 가까운 거리에 있었다. 양쪽 옥상에서 그들에게 집중사격이 계속됐고 전면 숲 속에 있는 기관총이 험비 운전석을 갈가리 찢어 놓았다. 거구의 근육질 사나이인 앨런 워커 하사와 다른 병사 네 명은 즉사했다.

매복공격자들이 앨런 워커의 험비에다 집중사격을 가하고 있는 동안, 워커 뒤를 따르던 또 다른 험비가 급정거를 하자 해병들이 우르르 빠져나와 작은 헛간 속으로 달려 들어갔다. 몇 초도 지나지 않아 소나기처럼 쏟아지는 총탄이 두꺼운 시멘트벽을 갉아내고 있었다. 헛간건물은 도로 뒤쪽에 서 있었고 매복자들이 있는 상점건물들과 붙어 있지 않았다. 안에 있던 해병 7명은 독 안에 든 쥐 신세였지만, 저항군들이 빈터를 가로질러 그들에게 가까이 오지는 못했다.

담장 뒤에서 기회를 보고 있던 오테이 병장은 다른 해병들이 "달려!" "달려!" 하면서 열어놓은 문을 향해 죽을힘을 다해 달렸다. 오테이는 문으로 뛰어들면서 그의 방탄조끼에 몸을 실어 흙바닥에 길게 그림을 그리며 엎어졌다. 놀랍게도 그를 향해 날아온 총탄 중 어느 하나도 그를 스치고 지나가지 않았다. 마르쿠스 웨처터 상등병이 지휘하는 해병들은 재빨리 문을 닫고는 조그마한 창문이 있는 곳마다 자리를 잡고 서서 적의 공격을 기다렸다.

매복공격이 시작되었을 때 워커의 험비와 웨처터의 험비는 로블레프스키 앞쪽 약 300미터 지점에 있었다. 옥상에 있던 저항군들의 시야에 로블레프스키의 험비가 들어왔다. 곧 기관총이 불을 뿜었고, RPG가 수로 쪽을 향해 로켓탄을 날렸다. 험비에 탔던 병사들이 급히 내려 수로에서 은신처를 찾고 있는 동안 로블레프스키는 차량 뒷문 옆에 무릎을 꿇고 앉아서 무전연락을 시도했다. 탄환 한 발이 그의 얼굴 측면을 강타하여 그를 쓰러뜨렸다. 옥상에 있는 저항군 십 수 명은 로블레프스키 병사들이 엎드려 있는 수로 가장자리를 샅샅이 겨냥하여 집중사격을 해댔다. 소대 선임부사관 대리인 캔 스미스 상등병은 총탄이 도로에 풀썩 풀썩 먼지를 일으키고 있는 것을 보며 납작 엎드려 있었다.

"사거리를 정해 집중사격을 하도록 해!" 그는 자기 뒤에 흩어져 있는 병사들에게 소리 질렀다. "압박을 하란 말이야! 압박을!" 해병들은 처음엔 짧은 사거리로, 다음엔 긴 사거리로 집중사격을 하기 시작했다. 곧 매복공격이 상호 총격전으로 변했다. 이젠 사격을 받는 만큼 사격을 가하고 있었다. 아무도 그렇게 총탄이 빗발치고 있는 도로에서 똑바로 일어서서는 살 수가 없었다. 스미스 상등병은 탄환이 자기가 있는 곳을 지나 저쪽에서 튕기며 내는 날카로운 소리를 들었다. 엎드린 눈높이로 그는 10여 미터 떨어져 있는 로블레프스키 소위의 피 묻은 얼굴을 살폈다. 소위는 무전기를 손에 들고 아직도 무슨 말을 하려고 안간힘을 쓰고 있었다.

"세상에 저런!" 스미스는 소리쳤다. "이런 우라질, 내가 나간다. 쏘아라, 개자식들아, 나를 쏘아라!"

스미스는 낮은 자세로 엎드려 있다가 번개처럼 튀어 나갔다. 해병들은 적의 총탄이 달리고 있는 스미스에게 집중되어 그의 주위에 뿌연 먼지를 일으키고 있을 때 얼른 탄창을 갈아 끼워 다시 집중사격을 했다. 스미스는 거의 필사적인 동작으로 로블레프스키에게 다가가 옷 자루처럼 납작 엎드리게 하여 안전한 수로 쪽으로 끌고 갔다. 위생병 하나가 소위 곁으로 포복해 가서 목과 턱에 압박붕대를 감았다. 브래들리 장갑차 두 대가 헤치를 닫은 채 공격받고 있는 해병들 뒤쪽에서 나타나 워커하사의 박살난 험비가 있는 쪽으로 똑바로 밀고 들어갔다. 바퀴가 먼지 구름을 일으켰다. 몇 분 후 한 대가 되돌아와 운전병이 헤치를 열고 머리를 내밀며 스미스에게 큰 소리로 말했다.

"저 앞 구부러진 곳 근처에 부상자들이 있습니다! 우린 다른 임무 때문에 서둘러 가야 합니다."

그는 헤치를 닫고 25밀리 연쇄포를 한바탕 격렬하게 쏘면서 도로 쪽으로 달려갔다. 부상당한 로블레프스키 소위 다음으로 계급이 높은 병사는 워커 하사였다. 그는 브래들리 운전병이 부상자가 있다고 말한 저 앞쪽 구부러진 곳에 있었다. 스미스는 워커 하사가 이 혼란을 수습해야 한다는 것을 알았다. 소대 차석 선임부사관인 그는 분대 지휘관들에게 소속 병사들을 적재적소에 전개시키도록 큰 소리로 지시했다. 그리고는 긴 숨을 몰아쉰 후 눈 깜짝 할 사이에 아까 로블레프스키가 누워 있었던 곳으로 돌진하여 중대장과 통화가 가능한 무전기를 집어 들었다. 다시 총탄이 스미스 주위 도로에 튀었다. 그는 포복하여 수로로 물러 나와서는 무전기를 열었다.

"스키(로블레프스키) 소위가 중상입니다." 하고 로이어 대위에게 말했다. "지금 후송 중입니다. 브래들리 운전병 이야기로는 저 앞쪽에 부상병들이 있다고 합니다. 우리가 밀고 나갈까요?"

로이어 대위는 스미스만큼 이쪽 상황을 잘 알지 못하고 있었다. 그는 브래들리 장갑차들이 서둘러 지나가는 것을 보고는 그들이 여단 신속대응군 일부라고 짐작했다. 그러나 그들을 무전으로 불러낼 수 없었고, 아무도 그에게 전방의 부상병들에 관한 이야기를 해주지 않았다.

"그 쪽으로 빨리 가도록 해. 내가 자네들 북쪽 측면을 커버해 줄 테니까. 내 지시를 더 기다리지 말라고."

스미스는 험비 한 대를 불러 세워 조심스럽게 로블레프스키를 옮겨 실었다. 험비는 차로 10분 거리에 있는 컴뱃 아웃포스트의 사상자 집결처로 질주해 갔다. 그 기지에 있는 군의관 닥터 케네스 손과 위생병들은 이미 정신없이 뛰어다니고 있었다. 좀 전에 에이브람스 탱크 두 대가 사전 예고도 없이 굉음을 내지르고 거대한 먼지 구름을 일으키며 들어오는 바람에 발전기로 연결되는 전력선이 끊겨 기지내 모든 전기가 가버렸다.

"그들이 죽어가고 있어요, 지금 죽어가고 있어요!" 병사 하나가 첫째 번 탱크 포탑에 똑 바로 서서 뒤쪽 탱크를 가리키며 다급하게 소리를 질렀다.

해군 위생병들이 두 번째 탱크로 달려가 피범벅이 된 칸막이 방에서 오른쪽 손목을 잃은 한 병사와 턱이 탈구되고 오른쪽 다리가 몇 가닥 힘줄에 의해 무릎에 매달려 피가 이곳저곳에서 솟구치고 있는 또 한 병사를 들것으로 옮긴다. 블랙호크 의료용 헬기가 날아오고 있는 동안 의료원들은 시혈대, 혈관주사, 산소주머니 등을 사용하여 응급 조치를 한다. 임시 헬리포트로 가는 길에 의료원들은 부상자 구출용 헬기 날개가 일으킨 먼지가 두 부상자들을 덮치지 않도록 갖은 노력을 기울인다. 15분 안에 그들은 병원으로 가고 있었다.

로블레프스키 소위가 실려 왔을 땐 의료원들이 미리 대기 중이었다. 그는 의식이 있었으며 맥박이 약하고 혈압이 낮아졌긴 해도, 의료원들은 그가 헬기로 후송되어 병원에서 치료를 받으면 소생할 것으로 믿었다. 그러나 로블레프스키는 병원으로 가는 도중 숨졌다.

저항군들이 매복해 있던 전선으로 되돌아가자. 코겐 소위는 로블레프스키의 후송은 알았지만 소대 선임부사관인 워커와 다른 병사들이 얼마나 심각한 부상을 입었는지 몰랐다. 코겐은 도로에서 50미터 정도 떨어져 있는 한 집에서 쏘는 기관총 탄우에 갇혀 오도 가도 못하고 있었다.

"압박사격이 필요해. 내가 목표점을 표시할 테니까 그 쪽으로 갈겨. 내가 쏘는 예광탄을 잘 보라고." 코겐은 스미스에게 무전으로 이야기했다.

코겐의 예광탄이 근방에 있는 한 집 쪽으로 떨어지는 것을 본 스미스는 Mark-19를 싣고 다니는 7톤 트럭에 발사지시를 했다. 포탄이 날아가 그 집 몇 곳에 구멍을 냈지만 손상이 크지 않았다.

"신경 쓰지 마, 내가 조치할 테니까. 당신은 워커 있는 곳으로 밀고 가라고." 코겐이 스미스에게 무전지시를 내렸다.

부상자들이 북동쪽에 있다고 아까 브래들리 장갑차 승무병이 전해 준 바 있다. 그러나 스미스는 동쪽에서 날아오는 기관총 사격에 발이 묶여 있었다. 이 스무 살짜리 상등병은 측면이 노출돼 있어 전진하지 못하고 있다. 큰 소리로 연락이 가능한 거리 안에 병기소대, 2소대 및 3소대에서 온 병사 18명이 있었다. 그들이 어느 소대 소속이든 그것이 문제가 아니었다. 소대 차석 선임부사관인 그는 권한을 갖고 있고 로이어 대위가 그에게 임무를 준 바 있다.

스미스는 그들을 동쪽으로 서둘러 이동시켜 기관총 발사의 진원지로 생각되는, 약 400미터 떨어진 집을 공격키로 했다. 그러나 말처럼 쉬운 일이 아니었다. 문제의 기관총은 집 창문 안 깊숙한 곳에 장치돼 있어 총구의 섬광도 보이지 않고 오가는 총격 소음이 계속돼 어느 집인지 그 위치를 정확히 알 수 없었다. 스미스 부하들은 빈터와 접경돼 있는 낮은 담장들을 방패삼아 이곳저곳 옮겨 가며 동리에 접근하여 후방에 적이 남아 있지 않도록 한 집 한 집 철저하게 수색해 나갔다.

그러나 누가 적인지 구별해 낼 묘책이 없었다. 모두가 민간인 복장을 하고 있었다. 그들이 보고 지나친 시신 몇 구는 불결한 셔츠와 바지로 된 민간인 복장이었고, 일부만 고무 샌들을 신었을 뿐 대부분 고무창 달린 운동화를 신고 있었다. 집 안에 있던 일부 부녀자들은 알리바바들이 그날 아침에 찾아와 오늘 많은 미군들이 죽을 거라며 꼭 집 안에 있으라고 당부했다고 말했다. 알리바바란 카피에를 얼굴에 두른 '외부인들'을 두고 하는 말이었다.

스미스가 소총수들을 전진시켰을 때 도로에는 승용차와 택시들이 오가고 있었다. 평평한 지역이라 몇백 미터 앞에서 남자들이 자동차를 타고 내리고 하는 것이 보였다. 온 사방에서 총격전이 벌어지고 있는 판에 제 정신 가진 사람들이라면 산책을 하거나 자동차를 타고 돌아다니지 않는다. 그러나 해병들은 집 밖에 보이는 모든 남자들을 다 쏠 수는 없는 일이다. 해병들은 유령들을 추적하고 있다는 생각이 들었다.

측면 안전을 확보한 스미스는 워커 하사가 한 시간 전에 험비를 몰고 갔던 곳인 338검문소 근방 T지점으로 향했다. 헛간에서 시멘트벽을 방패삼아 버티고 있던 해병들은 영어로 외치는 소리를 들었다. 헛간 벽을 세차게 때리던 총탄 위세도 점차 잦아들었다. 한 이라크인이 헛간 창 곁으로 달려오는 것을 본 해병 하나가 창에서 상체를 내밀고 그의 옆머리를 쏘았다. 오테이와 다른 해병들은 그때 헛간 문 앞에 엎드려 있다가 벽을 따라 움직이면서 상가건물 옥상을 향해 사격을 시작했다.

매복공격을 하던 저항군들이 달아나고 있었다. 승용차 몇 대가 길게 늘어선 상가건물 밑으로 달려와 섰고 조금 후 문이 쾅하고 닫혔다. 웨처터 하사 분대는 조심스레 전진하여 스미스 분대와 합류했다. 그들은 워커의 험비가 저 앞에 서 있는 것을 보았다. 타이어 4개가 전부 쭈그러져있고 기관총 총구는 하늘을 쳐다보고 있었다.

웨처터가 제일 먼저 험비에 접근했다. "그들이 모두 죽었어!" 웨처터가 소리쳤다. 스미스는 산병(散兵) 대열의 제일 중앙에서 험비 쪽을 향해 걸어갔다. 해병 시신 3구가 험비 뒤편에 쓰러져 있는 것이 보였다. 모래주머니와 다갈색 플라스틱 통에 든 휴대식량이 여기저기 흩어져 있었다. 그 근처에는 푸른 셔츠에 초록색 천으로 위장된 방탄조끼를 입은 이라크인 한 명이 땅에 흥건히 고인 그의 피에 얼굴을 처박고 쓰러져 있었다. 머리 절반이 날아가고 없었다. 험비에서 몇 미터 떨어진 곳에는 또 다른 이라크인 한 명이 맨발인 채로 반듯이 누워 신음하고 있었다. 고무창 운동화는 몇 피트 떨어진 곳에 있고 피에 젖은 푸른 셔츠와 갈색 바지 사이에 땅땅한 흰 복부를 드러내 놓고 있다. 수류탄 하나가 그의 뻗은 팔 곁에 놓여 있었다. 그는 전초라인에 잘못 접근했을 뿐이었다고 신음소리를 내며 투덜거렸다. 해병들은 그를 사살하고 수류탄을 수로에 던져 넣고는, 타이어가 파열된 오렌지색과 흰색이 섞인 택시 곁에 큰 대자로 엎어져 있는 두 이라크인 시신들을 툭툭 차면서 계속 전진했다.

전쟁터는 섬뜩할 정도로 깨끗했다. 죽은 해병들의 무기와 방탄조끼들은 사라졌고 AK소총이나 RPG도 널려있지 않았다. 상가건물 옥상에는 심지어 탄피들도 수거해 가버리고 없었다. 남아있는 거라곤 담배꽁초 수백 개뿐이었다. 스미스는 매복자들이 몇 시간 동안 엎드리고 있었음에 틀림없다고 생각했다. 어떤 지휘관이 그들의 공격위치를 세세하게 정해주고 끈기 있게 기다리도록 지도한 것 같았다.

스미스는 방어선을 정하여 험비 한 대와 7톤 트럭 한 대를 전방에 배치했다. 사망자 7명과 부상자 5명이 들어오는 바람에 컴뱃 아웃포스트가 초긴장상태에 빠졌을 때, 후방에서 지원업무를 맡고 있던 제프리 크레이그 하사와 데민 코안 병장은 자기들이 출전 명령을 받지 않았는데도 증원병으로 나가겠다고 소리쳤다. "안장을 얹어라! 에코중대, 무기를 잡아라! 우리가 나간다!" 코안은 중대 슬로건을 외쳤다.

컴뱃 아웃포스트는 시멘트 바닥으로 되어 있는 대형 실내 주차공간을 가진 큰 창고만한 건물이었다. 전기가 나가버린 채 어둠이 내리자, 의료원들은 전기를 끌어오기 쉬운, 헬리포트와 가장 가까운 건물 북단 출입구로 자리를 옮겼다. 7톤 트럭이 들어오고 시신들이 조심스럽게 실내로 운반되자 시멘트 바닥이 금방 피로 번들번들해졌다. 완전무장을 한 해병들이 출정하기 위해 트럭에 오르다가 미끄러지고 서로 밀치곤 하였다. 점점 깊어가고 있는 어둠 속에서 코안 병장이 소동이랄 수 있는 일을 몇 초 동안 벌였다. 소동은 7톤 트럭 뒤 칸 좌석을 둘러싸고 일어났다. 트럭 뒤 칸에는 오직 소총수 10명을 추가로 태울 수 있는 공간만 있었는데 지원자들이 너무 많았던 것이다. 코안은 좀 뒤에 떠나게 되어 있었다. 크레이그와 코안은 그들이 전투에 참가한다는 것을 누구한테 알리는 것도 '잊은 채' 차를 탔을 때, 뒤에 남은 십 수 명의 따가운 눈총을 받았다.

코안이 탄 7톤 트럭이 문제의 매복 장소에 이른 것은, 관개수로가 있는 들판을 가로질러 오면서 전투를 벌였던 로이어 대위와 톰 코겐 소위가 도착한 직후였다. 코겐 소위와 부하들은 나무에 장치한 몇 개의 수류탄 부비트랩 주위를 조심스레 돌기도 하고 도로변 상가 건물 아래서 레이필드 병장 시신을 찾아내기도 하면서 서쪽에 도착했다. 코겐은 버려진 RPK기관총 한 정을 회수하고 부하 몇 명이 종착지가 어딘지도 모르는 피 자국을 따라가는 것을 지켜보고 있었다. 피 자국은 자동차 몇 대가 와서 저항군 부상자와 사망자들을 싣고 갔음을 밝혀 주었다.

이라크인들은 총격전이 끝난 순간 몰려나와 일상 생업을 시작했다. 해병 8명이 문제의 T자 도로에서 죽었다. 매복자들은 사라졌고 그 자리를 오가는 사람들과 차들로 대체되어 평소의 번잡한 도시근교와 다름없는 모습이었다. '그들은 농부였을까 아니면 총잡이였을까?' 로이어 대위는 생각했다. 치밀어 오르는 분노를 억누르며 부하들의 전투태세 점검에 신경을 쓰기 시작했다.

마지막 차량들이 소피아를 떠난 것은 어둠이 내린 후였다. 밤에는 좀처럼 총격전을 벌이지 않는 저항군들은 뿔뿔이 흩어졌다. 8시간에 걸쳐 전투는 12킬로미터의 도로와 들판 전역에서 벌어졌다. 콘노르 대령과 브래들리 장갑차들이 여단 사령부로 돌아왔다. 케네디 중령이 그를 맞으러 밖으로 나왔다. 지친 병사들이 무기손질과 재보급을 받기위해, 그리고 잠을 자 두기 위해 허리케인 포인트와 컴뱃 아웃포스트 기

농부냐 총잡이냐?

지로 되돌아 왔다. 작전 센터에서 할릴 소령은 지도 전면에 스파게티처럼 낙서가 된 총격전에 대한 의미를 이미 지나간 일로 이해하려고 노력하면서 사단본부에 간결한 내용을 보고했다. 부대행정과 희생자 보고업무는 부사관들 몫이었던 반면 부상자 위문과 다음날 작전계획 입안은 장교들 몫이었다.

저항세력들은 해병 2/4대대의 전에 없이 확대된 도보순찰에 대응하기 위해 공격계획을 세우고 전투원들을 끌어들였다. 비아랍계와 서방기자들도 몇 명 있었다. 지난 2월 팔루자 경찰서처럼 정부종합센터가 완전히 폐허가 돼 버렸다면, 또는 2/4대대가 전투에 몰려 물러나버렸다면, 정치적으로 비참한 결과를 가져왔을 것이다. 앞서 대대장들이 그랬던 것처럼 케네디 대대장 역시 두 주먹으로 뒤통수를 한 방 먹였고, 저항세력들이 밀려난 것이다. 1968년 월맹의 구정공세 때처럼 첫 언론보도들은 미군 희생자들에 초점이 맞춰졌다. "해병 12명 전사"가 정책입안자들과 정치가들이 4월 7일 아침에 읽은 신문 1면 표제였다. 라마디 전투에 대해 언론은 미군 사망자 숫자를 반복해 보도 했고, 저항세력들이 계획한 공세가 실패로 끝났다는 점에는 관심을 기울이지 않았다.

11
거센 폭풍은 피하고 보자

4월 6일 라마디에서 격렬한 전투가 계속되고 있는 동안 1/5대대는 팔루자 남쪽에 있는 그들의 전선을 강화했다. 브라보와 알파중대는 4차선 남북 관통로인 바이올렛 확대군사활동선(Phase Line Violet)을 향해 서쪽으로 2킬로미터 밀고 나갔다. 병기중대가 알파중대 북쪽으로 전진하기 위해 남쪽 10번 고속도로 쪽을 장악했다. 그들은 건물 옥상으로 50구경 기관총과 Mark19를 운반해 설치하고, 언제 있을지 모르는 로켓탄 공격을 피하기 위해 마당 담장 안쪽에 험비 장갑차를 대기시켜 놓았다. 1/5대대는 팔루자시 약 25퍼센트를 차지하는 공업지구를 장악했다.

저항군들은 10번 고속도로 북쪽과 바이올렛 확대군사활동선 서쪽에 흩어져 있었다. 그들 대부분은 카피에로 얼굴을 가리고, 티셔츠 또는 소매 긴 셔츠와 바지를 입었고, 샌들 또는 고무창 운동화를 신었다. 일부는 검은 닌자 모습을 한 옷을 입었으며, 경찰간부용 푸른 셔츠나

이라크 보안군의 다갈색 실용 유니폼을 입고 있는 사람도 있었다. 바이올렛 확대군사활동선(뒤에 헨리 확대군사활동선으로 불렸다)이 저항군들의 주된 방어선이 되었다. 바이런 중령에게 진격명령이 떨어지기만 하면, 2개 중대가 번화가로 밀어닥쳐 방어선을 깨뜨리고 북쪽 졸란지구로 진입할 작정이다.

4월 7일 콘웨이 중장과 매티스 소장은 그들의 귀한 손님인, 워싱턴에서 날아온 미 해병대 총사령관 마이클 해기 대장과 함께 팔루자 공업지구에서 서쪽으로 차를 몰았다. 팔루자의 해병대는 해기 대장 일행의 방문을 '윈드실드 투어(차 타고만 하는 방문)'라 불렀고 그들에게 특별히 신경을 쓰지 않았다. 고위 관리들 방문은 흔한 일이었고, 이라크에서 미국인 누군가가 자동차 앞 유리창을 통해 피격된다면, 그곳의 미국인 직무상 흔히 있을 수 있는 일이었다. 콘웨이에게 중요한 것은 해병대 총사령관이 이라크에서 이 너절한 전투현장을 직접 보고 이해하는 일이었다.

지상군 사령관인 매티스는 도시 이곳저곳을 공격하여 저항세력들을 소탕할 수 있으리라는 환상은 갖고 있지 않았다. 이 임무를 인계받을 이라크군이 없고는, 저항세력들의 대부분이 민간인으로 가장하여 때를 기다린다면 결국 이번 공격은 하나마나한 일이 될 것이다. 팔루자 공격에서 얻을 수 있는 가장 바람직한 성과는 라마디에서 얻은 성과 정도일 것이다. 거기서는 케네디 중령이 간선 고속도로를 장악하고 있고 정부종합센터를 보호하고 있으며 그가 원하는 어느 곳이든 순찰하고 있다.

교차로에서 차를 내린 후 해기 장군 옆에 서 있던 매티스 장군은 한 저항세력 패거리가 잇달아 AK소총을 몇 발 쏘고는 10번 고속도로 남쪽에 있는 알 쿠바이시 모스크 속으로 숨어들어가는 것을 목격했다.

화가 머리끝까지 치민 그는 파르눔 소령을 돌아보며 말했다. "저 지겨운 녀석들이 저 집에 숨어 있는 게 확실하다면, 정문에다 토(대전차 미사일)를 한 방 먹이게."

저항군들은 모스크 안마당에서 총을 쏘며 완강하게 버텼다. 해병들은 사단 항공대에 요청하여 헬파이어 미사일(1970년대에 개발된 대 장갑, 벙커, 건축물 미사일. 주로 헬기에서 발사됨)과 500파운드 레이저 유도 폭탄을 모스크 담장을 향해 날렸다. 그들이 반 시간 후 그곳으로 가 본즉 시신이 한 구도 없었다. 이라크인들이 희생자들을 옮겨갔기 때문이다. 적어도 팔루자 해병대대에 와서 취재를 하고 있는 기자 네 명은 신문에 정확한 내용의 기사를 실었다. 모두 해병대가 그 모스크로부터 계속 공격을 받았다고 보도했다. 공중 폭격 때 촬영된 선명한 항공 비디오사진도 물론 미국 텔레비전에 방영되었다. 알 자지라는 이번 폭격에서 민간인 26명이 죽었다고 보도했다. 4월 7일자 주요 아랍 신문들은 모스크가 공격받았다는 기사를 1면 머리에 실었다.

라마디 외곽 사단 사령부에서 사단 참모장 던포드 대령은, 이번 전투 이미지가 바그다드에서 정치적 혼란의 빌미를 제공하고 있다고 경고한 연합임시행정청 행정관들에게 상황을 자세히 설명했다. 그는 해병대원정군 사령부가 그런 공격이 되풀이 되지 않도록 경계를 늦추지 않고 있다고 말했다. 행정관들은 그 같은 공격이 앞으로도 계속될 것임을 강조하는 이메일을 브레머 최고 행정관에게 보냈다.

4월 7일 부시 대통령은 긴 부활절 주말을 보내기 위해 워싱턴을 떠나 텍사스 크로포드에 있는 목장에 가 있었다. 뉴스는 대통령을 우울하게 만들었다. 신문과 방송 뉴스의 주요 기사들은 바그다드 함락 이후 지상전투에서 하루에 입은 손실로는 가장 큰 라마디에서 해병대 사상자들에 대한 것을 필두로 팔루자의 모스크에 대한 공습이 그 뒤를 이었다. 전투는 라마디, 팔루자, 바그다드, 쿠트, 그리고 미군이 사드르 민병대를 공격하고 있는 나자프에서 격렬해지고 있었다. 언론 논조는 이라크 주둔 미군이 너무 엷게 전개돼 있어 "다음에 또 무슨 일이 일어날지 모르겠다."고 불안해하는 현지 분위기를 전하며 장래를 우려하는 쪽이었다.

워싱턴에서는 텔레비전 방송국의 촬영용 아크등 아래서 하는 정치싸움이 일어나고 있었다. 예컨대 무역센터 빌딩과 펜타곤 테러 공격에 대한 사전경고를 무시했는지 여부를 공격적으로 조사하고 있는 상원 9·11 위원회 앞에서 벌어지고 있는 행정부 증언 퍼레이드가 그것이다.

대통령은 국가안보보좌관들 및 외국 지도자들과 일련의 전화 상담을 시작했다. 외교전선에서 부시는 이탈리아, 엘살바도르, 폴란드로부터 새로운 지원 언질을 얻어냈다. 그러나 스페인은 이미 철군을 선언했고 4월 6일 쿠트에서 공격을 받고 쫓겨난 우크라이나군은 부패한 정부에 넌더리를 낸 국민들 지지가 흔들리고 있었다.

부시 대통령은 이임하는 이라크 주재 영국대사 제레미 그린스톡 경이 브레머 최고 행정관의 의사결정과 이라크인들에 대한 접근방법에 불만을 가지고 있었다는 보도 배경에 대해 토니 블레어 총리와 이야기를 나눴다. 미·영 간 긴장상태는 양방향으로 진행되었다. 산체스 합동기동군 사령관은 바스라 주둔 영국군의 횡포로 권위를 침해받고 있었고, 연합임시행정청은 분리 운영되고 있는 영국의 대 이란 커뮤니케이션 채널을 염려하고 있었다.

영국 지도자들은 팔루자에 대한 공격이 시민들 사이에서 더 많은 저항세력들을 만들어낸다고 믿었다. "압력밥솥 뚜껑이 열려버렸다." 잭 스트로우 영국 외무장관이 며칠 후 BBC 라디오 인터뷰에서 말했다. "더 많은 국민들이 있다는 것, 그리고 그들은 그 땅에 사는 사람들이며, 외국인 전투원들이 아닌 이라크인들이 저항세력이 되고 있다는 것은 현재 분명한 사실이다."

10년 전, 쿠웨이트를 침공했다가 미·영 반격으로 퇴각한 사담 후세인 정권 붕괴를 반대하는 정치적 압력이 높아지자, 당시 영국 총리인 마가렛 대처는 현 부시 대통령의 아버지인 조지 H.W. 부시 대통령에게 "조지, 내게 주견 없는 모습을 보이지 말아요." 하고 멋지게 충고했다. 지금 영국인들 충고는 그때와는 반대로 공격을 멈춰야 한다는 것이다.

영국인들과는 달리, 4월 7일자 주요 미국 신문에 실린 전문가들 논평은 팔루자 공격을 계속해야 한다고 주장했다. "강력한 대응을 해야 한다. 안 그러면 이번과 같은 일을 더 조장하게 될 것"이라고 워싱턴의 한 싱크탱크 소장인 앤드루 크레피네비치는 말했다.

"지금이 고비다. 우리는 지금껏 도전을 받아왔다. 지금 이 일에서 물러서면, 미국이 사태를 장악할 수 없다는 강력한 신호를 주게 된다. 이라크인 대부분은 어느 쪽이 이길지 계산하며 경계선에 앉아 기다리고 있다. 일단 풍향이 바뀌기 시작하면 대중의 반동을 맞게 될 것이다." 유명한 군인 저술가인 버나드 트레이노르 퇴역중장의 주장이다.

부시 대통령은 팔루자에 대한 각계 반응들을 평가하고, 브레머 최고 행정관의 텔레비디오 브리핑을 포함하여 판단을 구하는 일에 하루의 일부를 보냈다. 국가 안보보좌관인 콘돌리자 라이스는 대개 세 소스ー이라크문제에 대해 그녀의 대리인 역할을 하는 블랙윌 대사, 브레머 대사겸 최고행정관, 럼스펠드 국방장관ー로부터 이라크에 관한 정보를 입수했다. 그렇다고 항상 세 가지로 선명하게 구분된 것은 아니다. 보안이 보장된 원격영상회의(sivits)는 독특한 사분면의 비디오스크린을 통해 수천 마일 떨어진 곳에 있는 조언자들과 중요한 문제를 논의할 수 있어 정부 고위관리들의 21세기형 중요한 이기(利器)로 등장했다. 원격영상회의는 직접 서로 얼굴을 마주보며 의논한다는 이로운 점과 참모들 의견이 반영되지 못한 채 중요한 결정을 내리는 불리한 점 두 가지를 가지고 있다.

라이스는 9·11 위원회 증언을 준비하며 워싱턴에 있었다. 국가안보회의(NSC)에서 대테러활동을 조정해 온 리차드 클라크는 차기 대통령 선거에 나갈 채비를 하고 있는 케리 상원의원을 지지하는 사람이었는데 라이스 박사가 9·11 테러에 대한 사전경고를 무시했다고 비난했다. 클라크는 일주일 전에 9·11 위원회에 증언한 바 있다. 기자들은 그를 21세기 폴 레브레(Paul Revere)라 불렀다. 폴 레브레는 (18세기에) 몽유하는 정부를 깨워 일으키려고 용감하게 나선 관료였다. 라이스는 다음날 9·11 위원회에 증언할 예정이었는데 언론은 그 대사건을 고도의 지식을 가진 사람들이 벌이는 복싱 매치 제2라운드로 부추기고 있었다. 상원 9·11 위원회 위원들은 식견이 풍부하고 논쟁하기 좋아하는 전직 정부 관리들과 정치인들로 구성된 인상적인 그룹이었다. 라이스 박사에게 건 내기 돈은 컸다. 그녀의 명성, 경력, 그리고 행정부 내 신임으로 봐 그러했다. 다음날 청문회를 위해 그녀는 조심스런 준비를 할 필요가 있었다.

아비자이드 중부군사령관 및 브레머 이라크 최고행정관과 원격영상회의를 통해 직접 대화하면서 부시 대통령은 자신이 확립한 두 가지 별노의 동등한 지휘체계로부터 의견을 직접 청취하고 있었다. 팔루자에 대한 공격은 군사적인 문제이면서 동시에 정치적인 문제였다.

브레머와 대통령의 이라크 부 보좌역인 블랙윌 대사는 둘 다 바그다드에서 심한 압박을 받았다. 블랙윌은 6월에 이라크가 주권을 되찾을 때 권력을 쥐게 될 임시정부 조직을 만들고 있었다. 그는 또한 유엔이 이라크 주권이양 작업을 돕기 위해 파견한 알제리 행정관 라크다르 브라히미와 접촉했다. 브라히미는 은둔한 시아파 지도자인 아야톨라 시스타니와 관계가 원만하지 못했다. 웃고 있는 사담 후세인과 함께 시거를 피우고 있는 브라히미의 옛 사진이 인터넷상에 돌아다녔는데 그것이 그와 시아파와의 관계를 더 복잡하게 만들었다. 브라히미의 딸은 요르단 압둘라 왕의 아들과 약혼했다. 이들 두 사람 모두 철저한 수니파였으며—중동 21개 국가들 가운데 18개 국가가 수니파 지도자들에 의해 통치되고 있다—수니파 도시인 팔루자에 대한 공격을 강력하게 반대했다. 브라히미는 팔루자에서 양측 사이에 타협이 이루어져야 한다고 주장했다.

브레머는 사드르의 폭동으로 자극받아 혼란해진 다수파인 시아파들의 요구를 비교 평가하는 동시에 소수파인 수니파들에게 공평한 대우를 납득시키려고 노력했다. 미군이 팔루자를 파괴하고 나자프와 동바그다드에서 사드르의 시아파 민병대를 죽인다는 식으로 계속 보도하고 있는 아랍계 텔레비전 방송으로 인해 시아파와 수니파 사이에 폭넓은 공감을 불러일으켜 공통의 유대감이 서서히 생겨나고 있었다.

이라크 과도통치위원회는 사담 후세인 정권에 반기를 든 이라크인 24명으로 구성되었다. 그들 가운데 군인은 한 사람도 없었으며 올바른 견해를 가지고 현재 싸움을 평가할 경험이나 척도를 갖고 있지 않았다. 팔루자 공격에 대한 반발로 한 위원은 위원직을 사퇴했으며 다른 세 위원은 사퇴하겠다고 위협했다. 브레머는 다른 곳도 아닌 자신이 선출하여 만든 이라크 과도통치위원회 내부에서 저항에 직면했다.

팔루자 공격이라는 한 가지 과실로 인해 대사들(브레머와 블랙윌)은 그들 자신이 거센 정치 태풍 속에 휘말려 들었고 이라크 과도통치위원회와 현지 유엔사절 및 수니파와 시아파 모두에게 도전을 받고 있음을 알았다. 4월 7일, 이라크 두 최고 행정관인 이들은 꼭 같은 시각으로 상황을 주시했다. "이라크 과도통치위원회 핵심인사들이 사퇴해 버리면, 연합정부 구성은 물론 우리들이 지금껏 이라크에서 기울인 노력이 수포로 돌아가는 엄청난 정치적 패배가 될 것입니다. 한 도시를 점령하느냐 마느냐 문제가 아니라 이라크 주권을 빨리 복원시키는 일이 핵심입니다." 한 고위 행정관의 주장이다.

아랍 텔레비전 방송에서 그려지는 팔루자 전투는 수개월에 걸친 이라크인들과의 민감한 협상을 결렬시켜 이라크인 협력자가 전무한 미국인들만의 이라크 통치로 만들 위험이 있었다. 행정관들은 팔루자를 장악하는 데 10일이 걸릴 것이라는 막연한 생각을 갖고 있었다. 그들은 매티스 장군이 며칠 내로 전투를 끝내기 위해 제3의 대대를 투입하고 있는 줄은 몰랐다. 원격영상회의를 통해 백악관에 전달된 메시지는 간결했고 적절했다.

"각하, 우리는 지금 점점 심각해져가고 있는 정치적인 문제에 직면해 있습니다." 브레머가 대통령에게 한 말이다.

대통령이 정치적 상황을 숙고하고 있는 동안 툴란 대령은 팔루자라는 장기판에 마지막 장기짝들을 전투에 적합한 수준으로 옮겨놓고 있었다. 1년 전 미군은 두 개의 좁은 회랑으로 힘차게 진군해 와 일시에 바그다드의 사담 본거지에 달려들었다. 교묘한 기동전쟁으로 불리는 제2차 이라크전쟁의 전략은 적의 '심장부(바그다드)'를 때리기 위한 빠른 기동작전 구사와, 화력과 적의 소모에 의존하여 무거운 걸음걸이로 터벅터벅 전진하기보다는 일시에 결정적인 대타격을 주는 방

법이었다. 시가지 전투에 이 교묘한 기동작전을 응용하자는 의견이 있었다. 예컨대 이름이 알려진 저항세력 지도자들 집을 기습하고 저항군 심장부를 강타하기 위해 졸란지구에 직접 탱크 종대를 투입하는 것이다. 툴란 대령은 응급조치는 용두사미가 될 수 있다며 반대했다.

합동기동군 사령부 명령에 따라 툴란 대령의 연대는 블록 하나하나를 공격하여 저항군의 공격거점을 분쇄하고 무기 저장소를 폭파하고 대항하는 모든 적을 죽이는 방법을 택했다. 이번 전투를 지원하기 위해 지상군 사령관 매티스 소장은 제3 대대인 3/4대대를 팔루자 북쪽 외곽에 투입하고 툴란 대령 명령에 따르도록 했다. 3/4대대는 전투경험이 많은 부대였으며 장교 대부분과 병사들 60퍼센트는 1년 전에 함께 전투를 치른 바 있다. 피르도스 광장에서 사담 동상을 넘어뜨려 사담 정권 붕괴를 알린 부대가 바로 3/4대대였다.

4월 8일, 3/4대대가 시 동쪽에 있는 한 지점으로 이동하고 있는 동안 1/5대대가 10번 고속도로 북쪽 알 사마리 모스크로부터 총격을 받았다. 조쉬 글로버 소위는 모스크 정문으로 소대를 이끌고 가 자물쇠를 부수고 모스크 안으로 공격해 들어갔다. 저항세력들은 자살폭탄 조끼는 물론 RPG발사기 300개 및 122밀리 로켓탄들을 남겨둔 채 뒷문으로 도망쳤다.

글로버 소대는 이 고물 수집장을 깨끗이 청소한 후 조심스럽게 전진했다. 시민 수천 명이 행렬을 지어 피난길에 나섰다. 때때로 저항세력들이 부녀자들과 아이들 행렬 속에 숨었다. 천천히 움직이고 있는 수백 대 차량행렬 속에서 어떤 승용차나 택시를 잡고 문을 열면 탄약이 쏟아질지도 모를 일이었다. 결국 주민들은 오직 도보에 의한 탈출만 허용되었다. 발견되는 폭발물 양이 증가하고 있는 것으로 보아 자살폭탄을 염려해서였다.

졸란지구 북서쪽 구석에 있는 2/1대대 점령지역에서는 주민들이 모두 집과 아파트를 버리고 떠났기 때문에 사람들로 인해 전투가 방해받는 일은 없었다. 저항군들은 RPG와 박격포를 특별한 패턴이나 시간 간격 없이 쏘아댔다. 1/5대대처럼 2/1대대는 4월 7일과 8일에 규모가 작은 저항세력 패거리들의 끈질긴 공격을 잘 막아 냈다. 하루에 3~4번씩 십 수 명의 적이 돌진해 온다. 일부는 죽고 일부는 퇴각한다. 그들이 특정건물에서 버티며 계속 총격을 가해올 때마다 미군은 A10선드볼트 고정익 폭격기와 코브라 헬기를 띄워 폭탄과 로켓탄을 퍼붓는다.

4월 8일 오후 툴란 대령은 공동묘지 가장자리에 늘어선 건물들을 장악하고 있는 2/1대대 에코중대를 방문했다. 평소처럼 혈기왕성한 태도로 젬빅 대위는 탱크 지원 아래 졸란지구로 공격하고 싶다는 뜻을 밝혔다. 툴란은 참으라면서 3/4대대가 시 동쪽 유리한 지점을 향해 전진하고 있다고 말했다. 툴란 대령은 저항세력들이 뒷날 다시 그룹을 재정비하여 단일 축으로 공격해 올 수 있게 흩어놓지만 말고 일망타진하기를 원했다.

툴란은 8일 저녁까지 팔루자 거리를 완전 장악할 작정이었다. 그는 지금 자기에게 필요한 것은 전진신호뿐이라고 매티스 소장에게 보고했다. 매티스는 전투를 끝내는 데는 48시간에서 72시간이 소요될 것으로 추정했다.

그러나 팔루자를 장악하여 치안을 책임질 주역은 이라크군이 아니

라 미군이 될 모양이었다. 이라크인 400명과 미 특수군 고문관 17명으로 구성된 제36 이라크 보안군 대대는 2/1 해병대대와 함께 전선에 투입되어 잘 싸웠다. 하지만 그들은 일단 위기가 닥치면 해이해지는 징후를 보여 더 이상 최일선 부대 역할을 맡길 수 없었다. 합동기동군 사령부는 이번 공격에 참가시킬 만큼 믿을 수 있는 다른 이라크군 부대를 찾지 못했다. 지난 며칠 동안 이라크군 탈영병들과 부대에서 모습을 감춘 사람들 떼거리들이 중부와 남부 이라크 전역을 휩쓸고 다녔다. 바그다드에서 뎀프시 소장은 그의 제1기갑사단을 대 사드르 민병대 작전에 투입하면서 처연한 심정으로 그가 몇 달 동안 양성했던 이라크 경찰과 보안군 부대원들이 그들의 주둔지를 이탈하고 있는 모습을 목격해야만 했다. 남부 시아파지역에서는 이처럼 이라크 경찰과 보안군 병사들이 슬슬 사라져버리는데다, 폴란드, 불가리아군 등으로 구성된 다국적군 사단마저 사드르 폭력단들에 단호한 조치를 취하지 않았다. 완고하고 반항적인 수니파들이 몰려 사는 서부지역 안바르 주에서 해병대원정군 사령부 막료들이 각 이라크군 부대와 경찰의 탈영실태를 조사한 결과 탈영자들이 전체 인원의 80퍼센트를 넘어서 있었다.

　아비자이드 중부군사령관은 훗날, 문제는 이라크인 장교들로 구성된 제 기능을 하는 지휘계통이 없었기 때문이라고 결론지었다. 이라크군 독립부대들—어떤 도시에서는 이라크 경찰대, 다른 도시에선 이라크 보안군 대대—은 조직적인 구조를 갖고 있지 않거나 높은 충성심이 결여돼 있었다. 제2대대에서 발생한 경우처럼 대대장이 지휘를 포기하거나, 또는 경찰서장이 지나치게 강한 적을 만났음을 알고는 경찰서를 떠나버리거나 할 때 부하들도 상관 뒤를 따랐다. 탈영으로 그들의 목숨을 구하고 있는 셈이었다. 거기에 개입할 더 높은 지휘계통이 없었고, 현장에 달려가 지휘권을 인계받거나 전투 이탈에 제재를 가할 고위 장교들이 없었다. 미군 3성 장군과 4성 장군은 정기적으로 전선에 있는 그들의 군대를 방문하는 반면 이라크군 고위 장교들은 그러한 리더십 전통을 갖고 있지 않았다.

저항세력들 역시 지휘체계를 결여하고 있었으며 오직 기본 무기만 제공됐다. 그러나 그들은 미군에 대항하여 열심히 싸웠고 이라크보안군들을 탈영하게 만들었다. 알 자지라와 알 아라비야 방송은 팔루자에서 라마디, 카임, 힐라, 카르발라와 나자프로 번지고 있는 영웅적인 저항활동을 상세하게 보도함으로서 그들에게 일종의 채점표를 제공했다. 이라크 과도통치위원회 위원 중 이라크 보안군을 재편성하거나 되돌아와 싸우도록 부대를 설득하기 위해 바그다드를 떠나는 사람이 한 사람도 없었고 모두들 수도에 숨어 있었다. 이런 와중에 저항세력들이 하나씩 둘씩 각 도시의 거리를 장악해 갔다.

―――

바그다드에서 브레머 최고행정관과 블랙윌 대사는 사방에서 터져 나오는 불만을 다독거리느라 정신이 없었다. 부시 대통령이 일주일 전 4명의 미국보안회사 경호원들의 시신훼손 영상을 보고 격앙했듯이 이라크인들 역시 팔루자로부터 전해지는 영상들을 보고 본능적으로 분노했다. 이라크 과도통치위원회 위원 2명 이상이 사임하고 다른 5명이 사임하겠다고 위협한 후 브레머는 8일 저녁에 위원들과 회합을 갖기로 했다. 회합에는 위원 3명이 참석했다. 연장자들을 대변하는 가지 야와르 족장은 수니파 족장들 사이에 세력기반을 갖고 있다. 하킴 하사니는 이라크 이슬람당이라 불리는 그룹을 이끌고 있다. 활동적이고 태도가 사근사근한 하사니는 캘리포니아에서 16년을 살았으며 특별한 이유로 팔루자를 좋아했다. 세 번째 위원은 세련된 전직 외교관이며 국무부가 마음에 들어 하는 80세의 애드난 파카키였다. 다른 두 사람처럼 파카키 역시 팔루자 사태에 대해 비난을 퍼부었다. 그는 '미국인들이 복수를 하기 위해 벌이는 행동'을 비판하는 일간신문 기자회견을 하고 알 아라비야 텔레비전 방송에 나와 "팔루자의 모든 시민들을 응징하는 것은 옳지 않다. 우리는 이번 작전을 용인할 수 없는 불법행위로 간주한다."라고 호소했다.

아비자이드 장군과 산체스 장군이 그날 저녁 회합에 참석하기로 했다. 산체스는 콘웨이 장군을 불러 '대대적인 공격'이 좀 늦추어질지도 모른다고 귀띔했다.

콘웨이는 썩 즐겁지 않았다. "우리는 지금 그 도시의 30퍼센트를 장악하고 있습니다. 반연립정부세력(ACF)은 지금 탄약이 부족합니다. 우리 대대가 팔루자 공업지구에서 그들의 임시 탄약 은닉장소를 찾아내 박살냈습니다. 지금은 중지할 때가 아닙니다. 단 며칠만 지나면 이 작전을 끝낼 수 있습니다. 단 며칠만." 하고 산체스에게 말했다.

연합임시행정청과 합동기동군 사령부와의 관계가 껄끄러운 바람에 바그다드의 미 고위행정관들은 팔루자를 점령하기 위해 필요한 작전계획서나 예정시간표를 본 적이 없다. 구두 논의에 기초하여 그들은 해병대가 작전에 성공하기 위해서는 정치적 위험이 따르는 기간인 1주일에서 10일 이상 필요하다는 막연한 생각을 하고 있었다.

일선에서 뛰고 있는 연합임시행정청 소속 행정관들은 전투가 계속돼야 한다는 해병대의 주장이 옳다고 보았다. 바그다드가 이번 공격을 중지시킬지도 모른다는 소식이 들리고 있을 때 외국인 특채 행정관인 네이트 젠센은 해병대원정군 사령부 바로 곁에 있는 1연대 본부에서 툴란 연대장과 이야기를 나누었다. 그는 경험 많은 외교 관료인 스투 존스를 캠프 블루 다이아몬드(라마디의 해병 1사단 사령부의 별칭. 전에 사담 후세인의 이복동생 저택이었다)로 불러 의논했고, 존스는 즉각 브레머에게 메시지를 보내 작전 연기는 저항세력들을 강화시킬 것이며 팔루자에서 목표 달성에 이롭지 않다고 주장했다. 안바르 남부지역에서 주 정부 고위 고문으로 있는 마이클 그펠러도 설득력 있게 이의를 제기하는 메시지를 브레머에게 보냈다. 이 메시지에서 그펠러는, 작전 연기는 수니파 저항세력들에게 약점으로 비쳐질 것이며 동시에 사드르에게 저항을 고무시키는 결과를 가져올 것이라고 설명했다.

산체스와 아비자이드는 브레머 사무실에서 가진 이라크인 과도통치위원들과의 저녁 회합에 참석했다. 이번 공격을 계속해야 한다고 주장하던 이라크 임시 국방장관은 참석하지 않았다. 과도통치위원회에서 온 수니파 위원 세 명은 거리에서 대규모 항의집회와 대량 사퇴를 경고하며 이번 공격에 강력한 반대 입장을 표명했다. 팔루자 병원 원장은 알 자지라 방송에 나와 시민 600명이 사망했으며 1천 명이 중상을 입었다고 밝힌 바 있다. 이들 세 이라크인 통치위원들은 열의와 확신에 차 있었다. 하사니는 전투를 며칠간만 계속하게 해 달라는 아비자이드 장군의 요청을 왜곡하면서 그가 노련한 토론가라는 사실을 증명해 보였다. 하사니는 공격을 중단하지 않으면 이라크 전체가 곧 하나의 거대한 팔루자가 될 것이라고 응수했다.

사퇴 위협은 허세인지 모르지만 팔루자 사태는 이들 수니파 위원들이 민중들로부터 정통성을 획득하는 수단을 제공했다. 주로 사담 정권이 붕괴된 후 귀국한 국외망명자들로 구성된 이라크 과도통치위원회 위원들은 그들의 동배(同輩) 이리그인들로부터 오직 피상적인 지지만 받아왔다. 이제 겨우 애송이에 불과한 이라크 민주주의를 키우기 위해 미국이 임명한 지도부가 지금 그들을 죽이려고 안간힘을 쓰고 있는 저항세력들을 구원하기 위해 전력을 다하고 있는 것이다.

아비자이드 장군은 팔루자 공격이 이라크의 정치적 안정을 해치고 있다는 브레머 의견에 동의했다. 그 회의 결론에 따라 아비자이드는 공격작전을 일시 중지하도록 해병대에 지시를 내렸다. "나는 중요한 군사행동이 정치 정세를 내파(內破)할 수 있다는 점을 알고 있습니다." 로스앤젤레스 타임스에서 인용한 한 관리의 말에 따르면 그는 이렇게 이야기 한 것으로 전해진다.

산체스는 콘웨이 장군에게 이라크 과도통치위원회 위원들의 사퇴 위협을 묵살할 수 없었다는 점을 강조하면서 아비자이드 장군의 결정을 통보했다. 콘웨이는 다른 시각을 갖고 있었다. "일단 한번 수용하면 그들은 계속 요구할걸요." 하고 말했다. 산체스는 공격중지가 잠정적인 것이라고 콘웨이에게 다짐했다. 중지목적은 팔루자의 두 병원에 의약품을 공급하고 이라크 과도통치위원회 대표들이 팔루자시 원로들과 이야기할 수 있는 여유를 주자는 것이었다. 무슨 목적을 달성하려는 것인지 분명치 않았다. 콘웨이 장군은 매티스 장군에게 이 소식을 전해주고 매티스는 던포드 대령과 이 문제를 상의했다. 매티스는 나포레온을 인용하면서 이번 처사를 못마땅해 했다.

"첫째 우리는 명령을 받았고 그 명령에 따라 지금 군대를 출동시켜 놓고 있습니다. 각하, 비엔나를 가지시려면 하느님의 이름으로 그렇게 하십시오." 하고 매티스는 말했다.

―

4월 9일 미국언론들은 상원 9·11위원회에서 증언한 콘돌리자 라이스 박사 증언내용 분석에 초점을 맞추었다. 청문회는, 라이스가 차분하게 행정부의 과거 실수혐의를 논박하고 어떤 무분별한 성명을 발표하거나 분노를 보이며 물고 늘어지려는 행위를 단호히 거부함으로

써 품격 높은 극적 효과를 나타냈다. 팔루자의 미군이 "공격작전을 일방적으로 중지했다"는 연합임시행정청 발표는 언론에서 별 관심을 끌지 못했다.

산체스는 합동기동군의 결의가 결코 약화되지 않았다는 점을 강조하기 위해 기자들과 만났다. "우리는 지금 팔루자를 장악하고 있으며 우리 목적을 달성할 때까지 이 시에서 우리가 계획한 작전을 계속할 것입니다." 그는 기자들에게 말했다.

해병대의 침울한 기분을 풀어주기 위해 아비자이드 장군이 중부군사령부가 있는 도하 카타르에서 날아와 팔루자 캠프를 방문했다. 해병대원정군 사령부 참모들은 접전 중이었던 해병부대에 대한 브리핑을 하고 회의를 시작했다. 브리핑 요지는 분명했다. 해병대가 한창 교전 중일 때 정치가들은 휴전을 이야기하고 있었다는 것이다. 브리핑은 각 대대들이 공격을 계속할 준비를 하고 있다는 말로 끝냈다. 아비자이드는 24시간 동안 공격을 멈추고 평가해 볼 작정이라고 말했다. 그는 팔루자 저항세력들이 처음엔 미 육군(82공수대대)한테 지금은 미 해병대한테 얻어맞은 것으로 생각하고 있다고 했다. 그들은 무시 받아 마땅할 3류 언론에 과장된 주장을 늘어놓을 것이다. 아랍인들은 전에도 그렇게 했다. 1967년 대이스라엘 전쟁에서 그들은 자기들이 패배한 것을 알고는 승리를 선언하며 휴전에 동의한 바 있다. 아비자이드 장군의 말이다.

"그러나 우리는 팔루자에서 그들을 쳐부수지 못했습니다." 해병 하나가 소견을 밀했다.

"우리는 이곳에서 가장 다루기 힘든 사람들을 상대하고 있습니다." 콘웨이는 자기도 공격이 계속되어야 한다고 믿고 있다는 점을 분명히 하면서 말했다.

"이라크 과도통치위원들이 사퇴하겠다고 위협했네. 그건 정말 눈꼴사나운 일이야. 우리는 그것을 정치적으로 정당하게 받아드릴 시간이 필요하네." 아비자이드의 대답이다.

매티스 소장은 그 회합에 늦게 도착했다. 규모가 작은 그의 사단사령부 호위대가 그를 태우고 라마디에서 고속도로를 타고 전 속력으로 달려 내려오고 있을 때 험비 두 대가 그들에게 신호를 보내 정지시켰다. 3/11대대가 순찰 도중 거기서 북쪽으로 약 400미터 떨어진 한 가옥으로부터 기관총 공격을 받은 것이다. 매복자들을 그대로 남겨두고 떠나기가 싫었던 매티스 장군은 3/11대대의 순찰에 그의 경장갑차 2대의 화력을 보탰다.

"장군님께서는 남쪽으로부터 저항군 측면을 공격하게 했습니다." 하고 그의 호위대 지휘관인 데이비드 벨 특무상사가 말했다. "장군님은 나를 남쪽 측면으로 보냈습니다. 우리들은 저항군들에게 불시에 집중공격을 했습니다. 그때 장군님은 코브라 헬기 두 대를 불러 일을 끝내게 했습니다. 우리는 저항군 시신 두서너 구를 남겨두고 기관총 1정을 회수한 후 거기를 떠났습니다. 그래서 장군님이 늦어지게 되었습니다."

매티스 장군은 해병대원정군 사령부에 도착하여 지각을 사과했다.

"늦었습니다. 그러나 아비자이드 장군님, 우리한테 20분의 시간을 주십시오. 공격개시준비를 해야겠습니다." 하고 그는 말했다.

3/4대대는 시 동쪽 입체교차로에 접근했다. 매티스는 동쪽, 남쪽 및 북쪽에서 시를 죄어갈 준비를 하고 있었다.

"안 돼. 적어도 24시간 동안은 안 돼. 24시간 후 다시 고려해 보자고." 하고 아비자이드가 말했다.

이 4성장군은 불만에 가득 차 있는 해병들을 뒤에 남겨둔 채 훌쩍 비행기를 타고 가 버렸다. 매티스 소장이 그의 장갑차로 되돌아 왔을 때 그는 부하들에게나 또는 한 달 동안 그의 사단에 머물며 동고동락하고 있는 기자들에게 아무 말도 하지 않았다. 전에 없던 일이었다. 그의 성격으로 봐서 평소 같으면 회합에서 무슨 이야기가 오갔는지 설명해 주면서 약간의 전술적인 의견도 곁들이고 질문도 받고 했을 것이다. 호위대는 항상 그의 주위에 머물고 있었다. 그들은 가족과 같았으며 그들 지휘관이 무슨 생각을 하고 있는지 알고 싶어 했다. 하지만 9일에도 매티스는 그들과 거리를 두었다. 그는 장군이었으며, 오직 자신만이 알고 있어야 할 비밀을 털어놓을 수는 없는 일이었다.

다음날인 4월 10일, 공격작전을 중지하라는 합동기동군 사령부로부터 서면명령이 툴란 연대에 하달됐다. 공격작전은 중지되었지만 적의 고의적인 공격을 사전 예방하기 위한 방어작전은 계속할 수 있었다. 이 경우 주둔지 지역방어를 강화하기 위해 적당한 지역으로 전진할 수도 있다는 의미였다. 산체스 장군은 그들에게 가능한 더 많은 작전활동을 하게 하려고 애를 썼다.

미국에서는 부시 대통령이 매주 하는 토요일 라디오 담화를 전국에 내보냈다. "팔루자에서 견인불발작전을 펼치고 있는 우리 해병대가 한 블록씩 점거하여 시를 장악해가고 있습니다. 우리의 공격은 앞으로 몇 주간 계속될 것입니다." 하고 그는 말했다.

해병대 지휘관들은 그들이 받고 있는 구두명령과 서면명령이 서로 다른 점을 이해하려고 노력했다. 공격을 중지하라는 명령을 받은 터에 어떻게 한 블록씩 점거하여 시를 장악할 수 있을까. 산체스 역시 지휘관들이 이해하고 있는 것과 마찬가지로 공격중지가 오직 하루만 계속될 것이라고 믿었다. 공격중지 시간이 끝나면 부시 대통령이 라디오에서 지적한 것처럼 공격이 시작될 수 있을 것이다. 그들은 그렇게 되기를 마음속으로 빌었다.

휴전은 상호적인 것이 아니었다. 저항세력들은 그들이 유리한 위치에 있을 때면 어김없이 공격해 왔다. 4월 9일, 3/4대대는 밤새도록 박격포와 로켓포 공격을 받은 후 10일 아침에 팔루자 북동쪽 전선 첫 번째 줄의 건물들 쪽으로 공격해 들어간 반면 2/1대대와 1/5대대는 그냥 자리를 지켰다. 바그다드에서 날아 온 이라크통치위원인 하사니와 야와르는 정부종합센터에서 몇몇 이라크인들과 만난 후 시 외곽에 있는 해병대원정군 사령부에서 기자회견을 가졌다. 그들은 기자들에게 팔루자가 지금 "유린되고 있으며" 자기들과 동행했던 의사들이 상황을 보고 "기막혀 하고 있다"고 말했다.

"우리는 팔루자에 대한 통제를 이 도시의 훌륭한 지도자들에게 맡기기를 원합니다." 이라크 과도통치위원회에서 온 협상팀 일원인 사이프 라만이 말했다.

그 말을 남기고 그들은 허둥지둥 바그다드로 떠나버렸다. 역시 과도통치위원인 애드난 파카키는 바그다드에서 아랍 및 미국 텔레비전 카메라 앞에 서서 그가 앞으로 2주 동안 계속 반복할 주장을 발표했다.

"우리는 미군이 팔루자에서 자행한 행동을 불법이며 전혀 용납할 수 없는 일로 간주합니다. 그것은 집단응징의 형식을 취하고 있습니다."라고 그는 주장했다.

12
많은 사람들이 죽었고 지금도 죽어간다

팔루자에서 협상과 새로운 사태가 반복되는 사이 30마일 서쪽에 있는 라마디에선 며칠째 격전이 벌어지고 있었다. 4월 6일, 미군 12명이 시내와 교외에서 벌어진 저항세력들과의 전투에서 죽었다. 전투는 다음날도 계속되었다. 이날 여단사령부 참모부는 심리작전팀을 라마디에 투입하기로 했다. 심리작전 요원이 험비 위에 앉아서 기관총 대신 확성기를 가지고 주민들을 설득하는 일인데, 케네디 중령은 병기중대를 붙여 이 작전을 엄호하게 했다.

심리작전용 험비 두 대와 함께 루카스 웰스 중위가 지휘하는 1개 소대가 시장거리로 천천히 걸어들어 갔다. 확성기에선 "폭도들을 신고해 주십시오. 그들을 색출히여 여러분들이 안심히고 생업에 종시할 수 있게 해 주십시오."라는 내용의 아랍어로 된 단조로운 목소리가 흘러 나오고 있었다. 해병들은 험비 양쪽으로 늘어서 전진했다. 좀처럼 남의 말을 믿지 않기로 소문난 이라크 남자들 수백 명이 몰려들어 신고 있는 샌들을 벗어 밑바닥을 보여주기도 하고 가운데 손가락으로 인사하는 흉내를 내어 모욕을 주는가 하면 "우우" 하며 야유하고 큰 소리로 욕설을 내뱉고 목을 자르는 제스처를 하기도 했다. 가까운 사원 첨탑 확성기가 미군의 심리작전 메시지 소리보다 더 큰 소리로 성전을 위해 피를 흘리자고 고래고래 외치고 있었다. 해병들이 팸플릿을 나눠 주었으나 사람들은 그걸 찢어서 엉덩이에 문지르고는 도로 집어던져 버렸다. 처음에 돌멩이 몇 개가 날아오더니 점점 더 많이 날아왔다. 조롱하고 있는 군중들 못지않게 화가 난 해병들은 누구든지 자기들에게 도전하면 가만두지 않겠다는 뜻으로 총을 앞뒤로 흔들었다.

"이런 식으론 안 되겠는데요." 웰스 중위가 무전으로 웨일러 대위와 상의했다.

"좋아, 거기서 1킬로미터 북쪽으로 가. 그렇게 하면 우리가 시내에서 쫓겨난 것처럼 보이지 않을 거야. 젖소들한테 우리 메시지를 들려주고, 그리고는 돌아와." 하고 웨일러는 말했다.

북쪽으로 걸어가다가 해병들은 흰 디시다사를 입은 비무장 남자들이 나무로 된 관 하나를 어깨에 메고 가는 행렬과 우연히 마주쳤다. 해병들은 그들이 지나가도록 곁에 멈추어 섰다. 서로 말 한마디 없이 험악한 시선을 주고받았다. 지난 4월 6일 헤드헌터 저격팀이 총격전을 벌였던, 도로가 탁 트인 곳에 도착했을 때 해병들은 뭔지 사태가 심상치 않게 돌아가고 있음을 알았다. 바깥에 사람 그림자가 보이지 않고 마땅히 들판에서 풀을 뜯어야 할 가축들 대부분이 우리 안에 가두어져 있었다. 웰스 소대 병사들은 들판과 소나무와. 계단모양으로 물려서 쌓은 집들을 대충 살피며 저항군들의 공격을 기다렸다. 여느 때처럼 공격은 산발적인 로켓탄, AK 및 기관총 발사로 시작되었다. 이어서 사제폭발물이 터졌으나 거리가 너무 멀어 해병들에게 피해를 주지 않았다.

웰스 중위는 전초 라인의 병사들에게 가장 가까운 곳에 있는 큰 집을 수색하게 했다. 그들은 공포에 질려 옥상에 숨어 있는 부인과 세 아이들을 발견했다. 가까이 있는 야자나무 숲에서 한 해병이 나무 꼭대기에 어떤 움직임이 있음을 눈치 채고 Mark19를 쏘았다. AK소총을 가진 두 남자가 20피트 아래 땅으로 떨어졌다. 관목 숲 속에서 나무타기 장비를 착용한 또 다른 2명을 붙잡았다. 마샬 커밍스 병장은 세워 놓은 험비 쪽으로 되돌아가다가 등에 총탄을 맞고 폐에 구멍이 뚫렸다. 한 저항군이 자기가 쏜 총에 누가 맞았는지를 알아보려고 긴 풀숲을 살금살금 기어왔다. 해병들은 그의 가슴을 향해 Mark19를 몇 발 쏘고는 커밍스를 험비에 태워 무서운 속력으로 기지로 되돌아갔다. 교통량이 많은 시내를 통과하느라 오가는 차들과 부딪히기도 했다. 커밍스는 기지에서 군의관 닥터 손의 응급조치를 받은 후 블랙호크 헬기로 후송되었다.

케네디 중령은 순찰을 시내에만 집중시키지 않았다. 자연히 교외에서 저항세력과 주도권 쟁탈전이 벌어졌다. 4월 6일 전투에서 저항군 핵심은 시 바깥에서 온 사람들이었다. 역사적으로 어느 나라 없이 반정부 게릴라들은 주로 지방에 숨어서 도시를 장악하고 있는 정부군을 압박했다. 이라크 평야에는 저항군들이 은거할 만한 정글이나 숲이 없다. 그 대신 우수한 도로망이 있어 저항세력들이 도시 내 안전한 곳에 무기 은닉처를 두고 살아가며 유사시에 집합장소에 모여 무기를 갖고 공격한 후 쉽게 달아날 수 있었다. 소피아는 라마디 공격을 위한 집합장소 역할을 했다.

전략적인 면으로 보아 해병대가 지구전으로 라마디를 장악할 수는 없는 일이다. 이라크 정부군만이 저항군으로부터 라마디를 되찾을 수 있으며 그것은 장기계획이 될 것이라고 케네디는 믿었다. 이 도시에는 지금 3만 명이 넘는 불만에 가득 찬 수니파 젊은이들이 있다. 해병대는 저항세력들에게 쫓긴 경찰차량들이 정신없이 거리를 질주하는 모습을 자주 보아왔다. 경찰서 대부분은 그들의 장비를 저항세력들에게 빼앗겼다.

다시 라마디를 직접 통제하기 위해서는 미군 혼자서 싸워야 할 것이다. 반란의 불길이 온 안바르주를 휩쓸고 있기 때문에 케네디 중령은 벌써 5일째 끌어 오고 있는 폭동에 쐐기를 박기로 결심했다. 4월 10일, 그는 전투를 마무리기 위해 라마디에서 동쪽으로 3킬로미터 떨어진 소피아로 공격해 들어갔다. 에코중대가 막대한 피해를 입었던 곳이다. CIA와 특수부대와의 합동작전으로 케네디는 기습공격을 감행할 고급주택 10개를 정했다. 어느 날 새벽을 틈타 에코중대는 각각 조를 짜 이 10개의 집을 일시에 덮쳤다.

산티아고 병장의 저격팀은 빈센트 발데스 중위의 1소대와 함께 탁트인 들판을 가로질러 전진했다. 그때 암소 한 마리가 펠구손 상등병을 향해 힘차게 달려오는 바람에 그는 그만 이 불운한 소를 쏘아 죽이고 말았다. 스탠턴과 산티아고가 배를 잡고 웃고 있을 때 주위에 총알이 우두둑 떨어지기 시작했다. 그들은 가장 가까이 있는 작은 건물 속으로 후닥닥 들어갔다. 조그마한 구덩이 주위에 인분 덩어리가 여기저기 널려 있는 옥외 변소였다. 울컥 토할 것 같아 두 사람은 얼른 뒤로 물러나와 땅에 엎드렸다. 탄환이 소리를 내며 주위에 계속 떨어지고 있었다. 그들은 포복하여 가까이 있는 집으로 들어갔다.

집 안에 들어선 산티아고는 겁에 질린 집 주인에게 가족들이 합법적으로 소지하고 있는 무기를 모두 내 놓으라고 으름장을 놓았다. 그가 갖고 있는 저격용 총은 한 번에 한 발씩만 발사하게 돼 있지만, 산티아고는 그 집에서 나온 AK소총으로 가까이 있는 야자나무 숲을 향해 탄창이 빌 때까지 연발로 쏘았다. 다른 집에 들어간 해병 5~6명은 연속으로 나는 AK소총 소리에 놀라 산티아고가 있는 집 쪽을 향해 사격을 했다. 마구 날아오는 총탄에 기겁을 한 집 주인은 자기들이 다 죽게 생겼다고 그의 아이들 앞에서 펄펄 뛰며 산티아고 더러 빨리 나가라고 소리소리 질렀다. 아이들에게 캔디를 나눠준 산티아고는 화가 잔뜩 나 있는 스탠턴을 따라 뒷문으로 빠져 나왔다.

바깥에서 그들은 펠구손을 만났다. 그는 그때 150미터 전방 야자나무 밑에 숨어 있는 한 남자를 겨냥하여 방아쇠를 당기고 있었다. 산티아고는 펠구손과 스탠턴에게 자기가 엄호사격을 하며 따라갈 테니까 50미터 떨어진 다음 갓길로 뛰어가자고 말했다. 산티아고의 엄호사격이 그쳤을 때 한 이라크인이 총을 쏘고 있는 것이 눈에 들어왔다. 산티아고가 그 이라크인을 겨냥하여 쏘았으나 맞은 것 같지 않았다. 저격병인 것 같아 갑자기 몸이 오싹해 진 스탠턴이 좀 떨어진 갓길 아래 엎드렸다.

"개자식!" 스탠턴이 소리쳤다. "의도적으로 우리를 노렸겠다! 어디 두고 봐."

세 해병은 조금도 움직이지 않고 있는 그 외톨이 이라크인을 포위해 조여 갔다. 치명적인 상처를 입은 그 남자가 엎드려 있는 나무 쪽을 향해 일제사격을 가했다.

서쪽으로 좀 더 전진해 있는 로이어 대위가 휘하 소대들을 지휘하고 있을 때 그의 지휘부가 남쪽과 동북쪽으로부터 기관총 사격을 받았다. 탁 트인 들판에서 십자사격에 간히게 된 해병들은 시궁창으로 뛰어들어 첫 집중사격을 피했다. 로이어 대위가 약간 고개를 들자 탄환 한 발이 그의 헬멧을 쳐 잠간 아찔했으나 상처는 입지 않았다. 케네스 하셀 병장이 적지에 박격포 공격을 하게 할 요량으로 제일 가까운 집

쪽으로 돌진해 갔다. 예광탄 두 발이 그에게 집중되는 것처럼 보였다. 그는 다리 두 군데에 부상을 입고 시궁창으로 껑충 뛰어 들었다. 하셀의 다리를 야자 잎으로 동여맨 후 해병들은 시궁창을 따라 그를 질질 끌고 갔다. 총알이 그들의 머리 몇 인치 위로 날아와 뒤편 흙을 튀겨 올렸다.

그 시궁창은 현지인들이 오물처리장으로 사용하던 곳이었다. 해병들이 큰 갓길에서 총탄을 피해 그곳으로 미끄러져 들어갔을 때 그들의 군복이 갑자기 새까매졌고 악취가 코를 찔러 토하고 싶을 지경이었다. 그들은 하셀을 끌고 진흙탕 물이 그들의 허리에까지 오는 수로를 지나 2소대의 한 분대가 장악하고 있는 농가 마당으로 포복해 들어갔다. 하셀은 모르핀 주사를 안 맞겠다며 총을 꼭 쥐고는 싸울 수 있다고 고집했다.

그들 주위에는 야자나무 숲 사이로 띄엄띄엄 두서너 채씩 모여 있는 집들과 그 사이에 작은 공터와 정원들이 있었다. 험비 장갑차들이 시궁창을 건너올 수가 없어 그들의 엄호사격과 해병들이 분리되어 있었다. 그 동리 사람들과 친밀한 저항군들이 사방에서 떼를 지어 몰려들었다. 공중에는 코브라 헬기들이 떠 있었지만 로이어 대위는 해병들이 정확히 어디에 있는지 확인할 때까지 헬기의 공격을 요청하지 않았다. 헬기 대부분은 다른 집들 사이에서 분대규모로 무리지어 싸우고 있는 해병들을 지원하기 위해 가버렸다.

저항군들은 로이어 대위 일행이 버티고 있는 집 50~60미터까지 밀고 들어와 조준사격을 하려고 했다. 그러나 최후의 돌격은 감행하려들지 않았다. 로이어 병사들 중 두 저격병인 패트릭 애쉬비 하사와 사무엘 토파라 상등병은 옥상에 올라가 4~6명으로 무리를 지어 야자나무 숲을 통해 돌진해 오고 있는 저항군들을 조준사격으로 한 사람씩 처치하고 있었다.

처음 총격이 시작되었을 때 애쉬비는 어떤 집안으로 뛰어 들어가 옥상으로 내달았다. 그 집 가족들이 뒤를 급히 따라와 그에게 성화(聖畵)와 십자가를 보여주며, 만약 그가 지금 떠나지 않으면 나중에 저들이 와서 기독교 반역자로 자기들을 처단할 거라고 더듬거리며 사정했다. 애쉬비는 어쩔 수 없이 그 집을 나와 로이어가 있는 집으로 옮겨온 것이다.

애쉬비는 한 번씩 옥상의 낮은 경계벽 위로 머리를 내밀어 채찍을 휘두르는 것 같은 딱! 딱! 하는 소리를 들었다. 지금 로이어 대위 일행의 정찰병 역할을 하고 있는 그는 이쪽을 향해 총을 쏘고 있는 이웃 집 창문을 향해 M203(유탄 발사기) 한 발을 쏘아 침묵시켰다. 그리고는 총에 붙은 망원경으로 적을 찾아내는 저격병 일을 다시 시작했다. 목표물을 찾아 조준사격으로 처치하고는 홱 몸을 굽혀 옥상 다른 장소로 구물구물 기어가서 몇 분간 기다렸다가 다시 또 전과 같이 시작하는 것이다. 애쉬비는 많은 목표물들이 검은 옷을 입고 있다는 것을 알고는 철저하게 대비했다. 그 지역에 전직 이라크 특수부대원들이 잠복해 있다는 이야기를 들은 바 있기 때문이다. 그날 아침 일찍 애쉬비는 한 남자를 사살하고는 미군 저격병이 사용하는 망원경 달린 독일제 모제르 소총 한 정을 되찾았다. 이들 저항군들이 어떤 사람들인지는 모르지만, 그들이 군사훈련을 받은 전직 군인들임이 분명해 보였다.

로이어 대위 일행이 있는 집에서 동남쪽으로 50여 미터 떨어진 어띤 집으로부터 이라크제 기관총이 불을 뿜고 있었다. 총이 창문 안쪽에 장치돼 있어 M16으로 대응해도 효과가 없었다. 해병들은 집 안에서 그 창문 쪽을 향해 AT-4로켓탄을 쏘고는— 그 반사음이 온 집을 뒤흔들었다— 이웃집으로 돌진해갔다. 거기서 다시 포복하여 그 다음 집으로 접근해 가 수류탄을 던져 넣어 터뜨린 후 살금살금 다가갔다. 해병들은 그 기관총을 파괴할 때까지 이런 과정을 세 번 반복했다. 70미터를 전진하는데 90분이 걸렸으며 작은 야자나무 숲속에 있는 다섯 집의 저항군들을 소탕했다.

로이어 대위 일행이 있는 곳으로부터 남쪽으로 100미터 떨어진 곳에서 역시 같은 종류의 치열한 접근전이 벌어지고 있었다. 심스 병장과 또 다른 저격병인 호세 라미레즈 상등병은 그들이 있는 집 옥상에서 약 100미터 떨어진 도랑에 엎드려 있는 저항군 여러 명과 대치했다. 저항군들이 한 사람씩 총을 맞을 때마다 도랑 가까이 있는 집에서 부녀자가 나와 그를 안으로 끌고 들어갔다.

그런데 이번에는 저항군들이 한 번에 2~4명씩 무리를 지어 앞으로 돌진해 오기 시작했다. 수류탄을 던지지는 않았지만 더 가까운 곳에 와서 이쪽을 향해 조준사격을 하려는 의도 같았다. 그들 중 한 명이 심스 병장이 있는 집 담장 밑과 도랑둑을 번갈아 가며 나타나 이쪽을 살피다가 총격을 받고 숨어버렸다. 라미레즈는 저항군들이 가까이 오고 있는 것을 본 해병들이 목표물을 겨냥할 생각도 하지 않고 그냥 난폭하게 총을 쏘고 있음을 알았다. 담장 위에 총신을 걸쳐서 그냥 방아쇠만 당기고 있는 것이다.

저격병으로 훈련받은 라미레즈는 몸을 낮춘 채 꼼짝도 않고 조금 전 그가 본 이라크 총잡이가 숨은 곳에 총을 겨눠 새로 나타나기만을 기다렸다. 시간이 가자 그 총잡이가 같은 장소에서 그의 망원경 가늠쇠 복판에 다시 나타났다. 순간 두려움에 입이 바싹 마르는 것을 느꼈지만 라미레즈는 다시 마음의 안정을 되찾기 시작했다.

그와 심스 병장은 어떤 리듬을 타고 있었다. 처음엔 둘 중 누구 하나가 다음엔 다른 사람이 조준사격으로 적 하나씩을 맞히고는 다른 장소로 엉금엉금 기어가서 다시 다른 목표물을 노렸다. 그런데 심스가 하필 좋지 않은 순간에 무릎을 짚고 일어서버렸다. 탄환 하나가 그의 어깨를 뚫고 들어와 가슴을 관통, 등에 박혔다. 라미레즈가 아래층으로 옮겨 세르지오 귀테레즈 3급 위생병이 내출혈을 막으려고 애를 썼다.

제프리 안드레이드 상등병이 무전으로 로이어 대위에게 보고했다. "심스에게 지금 새 한 마리(헬기)가 필요합니다. 지금 당장요!"

접근전에 대한 보고를 듣고 있던 작전센터는 심스나 또는 거기서 약 100미터 떨어져 있는 하셀을 후송하기 위해 구급용 헬기를 띄우기가 위험하다며 헬기 파견을 거절했다. 앞서 전투에서처럼 콘노르 대령이 113장갑차 대열을 이끌고 왔다. 그들은 용수로를 건너올 수 없어 수로 저쪽에서 막강한 화력으로 지원사격을 했다. 안드레이드가 큰 소리로 도움을 요청하자 해병 네 명이 심스 병장을 들것에 실어 들고 진흙 수로를 거쳐 앰뷸런스가 있는 곳으로 옮겼다. 거기서 심스의 맥박이 그쳐버렸다. 심폐기능호흡을 시작한지 15분 후 그의 맥박이 희미하게 다시 뛰기 시작했다. 그러나 내출혈과 쇼크가 너무 심해 결국 죽고 말았다.

에코중대 주위에서 소용돌이쳤던 4시간에 걸친 전투는 예고도 없이 왔다가 끝나는 뇌우처럼 갑자기 시작되어 갑자기 끝나버렸다. 저항군들은 서서히 철수하거나 철수를 위해 후위에 군사를 남기거나 하지 않는다. 한순간 그들은 거기에 있다가 다음 순간 그들은 가버리고 없다. 그 자리엔 아이들이 다시 뛰어놀고, 자동차가 왔다 갔다 하고, 택시가 서고, 부인들이 빨래를 널고, 개가 짖어 대고, 소떼와 양떼가 들판에서 우리로 다시 돌아온다. 저격병인 스토쉬 모드로우 상등병은 몇 분 전에 치열한 격전장이었던 곳이 갑자기 목가적인 전원풍경으로 변한 것을 보며 너무도 어이가 없어 고개를 절레절레 흔들었다.

전투가 진행되는 동안 2/7대대 소속 저격병 4명이 일시적으로 에코중대에 배속돼 있었다. 거기서 그들은 모두 저격용 총 대신 M16을 사용했다. 사정거리가 짧은데다가 한 번에 한 발 대신 여러 발을 쏠 필요가 있었기 때문이다. 그들은 이 M16으로 저항군 15명을 무력화시켰다. 이들 저격병들의 전과 외에 에코중대는 저항군 20명~30명을 명중시켰다. 모드로우 상등병은 지금 눈앞에 보이는 모든 집 안에는 양탄자나 담요에 둘둘 말린 시신과 그들의 죽음을 슬퍼하는 가족과 친지들이 있음을 알고 있다. 그들은 그 시신을 매장하기 위해 미군이 빨리 떠나기를 기다리고 있었다. 이라크인들은 누가 죽으면 즉시 정성을 다해 시신을 보살핀다. 시신을 보살피지 않고 버려두는 것은 그들의 종교적 신념에 위배되는 일이다.

―

에코중대가 전투를 벌이고 있는 동안 댄 크로포드 중위가 이끄는 제1기동강습대는 간선도로 위에 포진하고 있었다. 몇 분 후 브래들리 장갑차 3대가 크로포드의 험비 곁에 와 멈추고는 25밀리 연쇄포를 쏘아댔다. 들판 저쪽 수백 미터 되는 곳에 십 수 명의 부녀자와 아이들이 날카로운 소리를 내며 날아가는 포탄의 붉은 궤적 때문에 마당에 웅크리고 있었다. 아이들은 부녀자들에게 찰싹 달라붙어 있고, 그들 중 일부는 마치 소리를 차단하면 발포가 중지되기라도 할 것처럼 손으로 귀를 꽉 막고 있었다.

크로포드는 브래들리 장갑차에 무전연락도 하지 않은 채 붉은 별 조명탄을 팡 하고 쏘아 올렸다. 브래들리가 포사격을 멈췄다. 로메오 산티아고 병장이 사격팀을 인솔하여 들판을 가로질러 가서 돌처럼 굳어져 있는 부녀자들과 아이들을 쉬쉬하며 집 안으로 몰아넣었다. 미군이 노출되어 있는 것을 본 남자 두 명이 AK소총을 들고 야자나무 덤불에서 튀어나오다 Mark19 사수에게 저지당했다. 산티아고는 그들의 시신을 뒤로 한 채 그 곁에 있는 집을 수색, 골방에 숨어 있는 남자 6명을 잡아 수갑을 채웠다. 사격팀은 소총 한 정과 권총 탄환, 총검 두 자루, 쌍안경 4개, 휴대전화기 4대, 충격막대기 하나, '작은 도시에서의 도살'이란 제목의 영어 라벨이 붙은 비디오테이프 하나를 압수했다. 크로포드는 당황해 하는 브래들리 장갑차 승무병들에게 호통을 치고는 브래들리를 그의 측면에 배치했다. 그 무렵 전투는 먼 동쪽으로 옮겨갔고, 그날 그들은 더 이상 어떤 이상 징후를 발견하지 못했다.

―――

구급용 헬기를 빨리 보내달라는 에코중대의 요청을 받은 케네디 중령은 왜 헬기가 그곳에 착륙할 수 없는지 확인할 요량으로 전투지역으로 달려갔다. 현장에 도착했을 때 그는 로이어 대위가 사태를 잘 제어하고 있는 것을 보았다.

웨일러 대위와 험비 장갑차 7대를 거느린 도브 중위 소대와 함께 케네디는 저항군들의 도주로를 차단할 생각에서 서북쪽으로 1킬로미터 더 전진하기로 했다. 그들이 험비를 타고 천천히 나아가고 있을 때 이따금씩 이라크인들이 야자나무 숲이나 담장 뒤에서 갑자기 튀어 나와 AK소총을 몇 발 쏘다가 이쪽에서 응사하면 집 안으로 사라지곤 했다. 웨일러는 4월 6일의 저항군들과는 달리 이 그룹은 전문가들이며 결코 딘시긴으로 참가한 사람들이 아니라는 생각이 들었다.

케네디는 도브 소대 뒤를 따라 웨일러와 함께 북쪽을 향해 걸었다. 도브 소대는 사방으로 흩어져 도로가에 있는 집들을 수색해가며 전진했다. 저항군들은 언제 어느 곳에서도 별안간 나타날 수 있다. 케네디 중령 일행으로부터 겨우 1킬로미터 뒤에서 맥나이트 병장은 관목 덤불 속에 몸을 감춘 채 AK소총을 겨누고 있는 검은 디시다사의 세 남자를 보았다. 총탄이 운전병을 겨우 피해갔다. 험비가 미끄러지며 멈춰섰다. 총잡이들은 사라졌다. 맥나이트는 해병 6명과 옆으로 쭉 늘어서서 들판을 가로질러가며 그들을 추적했다. 그들은 무기를 던져버리고는 전력 질주하여 달아났다. 방탄복과 무구의 무게로 인해 해병들은 적을 멀리 보내고 뒤에 터벅터벅 걸어갈 수밖에 없었다. 약 10분 뒤 들판 가운데 집 한 채를 발견하고는 슬슬 접근했다. 사격은 받지 않았다. 안에 세 남자가 있었다. 두 사람은 흰 디시다사를 입었고 한 사람은 무릎에 흙이 묻은 황갈색 조깅 운동복을 입고 땀을 흘리고 있었다. 해병들은 그들에게 수갑을 채워 밖으로 끌고 나왔다. 바깥에서 해병들은 저쪽 들판을 뛰어가고 있는 비무장의 한 남자를 보았다. 1킬로미터 넘게 추격하다가 결국 포기하고 세 포로를 데리고 험비로 되돌아 왔다.

뒤따라오는 웨일러와 함께 도브 소대가 거리를 따라 약 100미터를 전진했을 때, 누군가가 발사한 것 같아 보이는 RPG로켓탄 하나가 불발인 채 도브 중위 옆 길바닥에 뒹굴고 있었다. 아직도 천천히 흔들거리고 있는 것으로 보아 방금 전에 쏜 게 분명했다. 웨일러는 순간적으로 적이 어디서 자기들을 노리고 있다는 생각이 들어 가르시아 하사에게 저쪽 거리 모퉁이를 겨냥하라고 말했다. 가르시아는 RPG 사수가 그 모퉁이에서 몸을 내미는 순간 그의 가슴을 향해 쏘았다. 그 남자는 무기를 떨어뜨리고는 비틀거리며 달아났다.

가르시아는 연기를 내뿜으며 쉬쉬 소리를 내고 있는 그 로켓 발사기 쪽으로 쫓아갔다. 로켓탄은 점화되지 않은 채 발사기 주둥이에 꽂혀 있었다. 가르시아는 매우 조심스럽게 그 발사기를 시궁창에 내버리고는 도망간 사수를 사방으로 찾았다. 핏자국을 따라 어느 집으로 들어간 그는 담요를 감고 졸린척하고 있는 한 남자를 발견했다. 그의 가슴에서 피가 흘러내렸다. 그에게 수갑을 채워 다른 혐의자 7명을 잡아놓은 하이백 험비에 집어넣었다. 뒤에 그는 그 상처로 죽었다.

도브 중위는 1킬로미터 전방에 있는 유프라테스 강 쪽으로 걸어가면서 그의 소대를 1분대씩 나누어 길 양쪽에 있는 집을 수색케 했다. 대개 100여 미터 전진할 때마다 짧은 총격전이 있었다. 저항군 2~3명이 갑자기 나타나 AK소총을 쏘고는 북쪽으로 달아나 도로변 집들 사이로 사라지곤 했다. 해병대는 시신 몇 구와 부상자들을 발견했다. 몸에는 M16소총의 5.56밀리 총탄 구멍이 조그맣게 나 있었다. 아직 살아있는 사람들은 하이백 험비로 데리고 와 콘트레아스 위생병의 간호를 받게 했다. 위생병은 가장 심하게 다친 네 사람에게 모르핀을 꽂았다. 부상자들 중 몇 명은 콘트레아스에게 제발 자기들을 죽여 달라고 사정했다.

도브 중위 소대는 여군들로 구성된 육군 분견대를 대동하고 있었다. 이라크 여성들을 수색할 필요가 있을 경우 이들 여군들이 담당했다. 잦은 총격전으로 인해 웨일러는 여군들이 혹시 다치지나 않을까 점점 신경이 쓰였다. "지금 이 도로에 브래들리 몇 대가 와 있다. 그 속이 나을 거야. 한 대 오라고 부를 테니까 타고 있어. 거긴 안전해."

"괜찮습니다. 대위님. 여기가 재미있는 걸요!" 여군들로부터 이런 대답이 돌아왔다.

이 말을 아첨으로 받아들이며 웨일러 대위는 그들에게 도브 소대와 계속 행동을 함께 하라고 말했다. 강 유역에 이르자 시가지가 점차 끝나고 이따금씩 홍수에 휩쓸려간 농토가 나타났다. 키가 큰 대맥과 풀밭 사이에서 조셉 라그돈 병장은 놀라서 후닥닥 달아나는 저항군 4명을 발견했다. 그는 세 명을 쏘아 쓰러뜨리고 나머지 한 명을 좇아갔다.

웨일러가 뒤를 따랐다. 그 이라크인은 저쪽에서 배를 깔고 누워 죽어 가며 30발들이 탄창이 다 빌 때까지 웨일러가 몸을 던져 엎드려 있는 돌무더기를 향해 AK소총을 쏘아댔다.

몸을 일으킨 웨일러는 그들이 유프라테스 강 기슭에 와 있음을 알았다. 거기 집 한 채가 외따로 있었다. 집 안에서 해병들은 의약품 상자들을 찾아냈는데 대부분 유니세프(유엔아동기금) 라벨이 붙어 있었다. 집 주인은 자기가 간호사라고 했다. 집 안에 있던 다른 세 남자와 여인 일곱 명은 저항군들을 전혀 본 적이 없다고 말했다. 한 남자는 팔에 총상을 입고 있었는데 유탄에 맞았다고 했다.

오후 4시였다. 해병들은 강에 도착했고 총격전도 끝났다. 남쪽 에코중대의 전투도 끝났다. 웨일러 대위 병사들은 저항군 8명을 죽이고 17명을 체포했다. 웨일러는 라마디 시민들이 전쟁의 흔적들을 아주 빨리 말끔히 치워버리는 것이 놀라웠다. 치열하게 전투가 벌어지고 있는 속에서도 부녀자들은 너나없이 생명의 위험을 무릅쓰고 몇 번이고 집 밖으로 나와 저항군이나 행인, 그리고 이웃들의 부상자와 시신들을 옮겨갔다. 땅에 흘린 탄피들도 하나하나 다 수거해 갔다. 웨일러 대위는 필경 어디에 놋쇠를 사는 시장이 있을 것으로 생각했다. 총격전이 끝나면 박살난 차량들은 폐품으로 이용할 것은 하고 나머지는 들판에 끌어다 버렸다. 거리에 핏자국도 깨끗이 지웠다.

웨일러에게 그것은 참으로 신기한 광경이었다. 모든 빈터는 쓰레기 더미로 넘쳐났다. 사람들의 분뇨가 시궁창을 메웠다. 눈을 들어 보면 나무엔 푸른 비닐봉지들이 바람에 날려가다 매달려 펄럭거리고 있다. 대부분의 동리에서 쓰레기들이 여기 저기 흩어져 있는 것을 보면 공중의식이 결여돼 있음이 분명하다. 그러나 사람들은 본능적으로 저항군들이 저질러 놓은 것은 깨끗이 치운다. 마치 그들이 자기들을 위협하는 국외자들이기보다는 자기들의 피붙이이기나 한 것 같다.

주민들이 시신을 정중하게 모신다는 것을 알고 있는 웨일러는 시신들을 길 가에 남겨두고 혐의자들을 여단 본부로 후송시켰다. 팔루자의 해병부대엔 현지인 통역자 세 명이 있는데 이들 중 두 사람은 잡혀 온 혐의자들을 절대로 저항군이라고 말한 적이 없다. 웨일러는 그 통역자들이 진실로 미군을 도우고 있지 않다는 것을 그들의 이웃들에게 확신시키기 위해서라고 믿었다. 그들은 봉급이 많은 이 직장에 계속 다니고도 싶고 운 좋게 계속 살아남고도 싶은 것이다. 다른 한 통역자는 누군가가 저항군이라는 생각이 들면, 이라크인들이 눈치 채지 않게 해병들에게 살짝 귀띔해 주었다.

4월 10일, 처음으로 웨일러는 그 세 사람의 통역이 공통된 의견을 제시하는 것을 보았다. "너무 많은 사람들이 죽었습니다." 그들 세 사람은 말했다. "지금도 죽어가고 있습니다. 그들은 여러분들과 더 이상 싸우기를 원치 않습니다."

―

라마디에서 5일 동안 미군과 전투를 벌였던 이라크인들은 확고한 신념을 가진 골수 저항세력과 '미니트맨'으로 불리는 약간 신념을 가진 사람들, 그리고 감정에 휩쓸려 무기를 들고 천방지축으로 뛰어다니는 사람들의 혼합체였다. 특히 이 마지막 부류는 한 블록의 안전거리를 두고 해병대를 귀찮게 붙어 다니다가 열의에 넘쳐 집으로 돌아가곤 하는 젊은이들이었다. 그들 모두가 다 총을 쏘는 것은 아니었다. 대부분은 미군들 주위에 갑자기 나타나서 고함을 지르고 무기를 휘두르다 땀에 흠뻑 젖어 흥분한 상태로 집으로 돌아가서는, 뒷날 커피점이나 거리 모퉁이에서 서로 만나 빗맞혀 죽이지 못했다느니 어쩌느니 하는 무훈담을 주고받는 부류였다.

그들 대부분은 부실한 훈련에 사려분별도 부족한 상태였다. 그런데도 미군과 저항세력과의 싸움터에 수천 명이 나섰다. 역사는 1978년 테헤란(호메이니 혁명)과 1959년 바그다드(카셈파와 아레프파의 내전)에서 일어난 일들과 같이, 참여자 모두를 해일처럼 휩쓸어 삼켜버린 비극적인 무장반란의 사례들로 가득 차 있다. 라마디에서 해병대가 유리한 전투를 벌임으로서 이라크전에 대한 미국 내 일반인들의 인식에서 심각한 좌절은 막을 수 있었다. 케네디대대가 라마디에서 손을 뗀다거나 저항군들과 협상을 해야 할 처지에 몰렸다면, 라마디―쌍둥이 자매인 팔루자도 마찬가지로―는 통제의 범위에서 벗어나 크게 소용돌이쳤을 것이다.

전투는 4월 10일 저녁에 끝났다. 2/4대대는 16명 사망에 100여 명 부상이라는 손실을 입었다. 5일간의 전투가 끝난 후 현지 병원들은 사망자와 부상자로 만원이었으며 묘지가 확장되었다. 저항세력의 기풍은 소피아 거리 전투 때 깨어져 버렸다. 그들이 동료들 시신을 그냥 내버려둔 채 떠나버린 반면 해병대가 재빨리 적의 시신들을 다 수거하여 도로가에 가지런히 모아둔 후 다음 전투지역으로 떠났기 때문이다. 저항군들은 이라크 경찰과 보안군이 전투에 참여해 달라는 미군 요구를 거부한 데서 위안을 받을 수 있었다. 그러나 알 자지라 방송이 라마디 사태를 크게 보도하지 않았고, 미군이 공격을 계속하면 새 공화국 수립참여를 거부하겠다고 위협한 바그다드의 이라크인 지도자가 아무도 없었다.

주도(州都)인 라마디 장악을 위해 정정당당하게 싸움을 건 이번 저항세력들의 미군에 대한 도전은 대실패로 끝났다.

13

우울한 부활절 공격

2004년 4월 11일, 라마디는 여느 때의 반항적인 기질로 되돌아와 있었다. 시장에는 찌무룩한 표정을 한 사람들로 득실거렸다. 브래들리 장갑차가 고속도로를 장악하고 2/4대대는 시내의 일상 순찰을 다시 계속했다. 무력으로 불안한 평온이 유지되고 있었다.

자매시인 팔루자는 무력으로도 그렇게 되지 않았다. '휴전' 3일째 되는 날, 저항세력들은 해병 순찰대의 진로를 살피고 있다가 기회만 보이면 총격을 가했다. 연립정부 측 협상 채널이 급격히 늘어났다. 해병대 원정군 사령부는 브레머 최고행정관에게 직접 보고하는 경험 많은 외교관인 리차드 H. 존스 대사와 함께 협상작업을 진행했다. 연합임시행정청의 또 다른 대사인 로널드 L.슐리쳐는 별도의 회담을 지휘했다. 합동기동군사령부 정치고문인 캐서린 데일은 산체스 장군을 위한 선택권을 찾고 있었다. 미군 장군들 통역관들조차 저항세력 패거리 한 둘을 안다고 주장하는 이라크인들과 교섭하고 있었다. 모든 사람들이 다 나서서 다른 누구와 협상을 벌이고 있는 것처럼 보였다.

그날, 부활절 일요일은 아침부터 뭔가 심상치 않았다. 식료품과 젊은이들을 가득 태운 트럭들이 검문소가 있는 팔루자 동쪽 교차로에 접근했다. 트럭에 탄 사람들은 사드르의 마흐디군(軍)에서 온 시아파 민병대와 바그다드 여러 모스크에서 뽑혀 온 수니파 젊은이들이었다. 그들은, 팔루자에 가서 고통 받는 형제들을 도울 수 있게 미군 중령이 허락했으니 통과시켜 달라며 검문소 병사들에게 부득부득 떼를 썼다. 보고를 받은 툴란 대령은 좀 미심쩍은 생각이 들어 바그다드에서 이들의 팔루자 행을 허락했다는 문제의 그 중령을 전화로 찾았다. 수소문 끝에 연합임시행정청에서 일하는 한 대령이 전화에 나와 자기가 팔루자를 돕겠다고 나서는 그 사람들을 보냈노라고 설명했다. 검문소의 무장해병들은 그 트럭들의 팔루자 진입을 허락하지 않고 되돌려 보냈다. 트럭에 탄 남자들의 저항군 참여를 저지하기 위해서였다. 툴란 대령은 바그다드의 그 대령에게 다시는 이런 짓을 하지 말라고 경고했다.

미군과 접촉하는 이라크인들 사이에 각각 다른 협상팀 십 수 개가 서로 소용돌이를 치고 있어 저들과 제휴는 늘 혼란스러웠다. 하사니가 해병대의 협상총아로 등장했지만 그가— 또는 어떤 다른 협상자가— 저항세력에게 얼마만한 영향력을 가졌는지 분명치 않았다. 그들은 여러 계층의 중간사람들을 통해 움직이고 있었다.

저항세력 측에서는 자나비가 팔루자의 핵심 지도자였다. 그는 작년 11월 드링크와인대대가 그를 체포하기 위해 모스크를 급습할 것이라는 정보를 듣고는 팔루자에서 사라진 바 있다. 그 후에 되돌아 왔으나 몇몇 족장들이 발렌타인데이 대학살을 일으킨 저항세력에 복수를 계획하고 있을 때 그는 재빠르게 다시 몸을 피했다. 하사니는 4월 10일 첫 팔루자 방문 때 자나비 대변자를 만났지만 대화는 이루어지지 않았다. 다음날 보수 수니파 벌족출신의 한 이라크 과도통치위원회 위원이 제1전투연대 정보장교인 데이브 벨론 소령에게 자기는 수니파 형제들을 어떻게 다루어야 하는지를 알고 있다고 장담했다. 이 이라크인은 저항세력과 첫 회합을 갖기 위해 팔루자 시내로 차를 몰고 들어갔으나 저항세력은 그를 후줄근하게 두드려 패고 침을 뱉으며 모욕을 준 후 그의 차에 내동댕이 쳐버렸다. 바그다드로 떠나기 전에 그는 벨론 소령에게 팔루자의 '야만스런 요소'에 대해 개탄했다. 저항세력이 소위 협상자들을 조롱하고 있다는 보고를 들은 벨론 소령은 그에게 목숨을 부지하고 탈출한 것만 해도 다행으로 생각하라고 위로해 주었다.

휴전협상이 진행되는 동안 해병대 역할은 전면에 나서지 않고 침묵을 지키는 일이었다. 일단 아비자이드와 브레머가 협상에 동의하긴 했으나 군부나 연합임시행정청의 책임한계가 분명치 않았다. 11일 콘웨이 장군은 팔루자의 연합임시행정청 대표인 네이트 젠센을 한 회합에 초대했다. 해병대원정군 사령부 참모들이 전직 고위 이라크군 장군들과 이라크군 창설을 협의하는 회합이었다. 젠센은 전직 장군들의 충성심을 믿을 수 없다면서 그들의 참여에 반대했다.

"행정관께서는 민간인입니다. 설명을 좀 드리지요. 행정관께서 기를 꽂으면 군인들은 그 색깔을 보고 모입니다." 하고 해병대원정군 사령부 참모장인 J.C. 콜만 대령은 말했다.

모욕을 느낀 젠센은 콜만의 책상 위에 있는 미국 국기를 가리키며 말했다. "저것이 나의 색깔입니다. 이런 제기랄! 나는 내가 무슨 말을 하고 있다는 것을 알고 있습니다."

콘웨이가 두 사람의 대결을 무마한 후 젠센은 이미 터져버린 첫 풍선이 된 고위 이라크 장군들의 초빙계획을 무산시켰다. 분명히 바트당 당원들을 복권시키는 일은 연합임시행정청과 백악관의 지휘가 필요한 중대한 정책결정이다. 하지만 팔루자를 다스리는 단일 지도체제가 없는 점을 감안하면 이런 일은 협상에서 군사적 정치적 책임을 혼란시키기 십상이었다.

해병대원정군 사령부가 해병대를 위한 협상을 지휘하고 있는 동안, 매티스는 지상군 사령관으로서 휴전이 끝나는 즉시 팔루자를 장악할 준비를 하고 있었다. 연대장인 툴란 대령은 최전선에 배치된 대대들을 지휘하는 전선 사령관이었다. 그러나 연대본부가 팔루자 외곽에 설치된 해병대원정군 작전센터 바로 옆에 있기 때문에 툴란은 자주 협상에 끌려들어갔다. 그러나 우선적인 것들을 먼저 해결해야 한다는 그의 방침이 빗나가지는 않았다.

합동기동군 사령부가, 24시간 또는 그 이상을 의미한다는 아비자이드 장군의 구두 부연설명까지 붙여서 해병대원정군에게 내린 팔루자 공격작전 중단 지시는, 이제 그 유효기간이 끝났다. 3/4대대가 시 동쪽 교차로에서 저항군의 박격포 공격을 받았다. 콘웨이, 매티스, 그리고 툴란은 이를 방치하지 말고 맹공을 가하기로 의견을 모았다. 합동기동군 사령부는 3/4대대 진지 강화에 반대하지 않았다.

4월 11일, 부활절 일요일 아침, 3/4대대가 공격을 재개했다. 킬로중대는 동 맨해튼으로 진격했다. 이 동리는 저항군들이 10번 고속도로를 다니는 미군차량들을 공격하는 로켓탄 발사 기지로 곧잘 이용하는 곳이다. 3개 중대를 전개한 킬로대대는 그곳에 있는 모래 색깔의 집들을 하나씩 수색하기 시작했다.

각 블록에는 약 20~30채의 집들이 있고 대부분 마당 끝에 담장이 둘러싸고 있었다. 1개 또는 2개 분대가 한 블록을 맡았다. 4명으로 된 사격팀이 외부를 방어하는 동안, 다른 팀이 데트코드 고리를 이용하여 대문 자물쇠를 날려버린다. 기습 훈련을 받은 해병 5~6명이 마당으로 돌진해 들어가 집의 바깥벽에 찰싹 달라붙어 안의 동정을 살핀다. 사격을 해오지 않으면 현관문을 부수고 떼지어 몰려 들어가 서로 엄호하며 각 방을 수색하여 무기를 찾아낸다. 바깥 계단이 있거나 지붕에서 지붕으로 뛰어내릴 수 있는 구조일 땐 각 층별로 나뉘어 수색한다. 거의 다섯 집에 한 집 꼴로 식구들이 중앙 홀에 함께 모여 있는 것으로 드러났다. 해병들은 그들에게 밖으로 나오지 말라고 경고하고 다음 집으로 옮겨 간다.

한 담장 안의 주택 집단을 수색하는데 약 20분이 걸렸다. 두 시간 동안에 시내 안쪽으로 두 블록 이상을 전진하지 못했다. 그때 저항군 4~6명씩을 태운 자동차들이 우르르 몰려와 차창으로 AK와 RPG를 쏘기 시작했다. 브라이언 맥코이 중령이 몇몇 집 옥상에 저격병들을 미리 배치해 놓았지만 그들은 뒷골목에서 갑자기 움직이는 차들을 흘끗 보았을 뿐이다. 공중에 떠있는 무인항공기가 보내오는 비디오는 동쪽 3/4대대 전방과 남쪽 1/5대대 전방을 향해 달리고 있는 차량들을 보여주었다. 이는 적이 3/4대대가 양동작전을 하는 것으로 생각하고 있음을 말해주는 것이다.

라마디에서처럼 해병대는 저항세력 패거리들의 선제 발포로 재빨리 교전에 돌입했다. 그들은 뒷골목을 훤히 꿰뚫고 있어 해병들이 쳐 놓은 덫에 좀처럼 걸려들지 않았다. 가정집으로 숨어 들어가 창문을 통해 사격을 하기도 했는데, 방 안쪽 깊숙한 곳에서 총을 쏘기 때문에 총구에서 나오는 섬광이 미군의 눈에 잘 띄지 않았다. 그들 중 많은 사람들이 AK-47 탄창 주머니가 달린 검은 워밍업 운동복을 입고 고무창 운동화를 신고 붉고 흰 체크무늬 카피에를 쓰고 있었다. 프로들이 많다는 뜻이었다. 몇 블록 저쪽 여러 골목에서 무턱대고 쏘아대는 로켓탄들이 날아와 터졌다. 저항군들은 전진하고 있는 해병들에게 긴 여유를 주지 않기 위해 또는 너무 가까이 접근하지 못하게 도로변에 늘어선 집에 들어가 몇 초 동안 쏘다가 다시 뒤로 빠져나와 다른 곳에서 쏘곤 했다.

대대 사수인 젠너 코글린 상급준위는 빠르게 움직이며 달아나는 목표물이 너무 많이 보이는 것에 화가 났다. "두 눈을 뜨고 더 빨리 쏘아, 이런 빌어먹을!" 하고 소리쳤다.

저항세력들은 옛날과 똑같이 '쏘고 달아나는' 전술을 사용하는 것처럼 보였다. 3중대의 한 분대가 좁은 골목 끝에 있는 어떤 집으로 접근했다. 해병들이 대문을 안으로 차서 넘어뜨렸으나 AK총탄이 날아와 뒤로 물러났다. 그들은 담장을 방패삼아 몰래 다가가 수류탄 몇 개를 던져 넣어 터뜨린 후 돌진해 들어갔다. 마당으로 들어선 스미스 상등병이 적탄을 맞고 쓰러졌다. 동료들이 그를 끌고 나와 험비에 태웠다.

데니얼 아마야 상등병이 그의 분대를 재편하여 지휘했다. 그는 바그다드 진군에 참여한 고참병으로 분대원들과 함께 귀국하기 위해 이라크 근무기간을 연장했다. 유머감각이 있는 아마야는 '스테시의 엄마(Stacy's Mom)'와 같은 이상한 팝송곡조에 즉흥적인 가사를 붙여 불러 분대원들을 즐겁게 했다. 아마야는 SMAW(어깨에 메고 쏘는 다목적 공격용 무반동 포)를 찾았다. 이 무기는 2차 대전 때 사용하던 바주카포를 닮았으며 30파운드의 열기압 로켓탄을 발사한다. 이 탄두가 방 안에서 터지면 엄청난 고압과 고열로 방이 내부에서 무너져 내린다. 그 로켓탄두가 핑 소리를 내며 방 창문을 뚫고 들어가 먼지구름을 일으키며 터졌다. 좋은 방법이다 싶어 수류탄 두 개 이상을 방안으로 던져 넣었다.

해병들은 집 안으로 뛰어들어갔다. 아마야는 리드를 하는 해병의 M16 총신에 붙어 있어야 할 플래시 라이트가 없음을 알았다.

"이 사람아, 그런 식으로 방에 들어가선 어두워서 아무 것도 볼 수 없어. 뒤로 물러서, 내가 먼저 들어갈 테니까." 하고 아마야가 말했다.

그가 앞장서고 다른 해병들이 뒤를 따랐다. 열기압 로켓탄이 터졌던 제일 앞방은 텅 비어 있었다. 아마야는 M16을 겨누며 천천히 집 뒤로 난 복도를 따라 들어가고 다른 해병들이 한 사람씩 종대로 그 뒤를 따랐다. 그는 뒤쪽에 있는 한 작은 방에 발을 들여 놓으며 총신에 붙은 플래시 라이트로 방을 삥 둘러 비췄다.

"이런! 이런 염병할!" 그는 소리 질렀다. "함정이다. 빨리 나가, 빨리!"

AK와 M16 소총의 발사음이 한데 섞여 길게 들렸다. 아마야가 비틀거리며 문 밖으로 나와 맥없이 쓰러졌다. 목에 치명상을 입었다.

해병들은 그를 바깥 마당담장 근방으로 끌고 왔다. 중대장인 팀 워커 대위가 탱크를 끌고 와 그 집을 향해 수평사격 자세로 120밀리 포탄 6발을 쏘았다. 반복된 포격에도 집은 무너지지 않았다. 그 집에서 몇 분 간격으로 탕! 탕! 하며 해병들을 향해 쏘는 AK소총 소리가 났다.

지하 벙커가 있음이 틀림없다고 본 워커 대위는 집을 무너뜨리기 위해 D-9 몬스터 불도저를 불렀지만 여분이 없었다. 그 집 옥상에는 난방과 요리를 위한 기름 저장 탱크가 있었다. 해병들은 그 저장탱크에 총을 쏘아 구멍을 내고는 기름이 흘러내려 아마야가 저격된 복도에 기름이 고일 때까지 기다렸다가 방화용 수류탄을 던져 넣었다. 집이 불타고 집 안의 방어자들이 죽어가며 단말마의 비명을 지르는 소리가 들렸다.

킬로중대가 적의 완강한 저항 지점을 점거해가고 있는 동안, 리마중대는 제36이라크 보안군 대대와 함께 북쪽으로 여섯 블록을 전진했다. 미 육군 특수부대 고문관들이 용기를 북돋워 주고 있는 가운데, 이라크 병사들은 문을 차고 집 안으로 들어가 수색임무를 재빨리 완수함으로써 해병들과 나란히 그들 자신의 입장을 지켰다. 주위 해병들에 대한 배려를 아끼지 않는 그들은 각 모스크에도 제일 먼저 들어가 수색하겠다고 나섰다.

브라이언 맥코이 중령은 2개 소총중대와 함께 해병대가 이라크 전투에서 터득한 리듬에 알맞은 빠른 속도로 동쪽으로 밀고나갔다. 맥코이는 인디아중대에 병기중대에서 나온 포차(砲車)들을 붙여 시 북쪽 변두리 바깥에 있는 쓰레기장을 거쳐 동쪽으로 진군하게 했다. 인디아중대는 처음에는 서쪽으로 1킬로미터가 넘는 곳을 쉽게 전진해 갔다. 시내에 투입된 다른 중대들보다 훨씬 앞선 지점이었다. 50구경 기관총과 10배수 확대경이 장착된 험비 차량들이 남북으로 뚫려 있는 넓은 길을 따라 앞서거니 뒤서거니 하며 전진했다. 간혹 저항세력들의 공격이 있었으나 가볍게 제압했다. 그들은 시내 쪽으로 도망쳤다.

그러나 인디아중대가 시 외곽 기차역에 도착했을 때 거센 저항에 부딪쳤다. RPG로켓탄, 기관총 및 AK소총 탄환이 남쪽 300미터 지점의 시내 쪽에서 빗발쳐 왔다. 철도 시발점에 도달한 제일 앞선 팀은 윈스턴 몰리나 병장이 이끈 포차 두 대였다. 그는 시내를 탈출하는 시민 수천 명 사이를 교묘하게 빠져나오면서 505이라크 보안군 대대에 속한 작은 기지 바깥에 떼를 지어 어슬렁거리고 있는 한 무리의 남자들을 목격했다. 조심스럽게 접근한 그는 담장을 따라 교묘하게 쌓아 놓은 100정 이상의 AK소총 무더기를 보았다. 일부 병사들은 보안군 유니폼을 민간인 복장으로 갈아입고 있었다. 병사들은 장교들이 도망을 가버렸으며 그들 역시 떠나려 한다고 설명했다.

몰리나는 당황했다. 그들은 좋은 방어위치에 있었으며 무장도 잘 갖춘 부대였다. 그러나 저항군들의 포화에 겁을 먹고 지금 탈주하느라 정신이 없었다. 몰리나 병장은 화가 나서 그들을 50구경 기관총으로 위협하여 한 곳에 모아서는 수갑을 채웠다. 모두 약 50명이었다. 통역자 한 사람이 그 소동을 보고 서둘러 달려와 그들에게 실상을 물어보고는 이렇게 설명했다. 그 병사들은 "팔루자 형제들에 대항하여 싸우기를 거절했지만, 그 형제들이 무기를 훔쳐가는 것은 원하지 않았다는 것, 그리고 그들이 오직 바라는 것은 집에 돌아가는 것"이라는 이야기였다.

몰리나는 무전으로 505이라크 보안군 대대가 분해돼 버렸다고 보고하고 지시를 기다렸다. 이라크 경찰과 보안군을 무시해 버리라는 답이 왔다. 그들은 적대적이지는 않았다. 아직 506이라크 대대 일부 병력을 술래이만 중령이 시 서쪽에 있는 그의 영내에 데리고 있었다. 그러나 그들 역시 전투에 참여하지 않고 있으며 시내에선 경찰도 손을 놓고 있었다.

몹시 화가 났지만 몰리나는 그들의 수갑을 풀어주고 전투에 전념하기로 했다. 인디아 중대가 철로를 따라 포진하자 총격전이 더욱 격렬해졌다. 몰리나는 일부 병사들에게, 고개를 수그린 채 총만 벽 위에 얹어 무작정 쏘지 말고 조준사격을 하라고 소리쳤다. 기차역 입구에 서치라이트 타워가 약 50피트 높이로 몇 동 서 있었다. 토비 그레이 병장과 스톤 병장이 타워에 올라가 저격병들을 제거하라는 명령을 받았다. 어깨에 총을 메고 그들은 어설프게 타워에 붙어 있는, 전봇대의 대형 거멀못 같은 사다리를 타고 올라갔다. 스톤과 그레이는 5분이 지나도 서치라이트 플랫폼에 이르지 못했다. 바로 그때 적의 기관총탄이 서치라이트 타워 쇠기둥에 튀기 시작했다. 그레이가 지원사격을 하라고 내려다보며 소리 질렀다. 해병들은 정신없이 쏘아댔다. 외눈박이 망원경을 사용하는 몰리나는 기관총을 될 수 있는 내로 정확히 조준사격하기 위해 "진정해! 진정해!"하고 외쳤다.

그러나 그들은 모두 상황이 긴박함을 알고 있었다. 타워 플랫폼 위에는 숨을 장소가 없었다. 총알 하나가 스톤의 방탄조끼를 거센 주먹처럼 쳤다. 그는 뒤로 비틀거렸다. 턱에 베인 상처에서 피가 흘러내렸다. "야! 여기서 내려가야겠다." 그는 아래를 내려다보며 소리쳤다. "우리 내려간다."

그레이는 스톤을 움켜잡고 플랫폼 위로 넘어뜨리고는 그 위에 엎드려 꼭 눌렀다. "이대로 가만히 있어. 우리가 너무 노출돼 있어!" 그레이가 고함을 질렀다. "이대로 가만있어, 앗, 이런!"

스톤은 총탄이 핑! 핑! 소리를 내며 플랫폼으로 날아들자 잠깐 동안 버둥거렸다. 그는 얼굴이 축축해져 옴을 느꼈다. 그레이가 아직도 자기 위에 엎드려 누르고 있는데, 보아하니 그의 목에서 피가 콸콸 흘러나오고 있었다. 스톤은 비명을 지르며 아래를 보고 외쳤다. 타워 아래에서는 몰리나와 해병 20명이 사격의 도를 더욱 높였다. 적의 기관총이 잠잠해지자 해병들은 스톤에게 내려오라고 고함을 쳤다. 땅에 내려온 스톤은 전신을 와들와들 떨었다. 온통 피범벅이었다. 위생병이 그에게 모르핀을 꽂았다. 그는 왼쪽 삼두근에 흉측한 총상을 입었다. 방탄조끼가 그의 생명을 구한 셈이다.

서치라이트 플랫폼 위에는 그레이가 아직 쓰러져 있고 그의 목에서 솟구친 피가 땅으로 뚝뚝 떨어졌다. 몰리나가 험비에서 바디백(시신운반용 부대) 하나를 가져와 다른 병사 두 명과 함께 쇠기둥을 기어올랐다. 그들이 쇠기둥에 노출되자 저항군들이 다시 사격을 시작했다. 쇠기둥을 탕탕 때리는 탄환 소리가 몰리나를 질리게 만들었다. 그들은 그레이의 시신을 바디백에 넣어 천천히, 그러나 서툰 동작으로 아슬아슬하게 내리기 시작했다. 총, 헬멧, 시신이 몇 번이나 사다리에 대롱대롱 매달려 있곤 했다. 그때마다 한 병사가 손으로 사다리를 꽉 붙잡고 바디백을 이리저리 움직여 저쪽에서 총을 쏘고 있는 저항군의 시야를 어지럽혔다. 10분간의 시신 내리기 작업에서 모두 무사했다. 그들이 쇠기둥을

다 내려왔을 때 수륙양용차 한 대가 그레이 병장의 시신과 스톤을 입체교차로에 있는 전방 응급치료소로 싣고 가기 위해 기다리고 있었다. 거기서 응급조치를 받은 스톤은 험비에 실려 후방 병원으로 후송됐다. 그는 그레이의 피로 범벅이 된 얼룩무늬 전투복을 입고 앉아서 모르핀 기운에 취해 "그레이는 나를 구했는데 나는 그레이를 구하지 못했다"며 울먹였다.

맥코이 중령이 타고 다니는 험비 장갑차의 왈가닥 기관총 사수로 소문난 그래함 골든 상등병이 맥코이에게 와서 말했다.

"대대장님, 여기 이것을 입으십시오. 지금 입고 계신 것은 냄새가 너무 많이 납니다." 그는 깨끗하게 세탁한 얼룩무늬 전투복 한 벌을 건네며 말을 이었다. "대대로 돌아가실 때 이걸 입고, 지금 입고 계신 것은 버리십시오. 그레이가 살아 있을 때 대대장님의 전투복을 갈아입혀 드려야겠다고 늘 입버릇처럼 말했습니다."

맥코이 중령은 그레이를 '나의 베이비 킬러들' 가운데 하나라며 좋아했다. 전쟁을 하기엔 너무 나이 어려 베이비란 말을 쓴 것이다. 작년 11월 라스베이거스에서 있었던 해병대 무도회에서 열여덟 살 그레이는 가장 젊은 해병에게 주는 케이크 조각을 받았다.

대대본부 건물에서 몇 피트 떨어진 곳에, 3/4대대가 병력과 병참 진로를 추적하기 위해 휴대용 컴퓨터와 군용 전화기 몇 대를 비치해 놓은 합판건물이 있다. 그 안에서 대대 선임 장교인 앤드루 페트루치 소령은 아직도 보고가 들어오고 있는 다른 사망자들 명단을 작성하고 있었다. 3/4대대는, 병참대를 조직하여 대대의 다른 모든 무구(武具)와 탄약을 수송해 오도록 오스카 지메네즈 중위 소대를 남겨두고 팔루자로 먼저 들어갔다. 가정적인 성품을 가진 지메네즈는 전쟁초기에 3/4대대에 배속돼 바그다드에 진군했다. 페트루치 소령은 부활절 일요일인 오늘 그가 70킬로미터 거리의 병참 수송을 전혀 문제없이 거뜬히 해낼 수 있을 것으로 확신했다. 그러나 병참대를 이끌고 뒷길로 잘못 들어가는 한 번의 실수로 복병을 만나 그가 죽었다는 보고를 지금 페트루치가 받고 있는 것이다.

부활절 일요일은 3/4대대에게 값비싼 대가를 치르게 했지만 부대는 여세를 몰아 계속 전진했다. 팔루자 북서쪽 모퉁이에서 잼비크 대위와 2/1대대 소속 병사들은 기차 정거장 서치라이트 타워 아래에 있는 몰리나 병장의 포차들을 볼 수 있었다. 3/4대대는 포차 한 대를 갖고 중요 간선도로를 누비고 다니며 저항군들이 거리를 가로질러 건널 때마다 기관총이나 Mark19로 맹공을 가했다. 리마중대는 역에서부터 공격을 개시하여 시 중심지를 차단할 수 있었다. 바이런 중령은 1/5대대에게 10번 고속도로 남쪽에 있는 저항군들을 공격할 준비를 하도록 지시했다. 한편 맥코이 중령은 킬로중대와 인디아중대를 제36이라크 보안대대와 함께 동 맨해튼으로 전진하게 했다.

인디아중대는 지금 드루 리 중위 소대를 앞세워 시내에서 서쪽방향으로 몇 블록을 선도해 가고 있었다. 리 중위는 2개 분대를 나란히 보조를 맞춰 전진케 하는 것이 어렵다는 것을 알았다. 수색차 들어간 집 안에서 두꺼운 벽 때문에 휴대용 무전기가 때때로 중단되는 일이 있어, 저항세력들이 도주하고 있음을 감지할 땐 각 분대가 그들 자신의 전진 속도로 추적하기 때문이다. 리 중위 소대가 한 대형 모스크와 광장 하나를 사이에 두고 늘어서 있는 집들 가까이 접근했을 때 총탄이 핑핑 소리를 내며 콘크리트에 튀었다. 로버트 빌라로보스 병장이 리 중위 쪽으로 얼른 몸을 피하곤 적의 발사위치가 어딘지를 알아보기 위해 그의 사격팀을 이끌고 집 옥상으로 올라갔다. 아무 이상을 발견할 수 없어 그는 껑충 뛰어 3피트 위의 다음 집 옥상으로 건너갔다. 부하들도 그 뒤를 따랐다.

거리에 있는 리 중위는 그들이 옥상에 있는 적의 목을 부러뜨리려 가는 줄로 생각했다.

"그래, 그 우라질 놈들을 때려눕히고 와!" 하고 소리쳤다.

빌라보로스 병장은 리 중위의 말을 못들은 체하며 팀을 이끌고 모스크가 건너다보이는 맨 바깥쪽 건물 옥상에 도달했다. 거기서는 빈 광장 저쪽에 있는 모스크를 향해 마음대로 총을 쏠 수 있었다. 옥상 가장자리로 벽돌담 하나가 가로지르고 있어, 그 너머를 보기 위해서는 일어서야만 했다. 그 경계벽 바깥쪽에 이따금씩 적의 기관총탄 튀는 소리가 들렸다. 리카르도 헤르난데스 병장이 그의 몸을 살짝 일으키다가 후닥닥 넘어졌다.

거리에서 리 중위와 함께 있던 분대장 티모시 푼케 병장이 시멘트 바닥에 넘어지는 소리를 듣고 위를 쳐다보며 소리 질렀다.

"그냥 내려와, 바보 같은 녀석들! 내려오라니까! 너희들 지금 사격 받고 있어. 이런, 무슨 일이 있는 거야? 너희들도 총을 쏘아!"

옥상의 빌라보로스 사격팀은 흥분을 감추지 못했다. 그들은 지금 가까운 도로와 쓰레기가 널려 있는 광장과 그리고 저쪽으로 모스크를 한눈에 볼 수 있는 제일 유리한 위치에 있었다. 그들이 대대의 제일 선봉이었으며 시내에 제일 깊숙이 들어와 있는 것이다. 거기서 약 200미터 떨어진 어떤 건물 옥상에서 저항군 3명이 RPK기관총을 낮은 경계벽 위에 걸쳐 놓고 이쪽을 향해 쏘고 있었다. 빌라로보스와 그의 팀은 경계벽 밑에 엎드려 조준사격을 했다. 한 사람이 명중됐는지 비틀거렸다. 다른 두 사람은 기관총을 갖고 그 부상자를 따라 옥상에서 사라졌다.

빌라로보스는 머리를 살짝 들어 주위를 둘러봤다. 광장 저편 구석에서 푸른색 승용차 한 대가 빙글빙글 돌다가 빌라로보스가 있는 건물 쪽으로 속력을 내어 달려왔다. 운전수는 옥상에 해병들이 있음을 모르는 것이 분명했다. 빌라보로스는 이 행운이 믿기지 않았다.

승용차가 거의 그들 아래에 왔을 때 세 사람은 불쑥 일어나 차를 향해 마음 놓고 연발사격을 가했다. 앞 유리가 산산조각이 나고 엔진 덮개가 튀어 열리면서 차가 집 측면을 들이 받았다. AK소총을 가죽 끈으로 몸에 걸고 있는 저항군들이 서로 엉켜 차 밖으로 굴러 떨어졌다. 연기를 뿜고 있는 차 주위 몇 피트 이내에 네 명이 쓰러져 버둥거렸다. 다섯 번째 사람은 차 안에서 나오지 않았다. 아디다스 고무창 운동화를 신은 뚱뚱해 뵈는 운전수는 갑자기 튀어 나와 광장 쪽으로 몇 미터 달려가다 빌라로보스가 그의 등을 향해 쏜 총탄을 맞고 쓰러졌다.

옥상의 해병들이 막 탄창을 갈아 끼웠을 때 다시금 먼지투성이의 흰색 승용차 한 대가 아까처럼 저쪽 광장 구석에서 어정거리다가 해병들이 있는 건물 쪽을 향해 무서운 속도로 달려왔다. 해병들은 서로의 얼굴을 쳐다봤다. 이런 행운이 있을 수가 없었다. 그런데 운전수가 갑자기 해병들을 알아보고는 끼익 하며 미끄러지듯 멈춰 섰다. 운전수가 튀어 나와 전력질주하기 시작했다. 얼마나 빨리 달아나는지 해병들이 그를 쏠 여유조차 없었다. 동료들을 운명에 맡겨둔 채 혼자 달아난 것이다. AK소총을 가진 사람이 뒷문을 열고 나와 달아나는 운전수 뒤에다 대고 무어라고 소리를 질렀다. 빌라로보스가 낮은 담장 위에 M16을 걸쳐 그를 쏘았다. 이라크인 두 명이 차에서 튀어나와 해병들이 미처 겨냥할 새도 없이 달아났다. 1분도 채 안된 시간에 해병 3명이 적 8명을 죽였다.

한 블록 뒤에서 맥코이 중령이 각종 무선 통신을 모니터링해 가며 대대지휘부와 함께 전진하고 있었다. 전자정보팀이 자기들이 도청한 저항군들의 휴대전화 내용에 대한 해설을 계속 전해 주었다.

"적은 지금 어찌할 바를 모르고 있습니다." 정보부서 책임자가 말을 이어갔다. "자기들끼리 '미군들이 팔루자 모든 곳에 깔려 있다' 고 이야기하고 있으며 전체 전선을 걱정하고 있습니다. 15명이 탱크포격을 받고 있는 것 같습니다. 전전긍긍하고 있습니다. 그들은 지금 파괴되고 있습니다."

저항군들이 막다른 골목에 다다랐다는 생각이 들었다.

3/4대대 작전장교인 케빈 노톤 소령은 맥코이에게 휴대전화 도청 내역대로라면 지금 저항군 지휘부가 붕괴되고 있는 것 같다고 했다.

"무자헤딘들은 해병대가 사방에서 공격하고 있다고 자기들끼리 이야기하고 있습니다. 그들이 몹시 당황하고 있습니다. 우리는 지금 그들을 완전히 제압해버릴 수 있습니다." 하고 소령은 말했다.

"그것이 자네 판단인가?" 맥코이가 물었다.

"아닙니다. 전 전선에서의 확실한 추이입니다."

맥코이 휘하 중대장들은 그들이 승리의 전기를 잡았다고 생각했다. 전투에는 리듬이 있는 법이다. 일선에서 싸우고 있는 각 분대들은 적이 지금 어떤 상태로 싸우고 있는지를 알았다. 라마디에서의 전투와 많이 닮아 있었다. 저항군들은 포차들이 남북 횡단 대로를 오르내리며 위압적으로 갈겨대는 포탄사격에 혼비백산했다.

모든 집들이 토치카로 변할 수 있다. 아마야가 그런 요새에서 죽었다. 그러나 저항군들은 체계적으로 그런 방어 방법을 사용하지 않았다. 해병들이 모든 집 내부를 수색한 것은 아니다. 나란히 전진하며 골목과 정원을 수색하는 것이 더 중요했다. 요새들이 앞을 가로막을 땐 탱크를 불러 왔다. 탱크의 주포도도 허물어지지 않는 집은 표시를 해두고 그냥 지나갔다. 나중에 배셔(AC130기)를 불러 처치하면 된다.

맥코이 중령에게 팔루자는 꼭 항복을 받아내야 할 곳이었다. 그는 연대 작전참모인 스팔키 랜포스 중령을 무전으로 불렀다.

"스팔키, 우리는 동방위 89에 도착했다. 지금 공격을 준비하고 있다. 한 시간 이내 히드라 모스크를 점령할 것이다."

저항군들은 트럭과 택시를 타고 졸란지구 뒷거리로 무작정 달아나며 휴대전화로 저희들끼리 빠르게 지껄이고 있었다. 바이런의 1/5대대에 대적하기 위해 남쪽으로 향할지 또는 맥코이대대를 방어하기 위해 동쪽으로 향할지 확실한 방침도 없어 보였다. 인디아중대 전면에 부서진 자동차 2대와 시신 5~6구가 널려 있는 가운데 상호간 총격전은 아직도 치열했다. 인디아중대는 탱크를 가진 기갑병들을 서쪽으로 진군케 하고 포차들을 측면에 배치시켜 남북으로 달리는 간선 거리를 커버하게 하며 전진할 작정이었다.

맥코이 중령은 졸란지구를 쥐어짜서 고름주머니 머리처럼 눈알이 튀어나오게 만들어 줄 수 있다고 믿었다.

"B.P.(브라이언 P. 맥코이의 애칭), 그건 안 돼. 사단사령부에서 졸란지구 전진을 허가하지 않고 있어. 동방위 89에서 멈춰야 돼."

———

부활절 일요일, 대니얼 아마야 상등병, 토비 그레이 병장 그리고 오스카 지메네즈 중위를 잃었다. 얼마 후 이라크 과도통치위원회 위원인 하킴 하사니는 알 자지라 방송에 나와 다음과 같이 발표했다.

"만약 그것(휴전)이 지켜진다면, 그 도시(팔루자)로부터 단계적인 철군이 있을 것입니다." 그는 미군을 대변할 수 있는 권한을 갖고 있음을 넌지시 비추면서 이렇게 말했다.

14

네놈들이 나를 쏜다고?
웃기지 마라!

일방적으로 선포한 휴전이 질질 끌며 오래가자, 매티스 장군은 고위층의 우유부단이 전투를 책략수단으로 확산되게 하지 않을까 염려했다. 매일 휴전은 다음날로 연장되었다. 하사니는 늘 수상한 저항세력 대리인들과 만나며 실질적인 돌파구를 만들기 직전에 가 있다고 큰 소리를 치고 다녔다. 아랍 언론들은 날마다 팔루자의 소름끼치는 미군공격에 초점을 맞추어 이라크인들을 자극했다. 연합임시행정청은 4월 6일에서 13일 사이에 알 자지라 방송이 미군과 폭도들과의 전투를 과장과 오보로 왜곡했다며 서른네 가지 사례를 들어 발표했다. 럼스펠드 장관은 알 자지라 방송이 "악의적으로 사실을 왜곡하는, 용서할 수 없는" 보도를 하고 있다고 비난했다.

저항세력들에게는 수니파 모스크의 이맘들이 설교로 불을 지피는 전략적 선동이 효과적이었다. AK소총을 가진 남자들과 소년들이 팔루자 주위의 모든 크고 작은 마을에서 픽업트럭을 타고 고속도로로 나가

질주하고 다녔으며 다른 부족에서 온 패거리들과 만나서 의기투합하곤 했다. 전직 이라크군 장교들이 전면에 나서 기본 전술과 매복하기 좋은 장소에서 공격하는 법을 가르쳤다. 험비와 수송용 트랙터 트레일러에 총격을 가하고 고장 난 차량에 불을 질러 미군차량들의 고속도로 왕래를 저지하기도 했다.

"이건 감정적인 폭동입니다. 지하드라고 이름 붙여도 좋습니다. 그것은 정신이고 감각입니다. 감정에 기반을 두고 있지요. 그래서 그것은 지구력을 갖고 있지 않습니다. 우리는 그것을 추적해야 하고 그것이 자라도록 내버려둬서는 안 됩니다." 던포드가 한 말이다.

매티스 사단장은 그 정신을 깨뜨리는 일에 착수했다. 3/4대대의 팔루자 추가진격이 불허된 이후, 매티스는 그들에게 다른 긴급한 임무를 주었다. 팔루자에서 북동쪽으로 6마일 떨어져 있는 카르마읍이 저항세력 수중에 떨어진 것이다. 경찰과 보안군은 이 도시를 포기했고, 저항군들이 거기서 바그다드로 통하는 도로인 시카고 루트를 차단했다. 3/4대대의 맥코이 중령에게 그곳을 무력정찰하라는 지시가 떨어졌다.

4월 13일 새벽 4시 맥코이는 킬로중대를 이끌고 기지를 떠났다. 저항군들이 아침식사를 하기 전에 읍 안으로 진입하기 위해서다. 하지만 저항군들은 읍 외곽에 시멘트 장벽 십 수 개로 고속도로를 차단해 놓았다. 킬로중대는 읍으로 어떻게 들어가야 할지 몰라 당황했다.

공군 AC-130 건십 슬레이어기가 어둠 속 상공을 빙글빙글 돌고 있었다.

"등불이 필요한가?" 조종사가 킬로중대에 배치된 전진항공관제관 빈센트 델피디오 대위에게 무전으로 물었다.

"약간의 도움이 필요하다."

"그럼, 댄싱 볼(서치라이트)을 따라오시오." 비행기의 거대한 적외선 서치라이트를 켜면서 조종사가 말했다.

지상에서는 킬로중대원들을 실은 경장갑 차량 운전병들이 그들의 야간 투시경 앵글을 비행기의 서치라이트에 맞추고 있었다. 그들 뒤에는 험비 장갑차 십 수 대가 열을 지어 서 있다. 서치라이트의 둥근 고리가 고속도로 위의 장벽에서 떠나 자동차 수리점과 폐차더미, 그리고 발육이 부진한 야자나무들 사이의 얽히고 구부러진 뒷골목을 비추고 경장갑차와 험비 운전병들이 그것을 따라 전진했다. 골목 일부는 너무 좁아 경장갑차들이 상점들 벽을 허물어 길을 넓혔다.

킬로중대 차량들은 먼동이 트기 직전 고속도로 바리케이드 안쪽에 들어서서 텅 빈 도로를 천천히 전진해 갔다. 경장갑차 라이트에 최초로 흐릿한 움직임의 윤곽이 잡혀지면서 좁은 다리 저편 야자나무 숲으로부터 AK소총사격을 받기 시작했다. 맥코이는 병력을 고속도로 양편으로 전개시켰다. 해병들은 산개하여 엄호사격으로 커버할 수 없는 깊은 관개수로나 소들이 다니는 좁은 길이 나있는 야자나무숲과 키 큰 풀밭을 수색했다. 아무것도 발견되지 않았다. 해병들이 멈추어 경계태세에 들어가거나 새 거점으로 달려갈 때마다 5~6발의 AK소총 소리가 났다.

오른쪽으로 1킬로미터 떨어진 곳에 첨탑을 가진 모스크가 있었다. 첨탑에 올라가서 보면 해병들의 전진이 한눈에 들어올 것임에 틀림없었다. 곧 이라크 남자들이 모스크 건너편 쪽인 읍 외곽에 우르르 몰려들었다. 일부는 검은 닌자 복장을 했고 나머지는 대부분 민간복 바지에 긴 셔츠를 입은 디시다사 차림이었다. 일부만이 머리에 카피에를 두르고 있었다. 곧 100명 이상으로 늘어난 그들은 5~10명으로 그룹을 지어 해병대로부터 400~500미터 뒤로 물러나 AK소총과 RPK기관총으로 장거리사격을 하고 RPG로켓탄을 연발로 쏘아 올렸다.

25밀리 연쇄포와 10배수 확대경이 장착된 경장갑차가 대부분 대응사격을 맡았다. 그러나 저항군들이 대개 높은 담장을 가진 시멘트 가옥들 주위에서 낮은 자세로 웅크리고 공격을 하기 때문에 대응사격 효과가 그렇게 큰 것 같지 않았다. 경장갑차는 큰 피해는 입지 않았지만 박격포탄 파편들이 장갑을 뚫고 들어오기 때문에 계속 위치를 옮겨야 했다. 엄청난 화력을 주고받은 데 비하면 경미한 사상자를 낸 전투였다. 어느 쪽도 쉬운 상대가 아니라는 것을 보여준 싸움이었다.

도로 왼편으로 몇백 미터 북쪽에는 강물을 퍼 올리는 펌프장과 그에 속한 각종 돌출된 파이프라인, 저수탱크 및 낮은 시멘트 구조 건물들이 옹기종기 모여 있었다. 오른쪽으로는 버려진 군 초소를 둘러싼 긴 담장이 있고 저쪽에 또 다른 모스크가 하나 있었다. 해병대가 펌프장과 군 초소로 전진하여 화력우위를 충분히 확보하는 데 2시간이 걸렸다. 일단 그곳을 확보하자 화력공간이 열렸다. 각 분대가 500미터 떨어져 있는 집들 쪽으로 집중사격을 가했다. M16총탄 수천 발과 기관총탄이 시멘트벽에 튀겨 작은 먼지 기둥을 만들었다.

저항군들은 물러서지 않았다. 그들은, 탄약을 아끼기 위해 간헐적인 사격을 하는 경장갑차의 25밀리 연쇄포가 지금 포진한 해병대가 갖고 있는 제일 위력적인 화력이며 자기들을 내몰기에 충분치 않다는 것을 눈치 챘다. 택시와 승용차들이 그들의 일상적인 중도하차 운행을 하며 지원자들을 저항군들이 포진한 곳에 계속 내려놓고 있었다. 운전수들은 해병의 경장갑차 쪽에서는 보이지 않는 담장 뒤나 집 뒤 골목으로 조심스럽게 차를 몰고 다녔다.

맥코이 중령은 저항군들을 패주시킬 비결을 찾아내느라 주위에 탄환이 피웅! 피웅! 하며 날아오고 있는 것도 괘념치 않고 성큼성큼 걸어 다니며 병사들에게 권고하기도 하고 꾸짖기도 했다. 몇 발자국 저쪽에서 데이비드 호웰 특무상사가 그를 힐끗 쳐다보고 "아니, 대대장님." 하며 투덜거렸다. 호웰은 이전에도 맥코이에게 조심시킨 바 있고 그는 그 충고에 동의했다. 그런데 지금 그가 다시 위험한 짓을 하고 있는 것이다. 저러다간 조만간 그가 피격될 수도 있는 일이었다.

낙하산강하 자격을 가진 해병인 호웰은 울트라 마라톤경주(정규마라톤 거리를 크게 초과하는 거리를 달리는 마라톤)와 오지 알파인 스키경주에서 펄펄 날았던 사람이다. 두 번 이혼한 그는 해병대가 그의 인생이었다. 그의 부하들은 그가 듣지 않는 곳에서 그를 "데이브 아저씨"라 불렀다. 더 색깔 짙은 기분을 나타내는 모순어법이다. 화를 낼 때 호웰은 험상궂은 불도그처럼 보였다.

맥코이는 호웰의 그 오만상과 맞닥뜨리기를 싫어했다. "왼쪽 측면에 대한 적의 압력을 덜기 위해 어떻게 하면 좋을지 생각해 봐." 하고 그는 특무상사에게 지시했다.

호웰은 조심스럽게 펌프장으로 차를 몰았다. 거기에 있는 해병들은 야자나무와 산만하게 얽혀 있는 파이프 더미 뒤에 엎드려서 북쪽 시멘트 가옥들 사이에 있는 저항군들과 총격전을 벌이고 있었다. 쌍안경을 통해 호웰은 쓰러질듯 건들거리고 있는 길게 늘어선 야자나무 뒤에 참호를 판 새 흙이 널려 있음을 보았다. 엎드려 있는 해병들이 저쪽에 있는 한 2층집을 가리키며 저격병을 주의하라고 경고했다. 그 집엔 뒤편의 트인 다락마루로 연결된 발코니가 하나 있었다. 그 다락마루 안쪽 어디에 숨어있는 저격병이 이미 한 해병의 어깨를 명중시킨 바 있다.

"그들을 처치하기가 몹시 어려운데요!" 제이슨 브루세노 이등병이 말했다. "대낮에 바퀴벌레 잡는 것 같습니다."

"빌어먹을 성촉절(聖燭節, 2월 2일 이 날 마멋이 굴에서 나왔다가 자기 그림자가 보이면 겨울잠으로 되돌아간다는 전설이 있다). 디알라

(Diyala, 고대에 바그다드 동북쪽에 있었다는 강 이름 또는 그 유역) 전역에서 또 시작이야." 호웰은 자기 대대가 1년 전 거의 이 날에 치른 전투를 떠올리며 중얼거렸다.

호웰은 야자나무 뒤쪽에 계속 신경을 쓰며, Mark19 사수인 라이언 케넬리 병장에게 문제의 그 집을 가리켜 주고 비장갑 험비를 앞으로 천천히 움직였다.

"케넬리, 저 집을 맞힐 수 있어?" 호웰이 물었다.

케넬리는 살모사로 불리는 쌍안경으로 눈을 가늘게 뜨고 그 집을 살핀다. 이 쌍안경은 목표물까지 거리를 읽어내는 에지머스(azimuth)와 레이저 장치가 돼 있는 망원경이다.

"550미터. 내가 지금 그곳에 가 있습니다. 특무상사님." 케넬리 병장이 말했다.

사수는 40밀리 폭발성 탄두 50발을 그 집 다락마루를 향해 쏘았다. 그 저격병의 총소리는 더 이상 들리지 않았다. 호웰은 고개를 끄덕였다.

맥코이가 타는 험비 승무병들이 오른쪽에서 열심히 총을 쏘고 있었다. 무전병인 브라이언 헴맬건 상등병은 무전기 다섯 대와 BFT(Blue Force Tracker) 책임자였다. BFT는 모든 유사한 장비를 갖춘 차량들의 위치를 추적하는 GPS(Global Position System, 전 지구 위치 파악 시스템)가 장착된 컴퓨터이다. 그는 그 기기들을 보호해야하는 임무와 처음 마주쳤다. 탄환 두 발이 험비의 엔진 덮개를 쳤을 때 헴맬건은 험비 안의 전선용 매설구에 뛰어들어 엎드렸다.

"야 이 친구야, 이 안에서 우리가 숨을 곳은 아무데도 없어." 하고 기관총 사수인 골든 상등병이 운전병 뒤 작은 플랫폼에 서서 말했다. "어이, 나를 저 뒤편으로 데려다 줘."

골든 상등병의 할아버지는 한국전 때 스리쿼터 기관총 사수였다. 그의 아버지는 베트남전 때 역시 스리쿼터 기관총 사수였는데 거기서 두 번이나 부상을 입었다. 아칸서스 대학에서 학과성적을 4점 만점에 평균 3.5점을 받은 미식축구 라인배커였던 골든은 9.11 사태 이후 대학을 중퇴하고 군에 입대했다. 기관총 사격에서 그는 대대 내에서 높은 점수인 94점(100발 중 94발 적중)을 받아 지금처럼 가정의 전통을 이어갈 기회를 갖게 된 것이다. 운전병인 톰 콘로이 상등병은 덩치 큰 골든 상등병과 입씨름할 기분이 아니어서 험비를 뒤로 물려 그가 기관총 발사자세를 취하기에 충분한 경사도를 주었다. 골든은 몇 시간 넘게 하루 종일 쏠 양인 3천 발을 쏘았다.

정오까지 장애물처리반이 고속도로 위의 거대한 장벽들을 밀어제치고 길을 틔운 덕분에 탱크 2대가 와서 전투에 참가할 수 있었다. 몇 시간 동안 탱크가 주포 수십 발을 쏘고 기관총 수천 발을 쏘았다. 적의 RPG로켓탄이 탱크 주위에 마구 떨어져 때로는 탱크를 움찔하게 했다.

총격과 포격소리가 계속 천지를 진동시켰다. 고참 특수군 부사관인 제이슨이 그에게 왔을 때 맥코이는 이 소음이 절대로 진정되지 않을 것 같은 생각이 들었다. 제이슨은 제36이라크 보안군 대대의 1개 소대를 3/4대대에 배속하도록 조언한 바 있다. 그 이라크 소대가 건물 2개를 수색하고 저항군 1명을 포로로 잡아 왔다. 포로는 즉시 자기 편 동정을 불었다.

"난폭하게 다루지 마십시오. 저 녀석이 자기들 일을 재잘거리기 시작했습니다." 제이슨이 맥코이 귀에 대고 말했다. "무자헤딘 본부가 중령님 앞에 있는 저 모스크입니다. 이맘은 우리가 작성한 악당리스트에 올라 있습니다."

오전 내내 해병들은 모스크를 둘러싼 담장 안팎을 잽싸게 들락거리고 있는 무장 이라크인들을 보아왔다.

"내가 저것을 박살내 놓겠다." 맥코이 중령이 말했다.

맥코이는 델피디오 대위에게 그 목표물을 넘겼다. 델피디오 전진항공관제관은 머리 위에서 빈둥거리며 날고 있는 F16 전폭기 조종사와 이야기를 나누었다. 델피디오는 조명탄으로 안전라인을 표시해 주며 조종사에게 남서쪽에서 북동쪽으로 급강하하여 폭격하도록 했다. 첫 번째 폭격이 잘 진행되자 조종사는 한 바퀴 빙 돌아 두 번째 급강하에 들어갔다. 눈으로 F16이 올바른 노선에 들어가 있는 것을 확인한 델피디오는 "바로 거기야" 하고 말했다. 조종사는 500파운드짜리 폭탄 2개를 투하했다. 모스크 첨탑이 날아가고 건물 절반이 무너져 내렸다.

성공적인 폭탄 투하에 따르는 통상적인 충격의 순간이 지난 후 저항군들은 다시 사격을 시작했다. 맥코이는 F16의 모스크 폭격이 저항군 지휘부에 어떤 영향을 미쳤는지 알 수 없었다. 탄약 재고 수준이 낮아지자 그는 해병대를 철수시켰다. 저항군들은 따라오며 괴롭힐 생각도 하지 않았다. 맥코이는 무전으로 툴란 대령에게 저항군 약 100여 명이 죽거나 부상당했으며 아직 카르마읍을 장악하지 못했다고 보고했다. 툴란은 3/4대대를 팔루자 북동쪽 라인으로 귀환시키도록 지시했다. 그는 매티스 장군에게 보고하기에 충분한 내용의 이야기를 맥코이 중령한테서 들었다. 툴란 대령은 매티스 장군에게 카르마를 포함한 외곽지역을 다른 연대에 맡기면 좋겠다고 진언할 계획이었다. 툴란의 연대는 팔루자에만 전력투구할 필요가 있었다.

―――

4월 13일 격전을 치른 부대는 3/4대대만이 아니다. 새벽 1시경 비밀임무를 수행 중이던 특수작전용 CH-53 '페이브 로우' 헬리콥터 한 대가 팔루자 외곽에서 피격되어 1/5대대 라인 동남쪽에 통제된 상태로 추락했다. 바이런 중령은 여러 비상사태에 대처하기 위해 그의 병기 중대를 기동강습대로 재편한 바 있다. 그는 조쉬 글로버 중위가 지휘하는 이 기동강습대를 추락 헬리콥터 구조작전에 투입했다. 글로버 중위는 부하들과 쉽게 의기투합하는 성격이었으며 신속대응군에 쓸모 있는 재능인 항법(航法) 감각이 뛰어났다. 험비 9대에 탄 55명의 글로버 강습대—무전 호출부호 '붉은 구름'—가 추락 현장으로 출발했다. 그들은 10킬로미터를 전진한 후 포장도로에서 내려와 공중에서 선회하고 있는 AC-130기가 비쳐주는 적외선 스포트라이트의 안내를 받으며 농장지대를 가로질러 갔다. 그들은 다른 특수작전용 헬기가 추락 헬기 승무원들을 소개시킨 후 현장에 도착했다. CH-53기는 밀밭에 처박혀 있고 전면 덮개가 박살이 나 있었다. RPG 탄두 하나가 앞 유리창을 관통했다. 왼쪽 파일럿 좌석이 피범벅이 되어 있었다. 해병들은 일부 민감한 물건들—크립터 기어(crypto gear), 가죽배낭, 무선송신기—을 회수하고, AC-130기가 공중을 선회하고 있는 가운데 야간 방어 태세로 들어갔다.

아침에 병사들 상당수가 자고 있는데 박격포탄이 떨어지기 시작했다. 포탄이 그들 주위에서 터져 부상자 3명이 생겼다. 얼른 그곳을 떠났다. 봄에 한창 꽃을 피우고 있는 밀밭 모래 때문에 험비 바퀴가 제대로 굴러가지 않았다. 수렁에 빠지지 않으려고 운전병들이 관개수로 둑을 찾아 그 위로 달렸다. 거기에는 소와 물소들이 다니느라 진흙이 다져져 있었디.

덜컹거리며 둑 위를 달려가고 있는 그들이 저항군의 손쉬운 표적이 될 수밖에 없었다. 들판에서 소형화기의 사격이 시작됐다. 한 발이 시파르스키 병장의 선두 험비 포차(砲車)에 있는 무전기를 쳤다. 그는 어느 길로 가야 할지 알 수 없어 서쪽대신 남쪽으로 방향을 틀었다. 양면사격을 받고 있는 가운데 험비종대는 그릇된 방향으로 나아가다 작은 연못에 막혀 멈춰 섰다. 글로버 중위는 빠져나가는 길을 보여주는 가민(Garmin) GPS기기를 시파르스키에게 건네며 진행방향을 바꾸게 했다.

그들은 시파르스키 선도차의 안내에 따라 여태껏 왔던 길을 되돌아가면서 두 번째 곤틀릿(두 줄로 늘어선 사람들 사이를 알몸으로 뛰게 하여 채찍, 몽둥이 따위로 때리는 태형제도. 저항군의 양면공격을 빗댄 말)을 당하게 되었다. 저항군들은 미국에 대한 승리의 상징인 헬리콥터 격추에 흥분한 나머지 자석처럼 이끌려 밤사이에 수십 명이 몰려와 있었다. 이것이 팔루자지역에서 격추된 네 번째 헬기였다. 험비의 대열이 저항군들 앞을 다시 통과하자, 그들 중 일부는 그냥 서서 총을 허리에 건 채 쏘고, 일부는 RPG로켓탄을 쏘고, 또 다른 사람들은 밀밭에 숨어서 트럭소리가 나는 방향으로 무작정 쏘아댔다.

선두 차에 있는 시파르스키는 험비에 장착된 50구경 기관총으로 연거푸 700발을 발사했다. 두 번째 험비 포차는 7.62밀리 기관총을 1천 발 발사했다. 그 다음 하이백 험비 5대에 타고 있는 해병들은 M16으로 대응했다. 대열 끝에 있는 험비 2대도 포차였다. 제일 마지막 포차에 장착된 Mark19가 말을 듣지 않자 크리스토퍼 모스 웰링턴 상등병과 탑승병들은 그것을 제쳐두고 초당 30발 발사되는 50구경 기관총으로 공격했다. Mark19가 겨우 작동되었을 때 모스 상등병은 이라크인 두 명이 덤프트럭 뒤에서 그를 향해 총을 쏘고 있는 것을 발견했다. 그는 그 트럭을 향해 수류탄 30발을 쏘아 뒤편에 쭈그리고 있는 두 사람 모두 무력화시켰다.

"죽어봐라 이 개새끼들아! 네놈들이 나를 쏜다고? 웃기지 마라!"

하며 모스가 큰 소리를 내질렀다.

핸들 위에 등을 구부리고 있던 빅토르 디드라 병장이 모스 상등병을 보고 웃고 있을 때, 한 남자가 밀밭에서 뛰어 나와 그를 향해 똑바로 RPG를 겨누었다. 즉각 폭발이 있었고 먼지구름이 피어올랐다. 디드라는 그 남자가 제 자신을 날려버렸다고 생각하며 안도의 숨을 쉬었다. 그가 왼쪽 편으로 고개를 돌리다가 로켓탄이 터진 곳에서 연기가 나고 있는 것이 보였다. 그 남자가 바로 10피트 밖에서 쏘다가 스스로 당한 것이다.

울퉁불퉁한 길을 고속으로 달리며 해병들은 사방으로 정신없이 사격을 해댔다. 날카로운 엔진소리와 포효하는 기관총소리 때문에 아무 것도 들리지 않았다. 해병들은 로켓탄들이 쉬익! 쉬익! 소리를 내며 옆으로 날고 있는 것을 보았다. 그리고 거의 다 빗나갔다고 생각했을 때 큰 충격을 느꼈다. 몇 발이 차에 명중된 것 같았다. 희미하게 투덜거리는 소리와 비명소리가 들렸다. 병사들 모두 아무도 낙오하지 않고 아무 차도 전복되지 않기를 마음속으로 기도했다. 사실은 타이어에 명중돼 고무가 모두 벗겨져버렸다. 한 대가 멈추면 모두 멈춰야 한다. 그렇게 되면 리틀 빅 혼(Little Big Horn, 미국 와이오밍 주 북부에서 발원하여 몬타나 주 남부를 거쳐 빅 혼 강에 합류하는 강 이름. 1876년 커스트 장군이 이 부근에서 인디언에게 패배하여 전사했다) 꼴 되기 십상이었다. 일대 난투극이 벌어졌다. 양편이 10분간 서로 맹렬히 쏘아댔다.

글로버 중위의 험비에서 사격을 하고 있는 차알스 윌리엄즈 병장은 들판 한 지점에 RPG 사수 9명이 있는 것을 보았다. 달리는 차를 명중시키기는 어렵다. 그러나 흥분한 적 RPG 사수들 모두가 실수하지는 않았다. 하이백 험비에서 사격을 하고 있던 노아 보이에 일등병이 허벅지에 로켓탄 파편을 맞아 압박붕대를 감아도 소용이 없을 정도의 큰 구멍이 났다. 뒤뚱거리는 하이백 험비 속에서 해병들은 판쵸 안감으로 콸콸 쏟아지고 있는 피를 지혈시키기 위해 정신없이 설쳐댔다. 소대 선임부사관인 다니엘 산티아고 하사는 보이에게 새벽 3시에 기타 치는 버릇을 고치라고 두어 번 말한 적이 있다. 보이에는 모틀리 크루(Motley Crue)와 템프테이션(Temptations)(둘 다 인기 보컬그룹)을 흉내 내어 이상한 가사를 즉석에서 붙여 불렀으며 다른 해병들도 참여하도록 부추겼다. 선임부사관은, 인생은 하나의 긴 파티가 아니라고 말했다. 보이에는 씩 웃으며 톤을 낮추었다. 약 1주일 동안을 그런 실랑이를 해오던 중이었다.

그들이 포장이 된 고속도로에 용케 올라서자, 산티아고가 무전으로 각 험비 운전병들에게 '지금 우리가 변두리에 노출돼 있으니까' 더 빨리 달려야 한다고 소리쳤다. 보이에게 빨리 외과 수술을 받도록 하기 위해서였다. 그러나 아무도 그의 엄청나게 큰 상처에서 흘러나오는 피를 막을 수 없었다. 보이에는 입체교차로에 있는 전방 응급치료소에 도착하기 전에 숨을 거두었다.

연합임시행정청이 임명한 외국인 용역관리로 팔루자에서 근무 중인 네이트 젠센은 글로버 중위의 험비들이 부리나케 달려오는 것을 입체교차로에서 보고, 팔루자 내의 외국인 전투원들과 테러리스트들에 관한 증거를 수집하기 위해 응급치료소로 차를 몰았다. 1/5대대는 자살폭탄을 장치한 조끼, 자금 은닉처 및 외국인 여권들을 수거하여 그에게 보여준 바 있다. 한 해병 부상자는 그의 방탄조끼를 채 뚫지 못하고 끼워져 있는 저항세력 저격병의 총탄을 갖고 있었다. 그 총탄이 외국에서 만든 것이라면 젠센은 그것을 저항세력 측 협상자들에게 보여줄 작정이었다.

해병대 지휘관들은 '휴전' 중 희생자 발생에 터져 나오는 분노를 억누르면서 상대측 협상자인 한 민간인 면전에서 유감을 표명했다. 젠센은 그들의 아픈 마음을 이해하고, 그들이 글로버 중위의 험비들에서 나온 파편조각 한 움큼과 피로 흠뻑 젖은 붕대를 집어 던질 때 옆으로 물러나 있었다.

그날 헬기 추락현장에 갔던 해병 55명 중 21명이 부상을 입었다. 7명이 입원치료를 받아야 했다. 메라도 알카라즈 병장은 로켓탄 한 발이 머리 위에서 터져 그의 얼굴을 쳤을 때 보안용(保眼用) 안전유리 안경을 쓰고 있었다. 파편이 글로버 중위 얼굴을 스치고 지나가며 그의 안경을 박살냈지만 눈은 다치지 않았다. 글로버는 피 범벅이 돼 있는 하이백 험비 3대를 세차하기 위해 후방으로 보냈다. 피 묻은 군복을 입고 있는 해병 몇 명도 피가 페인트처럼 말라붙기 전에 세탁을 하라며 함께 보냈다.

글로버 소대가 전투 뒤처리를 하고 있는 동안 두 대의 수륙양용차가 시 중심부 인근 브라보중대 전선 전방에 있는 한 저격병 은신처에 보급품을 전달하러 가고 있었다. 그들은 방향을 잘 못 틀어 10대에서 50대까지의 모든 연령대로 구성된 중대 규모의 저항군들과 우연히 부딪쳤다. 깜짝 놀란 저항군들은 수륙양용차가 방향을 틀어 동쪽으로 질주하자 RPG를 쏘며 재빨리 공격에 나섰다. 로켓탄 하나가 뒤쪽 차의 장갑을 뚫고 들어와 소대장인 크리스토퍼 아옐스 중위의 한 쪽 다리를 찢어놓았다. 백열탄이 엔진에 꽂혀 터지는 바람에 화재가 일어나고 3세대 해병이며 승무조장인 케빈 콜름 상등병이 꼼짝없이 갇히게 되었다. 콜름의 할아버지는 2차 대진 때 펠레리우 섬에서 싸웠고 그의 아버지는 베트남에서 싸웠다.

연기로 가득 찬 수륙양용차는 길을 잘못 들어, 해병들이 망나니 뒷골목이라고 부르는, 시 중심부로 더 깊이 들어가는 복잡한 길로 접어

들었다. 해병들이 사력을 다해 불을 끄고 콜름을 구해내려고 했지만 불구가 된 차는 덜커덩 덜커덩하다가 멈춰서 버렸다. 불이 번져나가고 저항군 수십 명이 끝장을 보기 위해 몰려오기 시작했다. 안에 탄 해병들은 탄약이 폭발하기 전에 하나씩 기어 나왔다. 그들은 콜름의 비명소리를 들었지만 해치가 잠겨 있고 불길에 달구어져 있어 뜨거운 철판을 열 방법이 없었다.

아옐스 중위는 상판 해치 밖으로 반쯤 몸을 밀고 나오다 방탄조끼 솔기가 해치 고리에 걸려 불타고 있는 포대에 그냥 못 박히고 말았다. 이스마일 사그레도 하사와 에이브라햄 맥카버 병장이 아옐스 중위의 방탄조끼를 잡고 있는 힘을 다해 당겨 조끼에서 벨크로(나일론제 접착천, 상표명) 조각이 뜯겨나가고 아옐스가 튕겨져 그들의 팔에 안겼다. 절뚝거리는 그의 양 어깨를 두 사람이 부축하여 가까운 집 안으로 들어갔다. 옥상에 저격병을 올려 보내고 각 창문에 병사들을 배치시켜 급히 방어태세를 취했다.

바짝 접근한 저항군들은 끝장을 보겠다는 당초계획을 멈추지 않고 해병들이 들어 있는 집을 향해 돌진해 왔다. 사그레도가 마당까지 뛰어들어온 첫 번째 녀석의 머리를 쏘았다. 옥상의 저격병들은 집 앞 거리에 있는 녀석들 2명 이상을 쏘아 넘어뜨렸다. 다른 저항군들은 뒤로 물러나 골목에 숨기도 하고 집 뒤로 돌아와 공격할 만한 허술한 곳을 찾고 있었다. 해병 16명 가운데 7명이 부상을 입었어도 아옐스 중위와 사그레도는 튼튼한 방어망을 구축했다. 무선연락이 잘 되지 않았지만 대대본부에서 그들을 거기에 오래 머물게 하지 않을 것임을 알고 있었다.

수륙양용차 안에 붙은 불은 계속 타 올라 불꽃이 전선으로 옮겨 붙어 알루미늄 벽면이 위에서부터 천천히 녹아내리기 시작했다. 때때로 저항군들이 차 안에다 RPG로켓탄을 다시 쏘아 넣기도 했다. 그것은 '이 양키놈들아, 내가 네놈들한테 무슨 일을 하는지 똑똑히 보아라' 는 반사적인 제스처였다. 사그레도는 콜름의 시신이 훼손당하고 있는 걸 생각하면 고통스러웠지만 구조대가 올 때까지 어쩔 도리가 없었다.

1/5대대 작전센터로 되돌아가, 글로버 중위의 신속대응소대는 게토레이를 벌컥벌컥 마셔가며 탄약을 준비하고 라디에터와 하이드롤릭 라인에 난 총탄 구멍들은 쇳조각으로 용접해가며 험비 수선에 여념이 없었다. 글로버가 험비 6대를 수리하여 해병 37명과 함께 언제라도 출동할 수 있는 준비태세를 갖추어 놓았을 때 파르눔 소령이 와서 실종된 수륙양용차를 찾으라는 명령을 전달한다.

탱크 4대의 지원을 받으며 글로버 소대는 전투가 벌어지고 있다는 보고가 들어온 서쪽 시가지로 달려갔다. 아무도 없었다. 해병도 저항군도 시민도 없었고 오직 어지럽게 이리저리 뚫려있는 텅 빈 골목과 대문을 걸어 잠근 집 담장들만 덩그러니 그들을 맞았다. 옥상에 올라간 저격팀 병사 하나가 남서쪽으로 약 1킬로미터 떨어진 곳에서 치솟고 있는 시커먼 연기 기둥을 찾아냈다. 해병들은 급히 그들의 차량으로 돌아와 그쪽으로 내달았다.

다음 블록에서 도로가 좁아져 험비가 계속 한 줄로 전진할 수밖에 없게 되자, 해병들이 차에서 내려 글로버의 험비를 선두로 천천히 진행 중인 차량 양편에 붙어 걸어갔다. 그로부터 1분도 안 돼 운동복을 입은 남자 2명이 30미터 골목 저쪽에서 튀어나와 이쪽으로 RPG를 발사했으나 모두 빗나갔다. 해병들이 그들을 쏘아 죽인 후 시신을 탱크의 두 바퀴가 지나가는 폭 바깥으로 질질 끌어다 놓았다. 탱크 4대가 해치를 닫았다. 몇 초 이내 온 거리가 화산이 폭발한 것처럼 진동했다. 저항세력들은 총을 쏘기 위해 창밖을 내다보고 담장 주위를 기웃거리다가 이내 사라져버렸다.

"내 목소리가 들리는가?" 글로버 중위가 무선주파수를 탱크 지휘관들의 그것에 맞추고는 소리 질렀다. "이 포 사격 때문에 한 마디도 알아들을 수가 없다. 내가 당신들을 안내하겠다. 우리가 모두 당신들 주위에 있다. 그러니까 탱크 주포를 쏘지 마라."

저녁 6시가 조금 지나고 있었다. 지저분한 거리 저편으로 건물들이 긴 그림자를 드리우고 있어 저항군들의 위치추적을 어렵게 했다. 해병들은 온 사방으로 사격을 해대고 탱크도 이젠 주포대신 기관총으로 거들었다.

글로버 중위 뒤에서 시파르스키가 그의 험비 포차를 타고 따라왔다. RPG로켓탄 한 발이 아스팔트 위로 미끄러지며 날아와 터지지 않은 채 뒤 타이어에 꽂혔다. 라디에이터와 기어 허브가 각각 총탄 두 발을 맞고 사이드 미러가 박살나면서 그 조각들이 시파르스키의 얼굴을 스쳤다. 뒤 칸막이에 있는 간이 휴대식량 상자가 갈가리 찢어지고, 엔진 배기관이 강타를 당했다. 앞 유리창은 긁히지도 않고 온전했다. 머리 위에서 50구경 기관총이 발사되고 있는 앞쪽 좌석에 앉아서 시파르스키는 자신이 피웅 피웅 소리 내며 날아오는 총탄을 피하게끔 돼 있는 운명이 아닐까 하는 생각을 하기 시작했다.

글로버 중위의 험비는 앞 유리창에 두 발, 라디에이터에 총탄 네 발을 맞고 숨을 헐떡거렸다. 운전병인 윌리암즈 병장이 손상을 점검하기 위해 보닛을 열어 살피고 있는 동안, 글로버는 시파르스키 하사에게 지금 실종해병들의 위치를 체크하라고 지시했다. 총탄이 어지럽게 날아오는데도, 윌리암즈는 라디에이터에 생긴 누출구를 막고 있었고 글로버는 지도를 열심히 읽고 있었다. 시파르스키는 좀전 사격으로 깨끗이 쓸어버린 거리 중간이 실종 해병들을 만날 수 있는 장소가 맞는지 의심스러웠다.

"걱정하지 마." 보닛을 탕 닫으며 윌리암즈가 시파르스키에게 말했다. "알아낼 수 있어."

그들이 멈추고 있는 동안 디드라 병장이 글로버에게 탄약 네 통을 다시 공급하기 위해 험비 포차를 앞쪽으로 몰고 나갔다. 트럭을 벌집으로 만들기 싫었던 디드라는 일을 끝낸 후 빠른 속도로 후진시켜 제자리에 거칠게 멈춰 섰다. 그 충격으로 뒷문이 갑자기 열리며 루이스 오스본 하사가 거리에 내동댕이쳐졌고, 그의 철모, 총, 탄약, 배낭, 그 밖에 뒷자리에 있던 모든 것들을 머캐덤 도로 위에 쏟아 놓았다. 화가 머리끝까지 오른 오스본 하사는 웬일인가 싶어 뒤로 돌아오는 디드라에게 날카로운 소리로 갖은 악담을 퍼부으며 도로 위에 쏟아진 물건들을 주섬주섬 주웠다. 해병대는 물론 저항군들도 그 광경을 바라보고 구경하느라 순간적으로 사격을 멈추었다. 오스본이 훌쩍 뛰어 제자리로 돌아왔을 때 사격이 다시 시작되었다.

쓰레기로 가득 찬 드럼통들이 몇몇 골목 어귀에 서 있었다. 탱크들이 달릴 때 저항군들이 쓰레기통들을 참고표지로 삼아 RPG로켓탄으로 일제사격을 가했다. RPG로켓탄은 탱크의 철갑을 뚫지 못한다. 로켓탄을 계속 맞으면서도 그냥 굴러갔다. 탱크들이 작은 야자나무들과 전력선 전봇대를 쓰러뜨리고 있을 때 해병들은 전선에 닿을까봐 조심스럽게 옆으로 비켜 걸어갔다.

동쪽으로 두 블록 떨어진 곳에서 1/5대대 작전장교인 파르눔 소령은 전진항공관제괸과 함께 어느 집 옥상에 서 있었다. 항공관제관은 공군 F-15s — 호출부호 '로모' — 두 대에 서쪽 블록에 계속 기총소사를 하도록 지시했다. 진행방향을 조정하기 위해 글로버가 뒤에 있는 차들과 무선연락을 하고 있을 때 파르눔은 항공관제관에게 그 데이터를 전달하며 다음 차례 기총소사 지점을 조정하게 했다.

글로버가 수륙양용차가 불탄 교차점에 도착하기까지는 20분이 걸렸다. 한 사람당 평균 2개의 탄창밖에 남지 않았던 사그레도 하사의 해병들이 손을 흔들어 반겼다. 글로버 중위는 탄약상자를 나눠 주었다. 사그레도 하사는 저항군들이 불타고 있는 수륙양용차에 계속 로켓탄을 쏘아대고 있는 것에 몹시 화가 나 있었다. 글로버는 탱크 지휘관들에게 교차로의 짐마차 수레바퀴 있는 곳에 탱크들을 포진시키도록 요청했다. RPG로켓탄 대부분이 교차로 저쪽에 있는 회색 돌로 지은 집에서 날아오고 있었다. 탱크가 그 집 각 층과 방에 주포를 한 방씩 쏘아 집을 허물어버렸다.

탱크가 첫 12발을 발포하자 저항군들이 뿔뿔이 흩어지고 전장이 조용해졌다. 부상자들을 험비에 싣고 해병들은 차량 뒤를 천천히 걸어갔다. 탱크 하나가 연기를 뿜고 있는 수륙양용차를, 3세대 해병 상등병인 케빈 콜름의 시신을 그 안에 담은 채 예인해 갔다.

마치 '휴전'이 곧 끝나고 공격이 다시 시작된다는 것을 확인해 주기라도 하듯, 그날 밤 특수전략기동대가 연대 작전센터에 모습을 드러내 해병들에게 사기를 북돋아 주었다. 특수전략기동대는 이 나라에서 그들이 원하는 곳이면 어디든지 갈 수 있다. 그들이 이곳에 왔다는 것은 여기에 무언가 특별히 해결해야할 일이 있음을 의미했다.

작전센터 전산병들이 무전기 뱅크를 교체했다. 지난 세대 장교들이 무전연락을 할 때 애먹었던 찍찍하는 소리와 쉬쉬하는 잡음을 이제 크게 줄일 수 있게 되었다. 제1전투연대 정보장교인 데이브 벨론 소령이 등을 구부리고 컴퓨터 스크린을 곁눈으로 보고 있는데 누가 그의 어깨를 가볍게 두드렸다. 벨론은, 어느새 옆에 와 서 있는 땅딸막한 젊은 장교와 회색 낙하산 강하복을 입은 키 큰 장교를 바라보았다.

"제미라고 합니다. 이 사람은 윌이고요." 그 장교는 남부사람 특유의 느린 말투로 정중하게 말했다. "이 도시에 곧 엄청난 살상이 있을 것이라는 사실을 알고 있습니다. 우리가 그걸 준비하는 일을 돕고 싶습니다."

벨론은 '제미'가 중령이라는 것을 알고 있었다. '윌'은 웨스트포인트 시절 축구팀에서 활약했던 대위였다. 그들은 사담 후세인을 추적해서 잡은 'Z특공대' 지휘관들이었다. 지금 그들은 새로운 먹이인 테러리스트 자르카위를 쫓고 있었다. 윌은 컴퓨터에 플래시 스틱을 끼워 넣고 시청근방의 거리 사진을 벨론에게 보여주었다. 그리고는 경계벽이 있는 옥외 테라스를 가진 어떤 집에 초점을 맞추고 급격히 접근하여 벨론을 그 집 현관문과 복도를 통해 벽에 전자 패널 뱅크가 있는 큰 방으로 안내했다. 거기서 윌이, "우리의 작전을 위해 '특정한' 장치를 설치해야 하는데 그럴만한 곳이 있느냐?"고 물었다.

"우리는 그런 장치를 설치할 수 없습니다, 대령님." 하고 벨론이 제미를 보고 말했다. "그걸 운용하려면 너무 많은 기교가 필요한데, 대령님도 아시다시피, 해병대는 해머를 고도의 기술이라고 생각하고 있습니다. 그걸 설치하다간 전기쇼크가 일어날 수 있습니다."

"좋아요. 우리가 그것들을 설치할 테니까, 거기로 안내해 주시죠." 제미가 말했다.

"디비젼하면 그것을 설치할 수 있겠습니다만, 그 문제는 툴란 대령님과 의논을 해봐야겠는데요." 벨론이 말했다.

"왜요?"

"3개 대대에 걸린 문제니까요." 하고 벨론이 말했다.

벨론은 이들 전문가들 앞에서 부정적인 소리를 하고 싶지 않았지만, 이라크 무장 젊은이 수백 명이 어떤 특공대와도 교전하려고 덤빌 것임이 분명했다. 저항세력들은 수많은 사상자를 내었지만, 모험과 위험으로 착색된 공통의 큰 목적을 위한 그들의 열정을 꺾기에는 그것으로 충분치 않았다. 외국 테러리스트들, 와하비 성직자들, 바트당 정치가들, 전직 장성들과 영관급 장교들 사이에 균열이 있든 없든 간에, 그들은 모두 미군에 저항하기로 마음을 굳히고 있었다. 팔루자는 1944년의 베를린과 1968년의 하노이만큼이나 똘똘 뭉쳐 있었다. Z특공대를 투입한다는 것은 이곳에 있는 모든 해병부대들이 난투극을 벌일 준비를 해야 한다는 것을 의미하기 때문에 경계심을 품지 않을 수 없는 일이다.

"더 높은 곳에서 절대로 (공격)허가를 받아내지 못할 겁니다. 대령님." 하고 벨론이 말했다. "일단 대령님 부대가 들어오면, 우리는 대령님 부대의 임무를 완수시키기 위해 시를 장악해야할 겁니다."

"아무렴, 우리는 우리 사람들과 함께 여기에 왔습니다. 우리가 당신들한테 도움을 주는 것이 신경이 쓰인다는 얘깁니까?" 하고 제미가 말했다.

벨론은 즉각 그 말에 동의했다. Z특공대는 전국 미식축구연맹(NFL) 프로볼팀에 해당하는 군대였다. 벨론은 태스크포스 6-26 저격병들과 특공대 및 강습대가 앞으로 해병 중대들 사이에서 어떻게 전개할 것인지 알아보기 위해 제미를 자기 옆 자리에 앉혔다. 내용을 파악한 벨론은 "우리는 휴전기간이 끝나는 대로 당신들이 원하는 어떤 기습공격이라도 지원할 것입니다." 하고 제미에게 다짐했다.

15

팔루자 작전, 성공 징후를 보이다

아비자이드 장군과 브레머 최고행정관이 일방적으로 '휴전'을 선언한 이후 5일 동안 팔루자 각 전선에서 전투가 계속되었다. 교전은 전초전, 격전, 휴식기간의 형태를 취했다.

연립정부는 협상은 물론 전투에서의 주도권도 잃었다. 시 동쪽 2킬로미터 지점에 있는 팔루자 교섭센터(FLC)에선 매일 팔루자를 대표하는 이라크인들과 미군 지휘관들이 장식 하나 없는 휑뎅그렁한 작은 방에 있는 긴 나무 테이블에 둘러앉아 플라스틱 병에 든 찬물을 벌컥벌컥 마시고 오렌지를 우적우적 씹는다. 이라크인들은 줄곧 이야기하고, 길고 장황한 불평을 늘어놓고, 안정에 대해 열의에 찬 약속을 하고, 그리고 외국인 테러리스트들의 존재를 단호하게 부인하는데 지치는 법이 없다. 팔루자 사람들은 선량한 사람들이며, 오직 도시를 보호하기 위해 싸운다는 이야기였다. 미군이 전투를 그만두고 물러나면 모든 일이 잘 풀린다는 이야기였다. 그러나 누가 팔루자의 저항세력들을 대변하고 있는지는 전혀 알 수 없었다. 무력을 가진 사람들은 어렴풋한 모습으로 거론되며 절대로 구체적으로 거명되는 법이 없었다.

매일같이 다른 그룹의 협상자들이 서로 만났다. 때때로 리챠드 존스 대사가 연합임시행정청을 대변했다. 어떤 때 회합은 스투 존스와 현 팔루자 시장인 이브라힘 알 쥬라이씨 사이의 더 낮은 레벨에서 열리기도 했다. 무성한 턱수염을 기르고 길고 품이 넓은 미끈한 아랍식 겉옷을 입은 음침한 족장들에 둘러싸인 쥬라이씨 팔루자 시장(10개월 만에 3번째다)은, 모든 이라크인들은 평화를 원한다고 확신하고 있었으며, 미군들이 저지른 파괴를 애석해 했다. 산체스 장군 참모장 죠셉 웨버 소장이 때때로 협상 테이블에서 합동기동군을 대변했다. 해병원정군 사령관인 콘웨이 중장은 한 번씩 참석하고 자주 대리인을 보냈다. 그가 참석할 땐 회의를 주재했다.

그 무렵 남동쪽으로 100킬로미터 떨어져 주둔하고 있는 뎀프시 소장의 제1기갑사단은 시아파 성도(聖都)인 나자프 안에서 과격파 성직자인 모크다타 알 사드로와 그의 추종자들을 막다른 골목으로 몰아넣고 있었다. 대단한 협상이 그쪽 전선에서도 역시 진행되었다. 수니파 저항군들은 팔루자에서 덫에 걸리고 시아파 저항군들은 나자프에서 함정에 빠져 각각 자기들의 파멸을 막기 위해 필사적으로 협상에 매달리고 있었다.

매티스 해병 제1사단장은 보통 지루하게 긴 회합에는 참석하지 않았다. 매일 그는 예하 부대들을 방문하여 이곳저곳에서 몇 분간씩 멈추어 사기진작과 전투태세 완비를 점검했다. 매티스는 병사들이 무엇을 원하는지를 알고 있었다. 임무를 완수하자는 것이다.

해병부대에도 사망자가 속출했다. 팔루자의 테러리스트들이 한 이탈리아인을 참수했으며 일본인 5명, 터키인 3명, 그리고 니콜라스 버그라는 미국인을 인질로 잡고 있었다. 해병대가 '휴전'으로 묶여 있는 동안 저항세력들은 시내에서 전력을 강화하고 저항 전술을 단계적으로 향상시켜 갔다.

4월 14일 매티스 장군은 3/4대대 전선부대를 순시하며 맥코이 대대장에게 2~3일 이내 공격을 재개하라는 명령이 내려올 것 같다고 말했다. "나는 이 교착상태가 오래가지 않을 것으로 생각하네." 매티스가 맥코이에게 한 말이다.

전투를 마무리짓도록 허용해야 한다는 것이 해병사단 전체 병사들이 갖고 있는 신념이었다. '휴전' 임에도 적과 충돌로 매일 사상자를 내고 있는 각 대대는 고위 정치 지도자들이 자기들 방식대로 세상을 보고 있는 것에 짜증이 났다. 만약 당신이 저항세력들과 패티케이크(patty-cake, 둘이 마주 앉아 'Pat a cake, …!'란 동요를 부르며 상대의 손바닥을 치는 놀이) 놀이를 한다면, 그들은 당신의 손목을 자르려 들 것이다. 우선 시를 장악하고, 그들이 애원할 때 그들과 이야기해야 한다는 것이다.

국방장관의 권력은 진행 중인 작전을 지시하는 데 있는 것이 아니고 더 장기적인 군의 행동방침을 구체화하는 데 있다. 1993년 래스 애스핀 국방장관은 소말리아 미군사령관의 탱크 투입요청을 무시했다. 그 뒤 미군의 어떤 기습부대가 탱크 지원 없이 치른 한 격렬한 전투에서 함정에 빠져 엄청난 사상자를 냈다. 애스핀은 현지 작전사령관의 판단을 무시하고 자기 판단을 강요한 이유로 해임되었다.

럼스펠드는 아비자이드에게 팔루자에 대해 어떤 조처를 취하라고 재촉은 하면서도 정식으로 지시하지는 않았다. 지시하는 것은 경솔한 짓이 될 것이기 때문이다. 브레머와 아비자이드는 발포지시를 내리는 현지 사령관들이다. 그들이 '휴전'과 협상을 계속하기로 합의했다면 그것은 당연히 이행해야할 진로가 될 것이다.

"존(아비자이드)은 대통령에게 팔루자에 대한 강경방침을 강조했습니다. 그러면서도, 시를 장악하는 것은 혼란을 조장하는 일이 될 것이라고 지적했습니다. 그는 이 두 가지 시각 모두에 이해심을 보였습니다. 시종일관 그는 '팔루자는 어려운 상항에 있다', '우리들은 이길 것이다', 그리고 '병사들 사기가 드높다'는 3가지 점을 이야기했습니다." 한 백악관 고위 보좌관의 말이다.

2004년 3월 14일, 리처드 마이어스 합참의장이 갑자기 바그다드에 왔다. 그는 아비자이드 장군의 보고를 보충할 수 있는 새로운 전망을 찾기 위해 펜타곤 지시로 온 것이다. 해병대는 마이어스 장군이 바그다드에서 사태를 정확하게 파악하기를 바랐다. 맥코이의 카르마 돌격과 시 중심부로 진격한 '붉은 구름' 작전이 말썽에서 제외되지 않았다. 저항세력들은 그들이 기회를 잡았다고 생각할 때마다 공격적으로 나왔다.

3월 15일, 마이어스 합참의장은 바그다드에서 기자회견을 가졌다. 그는 수니파의 안바르 전 지역에 대한 공격과 사드르의 저항을 "우리가 이라크에서 거두고 있는 성공의 징후"라는 말로 설명했다.

팔루자에 대해 그는 매우 온건한 경고를 발했다. "우리는 팔루자에 추가 군사행동이 있을지도 모르는 것에 대비하여 준비가 되어 있어야 할 것이고 준비를 해야 할 것입니다. 일부 외국인 전투원들이 시내에 잠입해 있는 것은 사실이며, 휴전이 진행 중임에도 우리의 해병대를 공격하는 전 정권 핵심 분자들이 준동하고 있는 것이 사실입니다." 하고 그는 말했다.

전투의 필요성을 강조한 것은 분명 아니었지만, 그의 회견은 협상에 대해 회의하고 있다는 뜻을 은근히 시사하는 내용이었다. 그날 늦게 콘웨이 장군과, 산체스 장군 참모장인 죠셉웨버 장군이 존스 및 슐리쳐 대사와 해병대원정군 사령부에서 만나 사태를 점검했다. 해병대원정군 참모장인 콜만 대령은 공격할 때가 되었다고 말했다. 연합임시행정청에서 영국을 대표하는 행정관으로 있는 이르판 시디크는 공격은 전혀 불가하다고 응수했다. 그는 협상으로 해결하도록 촉구하며 그것이 모든 당사자들에게 '명예로운 출구'를 제공할 것이라고 주장했다. 존스 대사는 어느 편도 들지 않고 대신 아비자이드 장군이 14일에 부시 대통령에게 브리핑한 점을 지적했다. 대통령은 전면적인 공격안과 현상유지안 모두를 거절했다. 존스는 대통령이 16일 영국 블레어 총리를 만났을 때 해병대가 원정군 사령부에서 논의한 것처럼 공격할 예정이라는 사실을 블레어에게 이야기하지 않았다고 말했다.

"나는 다른 대안을 원합니다." 하고 부시 대통령은 말했다. 해병대에 신뢰를 표시하면서 대통령은 팔루자에 전면적인 공격보다는 다른 대안 개발을 요청했다. 대통령의 요청은 이메일을 통해 즉시 팔루자에서 멀리 떨어져 있는 막료들에게 전달되었다.

"이런 제기랄" 원격영상회의에 참석하고 나온 어떤 고위 미군 장군이 투덜거렸다. "작전상 결정을 어떻게 멀리 떨어진 워싱턴에서 할 수 있단 말인가?"

콘웨이는 앞으로 2~3주 걸리긴 하겠지만 아마도 일부 이라크 장성들을 끌어들여 그들에게 팔루자를 맡길 수 있을 것이라는 점을 암시했다. 외국인 용역 관리인 젠센은 아무리 생각해도 그런 아이디어는 공상에 불과하다고 주장했다. 그에 따르면, 바트당원들은 저항군들과 싸우지 않을 것이며, 저항군 지도자 대부분이 역시 바트당원들이라는 것이다.

그러나 콘웨이의 암시는 공상에 불과한 게 아니었다. 이라크에서 합동기동군의 작전통제권 아래 있는 CIA는 전직 이라크 장군인 무하마드 사와니를 책임자로 하는 이라크 새 정보기관을 창설하고 있었다. 며칠 전 해병대원정군 사령부에서 일하고 있는 CIA 요원 2명이 콘웨이에게, 사와니가 추천한 몇몇 전직 이라크 장군들은 팔루자에서 그를 도울 수 있다고 말했다. 그 장군들이 팔루자에서 전직 병사들과 저항세력들로 구성된 군부대를 창설할 수 있다는 이야기였다. 회합이 끝난 후 연합임시행정청에서 나온 한 행정관은 문제의 CIA 요원들이 거처하는 작은 콘테이너 하우스에 그들을 따라 들어갔다.

"당신들은 3성 장군(콘웨이)에게 아직 덜 익은 아이디어를 던져주어 자제력을 잃게 해서는 안 되오." 하고 그 행정관은 말했다. 그는 그 아이디어를 버리도록 그들을 설득하는 데 성공했다고 생각하며 가벼운 마음으로 그곳을 걸어 나왔다. 콘웨이는 이라크 장군들과의 협상조건을 CIA 대신 한 군부팀과 조용히 상의했다. 이라크 장군들과의 협의는 민간 행정관들에게는 드러내지 않고 해병대원정군 채널을 통해 진행하고 있었다.

4월 15일, 연합임시행정청에서 나온 대사들과 해병대원정군 사령부에서 가진 회의는 새로운 활동계획 없이 종결됐다. 몇 주간에 걸친 입씨름으로 얻은 수확은, 4명이나 6명의 고위 미국 관리들이 팔루자에 대해 토의한다면, 4개 또는 6개의 미묘한 차이를 보이는 주장밖에 나오지 않는다는 사실에 대한 확인이었다.

토니 블레어 총리가 4월 16일 백악관을 방문할 즈음, 그는 팔루자 공격을 중지하도록 부시 대통령을 설득하라는 심한 압력을 받고 있었다. 전 영국 외무장관인 로빈 쿠크가 블레어에게 넣고 있는 압력이었다. 그는 '민간인 1천 명의 죽음'을 상기시키면서 팔루자에서 '고압적인 전략'에 대해 부시에게 경고하라고 블레어를 다그쳤다. 전직 영국 고위 외교관 52명은 '많은 부녀자와 어린이를 포함하여 사망자 숫자가 수백 명에 이르고 있는 팔루자에서 임무에 적절하지 않는 무기들을 사용하는' 해병대를 비난하는 한 공개적인 편지에 서명했다. 런던에 있는 유명한 전략문제연구소의 다나 앨린은 "영국 외무부와 국방부는 이라크에서 미국 전략이 지나치게 고압적이었던 것으로 생각한다"고 말했다.

영국 외교관들과 고위 관리들은, 미군이 여러 부족들을 기만하는 한편 그들을 고분고분하게 말 잘 듣도록 어르고 달래고 있다고 비난하며, 무력대신 외교와 사업청부계약을 혼합하여 저항세력들에게 접근해야 한다고 주장했다. 블레어는 외무부로부터 미군의 팔루자 점령을 신랄하게 비난하는 메모를 받았다.

"우리는 미국으로부터 이라크에서 군사적인 접근법을 현명하고 민감하게 사용하겠다는 다짐을 받아내기 위해 우리의 노력을 배가할 필요가 있습니다. 이 메시지는 미국 최고위층에서는 받아들일 것으로 보이지만, 그러나 하위 군 지휘계통을 항상 충족시키지는 않을 것입니다." 메모의 내용이다. 이라크 민간인 희생에 대한 우려는 이라크에서 중동전역을 지나 런던에 이르기까지 파문을 일으키고 있었다. 런던의 많은 관리들은 미국 사촌들보다 이라크 정치를 더 잘 이해하고 있다고 믿었다.

영국 합참의장인 마이클 잭슨 장군도 이 논쟁에 끼어들었다. 1999년 당시 보스니아의 영국군 사령관이던 잭슨은 연합군 총사령관이던 웨슬리 클라크 미국 장군이 직접 내린 명령을 전략적으로 경솔한 것이라 하여 거부했다. 지금 잭슨은 팔루자에 대해서도 별로 말을 조심하지 않고 있다. "우리는 이라크에서 미국과 함께 싸울 것입니다. 그것은 우리가 미군으로서 싸울 수 있다는 것을 의미하진 않습니다. 후세인 정권 붕괴작전 이후 분쟁에 대한 영국의 접근법이 외교정책상 미국과 다르다는 것은 피할 수 없는 사실입니다." 그가 런던타임스 기자에게 한 말이다.

그러나 영국 장교들이 팔루자에 나타나 해병대의 전술에 대해 직접 평가하는 일은 없었다. 영국군이 어떤 결론에 도달했든 블레어 총리는 팔루자에서 공격이 연합군의 결속을 위태롭게 할 것이라고 부시 대통령에게 경고했다.

합동기자회견에서 대통령은 이라크주재 유엔특사인 브라히미에 대한 칭찬에 열을 올렸다. "우리는 브라히미 씨가 이라크에 곧 귀임하여 중요한 업무를 계속할 수 있게 되어 대단히 기쁩니다." 하고 대통령은 말했다. 만약 팔루자가 공격을 받으면 지원을 철회하겠다고 공개적으로 위협했던 브라히미였다. 대통령의 언급은 그러한 공격이 없을 것이라는 강력한 신호였다.

16

두 얼굴을 한 족장과 이맘

4월 16일을 지나면서 수송대에 대한 강탈과 공격이 안바르 주 전체로 확대되었다. 대부분의 전장에서 그렇듯, 미군병사들 사기가 4명 중 1명꼴로 저하된 것으로 신체검사에서 나타났다. 미군이 타협적이 되면 될수록 저항세력의 공격 횟수는 오히려 더 증가했다. 바그다드로부터 약 100킬로미터에 달하는 반원(半圓)지역 안에서 픽업트럭과 낡은 승용차를 타고 다니는 떠돌이 폭력단들이 수송트럭에 총을 쏘고 도로를 봉쇄하여 닥치는 대로 군수품을 탈취해 가는 사건이 빈발했다.

폭력단들의 계속되는 마구잡이식 공격이 누적된 결과는 심각했다. 4월 중순 이후 요르단과 쿠웨이트로부터 군수품 공급 수송이 크게 줄어들었다. 군의 유류재고수준이 2일분밖에 남아 있지 않을 정도로 떨어질 때도 있었다. 기지에서 일상적인 질 좋은 음식물 공급 횟수가 대폭 줄었으며 때로는 간이 휴대식품으로 대체되기도 했다. 제1해병사단 병참부대는 수송대가 일부 교량이나 순찰경계를 받지 않는 고속도로 통행을 기피하는 현상이 늘고 있어 바그다드가 고립되지 않을까 걱정할 정도였다.

루머와 아랍 텔레비전 방송국들의 선정적인 보도에 자극받은 수니파 젊은이들은 저항을 촉구하는 이맘들의 설교를 듣기 위해 마을광장과 모스크로 몰려들었다. 제1해병사단 정보장교인 마이크 그로엔 중령은 1차 이라크 해방 작전(Operation Iraqi FreedomⅠ, 미국의 1차 이라크 침공 작전명) 기간에 수많은 전투에서 적의 성향을 분석한 바 있다. 이번 저항투쟁처럼 자발적이고 결의에 찬 적의 모습을 본 적이 없는 그는 매티스 장군에게 이렇게 말했다. "무자헤딘은 고결한 감정에 기반을 두고 있습니다. 그들에겐 지시하고 통제할 어떤 지휘계통이 없습니다. 그 대신 모스크에서 모스크로 뛰어다니며 저항정신을 기르고 있습니다. 지하드의 물결이 동방을 휩쓸고 있는 것입니다."

사단 참모장 던포드 대령은 그런 자발적 행동 뒤에 숨어 있는 교활성을 감지했다. 사담 정권 아래서 유복하게 살았던 족장들과 전직 바트당 당원들이 팔루자와 라마디에서 이맘들에게 지하드를 부르짖도록 부추겼다. 그들은 이교도 침입자들에게 무기를 들고 저항하는 것은 모든 무슬림의 의무라고 주장했다. 미군 점령으로 수니파 성직자들과 바트당 당원들 모두가 권력에서 밀려났다. 이교도를 죽이라는 모스크로부터 외침은 수니파 민족주의와 종교적인 과격주의가 한데 합친 결과였다.

비난과 저주로 뒤범벅된 혼란이 정당화되고 있었다. 이스라엘은 하마스당의 정신적 지도자인 아하마드 야신 족장을 암살했다. 이스라엘 동맹국인 미국은 팔루자를 파괴하고 모스크를 허물고 부녀자들을 강간하고 있다. 도둑맞은 이라크 석유는 미국과 이스라엘로 선적된다. 바그다드의 과도통치위원회 위원들은 반역자들이며 배교자들이다. 이런 내용의 설교가 계속되었으며, 어느 이라크 관리도 성직자들의 통렬한 비난과 비방을 저지하려 들지 않았다. 안바르 주는 정부 통제에서 벗어난 그들만의 나라가 되어 갔다.

매티스 장군은 저항세력이 지옥의 무대를 만들기 전에 그들의 불꽃을 짓밟아 꺼버리기로 결심했다. 바그다드는 가장 중요한 중심점이다. 만약 고속도로가 적의 수중으로 넘어가면, 오렌지색과 흰색이 섞인 택시와 닛산 픽업트럭을 탄 수니파 저항군들이 사드르의 시아파 민병대와 동맹을 맺어 수도로 몰려들 것이다. 그렇게 되면 1978년 테헤란 사태의 재연을 위한 무대가 차려질 게 뻔했다. 그 당시 테헤란은 군중들 수가 점점 불어나 너무 거대해지는 바람에 정부군 발포로도 막을 수 없게 되어 마침내 팔레비 정권이 무너진 것이다.

그 같은 사태진전을 예방하기 위하여 매티스 장군은 저항세력들이 감히 수도 쪽으로 움직일 마음을 품지 못하게 이라크 내 주요 통신선을 따라 압도적인 무력을 전개하기로 결정했다. 몸 무겁게 움직이고 있는 미군 수송대에 로켓탄 몇 발을 쏘아 값비싼 물자들을 빼앗아 달아나던 저항세력 폭력단들의 풍요는 이제 추적을 받아 죽임을 당하는 공포와 박살난 픽업트럭들에 남겨진 으깨진 시신들로 바뀔 처지가 되었다.

매티스는 크레이그 튜커 대령의 제7특전연대 대부분을 이 작전에 동원하여 팔루자 남쪽과 동쪽 지역을 깨끗하게 청소하기로 했다. 매티스는 튜커에게 수송의 위험요소를 제거하여 물자의 수급균형을 맞추는 임무를 부여했다. 4개대대를 지휘하는 튜커 대령은 사우디아라비아와 요르단 및 시리아 국경선으로부터 수천 킬로미터에 이르는 넓은 지역의 치안을 책임지게 되었다. 튜커는 경장갑 정찰대대(LAR)와 2/7대대를 팔루자 남쪽 80킬로미터 지점으로 옮겨와 주변 지역 500평방

킬로미터를 평정하고 수송대에 대한 공격을 저지한다는 도박을 감행했다. 이것은 한정된 병력을 넓은 지역에 엷게 전개시키는 결과를 가져와 오히려 안바르 주 전 지역 치안을 약화시킬 수도 있는 매우 위험한 결정이지만 달리 대안이 없었다.

튜커 군대는 수륙양용차와 에이브람스 탱크 지원을 받아 불도저 1대, 경장갑 차량과 험비장갑차 168대, 그리고 7톤 트럭들을 이끌고 북쪽에서 슬그머니 남쪽으로 이동해 왔다. 계획한대로 리퍼('칼 등으로 몸을 찢듯 자르는 살인광' 이란 뜻)라는 이름의 특별기동부대가 사막 가운데로 뻗어 있는 고속도로를 달리며 순찰임무를 맡았다. 매 1킬로미터마다 장갑차들이 총열과 포신을 겨눈 채 가다 서다를 반복하며 수송대를 보호했다.

매티스는 사단사령부에서 차를 몰고 튜커 대령을 만나러 갔다. 그의 여행은 보통 단출했다. 험비 서너 대와 무전기 6대를 장착한 지휘차량인 경장갑차가 전부였다. 일행은 계속 고속으로 달렸다. 지휘차량 운전병인 앤드류 와이크 병장은 모퉁이를 돌 때에도 속력을 늦추지 않아 매티스가 한두 번 의자에서 튕겨 나갈 뻔했다. 병사들은 매티스와 함께 움직이는 것을 좋아했다. 그들은 여러 지방을 보았고 행동을 보았다.

매티스와 호위 부하들은 사제폭발물 공격 세 번과 매복 공격 두 번을 받아 병사 한 명을 잃고 세 명이 부상을 당한 바 있다. 일부 참모들은 그 공격들이 조심하라는 경고를 자주 무시하는 매티스를 노린 것으로 믿고 있다. 때때로 그는 헬기를 타고와 헬기 날개가 일으키는 먼지 속에서 경호원도 없이 경장갑차로 옮겨 타 그가 원하는 곳이면 어디든지 돌아다니고 멈추곤 했다. 그는 저항군들 공격 같은 것은 염두에 두지 않는 듯했다.

튜커와의 회합은 간단하게 끝났다. "우리가 지금 팔루자시 남쪽에서 박격포 공격을 받고 있네. 그쪽으로 출발하게." 매티스는 지도 한 곳을 가리키며 말했다. "확고한 의지를 갖고 움직이게. 자네들이 가는 곳 어디서든지 현재 자네들이 머물고 있는 곳에서처럼 행동하게. 마치 자작농장에라도 간 것처럼 말이야. 그리고 그들이 좋아하든 안하든 그들의 새로운 친구가 되는 거야. 이 지하드를 소탕하기 위해서야."

그 말을 하면서 매티스의 손은 지도상에 그려져 있는 바둑판 같은 수십 개의 검은 눈금을 쓸었다. 그 바둑판 눈금 하나의 가로·세로 길이가 각각 1킬로미터이며 그 안에 집 수백 채가 들어서 있다. 각 집은 시멘트 담장으로 둘러싸여 있으며, 일부는 야자나무들이 덮고 있고 나머지는 따가운 햇볕과 이따금씩 세차게 부는 바람에 노출돼 있다. 얼핏 보아 이 지역은 10만 명 이상이 살고 있고 집 1만 채 이상이 들어서 있는 곳이다. 튜커의 기동부대 병사 약 900명은 개개 집들을 수색하는 방식으로 유프라테스 강 남쪽 측면을 따라 뻗어있는 팔루자 남쪽과 동쪽 지역을 청소할 작정이다. 모든 집을 다 수색한다는 것은 물리적으로 불가능하다. 그러나 그렇게 하는 목적은 심리적인 것에 있었다. 루머와 감정이 지하드를 부추기고 있기 때문이다. 매티스는, 해병대는 어디서든지 저항군들을 찾아내기 위해 모든 집을 수색할 정도의 힘을 갖고 있다는 소문을 퍼뜨리고 싶었으며 따라서 저들의 흥분을 기대하고 있었다.

너무 많은 10대들이 미군병사들을 적대시하는 도구로 이용되었다. 마을 모스크에서 이맘들은 감정에 치우친 설교로 십대들을 흥분시켜 그들로 하여금 물불 가리지 않고 미군에게 덤벼들게 만들었다. 한 소년이 집으로 뛰어가 AK소총을 움켜잡는다. 두려워하는 어머니를 포옹하고 아버지로부터 축복의 말을 들은 후 의기양양하게 차를 타고 떠난다. 공중에다 총을 흔들며 팔루자를 해방하고, 이슬람을 수호하고, 이 교도 미군을 죽이겠다고 알라에게 약속한다. 하루가 지나서 그 젊은이는 약간 먼지가 흩날리는 네거리에서 접근해 오는 해병 순찰대의 끝부분을 생략하는 말투를 들으며 어떤 집 담벼락 뒤에 친구들과 함께 몸을 웅크리고 있다. 그는 눈을 크게 뜨고 친구들에게 힘차게 머리를 끄덕여 인사하고는 거리로 뛰쳐나간다. 그는 달려가며 허리에 매단 AK 소총 방아쇠를 계속 당긴다. 한 해병이 총을 들고 그를 겨누어 앞쪽 가늠쇠를 뒤쪽 십자선 중앙에 오게 하여 3발 연속발사 상태로 사격을 한다. 그 해병은 5~6개의 다른 사정거리를 가진 총으로 천 번도 더 이런 사격을 한 사람이다. 매티스는 십대들을 거리로 내모는 그런 행동을 '몰상식한 살인행위'라고 불렀으며, 그것을 부추기는 수니파 성직자들에 대한 경멸을 특별히 표시하기도 했다.

지역 모스크 안에서 이 젊은이와 같은 생각을 가진 사람들은 하나같이 열광적으로 순교를 바라는 감정을 갖는다. 그것은 미군의 전쟁기계가 덜커덩 덜커덩 소리를 내며 벽을 뒤흔들 때 가족과 함께 집 안에서 갖는 고독감이나 고립감과는 전혀 다른 감정이다. 이 때 젊은이들은 레지스탕스에 참여하고픈 차위의(순교보다 한 단계 낮은) 생각을 갖는다.

주민들에게 가장 큰 시각적 충격을 주기 위해 튜커 대령은 병사들을 온 사방에 깔아 놓았다. 소총소대원 12명으로 핵심 수색팀을 만들었다. 2/7대대 폭스중대 2소대 빌 베스터맨 중위는 팔루자 북쪽으로 뚫려있는 고속도로 서쪽 6킬로미터 지역을 작전지구로 정했다. 베스터맨은 투자은행에 다니다 그만두고 9·11 사태 이후 군에 입대했다.

베스터맨의 작전지구는 다른 지역들과 마찬가지로, 두꺼운 흙먼지로 뒤덮인 긴 골목들을 사이에 두고 서 있는 황갈색 벽돌과 시멘트로 지은 주택 집단들로 동리를 이루고 있다. 주택들은 잿빛 블록 담장으로 둘러싸인 마당을 갖고 있으며, 대부분 집 안에는 꺼칠꺼칠한 껍질을 가진 밑둥에 검푸른 빛 가지들로 정상을 덮은 야자나무들이 그림자를 드리우고 있어 시골의 단조로운 황토색에 초록색 감촉을 느끼게 해 준다. 베스터맨 중위의 소대원들은 타고 온 7톤 트럭에서 뛰어 내려 전위 라인을 만들어 제일 가까이 있는 집 쪽으로 종종걸음을 치며 다가간다. 그들이 앞으로 전진하자, 경장갑차 4대가 고속도로 위에서 천천히 보조를 맞춰 이쪽을 향해 25밀리 연쇄포로 엄호사격 자세를 취한다.

3개 분대 각각이 한 집씩 맡는다. 사격팀이 바깥에서 엄호하고 있는 동안 다른 두 사람이 집 안으로 밀고 들어간다. 수분 이내 남자들과 소년들이 밖으로 쫓겨나오고 바닥에 엎드리라는 명령을 받는다. 한편 부녀자들과 아이들은 벽에 붙어 서 있게 한다. 이 때 사격팀이 집 안으로 들어가 거실을 시작으로 재빨리 수색에 들어간다. 거실에는 거친 시멘트 바닥에 낡아빠진 양탄자가 덮여 있으며, 방석들이 여기저기 흩어져 있고, 지나치게 속을 많이 채워 넣은 1인용 의자 한두 개도 있다. 다음에는 안방과, 담요와 방석들을 가득 쌓아 놓은 벽장을 수색하고, 똑똑 물방울이 떨어지고 있는 수도꼭지와 작은 프로판 가스통이 달린 버너 한두 개가 있는 초라한 부엌으로 들어간다. 마지막으로 핸드 샤워기만 있는 목욕탕과 시멘트에 난 구멍들을 대충 살피고 수색을 완료한다. 한 집에 들어간 분대는 과거 전쟁 때 유물인, 플라스틱 개머리판으로 된 AK소총과 수동식 노리쇠가 있는 소총들이 나오자, 수분 안에 수색을 끝내버린다.

"이것들은 누구 것이지?" AK소총을 집어 든 사격팀 조장이 바닥에 엎드려 누워있는 남자들에게 소리 지른다. "당신들 무기소지 증명서 있어, 증명서?"

남자들은 그들의 얼굴 앞 땅만 내려다보고 있다.

"통역자를 이리로 데려와." 베스터맨 중위가 지시했다. 심문설득팀(HET)에서 온 두 해병 병장이 소대에 합류해 있다. 홀쭉한 체구인 한 병장은 레바논 출신으로 아랍어를 알고 있다. 다른 큰 체구의 병장은 서 아프리카 악센트를 쓰는 아프리카계 미국인으로 아랍어를 모른다. 그 두 사람이 이라크인들에게 다가가 옷소매를 당기며 발바닥을 들어 보라고 하여 검사한다. 폭발물들을 취급할 때 곧잘 생기는 산(酸)에 탄 흔적을 찾아내기 위해서다.

홀쭉한 체구인 병장이 부드러운 아랍어로 질문했다. 한편 큰 체구의 병장은 이라크인들이 깜짝 놀라게 고함을 질렀다. "알리바바가 어디 있어? 알리바바가 어디 있느냐니까?"

베스터맨 요청으로 압둘 메헬릭이란 이름의 한 이라크인 통역자가 소대에서 일하고 있다. 나자프에서 온 시아파로 팔루자의 수니파들을 싫어하는 눈치를 숨기지 않는 사람이다. 그러나 그는 심문설득팀이 남자들에게 소리를 지르자 고개를 내저으며 한쪽으로 비켜 서 있다. 메헬릭은 살짝 베스터맨에게 이라크 남자들을 강제로 땅바닥에 엎드리게 하는 것은 "좋지 않다"고 말했다.

베스터맨은 동의하지 않는다는 의미로 고개를 흔들었다.

"요행수를 바랄 수 없어. 그들은 그냥 엎드려 있어야 돼. 그냥 세워 뒀더니 한 녀석이 숨기고 있던 수류탄을 터뜨리는 바람에 해병 하나를 잃었어."

메헬릭은 더 이상 말을 하지 않고 옆에 서 있다가 그 소대의 다른 쪽 사람들 뒤를 붙어 다녔다.

베스터맨의 소대가 길 왼편 집들을 계속 수색해 나갈수록 집과 야자나무 숲 규모가 점점 커져갔고 들판에는 소와 양, 당나귀들이 풀을 뜯고 있었다. 소대가 야자나무들이 드문드문 있는 들판을 가로질러 갈 때 머리 위로 날카롭게 피웅! 피웅! 하며 날아가는 AK총탄소리가 들렸다. 그들은 얼른 흩어져 엄호자세를 취하며 앞으로 뛰어 갔다. 그러나 총잡이는 달아나버렸다. 들판과 야자나무 숲 속 어딘가에 숨어있을 것이다.

고속도로로부터 1킬로미터쯤 되는 곳에서 베스터맨 소대는 전에 미군이 전혀 수색한 적이 없는 한 농촌 들판을 가로질러갔다. 마을사람들과 들에서 일하던 사람들은 트인 들판을 터벅터벅 걷고 있는 해병들에게 적의도 우의도 보이지 않은 채 신기하다는 듯이 그저 빤히 바라보기만 했다. 더 앞쪽으로 나아간 해병들은 대 저택이라고 불러야 할 큰 집 몇 채를 수색했다. 양탄자도 깔려있지 않았고 개인 물품들도 없었지만 값비싼 현관문과 창문, 먼지가 뽀얗게 쌓인 전기기구들이 아직 한 번도 사용하지 않은 듯 했다. 집주인들은 짐을 꾸려 어디론가 떠났지만, 후세인 정권이 무너진 지 꽤 시간이 지났는데도 아무도 이 저명한 전직 바트당 당원들의 텅 빈 집들을 감히 약탈하려 들지 않는다는 것은 아직도 그들의 힘을 느끼게 했다.

들판을 6킬로미터 걸어가며 무작위로 일이백 호를 수색한 후 오후 늦게 베스터맨 소대는 한 작은 모스크 앞에 닿았다. 해병들이 사정없이 문을 탕탕 두드리자 여러 나이층의 약 30여 명 되는 남자들이 한 젊은 이맘을 따라 줄을 지어 나왔다. 모두들 모래 빛 머리털에 산뜻한 턱수염을 달고 깨끗한 디시다시를 입고 있었다. 베스터맨은 정중하게 이맘에게 모스크를 수색하게 해 달라고 요청했다.

불편부당한 통역자 태도를 보여 온 경찰관 신분인 메헬릭이 이맘에게 수색은 불가피하며 허락하고 안 하고가 문제가 될 수 없다고 설명했다. 해병들은 모스크 안으로 들어가서 2분도 안 돼 나왔다. 이라크인들은 좀 떨어진 곳에 줄을 지어 서 있었다. 턱수염에다 코밑수염을 한 모든 얼굴들이 노기를 띠고 있었다. 몇몇 사람들은 미군이 온 동리를 수색하기 전에 아내와 가족들이 있는 집으로 돌아가겠으니 허락해 달라고 요청했다.

땅거미가 질 무렵 땀에 젖은 해병들은 바위가 하나 있는 이랑진 곳에 자리잡아 간이휴대식량으로 저녁을 때우고 잠을 잔 후, 이튿날 새벽 4시에 또 다시 수색에 들어갔다. 우선 동리에서 제일 큰 집부터 시작하기로 했다. 허리에 발코니를 두르고 출입구 양편에 검은 대리석을 붙인, 한껏 멋을 부려 지은 벽돌집이었다. 해병들이 들이닥쳤을 때 소대 선임부사관인 리레트 하사가 집 뒤로 달아나는 한 남자를 발견했다.

베스터맨 소대 3분대 분대장인 케롤 상등병이 집 뒤로 달려가 얼룩덜룩한 디디다사를 입은 턱수염이 많은 한 남자의 팔꿈치를 끌고 되돌아 왔다. 몇 초도 안 돼 부녀자들과 아이들이 소리치고 울며 집에서 쫓아 나와 그 남자에게 달려왔다. 그 남자는 능청스럽게 투덜거리며 얇은 플라스틱판으로 된 ID 카드를 통역자인 메헬릭에게 건넸다.

"그는 족장입니다. 우두머리지요. 매우 부유한 사람입니다." 메헬릭이 말했다.

"상관없는 일이야. 그는 우릴 보고 달아났어. 무엇을 숨기고 있는 거야. 체포해야겠어." 리레트 하사가 말했다.

"겁이 나서 달아난 겁니다. 그를 놓아주어야 합니다. 그의 ID 카드는 미군 대령이 서명한 겁니다." 메헬릭이 말했다.

케롤 상등병과 그의 분대는 명령을 기다리며 이 입씨름을 지켜보고 있었다.

"당신은 내게 이래라 저래라 하지 마라. 이건 내 결정이야." 리레트가 메헬릭에게 말했다. "이 멋쟁이는 조사를 받아야 돼. 이상이야."

이 소대에 오기 전에 리레트는 훈련 조교였다. 당시 베스터맨 소위가 소대 전술 지휘관이었을 때 확고한 신념의 사나이인 리레트는 엄격한 교사였으며 사병의 권리를 대변하는 사람이었다. 그는 자신의 지도력에 거의 의문을 품지 않았다. 베스터맨은 이 소대 선임부사관 결정에 동의했다.

그 족장에게 수갑을 채워 비명을 지르는 부녀자들을 뒤로 한 채 트럭에 실었다. 리레트 하사와 메헬릭은 시동을 건 험비 쪽으로 걸어가며 서로 눈길 한 번 주지 않았다.

소대는 다음 동리로 옮겨갔다. 그곳은 빈민굴이었다. 실내 배관시설 없이 거리 쪽 하수구 웅덩이로 개숫물이 그냥 흘러내리고 있었다. 금방이라도 쓰러질 듯한 오두막 사이로 염소와 돼지들(돼지고기를 금기시하는 중동에서, 특히 정통 수니파 지역에서 돼지를 기른다는 것이 신기하다)이 제 맘대로 돌아다녔다. 돼지우리 옆에 있는 다져진 건초더미 속에서 해병들이 1991년이라는 날짜와 품목 넘버를 영어로 표시한 속이 빈 긴 나무 탄약상자를 찾아냈다. 사격팀장이 이것은 저항세력들이 여기에 살고 있음을 증명해 주는 거라고 했다.

"이건 이 집 주인이 잡동사니 수집가라는 걸 말해주는 거야. 미국에서도 이런 사람들을 많이 보았어." 하고 리레트가 말했다.

리레트는 각 분대를 지휘하며 쓰레기들이 어지럽게 널려있는 비포장 도로 가운데 서 있었다. 붉은 카피에를 쓰고 때 묻은 다갈색 디시다사를 입은 턱수염의 한 노인이 머뭇거리며 그에게 접근했다. 그들은 몸짓으로 대화를 시도했다. 노인은 마치 어떤 지시를 하는 것 같은 제스처를 했다. 몹시 약이 오른 리레트는 고개를 흔들었다.

아까의 찌무룩했던 기분을 털어내며 메헬릭이 앞으로 걸어 나왔다. 그의 설명에 따르면 노인은 이곳 족장이라고 했다. 만약 리레트가 이 동리를 수색하기를 원한다면 자기가 기꺼이 안내하겠으니 의향이 어떠냐고 묻고 있다는 것이다. 이 때 메헬릭은 선임부사관에게 자기 의견은 말하지 않았다. 그는 노인의 의향을 설명하고 그 곤궁한 족장처럼 리레트의 답을 기다렸다.

"케롤, 자네 분대가 이곳을 맡아!" 리레트는 소리쳤다. "주의해!"

해병들이 몰려들고, 자신을 드러내 보일 기회를 가진 것이 즐거운 그 족장은 종잡을 수 없는 긴 설교를 시작했다. 처음에 메헬릭은 말 한마디 한마디를 리레트에게 통역해주려고 애를 썼지만 곧 포기하고 주요한 요점만 옮겼다.

"그는 팔루자에 나쁜 사람들이 있다고 말합니다. 모두 그것을 알고 있답니다. 아마 자동차가 한 댓지 두 댓지 여기에 온 적이 있는데 며칠 전이랍니다. 미국사람들은 부자지만, 바그다드가 모든 돈을 움켜쥐고 있답니다. 이곳 주민들은 가난합니다. 물을 보십시오. 미군들이 언제 수도시설을 수리해 줄지 알고 싶답니다."

노인에게 따뜻한 피타 빵(지중해, 중동지역에서 잘 먹는 납작한 빵)을 대접했다. 리레트는 이야기를 들으며 웃고, 생각하고, 듣고, 끄덕이고 했다. 그 동안 베스터맨은 무전기를 손질하며 험비에 앉아있었다. 족장이 닭고기 요리를 대접하겠다고 제의하자 리레트가 얼굴 가득 웃으며 정중하게 거절했다.

"고맙게 생각하지만 죄송하다고 말씀드려. 우리가 지금 떠나야 한다고." 하고 메헬릭에게 말했다. "우리는 그들의 음식을 먹지 않는다. 그들은 보다시피 너무 가난하다. 그에게 감사하다고 말해 줘." 리레트는 한마디 덧붙이지 않을 수 없었다. "생각해 봐. 이 같은 외교적인 헛

소리가 그렇게 나쁘진 않겠지."

메헬릭은 고개를 흔들며 쓴웃음을 지었다.

해병대가 트럭에 오르자, 심문설득팀이 아까 데려왔던 부자 족장을 집에 데려다 주기 위해 차를 몰았다. 손에 채웠던 플라스틱 수갑도 풀어주었다.

───

튜커 대령은 다음 목표를 20킬로미터 동쪽에 있는 투 타워즈(Two Towers)로 불리는 아파트 단지로 잡았다. 그 아파트 단지에는 1천 가구가 넘는 전직 공화국 수비대 장교 가족들이 살고 있었다. 겉에 회반죽을 바른 3층짜리 아파트들은 에어컨, 발코니, 큰 조망창문, 위성 텔레비전, 의료시설, 운동장과 놀이터, 아름다운 모스크, 공원, 사립학교와 수영장을 갖추고 있었다. 지붕 위에는 라디오의 헝클어진 안테나와 텔레비전 안테나 및 접시 안테나가 있었다. 우뚝 솟은 건물들의 스카이라인은 좁고 우아한 푸른 돔으로 된 첨탑과 크고 받침접시 모양을 한 시멘트 물탱크로 이루어져 있었다. 투 타워즈는 작은 도시였으며 고립된 특권지역이었다.

전직 공화국 수비대원들은, 투 타워즈가 미군이 들이닥쳐 수색할 만한 목표가 될 수 없다고 확신하고 있었다. 2003년 3~4월의 연합군 일제공격 때도 탱크나 대포 하나 이 단지에 들어오도록 허용된 적이 없으며, 어떤 통신 빌딩이나 무슨 단체의 본부로 사용된 적도 없었다. 이 주거단지 근방에서 이떤 사고가 난 적도 없었고, 총격전도 없었고, 유괴도 없었고 사제폭발물도 없었다.

튜커 대령은 정보원 보고서와 통신감청을 통해 이 단지에 사는 100명 또는 그 이상의 전직 군인들이 튜커 기동대의 움직임을 알고 있으며 미군에 저항하기로 의논하고 있다고 들었다. 튜커는 그들이 실제로 버티고 싸울지 의심스러웠지만, 신중하게 부대를 전개했다.

그는 경장갑차들을 보내 먼저 그 아파트단지로 향하는 도로들을 차단했다. 그리고는 야간을 이용하여 베스터맨 소대를 전진시키고 아파트단지 주변에 경계 라인을 설정해 폭스 중대의 나머지 병력을 투입했다. 캐롤 분대를 제일 앞장세운 폭스중대는 투 타워즈의 담장 밖 몇백 미터 떨어져 있는 농장을 거쳐 아파트에서 나는 음악소리를 들으며 밝은 가로등 불빛에 노출되지 않게 꾸불꾸불 전진해 갔다. 새벽 4시에 베스터맨 소대원들은 어떤 농장의 불결한 밀짚 속에서 추위에 벌벌 떨며 누워 있었다. 두꺼운 진흙바닥에 깔아 놓은 밀짚을 물소와 돼지들이 이리저리 밟고 다니던 곳이었다. 농장 안 개 한 마리가 미친 듯이 짖어댔다.

폭스중대가 투 타워즈 주위를 감시하고 있는 동안 튜커 대령은 2/7 대대 필 스쿠라 중령과 만나 최종 진입계획을 조정했다. 튜커는 측면이 트인 몇 개의 텐트에 통신장치 여러 개를 설치한 효율적인 스파르타식 전투지휘소를 운영했다. 연대 작전장교인 닉 부코비치 중령은 스마트-T라 불리는 놀라운 기기를 이용하여 2/7대대 및 라르대대 작전장교들과 데이터와 목소리를 연동할 수 있었다. 그들은 일상적으로 간결한 사건 개요, 정보 요약, 지시 및 지도 오버레이를 교환했다. 자세한 것을 알기 위해 앞뒤 부분을 펴서 보여 달라고 서로 요청할 수도 있었다.

투 타워즈 아파트단지로부터 충격은 없었으나 휴대전화를 통한 그들의 수다가 뚝 그쳤다. 밀사들이 튜커에게 이라크 보안군이 해병대를 단지 안으로 안내하기 위해 기다리고 있다고 전해 왔다. 마치 그들이 이미 내부를 점검한 것 같은 제안이었다. 전투는 없을 것 같아 보였다.

"좋아, 필, 총격전이 일어나지 않는다면, 조정해 보자고." 하고 튜커는 말했다.

일단 저쪽에서 계획을 수정하자, 튜커 대령과 스쿠타 중령은 투 타워즈 단지 내로 차를 몰고 들어갔다. 에코중대 중대장인 존 켈리 대위가 선봉에 섰다. 그는 느슨한 비교전국(非交戰國)의 풍경을 바라보며 차에서 내려 모스크로 가는 깨끗한 중심가를 걸어갔다. 그의 뒤에는 경계의 빛을 늦추지 않은 해병 수백 명이 큰 걸음으로 따라왔다. 작은 무리의 소년들과 젊은이들이 인도에 모여서 이들을 멀뚱하게 바라보았다. 소년들 몇몇은 웃음을 띠고 있었지만 나머지는 감정을 나타내지 않았다. 켈리는 대형 모스크 옆에 있는 이라크 보안군 사무실에 잠깐 멈춰 지휘관에게 저항군들을 본 적이 있느냐고 물었다.

"테러리스트들은 이곳에 들어올 수 없습니다. 그들이 온다면 죽일 것입니다." 라지드 조아드 카뎀 보안군 중위가 말했다.

"그들에 대한 기록들은 어디 있소?" 켈리가 물었다.

"기록 같은 거 없습니다. 우리는 테러리스트들을 죽입니다. 그들을 누구에게도 넘겨주지 않습니다."

켈리는 눈썹을 치켜 올렸다. "당신은 무기가 없군요?"

"해병들이 뺏어 갔습니다. 테러리스트들을 죽이기 위해 돌려받아야 합니다."

켈리는 고개를 저었다. 전에 훈련소에서 안바르 주로 이동하면서 보안군의 탈영이 속출하는 바람에 해병대가 무기 손실을 방지하기 위해 그들의 무기고를 접수했던 것이다. 거짓말에 진력이 난 켈리는 걸음을 계속했다.

대대 통역자인 아부 유세프는 수다를 떨며 뒤에 남았다. 아부 유세프는 미국에서 존 스미스처럼 흔한 이라크식 이름이다. 유세프의 실제

이름은 길버트 제이콥이다. 캘리포니아 주 모데스토 출신으로 올해 쉰일곱이다. 그는 이라크에서 태어나 27년을 이곳에서 살았다. 그의 뚜렷한 바그다드 악센트, 콧수염, 짧게 깎은 턱수염, 그리고 꾀죄죄한 카피에 때문에 그는 영락없는 옛날의 유세프가 된다. 어리석은 미군들 통역자로 일하는 이유는 봉급이 많기 때문이다.

"팔루자에서 용감한 순교자들이 활동하고 있다는 건 대단한 일 아닙니까?" 카뎀 중위가 말했다.

길버트는 동의하며 자신을 변명했다. 그는 스쿠타 중령을 만나기 위해, '위원회는 팔루자의 영웅들을 환영합니다.' 라는 슬로건이 내걸린 아파트단지 내 병원으로 갔다. 스쿠타는 조사차 이 청결한 병원에 먼저 와 있었다.

"환자들은 어디 있습니까?" 스쿠타가 물었다.

"여기서는 환자들을 많이 받지 않습니다." 하고 의사가 말했다.

"그들은 부상자들을 우리가 여기서 받기 전에 이라히빈 병원으로 먼저 옮깁니다." 길버트가 중얼거리는 소리로 의사의 말을 통역했다. "그들은 '집에 돌아온 영웅들을 환영한다' 고 쓴 바깥에 내걸린 슬로건을 내리는 걸 깜박 잊었나 봅니다."

스쿠타 중령과 길버트는 병원에서 나와 이맘을 만나기 위해 모스크로 걸어갔다. 길버트는 때때로 건물 벽에 스프레이로 갈겨 쓴 낙서들을 번역해 들려주었다. "저것은 '미군에게 죽음을' 이라는 뜻이고, 저기 더 큰 것은 '사담에게 예스' 라고 쓴 것을 지우고 '이슬람에게 예스' 라고 쓴 것입니다."

그들이 걸어갈 때 이맘이 확성기를 통해 미군을 쫓아내라고 주민들에게 촉구하는 소리가 들렸다. 길버트는, 저 사람이 바보든가 거만하든가 아니면 둘 다일 것이라고 생각했다. 검은 터번을 쓰고 턱수염을 길게 기르고 있는 이맘은 모스크 안마당에서 그들을 만나 미군에 대한 통렬한 비난을 늘어놓기 시작했다. 스쿠타 중령은 쉐이크 샤우케트라는 그 이맘이 언제 어느 때라도 부녀자와 어린이 수천 명을 거리로 불러내어 유혈폭동을 일으킬 수 있는 인물이라는 것을 알고 있었다. 그는 대 혼란을 일으키게 하고 싶지 않았다. 그 대신 이맘에게 이 도시에 어떤 장비를 공급하고 수리해줬으면 좋을 지 필요한 것을 말해달라고 했다. 이맘은 동의했다. 그들은 각각 자기들의 목적을 달성하기 위해 천천히 거리를 걸으며 이야기했다. 이맘은 미군들이 자기를 찾아와서 의논해야 하는 이유를 증명하고 있었고, 스쿠타는 그와 번잡한 대결을 피하고 있었다. 이맘이 요구사항을 말하고 스쿠타는 받아 적었다.

이맘은 아부 유세프를 신뢰한다며 그에게 말했다. "설사 이 사람이 내가 요구한 장비를 준다고 해도 나는 절대로 그와 악수하지 않을 거요."

길버트는 이맘의 말 속에 숨어 있는 증오를 알고는 동의한다는 의미로 머리를 끄덕이며 웃었다.

스쿠타는 이맘이 늘어놓는 요구사항에 대해 한마디 했다. "이건 많은 수량입니다. 내가 모든 아파트 건물마다 발전기를 들여놓을 수는 없습니다. 이맘께서 우리 큰 대령님을 만나주셔야겠습니다. 그가 지금 계신지 알아보겠습니다."

튜커 대령에게 전화를 한 후 스쿠타 중령은 대기하고 있는 헬기로 이맘을 호위했다. 헬기 안에서 이맘의 손이 등 뒤로 젖혀져 수갑이 채워졌다. 이맘 쉐이크 샤우케트는 투 타워즈 아파트 단지의 거물 체포 리스트에서 제일 머리에 올라가는 이름이었다. 몇 주 동안 그는 추종자들에게 팔루자에서 투쟁하고 있는 그들의 형제들에게 합류하라고 선동했다. CIA는 그의 폭언 설교집이 수록된 수십 시간 분량의 테이프를 갖고 있었다. 길버트는 헬기에 실려서 전율하고 있는 이맘을 바라보며 만족해했다. 안바르 주에서 10개월을 지나면서 그는 "두 얼굴을 한 족장과 이맘"이라고 부르는 사람들로 지쳐있었다.

"족장들은 누가 우리를 공격하는지 알고 있지만 우리한테 이야기해주지 않습니다. 우리를 속여 저항군들을 영웅으로 만듭니다. 사리사욕 때문에 일부 바트당 당원들이 우리 편에 붙을 수 있지만 샤우케트 같은 극단주의자들은 절대 회유가 안 됩니다. 와하비파들은 미군들을 죽이려듭니다. 무조건 그러합니다. 미군이 이라크인들을 끌어들이지 않고 혼자서 이 전쟁을 치르고 있는 한, 이라크 민중들은 서서히 우리한테서 돌아설 겁니다. 이라크는 미국인들이 아닌 자기들의 강력한 지도자를 원합니다." 길버트의 말이다.

튜커 대령은 스쿠타 중령에게 사람들이 이맘의 체포에 항의하러 몰려들기 전에 대대를 투 타워즈에서 철수시키도록 지시했다. 스쿠타대대가 물러난 후 몇 주 만에 처음으로 고속도로에 민간인 차량들이 붐비기 시작했다. 저항군들이 물러갔다는 분명한 신호였다.

―

2004년 4월에 큰 전투 네 번이 있었다. 첫 번째는 저항군들이 유발한 라마디 전투였다. 두 번째는 팔루자 전투였고, 세 번째는 남쪽 나자프에서 있었던 사드르 민병대의 패배였다. 그리고 네 번째는 바그다드를 향해 요원의 불길처럼 번져가던 폭동을 잠재워버린 리퍼 기동대의 일제 소탕전이었다.

일주일 동안 계속해 튜커 대령의 경장갑차들과 대대원들은 수백 킬로미터 고속도로와 일반도로와 농장들을 소탕했으며 가옥 수천 채를 수색했다. RPG와 AK소총을 허리에 찬 젊은이 4~5명이 떼를 지어 낡은 닷슨 픽업트럭을 타고 주요 고속도로에서 보급품을 싣고 가는 트럭들과 나란히 달리면서 총을 쏘는 일은 이제 일어나지 않았다. 온 도시를 진동시키며 쿵쿵 굴러오고 있는 튜커 연대의 거대한 무력 앞에 저항군들의 흥분이 일시에 사그라져 버린 것이다.

17
라라팔루자

2004년 4월 9일, 아비자이드 장군과 브레머 최고행정관은 팔루자 시내에 일방적으로 24시간 휴전을 선언했다. 이틀 후인 부활절 일요일, 두 방향에서 저항군들과 대치하고 있던 1/5대대와 3/4대대는 공격명령만 받으면 일시에 그들을 소탕해버릴 수 있다는 생각이 들었다. 마이어스 합참의장이 4월 15일 이라크를 방문했을 때 해병대는 공격명령이 내릴 줄 기대했지만 여전히 그런 일은 일어나지 않았다. 며칠 걸러 한 번씩 소총중대들은 출동준비를 하라는 말을 듣곤 했지만 그때마다 그 정보는 희망 섞인 루머로 끝나고 말았다.

4월 셋째 주가 지나자, 2/1, 1/5, 3/4의 3개 대대는 오물천지인 들판 참호 대신 시멘트로 지은 가옥들을 참호 대용으로 사용하게 되었다. 각 소대는 큰 집 하나씩을 점거하여 소대본부로 삼았다. 1층은 보급품 저장고로 사용했다. 침실은 두 번째 현관 안에 있었다. 해병들은 나란히 함께 눕는데 공간이 좁아 배낭은 윗목에 두었다. 각 층에는 담요, 이불 및 침낭들이 어지럽게 널려 있었다. 해병들은 그 집에 속한 물건들을 한쪽 구석에 조심스럽게 쌓아 놓았다. 때로는 먼지가 앉지 않게 흰 천으로 덮어두었다. 골프중대 윌리엄 스카일스 선임부사관은 날아오는 총탄에 접시 몇 개가 깨지자 분대 병사들에게 좀 잘 보관하라며 소리를 질렀다. 일부 병사들은 사기그릇들을 총알이 날아오는 방향이 아닌 곳에 쌓아서 보관했다. 일이 없을 때 병사들은 슬리핑백을 베고 누워 플레이보이지, 맨스 저널(Man's Journal)지, 스포츠 일루스트레이티드(Sports Illustrated)지와 모터 트랜드(Motor Trend)지 등을 읽었다. 음식은 간이휴대식량으로 때웠다. 간혹 캠프 팔루자 기지로 달려가 뜨거운 음식을 큰 통에 담아와 먹기도 했다. 옥상으로 나가는 문이 있는 3층에는 소대 지휘부와 무전병 및 작전센터가 들었다. 옥상의 뻥 둘러친 낮은 담장 위에는 모래주머니를 쌓아 경계임무 중인 저격병과 기관총 사수들 방호벽으로 이용했다.

낮에 해병들은 조심스럽게 이동했다. 실력이 상당한 저항군 저격병들이 여러 건물의 옥상 어딘가에 숨어서 몇 시간이고 기다리고 있다가 하루에 한 두 번꼴로 사격을 해대기 때문이다. 저항군들의 박격포탄은 밤낮을 가리지 않고 일상적으로 날아왔다. 때때로 포탄이 병사들을 불안하게 할 정도로 정확하게 떨어지기도 했다. 대부분은 엉뚱한 블록에 떨어졌다. 미군의 코브라 건십 헬기가 시 상공에 날아올 때마다 저항군들이 기관총과 RPG로켓탄을 동원하다시피 하여 일제사격을 해대지만, 몇 발만 공중에서 터질 뿐 대부분 지붕 위나 거리에서 터진다. 날아오는 모든 코브라기는 총탄구멍 몇 개를 내고 기지로 돌아간다.

어둠이 내린 후 팔루자는 소리의 불협화음을 이룬다. 개들이 요란하게 또는 악을 쓰며 짖는 소리, 원근에서 포탄 터지는 소리, 소형무기들 발포소리, 프레더터 UAV(포식자란 이름의 무인항공기), AC-130

슬레이어기의 우르릉거리는 소리, 이슬람 신도들을 부르는 모스크 첨탑의 감도 높은 확성기 소리들이 서로 뒤엉킨다. 매일 밤, 각 소총중대에 따라다니는 쿠르드계 이라크인, 수니파, 시아파 및 이라크계 미국인들로 이루어진 통역자들이 지붕 위에 올라가 확성기로 설유하는 이맘들의 설교를 듣는다. 모스크 첨탑 대부분에서 꼭 같은 메시지가 방송된다. "미국은 이스라엘로부터 유대인들을 데려오고 있으며 이라크 석유를 도둑질하고 있습니다. 부인들이여, 성스런 전사들을 돕기 위해 거리로 나간 당신의 아이들을 돌보십시오. 그들에게 음식과 물과 무기를 갖다 주십시오. 죽음을 두려워하지 마십시오. 이슬람을 보호하는 것은 여러분 의무입니다." 몇 밤이 지난 후, 이맘들이 무슨 소리를 외치고 있느냐고 물으면, 매일 밤 꼭 같은 소리에 진력이 난 통역자들은 간단하게 대답한다. "석유를 훔치고 유대인들을 데려오고, 이슬람을 보호하고....매일 듣는 허튼소리. 꼭 같은 해묵은 소립니다."

그것은 해묵은 소리였지만 이 모든 해묵은 소리가 역사적인 뿌리를 찾으려는 데 더 큰 힘을 발휘했다. 이슬람 성법(聖法), 즉 샤리아는, 공동체 또는 국가와 이슬람교는 서로 분리될 수 없다고 규정하고 있다. 팔루자에서 이맘들 힘은 그들이 밤에 주민들에게 간곡하게 타일러 감동을 주는 데서 생긴다. 포위공격이 더 길게 질질 끌면 끌수록 저항이 공동체 의무라는 생각이 점점 더 확산돼 간다.

2/1대대장 올손 중령과 젬빅 대위는 쌍안경을 통해 여남 살 먹은 어린이들이 도로를 가로질러 박격포탄들을 질질 끌고 가고 있는 것을 보았다. 옥상에는 그들과 함께 50구경 기관총을 가진 델타군 저격병들과 308 기본 저격총을 가진 작은 분대 규모의 해병들이 있다. 그들은 모래주머니 엄폐물 뒤에 앉아 좁은 구멍을 통해 거리를 응시한다. 젬빅 대위가 그들에게 '협동적인 탐색시스템'을 가동하도록 요청했다.

그들은 어른 저항군들이 답답해 더 이상 참지 못하고 아이들한테서 박격포탄을 받기 위해 거리로 걸어 나오기를 하루 종일 기다린다. 그런 일은 일어나지 않았다.

젬빅 대위가 있는 옥상에서 에단 플레이스 상등병은 저격용 10배수 확대망원경을 통해 졸란지구로 들어가는 1천 미터 저쪽 넓은 거리를 볼 수 있다. 플레이스는 저격병 자격을 따기 전에 이미 숙련된 사냥꾼이었다.

"내가 400~500야드 떨어져 있는 것을 몇 차례 맞혔는데, 동료들은 적어도 600야드가 돼야만 실력을 인정할 수 있다고 주장합니다. 그들은 거리를 내려다보고 있지만 한 사람도 찾지 못합니다. 그들은 내가 볼 수 있다는 것을 믿지 못합니다." 플레이스 상등병 말이다.

플레이스는 레이저 거리계(tachymeter)를 사용하여 600~800야드 떨어진 거리 양쪽 목표물을 찾아낸다. 그는 그 거리를 총을 갖고 뛰어가는 한 남자를 쏘아 쓰러뜨렸다. 3주 동안 플레이스는 30명을 쏘았다.

네 집에 하나 꼴로 저격팀이 배치돼 매일 저항군 10~20명을 죽였다. 3/4대대에 소속돼 동쪽 거리를 감시하고 있는 숀 크레인 상등병은 플레이스 상등병처럼 장거리 사격을 할 수 있는 긴 대로에 면해 있지 않았다. 그 대신 그는 전통적인 저격기술을 활용하여 이 지점에서 저 지점으로 방향을 바꿔가며 저격했다. 아마야 상등병이 죽은 그날 이후 크레인은 아마야를 죽인 저항군들이 결국 밖으로 나오지 않고 불에 타 죽은 그 집을 멀리서 눈여겨보고 있다가 어느 늦은 오후 이라크인 세 명이 AK소총을 갖고 거리 모퉁이를 살금살금 돌아가고 있는 것을 보았다. 300야드 떨어진 곳에서 크레인은 15초 동안 4발을 쏘아 세 사람 모두를 명중시켰다. 다음날 도시 밖으로 나가려는 피난민들이 온 거리에 흘러넘치자, 그는 저항군들이 2~3명씩 그룹을 지어 부녀자와 아이들 뒤를 따라 거리를 가로질러 가고 있음을 알았다. 그들은 가끔 피난민들에 섞이려고 애를 쓰면서 AK소총을 그들 옆에 딱 붙여서 걸었다. 6시간 넘게 크레인은 그렇게 걸어가는 저항군 5명을 명중시켰다. 다른 저항군들은 눈치를 채고 거리를 가로지를 땐 걷지 않고 달려갔다.

크레인에게 저격은 긴 시간 인내를 요구하는 낚시와 같은 것이었다. 목표물은 물고기와 같은 사냥감이었다. 그는 그들을 인간으로 생각하지 않기로 했다. 어느 날 어둠이 내릴 무렵 크레인은 약 300야드 떨어진 한 집으로부터 사격을 받았다. 이튿날 그는 7시간 동안 그 집을 지켜보았다. 늦은 오후에 한 남자노인이 키 큰 젊은이의 부축을 받아 천천히 절뚝거리며 옆 현관 쪽으로 갔다가 빵 한 덩어리를 가지고 돌아왔다. 마당 대문에서 그 노인은 안으로 들어가고 있었고 젊은이는 크레인이 모래주머니 벽 뒤에 숨어 있는 집 쪽을 쳐다보며 잠시 멈추었다. 몇 분 후 그림자를 길게 늘이며 그 젊은이가 손에 AK소총을 들고 미끄러지듯 대문을 열고 나와 불탄 자동차 뒤에 몸을 숨겼다. 크레인은 그 자동차에 저격용 총에 붙은 망원경의 십자선을 맞추고 있다가 그 남자가 살짝 몸을 들어냈을 때 방아쇠를 당겼다. 그 남자는 거리 쪽으로 미끄러지듯 넘어져 계속 누워 있었다. 집 안으로부터 고통과 비탄의 소리가 흘러나왔다.

크레인은 기다렸다. 몇 분 후 아까 그 노인이 혼자서 똑바로 몸을 가눈 채 걸어 나왔다. 자신이 탄도(彈道)에 노출돼 있다는 것을 알면서도 크레인이 있는 곳으로 전혀 눈길을 돌리지 않은 채 시신 쪽으로 발을 질질 끌며 걸어가 겨드랑이로 죽은 남자를 부여안고 한 걸음씩 대문 안으로 끌고 들어갔다. 크레인은 지켜보며 기다렸다. 몇 분 후 노인은 삽을 가지고 마당으로 나와 무덤을 팠다.

크레인은 그가 명중시킨 열 명 가운데 영화에서 일어나는 일처럼 즉석에서 꼼짝 못하고 죽어버리는 경우를 본 적이 없다. 가슴에 총을 맞았을 때 사람들 대부분은 움찔하고는 비틀거리며 몇 걸음 걷다가 주저앉아 앞으로 몸을 구부리거나 드러누워 피를 쏟는다. 크레인은 한 남자의 팔과 다리에 명중시킨 적이 있다. 그는 절뚝거리며 달아나려고 했다. 크레인이 다시 턱을 향해 쏘았다. 그 남자는 3발을 맞았는데도 똑바로 서서 길모퉁이로 사라졌다.

하루하루 날이 갈수록 해병 저격병들은 무장 저항군들의 희생자 수를 착실히 늘려갔다. 팔루자 교섭센터에서 시 원로들은 이라크통치위원회에서 온 동정적인 경청자들에게 구구절절 불평불만을 늘어놓았다. 시 원로들과 바그다드 대표들 모두 미군 저격병들을 잔인한 인간들이라며 즉시 저격을 중단해야한다고 입을 모았다.

회의를 주재하던 미국 측 대표인 콘웨이 중장은 동의하지 않았다. 그는 한 대표단에게 이렇게 말했다. "여러분들이 가장 식별력 있는 우리의 무기를 거부한다는 것이 이상하군요. 그 해병들(저격병)은 정확한 목표물에 3온스짜리 납탄을 쏩니다. 소총을 가진 어떤 해병도 저격병이 될 수 있습니다. 나는 여러분 요구를 거절합니다. 누가 여러분들에게 그런 요구를 하도록 사주했는지 궁금하군요."

대개 4명의 해병 중 1명은 3배수 확대경이 장착된 M16을 갖고 있다. 이 총을 사용하면 300~400야드 거리의 적 사망률을 증가시킬 수 있다. 10배수 확대경이 장착된 M40 저격용 소총은 낮에는 유효사정거리가 반 마일에 이른다. 시내에서는 아랍인 원조기관 식원들뿐 아니라 유럽인들과 언론사 기자들도 저항세력에게 동정적이다. 저항세력 쪽에서 전투를 취재하고 있는 한 영국 기자는 "팔루자 사람들이 제일 무서워하는 것이 저격병"이라고 썼다.

밤에는 열 추적 인식장치가 붙은 7.62밀리 기관총이 저격용으로 전환된다. 이 열 추적 인식장치는 무겁고 변덕스럽고 배터리를 게걸스럽게 소비한다. 그러나 그 총은 4분의 1마일 저쪽에 있는 열 발사원을 찾아내는데 탁월하다. 이 무기는 침투자가 수류탄을 던지기 위해 몰래 가까이 접근하는 것을 막아 준다. 더러운 야생 개들 무리가 어둠 속에서 먹을 것을 찾아 헤매다 가시철선을 꿈틀거리며 통과하는 바람에 조명탄을 쏴 올리는 일도 있었다. 해병들은 그들을 "공작병 개"라고 불렀다. 열 추적 인식장치가 그들을 쉽게 구별하기 때문에 유령 공격자들을 향해 총을 쏘는 일이 없어졌다. 저항군들이 몰래 접근하면 검은 '온점(溫點)'으로 분명하게 드러난다. 침입자가 총탄에 명중되면 검은 온점이 점점 희미해지다가 사라진다. 자연히 기관총은 다른 온점으로 총구를 옮겨간다.

매일 차체에 붉은 초승달을 그린 앰뷸런스가 시신을 옮기기 위해 저격병의 탄도(彈道)로 들어온다. 4월 첫 주에 해병들은 무장전투원들을 수송하고 있는 두 대의 앰뷸런스 운전수를 쏘았다. 그 후 앰뷸런스는 전투지역 바깥에 정차했다. 다만 부상자를 돌보고 시신을 옮기고, 양측 중간 지역에서 남자들 없이 살아가는 완강한 가족들에게 식품을 공급해 주는 일만은 인도주의적 임무로 처리되어 저격병들 사격 목표에서 제외되었다.

몇몇 장소에서 저항군들은 시신을 남겨두고 도망쳤다. 3/4대대 빌라로보스 상등병이 그가 있는 곳을 향해 질주해 오는 승용차 몇 대에 사격을 가했을 때 총탄을 맞고 땅바닥에 쓰러져 있는 운전수들 중 한 사람은 그냥 버려졌다. 파리가 새까맣게 붙은 그 시신은 부풀어 오르고 부패하여 여러 조각들로 분리되었으며 악취가 빌라로보스와 그의 분대가 머물고 있는 집으로 날아들었다. 그들은 그 시신에다 가솔린을

붓고 불을 질렀으나 오히려 혼란만 가중시켰다. 개 한 마리가 와서 불에 굽힌 넓적다리를 물고 달아났다.

연대 사령부 회의에서 중대장인 샌넌 존슨 대위는 화염방사기를 요청했다. "그 방법이 좋습니다, 연대장님." 그는 툴란 대령에게 설명했다. "우리 전선 앞에서 그 악취 나는 것을 청소할 수도 있고, 일단 휴전이 끝나면 공격하기 힘든 지점에 화공을 가할 수도 있습니다."

아마야 상등병은 존슨 대위 휘하 분대지휘관 중 한 사람이었다. 끝까지 버티는 성전파 저항군들이 집 안에서 죽기 전에 자신들을 바리케이드 삼아 미군들을 죽이려고 한다면, 해병들을 들여보내기보다는 그들을 불태워 죽이는 것이 더 옳은 일이라는 것이다.

"내가 그런 종류의 결정을 할 수 없다는 걸 자네도 잘 알걸세." 툴란 대령이 말했다.

그의 어조에는 질책기가 전혀 없었다. 강력한 요구는 호전적인 전사들에게서 자주 나오는 법이다. 통역자들은 이라크 사람들이 맥코이 중령 대대를 '흑사병'이라 부른다고 했다. 해병대는 묵시록의 네 기사 중 하나라는 이미지를 좋아했지만, 이라크인들은 전투부대 앞에서 새까맣게 썩어가는 시신을 보고 역병에 대한 공포를 떠올리고 있었다. 공격을 개시하기 전에 맥코이는 장병들을 모아 놓고 "적을 쓸어버리자"며 사기를 북돋우기 위한 일종의 단합대회를 하는 버릇이 있었다. 1804년에 앤드루 잭슨의 머스켓 총병(銃兵)은 출정에 앞서 군악대가 베토벤 음악에 맞춰 계속 북을 쾅쾅 울렸다. 2004년 해병대는 에미넴(Eminem, 미국 힙합가수 Marshall Mathers의 예명. 처음 첫 두 글자를 따서 M&M이라 부르다가 빠르게 발음해서 Eminem이 된 것이라 함)이 작곡한 하드록(앰프를 사용하여 규칙적인 비트로 연주하는 록)의 팡파르를 울리며 공격을 감행했다.

각 대대는 대대 나름대로 특성을 갖고 있었다. 출정하기 전에 110 데시벨로 지미 핸드릭스(미국의 기타 연주가)의 작품을 취주하길 대단히 좋아하는 바이런 중령의 2/1대대는 미 육군 심리전팀에게 분변전(糞便戰, scatological warfare, 저질스런 쌍욕으로 적을 분격시켜 꾀어내거나, 부패한 시신과 같은 아주 더러운 것을 전시하여 적의 기를 꺾어놓는 전술)을 시작하도록 처음으로 권유한 대대다. 1/5대대는 확성기를 통해 통역자들이 아랍말로 가장 저질스런 모욕의 말을 내뱉게 하여 이맘의 확성기 설교에 맞섰다. 한 모스크에서 이에 분격한 이라크인들이 AK소총을 난사하며 마구 돌진해 올 때 해병들은 그들에게 집중사격을 가했다.

심한 모욕으로 적을 꾀어내어 발포하는 이 전술은 모든 해병부대에 유행했다. 이윽고 해병대는 팔루자시를 인기 있는 미국의 콘서트 라라팔루자(Lollapalooza=lalapalooza, '모범으로 삼을 만한 걸작'이란 뜻의 미 속어)에 빗대어 '라라팔루자(Lalafallujah)'로 부르며 조롱하고 건스 앤 로저스(Guns 'n' Roses, 80년대에 등단한 미국 록 그룹)의 '정글에 오신 걸 환영합니다(Welcome to the Jungle)'와 AC/DC(오스트레일리아의 헤비메탈그룹)의 '지옥의 종(Hell's Bells)'을 확성기로 들려주곤 했다. 이에 질세라 뮬라(이슬람교 율법학자)들은 발전기(전기 공급이 원활치 않기 때문에)를 이용한 확성기로 기도와 '알라후 아크바르(신은 위대하다!)'라는 성가와 아랍 음악으로 에미넴을 몰아내려고 했다. 매일 밤 시끄러운 불협화음이 두 세력이 대치하고 있는 전선을 달구었다.

―――

그리고 매일 밤 민간인 희생자들 영상이 통신위성과 인터넷을 통해 온 세계에 전달되었다. 서방 텔레비전 방송국들은 아랍 카메라맨들이 저항세력과 함께 만든 필름을 포함해 팔루자에서 나온 비디오를 방영했다. 예상할 수 있는 일이지만 그 영상들은 강력한 파괴력을 갖고 있었다. 알 자지라 방송은 민간인 희생자들을 생생한 그림으로 보여주면서 격한 표현들을 썼다.

3주간 전투에서 건물 82동과 모스크 2개가 폭격으로 파괴됐다. 하루 평균 네 차례 비행기 출격이 있었다. 많은 민간인 희생자들이 발생했다. 연립정부는 잘못된 보도를 각각 논박하거나 체계적인 평가를 주도하거나 하는 제도적인 노력을 하지 않았다. 무인항공기와 매 폭격 때 촬영되는 영상기록물들이 언론에 보낼 만큼 충분히 있었는데도 그랬다. 그런 자료들이 언론사에 전달되지 않기 때문에 알 자지라가 스토리를 제멋대로 각색할 수 있었던 것이다.

―――

2004년 4월 셋째 주, 연합임시행정청 최고행정관 차석인 노련한 외교관 리처드 존스 대사는 미군의 점령문제를 해결하기 위해 팔루자 교섭센터에서 4개 회의를 주재했다. 매일 디시다샤 길고 품이 넓은 겉옷을 입고 카피에를 쓴 이라크인들이 미국 행정관들과 장군들을 만나기 위해 팔루자 교섭센터에 떼를 지어 몰려들었다. 매일 그들은 폭력을 줄이겠다고 약속했다. 매일 녹 쓸고 부서져 사용 불가능한 무기들이 평화진척의 상징으로 회수되었다. 그러나 폭력은 계속됐다. 외국인 테러리스트들을 내쫓는 문제에 대해 이라크 협상자들은 그들의 존재 자체를 부인했다. 외국인 전투원들이 있다는 말은 근거 없는 이야기이며 팔루자를 응징하기 위해 핑계를 대는 것이라고 했다. 어느 날 네이트 젠센은 이 회의에 참석한 사람들이 13개 협상그룹 — 미군 측 5개,

이라크 측 8개— 으로 나뉘어져 있다는 생각이 들었다. 회의는 겨우 서면으로 된 의제 하나를 채택했다.

사담 정권 아래서 교활한 처신으로 살아남은 이라크 대표들은 미군의 어느 영관급 장교들이 어느 장성들에게 보고하고, 거의 약속이랄 수도 있는 구두보증을 누가 누구에게 하는지를 알아내려는 데 정신을 쏟았다. 해병대 공격을 어떻게든 중지시키기로 작정한 이라크 대표들은 양보를 얻어내기 위해 안간힘을 썼으며, 저항세력 혐의자들 소송에는 일류 변호사들이 나서서 끈질기게 그들을 변론했다. 싹싹하고 예의 바른 콘웨이 중장은 한 회합에서 몹시 화가 나서 테이블을 탕탕 쳤다. 다른 회합에서, 자나비 앞잡이임이 분명한 한 이라크 대표는, 매티스 소장이 이라크인들의 45가지 서면요구에 동의하고 있다고 주장했다. 매티스는 퇴장으로 그에 답했다.

"이라크인들은 전투에 한 번도 이겨본 적이 없거나 협상법을 잊어버린 것 같습니다." 매티스는 젠센에게 이라크인들을 이렇게 빈정댔다.

이런 식으로는 더 이상 토의가 무의미하다는 의향을 미국 대표들이 비칠 때마다 사회자 역할을 하고 있는 하사니는 내일이면 양측 주장이 더 가까워지게 될 것이라며 회의 종결을 요청했다. 하사니의 붙임성 있는 성격과 느긋한 캘리포니아 스타일에 진실성은 있어 보였지만 그렇게 확신할 만한 바탕은 분명치 않았다. 저항세력 측 지도자는 협상 테이블에 한 사람도 나오지 않았다. 이라크인 참석자들이 중재자 역할을 할 것이라는 희망 아래 브레머는 작년 11월 드링크와인 중령이 선동죄로 체포해 현재 구속 중인 바라카트 족장과 이맘이며 회교법률 고문인 쉐이크 자말을 석방하겠다고 약속했다. 하지만 일단 풀려나자 바라카트는 사라져버렸고 자말은 협상에 어떤 중요한 역할도 하지 않았다.

미국 측에는 권위와 능력을 가진 협상대표들이 너무 많았다. 존스 대사, 브레머 대사(최고행정관) 및 블랙윌 대사는 외국 지도자들을 추켜 줌으로서 미국의 이익을 얻어내는 데 익숙한 노련한 외교관들이었다. 세 사람의 탁월한 장군—아비자이드, 산체스, 콘웨이—은 폭력 관리자들이었다. 이들은 각각 독특한 성격을 갖고 있었다. 아비자이드는 생각이 깊고 토의를 할 때도 공평하게 하려고 애를 썼다. 산체스는 정치 군사적인 문제들은 다른 사람들에게 맡기고 작전에 전념하고 싶어했다. 콘웨이는 정중하고 공정했다. 이처럼 각각 다른 스타일임에도 불구하고 이들 세 장군은 모두 지도자의 특성을 갖고 있었다. 그들이 행하는 모든 활동은 팀워크에 근거를 두고 있었으며 어떤 목표를 달성하는 데 부하들에게 최소한의 대가를 치르게 하려고 무척 애를 쓰는 사람들이었다.

행정관(외교관)들이 포커 놀이를 한다면, 장군들은 브리지 놀이를 할 것이다. 행정관은 의표를 찔러 반대자를 속이거나 이기기 위해 지그재그로 나아갈 수 있다. 장군은 병사들 역량과 우려에 적절하게 대처하여 각각의 움직임을 예측해 내야 한다. 행정관이 전투와 대화에 빈틈없는 전략을 촉구한다면, 장군은 병사들을 어떤 길로 출발시키기 전에, 그리고 다른 길로 가도록 지시를 바꾸기 전에 길고 어려운 생각을 해야 한다. 존스와 블랙윌은 중동에서 수년간 협상을 한 경험이 있지만, 군부와 미 해병대원정군에 속한 작전지역 안에서다. 서면으로 된 분명한 의제와 목표와 최종기한이 없는 이번 협상에서는 행정관들과 장군들 역할이 혼동되어 뭐가 뭔지 모를 지경이 되었다.

협상 역할에 대한 모호성은 지휘체계와 의사소통 채널의 다양성에서 왔다. 콘웨이 장군은 매티스 장군과 함께 해병대에 대한 결정을 내리면서 행정관들에 대한 단속적인 지원 역할을 했다. 매티스의 제1해병사단 사령부는 라마디 외곽에 있고, 콘웨이의 해병대원정군 사령부는 팔루자 외곽에 있다. 중부군 사령부의 아비자이드 장군은 중동 카타르와 미국 탐파에서 이라크에 관한 일을 총괄하고 있다. 브레머 최고행정관의 연합임시행정청과 산체스 장군의 합동기동군 사령부는 바그다드에 있다. 아비자이드는 럼스펠드와 라이스와 상의하고, 브레머도 럼스펠드와 라이스와 상의하고, 블랙윌은 라이스와 상의했다.

콘웨이는 비밀리에 전직 이라크 장군들을 만났다. 전직 장군들의 명목상 우두머리는 전 이라크 정보부 지부 대령이었던 무하마드 라티프이다. 그는 사담 후세인에 의해 7년간 감옥살이를 한 사람이다. 해병대원정군 사령부 참모들만이 이 협상채널의 상세한 내막을 안다. 행정관들은 아무도 가르쳐주지 않아 모른다. 수니파 장군들은 자기들이 대부분의 팔루자 저항세력들에게 영향력을 행사할 수 있는 권위를 갖고 있으며 미군이 시 통제권을 자기들에게 넘겨주면 질서를 바로잡을 수 있다고 주장했다. 콘웨이는 그 제의에 솔깃해 하고 그들의 성실성에 깊은 인상을 받았다.

이라크 과도통치위원회는 협상에서 아무런 성과도 거두지 못했다. 4월 19일 하사니는 거창하게 기자회견을 열어 저항군들이 중무기들을 반납하고 있다고 발표했다. 반납하는 무기들을 '폐물고철'이라 부르고 있는 매티스 장군은 다음날 콘웨이 장군을 만나 저항군들에 대한 공격을 허가해 줄 것을 강력하게 요청했다.

"바그다드에 계시는 나의 민간인 주인님들께서는 나를 우둔하고 피에 굶주린 해병대원으로 여기고 있습니다. 그러나 나는 내가 무엇을 하고 있는지 잘 알고 있으며, 밤에 잠도 잘 자고 있습니다." 하고 매티스는 말했다.

이라크인 협상자들을 노골적으로 불신하고 있는 럼스펠드는 아비자이드 장군에게 공격을 재개하라고 촉구했다. 4월 21일, 협상에 지쳐 좌절감을 느낀 콘웨이 장군은, 공격날짜는 "몇 주 뒤가 아니고 며칠 뒤"라고 언론에 밝혔다. 해병대원정군 사령부 참모들은 "피투성이가 될 것임이 분명한 도시점령은 필사적으로 피하고 싶다."는 말을 추가했다. 4월 21일 아비자이드와 대화한 후 럼스펠드 장관과 울포위츠 부장관은 공격이 며칠 이내 예정대로 진행될 것으로 믿었다. 아비자이드는, 이 중대한 시점에 대규모 군대로 수니파 지역을 불태우는 것은 오직 마지막 수단으로 고려해야할 일이라며 몇 가지 문제로 럼스펠드와 의견이 갈리긴 했지만, 공격 쪽으로 열심히 밀고 나갔다.

4월 23일, 브레머는 "만약 이 무리들(저항세력들)이 무기들을 넘겨주지 않고 계속 이라크인들과 연합군에게 사용하려 든다면, 주요 전쟁 행위가 당장 다시 시작될 수 있다"고 경고했다. 그날 오후 합동기동군 사령관으로서 산체스 장군은 해병대원정군 사령부에 공격작전 재개를 준비하라는 예고지시를 내려 보냈다.

그러나 이들 모든 당사자들은 부시 대통령이 전면적인 공격이 아닌 다른 대안을 원했음을 알고 있었다. 그들은 24일에 상황을 협의하기 위해 해병대원정군 사령부에서 회합을 갖기로 합의했다.

24일은 바람이 잔잔하게 부는 4월 특유의 더운 날이었다. 담장을 둘러친 해병대원정군 사령부 영내 밖 거리에 있는 주차장은 추후 문제들을 토의하기 위해 모여든 행정관들과 장군들, 그리고 과도통치위원회에서 온 이라크인들로 붐볐다.

브레머는 이 회합에서 두 가지 위기, 즉 남쪽 사드르와 서쪽 팔루자 문제를 다루었다. 남쪽 나자프에선 제1기갑사단이 사드르를 꼼짝 못하게 만들었다. 사드르는 추종자들을 뒤로 물리겠으니 자유의 몸이 되게 해 달라고 요구했다. 사드르 위기는 귀찮긴 했지만 비참한 종말이 아닌 방향으로 끝나가고 있었다.

문제는 팔루자였다. 브레머는 백악관 분위기가 그 도시를 점령해서는 안 되는 방향으로 돌아가고 있다고 믿었다. 이런 의견에 동조자도 있다고 느꼈다. 아비자이드는 4월 초순엔 전면적인 공격을 권하는 럼스펠드 편을 들었다. 4월 셋째 주가 지날 무렵, 브레머, 공격을 재개하는 것은 정치적인 대 실책이 될 것이라는 주장에 아비자이드가 동의하고 있다고 믿었다. 이라크 과도통치위원회 의장인 마수드 브라자니는, "미국은 군대를 해방군에서 점령군으로 바꿨기 때문에 나자프와 팔루자에서의 군사적인 교착상태에 대해 오직 비난만 듣게 되는 것"이라며 공공연히 불만을 드러냈다. 그 자체의 소극성으로 인해 명맥을 유지하고 있고 그들의 일일 언론브리핑에 대한 관심으로 그 존재가치가 보강되어 온 이라크 과도통치위원회는 미군에 대해서는 불평을 계속하는 반면 사드르 민병대와 수니파 저항군에 대해서는 침묵으로 일관했다.

미국인들은 이번 공격에 이라크인들은 물론 영국인들로부터도 지지를 받지 못했다. 산체스 중장은 이번 공격에 대규모 군대를 동원하고 싶어 하면서도, 콘웨이 중장에게는 백악관이 지지를 철회하고 있다고 알려주었다. 콘웨이는 전면적인 공격이 승인되지 않을 것으로 보았다.

행정관들과 장군들은 공격위협을 지렛대로 이용하여 이라크 협상자들과 팔루자 안정을 위한 합의를 도출해내려고 애를 쓰는 줄타기를 하고 있었다. 그것이 무의미한 위협이라는 것을 알면서도 그렇게 했다.

―――

장군들과 행정관들이 모여 있는 곳에서 100피트 떨어진 연대 작전 센터에서는 툴란 대령이 이번 최종공격에 대한 전략을 짜고 있었다. 그날 아침 일찍부터 여느 때와는 다른, 기계와 사람들로 인해 생기는 부산한 소리가 각 대대에 활기를 넘치게 했다. 몇 주간의 거짓말에 넌더리가 난 합동기동군 사령부와 해병대원정군 사령부는 공격을 재허가했다.

팔루자시 외곽 주변 기지에서 험비와 경장갑차로 작은 무리를 이루어 도착한 각 대대 지휘관들과 참모들은 해병대원정군 사령부 담장 밖에서 내린 후 빽빽하게 무리를 지어 임시로 만든 판자문을 지나 연대본부로 사용되고 있는 석조 저택 한 구석진 회의실로 향했다. 회의실에 들어가기 전 그들은 세라믹 방탄조끼와 케블라 헬멧을 벗어 바깥벽에 줄지어 붙어 있는 나무 선반 위에 가지런히 놓아두었다. 몇몇은 M4 카빈소총과 M16소총을 휴대했고, 나머지는 권총을 허리에 차거나 어깨에 멘 가죽케이스에 찔러 넣고 있었다. 마치 15세기 기사들의 회합과도 같았다. 전쟁을 일으키는 일을 의논하기 위해 회의용 테이블 앞에 앉기 전에 갑옷과 투구를 벗어 산뜻하게 한 줄로 쭉 정렬해 놓는 호방하고 과단성 있는 남자들의 모임이었다.

분위기는 많은 웃음들이 오가며 경쾌했다. 협상은 끝났다. 이제 과업을 완성할 시간이었다. 그들은 옹기종기 모여 서서 이야기하고 있다가 연대장 툴란 대령이 큰 걸음으로 들어온 후 긴 타원형 테이블 앞에 둘러앉았다. 벽에는 거대한 팔루자 사진지도가 걸려 있었다.

"여러분," 툴란이 말을 꺼냈다. "사령관께서는 팔루자에 사단공격을 계획하고 있습니다. 제7전투연대는 시 외곽을 차단하고 주변을 소탕할 것이며, 제1전투연대는 이번 작전의 주목적인 시 장악에 나설 것입니다."

연대 정보장교인 벨론 소령이 먼저 브리핑을 했다. "우리 정보원은 시내에 '알라의 군대' 니 '신의 대대' 니 하는 거창한 이름을 가진 적 패거리 17개를 확인했습니다. 소위 '대대' 라는 것은 전투원 20~40명으로 구성되어 있습니다. 모두 합쳐 핵심 전투원 약 500명과 단시간 전투원 1000여 명이 있습니다. 일부는 시내 각 블록들에 배치되어 있고 나머지는 작은 오렌지색 줄무늬가 있는 닛산 픽업트럭을 타고 이리저리 옮겨 다닙니다. 폭도들은 고정된 방어라인을 따라 서로 대치하며 사격전을 벌이는 기본적인 보병전술을 쓰지 않고, 떼를 지어 이동하며 불시에 공격해 오는 경향이 있습니다."

수많은 단시간 전투원들은 일단 피를 보면 무기를 숨기고 잠적해 버릴 것으로 벨론 소령은 믿고 있었다. 거리 전투에서 살아남는 핵심 전투원들은 그들이 먹고 자는 안전가옥으로 퇴각할 것으로 보았다. 아마야 상등병이 사살된 곳과 같은 요새화된 가옥들이 20채에서 40채에 이르는 것으로 추산됐다. 이들 가옥들은 주로 외따로 떨어진 작은 집들이며 탱크 포나 레이저 유도폭탄에 취약하다고 했다. 이런 가옥들이 위험한 이유는 해병들이 집 안으로 들어갈 때까지 아무런 매복기척을 보이지 않기 때문이라고 했다.

툴란 대령은 작전참모인 렌포스 중령에게 고개를 돌렸다. 기동작전 계획을 듣기 위해서다. 땅딸막하고 각진 얼굴에 까까머리를 한 렌포스는 레슬러나 보디가드 같은 인상을 풍겼다. 각 대대 지휘관들은 렌포스가 평소 사소한 것들에 대한 조사보고서를 요구하지 않는 것을 고맙게 여겼다. 렌포스는 선원자격으로 입대하여 군 생활을 시작했는데, 로드아일랜드 뉴포트에 있는 해군예비학교에 들어가라는 명령을 받고는 기가 막혔다.

1980년대 초로 돌아가, 렌포스는 자신을 아칸서스에서 온 촌티 나는 착한 옛 소년으로 생각했다. 해군예비학교에서 그는 의자와 한 동료 학생을 기숙사 창문 밖으로 집어던져 거친 버릇을 입증했다. 그의 구 대장은 렘포스 부모를 당혹케 하고 그 자신 치욕을 느낄 정도로 호된 꾸지람을 내렸다. 구 대장은 그를 아무에게도 맡기지 않고, 물론 배로 되돌려 보내지도 않고 직접 훈육에 나섰다. 그 바람에 렘포스는 다음 12주 동안 매주 토요일과 일요일을 '특별교육'으로 보내야 했다. 3개월간 꼼짝없이 기지에 들어박혀 있었다는 이야기다. 그는 점점 수학 학과를 좋아하게 되었고, 마침내 해군사관학교를 졸업하고 해병대에 배속 받았다. 그 구 대장이 바로 지금 제1사단장으로 있는 짐(제임스) 매티스 소장이다.

작전센터에 있는 전자지도는 모든 우군 부대들 위치를 추적할 수 있게 되어 있다. 그 지도 아래에는 그때그때의 새로운 상황 리포트가 의견을 써 넣을 수 있는 공간과 함께 큰 형태로 나타난다. 랩톱 컴퓨터 40대가 참모부서들을 함께 연결시켜 놓고 있다. 1개월 동안 렘포스는 사진지도를 검토하고, 대대 상황보고서와 일선방문에서 확인한 공격 전개 패턴을 주시해 왔다.

공격용으로 사용하기 위해 렘포스는 사격 기하학 도면을 만들어야 했다. 팔루자의 직선 가로와 같은 평평한 지형에서 총탄은 1천 미터를 날아간다. 올손 중령의 2/1대대는 구시가 졸란 시장 북서쪽 사분면에 있는 건물 옥상들을 장악하여 모루가 될 예정이다. 그러나 어느 대대가 해머를 휘둘러야 할까? 자기편끼리 오인사격을 피하기 위해 그들 모두를 즉시 선신시켜서는 안 된다.

가일스 카이서 중령이 2/2대대와 함께 2/1대대의 정남쪽 3킬로미터 지점으로 이동해 있었다. 카이서의 오른쪽엔 퀸스라 불리는 주택지역이 펼쳐져 있다. 바이런과 그의 1/5대대는 퀸스 동쪽 공장지대 사분면을 장악하고 있다. 그는 퀸스에서 분출하여 나와 서쪽을 진동하고 카이서대대와 합류한다. 이 두 대대는 곧 북쪽 졸란지구로 전진하여 2/1대대에 맞서고 있는 적들을 소탕한다. 동시에 3/4대대는 동쪽에서부터 밀고 들어간다. 이들 두 대대는 서로 직각에 서게 된다. 어떤 지점에서 렌포스는 한쪽 대대를 멈추게 해야 한다. 잘못하면 서로 오인사격을 할 수 있기 때문이다.

대대마다 졸란지구를 점령하고 싶어 했다. 3주 동안 그들은 박격포 공격을 받아가며 저항군들과 욕설을 주고받고 저격사격을 교환하면서 건물 옥상에서 보냈다. 부상이 가벼운 병사들은 야전병원에서 치료를 받은 후 임무를 끝내기 위해 그들 중대로 복귀했다.

툴란 연대장 휘하 4개 대대장들은 서로 친한 친구들이다. 올손은 맥코이 결혼식 때 우인대표였다. 맹렬히 돌진하는 정찰대원 타입인 카이서는 초급장교 시절 수년간 소총중대에서 맥코이의 선임 장교로 근무했다. 바이런과 맥코이는 함께 참모대학을 다녔다.

각 대대장들은 자기 대대 병사들이 전투를 열망하고 있으며 대대장이 그들에게 그 기회를 마련해 주기를 바라고 있음을 알고 있다. 바이런은 사진지도상의 퀸스지역을 살펴보았다. 그에게 퀸스는 저항군들을 매어 꽂아 균형을 잃게 하고 뒷다리를 잡고 늘어져 혼란에 빠뜨리는 주지쓰(일본무술의 하나, 柔術)를 시험해 볼 수 있는 곳이었다. 그는 어둠을 이용하여 1킬로미터를 전진하여 날이 밝을 때 저항군들을 불시에 습격하면서 후위를 청소하기를 좋아했다.

맥코이는 휘하 킬로중대와 인디아중대를 앞장서 밀어붙이게 하고 리마중대를 뒤따르며 청소하게 하는 계획을 세웠다. 방어거점이 공격을 받을 때 선두에 선 중대가 리마중대의 공격지점을 표시해 주게 된다.

카이서대대와 올손대대는 각각 6대의 탱크 지원을 받았다. 연대 작전참모 렌포스는 맥코이 대대에게 2대를 주고 6대를 예비용으로 남겨 두었다. 맥코이는 이것은 불공정한 처사라고 생각하고 배짱 좋게 탱크 8대를 요구했다.

"자넨 나를 얼빠진 녀석으로 생각하나?" 렌포스의 대답이다. "자넨 탱크 8대로 하루 안에 유프라테스 강까지 갈 수 있을 거야. 뒤에 남은 쓰레기들은 내가 깨끗이 치워 놓을 수 있으니까. 원 참, 이봐 친구, 지금 내가 자네들을 통제하고 있어. 탱크 두 대면 족해."

"후위 청소를 너무 많이 하게 되면 우리의 전진속도를 지연시킬 수 있습니다." 연대 정보장교인 벨론 소령이 맥코이의 주장에 대해 한마디 했다.

전진하고 있는 병사들 뒤에서 가옥 수천 동을 지루하게 수색하는 후위청소는 잘못하면 민간인 수천 명을 알 자지라 방송 카메라 앞에 몰려들게 함으로써 최일선의 신속한 공격을 수렁에 빠뜨릴 수 있다. 벨론이 우려하는 것은 돌진하고 있는 해병들의 전방 거리들을 가득 메워 항의하고 있는 거대한 수의 민간인들이었다.

"아마 벨론은 후위청소에 너무 많은 시간이 소요되는 걸 염려한 것일 거야. 일단 공격이 제대로 진행되면 자네한테 더 많은 탱크를 배정할 작정이야." 하고 렌포스가 맥코이에게 말했다.

렌포스는 카나리아제도산 포도주를 마시며 고양이처럼 웃었다. 그는 맥코이에게 속도를 지나치게 빨리 내라고 하지 않을 작정이다. 맥코이의 '흑사병' 대대에 더 많은 탱크를 줄 수도 있다. 그것은 사단 전체가 공격부대들을 어떻게 전개하는가에 달려 있다.

"내가 자네를 압박하지 않는 것에 만족하나?" 렌포스는 웃으며 맥코이에게 물었다.

그는 2/2대대와 1/5대대에게 충분한 시간을 주어 전선을 남쪽으로 똑바로 펼치게 하고 싶었다. 전투가 그 방법으로 전개되면, 졸란지구를 동쪽(맥코이)에서 점령하느냐, 남쪽(바이런과 카이서)에서 점령하느냐를 툴란 대령이 선택할 것이다.

"아니, 왜 내게 더 많은 탱크가 필요한지 다시 설명할게." 맥코이가 대답했다.

두 사람이 결론 없는 논쟁을 벌이고 있는 동안, 툴란 대령이 전화를 받기 위해 잠깐 자리를 떴다. 그는 15분 정도 자리를 비운 후 험상궂은 얼굴로 되돌아 왔다.

"공격중지 명령이 떨어졌어." 하고 그는 말했다. "그 대신, 각 대대는 이라크군들과 함께 합동수색을 시작하게 될꺼야. 내일 이라크인들과 만나기로 했어."

18

뒤죽박죽이 된 전략

"전쟁이 일어나면 여러분들은 군대를 지원합니다. 그것은 복잡한 게 아닙니다. 여러분들은 지금 그들을 지원하고 있습니다." 부시 대통령의 말이다.

팔루자에서 군대를 지원하는 일이 복잡해졌다. 4월 23일, 부시 대통령은 "팔루자 대부분이 정상으로 돌아오고 있다"고 했다. 누가 그에게 그런 정보를 주고 있는지 의문이 남는 평가였다. 일방적인 휴전이 계속되면서 미군 희생이 늘어나고 저항군들 사기를 높이는 결과를 가져왔다. 병사 32명이 바그다드 서부지역 전투에서 지난 3주 동안에 희생되었다. 팔루자에서 죽은 병사만 13명이었다.

대통령은 지나친 양보 없이 단호한 결정을 내린 걸 자랑했다 그러나 그답지 않게 점진적인 휴전연장에 동의한 만큼, 완전히 공격을 중단해야 한다는 정치적 압력이 앞으로 더 높아질 조짐이었다. 4월 24일, 대통령은 '대외관계에 어쩌면 재난을 불러올지도 모르는' 위험을 감수하고 미군이 팔루자 공격을 감행하는 것이 좋을지 어떨지 보좌관들과 상의했다.

브레머는 전쟁이 곧 다시 일어날 수 있다고 경고하는 강경한 연설을 이미 했지만, 거듭하여, 지금 만연하고 있는 폭도들 공격이 미군의 대대적인 반격을 불러올 수 있으며 자신은 그런 일이 일어나지 않기를 바란다고 주의를 주었다. 럼스펠드는 아비자이드에게 공격을 계속하라고 압박했고, 아비자이드는 그들 자신의 장래를 결정할 기회를 수니파에게 주어야 한다고 주장하면서 망설였다. 브레머가 보기엔 그와 아비자이드는 팔루자 점령이 재앙을 가져올 것이라는 데 의견을 같이했다. 둘 다 미국인들이 주제넘게 지도에 나서기보다는 온건한 이라크 지도자들이 사태수습에 나서기를 원했다.

"우리는 이라크에서 모든 일에 신중해야 합니다. 우리 미국인들은 그들 문화 속의 항체(抗體)입니다." 아비자이드 장군의 말이다.

대통령의 이라크 총독(브레머), 대리인(블랙윌), 전역사령관(아비자이드) 모두가 백악관에 사려분별을 권했다. 그러나 온 세계 구석구석과 커뮤니케이션이 가능한 세상이 되었는데도 불구하고 군부의 완고하고 융통성 없는 위계조직은 막상 생생한 전장의 지식과 경험을 갖고 있는 사람들의 조언이 대통령에게 올라가는 것을 방해했다. 제1해병사단장인 매티스는 해병대원정군 사령관인 콘웨이와 상의했고, 콘웨이는 합동기동군 사령관인 산체스와, 산체스는 중부군 사령관인 아비자이드와, 그리고 아비자이드는 워싱턴과 상의했다. 매티스는 그의 부대들이 공격준비를 완료했다고 주장했다. 그러나 그는 해병대원정군 사령부에서 열린 회의에마저 초청되지 않았다.

그들이 백악관의 질문을 받는다면, 콘웨이와 매티스는, 비록 지금까지 전선에서 18일을 기다려 왔지만, 팔루자 점령은 2~4일밖에 걸리지 않는다고 대답했을 것이다. 그러나 그들은 질문을 받지 않았다. 해병대원정군 사령관과 사단장인 그들은 총지배인과 같았으며, 축구게임에 대한 토의에 때로는 포함되기도 하고 때로는 배제되기도 하는 축구팀 감독과도 같았다.

백악관 분위기는 팔루자를 점령하지 않는 쪽이었다. 대통령은 미군과 현지 민간인들 희생은 물론 시가지 파괴에 대해서도 진지한 유보를 나타냈다. 당연히 서방방송을 통해 아랍 텔레비전 방송국 카메라맨들이 광범위하게 촬영한 영상을 보고 나서다.

다른 정보 소스를 결여하고 있는 온 세계 언론들은 팔루자에서 민간인 600명 사망 1천 명 부상이라는 알 자지라 방송의 추산을 반복해 보도했다. 보잘것없는 증거부실한 주장이 반복됨으로써 신빙성 있는 주장으로 둔갑한 것이다.

경험 많은 외교 관료인 스투 존스는 모든 협상자들―해병대, 미국 행정관(외교관)들과 바그다드에서 온 이라크인들―이 많은 민간 희생자들에 대한 끊임없는 보도에 영향을 받았다는 생각이 들었다.

"이라크인들은 몹시 흥분돼 있으며 해병 저격병들에 대해 계속 불만을 쏟아냅니다. 나는 민간인들이 적어도 1천 명은 죽었으리라 생각했습니다. 다만 시간이 지난 후에야 그 숫자가 300명 이하라는 것을 알았습니다." 하고 그는 말했다.

대통령은 다른 대안을 요구했다.

4월 24일 해병대원정군 사령부 회의에서 브레머는 장군들에게 두 가지 경로를 통해 협상이 진행되고 있다고 했다. 첫 번째는 하사니가 이끌고 있는 과도통치위원회 위원들을 통해서였다. 통치위원회 협상 파들은 젠센, 스투 존스 및 웨버 소장과 함께 콘웨이 침실에서 회의가 끝나기를 기다리고 있었다. 두 번째는, 하사니 그룹도 모르게 추진한 것으로, 곧 국무총리로 지명되는 아야드 알라위를 통해서였다. 그는 자나비와 비밀협상을 하고 있었다.

콘웨이는 해병대원정군 사령부가 세 번째 방법의 협상을 모색하고 있다는 말을 브레머에게 하지 않았다. CIA를 통해 전직 이라크 장군들과 벌이고 있는 협상이다.

해병대원정군 사령부에 모인 사람들에게 지금 실행 가능해 보이는 대안이 하나 있었다. 2주 전에 탈영한 이라크 보안군들과 함께 해병대가 팔루자 순찰에 나서도록 사령부에 온 이라크 대표들이 권고한 것이다. 팔루자에서 온 대표는 술레이만 중령 위에 앉힐 새 사령관을 추천했다. 바로 자심 하팀 중령으로 영어를 약간 알고 군인으로서 독특한 행동거지를 보이는, 깔끔한 성격의 사람이었다. 그가 어디에서 왔으며 자세한 과거는 밝혀지지 않았지만, 시 원로들은 술레이만 면전에서 그를 적극 추천했다. 그들은 술레이만을 다른 지역 출신이라는 이유로 국외자 취급했다.

해병대원정군 사령부 참모들과 콘웨이 장군은 이라크 대표들의 합동순찰 요구가 합당해 보였다. 그래서 브레머에게 구체적인 내용을 알아본 후 결정을 내리려면 며칠간 기간이 필요하다고 설명했다. 4월 24일 오후 아비자이드, 브레머, 산체스와 콘웨이는 해병대가 이라크 보안군과 함께 합동순찰을 할 준비를 할 수 있게 휴전기간을 3일 더 연장했다. 브레머는 워싱턴과의 원격영상회의 참석을 위해 바그다드로 돌아갔다. 그는 해병대의 합동순찰 아이디어가 논리적으로 옳은 생각이라며 만족해했다.

―――

4월 24일, 제1전투연대 대대장들은 지금 막 공격준비를 끝내고 작전을 펼치려는 판에 왜 갑자기 계획이 변경되었는지 영문도 모른 채 툴란 연대장과 회합을 끝냈다. 매티스 장군은 지금껏 병사들에게 정신적으로 자극을 주어 공격기운을 유발시켜 오지 않았던가. 팔루자 시내에는 지금 자동차로 10분 거리 간격으로 4개 대대가 포진하고 있다. 매티스는 사단 내 모든 특무상사들과 대대장들을 잘 알고 있다. 툴란 대령에서 맥코이 중령, 그리고 아마야 상등병의 분대에 이르기까지 전선에서 싸우고 죽고 하는 사람들은 작지만 정연하게 조직된 그룹이다. 휴전 중인데도 적과 야간 욕설 대치, 저격병이 쏘는 총탄의 피웅! 하는 날카로운 소리, 포신에서 빠져나가는 박격포탄의 퓨웅! 하는 금속성 소리, 그리고 죽은 동료들을 위한 '구두·소총 의식' 등으로 답답한 몇 주를 지나오면서 공격명령이 내리기만을 학수고대해 왔는데 공격개시 일보직전에 또 취소된 것이다. 팔루자 시내에 산개해 있던 각 해병 대대들은 설사 이번 작전을 취소한다 해도 현 위치를 그대로 고수하기를 원했다. 해병들은 만약 그들이 전투상황 자체를 완전 종결하고 기지로 철수해버린다면, 저항군들은 그들이 이겼다고 믿을 것이며 더욱 막강해져 다음 차례에는 소탕하기 훨씬 힘들 것 같았다.

　24일 저녁까지 각 해병대대는 이라크 보안군과의 합동순찰계획에 대한 구체적인 계획을 수립했다. 이제 이 합동순찰이라는 새로운 개념이 다른 모습으로 승리를 보장할 것처럼 보였다. 각 순찰팀은 저항세력들의 공격이 있을 것으로 가정하고 탱크지원을 받는 신속대응군을 요청했다. 순찰을 시작하면 몇 시간 이내 격전이 벌어질 가능성이 아주 높아 보였기 때문이다. 예컨대 3/4대대는, 리마중대와 탱크들을 대기시켜 놓은 가운데 킬로중대를 순찰팀과 함께 자나비의 모스크에 투입할 계획을 세웠다. 바이런대대가 정부종합센터로 전진할 때도, 카이서대대가 황색 벽돌거리를 돌아갈 때도, 그리고 올손대대가 졸란지구로 향할 때도 이와 유사한 조치를 취하기로 했다.

일단 순찰이 시작되면, 저항군들이 반격을 가할 것이고, '휴전'은 깨질 것이며, 블루 다이아몬드(제1해병사단 사령부)가 다시 공격명령을 내릴 것으로 보였다. 전략적인 수준에서 해병대는 군사적인 전략을 변경하지 않고 이라크 보안군을 정치적인 보호막으로 이용하는 명목상의 제스처를 할 것으로 믿었다. 합동순찰은 화려한 협상 책략이다. 장군들과 대사들이 덫을 설치한 것이다. 공동이라는 맛을 내기 위해 소수 이라크 병사들을 이용할 뿐이며 전투는 계속될 것이었다.

―――

다음날 오전 툴란 대령과 그의 휘하 대대장들은 팔루자 교섭센터 사무실에서 이라크 보안군 지휘관들과 회합을 가졌다. 탈영한 보안군 병사 350명이 지난 주 부대로 복귀했다. 합동순찰에 필요한 인원보다 더 많았다. 에어컨의 냉방조절기를 최고도로 높여 놓고 이라크 장교들과 해병 장교들 몇 명은 테이블 주위에 마뜩찮게 앉아서 노트를 펼쳤다. 아무도 웃지 않았다.

툴란은 바로 핵심문제로 들어갔다. "팔루자 위원회가 어제 합의한 대로 우리는 함께 순찰에 나설 것입니다. 팔루자 위원회는 하팀 대령을 이라크 여단 사령관으로 추천했습니다." 하고 말했다.

해병대 측 통역자가 아랍말로 재빨리 통역했고, 툴란은 테이블에 양팔을 얹은 채 허리를 굽히고 앉아서 흰 셔츠에 빳빳하게 다리미질한 치노(카키색의 질긴 면직물로 만든 군복)를 입은 굳은 얼굴의 하팀 중령을 빤히 쳐다봤다. 본래 팔루자 출신인 이 전직 육군중령은 며칠 전에 고향으로 돌아왔다. 그가 이라크 보안군 부대를 사기꾼 집단이라고 비난했다가 목숨을 부지하기 위해 북쪽 어디로 도망쳐야 했다는 이야기가 있었다. 툴란은 몰수된 BMW 승용차 한 대를 그에게 주며 사용하라고 했으나 하팀은 미군들을 위해 일하는 것으로 보일 수 없다며 거절했다. 하팀은 지금 미군들로부터 이라크 보안군 최고지휘관으로 추대 받고 있었다.

하팀이 이렇다 저렇다 대답을 하지 않자, 툴란은 506보안군 대대를 지휘하고 있는 술레이만 중령한테로 고개를 돌렸다. 브룩클린교의 시신훼손 사건은 해병대가 공수여단의 드링크와인 중령으로부터 업무인계를 받은 지 1주일만인 2004년 3월 31일에 일어났다. 해병대는 드링크와인 중령이 곤두선 턱수염을 가진 다부진 체격인 술레이만을 존경하고 좋아했다는 사실을 알고 있었다. 그러나 팔루자가 격전지가 된 후 술레이만은 (탈영하지 않고) 남아있는 약간의 병사들과 함께 영내에 머물며 두문불출했다. 툴란 중령은 그를 조금 알고 있었다.

"팔루자 출신을 지휘관으로 세울 필요가 있습니다." 하고 툴란은 술레이만에게 말했다. "우리는 당신 부대 사람들을 쓸까 합니다. 다음 몇 주간 매일 24시간을 그들과 함께 생활해야 합니다. 그들에게 후한 봉급을 줄 것이며 그들을 보호할 것입니다."

"그들은 그러길 원하지 않을 것입니다." 술레이만은 고개를 저으며 대답했다.

툴란은 술레이만 옆에 옹색한 얼굴을 하고 앉아있는 한 이라크인을 바라봤다. 보안군 505대대 지휘관인 자바르 중령이었다. 그는 술레이만한테서 암시를 받은 듯 아무 말도 하지 않았다. 505대대는 그레이 병장이 서치리이트 타워에서 죽던 4월 13일 철도역 전투 때 탈영사태로 해체돼 버린 대대였다.

"당신은 너무 많은 것을 요구하고 있습니다. 우리는 이 일을 할 수 없습니다." 하고 술레이만은 자바르가 해야 할 답을 대신하여 말했다.

툴란은 경찰서장 쪽으로 고개를 돌렸다. 이 과체중의 남자는 벌써 두 번째 물병을 열어 찬물을 벌컥벌컥 들이켰다.

"우리 경찰은 모든 것을 잃었습니다. 자동차도 없고 장비도 없고, 우린 아무 것도 할 수 없습니다." 하고 그는 말했다.

"자동차를 공급해 드리겠습니다. 내일 부하 10명에서 15명을 데리고 오십시오. 탱크를 붙여 해병대 100명으로 호위하도록 하겠습니다." 툴란이 말했다.

"거리를 함께 걸어가면 안 됩니다. 각각 시청(정부종합센터)으로 차를 타고 와 만나야 합니다. 거리에 해병들이 걸어가면 시민들을 자극하게 됩니다. 시청으로 차를 갖고 와 우리에게 넘기고 떠나는 것이 좋습니다." 경찰서장이 말했다.

"그건 옛날 방법이며 지금 그럴 수는 없습니다. 지난 3월 첫 부임 때 내가 시청으로 차를 몰고 가서 당시 귀국예정인 82공수대대 병사들과 자리를 함께한 적이 있습니다. 그때 우리가 공격을 받았고 경찰들은 사라져버렸습니다." 툴란은 말을 이어갔다. "이젠 누군가가 우리를 쏠 때 그들을 완전 소탕할 때까지 반격을 하고 있습니다. 우리는 시내를 걸어갈 것입니다. 우리가 걸어가는 곳은 우리가 정합니다."

회의에 참석한 이라크 지도자들은 고개를 흔들며 노트북을 내려다보고 있었다.

"주민들이 합동 순찰을 거부하고 있습니다." 하팀이 말했다. "당신들은 팔루자를 히로시마처럼 파괴할 수 있습니다. 나는 무력이 아닌 대화를 신봉합니다."

올손 중령이 끼어들었다. "술레이만 대령, 우리는 함께 신뢰를 쌓아가야 합니다. 우리가 함께 일하고 있다는 걸 사람들에게 보여주시오. 우리가 사격을 받지 않는 한 우리는 수색하러 어느 집에도 들어가지 않을 것입니다. 세계 어느 도시에서와 마찬가지로 우리는 이 도시에서 무슨 일이 일어나고 있는지 알기위해 걸어 다녀야 합니다." 하고 말했다.

술레이만은 안 된다고 고개를 흔들며 얼굴을 돌렸다.

하팀이 더 흥분하여 술레이만이 대답해야 할 차례를 무시한 채 툴란 쪽으로 상체를 틀며 말을 걸었다. "모든 것이 지난 해 전쟁 때와 같습니다. 전기도 없고, 물도 없습니다. 당신들 이전의 미국인들은 이라크 사람들을 무시했습니다. 그들 마음대로 했습니다. 많은 실수를 했습니다. 나는 이라크 전역에 배치되어 18년 동안 군 생활을 했습니다. 팔루자는 좋은 도시입니다. 이 싸움은 미국 잘못입니다."

"이 도시는 지금 안전하지 않습니다. 대령." 툴란이 말했다. "우리가 함께 안전하게 만들어야 합니다. 나는 지금 4천만 달러를 마련할 겁니다. 나는 10월까지 여기 머뭅니다. 그때까지 이 도시는 전기와 깨끗한 물과 많은 일자리를 가지게 됩니다."

하팀은 어깨를 으쓱하며 그의 손을 내려다보았다.

바이런 중령이 말머리를 돌렸다. "하팀 대령, 우리가 같은 목표를 공유하고 있다는 데 동의할 수 있습니까? 귀측이나 우리 측 모두 저항군들이 중무기를 반납하고 외국인 전투원들이 이 도시에서 떠나기를 원합니다. 그렇지 않습니까?"

"그건 미국 사람들 이야기지요. 외국인 전투원들은 없습니다. 누구든지 내 집을 공격하면 그와 싸울 것입니다. 당신들은 모든 사람들과 싸우고 있습니다. 낭신들을 믿을 수가 없습니다. 안전은 우리 자신이 지키면 됩니다. 당신들이 여기에 없으면 아무 문제가 없습니다." 하고 하팀이 말했다.

툴란은 대화를 아예 포기하고 있는 술레이만을 다시 바라봤다. 그가 하팀의 주장과 거리를 두고 있어 그런 건지, 또는 팔루자 위원회가 하팀을 자기 윗자리로 추천한 것에 불끈해서 그런 건지 전혀 알 수가 없었다.

"나의 보스는 합동순찰을 원하고 계십니다." 툴란이 술레이만에게 말했다.

"우리 부대원들은 오지 않을 것입니다. 그들은 미군과 함께 일하는 것이 알려질까 봐 두려워합니다. 그들의 가족들이 두려워합니다. 우리는 당신들과 함께 팔루자에 들어가지 않을 것입니다."

───

이라크 장교들이 떠난 후 툴란은 그의 휘하 대대장들을 그냥 자리에 앉아 있으라고 말하고 육군하사 한 사람을 불러 귀퉁이에 앉도록 했다. 라시드 카와시미 하사가 앞으로 걸어 나와 툴란 옆에 앉았다.

"어때?" 하고 툴란이 물었다.

팔레스타인 출신인 카와시미는 현지 사투리들을 잘 흉내 내는 특별한 어학적 재능을 갖고 있으며 공작원으로서 1년 전부터 매티스와 툴란과 함께 일해 왔다. 그는 아랍어를 이야기 하지 않고 듣기만 하며 가능한 한 신분노출을 꺼렸다.

"대령님, 그들은 오지 않을 것입니다. 그들과 아무리 많은 회의를 해도 소용없습니다. 합동순찰은 물 건너갔습니다. 이라크 사람 누구든 우리와 함께 있는 것이 알려지면 죽습니다." 카와시미 하사가 말했다.

"하팀과 술레이만 사이는 어떻게 되는 거야?"

"술레이만은 진짜 화가 나 있었습니다. 대령님께서 하팀을 술레이만의 상관으로 임명한다고 말씀하셨습니다. 자존심이 상한 것입니다."

"팔루자 위원회가 그러길 원한다고 했지." 하고 툴란은 말했다.

"칼자루는 대령님이 쥐고 계십니다." 하고 카와사미는 말했다. "대령님이 봉급을 줍니다. 위원회 위원들은 눈치 보는 사람들입니다."

"앞으로 위원회와 사이좋게 해나가야 할 일이 많아. 그들이 하팀을 원해. 그것은 다른 한 쪽(저항세력)도 하팀을 원하고 술레이만을 원하지 않는다는 의미이기도 해. 아직 하팀을 임명한 것은 아니야." 하고 툴란은 말했다.

"그들은 둘 다 우리를 멀리 할 것입니다. 대령님. 합동순찰은 절대로 이루어지지 않을 것입니다." 하고 카와사미가 말했다.

―――

툴란이 이라크 장교들과 회합을 갖는 동안 매티스는 라마디 외곽에 있는 사단사령부로 돌아가고 있었다. 툴란은 사단 참모장인 던포드 대령을 불러 합동순찰이 가망 없어 보인다는 이야기를 해주었다. 블루다이아몬드로 되돌아온 던포드는 사령부 장교 십 수 명을 불러 모아 함께 다른 대안을 모색했다. 매티스 사단장이 도착하자 던포드는 회의를 시작하면서 현재 사단이 상부기관으로부터 받은 서면 지침서는 4월 22일자 '합동기동군 사령부 경계명령' 뿐이라고 말했다. 제1해병사단에게 공격작전 재개를 준비하라는 명령서였다. 합동순찰건은 개념 상태로 사단에 구두로 전달되었다. 지금 그 개념이 쓸모없게 된 것이다. '우리는 몇 주를 허비했다.' 던포드는 결론을 내렸다. '우리는 네모난 곳(팔루자의 블록들)에 되돌아가 있다. 사단은 전투할 만반의 준비가 되어 있다. 하지만 더 높은 사람들이 이 일을 어떻게 끌고 갈지 모르겠다.'

"맑은 정신 가지고는 사태가 얼마나 꼬이고 있는지 정말 모를 지경이 됐어." 매티스는 회의실에 모여 있는 장교들 한 사람 한 사람에게 이야기하듯 말했다. "지금 팔루자 안에서 진행되고 있는 사태에 우리가 어떻게 대처해야 하겠는지 다들 이야기 해봐."

이라크인들의 동향과 문화를 전문으로 다루고 있는 G-2 정보 참모부서와 G-X 참모부서가 공동으로 답변했다. G-X 참모부서 안에는 아랍지역에서 태어났거나 미국 회사를 통해 고용한 아랍계 미국인들이 몇 명 있었다. 그들은 말했다. "이라크에서 실질적인 지도자들은 시 위원회 위원들이 아니고 연립정부를 반대하는 이맘, 족장, 상당수가 암살단원인 전직 장교, 악당 패거리 그리고 몰락한 예술가들입니다. 전력이 끊겨 텔레비전을 볼 수 없기 때문에 대부분의 사람들은 모스크에서 뉴스를 듣게 되었습니다. 그들이 전하는 뉴스 태반은 반미와 반바그다드에 관한 귀에 거슬리는 것들입니다. 시내에는 잡범들이 우글거리고 있습니다."

납치는 새로운 성장산업이었다. 일부 포로들은 참수되지만 대부분은 몸값을 받고 풀어 주었다. 몸값은 국적, 신분, 직업 등에 따라 달랐다. 바그다드에서 온 트럭 운전수는 5천 달러(반드시 미국 달러여야 했다), 요르단에서 온 운전수는 1만 5천 달러, 대형회사 직원은 5만 달러였다. 사단 참모부의 아랍계 미국인들은, 팔루자 안에서 실제로 추종자들을 거느리고 있는 지도자들 중에서 '온건파'는 아직 확인되지 않았다고 했다. 팔루자에서 겉보기로 그럴듯해 뵈는 사람들은 실제로는 허약한 사람들이라는 것이다.

"폭도들은 지난 달에 1천여 명이나 손실을 봤다. 원상회복하는 데 얼마나 걸리겠는가?" 매티스가 물었다.

"팔루자에는 신규 지원자 2만 명이 있습니다." G-2의 그로언 중령이 대답했다. "전직 육군 장교 수백 명이 교관으로 일합니다. 그들에게 한 달만 기간을 주면 모든 손실을 복구해 놓을 것입니다."

"성역이라는 얘기구먼." 하고 매티스가 말했다.

"장군님, 그곳은 성역입니다." 하고 그로언이 말했다.

"오래가지 않을 거야. 우리의 전투계획을 실행에 옮겨야 돼. 우리는 소탕하고, 지키고, 이라크 보안군들을 데려 올 거야. 그런 다음 우리 즉시 고충격 프로젝트를 시작할거야. 우리 해군 건설대(Seabees)는 그런 것엔 아주 대단한 능력을 갖고 있어. 쓰레기 더미를 트럭으로 운반하고, 거리에 널린 파편이나 조각들을 쓸고, 배설물 구덩이들을 모두 메우는 데 필요한 사람들을 고용해야 돼. 수천 개의 일자리가 생길 거야. 시민들 자존심을 세워 줘야 돼. 열심히 일하게 해 줘야 돼. 미래가 더 좋아질 것이라는 희망을 갖게 해야 돼. 그들을 과거에 매달려 분노하게 해서는 안 돼." 하고 매티스가 말했다.

"좋은 생각입니다, 장군님. 그러나 적은 주민위협을 가장 중요한 무기로 삼고 있습니다." 하고 그로언이 말했다. "그래서 이라크인 지도자가 필요한 겁니다. 이라크인 지도자만이 그런 문제를 풀어나갈 수 있습니다. 우리는 그걸 할 수 없습니다. 시내 청결작업이 미국인들 아이디어에서 나온 것이란 소문이 퍼지기만 하면, 그들은 하던 일도 멈추고 그 배설물 구덩이들을 절대로 메우려 들지 않을 것입니다."

"핵심 분자들이 몇 명이나 되는지, 그리고 하루는 우리한테 총을 쏘고 다음날은 쓰레기를 치울 추종자들이 얼마나 되는지 알아낼 방법이 없습니다. 주민들에 대한 위협과 헌신 사이를 정확히 구분할 방법도 없습니다. 정치적인 이유나 지도체계를 갖고 있지도 않은 저항세력을 어떻게 굴복시켜야 하는지 역사적인 전례도 없습니다." 던포드가 말했다.

"우리는 팔루자를 성역으로 남겨두지 않을 것이다." 매티스가 말했다. "우리 지침에는 프래그 오(Frag-O)라는 공격작전이 있다. 우리가 해내면 안바르 주의 부르기스 지사가 다스릴 것이다. 우리는 이 도시에 특별한 자격을 부여하지 않을 것이다."

———

툴란 대령과 매티스 장군이 각각 별도의 회의를 주재하고 있을 때, 해병대원정군 사령부에서 콘웨이 장군은 산체스 장군으로부터 반갑지 않은 전화 메시지를 받았다. 백악관이 결코 팔루자 점령 허가를 내리지 않을 것이라는 얘기였다. 백악관은 너무 많은 곳으로부터 너무 많은 압력을 받고 있었다. 하지만, 해병대는 팔루자 주변 초병선(哨兵線)에 남아있을 수는 있었다. 백악관은 아직도 저항군들을 억제하길 원했지만, 최소한의 희생을 치르는 조건에서였다.

그 범위를 정하는 일은 콘웨이 몫이었다. 리처드 존스 대사는 합동순찰이 4월 27일에 시작될 것으로 믿고 그날 일찍 해병대원정군 사령부를 떠났다. 그때는 이미 합동순찰이 실현되기 어려울 것 같다는 툴란 대령의 보고를 받은 이후였다. CIA가 별도로 가동하고 있는 채널 때문에, 콘웨이는 그러나 아직 비장의 무기를 갖고 있다고 생각했다.

4월 중순 이후 그와 참모들은 전직 육군대령인 라티프가 이끄는 팀과 몇 번 만났다. 짧게 자른 흰 턱수염을 가진 올해 66세의 땅딸막한 라티프는 럼스펠드가 텔레비전에 나와 팔루자를 논하고 있을 때 바그다드에서 바나나 농장이나 돌보며 조용한 은퇴생활을 하고 있었다. 라티프는 그의 옛 친구인 전직 육군소장 무하마드 알 사와니와 자주 만났다. 사와니는 최근 CIA가 만든 새 이라크 정보부 수장으로 취임했다. CIA를 통해 사와니는 라티프와 콘웨이의 회합을 주선했다.

라티프의 주장은 간단했다. 공유하고 있는 직업적인 끈을 기반으로 한 군부 대 군부 관계가 영속적인 안정을 가져올 수 있다고 그는 강조했다. 현 사태는 미국과 이라크 양국 정치인들이 아닌 군인들이 해결할 문제라는 것이다. 군인으로서 라티프는 팔루자의 전직 군인들에게 손을 뻗칠 수 있었다.

콘웨이는, 특별한 히든카드를 갖고 있는 것 같지는 않지만, 반 사담파였고 조국을 위해 최선을 다하고 싶어하는 라티프를 격려하고 그에게 기대를 걸었다. 4월 중순 라티프는 팔루자에서 온 족장들을 조용히 만나, 후세인 정권을 붕괴시킨 바그다드 전투에서의 해병대 역할을 칭찬하고, 이오지마에서 일본군과 후에(Hue)시에서 월맹군이 미 해병대의 올가미에 걸려들지 않으려다 오히려 더 큰 곤욕을 치른 점을 경고조로 이야기해 주었다. 이 외교적인 접촉은 그것이 진지하든 비열하든, 지금은 지푸라기라도 붙잡고 싶은 심정이 된 콘웨이를 솔깃하게 만들었다. 라티프가 저항군들에게 얼마나 설득력 있는 인물이었는지는 밝혀지지 않았지만, 그는 훌륭한 인격을 갖춘 사람처럼 보였다. "그는 이라크 장군들에게 매우 신임을 받고 있습니다. 그들 사이에서 바디 랭귀지로 거의 의사소통을 할 정돕니다. 그의 지도력 수준을 증명하고 있는 겁니다." 뒤에 콘웨이는 이렇게 말했다.

라티프는 팔루자에 살고 있는 자심 살레 소장과 몇몇 전직 군 장교들을 소개했다. 합동순찰계획이 어이 없이 무산되었을 때 해병대원정군 사령부 참모들은 아직도 라티프의 제의에 약간 희망을 걸고 있었다. 해병대가 그들에게 팔루자를 일임한다면, 저항군들을 팔루자 여단에 편입시켜 평화를 보장하게 될 것이라고 그들은 약속했다. 그들은 이리크 보안군과 경찰을 여단에 합류시킬 수는 없다고 말했다. 팔루자 여단은 조국을 방어한 전직 병사들과 저항세력들로 구성될 것이며, 봉급을 받기 위해 싸우는 것처럼 가장한 술레이만의 보안군과 같은 얼치기들은 안 된다는 것이다.

전직 바트당 당원들과 장군들을 현직에 채용하게 되면, 수니파 이라크인들은 자기들이 새 이라크 건설에 한 몫 한다는 자부심을 갖게 될 것이다. 이것이 핵심 저항세력들로부터 지원을 얻어내는 요소가 될 것이다. 해병대가 팔루자에 진입하지만 않는다면, 그들이 원하는 모든 것을 가질 수 있다는 이야기였다.

콘웨이는 그 제의를 심사숙고했다. 그는 1개 사단 절반인 4개 대대를 계속 그대로 묶어 놓을 수는 없었다. 그렇다고 공격명령을 내릴 수도 없었다. 합동순찰은 이미 실패로 돌아갔다. 산체스와 아비자이드는 다른 대안을 제시하지 못하고 있다. 바로 그 순간에, 정치를 초월한 임무감을 공유한 것처럼 보이는 이라크 장군들과 병사들을 이용하자는 라티프의 환상적인 제의가 들어온 것이다.

19
졸란 묘지

4월 25일, 하루 전 부시 대통령이 발표한 합동순찰 구상을 이라크인들이 거부했다. 합동순찰은 자기 가족들의 생명을 위험에 내맡기도록 강요한다는 것이다. 해병 제1사단과 해병대원정군 사령부가 무엇을 어떻게 해야 할지 고민하고 있는 동안, 팔루자 시내에 포진해 있는 휘하 각 대대들은 여전히 경계를 늦추지 않고 있었다.

2/1대대 에코중대는 졸란지구 북서쪽 가장자리에 있는 블록의 여러 건물 옥상에 튼튼한 방어진지를 구축했다. 왼쪽은 아무런 시설도 없이 그냥 넓은 공터에 쓰레기를 갖다 버려 썩고 있는 시 쓰레기장이었다. 오른쪽은 단단한 벽돌로 지은 학교 교사인데 3소대가 들어 있었다. 동쪽 전면은 묘석과 석축, 납골낭이 몇백 미터씩 줄을 지어 서 있는 대형 묘지였다. 3주 동안 해병대는 저항군과 묘지를 사이에 두고 사격을 주고받았다. 저항군은 빈집에 몰래 들어가서 몇 분 동안 이쪽을 향해 총을 쏘다가 몇 블록 뒤로 물러나 거리의 시민들 속에 섞여버리

곤 했다. 며칠에 한 번씩 에코중대는 잠복해 있는 저격병들을 색출해 내기 위해 묘지 저쪽의 집들을 급습하여 수색을 벌이곤 했다.

젬빅 대위가 지휘하게 될 다음 수색은 4월 26일 새벽 4시에 진지를 출발하여 벌일 예정이다. 밤이면 AC130슬레이어기가 날아와 일부 저항군 패거리들에게 폭탄을 안겨주고, 저항군 측에서도 심심찮게 박격포탄과 AK소총 총탄을 중대 경계선 주변 아무 곳에나 날려 보내곤 했다. 먼동이 트기 전 조용한 시간에 젬빅 대위는 와그너 중위가 이끄는 화력지원팀인 2소대와 6-26기동대에서 나온 육군 특수군 병사들 몇 명을 합쳐 해병 39명을 이끌고 묘지를 지나 동쪽으로 이동했다. 젬빅은 탱크 2대를 대기시키고 81밀리 박격포 타격지점을 미리 결정해 놓았다.

수색대가 묘지 건너편에 도착했을 때, 흔히 있을 수 있는 작은 소동이 있었다. 수색대 선두 병사들이 6피트 담장 높이를 잘못 계산하여 그걸 넘다가 담 안쪽 땅바닥에 쿵하고 떨어져 철커덩하는 소리와 함께 쉬쉬하며 욕설이 튀어 나왔다. 뒤따르던 사격팀은 잠시 멈추어 주위를 살피다가 잠겨있지 않은 철문을 발견하고는 담을 넘느라 상처를 입을 필요도 없이 쉽게 마당 안으로 들어갔다. 어둠 속에서 그들은 경고 장치로서 고강도 신호탄과 섬광 수류탄을 터뜨릴 준비를 한 후 두 팀으로 나뉘어 모퉁이에 있는 두 집 안으로 들어갔다. 각각 현관문을 잽싸게 돌파하여 텅 빈 벽에 플래시를 비춰가며 방과 방을 수색했다. 반쯤 야생화된 동네 개들이 몰려와 흥분하여 짖어대기도 하고 저들끼리 깜짝 놀라 텅 빈 거리를 질주하며 도망가기도 했다.

처음으로 흐릿한 빛의 윤곽이 멀리서 눈에 들어오며, 흐느끼는 것 같은 고음의 새벽기도 소리가 북쪽으로 두 블록 떨어져 있는 모스크의 한 첨탑으로부터 메아리쳐 왔다. 묘지 서편에 있는 중대 진지 보초병들이 경고를 보내왔다. 무기를 가진 남자들이 모스크에서 몰려나오고 있다는 것이다. 젬빅은 두 집에 방어요원 몇 명씩을 남겨둔 채 소대를 이끌고 북쪽 모스크 방향으로 300미터를 전진했다.

긴 수색을 했지만 단지 AK소총 탄환 몇 발을 발견했을 뿐 별다른 이상이 없었다. 먼동이 틀 무렵 해병들은 두 집으로 되돌아 왔다. 아담하고 깨끗한 2층짜리 황갈색 시멘트 주택으로 경계벽이 있는 평평한 옥상과 2층 침실 바깥에 넓은 테라스를 갖고 있었다. 집이 약간 들앉아 있는데다 야자나무 몇 그루가 가리고 있어, 남플로리다 어느 곳에 와 있는 기분이 들게 하는 집이었다. 수색팀 약 절반이 젬빅 대위와 함께 시 동쪽으로 나 있는 포장도로변의 남쪽 모퉁이 집에 들었다. 와그너 중위는 나머지 병사들을 데리고 그 집과 도로를 사이에 두고 있는 북쪽 집에 들었다. 두 집의 서쪽 가장자리는 묘지 너머에 있는 중대 방어진지에서 훤히 보이는 곳이었고, 동쪽에는 미로처럼 얽힌 마당과 담장을 가진 집 수십 채가 블록에서 블록으로 연달아 서 있었다. 바깥에 보초를 세운 후 집 안에 든 해병들은 당일용으로 준비해 온 배낭을 뒤져 오렌지, 크레커, 잘라페노 치즈 등을 끄집어냈다. 주간 순찰이기 때문에 음식은 적게 물과 탄약은 많이 가져왔다. 탄약은 M16소총탄환을 각각 300발씩, 그리고 SAW(분대지원화기)용 탄환을 화기 당 1,400발씩 가져왔다.

그들이 잠깐 거실과 부엌에 앉아서 물을 마시고 빵을 우적우적 먹고 있는데 총탄이 세찬 바람에 내려치는 빗줄기처럼 바깥벽을 우두둑 쳤다. RPG로켓탄 십 수 빌이 날아와 선화선과 야자나무를 치고 땅에 떨어져 검은 연기를 한 무더기 피우며 잘게 찢는 소리를 내고 터졌다. 해병들은 나란히 있는 이웃집 대문과 마당으로부터, 그리고 동쪽으로 난 거리 저편으로부터 공격을 받고 있었다. 저항군들은 해병들이 들어 있는 집 두 채를 막강한 화력으로 마치 동력 원반 톱이 돌아가는 것 같은 소리를 내며 한꺼번에 공격했다. 탄창이 자동으로 물려서 발사되는 자동화기 수십 정도 있었다. 빗발치는 총탄이 두 집 정면 벽을 계속 강타하여 무수한 시멘트 조각들을 흩뿌리고 회색 먼지를 일으키며 껍질을 벗겨내고 있었다.

거리와 접경한 곳에서 보초를 서고 있던 해병 네 명은 벌렁 엎드려서 반격을 했다. 저항군들 중 아무도 그들을 향해 총을 쏘지는 않았다. 사격 목표가 보이지 않기 때문에 대충 발포위치로 생각되는 곳을 사정지역으로 하여 그냥 총탄을 퍼붓고 있었다. 제레미아 앤더슨 병장은 와그너 중위 일행이 들어 있는 집 바깥에 납작 엎드려 RPG로켓탄이 나무의 높은 가지에 맞아 터지고 있는 것을 주시했다. 동쪽으로 난 골목에서 섬광이 치솟는 것을 본 그는 그쪽에 대고 집중 사격을 했다.

처음 얼마 동안은 로켓탄이 마치 우박처럼 쏟아지는 것 같았다. 일부는 총탄처럼 일직선으로 날아왔고, 나머지는 가까운 거리에서 발사되어 박격포탄처럼 타원형을 그리며 날아왔다. 젬빅 일행이 들어 있는 남쪽 집에서 버나드 보이킨 일등병은 그가 지키고 있는 창문 옆 바깥벽에 로켓탄이 작열하는 소리를 6발까지 세었다. 북쪽 집에서 존 슬레이트 병장은 로켓탄이 벽에 맞아 터졌을 때 집 마루가 약간 전율하는 것 같은 느낌이 들었다. 적의 로켓탄은 시멘트벽을 뚫고 나갈 만한 파괴력은 없었지만, 사람의 살갗을 잡아 찢고 껍질을 벗길 수 있는 시멘트 부스러기 수천 개를 흩뿌렸다.

와그너 중위는 재빨리 이중 방어망을 구축했다. 그는 부엌에 SAW와 M203 사수를 배치하고, 옥상에 기관총팀과 저격병들을 올려 보냈다. 지금은 로켓탄이 바깥벽을 때리고 있었다. 창문을 노리고 직선으로 쏘기 때문이다. "넓적한 가구들로 창문을 막아!" 하고 와그너가 소리쳤다.

해병들은 테이블, 침상, 소파, 장롱 등을 가져와 총 쏠 수 있는 약간의 구멍들만 남기고 창문 앞에 쌓아 올렸다. 죤 니어리 하사가 그 총구멍을 내다보다가 우연히 한 남자가 15피트도 안 되는 저쪽 현관 옆 창문 곁에서 RPG를 장전하고 있는 것을 보았다. 그 남자의 얼굴이 니어리가 겨누고 있는 총 가늠쇠의 붉은 과녁 포인트에 가득 찼다. 방아쇠를 당겼을 때 그 남자의 얼굴이 파열되어 가늠쇠 속 시야가 핑크빛 안개로 가득 차는 바람에 니어리가 움찔했다.

해병들이 큰 실수를 한 게 있었다. 그들이 모스크를 대수롭지 않게 여기고 다른 곳에 정신을 쏟고 있는 동안 저항군 수백 명이 뒷골목을 통해 이웃집으로 몰려온 것이다. 연대 정보장교인 벨론 소령이 무선도청을 통해 저항군들이 버스와 트럭으로 이동하는 기동력 있는 증원군을 조직했다는 말을 들었다. 아침 9시 현재 시내 위를 떠다니고 있는 무인항공기가 연대본부로 보내오는 생생한 비디오 화면을 통해 택시와 픽업트럭들이 졸란지구로 가는 북서쪽으로 급히 몰려가고 있음을 알 수 있었다. 거기서 지금 격전이 벌어지고 있는 것이다.

남 캘리포니아 출신인 와그너는 중부 펜실베이니아에 사는 친척들을 방문하길 좋아 했다. 친척집 뒤뜰이 그가 좋아 하는 야구를 할 수 있을 만큼 넓었기 때문이다. 지금 그는 이웃집에 몰래 숨어든 저항군들로부터 해병들을 떼어 놓기에 충분한 1야드의 공간이 절실히 필요했다. 그들의 집과 하도 가까이 있어 한쪽 집 옥상에서 다른 집 옥상으로 훌쩍 뛰어 건널 수 있었다. 이웃집에 든 저항군들은 창문턱이나 옥상 경계벽 위에 총을 걸고 난폭하게 직사사격을 하고 있었다.

리차드 코치 상등병은 AK총탄이 바깥 현관 시멘트 계단에 맞아 튀고 있는 가운데 기관총 사수 네 명을 이끌고 바깥 계단을 통해 옥상으로 올라갔다. 그들은 저항군들이 점거하고 있는 집의 옆집 옥상으로 뛰어 건너가 경계벽에 난 작은 구멍에 기관총 총신을 걸었다. 바로 옆 옥상에서 총잡이 십 수 명이 그들을 향해 맹렬하게 사격을 해왔다. 코치는 그쪽을 향해 냅다 기관총을 갈겼다. 단말마의 날카로운 비명소리들이 들려왔다.

시가전에서는 시멘트벽 뒤에 머무는 것이 제일 안전하다. 저항군들은 총을 허리에 걸고 돌진해 와 마구 쏘고는 몸을 구부리고 달아나거나, 옥상 바닥에 구부리고 앉아 경계벽 위에 총을 걸고 정신없이 방아쇠를 당기거나 했다. 뜨거운 쇠붙이들이 이리저리 하도 많이 날아 다니기 때문에 조만간 누군가가 거기에 맞을 것 같았다. 와그너 일행이 들어 있는 집 옆집은 옥상이 약간 높아 거기에 있는 저항군들이 유리한 위치에서 이쪽을 내려다보며 수류탄을 던지고 있었다. 결국 한 개가 제대로 맞아 해병 네 명이 부상을 입었다. 제코리 핀카넌 병장이 어깨와 팔에 중상을 입어 코치가 부축하여 아래로 내려왔다. 나머지 세 명도 비틀거리며 계단을 내려와 안전한 부엌으로 들어갔다.

해병들 모두가 꼭 같이 노련하고 용감하게 싸우고 있는 것은 아니었다. 어떤 병사는 총을 제대로 다루지 못해, 와그너가 사격자세를 교정해 주고 탄약을 재장전해 주었다. 대부분은 '전투 동료'로 짝을 지어 서로 돕고 용기를 북돋아 주며 싸웠다. 일부는 아주 뛰어난 전사들이었다. 와그너 소대에서 단연 으뜸가는 전사는 칼로스 고메즈 페레즈 병장으로 그는 어떤 상황의 전투에서도 즉시 완벽한 대응 자세에 들어가는 아주 믿음직스러운 소화전 같은 사나이였다.

"내가 무얼 하면 좋겠습니까?" 포효하고 있는 전장의 소음보다도 더 큰 소리로 고메즈가 와그너에게 물었다.

"옥상에 올라가 수류탄 공격을 해! 그들이 우리들 위로 오지 못하게 해야 돼!" 하고 와그너가 소리쳤다.

고메즈 가족들은 1990년대 초 멕시코에서 이민 왔다. 그는 영어를 배우느라 애를 먹었다. 첫 이라크 근무를 끝내고 귀국한 후 꾸준히 영어공부를 하여 마침내 시민권을 따냈다. 캘리포니아 주 지사인 아놀드 슈와르제네거가 펜들턴 기지에서 근무 중인 그에게 시민증을 수여했다.

고메즈는 사격팀을 이끌고 바깥 계단을 통해 옥상으로 올라갔다. 그들은 모두 위험하다는 것을 알고 있었다. 옥상에는 총탄이 날카로운 소리를 내며 난무했다. 핑! 피웅! 하며 어떤 것은 낮고 어떤 것은 높은 소리를 냈다. 그들은 몸을 구부린 채 옥상 경계벽 안으로 질주해 들어가, 적이 던진 화염병으로 거기 있던 40밀리 수류탄 보탄대(保彈帶)에 붙은 불을 발길로 걷어차 껐다. 그리고 손상을 입은 240골프기관총, Mark40저격총과 PRC-119무전기를 계단 아래로 집어 던진 후 낮은 경계벽 뒤에 엎드려 이웃 집 옥상에 숨어 있는 저항군들에게 수류탄을 까서 세게 내던졌다.

아래쪽 거리에서 저항군들이 RPG로켓탄과 박격포를 타원형으로 쏘아 올렸다. 옥상에 엎드려 SAW를 쏘고 있는 네 사람을 무력화시켜 해병들이 든 두 집으로 접근할 수 있는 길모퉁이를 확보하기 위해서였다. 로켓탄 한 발이 마당에서 사격을 하고 있던 존 폴 플로레스 병장 옆에서 터져 엄청난 충격이 그를 덮쳤다. 그는 마치 샤워를 하고 있는 것처럼 온 몸이 축축해 오는 것 같았다. 비틀거리며 북쪽 집 안으로 들어가 부엌으로 가는 계단을 절뚝거리며 올라갔다.

"중위님, 내가 맞았습니다. 내가 당했습니다." 하고 플로레스가 와그너에게 말했다.

플로레스는 오른 팔과 다리에서 피를 흘리고 있었다. 위생병 벤자

민 리오타가 서둘러 상처를 살펴봤으나 플로레스 다리에 박혀 비어져 나와 있는 파편을 자기가 뽑을 수 없다는 결론을 내렸다.

"긁힌 상처군요. 자연치유가 되겠습니다." 하고 위생병이 말했다.

"지금 피를 흘리고 있잖아. 적어도 지혈은 시켜야 할 게 아니야." 플로레스가 말했다.

"플로레스, 이 정신 나간 녀석." SAW의 화력을 잃고 싶지 않은 절박한 심정으로 와그너가 말했다. "네 자리로 빨리 돌아가 누군가를 죽이란 말야."

플로레스는 절뚝거리며 실내 계단을 내려오다가 친구 주앙 산체스 병장을 만났다.

"야 새꺄, 넌 집에 갈 정도로 다친 게 아니야. 탄약을 아껴 써. 오랫동안 써야 하니까." 하고 산체스가 말했다.

"우라질 새끼." 플로레스는 절뚝거리는 걸음으로 바깥으로 나가며 친구에게 욕설을 퍼부었다.

바깥은 아수라장이었다. 동편 거리에서 날아오는 기관총탄이 우두둑 우두둑 담장과 벽을 치고, 로켓탄과 수류탄이 날아와 쾅쾅 터지고, AK총탄이 공중에서 날카로운 소리를 내고 있었다. SAW 사수들은 담장 구석에 엎드려 반격을 했다. 총탄이 머리 위로 쌩쌩 지나갔다. 적은 개별적인 과녁을 찾아내기 위해 시멘트 담장을 로켓탄과 기관총탄으로 조금씩 갉아내어 없애버릴 작정인 것 같았다. 플로레스는 잠깐 탄우가 주춤한 틈을 타 SAW에 200발들이 탄창을 갈아 끼웠다. 그가 과열된 총신을 잠깐 식히는 동안 젬빅 대위가 남쪽 집에서 나와 거리를 잽싸게 가로질러 북쪽 집으로 들어갔다.

"지켜낼 수 있겠어?" 젬빅이 와그너에게 물었다. "탱크와 81밀리 박격포를 불러야겠어."

졸란 묘지

"옥상이 확보되고 있는 한 괜찮습니다. 핀카논의 팔이 영 엉망입니다. 지금 그를 후송시켜야겠는데요." 하고 와그너가 말했다.

"여긴 부상자가 모두 몇 명이야?"

"6명, 8명, 모르겠습니다. 리오타 위생병이 대충 응급조치를 하여 싸우도록 내보내고 있습니다. 그러나 핀카논은 진짜 심하게 다쳤습니다."

"탱크와 박격포를 불러야겠어. 탱크가 와서 한 방 먹여야 돼. 이런 빌어먹을, 세상 모든 사람들이 나하고 이야기를 하고 싶어 하나, 무전기가 왜 이래. 중대에 연락해서 구급차를 보내라고 해야겠어."

젬빅은 앞문을 열고 기다렸다가 플로레스가 SAW의 긴 사격을 잠깐 멈추는 사이에 후닥닥 거리를 뛰어 건너 남쪽 집으로 들어갔다. 플로레스는 탄약을 더 가져오기 위해 북쪽 집으로 들어갔다. 즉시 적의 사격강도가 높아졌다.

"화력으로 계속 적을 눌러야 돼. 누가 빨리 밖으로 나가!" 와그너가 소리쳤다. "빈둥거리지 마라!"

토마스 애드매츠 병장이 SAW를 갖고 밖으로 뛰어 나갔다. 순간적으로 그는 왼쪽 손에 총신을 잡고 서투른 자세로 쏘기 시작했다. "이런 우라질 놈들아!" 그는 뻣뻣하게 서서 목청껏 소리지르며 거리 아래쪽을 향해 난폭하게 갈겨댔다. 눈을 희번덕거리며 마구 쏘아대는 용접공 타입의 그의 사격자세는 한 남자의 이미지를 완전히 광포해 보이게 만들었다. 집 안에 있는 해병들은 갈채를 보내며 와 하고 환성을 질렀다. 플로레스는 애드매츠 병장이 영화 〈풀 메탈 재킷(Full Metal Jacket)〉에 나오는 난폭한 기관총 사수 같았다고 말했다. 탄약이 바닥나자, 애드매츠는 집 안으로 뛰어 들어왔다. 크레이그 벨 병장이 술래잡기 하듯 그를 터치하여 밀치고는, 나는 그런 염병할 자세로는 총을 쏘지 않는다는 듯이 뒤뚝거리며 밖으로 나가 M203수류탄 척탄통으로 40밀리 포탄을 대여섯 발 터뜨리고는 뽐내는 걸음으로 천천히 집안으로 걸어 들어왔다.

적의 중화기는 좀 뜸해졌지만 소총사격은 아직도 잦아들지 않았다. 동쪽 졸란지구 중심가로 택시들이 저항군들을 계속 실어 날랐다. 마치 업무교대를 하러 가는 사람들 같았다. 젬빅은 버스 두 대가 이쪽으로 오고 있다는 무전보고를 받았다. 무인항공기가 그들을 추적한다고 했다. 졸란지구는 팔루자 방어의 핵심지역이며 가장 악랄한 테러리스트인 알 자르카위가 은거해 있는 곳이다. '휴전'은 저항세력들에게 몇 주간 그들 내부조직을 재정비할 기회를 준 것으로 판명되었다. 그들은 지금 훨씬 강화된 무력으로 공격해 오고 있었다. 그들의 시각에서 이것은 콘웨이 중장이 며칠 전에 단언한 마지막 공격의 시작일 수 있었다.

플로레스와 도로를 사이에 두고 함께 SAW 사격을 하며 엎드려 있던 조수아 힐 병장은 화물칸을 나무판자로 얼기설기 엮은 트럭 한 대가 동쪽 300미터 지점 교차로를 천천히 가로질러 가고 있는 것을 보았다. 적어도 20명이 화물칸 판자를 잡고 서 있는 것 같았다. 그는 화물칸을 조준하여 방아쇠를 당겼다. 탄환 십 수 발이 나무판자를 조각냈다. 트럭이 시야에서 사라질 때까지 계속 쏘았다. 힐은 그가 200발을 쏘았으며, 새 탄창을 끼고 15분간 총열을 식혀야 한다는 것을 알았다. 총 1천200발을 쏘았으나 아직도 저항군들의 사격빈도가 해병들의 그것보다 더 잦았다. 그는 두 다리 받침대 위에 붉게 달아 오른 총열을 옆으로 눕히고 세 번째이자 마지막 탄창을 끼웠다. 자극적인 역한 냄새가 나서 살펴보니, 뜨거운 총열이 지글지글 소리를 내며 받침대에 붙어 있는 플라스틱을 녹이고 있었다. 그는 대용으로 쓸 수 있는 버팀

대가 없나 하고 주위를 둘러보았다.

해병들이 있는 집 옥상으로부터 더 이상 사격이 없자 이웃집에 있던 저항군들이 앞으로 밀고 나왔다. 조그마한 은빛 수류탄 하나가 옥상으로 올라가는 바깥 계단에 튀어 창을 통해 부엌으로 굴러갔다.

"수류탄이다!"

해병 8명이 납작 엎드렸다. 파편이 라파엘 발렌치아 병장을 제외한 모두를 피해갔다. 발렌치아는 오른쪽 다리에 감각이 없음을 느꼈다.

"내가 당했어." 천천히 마루에 쓰러지며 그가 말했다.

리오타가 그를 엎어놓고 바지를 길게 찢어 젖혔다. 파편이 그랬을 것 같은 흉측하게 깊이 베인 상처가 종아리에 보였다. 피가 감당하기 어려울 정도로 콸콸 흘러나오지는 않았다. 리오타는 핀세트로 상처부위 여기저기를 쿡쿡 쑤셔보기가 싫어, 그 대신 터진 힘줄을 뽑아냈다.

"발렌치아 병장님, 움직이지 마십시오." 리오타는 가장 훌륭한 임상적인 태도로 말했다.

"최소한 지혈만 시켜줘." 발렌치아가 말했다. "내가 지금 나가야 되거든." 발렌치아는 '바깥 내 자리로 가야할 시간'이라고 생각했다.

리오타는 상처를 압박붕대로 감았다. 발렌치아는 와그너 중위가 한마디 하기 전에 절뚝거리며 층계를 내려가 자기 전투위치에 돌아갔다.

옆집의 저항군들은 해병들이 있는 집 북쪽 측면을 향해 세차게 사격을 해 왔다. 슬레이트 병장은 본능적으로 몸을 피하며 니어리 하사가 창밖으로 비스듬히 총구를 내밀고는 한 남자의 목을 향해 방아쇠를 딩기고 있는 것을 놀란 눈으로 지켜보았다. AK를 가진 다른 남자 하나가 껑충 뛰어 달아나는 것이 보였다. 북쪽 측면에 적의 압력이 좀 느슨해지자 리오타는 무전으로 남쪽 집에 도움을 요청했다. 그는 부상병 8명과 함께 있었다. 그 중 2명은 압박붕대로 지혈을 하고 있고, 3명은 빼내야할 파편을 그냥 박은 채로 있다. 그는 자신을 지도할 경험 있는 위생병이 필요했다.

길 건너 남쪽 집에서는 젬빅 대위가 저격팀과 함께 옥상에 있었다. 특수전략기동대 6-26에서 온 레리도 거기 있었다. 레리 같은 델타군 병사들은 비공식적으로 일손을 빌려주는 형태로 모든 소총중대에 흩어져 근무했다. 레리는 얼굴에서 작은 파편 몇 개를 뽑아낸 적이 있으며, 옥상에 있는 다른 해병 5명과 델타 병사들처럼 수류탄을 던지기 위해 저격용 총을 옆에 놓아두었다. 젬빅은 그들의 위치가 안정돼 있다고 생각했다. 그는 부상자를 적기에 치료하지 못해 희생자가 생길까 봐 염려했다. 이 벌집 같은 곳에 헬기가 와서 부상자들을 후송시킬 수도 없었다. 불러올 만한 장갑 앰뷸런스도 없었다.

전진항공관제관인 마이클 마르티노 대위—호출부호 오프라—는 코브라 헬기 2대가 오기를 기다리고 있었다. 대대는 박격포 지원에 난색을 표했다. 민간인들이 가득한 지역에서 적만 정확하게 골라내기가 어렵다는 이유였다. 젬빅은 탱크 2대를 보내달라고 무전으로 중대본부에 계속 소리를 쳤다. 중화기들이 질러대는 소음 때문에 그는 저쪽에서 말하는 소리를 알아들을 수 없어 큰소리로 이쪽 위치만 계속 알려줬다.

"레드 스리 앤 포, 여기는 워 해머. 나는 에잇 포 나인 나인 투 식스. 내 위치로 탱크를 언제 보낼 건가? 오버."

대대와 중대 사이의 PRC-148 주파수는 너무 많은 사람들이 젬빅에게 너무 많은 벙어리 질문을 해대는 바람에 혼선이 되어 있었다. 그래서 그는 148을 옆에다 밀쳐놓고 다른 휴대용무전기로 와그너 중위에게 이야기했다. 그가 탱크를 부르기 위해 148을 다시 집어 들었을 때 중대 선임부사관의 목소리가 들렸다.

"워 해머 식스," 스타일스 상사가 말했다. "오스카 마이크 험비 안에 있습니다. 3분 이내 도착 예정입니다." 스카일스가 비장갑 험비를 타고 3분 이내 도착한다는 것이다.

젬빅은 경계벽 구멍을 통해 거리 동정을 살폈다. 해군사관학교에서 소문난 레슬러였던 젬빅은 상대에게 집중하는 버릇이 있었다. 그러나 지금처럼 활발하게 적에 대해 주의를 집중해 본 적이 없었다. 그의 두뇌는 다음 움직임을 예상하며 소용돌이쳤다. 동쪽에 있는 저항군들의 기관총과 AK소총은 아직도 불을 뿜고 있었다. 젬빅은 초기 공격에서 적이 로켓탄 60발 이상을 쏘았고 그 후 다시 50발을 쏘았음을 계산했다. 지금은 로켓 공격이 뜸했다. '로켓탄이 동이 난 것'이라고 그는 생각했다. '사격훈련도 제대로 안 돼 있것다.' 그는 델타 위생병인 댄을 불렀다.

"뛸 준비를 해."

댄은 머리를 끄덕였다. 스물여덟 살인 댄은 에코중대에 와 있는 델타 병사들 가운데서는 제일 젊었다. 그는 또한 침착하고 착실했다. 충격증상 치료법을 아주 훌륭하게 배웠으며, 그보다 더 젊은 해군 위생병들에게 리더 대접을 받고 있었다. 두 사람은 총탄이 빗발치는 거리를 질주하여 건너편 집으로 들어가 와그너가 요새로 쓰고 있는 부엌으로 올라갔다.

"가장 심각한 부상자를 아래층으로 데려오게." 하고 젬빅이 말했다.

부상자가 들려 내려왔을 때 험비 한 대가 집 바깥에 찌익 하며 정차했다. 탄환이 그들의 뒤에 있는 벽을 강타하고 있었다. 스카일스에게 그것은 성난 벌떼 수백 마리가 주위에서 윙윙거리는 소리 같았다. 그는 부상자들을 어떻게 밖으로 옮겨 차에 실을 수 있을지 엄두가 나지 않았다. 빈 AK탄창 하나가 스카일스의 어깨를 치는 바람에 그는 9밀리 권총을 꺼내들고 가까운 지붕 위를 쳐다보았으나 아무도 보이지 않았다.

그때 막 코브라 헬기들이 상공에 나타나 옥상에 있는 적들에게 겁을 주려는 듯 미끄러지듯 앞뒤로 왔다 갔다 했다. 그들의 포격지점은 좀 떨어져 있는 동쪽이었다. 헬기에서 놋쇠 탄피들이 거리에 주르륵 주르륵 떨어지고 있었다. SAW 사수들이 거리 양쪽 사이드를 향해 다시 집중사격을 시작했다. 그들은, 여기서 다 죽기 전에 부상자들을 얼른 싣고 빠져나가라고 소리쳤다. 위생병들이 급히 부상자들을 데리고 나올 때 수류탄 하나가 험비의 보닛에 튀어 터졌으나 손상은 없었다.

발렌치아는, 험비가 적 RPG 사수들에게 들키기 전에 이곳을 무사히 빠져나갈 수 있을지 걱정하며 부상자 4명을 옮기는 걸 도왔다. 갑자기 적의 사격이 격화되자 그는 얼른 엎드리며 스카일스 상사에게 이 지옥 같은 곳을 빨리 벗어나라고 소리 질렀다. 스카일스와 함께 험비를 몰고 온 해병이 발렌치아에게 자기가 가져 온 M16탄약 한 통을 건넸을 때, 발렌치아는 '지금 이 사람이 무슨 짓을 하는 거지? 자기도 필요할 텐데?' 하는 생각을 했다. 발렌치아는 그 탄약을 받아서 적당한 곳에 던져 놓고는 사격을 다시 시작했다.

와그너 중위가 험비 옆에 몸을 구부리고 있는데 옥상에서 새로 중상자가 발생했다는 무전연락이 왔다. 위생병 리오타와 댄이 층계를 뛰어올라갔다. 와그너는 고개를 저었다.

"상사, 적의 사격이 너무 치열해! 이 험비가 산산조각 나겠는걸. 지금 빨리 떠나." 하고 그는 소리 질렀다.

부상자 네 명을 실은 임시변통의 앰뷸런스는 방향을 틀어 이 큰 소용돌이를 빠져나갔다. 와그너가 집 안으로 막 들어섰을 때, 위생병 리오타와 댄이 옥상에서 다른 부상자를 옮겨왔다. 그들 뒤 바깥 계단에서 고메즈가 적 사격을 제압하러 옥상으로 올라가기 위해 M16에 탄약을 장전하고 있었다.

"옥상청소입니다. 어떤 녀석도 살려두지 않을 겁니다."

고메즈는 니오타와 댄이 부상자 아아론 콜 오스틴 병장을 돌보는 걸 잠깐 보며 침통해 했다. 어깨에 맞은 탄환이 심장 위 가슴을 뚫고 나갔다. 심각한 부상이었다.

"내 약혼녀에게 전해 줘, 내가 몹시 사랑했다고." 오스틴이 중얼거렸다.

"어이, 그녀에게 사랑한다고 네가 말해, 넌 살아서 돌아갈 거야." 호세 크루즈 병장이 말했다.

고메즈가 옥상으로 올라가려다 갑자기 얼굴에 상처를 입고 피를 뚝뚝 흘리며 계단에 주저앉아, "아까 처치했어야 하는 건데." 하며 중얼거렸다. 그를 스쳐지나 올라가던 리오타가 피범벅이 된 계단에 미끄러져 넘어졌다. 그가 더 가까이서 고메즈를 보았다. 그의 오른쪽 어깨에 펩시콜라 깡통만한 구멍이 나 있고 그 위쪽이 달아나버렸다. 중기관총 탄환이 보통체격 남자의 팔 하나를 떼어낼 정도로 큰 구멍을 만들어 놓은 것이다. 와그너가 놀란 얼굴로 그를 쳐다보았다.

"미안합니다. 중위님." 고메즈는 전투에 참여하지 못하는 것을 미안해하며 말했다.

"이런 고집쟁이가 봤나, 고메즈." 하고 와그너가 말했다.

리오다는 고메즈의 상처를 붕대로 감은 후 오스틴에게로 돌아갔다. 오스틴은 발로 자기 소총을 더듬고 있었다.

"되돌아갈 거야. 총을 줘." 오스틴이 중얼거렸다.

와그너는 리오타가 중상자의 성화를 억제시키는 걸 거들었다. 쇼크를 일으켜 모르핀을 맞고 몽롱한 가운데 오스틴이 와그너 중위의 얼굴을 약하게 쳤다.

"좋아, 좋아, 오스틴." 와그너가 그를 돌아 눕히며 말했다. "좋아, 넌 네가 할 일을 한 거야."

―――

도로 건너편 남쪽 집에서는 젬빅 대위가 옥상에 엎드린 채 다른 부상자들을 어떻게 후송시켜야 할지 궁리하고 있었다. 그는 아래 옆 골목에 어떤 움직임이 있는 것을 언뜻 내려다보다가 한 남자가 그를 향해 AK소총을 겨누고 있는 것이 보였다. 후닥닥 뒤로 피했다. 탄환 몇 발이 그의 다리 사이 시멘트 바닥에 먼지를 일으키며 튀었다. 그는 축구를 하다가 걷어차인 것 같이 느끼며 뒤로 넘어졌다. 그의 방탄조끼에 궁륭 모양으로 붙인 세라믹 보호대가 탄환에 맞아 찢어져, 축 처진 기저귀 같아 보였다. 젬빅은 그날 아침 방탄조끼를 입으면서 약간 하찮다 싶은 생각을 했다. 바로 자신의 미래 안전을 보장하는 순간에 그런 생각을 한 것이다. 그는 그 남자가 보였던 골목에 수류탄을 던지고는 아직도 도착하지 않고 있는 탱크 쪽에 주의를 돌렸다. 젬빅은 부상 상태가 심한 병사들을 집 안으로 데려가게 했다.

뒷마당을 경계하던 죠수아 마가나 병장이 총을 맞아 누네즈 병장과 윌리 그레샴 하사가 끌고 들어왔다. 에버렛 와트 위생병이 마가나의 팬티를 벗겼다. 그의 궁둥이를 친 탄환이 골반을 뚫고 나갔다.

"아야, 아야." 와트가 마가나의 몸을 옆으로 돌리자 비명을 질렀다. "내 팔에 감각이 없어졌어."

"그쪽으로 누워있었기 때문이야." 하고 와트가 말했다.

그러나 와트는 그런 상태를 별로 좋아하지 않았다. 누르스름한 창자가 복부 상처로부터 비어져 나와 있었다. 와트는 조심스럽게 창자를 안으로 밀어 넣고는 에이스 붕대(탈구용으로 쓰는 신축성 있는 붕대. 상표명)로 감았다. 마가나는 십자가를 꼭 부여잡고 아내와 딸 사진을 뚫어져라 들여다보았다. 잠시 후 그는 사진 보는 것을 멈추고 멍한 표정으로 조용하게 누워 있었다. 남쪽 집에서는 그레샴이 전혀 생각지도 않았던 험비가 와 있는 것을 보고, 마가나의 겨드랑이를 잡고 뒷문으로 막 나서는데 박격포탄 한 발이 마당에서 터졌다.

"지금 어디로 가고 있습니까, 하사님. 집에 가고 싶습니다." 마가나가 말했다.

"이 길이 아니야. 지금 가서는 안 돼. 안에 머물러 있어. 넌 다음에 타고 갈 거야." 하고 그레샴이 말했다.

그는 마가나를 부엌 바닥에 내렸다.

"이 편지를 가지고 계십시오." 마가나는 아내한테서 온 편지를 꺼냈다.

"네가 집으로 가져 가."

옥상에서 젬비크는 탱크 주포의 쾅! 하는 격렬한 발포소리를 들었다. 대형 쇠망치로 맨홀 뚜껑을 치는 것 같은 소리였다. 모스크 첨탑이 부서져 시멘트 조각들이 사방으로 확 튀는 것이 보였다. '때가 왔다.'고 그는 생각했다. 탱크병들이 젬빅에게 무전으로 서쪽 학교건물에서 그곳에 도착하는 데 2분 정도 걸릴 거라며 안심하라고 했다. 그들은 빗발치듯 쏟아지는 RPG로켓탄으로 인해 후위를 공격받을까봐 염려되어 한때 물러섰다가 지금은 학교에서이부터 탱크를 엄호해주는 1개 소총소대와 함께 전진하고 있었다.

젬빅은 무전기로 와그너와 의논했다. "우린 지금 부상자들을 후송시킬 준비를 하고 있어, 벤. 탱크들이 이곳에 도착하면, 도보로 전진해도 될 거야. 내가 건너갈게."

다시 젬빅은 탄환이 쏟아지고 있는 거리를 재빨리 건너 북쪽 집으로 들어갔다. 2층 큰 방에서 산체스가 오스틴에게 심폐기능소생 처치를 하고 있었다. 댄과 리오타는 그가 숨을 쉽게 쉬도록 기관절개 수술을 했다.

젬빅은 문 한 짝을 떼어 놓으며, "그를 여기에 옮겨."하고 말했다.

보행 가능한 부상자들이 먼저 밖으로 나오고, 오스틴을 눕힌 문짝을 든 와그너와 병사 세 명이 뒤를 따랐다. 오스틴은 셔츠가 벗겨진 채 누워 목쉰 숨소리를 내고 있었다. 층계를 내려오다가 그를 든 병사들이 층계에 고인 피에 미끄러졌다. 리오타가 오스틴을 붙잡아 가슴에 꼭 껴안고 거리를 가로질러 남쪽 집 뒤쪽으로 비틀거리며 걸었다. 리오타의 발이 전선에 걸려 넘어졌다. 섬광이 번쩍했다. 리오타는 폭발 충격을 완화시키기 위해 오스틴의 상체를 굽혔다. 아무 일도 일어나지 않았다. '하느님 감사합니다. 고강도 신호탄이었을 뿐이야.' 하고 그는 생각했다.

그때 여러 사람들이 그들 둘을 일으켜 남쪽 집 안으로 얼른 데려갔다. 크리스 행킨스 병장이 후미 경계를 하며 맨 뒤에 거리를 건넜다. 그는 그날 아침 탄약 23통을 쏘았다. 이제 두 통밖에 남지 않았다. 그들은 탱크가 거리 모퉁이를 지나오는 소리를 들었다. 젬빅은 옥상으로 도로 뛰어 올라가 PRC-148무전기를 잡았다.

"여기는 레드 포, 우리 앞쪽 거리로 와서 동쪽을 향해 발사하라. 우리는 부상자들을 학교교사로 옮기고 있다."

옥상에서 젬빅 옆에 있던 루카스 세일스타드 병장은 해머가 오른팔을 친 것 같은 느낌이 들었다. 현기증으로 비틀거리며 층계를 내려가 큰 방으로 들어갔다. 거기서 보이킨 일등병이 창문 바깥으로 사격을 하고 있었다.

"이런, 젠장." 세일스타드가 말했다.

"뭐가 이런 젠장이야?" 보이킨이 말했다.

세일스타드는 오른쪽 이두근에서 빼낸 탄환을 턱으로 가리켰다. "침착하군." 하고 보이킨이 말했다.

쇼크에다 오른쪽 다리 골절상으로 그는 앉아서 장갑을 벗겨냈다. 피와 살점 조각들이 마루에 떨어졌다.

"이게 뭐야?" 세일스타드가 말했다.

"어이, 자네 엉망이군." 하고 보이킨이 말했다.

젬빅은 주위를 둘러보았다. 그레샴 하사는 3소대가 엄호사격을 하고 있는 학교 교사까지 서쪽으로 300미터를 전진하기 위해 해병 35명을 소집했다. 젬빅이 망설이더니 북쪽 집으로 뛰어가 계단을 통해 혼자서 텅 빈 부엌으로 들어갔다.

"여기 누구 없어? 해병? 여기에 남은 해병 없어?"

그는 혹시나 하는 염려가 엉뚱해 보이리라는 것을 알고 있었지만, 확실히 해 두고 싶었다. 피를 뒤집어 쓴 유령이 서서 외칠 것 같은 텅 빈 집이었다. 바깥에는 헤머로 맨홀 뚜껑 치는 것 같은 탱크 주포 발사 소리와 사이사이 AK, M16, 50구경 기관총 소리가 진동하고 있었다.

피바다에 미끄러지지 않게 조심스럽게 층계를 내려와 재빨리 거리를 건너 남쪽 집으로 들어갔다. 그레샴이 모든 병사들을 뒷문 밖으로 불러내 담장으로 둘러쳐진 마당에서 팀을 만들고 있었다. 젬빅은 마지막으로 둘리보기 위해 남쪽 집 옥상으로 올라갔다. 델타 소속 병사인 돈과 레리가 목표물을 찾아서 각 건물옥상들을 망원경으로 살피고 있었다. 그들 아래서 탱크 한 대가 주포를 발사하고, 몇 초 지나 다른 탱크가 그 뒤를 이었다.

"총소리가 점점 조용해집니다. 우린 여기 머물 수 있습니다." 하고 돈이 말했다.

젬빅은 돈이 상사라는 걸 알고 있었다. 그의 단호한 목소리는 거의 도전적이었다. 목에 피를 흘리고 있는 레리는 고개를 끄덕이며 동의를 표시했다. 그들은 싸움을 계속하고 싶어 했다.

"중상자가 두 명 있다. 우리는 이 바보 같은 놈들과 한 달 동안 싸워 오고 있어. 그들은 내일도 이곳에 있을 거야. 자 나하고 같이 가자고." 젬빅이 말했다.

"내 열기압탄을 한 번 쏘게 해 주십시오." 돈이 말했다.

델타 중대는 해병들의 선망의 대상인 열기압탄이라 불리는 신형 수류탄 몇 개와 한 방으로 끝내버릴 수 있는 로켓탄들을 가져왔다. 열기압탄이란 제한된 공간에 과압력을 주어 엄청난 파괴력을 가져오는 폭발물을 말한다.

"좋아, 그렇다면 우리가 거들어줄게."

젬빅과 레리가 제압사격을 하고 돈은 무릎을 꿇고 한 블록 저쪽의 다루기 힘들었던 집 창문을 겨누어 로켓탄을 발사했다. 쿵! 하는 둔탁한 소리와 함께 그 건물 한쪽 모서리가 무너져 내렸다. 만족한 세 사람은 아래층으로 뛰어내려 왔다. 마당에서는 그레샴이 병사들을 두 사람씩 짝을 지어 열을 세워 놓았다. 아무도 혼자서는 행동할 수 없게 했다. 모든 병사들이 전투 동료를 갖게 된 것이다. 중상자들이 맨 먼저 옮겨졌고 걸을 수 있는 부상자들이 그 뒤를 따랐다, 마가나는 쇠 문짝 위에 누워 있고 각 모서리를 한 사람씩 맡아 들었다.

"어이, 넌 저쪽을 엄호해야 돼." 마가나는 모르핀 투여로 인한 몽롱한 기분으로 주위 사람들에게 알 수 없는 몸짓을 해가며 지시조로 말했다.

"친구, 넌 이미 호위를 받고 있으니까 걱정하질 말더라고."

  3소대가 젬빅군을 지원하기 위해 전진하겠다고 했다. 젬빅은, 통제력이 상실돼 우군끼리 서로 밀고 밀리는 오인충돌 사태가 일어날 것이 걱정되어 기지에 그냥 머물라고 말했다. 3소대가 있는 학교까지는 겨우 300미터 떨어져 있었으며 학교건물이 육안으로 보였다. 서로 놓쳐버리거나 이탈하거나 하는 일이 생길 수 없는 거리였다.

  탱크 2대가 교차점에 버티고 서서 도로 양면을 향해 맹렬하게 포격을 가하고 있는 사이 부상자들을 뒷마당 밖으로 다 옮겼다. 여러 건물 옥상에 있던 저항군들이 사태추이를 눈치 채고는 사격 강도를 높이기 시작했다. 탱크의 시각 바깥에 있는 일부 저항군들은 뒷골목을 뛰어다니면서 철수하는 해병들에게 허리 총 자세로 사격을 가하곤 했다. 부상자들 뒤에 후위방어를 담당한 숙련된 해병들이 두 사람씩 짝을 지어 따랐다. 슬레이트 병장은 가능한 적의 눈에 띄지 않게 하느라고 모퉁이를 돌아가면서 머리를 숙이고 전 속력으로 내달았다. 블록 절반을 달려온 후 그는 주위를 돌아보며 그의 짝을 찾았다. 아무도 없었다. 뒤를 돌아보니 에이브람스 탱크의 긴 포신이 눈에 들어왔다. 탱크 지휘관이 포탑에 똑 바로 서서 다급하게 두 팔을 흔들며 슬레이트더러 뒤로 물러나라는 몸짓을 하고 있었다. 그가 전혀 엉뚱한 길인 시 중심부를 향해 뛰어온 것이다. 슬레이트는 재빨리 뒤쪽으로 달려갔다.

  처음 200미터를 전진하는 동안 와그너 중위가 오스틴을 돌봤다. 오스틴을 팔로 부축하여 시궁창을 건너야 할 때도 있었다. 두 사람 모두 피와 땀으로 범벅이 돼 있었다. 오스틴은 와그너 품에서 빠져나오려고 애를 썼다. 와그너는 그가 그렇게 하는 것을 좋은 징조로 받아들였다. 와그너가 기진맥진해지자, 제이슨 레텐버그 병장이 대신했다. 그러나 오스틴 병장은 결국 부상을 이기지 못하고 죽었다.

조수아 카펜터 상등병은 건물 옥상에서 젬빅 대위 옆에서 싸우다 두 눈에 파편을 맞았다. 위생병 와트가 카펜터 눈에 붕대를 감았다. 와트는 두 사람의 배낭을 어깨에 짊어진 채 카펜터를 팔로 껴안고 뛰어 갔다. 탄환이 날카로운 소리를 내며 주위에 떨어지고 있었고, 하늘을 떠다니는 무장헬기에서 떨어진 탄피가 헬멧을 쳤다. 시간은 정오를 지나고 있었다. 그들이 3시간 동안 생사를 건 고투를 하고 있었던 것이다. 와트는 그 과정을 어떻게 버텨냈는지 도무지 믿어지지 않았다. 배낭 두 개를 짊어진 채 카펜터 일등병을 데리고 학교에 도착하기까지 그는 일생 중 가장 긴 뜀박질을 한 것 같았다. 최종 목적지를 저 앞에 두고 숨이 목에 차고 다리가 후들후들 떨려 속력을 줄일 수밖에 없었다.

눈은 보이지 않지만 맨몸인 카펜터가 오히려 와트를 끌고 가는 모양새가 되었다. "위생병, 왜 우리 속도가 느려지고 있지? 힘을 내, 친구야. 탄환이 마구 날아오고 있잖아."

보이킨과 리오타는 절뚝거리고 있는 세일스타드를 부축하고 있었다. 피가 그의 오른쪽 입가에서 흘러내렸다. 오른팔이 그냥 제 맘대로 흔들리고 있고, 피범벅이 된 오른쪽 다리도 골절되어 뒤뚱거렸다. 탄환이 주위에서 핑핑 소리를 냈다. 그들은 거의 목적지에 도착하고 있었다.

"빌어먹을 놈, 네가 나를 총 맞아 죽게 만들 작정이야? 더 힘을 내." 세일스타드를 분발시키기 위한 보이킨의 말이다. 세일스타드는 친구에게 악담으로 대답했다.

젬빅, 돈 그리고 레리는 제일 후미에 붙어 있었다. 델타중대 상사인 돈이 가장 뒤에 그 집을 떠났다.

졸란지구의 격렬했던 전투는 4월 26일 정오가 지나자 곧 잠잠해졌다. 해병 39명 가운데 17명이 부상을 입었다. 에코 중대원들은 핀카논 병장에 관해 심심찮게 전해져 오는 이야기를 듣길 좋아했다. 왼팔에 심각한 부상을 입은 핀카논 병장이 비행기로 독일로 후송되고 있을 때 마침 같은 비행기에 탄 도널드 럼스펠드 국방장관이 옆으로 지나가자, "돈!" 하고 애칭으로 그를 불러 세웠다. "에코중대에 대해 무슨 소식 못 들었어요?"

―――

몰래 다가와 공격을 퍼붓는 저항군들에게 심하게 혼이 나면서도 해병들은 서로를 감쌌다. 뒷날, 그때 그들이 느끼던 공포를 이야기하며 서로들 재미있어 했다. 그들 눈에 선하게 떠오른 사람은 칼로스 고메즈 페레스 병장이다. 그는 강인하고 극기적이며 결단력이 있고 남을 보살필 줄 아는, 해병이 갖추어야 할 모든 이미지를 갖춘 남자였다. 에코중대는 학교 운동장에서 오스틴 상등병의 영결식을 거행했다. 그를 기려 그의 출신 주인 텍사스의 채색 깃발에 물감으로 서명하고 "텍사스는 길이 빛나리."라는 글을 써넣었다.

다음 며칠간 젬빅은 오스틴의 시신을 옮겨갈 방법을 궁리하면서 그 전투를 회상하곤 했다. 그는 마음속으로 기도했다. 그 자신의 안녕이나 또는 복권에 당첨되게 해 달라는 식의 그런 기도가 아니라 순전히 부하들의 무사를 비는 기도였다.

어느 날 오후 중대가 머물고 있는 아파트 건물 3층에서 미사가 열렸다. 사단 시노신부인 디바인 신부가 간단한 설교를 했다.

"나는 언젠가 강변 순찰에 나선 한 수색팀을 따라 간 적이 있습니다. 우리는 한 작은 배를 수색했습니다. 배에는 어부 두 명이 있었는데 우리에게 화를 내는 대신 그들이 잡은 물고기 한 마리를 주겠다고 했습니다. 어부들은 두려워서 우리한테 화를 내지 않았던 것입니다. 그들은 선량하고 단순한 사람들이었습니다. 이라크인 모두가 우리를 싫어하는 것은 아닙니다."

미사가 끝나기 전에 옥상에서 50구경 저격용 기관총의 요란한 발사 소리가 들렸다.

———

에코중대에게 4월 26일은 17일로 연장한 일방적인 휴전기간 중 가장 특별한 날이었다. 저항군들은 매번 싸움을 걸어올 때마다 100여 명의 희생자를 냈는데 그날도 역시 그 정도 피해를 입었다. 그들은 해병대를 궤멸시키겠다는 기세로 막강한 인력을 투입했다. 해병대에 대한 그들의 소모전은 전선을 고정시켜 그들에게는 이상적인 전장을 만들어 주었다. 이번 졸란지구 전투는 전선을 따라 언제라도 일어날 수 있는 종류의 접전이었다.

"폭도들이 알고 있는 거라곤 폭력뿐이야. 그들을 계속 공격할 필요가 있어." 하고 젬빅은 말했다.

20

악마와 타협하다

콘웨이 중장은 4월 26일 젬빅 대위의 전투상황을 보고받았다. 해병 1명 전사, 17명 부상, 부상자 중에서도 사망자가 또 나올 공산이 있었다. 그날 오후 콘웨이는 라티프의 제의대로 팔루자를 전직 이라크 장군들에게 넘기기로 결정했다. 해병들이 철수하고 라티프와 무장 이라크인 4~5백 명— 일부는 전직 군인들이고 일부는 저항군들이며 나머지는 이들 두 세력의 혼합체다— 이 팔루자 치안을 떠맡게 된다.

"우리 해병들을 초병선(哨兵線)에 두고 싶지 않았습니다. 맨 처음 아비자이드 장군한테 지원을 요청했지요. 산체스 장군이 내 계획을 방해하려들까 봐 염려했기 때문입니다. 물론 그런 일은 일어나지 않았습니다. 논쟁 대신 대안을 모색하고 있던 그들 모두로부터 동의를 받아냈지요." 콘웨이 말이다.

그는 라티프와 부책임자인 살레 소장에게, 해병대는 시 외곽에 머물 것이며 팔루자 여단에 자금과 무기를 지원하겠다고 말했다. 그 대신 여단은 실질적인 휴전을 보장해야 한다고 덧붙였다. "가까운 시일 안에 첫 수송대가 팔루자로 들어갈 것입니다. 살레 장군은 우리 수송대의 안전을 보장해 줄 것으로 믿습니다. 그가 안전을 책임지지 못한다면 우리는 적당한 다른 사람을 찾아야 할 것입니다." 하고 콘웨이는 말했다.

매티스 제1해병사단장과 휘하 연대장 및 대대장들은, 이라크 장군들 지휘하에 이라크인들이 전선에 있는 해병대를 대체할 것이라는 통보를 은밀히 받았다. 해병대원정군 사령부는, 수니파 공동체를 활성화시키고, 전직 바트당원들에게 권력을 주고, 그리고 이라크 국군양성의 기반을 제공해 줌으로서 '전술적 교착상태로부터 전략적 승리'를 얻어내고 싶었다.

제1해병사단의 반응은 부정적이었다. 그들은 '우리가 싸우고 있는 적과 꼭 같은 패거리들에게 방위수단을 넘겨주고 있다'며 그 합의를 '악마와의 타협'이라고 비난했다. 다른 사람들도 그렇지만 특히 쉐이크 자나비가 그 합의에 찬성한 것은 저항세력들이 지금 곤경에 빠져 있음을 의미했다. 해병들이 무기한으로 시 외곽에 머물기로 합의함으로써 저항세력들이 시내를 장악하게 된 것이다.

툴란 대령의 정보장교인 벨론 소령은, 이번 일을 어떻게 생각하느냐는 질문에, "우리는 지금 무자헤딘에게 무대를 임대해 주고 있습니다. 그들은 팔루자를 우리에 대한 공격기지로 활용할 것입니다." 하고 말했다.

제1해병사단은 그러나 냉철하게 자제하기로 했다. 해병대원정군 사령부는 해병사단의 의견을 들으려 하지 않고 통보만 했다. 결정은 이미 기정사실화됐고, 그것으로 모든 게 끝난 것이다. 사단 수준에서 어찌해 볼 문제가 아니었다. 라티프는 일련의 회담에서, 공식발표를 하기 전에 자세한 계획을 세우기로 합의했다.

한편 전투는 계속됐다. 4월 27일 밤 저항세력들이 젬빅중대를 공격했다. 해병들은 AC-130건십과 탱크와 기관총으로 대응했다. 건물 옥상에서 한 오스트레일리아 카메라맨이 붉은 화염을 일으키며 폭탄이 터지고 오렌지색 궤적을 그리며 포탄이 난무하는 전투장면을 한 시간 동안 바그다드에 생중계했다. 한 수니파 성직자가 알 자지라 방송에 나와 "그들은 아이들을 죽이고 있습니다! 모든 것을 파괴하려 듭니다!"하며 절규했다. 이에 질세라 이라크 과도통치위원회 의장은 미군이 '해방군'에서 '점령군'으로 변했다며 모든 책임을 미군에게 돌렸다.

다음날 합동기동군 대변인 키미트 준장은 시 지도자들이 약속을 '이행하지 않았다'고 비난하며 지난 24시간 동안 발생한 휴전위반 사례 11건을 열거했다. 팔루자 외곽에서 툴란 대령이 퀸스지구 서쪽지역으로 달려갔다. 그곳에서 카이서 중령의 2/2대대가 박격포와 기관총으로 완강하게 버티고 있는 저항세력들을 몰아붙이고 있었다. 방어선을 공고히 하기 위해 매티스 소장은 '휴전' 중임에도 카이서 중령에게 정식으로 공격을 허락하면서 2/2대대를 북쪽으로 전진시켜 오른쪽 측면에서 1/5대대의 공격선과 연결하도록 했다. 2/2대대는 하루 전에 7명이 부상을 입는 전투를 벌였다. 소규모 저항세력 패거리들이 택시와 낡은 승용차를 타고 몰려와 몇백 미터 밖에서 빈집들을 들락거리며 총을 난사하다가 달아나곤 했다. 해병들은 적이 몰려올 때마다 잡석과 깨진 벽돌조각들이 널려있는 거리를 돌진하여 모래주머니와 쌍안경, 기관총용 두 다리 받침대, 포탄 탄피와 피 묻은 붕대 등을 찾아내곤 했다. 총탄은 날카로운 소리를 내며 여전히 머리 위로 날아다녔다.

"놈들은 우리 앞쪽으로 600미터쯤 떨어진 저 집에 있습니다." 카이서 중령이 손을 들어 가리키며 말했다.

"그들이 확실히 거기 있다면, 제거해 버리게." 툴란이 말했다.

"매번 그렇게 해도 됩니까?" 카이서는 '휴전' 이 맘에 걸려 물었다.

"자네들이 공격을 받는다면 자네들은 전투에 들어가도 되는 것이네. 없애버리게." 하고 툴란이 말했다.

툴란과 카이서는 옥상에 서 있었고, 전진항공관제관인 닐 센더스 대위가 휴대용 무전기를 입가에 가져갔다.

"'99 항공대, 여기는 스와미. 팔루자 남서쪽 해병대 요청이다. 내 말 들을 수 있는 항공기 있나?"

항공기들을 지휘하고 컨트롤하는 공군 아왁스(AWACS) 한 대가 시 남쪽에서 공중대기경로에 있는 2대의 F16기 주파수인 부드(Bud) 2-1을 스와미에게 연결해 주었다.

"부드 투 원, 여기는 스와미. 목표는 에잇 식스 원 투 에잇 나인 지로 포. 우군은 에잇 식스 지로 스리, 에잇 에잇 포 스리로 전진한다. 당신들과 계속 이야기하겠다."

스와미와 부드 2-1이 5미터의 사상(寫像)으로 된 꼭 같은 1:8,000 축적의 사진지도를 보고 있다. 이 지도에는 시내 2만 4천 채 이상의 건물 하나하나가 모두 나타나 있다.

"부드 투 원, 돈나 엔 헨리(Donna and Henry) 모스크로부터 남쪽으로 3블록 내려가면 공터가 있다. 확인됐나? 좋아. 거기서 한 블록 서쪽이다. 남향으로 앉아있는 끝집이 보이지? 맨 위층에 창문이 몇 갠가?"

"스와미, 두 개다. 아치가 있고."

스와미(센더스 대위)는 카이서 중령과 툴란 대령을 돌아 봤다. "저들에게 동쪽에서 서쪽 방향으로 20밀리 기관총을 쏘도록 하겠습니다. 그리곤 유도폭탄으로 때리는 겁니다."

카이서가 고개를 끄덕였다. 몇 분 후 20밀리 기관총탄이 그 집의 남쪽 벽을 따라 먼지를 일으켰다.

"부드 투 원, 아주 정확해."

해병들이 은폐물 아래 머물러 있는 동안 500파운드 유도폭탄이 목표물의 지붕을 날리고 벽을 무너뜨렸다. 툴란은 그의 연대본부로 돌아갔다. 2/2대대는 착실하게 전진해 갔다.

콘웨이 장군이 팔루자 여단창설을 승인한 후 48시간 동안 공군, 해군, 해병대 소속 항공기들이 2/2대대 전방에 레이저 유도폭탄 30여 개를 떨어뜨려 저항세력 저격병들이 기관총 사격을 하고 있는 집 10채를 폭파했다. 그 지역에 민간인들은 보이지 않았다. 카이서는 저항군들의 주 전선에 압박을 강화했다.

―

4월 29일이 지나면서 바그다드의 이라크인들 사이에서는 바트당 당원들 또는 전직 장군들이 권좌에 다시 복귀한다는 소문이 파다하게 퍼졌다. 2/1대대에서 특파원으로 활동하고 있는 로스앤젤레스 타임스의 토니 페리 기자는 팔루자 교섭센터에서 누가 누구와 만나는지를 알아보기로 했다. 이라크 보안군 술레이만 중령이 자바르 중령과 함께 교섭센터로 달려왔다. 그것은 통상적인 일이었다. 페리 기자가 또 하루를 낭비했다고 생각한 바로 그 순간 살레 소장이 계급견장이 달린 사담 후세인 시대의 초록색 유니폼을 입고 붉은 베레모를 쓰고 큰 걸음으로 좁은 안마당으로 들어섰다. 낡은 청색 셔츠에 넥타이를 맨 라티프가 살레 뒤를 따랐다. 그들은 술레이만이 도열시켜 놓은 상기된 보안군 병사들에게 반갑게 미소를 지어보였다. 병사들은 한발을 껑충 뛰면서 '장군들'에게 경례를 붙이고 웃으면서 무어라고 중얼거렸다.

살레는 술레이만을 아는 체도 않고 회의실로 사라졌다. 콘웨이 중장과 매티스 소장이 몇 분 후 도착하여 역시 회의실로 들어갔다. 화가 나 얼굴이 붉어진 술레이만은 영어로 "이건 치욕이야, 치욕" 하며 거침없이 내뱉기 시작했다. 툴란이 급히 술레이만과 자바르를 데리고 옆방으로 들어갔다.

페리 기자는 벽에 기대서서 노트에 메모하기 시작했다. 툴란이 옆으로 걸어오자 그는 고개를 갸웃거리면서 '외국 특파원의 별난 삶'을 쓰고 있다고 말했다. 앞서 벌어진 상황과는 아무 상관이 없는 글이라는 뜻이었다.

문을 닫은 후 툴란은 통역을 맡고 있는 카와시미 하사와 함께 술레이만의 흥분을 가라앉히려고 무진 애를 썼다. "당신들은 나와 자바르를 망신시켰습니다. 이 도시에서 내 목표는 당신들과 같았습니다. 처음 당신들은 하팀을 내 위에 앉히더니 결국 이렇게 됐습니다. 당신들은 하팀을 모릅니다. 물론 나도 그를 모릅니다. 그러나 살레는 내가 잘 압니다. 그는 당신들 적입니다." 술레이만이 말했다.

"당신의 부하들은 탈영해버렸습니다." 툴란이 말했다.

"그것이 적을 불러들일 이유가 되지 않습니다. 이 새 여단을 당신들의 병사들처럼 시 외곽에 머물게 하십시오. 우리 부대와 경찰을 시내에 두어야 합니다. 만약 그들이 시내에 들어오게 되면 당신들은 끝장입니다." 술레이만이 말했다.

"우리는 당신들을 계속 지원할 것입니다." 툴란이 다짐했다.

"당신들은 이제 곤경에 빠지게 됐습니다." 술레이만은 뒤따르고 있는 자바르와 함께 문 밖으로 나가면서 말했다.

툴란은 그 내막을 알고 있었다. 한 달 전만해도 해병대 계획은 이라크 보안군과 함께 시내의 블록 하나하나를 수색하여 시 전체를 장악하는 쪽이었다. 그 계획은 술레이만의 누더기가 돼버린 자존심과 함께 사라져버렸다. 주사위는 던져졌다. 해병대원정군 사령부가 라티프, 하팀 및 살레가 이끄는 새로운 팀과 친구가 된 것이다.

몇 시간 후 그 중요한 회의는 결렬됐다. 페리 기자는 회의장을 나오고 있는 살레에게 곧장 달려갔다. "귀하는 장군이군요? 이름이 어떻게 됩니까?" 페리가 물었다.

"예, 나는 이 도시를 책임진 사람입니다." 살레는 당당하게 대답했다.

콘웨이와 매티스는 후회스런 표정으로 마지못해 몇 마디 했다. 페리 기자는 해병대가 이 도시를 팔루자 여단에게 넘기기로 했다는 이야기가 사실이냐고 파고들었다. 그날 저녁 바그다드에선 브레머가 안바르 주 연합임시행정청 행정관들로부터 온 냉소적인 메모와 함께 콘웨이와 살레의 회담 이야기를 온라인으로 읽었다. 메모는 팔루자 여단이 즉시 해병대를 대체할 것이라는 페리 기자의 기사를 확인해 줬다. 메모는 "반연립정부 세력의 멋진 승리…. '팔루자 여단'은 반연립정부 세력과 싸우지 않을 것이다."라는 내용으로 기술되어 있었다. 그 메모는 또한 많은 해병들 역시 그 계획에 반대하고 있다면서 브레머와 합동기동군이 나서서 해병대원정군의 결정을 뒤집어야 한다고 결론을 내렸다.

팔루자 여단에 대해 누가 협의를 해 왔거나 사전 통보를 받은 바 없는 브레머는 격노했다. 1년 전 부시 대통령은 새 이라크 건설에 대한 중부군 사령부의 지휘권을 줄이고, 이라크 육군을 즉각 해산한 브레머에게 그 책무를 넘긴 바 있다. 이제 중부군이 느닷없이 나서서 전직 이라크 장군들로 하여금 여단을 창설케 하여 수니파 도시를 장악토록 한 것이다. 많은 시아파 지도자들이 이것을 배신으로 볼 것이 뻔했다. 미군은 이제 수니파 저항군들에게 성역 안에서 편안하게 살아가도록 직업을 마련해 주며 보상해 주는 반면 사드르를 지원하는 시아파 젊은이들을 포화로 격멸하고 있는 모양새가 되었다. 브레머가 바트당 당원들의 재임용을 허용하는 지시를 내린 지 채 1주일도 안 돼, 바로 그 브레머가 시아파의 편집증적인 의구심을 더 한층 높여준 셈이 되었다. 그렇잖아도 시아파는 미국이 다수파인 시아파 등장을 억제하는 이면작업을 하고 있지나 않을까 하며 신경을 곤두세워 오던 터였다.

"이건 틀림없이 재앙을 불러올 것이다." 하고 브레머는 말했다.

바그다드에 있는 대통령 특사들(브레머, 블랙윌, 존스)이 안바르 주에 파견돼 있는 연합임시행정청 관리들을 불렀다. 그럼 해병대는 앞으로 무슨 일을 할 것인가? 퇴각할 것인가? 하고 특사들이 물었다. 관리들은 자기들도 협의를 받은 바 없기 때문에 모른다고 대답했다. 그들이 들었던 마지막 말은 해병대가 전투를 끝내고 싶어 한다는 이야기였다.

중부군 결정에 불만을 드러낸 연합임시행정청 관리들의 메모는 그 무렵 독일을 방문하고 있던 콜린 파월 국무장관에게 전화로 보고됐다. 파월은 장군들과 대통령 특사들 사이의 말다툼에 끼어들고 싶지 않았다. 아비자이드는 수니파가 스스로를 책임지고 다스릴 수 있는 능력을 보여줄 기회를 가져야 한다고 주장하면서 그것에 아주 회의적인 럼스펠드 국방장관을 이미 설득해 놓은 터였다. 럼스펠드는 전선에서 이뤄진 그 결정을 지지하는 데 동의했지만 그의 참모들은 그것을 토의해 볼 기회도 갖지 않고 기정사실화하는 것에 불만이었다.

이라크 국가 안보보좌관인 모와파크 루바이와 임시 국방장관인 알리 알라위는 그 합의를 '유화책' 이라 부르고 그 타협이 재앙을 불러일으킬 것이라 경고하면서 브레머에게 강력하게 항의했다. CIA 지부장은 브레머에게 그의 기관이 이번 일에 개입하지 않았다고 말했다. 전 이라크 정보부장인 샤와니 장군이 어떤 경로를 통해 콘웨이 중장과 의사소통을 하게 됐는지 CIA도 몰랐다는 것이다. 콘웨이는 라티프와 살레 둘 다 적절한 절차로 점검을 받았다고 말했지만, 시아파 관리들은 즉각, 살레는 과거 정권에서 억압자 노릇을 했고 지금은 저항군과 부화뇌동하고 있다면서 비난했다.

평소에 팔루자 여단 문제와 같은 중요한 정책결정은 여러 기관 참모들이 상세히 검증하고 논의를 했으며 관련 당사자들 사이에 몇 차례 원격영상회의의 주제가 되었다. 그런데도 럼스펠드와 아비자이드와 산체스는 문제의 팔루자 여단에 대해 거의 말을 하지 않았다. 세 사람 모두 그들이 정치적으로 아주 크게 책임져야 할 위기에 직면해 있다는 사실을 알고 있었다. 몇 주간 그들의 참모들은 이라크 포로학대 주장을 조사해 왔다. 그 문제는 아직 공론화되지 않았다.

화가 단단히 난 브레머 대사가 팔루자 여단에 대한 개념을 뒤집어야 한다고 권고하는 팔루자 연합임시행정청 관리들의 전보를 읽고 있던 바로 그 시간에, 팔루자 동쪽 10마일 지점에 있는 아부그레이브 교도소에서 이라크인 포로학대 장면들을 찍은 디지털 사진들이 갑자기 온 세계 언론과 정가에 분노와 항의의 대폭발을 일으켰다. 4월 29일 CBS는 미군 간수들이 찍은 생생한 사진들을 방영했다. 거기에는 미군 병사들이 나체인 이라크 남자들을 눕혀서 차곡차곡 쌓아 인간더미를 만들거나 역시 나체의 남자를 눈을 가린 채 엉거주춤 세워 둔 장면들이 찍혀 있었다. 더욱이 포로들 손가락에 전선이 부착돼 있는 것으로 봐 그들이 저항하면 전기충격을 가한 것으로 보였다. 미국상원의원들이 온 세계에 대고 정중하게 사죄를 올리자, 언론들은 그런 추악한 일이 벌어지도록 방치한 국방부 관리들은 그동안 도대체 뭘 하고 있었냐며 거세게 몰아세웠다.

이라크에 주둔 중인 모든 미군들의 수고가 몇몇 사람들의 부당한 범죄행위로 인해 물거품이 될 지경에 이르렀다. 대통령은 펜타곤이 가장 시급하고 철저하게 관심을 기우려야 할 사건이라고 말했다. 의회는 럼스펠드 국방장관의 정책지시에 대한 조사를 요구했다. 아비자이드 장군은 부하들에게 내리는 명령에 대한 질문을 받은 반면 산체스는 조사보고 대상이 된 몇몇 고위급 인사들 중 한 사람이 되었다. 그 일로 인해 일어난 정치적 태풍은 4월 29일, 팔루자를 전직 이라크 장군들에게 인계한다는 경솔한 결정에 대한 고위관리들의 어떤 재검토도 무산시켜버릴 정도로 워싱턴과 바그다드에 휘몰아쳤다.

브레머는 정부 고위관리들 가운데 가장 큰 비중으로 이번 스캔들에 말려들었으며, 그 바람에 팔루자 여단에 대한 결정을 뒤집어엎을 합의를 이끌어내는 일은 뒷전이 되었다. 휴전을 촉구하고 해병대의 공격에 대한 무서운 결과를 강조해 온 그로서는 즉각적인 반전을 주장할 만한 설득력 있는 위치에 있지도 않았다. 그렇게 할 수 있는 권위를 가진 고위 관리들은 모두 자신의 이력을 방어하기에 바빴다. 해병대는, 공격을 재개하는 것은 이라크인들에게 주권을 되돌려 주는 작업을 위태롭게 할 것이며 대통령을 심히 곤혹스럽게 만들 것이라는 브레머의 경고를 유념했다. 모든 관련 당사자들―아비자이드, 산체스, 그리고 브레머―은 어떤 경우에도 군 일선지휘관들에게 주된 협상역할을 맡긴다는 비정상적인 방법에 합의한 바 있다.

콘웨이는 최종합의를 협의할 수 있는 권한을 달라고 산체스와 아비자이드에게 정당하게 요구했다. 그들 중 누구도 이 고도로 민감한 정치적 문제를 브레머에게 알려주거나 그와 상의하려 하지 않았다. 콘웨이와 라티프 사이의 합의에 대해 아무 것도 몰랐던 바그다드의 미국 외교관들은 당한 만큼 되갚아주고 싶은 감정으로 군부에 대한 노골적인 불신을 드러냈다. 이라크에서 민군관계가 "위험수위에 도달한 것"으로 보도되었다.

펜타곤의 한 고위 관리는 그 상황을 "우리를 당황하게 만들고 있다. 이곳과는 관계가 없다. 우리로선 이해할 수가 없다." 고 설명했다. 이라크 전선은 주요 결정에 대한 지휘계통이 분명했다. 럼스펠드 장관이 지시를 내리면, 합참의장이 그것을 공식적인 임무로 기재한다. 그 명령은 국방장관지시라는 이름으로 전역(戰域)사령관(중부군)에게 전달된다. 전역사령관은 다시 합동기동군 사령관에게 지시를 내리고, 합동기동군 사령관은 미 해병원정군 사령관에게, 원정군 사령관은 사단장에게 지시를 내린다. 이 질서정연한 시스템은 성문화된 관리체계를 확보하고 있기 때문에 말에 의한 오해가 있을 수 없다. 이 시스템은 또한 각 지휘 레벨에서 지시를 내릴 때 상세하게 설명할 수 있는 여지를 주었다. 그러나 산체스와 아비자이드가 팔루자에 대한 공격 대신 팔루자 여단 창설을 승인했을 때 중부군 사령부는 서면으로 된 명령서를 지휘계통의 하부에 보내지 않았고 그 사본을 상부에 보내지도 않았다.

한 고위 해병장교는 그 상황을 워싱턴 포스트 기자에게 이렇게 말했다. "우리는 이 모든 통로를 계속 이용해 왔습니다. 일종의 특별한 목적을 위한 것이지요."

국방부 부장관인 울포위츠는 보좌관에게 이렇게 물었다. "우리가 팔루자를 옛 정권에게 넘겨준 것인가?" 어떤 메모나 서면으로 된 합의시를 빌건하지 못한 그 보좌관은 그런 것이 아니라고 대답했다. 의회 청문회 답변에서 울포위츠는 상황이 혼란스럽지만 그 타협이 확정된 것은 아니라고 했다. 그는 콘웨이와 라티프의 합의를 조정된 계획이 아니라 '대화가 계속되고 있는 것' 으로 규정했다.

콘웨이 장군은 매우 다른 시각을 갖고 있었다. "팔루자에서 이라크 대대를 활용하는 계획은 철저하게 비밀에 붙여져 왔습니다. 하지만 그 계획이 제멋대로 수립된 것은 아닙니다. 바그다드에서 벨트웨이(워싱턴)에 이르기까지 모든 단계에서 담당 인사들과 의논한 것입니다."

군 지휘체계에서 콘웨이의 두 상관은 산체스와 아비자이드이다. 그는 그들에게 팔루자 여단을 창설하기로 한 결정을 통보했다. 해병대원정군 지휘체계 안에서 아비자이드는 구두로 결정적인 보증을 했다. 그것은 해병대원정군 사령부가 필요로 하는 것 전부였다. 그 후 펜타곤과 상의하거나 럼스펠드에게 통보하는 일은 아비자이드의 책임 아래 이루어질 일이었다. 설사 콘웨이가 안바르 주에 나와 있는 연합임시행정청 행정관에게 알리지 않았다 하더라도 바그다드의 그 기관(브레머)에게 통보하는 것은 산체스 책임이다.

마이어스 합참의장은 그 타협을 열렬하게 환영했다. "이 사례는 우리가 이라크 모든 곳에서 발생하기를 원하는 것의 축소판입니다." 하고 그는 폭스뉴스 기자에게 말했다.

아비자이드는 팔루자가 '도시국가'가 되어서는 안 된다고 콘웨이에게 주의를 주었다. 그의 판단으로는 해병대가 되돌아가야 할 가능성이 충분히 있어보였다. '거기서 다시 치열한 전투를 벌여야 할 필요성이 있을지도 모른다.'는 게 그의 생각이었다.

아비자이드는 그러나 해병대가 공격을 원했을 때 '휴전' 연장 쪽을 택했다. 해병대는 더 이상 '치열한 전투'를 준비하지 않았다. 4개 대대 가운데 3개 대대가 팔루자에서 진(陳)을 거두고 물러났다. 해병대는 토론하여 행동을 결정하는 단체가 아니다. 일단 결정이 내려지면 거기서 나오는 명령은 계급을 내려가며 이행해야 한다. 즉 이라크인들이 저항군들을 보호해주고 싶어 이 주장을 들고 나왔다는 것을 뻔히 알면서도, 해병대는 명령에 따라 이 타협을 성사시켜야 하는 것이다. 매티스 장군은 해병들에게 그들은 그들의 일을 한 것이라고 말했다. 그리고 이제 이라크인들이 팔루자를 인계할 시간이 된 것이다.

"우리는 이 사람들과 싸우기 위해 이 나라에 온 것이 아닙니다. 그들을 해방시키기 위해 온 것입니다. 우리는 그들 자신의 미래 설계에 그들이 관여하게 해 주어야 합니다." 매티스는 병사들에게 이렇게 말했다.

대대장들은 부하들이 열심히 싸워준 것을 치하하고, 이라크인들에게 그들이 할 수 있다는 것을 보여줄 기회를 제공한 이번 결정을 잘된 일이라고 했다. "이것은 이라크 문제에 대한 이라크식 해법이다. 그들은 민중을 이해하고 있다." 하고 바이런 중령이 말했다.

인디아 3/4중대 존슨 대위는, 이번 조치는 "서쪽으로 진군해야 한다며 투쟁심을 불어 넣는 말을 열심히 이행한 해병 168명에게 정치적 휴전을 난폭하게 정당화 시키고 있다"고 했다. 그런 감정은 투지를 가진 병사들 사이에 널리 퍼져 있었다. 그들은 동지를 잃었던 병사들이며 매일 밤 무기를 들라는 이맘들의 확성기 선동을 귀에 못이 박히도록 들었던 병사들이다. 아주 개별적인 전투에서도 그들은 절대로 물러서려 하지 않았다. 신문들은, 팔루자의 인계는 대대 수준에서 "많은 해병들에게 불쾌감을 주었다"고 보도했다.

"이제 사태는 더 악화돼 갈 것입니다. 우리는 우리가 밀고 들어가야 할 때 철수했습니다." 하고 줄이어스 라이트 병장은 말했다. 에두아르도 차베스 병장이 보기에, 저항군늘을 소탕하지 못한 채 철수한 것은 '시간과 자원과 생명의 낭비'였다. "모든 병사들이 꼭 같은 생각을 하고 있습니다. 동료를 잃은 병사들은 특히 그러합니다." 하고 그는 말했다.

일반적으로 해병들은 이라크인들이 합의를 지킬 것으로 보지 않았다. 그 무렵 품위 있는 신랄한 유머가 해병 분대들 사이에 소문으로 떠돌았다. 3/4대대에서 한 상등병이 전화를 받을 때마다 "평화 파괴자, 너는 협상하라, 우리는 선동한다."라는 말을 표어로 사용했다는 것이다.

처음에는 그 회의론이 잘못되었음을 증명이라도 하려는 듯 라티프와 살레는 미군과의 합의를 이행하기 위해 주목할 만한 속도로 일을 진행시켰다. 4월 30일 오후, 당초 약속한대로 그들은 시 동쪽 입체 교차로 근처에서 사람들 200명 이상을 모아 편대를 만들었다. 해병들은 100미터 이내 접근하지 말도록 경고를 받았다. 콘웨이 장군과 툴란 대령은 잠시 살레 장군을 만났다. 그는 자랑스레 과거 이라크 군의 초록색 유니폼을 입고 붉은 베레모를 쓰고 있었다. 팔루자에 대한 치안책임을 인계하는 일은 웃음기 없이 나눈 굳은 악수와 몇 마디 말로 이행되었다.

뉴욕타임스는 얼굴에 고통스런 빛이 역력한 툴란 대령이 당당한 살레 장군과 악수를 나누는, 약간 비꼬는 맛을 풍기는 사진을 1면에 실었다. 함께 실린 존 키프너 기자의 기사는, 팔루자에서 행운이 갑자기 반전될지도 모른다는 현지 기자들의 솔직한 회의론 수준까지는 아니더라도 앞으로 세심한 주의가 필요하다는 점을 강조했다.

5월 1일, 콘웨이가 팔루자 여단을 설명하기 위해 기자들을 만났을 때 그는 기자들 질문에 직접 대답했다. 이번 타협에 서면으로 된 합의서가 없다는 것을 알고 있는 로스앤젤레스 타임스 토니 페리 기자는 이라크 장군들이 신용할 만한 사람들인지 물었다. "나는 지금까지 이 사람들과 진지하게 논의를 해 왔습니다. 그 질문은 '명예'와 '긍지'와 '신뢰'가 대화에 없어서는 안 될 요소라는 이야기로 알아듣겠습니다." 하고 콘웨이가 대답했다.

뉴욕타임스 존 키프너 기자는 시를 장악하겠다는 당초 전투계획이 왜 이행되지 못했는지를 물었다.

"명령이 변경되었습니다." 하고 콘웨이가 말했다.

"워싱턴 같은 더 높은 데서 내려온 명령입니까?" 키프너가 물었다.

"나는 그런 질문을 하지 않습니다. 우리는 아마도 산을 오르려 하고 있었으며 그런 명령이 단지 변경된 것뿐입니다. 그것은 흔히 있을 수 있는 일입니다." 하고 콘웨이는 말했다.

"그러나 장군께서 받은 명령이 변경 되었습니까?"

"글쎄, 명령은 전혀 없었습니다. 단지 구두지시지요."

───

5월 2일, 마이어스 합참의장은 일요 TV 토크쇼에 나와 전직 이라크 장군들과의 타협은 '상향식으로' 이루어졌으며, '현장에서 일어나고 있는 일을 잘 간파하여 정책에 반영하는' 결과를 가져오게 되었다고 설명했다. 팔루자 여단의 임무는 '과격분자들과 외국인 전투원들과 타협하고 중무기를 제거하고, 블랙워터 보안회사 경호원들을 학살한 악한들을 색출해 내는 일'이라고 했다. 마이어스는 그 후 살레 장군이 모종의 잘못된 일에 연루됐다면서 그를 공식적으로 해임했다.

마이어스가 이런 이야기를 하고 있는 바로 그 시간에 팔루자에서는 무장 저항군들이 환호성을 지르며 거리로 몰려 나왔다. "우리가 이겼습니다." 힌 저항군이 워싱턴포스터지 특파원인 라지브 찬드라세카란 기자에게 말했다. "우리는 미군이 이 도시에 들어오는 걸 원하지 않았으며 우리가 성공했습니다."

콘웨이 중장은 다른 시각을 갖고 있었다. "그들(팔루자 여단 지도자들)은 이 사람들(핵심 과격분자들과 외국인 전투원들)이 제거되거나 억류돼야한다는 우리의 견해를 이해하고 있다. 그들은 아직 기가 꺾이지 않았다."라고 그는 말했다.

이라크 장군들과 합의는 군인들 사이의 신뢰에 바탕을 두고 있다고 그는 믿었다. 과격한 핵심 저항세력 지도자들에 대해 책임을 물어야 할 날이 곧 올 것이라 했다.

미 합참의장이 살레 장군을 해고함으로서 그간 은퇴하여 바나나 농장을 운영해 오던 라티프 대령이 팔루자 여단 핵심으로 부상했다. 여단 장교들 이야기에 따르면, 매일 밤 농장에서 바그다드로 되돌아오는 라티프는 기자들에게 "나는 여단 사람들 대부분을 모른다."고 말했다 한다.

여단 창설에 대한 착상은 팔루자의 미래에 대한 대안을 모색하다가 나온 일종의 정치적 희망이었다. 바로 그 정치가 콘웨이 중장의 팔루자 장악을 막는 바람에 그는 전선 사령부에서 나와 포위공격 위치에 있는 해병 대대들의 고통을 덜어주는 정치적 도박을 택한 것이다. 그 정치적 희망이란, 수니파 바트 당원들과 전직 육군 장교들이 나서서 수니파 민중들에게 그들이 새로운 이라크의 미래에 포함돼 있다는 것을 보여줌으로서 반란을 소멸시키는 일이다.

"'여단'이란 이름이 잘못된 것입니다. 그 조직은 우리 표준으로 말하는 군사조직이 아닙니다. 그것은 자기 도시를 위해 싸우고 있는 사람들을 과격한 반 연합정부 세력과 테러리스트들로부터 분리시키려는 노력을 하는 조직입니다." 하고 콘웨이는 말했다.

5월 초순이 지날 무렵부터 미국 여론의 주 관심 대상은 팔루자에서 완전히 떠나 아부그레이브 스캔들에 집중되었다. 포로 학대 뉴스는 또한 사드르의 폭동을 뒷전으로 밀어 놓았다. 제1기갑사단장 마틴 뎀프시 소장은 타격을 입고 기가 꺾인 사드르와 그의 민병대를 나자프에서 궁지로 몰아넣었다. 이라크 정치가들은 사드르를 체포하는 대신 그를 자유롭게 활동하도록 내버려 두기로 합의했다. 이유는, 아랍 언론들이 아부그레이브 교도소의 포로학대 사진들을 보도하며 미군이 이라크에서 압제자로 군림하고 있는 증거라고 떠들고 있는 이 시점에, 연립정부가 사드르를 순교자로 만드는 것은 현명한 처사가 아니라고 판단했기 때문이다. 사드르에 대한 체포영장이 취소됨으로써 그는 나자프를 떠나 다른 곳에서 그의 계획을 다시 추진해도 무방하게 되었다.

2004년 5월 8일, 브레머와 블랙월 대사가 바그다드에서 산체스와 콘웨이를 만났다. 브레머 참모들은 감정이 폭발하는 만남이 되지 않을까 염려했지만, 회합은 예상외로 정중하게 끝났다. 콘웨이 장군은 열정을 보여주었고 아무도 더 좋은 아이디어를 내놓지 못했다. 블랙월의 행보는 매티스 방문으로 이어졌다. 다시금 둘 사이 회합은 조용히 끝났다. 콘웨이와 매티스는 팔루자 여단창설 계획을 굳게 방어했다. 포위공격 기간에 전직 이라크 장교들은 미군이 저항군들을 얼마나 잘못 이해하고 있는지, 그리고 팔루자 사람들이 얼마나 그들의 삶과 생활을 평화롭게 영위하기를 원하는지 미군에게 강의를 해댔다. 이제 그들 자신에게 그렇게 할 기회가 주어진 것이다.

라티프는 자신이 팔루자 여단 지휘권을 갖고 있다는 것을 과시하기 위해 매티스에게 여단본부가 있는 정부종합센터를 방문해 주도록 요청했다. 해병들을 너무 많이 데리고 오면 위협으로 비칠 수 있기 때문에 가능한 적은 인원으로 오라고 했다. 매티스가 거리낌 없이 그 제의를 받아들였을 때 사단 사령부 모든 참모들은 무슨 일이 일어날지 대개 짐작들을 했다. 저항세력들이 어리석게도 팔루자를 장악할 마지막 기회로 잡을 것이 뻔했다. 저항세력들은 전에 정부종합센터에서 아비자이드 장군을 공격한 바 있으며, 아마도 그 곳을 방문할 또 다른 장군을 공격하는 멍청한 꿈을 꾸고 있을 것임이 틀림없었다.

  5월 9일, 매티스 장군과 툴란 대령은 캠프 팔루자 외곽으로 차를 몰아 3/4대대를 방문했다. 맥코이 중령은 부하들이 팔루자를 복제하여 만들어 놓은 모래 조각품을 그들에게 자랑스레 보여주었다. 노끈과 마분지를 잘라 세밀하게 표시해 놓은 것은 시내 간선도로들과 검문소와 확대군사활동선(phase lines)이었다. 맥코이는 노끈 한 가닥을 다른 노끈 위에다 가로질러 놓았다. 해병 장갑차들의 발포 통로와 발포의 기하학적 도형을 표시하기 위해서였다. 매티스의 종합청사 방문에는 단지 험비 7대와 경장갑차들만 동원하기로 했다. 툴란은 지휘 헬기를 타고 공중에 떠있고 3/4대대 장갑차들과 탱크 대부분은 시 외곽 둑 뒤에 숨어 대기할 계획이었다. 사격이 시작되면 그의 대대 대부분이 어느 거리로 달려가야 할 지 알고 있다고 브라이언 맥코이 중령은 설명했다.

  "브라이언, 나는 저들이 우릴 공격하길 기대한다네." 매티스가 말했다. "그러나 저 개자식들은 그런 어리석은 짓을 하지 않을 만큼 교활한지도 모르겠어. 자네가 3차 대전을 일으켜서는 안 되네. 우리가 아무 일없이 돌아오면 일은 끝나니까. 나의 가장 친한 새로운 친구들인 저 개자식들과 유프라테스 강변에서 시거를 피우며 서 있을 일 외에는 아무 일도 없을 걸세."

5월 10일 아침 매티스는 라마디에서 고속도로에 올라 팔루자 입체 교차로 동쪽에 있는 회합장소를 향해 빠른 속도로 달렸다. 그가 탄 경장갑차가 곁길에 들어서 먼지를 일으키며 달리고 있을 때 흰 도요타 세단이 팔루자 방향에서 마주 달려오며 전진을 방해했다. 자살폭탄 테러를 겁낸 초병들이 M60기관총을 3발 발사했다. 도요타가 급정거했다. 구멍 뚫린 라디에이터에서 김이 새어 오르고 앞 타이어가 바람이 빠져 쭈그러들었다. 땅딸막하고 콧수염을 기른 세 사람이 급히 차문을 열고 몸을 내던지며 공중에다 팔을 내저었다. 그 가운데 한 사람이 "미국인이다! 쏘지 마라! 미국인이다!" 하고 외쳤다.

매티스가 차문을 열고 나왔을 때 그 남자들은 일어서며 옷에 묻은 먼지를 툴툴 털었다. 그들의 리더는 그날 아침 일찍 무인항공기가 보내오는 비디오를 보았다는 CIA 요원이었다. 그 비디오는, 저항세력들이 자동차들을 정지시키지 않고 그냥 통과시키고 있는 장면을 보여주었다. 그래서 그는 매티스가 곧 지나가게 될 노선으로 차를 몰았다. 그는 매티스에게 바보 같은 놈 하나가 정부종합센터 외곽에서 사제폭발물을 장치하다가 실수로 터져서 죽었으며 박격포를 실은 트럭 두 대를 보았다고 말했다. 그러나 매복은 없는 것 같다고 했다.

무슨 얘긴가 싶어 매티스 옆으로 걸어와 듣고 있던 맥코이 중령의 얼굴에 실망하는 빛이 역력했다. 매티스는 완전무장을 하고 있는 해병들을 뒤로 물러나게 하고 이라크 경찰을 불렀다. 그들은 오렌지와 흰색이 섞인 픽업트럭들을 몰고 와 매티스 일행과 합류했다. 깨끗한 흰 셔츠에 다리미질한 군복을 입고 있는 하팀 중령이 책임자였다. 술레이만과 자바르 중령은 어디 갔는지 보이지 않았다. 경찰은 우호적인 분위기에 깜짝 놀라는 눈치였다. 한 시간 이내 전투가 벌어질 것으로 예상하고 있는 해병들은 경찰을 동맹자도 적도 아닌 중립을 고수하는 방관자로 보고 있었다. 매티스는 한 경찰지서장에게 관할구역을 방문하고 싶다고 말했다. "안 됩니다." 하고 지서장은 말했다. 오늘 이후 미군들이 시내에 들어올 수 없다는 것이다. 매티스는 어깨를 으쓱하며 경장갑차에 올랐다.

전투가 벌어질지도 모른다고 생각하는 해병들은 기자들을 데려갈 공간이 없다고 말했다. 몇 대 되지 않는 차량의 모든 공간에는 완전무장한 병사들로 가득했다. 그러나 페리 기자와 키프너 기자는 그 틈바구니를 비집고 들어가 수륙양용차 안에 끼어들었다. 이 대대와 한 달 동안 동고동락해 온 덕택에 허락을 받아낸 것이다.

"나는 오늘 일을 알리고 싶지 않습니다. 여러분들은 기사를 쓸 기회가 없을지도 모릅니다." 매티스가 그들에게 말했다.

대열 맨 앞에는 하팀 중령이 푸른 셔츠를 입고 AK소총을 꽉 쥔 경찰들을 가득 태운 픽업을 타고 달리고 있었다. 운전석 지붕 위에는 이라크 국기가 바람에 펄럭였다. 해병 차량 6대 앞에 픽업트럭 4대가 달리고 있는 이 이상한 퍼레이드는 6주 전 블랙워터 보안회사 경호원 4명이 차를 몰고 가다 무참히 살해당했던 길과 꼭 같은 길을 따라 팔루자 시내로 들어갔다. 그들이 가고 있는 길 왼쪽은 1/5대대가 점거했던 지저분한 공업지구인데 연달아 늘어서 있는 나지막한 자동차 수리소 건물, 굽어진 파이프 조각, 녹쓴 고물 자동차 더미, 기름기 있는 진흙으로 뒤덮인 웅덩이 등이 널려 있었다. 오른쪽은 3/4대대가 장악했던 동 맨해튼지역으로 중산층 거주지역이다. 네거리마다 푸른 셔츠를 입은 이라크 경찰이 서 있었다. 거리 대부분이 텅 비어 있어 무장호위대의 통과를 의식적으로 무시하고 있는 것 같았다.

악마와 타협하다 377

정부종합센터에서 라티프와 팔루자 시장이 매티스를 환영했다. 매티스는 긴 회의실에서 그들과 차를 마셨다. 유려한 아랍식 예복과 모자로 치장을 한 시 원로 20여 명이 그림 하나 지도 하나 걸려 있지 않은 벽을 따라 놓여있는 의자에 빽빽이 앉아있었다. 아랍과 일본 텔레비전 방송국 요원들이 그 장면을 찍느라 부산을 떨었다. 매티스는 당초 합의한 대로 15분여 머물다가 그곳을 나와 그의 경장갑차로 걸어갔다.

안마당 바깥에서 계급견장을 달지 않은 초록색 유니폼의 살레 장군이 휴대용 무전기로 지시를 내리고 있었다. 경찰과 보안군들도 섞여 있는 남자들 십 수 명이 총을 거꾸로 멘 채 길옆에 늘어서 해병들을 노려보고 있었다. 서로 한마디도 말이 없었다. 그들 중 많은 사람들이 집게손가락 두 개로 승리 표시인 V자를 만들고 있었다. 나머지 사람들은 등을 보이며 마치 배변하는 것 같은 자세를 취했다.

기자들을 태운 수륙양용차 구석에 사단전용 신문에 글을 쓰고 있는 거대한 몸집의 빅토르 구티에레즈 병장이 앉아 있었다.

"아니, 아니, 당신은 여기 서시오. 당신 역시 사진을 찍어야 돼." 하고 페리 기자가 말했다.

"그리고 당신의 M16을 가져오고." 하고 키프너 기자가 거들었다.

해병들이 시를 빠져나왔다. 발포는 한 발도 없었다. 인도를 오가던 이라크인들이 야유를 보내거나 노려보거나 했다. 페리 기자는 아무도 길가 군중들로부터 손을 흔드는 환영을 받지 못할 것이라는 쪽에 100달러 내기 돈을 걸었다.

"이번 드라이브는 우리가 시내에 들어가도 아무 일도 일어나지 않는다는 것을 증명한 의미 있는 것이었습니다. 앞으로는 비록 시내진입이라 해도 매번 '킬러' 맥코이에게 호위를 요청할 필요는 없다고 봅니다." 부사단장인 켈리 소장이 나중에 말했다.

다음날 툴란은 3/4대대를 북쪽으로 물러나게 하여 튜커 대령 연대에 복귀시켰다. 2/5대대와 2/2대대는 더 일찍 팔루자 시내에서 철수했다. 2/1대대 역시 철수했다.

시내는 팔루자 여단의 관리 아래 들어갔다.

3부

반전

2004년 5월 - 10월

21

폭탄 제조공장

5월 10일, 매티스 소장이 정부종합센터에서 차를 타고 떠난 후 저항세력들은 승리를 선언하고 축제를 벌이기 시작했다. 일부는 다채로운 색상의 카피에로 얼굴을 감싸고, 나머지는 맨머리를 드러내놓고 싱글거리며 AK소총을 흔들어대는 남자들이 경적을 울려대는 픽업트럭들을 타고 "신은 위대하다!"고 외치며 10번 고속도로를 오르내렸다. RPG를 멘 남자들은 건물 옥상에 서서 손을 흔들었다. '해병대 악마들을 처부셨다!' '지하드가 승리했다!' 등, 영웅적인 이슬람 순교자들을 찬양하는 기치들이 부서진 상점들 위에 내걸렸다. 모스크 첨탑에서 음악이 울려 퍼지고 있는 가운데 상점 주인들이 행인들에게 캔디를 한 움큼씩 던졌다. 이렇게 시작된 환희와 열광이 각계각층으로 번져나갔다. 경찰관, 보안군 병사, 팔루자 여단 병사, 이슬람 전사, 상인, 깡패, 외국인 전투원, 그리고 아이들까지도 팔루자가 그들 것이 되었다며 즐거워했다.

며칠 동안 위험을 무릅쓰고 시내취재에 나섰던 미국 기자들은 시내 모든 검문소의 실권을 저항세력들이 장악하고 있었고 막상 그곳을 책임져야 할 팔루자 여단 병사들은 그냥 우두커니 자리만 지키고 있었다고 보도했다. 이게 뭔가 잘못된 게 아니냐니까 검문소를 지키고 있던 사람들은 '모든 사람들이 다 무자헤딘' 이라고 말했다. 그들의 그런 오만은 공격을 취소하고 팔루자 여단을 창설키로 한 미군의 현명한 처사에 의문을 불러일으키게 했다.

독일 주둔 미군 사령관으로 전보된 산체스 중장은 이라크를 떠나기 전에, 팔루자에서 미군을 철수시키고 팔루자 여단을 창설키로 한 결정은 민간인 정치가들 몫이었다며 이렇게 말했다. "미군은 문민이 통솔하는 군대이며 정치와는 동떨어져 있어야 한다."

그러나 백악관은 팔루자에 대한 결정을 군부책임으로 돌렸다. 부시 대통령은 육군대학에서 행한 한 연설에서 이렇게 말했다. "현지의 우리 사령관들이 이라크 과도통치위원회 및 현지관리들과 상의한 결과 적에 대한 대대적인 공격은 오히려 주민들을 미군과 더 멀어지게 만들어 적에 대한 지원을 더 증가시킬 우려가 있다는 결론에 이르게 되었습니다. 그래서 우리는 다른 대안을 모색하였습니다. 우리는 팔루자 치안을 시민들과 공유된 책임 아래 두기로 하고... 우리 해병대는 이라크인들과 함께 합동순찰을 계속 수행할 것입니다."

그러나 해병대는 대통령이 팔루자 공격에 대한 대안을 원했던 것으로 이해했기 때문에 위의 대통령 말과는 다른 접근방법을 추진했다. 외톨이가 될 대실패를 각오하고 이라크 협상자들의 공허한 약속에 넌더리를 내고 있는 콘웨이 중장의 협상활동을 중지시키기 위해 용감하게 영향력을 행사하려 든 사람은 없었다. 콘웨이는 협상이 지겨운 나머지 4월 11일, 며칠 이내 공격을 재개할 것이라고 선언한 바도 있다.

대통령의 정치적 행운은 점차 기울어지고 있었다. 5월 중순경엔 그의 이라크 정책에 대한 여론조사에서 오직 40퍼센트만이 찬성했고 55퍼센트가 반대하여 이라크전쟁이 시작된 이후 최저 지지율을 기록했다. 4월 한 달 동안, 월별로는 최고치인 미국인 희생자 130명 발생이 영향을 미친 것이다. 모반에 실패한 사드르는 자유로운 활동을 보장받기 위한 협상에 나섰으나 아직 미결인 채로 남아 있었다. 미국을 비롯한 서방 언론들은, 전직 국방장관이 '동물 우리'라고 표현한 아부그레이브 교도소에서 흘러나온 야한 사진들에 대한 미 행정부 반응을 집중 보도했다. 교도소 내 야간근무 감시병들의 범죄행위가 통제되지 않은 채 만연하고 있다는 것이다.

언론과 의회는 대통령이 럼스펠드 국방장관이나 합동기동군 사령관인 산체스 중장을 해임할 것이라는 추측을 불러일으키게끔 고위층에 책임을 지우는 방향으로 나아갔다. 이러한 부정적인 사태발전으로 인해 백악관은 해병대가 왜 팔루자를 점령하라는 지시를 받게 되었는지, 그리고 지금은 정치적으로 저항세력과 자웅동체인 팔루자 여단에 그 책임을 떠넘기게 되었는지 사후검토를 위한 토론을 할 만한 여건을 갖지 못했다.

산체스 후임으로 합동기동군 사령관에 취임한 토마스 메츠 중장은, 팔루자 철수 결정에 군부 입김이 더 셌는지, 또는 민간인 정치가들 압력이 더 셌는지를 따지기 보다는 전략적인 이익을 위해 해병대가 철수했다는 쪽으로 가닥을 잡아갔다. "우리 해병대는 며칠 이내 팔루자 점령을 끝낼 수 있는 전투력을 갖고 있었지만, 그렇게 하는 것이 전략적으로 전혀 가치없고 쓸모없는 짓이 될 수 있다고 생각하는 사람들이 많았습니다. 우리는 분명히 많은 사람들의 목숨을 구하는 길을 선택하였습니다." 하고 메츠 신임 합동기동군 사령관은 말했다.

합동기동군 사령부 대변인은, 이번 조치는 민간인들의 생명을 구하는 데 근본적인 이유가 있었다고 주장하면서, 로스앤젤레스 타임스 기자인 페리가 '주문(呪文)'이라고 부른 사실을 상기시켰다. 페리 기자는 해병대원정군 사령부가 팔루자를 제2의 드레스덴(독일 동부 도시, 2차 대전 말기인 1945년 2월 4일, 독일의 항복을 앞당기기 위한 영국 공군기의 대공습으로 수만 명(어떤 기록에선 약 20만 명)의 독일 민간인이 학살된 사실에 비유)으로 만들지 않으려고 했음을 거듭거듭 반복하여 주장하는 '주문'이 되었다고 보도한 적이 있다. 팔루자에서 전투가 벌어지고 있던 달에 약 150회의 공중폭격이 있었으며 폭탄 약 100톤을 투하, 건물 75채와 모스크 2개가 파괴되었다. 드레스덴에선 하룻밤 사이에 1천100대의 연합군 폭격기가 폭탄 6천600톤을 투하, 건물 수천 채를 파괴하고 3만 5천~4만 5천명의 시민들을 죽였다. 이라크 보건부가 제시한 통계에 따르면 팔루자에서 민간인 희생자는 600명(알 자지라 방송 주장)에서 270명 사이다. 드레스덴은 팔루자보다 100배로 비극적이었다.

다른 대변인들은 "도시를 파괴하지 않으려고 애썼다"는 판에 박힌 말을 자랑삼아 해댔다. 이 두 사례 모두 민간인 희생에 상관하지 않고 대량의 화력을 쏟아 붓고는 부적절한 표현으로 사태를 호도하고 있는 것이다. 해병대가 그들의 팔루자 공격계획에 대한 내용을 전하려고 한 적은 거의 없었다.

파괴를 막자는 의도가 곧 공격을 중단해야 한다는 공식적인 이유가 되었다. 궤변으로 호도할 의도는 없었다고 하더라도 이 같은 이론적 설명은 그 목표를 달성하는 데 혼란스런 대가를 치르게 했으며 왜 팔루자가 첫 번째 공격목표가 되었는지 의문을 불러일으키게 했다. 파괴와 희생자를 피하는 것이 전략적인 목적이었다면 이는 비논리적인 전쟁을 하자는 것이나 다름없는 일이다.

―――

 하지만 팔루자의 해병대는 역사적인 유사성이나 정치적인 근거에 의해 비판받지는 않을 것이다. 문제는 그곳에서 무슨 일이 일어났느냐 하는 점이다.
 반환 후 최초로 들린 소식은 불길한 것이었다. 스물세 살인 상냥한 캘리포니아 출신의 미국청년인 니콜라스 버그—그는 기업인이기도 했지만 젊은 방랑자였다—가 4월 중순 혼자서 바그다드를 여행하다가 실종됐다. 5월 중순 테러리스트인 알 자르카위가 그의 웹사이트인 알 안사르에 비디오 하나를 올렸다. 화상이 고르지 못한 영상은 오렌지색 죄수복을 입고 베이지색 벽 앞에 놓인 의자에 앉아 있는 버그를 보여주었다. 수염이 텁수룩하고 몹시 수척한 얼굴이었다. 자르카위가 아부 그레이브 교도소에서의 포로학대에 대한 복수를 하겠다고 선언할 때 검은 옷에 초록색 방탄조끼를 입고 얼굴에 마스크를 한 남자 5명이 AK 소총 클립을 쥔채 버그 뒤에 서 있었다. 곧 자르카위는 "신은 위대하다!"고 소리치며 긴 칼을 버그 쪽을 향해 내려쳤다. 날카로운 비명소리가 들리고 몇 초 후 버그의 절단된 머리가 피투성이가 된 몸통과 함께 놓여 있었다. 이 잔혹한 비디오테이프는 알 자지라 방송의 황금시간대에 방영되었다.
 비디오가 방영된 타이밍이 해병대가 팔루자 치안책임을 팔루자 여단에 넘긴 며칠 후라는 점은 미군에 대한 냉소이거나 축하물결에 대한 조롱이거나 또는 둘 다를 노린 것으로 보인다. CIA는 자르카위의 처형현장이 졸란지역이었던 것으로 믿고 있었지만 악마들 소굴이 꼬불꼬불한 뒷골목 어디였는지 정확히 아는 사람은 아무도 없었다. 그래서 기습공격도 할 수 없었다.

그 대신 매티스 장군은 즉각 졸란지역을 철저하게 뒤지는 합동순찰을 팔루자 여단 측에 제의했다. 라티프 대령은 타이밍이 좋지 않다고 주장하며 순찰에 반대했다. 상호 신뢰가 무엇보다 필요했다. 콘웨이와 매티스는 우선 믿어보기로 하고 자르카위 체포에 나서자고 역 제의를 했다.

해병대는 팔루자 재건에 4천만 달러를 투자하고 미 해군 건설대원들을 투입하겠다고 제의했다. 계획대로 추진된다면, 공중폭격이나 포격으로 파괴된 모든 건물의 주인들은 보상을 받을 것이며, 오염된 수돗물은 정화될 것이고, 전기가 다시 들어오게 될 것이며, 쓰레기 더미가 치워지고, 수천 명이 즉시 직업을 갖게 되고 봉급을 받게 될 것이었다. 며칠 간 시 기술자 십 수 명이 팔루자 교섭센터에 모여 해군 건설대원들과 들뜬 마음으로 청사진을 주고받았다. 그 후 그들은 다시는 돌아오지 않았다.

팔루자 여단 사령관인 라티프 대령과 시 원로들이 매티스를 찾아와 팔루자 주민들이 외부인의 도움을 원하지 않는다고 설명했다. 미군병사들은 절대로 시내에 들어갈 수 없었다. 탱크를 몰고 들어가는 거나 발전기를 갖고 들어가는 거나 마찬가지로 취급되었다. 라티프는 시내에 외국인 전투원은 한 사람도 없다고 주장했다. 매티스는 팔루자 여단이 '외국인 살인마 개자식들'을 공격하기 위해 조직을 정비할 시간을 조금 더 주겠다고 되받았다.

5월 말이 가까워시면서 고속도로에서 일어나는 저항세력들의 공격 횟수가 줄어들어 미국 고위 관리들 사이에서 갑자기 낙관적인 견해가 고개를 들기 시작했다. 마이어스 합참의장은 "이는 옳은 길로 가고 있는 징조다…우리는 언제쯤 철군을 해야 할지 논의할 필요가 있다."고 말했다. 미 해병대 사령관인 마이클 해기 대장은 의회증언에서 팔루자 여단에 대한 비난은 그들의 이야기를 정확히 이해하지 못한 데서 비롯됐다고 말했다. "만약 그것을 좌절이라고 한다면, 우리는 그와 같은 더 큰 좌절이 필요합니다."라고 그는 덧붙였다.

이런 낙관적이고자 하는 노력은 기자들이 개인적인 위험을 무릅쓰고 수집한 이야기들과는 사뭇 달랐다. 이라크 경찰은 길을 묻는 미국인 기자들이 납치되게 하려는 의도에서 일부러 엉뚱한 길을 가르쳐 주곤 했다. 한 보도기자가 저항세력에게 납치되어 줄다리기 협상을 벌인 후에야 겨우 풀려났다. 워싱턴포스트지의 어떤 기자는 바그다드로 가는 고속도로 위에서 계속 AK-47 총탄 세례를 받으며 그의 방탄 스포츠카를 시속 90마일로 달려 탈출하는 데 겨우 성공했다.

로이타, 뉴욕타임스, NBC뉴스, 워싱턴포스트, 하퍼즈 메거진과 로스앤젤레스타임스 특파원들이 팔루자 시내에서 몰래 활동하고 있었다. 그들은 저항세력들이 지나가는 승용차들을 잡아 조사하거나 검문소를 장악하여 수색을 주도하고 있는 반면 팔루자 여단 병사들은 그냥 서서 빈둥거리거나 그들을 도와주고 있다고 보도했다. 기자들은 또 저항세력들이 분명히 승리한 것이라며 주민들이 자랑스레 떠벌리고 있다고 전했다. "미군들이 이곳에서 이슬람 전사들의 저항에 부딪쳐 지독한 경험을 했을 것입니다. 알라가 우리 도시를 구했다고 믿습니다. 미군들이 팔루자를 더럽혀서는 안 된다는 교훈을 얻었으리라 생각합니다." 시청에서 일하는 한 공무원이 주장했다.

이맘들은 팔루자가 엄격한 샤리아(이슬람법)의 해석에 따라 다스려질 것이라고 선언했다. 술을 파는 사람들은 옷을 벗겨 매질을 당한 후 등줄기에 피를 철철 흘리며 군중들이 조롱하고 침을 뱉는 가운데 추방되었다. 이발사들은 '서구스타일'로 머리칼을 자른다는 얘기만 했다간 여지없이 매를 맞았다. 장발을 한 학생이 보이면 여럿이서 빙 둘러서서 조롱하고 가위로 머리칼을 잘랐다. 누구든 맥주를 마신 사람은 잡히기만 하면 매를 맞고 조리돌림을 당해야 했다. 주민들은 무자헤딘 전사들에게 말대꾸하는 어쭙잖은 잘못에도 매질을 당했다. 립스틱이나 미국 스타일의 잡지 또는 팝 뮤직 CD를 판매한 상점 주인들은 매를 맞고 그들의 빈약한 물건들은 박살이 나거나 절취당하거나 했다.

연대 작전장교인 벨론 소령은 이슬람 근본주의를 고수하고 있는 이맘들을 경멸했다. "팔루자에서 와하비주의 그 자체가 권력을 유발하는 것은 아닙니다. 이맘들은 무지한 주민들 위에 군림하기 위해 모스크를 이용합니다. 그들은 증오를 설교하고 있는데 그것은 종교가 아닙니다. 나는 이런 부류의 이맘들에 대한 기록을 갖고 있습니다. 그들 대부분은 범죄자들입니다. 그들은 부동산을 소유하고 있으며, 요르단까지 운행하는 트럭 운전수들한테서 돈을 뺏기 위해 살인청부업자들을 고용하고 있으며, 훔친 차량들을 매매하고 예사로 사람들을 납치합니다. 그들은 수송트럭에서 강탈한 화물마다 배당을 받습니다. 한 도시를 어떻게 강압으로 지배할 수 있는지 알 카포네에게 가르침을 줄 수 있을 정돕니다. 그들은 잘 속는 젊은이들을 인질로 이용합니다. 그들을 성직자로 생각해선 안 됩니다. 마피아 두목으로 보아야 합니다. 이런 이유들 때문에 그들은 성직자의 옷을 입고 모스크에 서 있는 것입니다. 오후의 기도자들에게 이야기하기 전에 최근에 한 건 올린 액수를 점검하기 위해 거기 서 있는 것입니다." 하고 그는 말했다.

시리아와 사우디아라비아 출신 전투원들이 시내로 하나 둘씩 잠입하기 시작했다. 저항세력들은 무자헤딘 슈라(Shura)라고 불리는 통치위원회를 조직했는데 이 단체가 시내 중심가의 한 모스크에 자리를 잡고 앉아 '해방된' 이 도시를 찾아오는 아랍 언론인들에게 통행증을 발급했다. 간선 고속도로를 통해 요르단을 오가는 트럭 운전수들은 시내로 끌려와 목을 내놓든지 아니면 몸값을 지불하든지 해야 했다. 아마도 협박을 받고 저항세력에 가담한 10대들로 조직되었으나 곧 불운한 이라크 젊은이들로서 주위로부터 성원을 받고 도약한 지역 저항세력 단체들은 단원들의 변덕으로 해체되었다. 탈레반 세력이 팔루자에 영향을 미쳤다.

느슨한 지하드 집단은 정치적인 이데올로기나 조직이 아닌 피 묻은 손에 의해 패거리 규칙이 유지되고 있다는 의미에서 1793년 파리 자코뱅당원들과 공통점이 있다. 럼스펠드 국방장관이 팔루자 저항세력들을 '막가는 사람들'이라고 딱지를 붙인 바 있지만, 프랑스 혁명 때 공포정치 규칙은 피로서 유지되는 점착력에 의해 수년간 지속될 수 있었다. 1793년에서 1795년 사이에 프랑스 시민 10만 명 이상이 그들의 이웃에 의해 살해됐다. 사회가 정신병적 배반의 발작이라는 함정 속에 빠져들었기 때문이다. 결국 로베스피에르 자신이 단두대에 서는 신세가 되었다.

로베스피에르처럼 자르카위의 무기는 윤곽이 분명치 않은 이데올로기로 감싼 테러이다. 시아파들을 산산조각 내 날려버려야 한다는 캠페인은 수니파에 대한 시아파들의 복수를 유발하여 대규모 내전으로 발전할 수 있다. 그는 어디든 그가 가는 곳마다 임시변통으로 대처할 것이다. 미국 언론도 아랍 언론도 팔루자에 있는 외국인 테러리스트들의 안전가옥 침투 확대에 특별한 주의를 기울이지 않고 있었으며 시 원로들은 한사코 자르카위의 팔루자 입성을 부인했다.

5월 말, 자르카위는 팔루자에서 서른네 살의 가나무역 직원 김선일을 납치했다. 김선일은 아랍어에 능통하여 당시 어떤 한국인 회사에서 통역자로 일하고 있었다. 알 자지라 방송국에 전달된 한 비디오테이프는 김선일이 연합군을 비난하고 자신의 석방 조건으로 제시된 3,500명의 한국군 공병부대 철수를 한국정부에 탄원하는 모습을 보여주었다. 김선일 가족의 눈물어린 고통과 호소가 대서특필되고 수주일 동안 한국 국내에서 논쟁을 불러일으켰다. 한국정부가 단호한 자세를 보이자, 자르카위는 김선일을 참수하고 그 비디오를 아랍 텔레비전 방송국들에 배포했다.

한 워싱턴포스트 기자는 설사 부시 대통령이 팔루자의 '치안에 대한 공유된 책임'을 선언했다 해도, 저항세력들은 누구와도 책임을 공유하지 않은 채 자기들끼리만 팔루자를 통제하려들었을 것으로 논평했다. 해병원정군 사령부는 라티프 대령 측 제의를 공개적으로 받아들이지 않을 수 없었다. "팔루자가 저항세력들을 위한 성역이라는 것은 가정일 뿐입니다." 하고 사령부 한 작전장교는 말했다.

하지만 추세는 그 가정을 뒷받침하는 방향으로 나아가고 있었다. 4월에 해병대가 팔루자를 장악하고 있었을 때는 이라크 전체에서 민간인들을 대상으로 한 폭탄테러가 5번 있었는 데 비해 해병대가 손을 뗀 6주 동안에 폭탄테러는 30번으로 늘어났다. 해병대는 비디오카메라를 장착한 무인항공기를 활용해 테러리스트들의 잠자리를 추적하여 팔루자 내의 안전가옥들에 공중폭격으로 보복했다. 저항세력들은 패거리들을 배회시켜 낯선 사람들에게 말을 걸며 다가가 의심 가는 사람들을 잡아내 이라크인 14명을 간첩혐의로 처형하는 방식으로 대응했다.

성전파 저항세력들이 권력을 강화함으로써 팔루자 여단은 아무런 일도 하지 못하고 빈둥거렸다. 시 외곽에 있는 라티프 대령의 병영이 박격포 공격을 받아 이라크인 십 수 명이 죽거나 다쳤다. 그가 보복을 위해 병력을 동원할 수 없었을 때 그의 효용성은 종언을 고했다. 그 일이 있고난 후 여단 장교들은 라티프를 미국인들로부터 돈을 받아내는

데 필요한 명색뿐인 수령으로 대접했다. 때때로 장교들은 그가 실내로 들어올 때 일어서기조차 안 했다. 팔루자 여단이 해병대를 대체한 지 1개월이 지났는데도 해병대와 합의한 조건 가운데 어느 것 하나 제대로 이행된 것이 없었다. 중무기들은 반환되지 않았다. 외국인 전투원들과 시신 훼손을 한 범죄자들은 체포되지 않은 채 활개치고 있었고, 저항세력들이 도시를 장악하고 있었다. 팔루자 여단 호위대는 감히 시내로 들어갈 수조차 없었다. 납치가 일상적으로 일어났고 폭탄테러 횟수가 점점 늘어났다.

6월 중순은 민정담당 장교들, 정보원들, 아랍어를 할 줄 아는 사람들로 구성된 사단에서 나온 팔루자 교섭팀과 이라크 대표들 사이의 일상적인 협의가 시작된 지 3개월이 끝나가는 시점이었다. 팔루자 교섭팀은 툴란 대령에게 직접 보고했으며, 툴란 역시 일상적으로 이라크 대표들을 만났다. 정보기관의 정보 분석을 보충해 가며 개최한 수백 번의 회합 끝에 제1연대는 팔루자시의 정치조직과 지도자들에 대한 그럴듯한 모자이크 그림을 그릴 수 있었다. CIA는 탁월한 정보제공자 몇 명을 확보하고 있었으며, 카와시미 하사는 또 다른 네 사람을 정보원으로 채용했다. 1주일에 한 차례씩 카와시미는 디시다사를 입고 카피에를 쓰고 모든 미국식 물품들을 몸에서 떼어낸 후 닳아빠진 AK소총을 들고 정보원들을 만나러 어둠 속으로 사라진다. 이 때 그는 며칠 간씩 부대 내에 모습을 나타내지 않는다. 그는 중고 승용차를 제공하고 현금 200 달러를 지불하는 조건으로 자르카위의 은거지, 시리아 패거리들, 와하비파 성직자들, 부자들 및 그림자처럼 숨어 지내는 전직 바트당원들에 관한 정보를 얻는다.

폭탄 제조공장

카와시미가 요주의 인물들 이름과 특징, 안전가옥의 주소를 확보하여 그 자료를 정보장교인 벨론에게 넘긴다. 벨론을 신바람 나게 만드는 것은 이라크인이 우연히 접근해 와 안전가옥의 정확한 위치를 확인해줄 때이다. 정보원들에겐 다른 기기들과 함께 15피트 이내 오차로 위치를 정확하게 집어내는 GPS기기가 주어진다. 한 정보원이 이 기기를 갖고 있다가 잡혀 참수된 후, 다른 정보원들은 그런 것을 갖고 다니기를 꺼려했다. 벨론이 가장 정보를 많이 얻는 곳은 무인항공기를 운용하는 병사들로부터였다. 무인항공기가 보내오는 비디오는 연속적인 GPS 업데이트를 포함하고 있으며, 담당병사들은 어떤 거리나 골목에 있는 개별적인 승용차와 사람들을 추적하여 단서를 잡는 전문가들이다.

　벨론은 정보들을 한데 모아 정리하면서 툴란 대령에게, 지금 팔루자에는 독립된 저항세력 조직 17개와 핵심 지도자 십 수 명이 있는 것으로 추산된다고 말했다. 시리아인들과 자르카위와는 달리 그들 지도자들은 이곳에서 나고 자랐으며 자살공격자들을 외부로 보낸 적도 없는 사람들이다. 그러나 그들은 전투를 가장 중요시하며, 4월에 자신들이 미군 사단을 패퇴시켰다고 생각하고 아직도 사기가 고양돼 있는 사람들이다.

　현재로는 해병 제1연대가 고속도로를 장악하고 있기 때문에 폭도들은 다른 어떤 곳으로도 이동할 수가 없다. 팔루자 여단 모든 병사들은 미군한테서 봉급을 받고 있다. 장교들은 자기들처럼 일하지 않고 편히 지낼 수 있는 지위에 오를 수 없는 모든 저항세력들을 위해 월급에서 10퍼센트를 공제했다. 매티스 장군은 적과 얼굴을 맞대고 앉아 전투가 얼마나 바보스런 짓인지 설명하고 싶어 했다. 그들은 지금 그들 자신의 도시에서 살고 있으며 아무도 그들을 괴롭히지 않는다. 이젠 그들의 생활을 진척시킬 때다. 결혼이나 미래를 생각할 만한 충분한 돈도 없으면서 흉악해 뵈는 얼굴을 하고 훔친 경찰차를 이리저리 몰고 다닐 필요가 없는 것이다.

툴란과 매티스는 팔루자에 영향력을 가진 지도자들과 직접 대화하고 싶어 했다. 모든 이야기 줄거리의 가닥이 쉐이크 자나비에게로 모아졌다. 그는 시 중심가에 있는 그의 제일 큰 모스크에서 와하비주의라는 급진 브랜드를 전도하고 있다. 그러나 종교에 귀의하기 전 수십 년 동안 그는 사업가며 밀수업자였다. 그의 가족은 팔루자에서 3대째 막강한 권력을 휘둘러 왔다. 벨론의 보고에 따르면 자나비는 세이크 가지만큼 부자는 아니지만 모든 강탈한 화물의 10~20퍼센트를 긁어 들이고 있다. 자르카위가 그를 장악하기 전에는 납치 희생자들을 되돌려 줄 수 있는 유일한 사람이었다. 그는 한 달에 2만~4만 달러라는 큰 액수의 돈을 벌어들인다. 저항세력 그룹 대부분이 그에게 원조를 요청하거나 적어도 1주일에 한 번씩 그의 모스크에 들린다.

툴란은 슐레이만에게 자나비한테 접근할 수 있는 방법을 물었다. 하팀 대령이, 시 위원회가 자기를 선택했노라고 정확히 주장하면서 보안군 대대 지휘권을 장악하려 하는 바람에 툴란과 슐레이만과의 대화가 방해를 받았다. 툴란은 보안군 병사들이 해병대가 주는 봉급을 그대로 받기를 원한다면 슐레이만이 계속 책임자로 남을 것이라고 하팀에게 말해 줬다. 솔직한 성격인 슐레이만은 해병대와 거리를 두었으며 미국 사람들 비위를 맞추려들지 않았다. 그는 해병대와 자나비 사이에 다리가 되는 중간자 역할을 하려 하지 않았다.

하팀이 조정자 역할을 자원하고 나섰다. 그는 브레머 최고행정관이 석방한 회교법률고문인 자말의 신임과 지원을 받고 있었다. 자말은 다른 이맘들의 거친 설교를 부드럽게 하려고 애쓰는 등 성의를 보이는 것 같았지만, 그가 저항세력들을 지원하고 있다는 소문이 계속 나돌았다. 시내의 모든 원로들은 두 개의 얼굴을 갖고 있는 것처럼 보였다. 하나는 해병대를 향한 얼굴이고 다른 하나는 저항세력들을 향한 얼굴이다. 툴란 대령은 자나비에게 대여섯 번 메시지를 보냈다. 자나비는 그가 체포되지 않는다는 것을 보증하는 브레머 최고 행정관의 서명이 든 편지를 요구했다. 결국 그는 매티스 장군이 서명한 보증서를 받는 조건으로 개인자격으로 정부종합센터에서 회합을 갖자고 제의했다. 매티스 장군도 이에 동의했다.

6월 중순 매티스는 시 동쪽 입체교차로에서 하팀을 만났다. 하팀은 미군 차량 9대만 시내로 들어갈 수 있다고 강력하게 주장했다. 좋은 징조가 아니었다. 툴란이 지휘관 헬리콥터에 타고 시가지 위를 선회하며 신속대응군을 동반하는 조건으로 매티스는 9대의 차량진입에 동의하고 두 번째 팔루자 시내여행을 하기로 했다. 5월 중순 시청에서 미군과 회합을 위해 아랍 명망가들과 아랍 텔레비전 방송국 요원들이 모였을 때는 라티프가 주빈이었다. 그런데 이번에는 라티프가 주빈은커녕 초청조차 되지 않았다. 그 대신 자나비가 그 모임의 중심인물이었다. 그는 60대 초반의 땅딸막한 키에 말쑥한 외모를 하고 있었는데 긴 턱수염을 가진 날카로운 얼굴에 흰 디시다사를 입고 완전한 아랍식 머리장식을 하고 있었다.

형식적인 소개의식이 진행되고 있는 동안 쉐이크 가지가 카와시미와 몇 마디 말을 주고받았다.

"해병대는 나쁩니다." 하고 가지가 얼굴에 노기를 띠며 말했다.

그의 밀수사업이 해병내 점령기간에 쇠퇴일로였고, 그가 지명한 시장(라아드)이 감옥에 갇혀있고, 미군들로부터 아무런 하청계약도 따내지 못하고 있는 그로서는 뱉음직한 말이었다. 카와시미는 어깨를 으쓱하며 다른 쪽으로 걸어가 버렸다.

5월 회의 때와 마찬가지로 족장 수십 명이 벽을 따라 죽 앉아서 입도 벙긋하지 않은 채 무슨 이야기를 하나 들으려고 목을 길게 빼고 있었다. 이것은 해병대 전투 지휘관과 게릴라 지휘관 사이의 회합이었다. 작은 이야기들을 제쳐놓고 매티스와 자나비는 공손하게 간단한 구두 펀치를 나누었다.

"귀하의 도시를 위해 자르카위와 시리아인들을 쫓아내야 합니다. 그들은 무고한 귀하의 동포들을 죽이고 있습니다. 우리는 모든 테러리스트들을 잡아 죽일 것입니다. 그것은 이 도시에 더 많은 폭탄과 공포를 가져다준다는 걸 의미합니다. 굳이 이럴 필요가 없습니다. 귀하와 같이 힘을 가진 사람이 그것을 막을 수 있다고 확신합니다. 그들을 쫓아내십시오." 하고 매티스는 말했다.

카와시미가 매티스 옆에 앉아서 통역을 하고 있었다.

"누군가가 귀하에게 나쁜 정보를 주고 있습니다." 자나비는 카와시미를 노려보며 말을 이어갔다. "이곳에 외국인들은 없습니다. 당신들의 폭탄이 무고한 사람들을 죽이고 있습니다. 우리는 당신들이 파괴하러 올 때 오직 우리 가정을 보호하기 위해 저항할 뿐입니다."

"우리는 당신들을 도우러 여기에 와 있습니다. 여러분의 아이들에게 물을 안전하게 마시게 하고, 학교에 전기를 끌어들이고, 병균을 옮기는 쓰레기를 치워 깨끗한 시가지를 만들려고 온 것입니다. 우리는 돈을 갖고 있습니다. 여러분의 계약자들에게 지금 당장이라도 지불할 수 있습니다. 오늘부터 시작할 수 있습니다." 하고 매티스는 말했다.

"이번 전쟁 때문에 주민들이 당신들을 믿지 않습니다. 우리한테 돈을 주고 우리가 우리 자신을 돌보게 하십시오. 그것이 가장 좋은 길입니다." 하고 자나비가 말했다.

두 사람은 한 치의 양보도 없이 입씨름을 계속했다. 매티스의 메시지는 '팔루자에 숨어 있는 테러리스트들이 무고한 이라크인들을 죽이고 있다. 당신들은 그걸 중지시킬 수 있다. 우리 다 함께 힘을 합치면 안전하고 건강한 도시를 건설할 수 있다.'였다. 자나비의 메시지는 '살인은 모두 당신들의 과오로 벌어지고 있으며 모든 사람들이 평화를 원한다. 이라크를 떠나라. 당신들은 환영받지 못하고 있다.'였다.

하팀은 카와시미가 통역을 끝내길 기다려 손을 흔들었다. 그들은 오직 15분간만 머물기로 약속이 돼 있었다. 하팀은 안절부절했다. 지난 3월에 해병대와 82공수사단 병사들이 왔을 때도 그랬던 것처럼 박격포탄과 기관총 탄환이 언제 어느 순간에도 날아올 수 있다는 것을 알고 있기 때문이다.

"그게 좋을 것 같습니다." 카와시미는 그들이 지금 떠나야 한다며 매티스에게 속삭였다.

"나도 그러고 싶네." 하고 매티스가 말했다.

그는 냉정하게 자나비와 악수를 하고는 밖으로 걸어 나왔다. 매티스는 전에 자나비가 자기를 암살하려는 음모를 꾸미고 있다는 경고를 받은 적이 있었다. 사령관으로서 역할을 해야 하기 때문에 그는 그 경고를 무시했다. 그는 은밀한 비상계략을 갖고 있었다. 지난 3월에 일어났던 것처럼 그들이 정부종합센터 안에서 공격을 받게 되면, 그는 자나비를 체포할 작정이었다. 그 체포로 인해 회의실 안에서 싸움이 벌어지면, 자나비 머리에 총탄 2발을 먹일 작정이었다. 매티스보다 몇 걸음 뒤에서 카와시미가 자나비 옆을 걸어가자, 자나비는 "반역자!" 하며 빠르고 낮은 소리로 악담을 퍼부었다.

하팀은 해병들이 도시 외곽을 향해 차를 몰고 가는 것을 바라보며 안도의 숨을 내쉬었다. 지난 해 5월처럼 거리 모퉁이엔 남자들이 서 있었다. 이번에 그들은 박격포탄이나 AK총탄 대신 조롱과 욕설로서 호전적인 태도를 보여 주었다. 몇몇은 손으로 공중에다 야만스런 형용을 하고 있었고, 다른 몇몇은 마치 자위행위를 하는 것처럼 사타구니에 손을 넣어 흔드는 시늉을 했다. 아까 해병들은 정부종합센터 옥상에서 총을 조준한 채 RPG 사수가 모습을 드러내길 기다렸다. 툴란이 탄 휴이형(Huey) 헬기가 상공을 선회하고 있었고, 시 바깥에서는 탱크병들이 해치에 앉아서 전투소식이 들려오기만을 손꼽아 기다렸다. 그러나 매티스 장군을 태운 규모가 작은 호위대는 발포 한 방 없이 시내를 빠져 나왔다.

캠프 팔루자로 되돌아온 매티스와 툴란은 카와시미에게 이번 회합에서 받은 인상을 물었다.

"자나비는 보스입니다. 장군님." 하고 카와시미가 말했다. "지금 팔루자는 그의 도시입니다. 도시 외곽에서 더 큰 회합을 준비한 후 그를 초청하여 체포하면 됩니다."

벨론이 반대했다. 고약한 외교적 선례를 남기게 되고 홍보활동에 치명타를 가할 것이라는 이유에서였다. 카와시미가 고민 끝에 낸 제안이었지만 그의 아이디어는 거절당했다.

"그 밖에 다른 아이디어는 없는가?" 하고 매티스가 물었다.

"장군님이 그를 싫어하는 것은 분명합니다. 저의 생각으로는 자나비는 장군님이 그와 싸우기를 원한다는 것을 알고 있습니다."

"그가 그렇단 말이지."

자나비와의 회합은 카와시미가 그의 정보원들과 만나는 야간 순행을 더 이상 추진할 수 없게 만들었다. 툴란은 카와시미에게 그 일을 그만두도록 지시했다.

"그들이 자네를 노리고 있다가 걸려들면 죽일 걸세. 마치 자네가 자나비를 노리고 있는 것처럼 말이야." 하고 툴란은 말했다.

22

소리를 낮춰라

팔루자 여단이 수니파의 저항투쟁을 소멸시키기 위한 본보기가 될 수 있다는 억측 섞인 해석에 약간 혼란이 있었다. 6월 하순 이라크를 방문한 국방부 부장관 울포위츠는 그 문제에 서로 모순된 평가들을 전해 들었다. 한 고위 이라크 관리는 그 같은 해결책은 이스라엘이 가자지역에서 이행하기로 한 약속처럼 이라크로부터 미국의 완전 철수를 의미하는 '가자(Gaza)식'이 될 거라고 울포위츠에게 귀띔해 줬다. 일부 이라크 관리들은 울포위츠에게 시선을 꽂은 채 팔루자에 테러리스트나 외국인 전투원들은 없다고 주장했다. 일부 미국인 관리들은 팔루자 여단은 아직도 '소심한 심장'을 갖고 있다고 공언했다.

더욱이 해병들은 울포위츠가 방문하던 때 팔루자에서 공중폭격을 두 차례 감행하고 종일 전투를 벌였으며, 한 테러리스트 안전가옥에 500파운드짜리 폭탄 네 개를 투하함으로써 총 2천 파운드가 넘는 폭탄을 퍼부었다. 며칠 후 해병대원정군 사령부 참모장인 콜만 대령은 팔루자 동향에 대해 공식적으로 낙관적인 견해를 피력했다. "팔루자는 아주 천천히 올바른 방향을 향해 나아가고 있습니다." 그는 뉴욕타임스 기자에게 이렇게 말했다.

울포위츠는 사태 진전을 보고 당황했다. 정보보고는 팔루자에서 저항세력 지배가 확고해지고 있다고 지적하는데 반해 일부 이라크 및 미국 관리들은 그 사실을 받아들이기를 거부하고 있는 게 아닌가. 전투시엔 언제나 철저하게 명령에 순종하도록 훈련받은 해병대가 지금 상호모순되는 충동과 싸우고 있는 것이다. 그들은 팔루자 여단에 대해 낙관적인 견해를 갖고 싶은 반면 적에 대해서는 순진한 태도를 보이지 않고 있었다. 그들은 다른 도시에서 일어나고 있는 차량 자살폭탄 테러가 팔루자와 연계돼 있다는 추측을 부인했다. '폭탄을 폭발시킬 현장 근처에서 차량에 장치한다.'는 이유에서였다. 팔루자 여단을 창설하는 결정에서 소외당했던 연합임시행정청 관리들은 일부 해병들이 스톡홀름 신드롬(인질사건에서 인질범과 인질 사이에 생성되는 감정적 전이현상으로, 장기적으로 격리된 장소에서 인질범과 인질이 같이 생활하면서 같은 운명체라는 정서적 유대감을 갖게 되는 현상)에 전이되어 '돼지에게 립스틱을 발라주려 하고 있는 게' 아닌가 하고 의아해했다.

국방부 부장관은 팔루자를 전 바트당원 및 전직 장군들에게 넘겨준 것이 중대한 과오였음을 깨달으며 이라크 여행을 끝마쳤다. "팔루자는 본보기가 될 수 없습니다. 어쩌면 팔루자는 이라크에서 가장 고약한 곳인지도 모릅니다." 울포위츠는 CNN에 나와 이렇게 말했다.

6월 말이 되자 언론들은 팔루자를 "무자헤딘이 주도하는 절대적 지배권"에 의해 관리되는 "살모사들의 보금자리"이며 "새로운 성전과 저항세력들"을 양성하는 훈련장으로 보도하고 있었다. 워싱턴포스트는,

이라크 및 미국 관리들은 해병대의 팔루자 철수 결정이 "저항세력 신병양성을 위한 인큐베이터"를 만들어 준 결과가 된 것으로 믿고 있다는 기사를 1면에 실었다.

7월 초, 합동기동군 사령관직을 물려주고 난 후 기자들과 만난 산체스 중장은 해병대의 강습공격 취소결정을 비난했다. "(팔루자에서 얻은) 교훈은 정밀공격이 아니라 막강한 화력을 사용해야만 승리를 거둘 수 있다는 점"이라고 그는 말했다. 4월에 산체스는 팔루자 공격에 대한 백악관 지원이 영국의 반대에 부딪쳐 약화될 거라고 경고한 바 있다. 그러나 산체스는 전면적인 공격만이 현명한 군사적 선택이라는 신념에는 변함이 없었다.

산체스 장군이 떠난 후 팔루자 상황은 계속 악화돼 갔다. 시 주민들이 뜨거운 7월의 무더위에 지쳐가자 자나비는 갑자기 나타난 전직 전기기사인 오마르 하디드에 의해 그가 장악하고 있는 지휘권이 도전받고 있음을 알았다. 하디드는 정부종합센터 남쪽 하층민 구역에서 어머니와 함께 살고 있다. 자나비는 그의 풍요로운 저택으로부터 몇 블록 떨어져 있는 거대한 모스크에서 만나는 무자헤딘 슈라 위원회를 대표하는 특권과 명망을 누리고 있다. 사람들 사이의 평등성은 이슬람교의 근본 교리이다. 이라크 군대와는 달리 저항세력 지도자들은 계층상승으로 용기를 얻는다. 영화 〈스카페이스(Scarface)〉에서 알 파치노가 맡은 인물처럼, 푸시시한 턱수염과 빽빽하게 엉켜 있는 길고 검은 머리털을 가진 40대의 땅딸막한 남자인 하디드는 무뚝뚝하고 냉혹한 흉포성에 타고난 지도력을 겸비하고 있었다. 4월에 자르카위가 그를 자신의 오른팔로 맞아들였으며, 7월이 지나자 하디드는 해병대와 역적들의 킬러로서 수많은 전투에서 살아남은 그 지역의 전설적인 인물이 되었다. 젊은이들이 그를 우러러 보고, 그는 야간순찰을 하고 패거리들이 은거하고 있는 집에 들러 말을 걸어주고 신선한 빵을 남겨 줌으로써 보답했다.

자기의 지도력이 위협을 받자 자나비는 와하비주의의 극단적인 성전인식을 더 강력하게 고취시키는 방식으로 대응했다. 그는 목적을 위해 수익을 좇는 교활한 사업가로 행세하는 시간을 줄이고 더 강력한 반서구적인 폭력을 주장하는 데 매진했다. 아시아 타임스는 팔루자를 "이슬람 토후국"으로 불렀다. 이곳에서 미 해병대를 쫓아낸 무자헤딘들은 마치 아프카니스탄에서 탈레반이 정권을 장악할 때처럼 이라크 여타 지역들도 지배할 수 있을 것으로 믿고 있다고 이 신문은 보도했다.

해병대 쪽에서는 툴란 대령이 팔루자에 있는 모든 계층의 이라크인들과 가지는 협상교섭의 제1선봉장으로 나섰다. 콘웨이 중장은 새로 온 미군 지휘관들과 바그다드의 이라크팀을 조율시키느라 바쁘고, 매티스 소장은 라마디에서의 작전수행에 바빴다. 7월이 되자 몇몇 사람들은, 협상에서 매티스 곁에 앉아있는 것은 미끼를 따라 트랩을 돌고 있는 오소리 무리를 보는 것과 같다고 말했다. 툴란이 일일회의 지휘권을 갖게 됨으로써 그는 신중한 어조로 확고한 메시지를 전달했다. 어느 날 별 의미 없는 내용들로 가득한 회의를 마치면서 그는 어떤 기자에게 실질적인 이라크 지도자들을 찾는 일에 진력이 났다고 털어 놓았다.

라티프는 팔루자 여단에서 전혀 지도력을 발휘하지 못했다. 차석인 압둘라 무함디 소장이 병사들에게 더 큰 영향력을 행사했지만 그는 신뢰성이 없었다. 한번은 그가 해병들이 철도 정거장 옆에 사는 한 가족을 괴롭히고 있다고 주장했다. 의구심이 든 올손 중령은 압둘라와 라티프를 데리고 조사에 나섰다. 그들이 문제의 집에 도착했을 때 그 집 가족들은 어리둥절해 하며 해병들과 전혀 접촉해 본 일도 없다고 말했다. 라티프는 압둘라를 돌아보고 거짓말쟁이라며 창피한 줄 알라고 면박을 주었다. 그것이 그가 마지막으로 지른 만세소리였다. 7월 말이 되자 라티프는 자신이 아무런 영향력을 행사할 수 없음을 알고는 더이상 팔루자에 들어가지 않았다.

8월이 지나면서 압둘라는 봉급 받는 날을 제외하곤 해병대를 아예 피해 다녔다. 2월에 그랬던 것처럼 이제 술레이만이 믿을 만한 군부 지도자로 떠올랐다. 시내에서 저항세력들에 대항할 만큼 강력한 힘을 갖지 못한 술레이만은 지난 3월에 미국인 경호원들의 시신 훼손이 있던 브룩클린교 서쪽 반도에 있는 병영에서 그의 대대를 거느리고 있었다. 툴란은 일주일에 한 번씩 그와 이야기를 나누기 위해 그곳을 찾곤 했다. 한번은 그와 바깥에서 이야기를 하고 있는데 그들을 향해 총탄이 날아오기 시작했다. 그때 술레이만은 툴란 앞을 당당하게 걸어 나가며 총잡이에게 사격을 멈추라고 고함을 질렀다. 또 한번은 사제폭발물이 툴란이 탄 험비 옆에서 터졌다. 툴란은 차를 멈추고는 휴대전화로, 아마도 자신이 표적이 된 것 같다며 성급하게 술레이만을 불렀다. 15분 만에 술레이만이 차로 달려와 툴란을 연대본부까지 호위해 주었다. 그때부터 툴란이 방문길에 나설 때는 항상 호위대가 따라 붙었다.

툴란은 술레이만을 십 수 차례 만나본 후 이 사람이야말로 올곧은 군인이라는 결론을 내렸다. 그러나 술레이만은 유프라테스 강의 작은 반도에 소규모 군사를 거느리고 있는 지도자에 불과했다. 그의 가족은 완고한 전사들이었던 것으로 추측되는 아부 마흐디족의 고귀한 가문이었다. 매일 밤 술레이만은 15킬로미터 떨어진 하비니아의 자택으로 퇴근했다. 자택은 경비가 삼엄했다. 그는 팔루자 시내에 들어가기를 꺼렸다. 거기에는 또 다른 보안군 대대장인 자바르가 정부종합센터에 쥐 죽은 듯이 머물고 있다. 술레이만은, 팔루자 여단은 시내에서 자나비 명령에 따르고 있으며 자나비가 '더욱 교활해지고' 있다고 툴란에게 경고를 보냈다. 자나비가 자신의 사업에 맘을 뺏기고 무장 추종자들의 충성을 강요하면 할수록 그는 외톨이가 될 것임이 분명했다. 술레이만은 모든 족장들과 저항세력 지도자들이 이라크 정부의 어떤 관리로부터도 신뢰도 지원도 받지 못한다는 것을 알고 있었다. 바그다드는 팔루자 따위엔 별 관심도 없었다.

―――

팔루자가 이라크에서 가장 고약한 곳인 이상, (이라크 주권을 이양받아 임시정부가 수립된 직후인) 7월이 되었다고 해서 이곳에 별 뾰족한 전망이 보일 리가 없었다. 이 도시는 통제에서 벗어나 있는 동안 오히려 더욱 고립되어 갔다. 팔루자의 수니파 저항세력들에 대해서는 어떻게 대처해야 할지 아무도 총괄적인 방안을 내놓지 못했다.

6월 말은 이라크 주권을 이라크인들에게 돌려주는 기억할 만한 시기였다. 브레머 대사 겸 최고행정관은 연합임시행정청을 해체하고 지명자들로 구성된 이라크 임시정부에 통치권을 이양한 후 귀국비행기에 몸을 실었다. 새 이라크 정부는 수니파 저항세력을 억누르고, 내년 1월에 치르게 될 선거에 의구심을 갖고 있는 시아파들을 안심시키면서 아울러 사드르의 민병대를 무력화시켜 국가를 재건해야 하는 막중한 과제들에 직면해 있었다. 연합임시행정청이 약속한 건설 프로젝트 2천300개 중 140개만이 이행되었거나 이행 중이었다. 그러나 주권 반환은 국내 안정에 별 두드러진 효과를 내지 못했다. 연합임시행정청은 당초 6월까지 훈련받은 이라크 보안군 병사 1만 2천 명을 국내치안에 투입할 계획이었다. 그런데 탈영으로 1만 2천 명의 병력이 4천명으로 줄어들었다. 지난 한 해 내내 이라크 보안군은 군대로서 중요한 역할을 전혀 수행하지 못했다.

이라크 주재 신임 미국대사는 경험이 풍부한 외교관인 존 네그로폰테였다. 7월에 그는 전임 브레머 대사가 평소에 주장해 왔던 대로 이라크 치안부문 예산을 2배로 늘리고 경찰력을 40% 증가시키기로 했다. 하지만 예산을 늘리고 이라크인들을 훈련시켜 그들로 하여금 거리에서 치안을 담당하게 만들기까지는 1년이 걸리는 일이었다.

중앙정부 역시 치안을 책임지거나 공공복리에 신경을 쓰기에는 그 기반이 너무 취약했다. 수세기 동안 시아파와 쿠르드족을 지배해 온 수니파에 기반을 둔 저항세력들은 다국적군이 떠나는 순간 다시 권력을 장악한다고 자신하고 있었다. 그런데도 다국적군은 그런 저항세력과 언제 어떻게 싸울지 결정을 내리지 못하고 있다. 이제 팔루자와 다른 모든 지역에 대한 정책결정은 바그다드 임시정부 소관이다. 새로 임명된 세이크 가지 야와르 대통령과 아야드 알라위 국무총리는 둘 다 4월의 해병대 공격에 대해 격렬하게 반대한 사람들이다. 그들은 바트 당원들에게 선택적으로 권력을 다시 쥐어 주기를 원하는 열렬한 후원자들이었다. 이제 팔루자 여단에 어떤 조치를 내릴 것인지 결정해야 했다.

미군 쪽에서도 새 사령관이 부임했다. 조지 케이시 대장이 다국적군 총사령관이라는 새로운 직위에 임명되었다. 유명한 군인가문 출신인 케이시는 상대방에게 안도감을 주면서 모든 사람들을 평등하게 다루는 요령을 가진 지휘관이었다.

———

7월 말 케이시 장군은 라마디를 방문하여 매티스 장군과 함께 전투를 치른 부대들을 일일이 찾아서 의견을 들었다. 2/4대대는 이라크에서 가장 전투를 많이 치른 부대다. 이 대대는 평균 하루에 세 번씩 소형무기나 간접사격 또는 사제폭발물의 공격을 받아 31명이 죽고 284명이 부상을 입었다.

케이시 대장은 이라크 보안군이 12월까지 현지 치안을 맡을 만한 능력을 갖게 되는지 물었다. 해병들 대답은 부정적이었다. 저항세력들은 4월에 해병들과 싸우려다 실패한 이후 전술을 바꾸었다. 그들은 미군들에게 사제폭발물을 터뜨리고 돌진 공격을 한 후 사라지는 종전방식으로 되돌아갔으며, 자기들에게 도전하려는 기색만 보이면 어떤 경찰이나 보안군 병사도 암살해버리는 수법을 썼다. 그 결과 미군은 시내 중심가를 장악하고 저항세력은 주민들을 위협하여 자기들 동조자로 만들기 쉬운 시장통을 지배했다.

"모든 이웃들이 무자헤딘이 있는 곳을 알고 있지만, 이라크 경찰은 주민들이 자기들 오는 것을 원치 않는 곳에는 갈 수 없다고 말합니다. 이라크 경찰은 우리와 함께 순찰에 나서지 않으려 합니다. 적들이 그들과 가족들을 위협하기 때문입니다." 브론지 대위의 말이다.

3월에 해병 대대들이 팔루자에 오기 전에 케이스 마인스와 같은 문민 행정관들과 82공수사단 장교들은 수니파 이슬람교도, 족장, 전직 바트 당원, 그리고 갖가지 신념을 가진 기회주의자들의 비잔틴식 권모술수 정치에 깊이 빠져들었다. 족장과 이맘 및 현지 관리들과의 회합이 끝없이 이어졌다. 모든 아족(亞族)들에 대한 호불호(好不好) 리스트가 있었다. 보는 족장들은 자기들이 영향력을 가져야 하며 봉급도 지불해줘야 한다고 주장했다. 아비자이드 장군은 개별적으로 족장들과 접촉했다.

케네디 중령은 케이시 대장에게 저항세력의 준동으로 족장들 영향력이 약화됐다고 보고했다. 경찰과 보안군은 해병대가 없는 곳에서 저항세력들이 마음대로 날뛰게 내버려 둔 채 사무실이나 병영에서 빈둥거리고 있으며, 수도와 같은 주민생활과 직결되는 기본시설을 개선하려고 애쓰는 하청업자들마저 저항세력의 위협을 받고는 사라져버렸다고 보고했다.

케네디는 안바르 주 지사인 부르기스에게 아주 후한 평가를 내렸다. 전직 경찰서장인 부르기스는 미래에 대한 희망을 버리지 않고 주민들에게 제대로 봉사하려고 노심초사했다. 케네디는 부르기스가 제일 훌륭한 관리라는 케이스 마인스 행정관의 평가에 기꺼이 동의했다. 부르기스는 정직하게 열심히 일하고 족장들에게 존경을 받았다. 그러나 그는 그의 사무실에 저항세력 스파이들이 침투해 있다는 사실을 알고 있었다. 케네디는 부르기스를 보호하기 위해 1개 소대를 라마디 정부 종합센터에 24시간 주둔시키고 있으며, 경찰이 그의 집을 방호했다.

케이시 대장은 이라크군대가 근본적인 도전에 대처해야 한다고 말했다. 이 나라는 그들 것이며 따라서 나라를 위해 자신들이 싸워야 한다는 사실을 인식해야 한다는 것이다. "그것이 바로 이라크 군대가 해야 할 일입니다." 하고 케네디가 맞장구를 쳤다. 그러나 이라크인들은 저항세력의 위협에 공포감을 갖고 있었다.

케이시 대장이 라마디를 방문한지 며칠 후 저항세력이 부르기스 주지사 집을 공격했다. 마침 주지사가 집에 없을 때였다. 두 아들이 납치되고 집은 불탔다. 경계근무 중이었던 경찰은 어떤 비상조치도 취하지 않은 채 무기를 버리고 도주해 버렸다. 부르기스는 케네디 중령에게 자기를 도우려하지 말아달라고 요청했다. 미군이 개입하면 납치된 자기 아들들이 죽는다는 것이다. 1주일 후 알 자지라 방송에 방영된 한 비디오에서 부르기스는 그간 이교도들을 위해 일하느라 이슬람을 배반한 것에 대해 사죄했다. 눈물이 볼을 타고 흘러내렸다. 부르기스가 아랍인 수백만 명 앞에서 굴욕을 당한 후 아들들이 풀려났다. 그는 가족들을 데리고 요르단으로 떠났다. 다음날 알라위 국무총리는 알 자지라 방송국의 바그다드 사무실을 폐쇄했다.

케이시 대장과 새 이라크 정부는 팔루자와 라마디에서의 좌절보다 훨씬 더 큰 위기에 직면했다. 사드르가 다시 반란을 주도하여 남쪽 시아파지역을 진동시키며 임시정부를 위험에 빠뜨린 것이다. 8월 5일 사드르는 나자프의 경찰본부를 공격한 후 알리 모스크 외곽의 요새화된 병영 안에 진을 쳤다. 알리 모스크는 성역으로 온 세계 시아파 이슬람교도들이 일생에 한 번 이상 꼭 순례를 오고 싶어 하는 곳이다. 대 아야톨라(시아파 최고 지도자에 대한 칭호)인 알리 후사이니 알 시스타니와 이라크 시아파 원로 성직자들 또한 나자프에 살고 있다. 사드르는 박격포 1문을 설치해 놓고 직접 위협했다. 그가 만약 시아파 지도자로 등장한다면 이라크는 혼돈 속에 빠질 염려가 있었다.

케이시는 재빨리 제11해병원정군 부대를 보내 사드르 민병대를 나자프 안에서 차단토록 했다. 사드르 민병대가 요새로 이용하고 있는 성역에 손상을 주지 않으면서 무력으로 그들을 굴복시키기가 전술적으로 여간 난처한 일이 아니었다. 하루하루 날이 갈수록 기온은 점점 높아져 화씨 120도까지 올라가고 있는 가운데 1/4대대는 전진이 느리기만 했다. 그들은 알리 모스크 바깥에 있는 거대한 묘지의 묘석과 납골당 사이를 가로질러 다니며 전투를 벌였다. 사드르 민병대는 모스크 영역 안쪽 마당에서 전혀 반격을 받을 염려 없이 120밀리 박격포를 미군을 향해 쏘아댔다. 탱크병들은 링거를 맞아가며 싸웠다. 세 시간마다 탱크 밖으로 나와 들것에 눕는다. 누워있는 동안에 수 파인트(1파인트는 0.473리터)의 액체가 그들의 정맥 속으로 들어간다. 일단 링거를 맞으면 다시 전투에 투입된다.

8월 둘째 주에 제7기갑연대 2대대가 동쪽으로부터 민병대를 압박하기 위해 기갑장비를 갖고 와 전투에 참가했다. 매일 두 대대장—1/4대대의 존 메이어 중령과 2-7대대의 짐 레이니 중령—은 병사들에게 왜 적들이 있는 특정한 구역을 향해 대포를 쏠 수 없는지를 설명해야 했다. 전술적으로는 승리가 훤히 보였지만 기갑병들과 해병들은 사드르를 생포하거나 민병대를 죽일 수 없었다. 거기서 오는 정치적인 결과를 염려해서다. 그 대신 알라위 총리는 미로를 헤매고 있는 중개자들을 통해 교활한 사드르와 협상을 시도하느라 비비꼬는 미뉴에트(3박자의 느리고 우아한 춤)를 추고 있었다.

미군과 이라크인들의 권모술수 관계는 모호하기 이를 데 없었다. 알라위 총리는 제한범위를 설정했고 케이시 대장은 그걸 실행했다. 미군은 전투를 했지만 그 전투를 끝낼 수 없었다. 그것이 알라위가 바라는 바였다. 알라위는 사드르 만큼이나 변화무쌍함을 보여주었다. 사드르에게 최후통첩을 발했다가 금방 거둬들이고, 미군 진격을 허용했다가 다시 중단시키고, 사드르에게 협상에 나오도록 재촉하다가 다시 처음으로 되돌아가곤 했다. 미군은 사드르 민병대 주위에 올가미를 씌워 점점 조여 가며 2주 동안 압박을 가했다. 8월 20일이 되어서야 민병대가 항복을 했다. 대 아야톨라인 시스타니의 압력을 받은 알라위는 마지막 순간 사드르와 그 심복들을 풀어 주었다. 지난 4월처럼 사드르는 반란을 일으켰고 전투에서 패배했고 그리고 응분의 벌을 받지도 않은 채 풀려났다.

케이시 대장이 현지 치안은 이라크인들에게 맡겨야 한다고 지시한 이후 지역 통치에서 미군의 역할은 감소했다. 이제 이라크 정치가, 족장 및 관리들을 만나서 시정(市政)의 일상적인 문제들을 의논하는 일은 더 이상 전술적인 지도자들—미군부대의 지휘관들—의 책임이나 의무가 아니었다. 이라크 보안군의 훈련과 장비공급 업무 중 많은 부분이 데이비드 페트레우스 육군중장 휘하의 미군 사단들에서 분리된 한 훈련부대에 의해 수행될 참이었다. 식민지적 행정의 특색인 족장들을 서로서로 떼어놓으려는 음모는 일단 이라크가 주권국가가 된 이상 별 소용없게 되었다.

저항세력, 이른바 이슬람 과격파, 범죄자, 전직 군 장교 및 정보부처 관리, 과격 수니파 이맘과 젊은이들은 권력회귀를 모색하는 바트 당원들 동맹체로서, 복수심이나 욕망에 자극되어 이교도 점령자들에게 저항하고 싸우고 있는 것이다. 미국은 여러 저항그룹들 사이를 이념적으로 이간시킬 수 없었지만 알라위는 자기가 할 수 있다고 믿었다.

알라위 총리는 미군을 쇠망치로 활용하는 한편 수니파와 시아파 반군들에게는 감언으로 손을 내미는 복잡한 게임을 하고 있었다. 그는 자신이 4월에 만들어 놓은 채널을 이용하여 자말과 자나비와 대화통로를 계속 유지했다. 그 무렵 자말과 자나비는 사드르 반군을 지원하기 위해 팔루자에서 훔친 경찰용 자동차에 저항군을 태워 나자프로 보내고 있었다. 그들의 그런 기여는 군사적으로 하찮은 것이긴 하나 사기진작과 관련이 있다는 점에서 골치 아픈 일이었다. 매티스 장군이 보기에 이라크 임시정부의 그 같은 은밀한 협상은 저항세력들을 고무하여 필연적으로 올 최후 심판일을 지연시키는 일이었다.

―

나자프에서 주요 전투가 끝나가고 있을 때 툴란 대령은 술레이만 중령이 이끄는 이라크 보안군 대대의 사기를 진작시키기 위해 부지런히 노력했다. 훌륭한 유머감각에 가라데 검은 띠를 맬 정도의 무술실력도 갖고 있는 술레이만은 해병 제1연대가 가장 믿고 좋아하는 이라크 장교였다. 술레이만은 약속을 지켰으며 절대로 상대방 비위를 맞추려들지 않았다. 그는 팔루자 시내의 과격하고 완고한 사람들과 철천지 원수가 되는 것도 피하고 미군들과도 일정한 거리를 유지하며 사귀는 줄타기를 하고 있었다.

7월 중순 술레이만의 호위병 중 한 사람 집이 폭파되고, 그 후 이 불운한 사람도 납치되어 살해된 것으로 추정되었다. '반역자 술레이만'의 처단을 촉구하는 전단들이 시내에 뿌려졌다. 툴란은 해병과 이라크 보안군의 합동순찰을 원했지만, 술레이만이 거절했고, 툴란은 그것을 선의로 받아들였다.

"술레이만 대령은 나의 친굽니다. 지난 5개월 동안 함께 일했습니다. 그가 내게 '이것은 받아들일 수 없습니다. 내 가족이 살아야 하니까요.' 하고 말했을 때 나는 그의 진심을 믿었습니다." 7월 말 툴란은 기자들에게 이렇게 말했다.

8월 9일, 술레이만대대 한 대위가 납치되어 팔루자 중심가의 마카디 모스크에 구금되었다. 화가 난 술레이만은 툴란을 찾아와 그 대위를 구출해 오겠다고 말했다. 툴란은 해병 지원군을 준비시키겠다며 잠깐 기다리도록 했다. 술레이만은, 이 일은 나 혼자서 해결해야 한다며 단호히 거절했다.

연습용 운동복을 입은 채 술레이만은 부하 십 수 명을 이끌고 문제의 모스크로 달려갔다. 모스크의 이맘은 술레이만을 책망하며 그들이 대위를 납치한 것은 그가 미군과 공모했기 때문이라고 말했다. 술레이만은 이맘의 얼굴을 한 대 때리고 만약 대위를 석방하지 않으면 전 대대를 이끌고 다시 오겠다며 큰 소리로 으름장을 놓고는 모스크를 빠져

나왔다. 술레이만이 유프라테스 강의 작은 반도에 있는 그의 병영으로 차를 몰고 되돌아올 때 복병을 만나 약간의 충돌이 일어났다는 보고가 있었다. 다음 한 시간가량 저항세력들이 술레이만대대 병영 정문 바깥에 몰려들어 RPG를 휘두르며 시위를 했다.

사격이 시작되기 전에 몇몇 이맘들이 와서 술레이만에게 이번 납치사건은 전적으로 잘못된 것이며 그 대위는 술레이만이 와서 데려가도록 기다리고 있다고 말했다. 술레이만이 마카디 모스크로 차를 몰고 다시 갔을 때 자나비가 기다리고 있었다.

몇 시간 후 저항세력의 숨은 지도자인 오마르 하디드가 술레이만의 휴대전화기로 툴란의 연대본부에 전화를 걸었다. 메시지는 잡음이 뒤섞여 무슨 말을 하는지 알아들을 수 없었지만 전화번호는 분명 술레이만 것이었다. 몇 분 후 하디드는 신경이 곤두서 있는 술레이만의 부인에게 조롱조로 전화를 걸어 그녀의 두 딸이 다시는 아버지를 볼 수 없을 것이라고 말했다.

그날 늦게 또 다른 보안군 대대를 지휘하고 있는 자바르 중령 역시 납치됐다. 툴란 대령은 급습을 하고 싶었지만 장소가 어딘지를 몰랐다. 그는 시 원로들과 경찰 및 팔루자 여단 간부들에게 전화를 걸어 술레이만과 자바르의 석방을 보장하도록 경고했다. 그들은 이 일에 대해 아무 것도 모른다고 고백했다. 그날 늦게 그들은 이번 납치가 전혀 잘못된 것이며 잘 처리되고 있다고 툴란에게 알려주었다. 하루가 지난 후 그들은 술레이만이 정장 대신 운동복을 입고 모스크에 들어왔기 때문에 슈라(지항세력들이 만든 통치위원회)의 보호를 받을 수 없게 되었다며 더 불길하고 너절한 이야기들을 전해주었다. 술레이만이 속한 부족 원로들은 몸값을 지불하고 그를 구출하려고 나섰다. 매를 맞은 후 석방된다는 이야기가 들렸다. 일주일 전에 그런 형벌이 무력한 한 족장 아들에게 행해진 적이 있었다. 죄인의 발바닥을 사정없이 때리는 형벌인데 이 벌을 받은 사람은 여생동안 지팡이 신세를 져야할 정도이지만 목숨만은 부지할 수 있다.

툴란은 술레이만의 부족인 아부 마흐디족이 나서서 그 형벌에 강력하게 반대하기를 바랐지만, 부족 원로들은 자나비와 하디드의 잔혹성을 두려워했다. 며칠 후 술레이만의 훼손된 시신이 마카디 모스크 남쪽 도로 위에 내버려져 있었다. 머리도 손발도 잘려나간 몸통은 뜨거운 것에 익혀진 것처럼 분홍빛을 띠었고 발과 다리는 시커멓게 부풀어 올라 있었다. 툴란은 자나비와 하디드가 처음에는 그를 죽일 생각은 없었다는 이야기를 들었다. 대나무 막대기로 발바닥에서 시작하여 다리 쪽으로 옮겨가며 때리는 통상의 매질이 시작되었다. 술레이만은 애소하며 잘못을 고백하기는커녕 고문자들을 계속 저주했고, 화가 난 고문자들이 뜨거운 물을 그의 가슴에 쏟아 부어 분풀이를 했다는 것이다. 다시 그를 버팀목에 묶어 놓고는 그가 미군 스파이이며 툴란을 위해 일했다고 띄엄띄엄 중얼거리는 독백을 비디오에 담았다. 그런 후에 하디드는 그의 머리를 톱으로 잘랐다.

다음날 술레이만과 자바르의 최후를 보여주는 비디오테이프가 팔루자 여기저기에 나돌아 다녔다. 그 비디오에서 술레이만은 이라크 민중들과 미군 침략에 저항하다 죽은 전사들을 배신한 것에 용서를 구하며 울고 있고, 자바르는 술레이만이 미군첩자였다고 주장하며 목숨을 애걸하며 흐느끼고 있었다. 자나비는 앞잡이들을 술레이만과 자바르의 2개 보안군대대 병영에 보냈다. 보안군병사들은 트럭과 무기를 버려둔 채 뿔뿔이 흩어져 달아나 버렸다. 자바르는 그 후 다시는 눈에 띄지 않았다. 증오가 자르카위에서 하디드로 다시 자나비로 옮겨가면서 테러가 확대재생산되고 있었다. 이들 세 사람은 기회주의적인 사업가에서 악한으로 다시 광신적인 고문자로 변신해 갔다.

경찰과 팔루자 여단이 교묘하게 술레이만과 자바르를 납치하게끔 저항세력을 도운 증거를 CIA가 재빨리 찾아내자 툴란이 폭발했다. 열화같이 노한 그는 팔루자 여단, 경찰, 보안군 지도자들을 팔루자 교섭센터로 호출하여, 이번 사건으로 팔루자 여단과 경찰은 더 이상 존재할 필요가 없게 되었다면서 그들의 배신과 살인자를 비난했다. "폭도들이 시를 장악해 왔습니다. 나는 그들과 절대로 협상하지 않을 것입니다. 우리는 이라크를 잃지 않기 위해 지금 당장 싸울 것입니다. 그렇게 하지 않으면 앞으로 수년간 그 대가를 톡톡히 치룰 것이기 때문입니다."

그는 이라크 임시정부에 충성하는 사람들은 모두 일주일 이내 가족들을 팔루자 바깥으로 데리고 나와야 할 것이라고 했다. 그런 다음 해병대는 시내에 있는 모든 사람들을 적으로 간주하여 무기로 다룰 것이며 그에 상응하는 대접을 받게 될 것이라고 했다. "새로운 이라크를 위해 싸우기를 원하는 사람들은 모두 우리한테 오십시오. 그렇지 않으면 우리는 여러분들을 시내에서 적으로 만나게 될 것입니다." 하고 툴란은 말했다.

이웃 사무실에 들어 있는 해병대원정군 참모들은 툴란이 그의 지휘계통과 의논하지도 않고 제 맘대로 일을 처리하고 결정을 내리고 있는 것에 몹시 화를 냈다. 그러나 툴란의 상사들은 아무도 그의 지휘결정에 반대하지 않았다. 아무리 좋게 보아도 팔루자 여단은 지금 적에게 항복하여 그들과 내통하고 있는 것 같았으며, 가장 나쁘게 보면 처음부터 그들은 미군과 이라크 임시정부의 적이었던 것이다.

콘웨이 중장과 매티스 소장은 2003년 3월 이라크에 귀임한 이래 수니파 이라크인들의 권리를 존중하면서 전직 이라크군 장교들과 함께 일하려고 노력해 왔다. 팔루자를 점령하거나 점령하지 않거나 하는 결정이 그러한 전략에 차질을 빚게 만들었다. 선의에서 나온 이들의 양보가 저항세력들에게 용기를 불어 넣어 주었다. 이제 비종교적인 바트당 당원들과 고위 이라크 장교들을 바그다드 과도정부와 정치적으로 제휴시킨다는 이론은 교정 받아야 할 상태가 되었으며 팔루자에서 그들의 힘은 전혀 쓸모없게 되었다.

매티스 장군은 자기 견해를 숨기지 않았다. "이제 팔루자 여단을 무장해제시키고 그것을 없애버리는 한 가지 길밖에 없다."

툴란은 남쪽 퀸스 외곽으로 탱크를 몰고 갔다. 예측한 대로 저항군들은 시 외곽 주위에 흙을 갖다 부어 만든 제방턱에서 기다리고 있다가 RPG로 탄막 포화를 퍼부었다. 에이브람스 탱크들은 끄떡도 않고 전진하며 열심히 대응 포격을 가했다. 격렬한 전투가 몇 시간 계속되었다. 그 소음이 연대 본부에까지 분명히 들렸다. 연대본부에 있는 한 참모는 그 소리를 '툴란 멜로디'라고 불렀다. 연대는 사냥개가 뛰쳐나가려고 가죽 끈을 잡아당기고 있는 분위기였다.

뉴욕타임스는, 알라위 총리가 술레이만 살해와 테러리스트들의 안전가옥을 찍은 무인항공기 비디오에도 불구하고 대규모적인 미군공격은 허용하지 않을 것임을 약속했으며, 한편 자나비는 저항세력의 공격 중지를 고려하고 있다고 보도했다. "소리를 낮춰라." 하고 바그다드 상급 사령부가 해병대원정군 사령부에 대고 말했다. 팔루자에서 전면전을 일으켜 이라크의 정치적 책략을 망치고 싶지 않다는 얘기였다. 해병대원정군 사령부는 툴란의 직관에 공감이 갔지만 그를 불러들이지 않을 수 없었다. 몇 시간 동안 전투를 벌인 후 탱크들이 철수했다.

"소리를 낮춰라." 해병대원정군 사령부는 부글부글 끓어오르고 있는 산하 사단에 이렇게 지시했다.

23

모든 것이 결국 허사?

이라크인들에게서 적과 친구를 골라내고 무엇이 저항 동기가 되는지를 알아내기는 어렵다. 수니파 지역 안정을 위해서는 정치적 양보, 경제적인 유혹과 월등한 화력의 합성물이 필요했다. 그것은 이라크인들만이 정통할 수 있는 마피아 게임이었다. 늦여름 들어 새 이라크 과도정부는 느린 출발을 상쇄하기라도 하려는 듯 속력을 내기 시작했다.

이라크인들을 해방시킨 미국인들의 희생에 대해 자발적으로 고맙다고 말하는 사람들은 극 소수에 불과했다. 부시 대통령이 8월 아테네 올림픽에서 이라크 축구팀이 거둔 훌륭한 성적을 칭찬하고 축하했을 때 막상 그 팀은 난폭한 반응을 보였다. 감독은 "부시가 우리나라를 파괴하는데 일조를 하고 있다."고 고함을 질렀다. 팔루자가 고향인 미드필더 아하메드 마나지드는 사촌이 저항군으로 싸우다 죽었다며, 그가 축구를 하지 않았다면 그 역시 저항군이 되었을 거라고 말했다. "나는 나의 조국을 지키고 싶습니다. 만약 외국군대가 미국에 침입하여 미국인들이 저항한다면 그들을 테러리스트라고 할 수 있겠습니까? (팔루자의) 모든 사람들은 테러리스트로 낙인이 찍혔습니다. 이것은 모두 거짓말입니다. 팔루자 사람들은 이라크에서 가장 훌륭한 사람들 일부입니다." 하고 마나지드는 말했다.

그러나 그 가장 훌륭한 사람들은 그들의 도시를 장악한 저항세력에 반기를 들지 않았다. 이라크 운동선수들이 아테네에 가 있는 동안 팔루자에서 보안군 지원자들을 찾기란 거의 불가능한 것으로 입증되었다. 1년 전 브레머 대사 겸 최고행정관이 세운 계획에 따라 미국의회는 2년 동안 180억 달러를 이라크에 원조키로 가결했다. 그 자금 가운데 20퍼센트 미만이 이라크 보안군용 예산이었다. 연합임시행정청은, 전력, 석유, 상수도, 하수도 시설과 같은 사회기간시설의 재건은 직장을 제공하고 저항세력을 약화시켜 경제발전의 기반을 이룰 것으로 보았다. 1년 후에 당초 책정된 돈의 대부분은 급등하고 있는 노동자 안전비용과 의회의 '바이 아메리카' 정책으로 인한 제한 그리고 전쟁 중 집행계약에 대한 힐책으로 인해 사용되지 않았다.

연합임시행정청이 9월까지 적어도 이라크군 1만 2천 명을 훈련시켜 배치할 계획을 세웠으나 실제 배치된 인원은 그 절반이었다. 존 네그로폰테 신임 이라크 주재 미국대사는 브레머가 제시했던 치안예산을 2배로 늘려 총 66억 달러를 요구했다. 그러나 이 돈은 저항세력들이 수니파 이맘들의 축복을 받고 미군과 싸우며 이라크보안군들을 협박하고 있는 한 그들에게 효과적으로 사용될 수 없을 것이다.

이에 대한 알라위 총리의 전략적인 대안은 전투 대신 설득으로 저항세력 수를 줄여나간다는 것이다. 온건파에 속하는 수니 바트당 출신 저항세력들이란 말이 얼핏 모순어법으로 들리지만, 그 해 여름이 다갈 때까지 알라위 총리가 집요하게 추구한 방식은 그들에 대한 구애였다.

10년 전 런던에 망명해 있을 때 알라위 박사와 부인은 사담 후세인의 암살자들이 휘두른 도끼에 중상을 입었다. 그런 끔찍한 상처를 입고도 알라위는 호의와 대화가 거친 권력과 폭력을 변화시킬 수 있다는 신념으로 이라크 미래를 위해 비종교적인 바트 당원들과 함께 일하려고 노력했다. 적어도 협상을 시도하고 있다는 것은 그가 온당하게 문제를 해결하려고 노력하고 있다는 증거일 것이다. 알라위는 이성적인 대화가 유익한 결과를 가져온다는 점을 확신하고 있었다. "나는 그들에게, 그리고 라마디와 팔루자(에서 온 대표들)에게 말했습니다. '좋아요, 우리끼리 의논하기 위해, 다국적군이 이라크를 떠난다고 가정합시다. 그 후에 무슨 일이 일어나리라 생각하십니까?' 그들이 무슨 대답을 했는지 아십니까? 알라에게 맹세코, 그들은 이렇게 말했습니다. '파국이지요. 이라크는 분할될 것입니다.'" 하고 그는 말했다.

알라위는 바그다드에서 라마디 지도자들을 만나 라마디는 과격 이슬람 운동을 위해 가난을 택해서는 안 된다고 말했다. 이라크 과도 정부 내 요직에 안바르 주 출신이 한 사람도 없었다. 바그다드는 라마디를 무장 세력들이 장악하고 있는, 경제를 게을리 하고 적개심에 불타는 도시로 취급할 수 있다. 그리고 수니파가 시아파를 어떻게 다루고 있는지를 알 수 있는 좌우대칭상(像)으로, 또한 저항세력의 확실하고 영원한 담보물로 취급할 수 있다. 알라위는, 그것은 모든 당사자들에게 자멸을 가져오는 길이라고 지적했다. 알라위는, 라마디 원로들이 저항세력들을 무시하고 돌보지 않아야 한다고 강조했다. 그렇게 하지 않으면 라마디는 황폐한 미래를 맞게 될 것이라 했다.

라마디는 개선되지 않았다. 4월 전투에서 패배한 저항세력들은 유효성이 인정된 협박전술로 되돌아갔다. 부르기스 주지사의 굴욕과 망명은 라마디의 정치적 구조를 크게 약화시켰다. 치안 역시 경찰총수의 몰락으로 그와 유사하게 손상을 입었다. 안바르주 경찰국장인 자단은 1년 전 마이러블 중령의 친구가 되었던 라마디의 쓸모 있는 악당이었으며 지난 4월 저항세력 공격에 대해 케네디 중령에게 사전 귀띔을 해준 사람이다. 82공수사단 참모들은 자단이 경찰 임금대장에 유령숫자를 올리는 장난을 치고 있음을 알았지만 그가 사제폭발물을 귀띔해주고 미군과 좋은 관계를 유지하려고 애쓰는 점을 평가했다. 그는 비열하거나 흉악하지는 않았다. 그의 경찰은 사람들에게 매질을 하지 않았다. 그는 가능한 지름길을 택했으며 업무를 기분 좋게 처리하려고 애를 쓰고 시류에 알맞은 온당한 삶을 살아가려고 했다.

여름 동안 저항세력은 세 번이나 자단을 죽이려고 했다. 7월의 마지막 암살기도에선 그의 18세난 아들이 다리를 잃었다. 케네디 중령은 공격자가 저항세력이었는지 아니면 자단의 임금장난에 불만을 품은 범죄자인지 확신이 서지 않았다. 이유야 어쨌든, 그때부터 자단은 저항세력에 협조하기 시작했다. 부르기스 주지사가 인격이 망가진 채 요르단으로 달아나버린 후, 다른 정부기관(CIA)이 임무를 포기한 라마디 경찰의 행위를 내사하기 시작했다. 8월 말 케네디 중령은 부르기스 주지사의 두 아들 납치에 연루된 혐의로 자단 경찰국장을 체포했다.

9월 초에 2/4대대와 케네디 중령이 임무를 마치고 미국으로 돌아갔다. 그들은 라마디의 근본적인 모순상황에 대해 이해는 하면서도 호의적이 아니었다. 주민들은 성전과 저항세력의 채찍으로 라마디가 또 다른 팔루자로 변해가는 것에 공포를 느끼고 있었다. 그러나 그들은 팔루자에서 일어났던 미국 경호원 사건처럼 일시적인 분노로 미국인 시신을 거리에 질질 끌고 다닐 기회주의자들이었다. 미군은 저항세력의 무력성장을 억제할 수 있지만, 이 도시를 과도정부 쪽으로 끌고 가는 일은 오로지 이라크 지도자들만이 할 수 있는 일이다. 주지사가 도망가고 경찰총수가 체포된 라마디에서 그런 일이 절대로 일어날 리 없다. 라마디는 사제폭발물과 자살폭탄으로 특징을 이루는, 짧고 변덕스러운 소규모 전투가 일상화되는 도시로 변해 갔다. 저항세력들은 주민들을 지배했고 미군은 간선 거리와 고속도로를 장악했다. 이라크 정부는 아직도 이곳에 영향력을 행사하지 못하고 있다.

―――

8월 하순 매티스 소장이 중장으로 진급하여 버지니아 주 콴티코의 해병대 전투개발 사령관으로 전보되어 이라크를 떠났다. 콘웨이 중장 역시 곧 떠날 예정이다. 사단의 모든 대대들은 이제 몇 주만 있으면 7개월 순환근무를 끝내고 귀국하게 된다.

매티스는 전투의 본질을 이해하는 장군이다. '동에 번쩍 서에 번쩍 하는 식으로 이곳저곳을 휘젓고 다니는' 그의 작은 사령관 호위대는 사제폭발물 공격을 세 번 받았으며 본격적인 포격전에 세 번 참가했다. 4월엔 그의 부관인 스티븐 톰프슨 중위가 중상을 입었다. 5월에는 호위대원인 요르게 몰리나바티스타 하사가 팔루자 외곽에서 전사했고, 6월엔 역시 호위대 병사인 제러미 볼만 병장이 라마디에서 전사했다.

"몰리나바티스타 하사는 호위대 가족에게 헌신적이었고 젊은 병사들에게 친절했습니다. 나는 그를 100퍼센트 신뢰했습니다. 볼만 병장은 순찰 때 빈틈없이 주의를 기울였고 맡은 바 일을 적극적으로 추진하는 병사였습니다. 그는 팀 동료들에게 많은 즐거움을 주었습니다." 매티스는 그들의 죽음을 애석해 했다.

2003년 3월 사담 후세인 타도 작전을 펼치기 전날 저녁 매티스는 병사들에게 "인류의 희망이 여러분들 젊은 어깨에 달려 있다"고 말했다. 2004년 8월 안바르 주를 떠날 때 그는 이라크 해방에 대해선 말하지 않았다. 스완네크 소장과 산체스 중장은 이라크 근무를 끝낼 때 낙천적인 어조로 안바르 주 발전에 대해 이야기했다. 매티스가 떠날 때 그는 그런 독단적인 낙관을 입에 올리지 않았다. 고양된 수사(修辭)도 없었다. 그 대신 그는 군인이 가져야 할 미덕에 초점을 맞췄다. 앙드레 지른헬드 중위가 쓴 시 한 수를 병사들에게 읽어 주었다. 병사들 상호간에 절제와 신뢰를 강조한 시였다.

하느님, 저에겐
아무도 당신께 간구하지 않는 걸 주십시오.
저는 부귀도, 성공도, 건강도 기원하지 않습니다.
사람들은 너무 자주 당신께 그런 모든 걸 요구합니다.
하여 당신께는 그런 게 남아 있을 리 없습니다.
제겐 사람들이 당신한테서 받길 싫어하는 걸 주십시오.

불안과 근심도 좋습니다.
혼란과 소동도 좋습니다.
당신께서 그런 걸 제게 주시려면,
꼭 그들과 늘 함께 하게 해 주십시오.
왜냐하면요, 하느님,
이따금씩 그런 걸 당신께 간구할 용기를 잃을까봐서입니다.

나의 멋진 젊은 해병들이여,
하느님은 늘 여러분들과 함께 할 것입니다.

그대들이 적과 싸우기 위해

이글거리는 이라크 태양 속으로

어두운 밤의 고요 속으로

다시금 출정할 때.

여러분 곁에서 다시 최선을 다할 것입니다.
셈퍼 피데일리스('항상 충실한'이라는 뜻의 미 해병대 표어)

병사/매티스가

9월은 인수인계의 달로 부산했다. 팔루자 외곽 순찰을 담당해 온 올손 중령의 2/1대대는 다음에 올 대대에게 인계할 소수의 이라크 보안군 병사들을 데리고 있었다. 술레이만이 살해된 후 일부 이라크 병사들은 뿔뿔이 제 갈 길로 가버렸다. 그 후 남은 병사들을 위해 새 지휘부가 구성되었으나, 이들 새로 온 장교들은 적당히 시간을 보내며 저항세력들과 조우는 절대로 피했다.

"우리는 출발점에서 다시 시작해야 한다." 하고 올손은 말했다.

9월 7일, 2/1대대가 관할지역 인계를 준비를 하고 있을 때, 자살폭탄 자동차가 폭스중대 수송대를 덮쳐 해병 7명을 죽였다. 툴란 대령이 다음날 입체 교차로 남쪽, 지저분한 공업지구 곁으로 뻗어 있는 고속도로에 탱크중대를 보내 보복에 나섰다. 이 지역은 지난 4월 바이런의 1/5대대가 전투를 벌였던 곳이다. 아니나 다를까 저항군들이 제방의 물매턱에 몰려나와 RPG와 박격포를 쏘기 시작했다. 하루 종일 치열한 전투가 벌어졌다. 해병들이 시내 쪽으로 세 블록까지 밀고 들어갔다. 그러나 공격작전을 수행할 어떤 권한도 위임받은 바 없기 때문에 해질 무렵 연대는 병력을 시내에서 철수시켰다.

자살폭탄의 비극은 그 용감한 중대에 준 지독한 송별선물이었다. 그 사건은 '폭탄 제조공장'이라 불러 온 팔루자 성역에 대한 해병들의 적개심을 더 깊게 만들었다. 해병들 사이에서 좀처럼 사라지지 않는 근본적인 의문은, '우리들이 도대체 팔루자에 무엇을 하려고 하는 것일까?' 였다.

9월 초순 네이선 부시 상등병의 어머니가 한 언론 인터뷰에서 수많은 해병들을 대변하여 이렇게 말했다. "내 눈에는 그렇게 변한 것이 없어 보입니다. 그들은 폭도들을 몰아내고 팔루자를 정상의 도시로 되돌리기 위해 그곳으로 갔지만 결코 그런 일은 일어나지 않았습니다. 나는 내 아들이 아무 결과도 없는 일에 그런 곤욕을 치른 걸 생각하기조차 싫습니다."

―――

9월 초순이 되자, 툴란의 연대에서 백악관에 이르기까지 팔루자의 현 상황을 더 이상 용납할 수 없다는 데 전원 의견일치를 보였다. "팔루자 여단을 만든 것이 큰 실수였습니다." 해병대원정군 사령부에서 이라크군 훈련 책임자로 있었던 제리 듀런트 대령의 말이다. "팔루자 여단은 손을 놓고 있습니다." 럼스펠드 국방장관이 기자들에게 한 말이다. 합참의장은 장관 의견에 동의했다. "팔루자의 현 상황을 도무지 용인할 수 없습니다." 마이어스 장군의 말이다.

바그다드에서 알라위 총리가 자나비와 한 협상은 아무런 결실도 얻지 못했다. 진혀 기대에 미치지 못하는 이라크보안군의 직무수행에 실망한 그는 '보안군과 경찰의 혼란과 문제점들'을 자기에게 떠넘기고 가버린 연합임시행정청과 브레머 최고행정관을 원망했다. 후세인 시절 망명했다 돌아온 59세의 이 지도자는 팔루자 여단에 대해서도 꼭 같이 비판적이었다. "우리는 이 여단의 존속을 원하지 않았습니다. 그 것은 잘못된 생각이었습니다. 지방에 무력집단이 생기는 것 자체가 바람직한 일이 아닙니다. 연합임시행정청이 했던 일이 도무지 맘에 들지 않습니다." 하고 그는 말했다.

전직 바트당원들에 대한 그 자신의 구애나 4월 해병대 공격을 반대한 것에 대해서는 한마디 해명도 없이 알라위는 팔루자 여단을 해산했다. 이는 툴란 대령이 일주일 전에 이미 조처한 것을 공식적으로 마무른 것에 지나지 않았다.

그것은 도처에서 거물들이 행하는 관료적 실행의 한 가지 사례였다. 미국과 이라크의 고위 관리들은 5월에는 꼭 같이 팔루자 여단을 찬양하는 데 앞장섰다가 9월에는 그것을 매도하는데 앞장섰다. 후세인 정권이 아주 비참하게 무너진 후 연합국의 정치 군사 지도자들이 얼마나 용감하게 도박을 해왔는가에 대해서는 일언반구 해명도 없었다. 툴란이 팔루자 여단에게 과도정부 편을 들 것인지 저항세력 편을 들 것인지 확실히 하라고 요구했을 때 대원들 600명 중 오직 4명만이 해병대 쪽으로 넘어왔다. 팔루자 여단창설에 관여한 모든 기관들이 이제 와서 여단의 존재에 혹평을 했으며 마치 그 탄생에 아무런 관련도 없는 것처럼 행동했다.

미국에서는 민주당 대통령 후보지명자인 존 캐리 상원의원이 팔루자에 대한 부시 대통령의 생각이 흔들리고 있다며 비난했다. 하지만 신문들이 해병들의 재공격 준비상황을 대대적으로 보도했을 때 그는 태도를 싹 바꿔 풍차를 향해 창을 휘둘렀다.

"9월 중순 연대본부가 보기에, 누군가가 음향조절 스위치를 높은 쪽으로 트는 것 같았습니다. 더 이상 소리를 낮추지 않았습니다. 낮추기는커녕 우리는 갑자기 '공격준비를 하라'는 말을 들었습니다. 그것은 우리에게 아주 듣기 좋은 굉장한 뉴스였습니다." 하고 데이비드 벨론 소령은 말했다.

또다시 중도에 물러서는 일이 없도록 하기 위해 해병대는 언론을 이용하고 압박하여 자기들이 공격재개 필요성을 확신하고 있음을 널리 알렸다. "우리는 언제 팔루자의 암 덩어리를 제거할 것인지를 결정할 필요가 있습니다." 9월 중순 한 고위 미군 지휘관은 8개월 전에 드링크와인 중령이 권고했던 말을 되풀이했다.

계속되는 납치와 참수, 차량폭탄테러는 바그다드 정치지도자들 가운데서 저항세력에 가장 동정적인 지지자들 마음마저 흔들리게 만들었다. 하킴 하사니와 같은 수니파 정치가들은 입을 다물었다. 알라위 총리는 팔루자 장악을 위한 공격계획을 한편으로 추진하면서 공식적으로는 팔루자 원로들이 협상에 나설 것을 촉구하는 케이시 장군 주장에 개인적으로 찬성하는 두 갈래 캠페인을 시작했다.

"우리는 바그다드가 팔루자를 지엽문제로 보고 있었기 때문에 오랫동안 기다렸습니다. 나자프에서 전투가 벌어지고 있긴 했지만 해병사단은 8월에 재빨리 팔루자를 장악하길 원했습니다. 그러나 이라크 전역에서 일어나고 있는 자살폭탄 테러, 외국인 전투원들의 암약, 사제폭발물 설치 및 납치가 팔루자 성역과 연계돼 있다는 사실이 다른 사람들에게는 분명하게 비치지 않았습니다. 더 높은 곳에서 팔루자의 성역이 성장하도록 허용한 결과가 어떻다는 것을 아는 데는 더 오랜 시간이 걸렸습니다." 해병사단 사령부 참모장인 던포드 대령의 말이다.

6월 중순, 제1해병사단에서는 이미 팔루자 여단에 대한 불신이 팽배해 있었다. 그러나 주권반환을 겨우 2주 앞두고 공격을 강력하게 주장하기에는 타이밍이 좋지 않았다. 7월 중에 알라위 총리와 케이시 대장은 각자 역할을 조정하여 분명치 않은 지휘권을 상호간 만족할 만한 방향으로 구분해 가고 있었다. 케이시는 알라위 승인 없이는 주요 작전을 수행할 수 없었고, 알라위는 케이시가 지휘하는 미군 없이는 작전을 수행할 수 없었다. 8월에 일어난 사드르의 반란은 이들 두 사람의 주의력을 필요로 했다. 9월에 알라위의 평판이 이라크 여론 조사에서 높게 나타났다. 그가 처음 직면한 문제는 같은 파인(알라위는 시아파 출신이다) 시아파와 부딪치는 일이었다. 시아파 지도자들은 그에게 반항적인 수니파 도시에 대해 군사행동으로 대처케 하는 정치적 공간을 마련해주고 있었다.

―――

팔루자를 소탕할 무대가 마련되었다. 첫 조치로서 알라위는 알 자지라 방송국 이라크 지국을 폐쇄하여 4월에 저항세력들을 구원해 주었던 전략적인 무기를 그들로부터 빼앗아 버렸다. 시를 텅 비게 할 목적으로 그는 9월에 공격시간이 가까워 오고 있다며 계속 경고를 발했다. 그가 팔루자를 공격하겠다는 의향을 점점 더 분명히 하자 시의 저항세력들은 4월에 그들을 성공하게 만든 외교적인 전술을 되풀이 했다. 우선 그들은 시 원로 대표를 바그다드에 보내 과도정부 당국자들과 회합을 갖도록 했다. 4월에 해병대 공격을 중단시키기 위해 협상을 했던 가지 야와르 대통령은 어떤 공격도 무고한 주민들에 부당한 응징이 될 것이라는 팔루자 대표들 주장을 공공연히 지지했다. 그러나 이 무렵엔 야와르를 포함한 주요 이라크 관리들이 사퇴하겠다는 위협은 하지 않았다. 이젠 어떤 장관이 사퇴를 한다 해도 그 빈자리를 메울 지원자들이 줄줄이 기다리고 있는 형편이었다. 야와르 대통령은, 임박한 팔루자 공격을 공공연히 비난함으로써 수니파에게 호의적인 태도를 보여주어 정치가로서 유리한 입장에 서기 위한 기본적인 책략을 펼치고 있는 것에 불과했다. 실제로 이면에서 그는 공격을 막기 위해 아무런 노력도 하지 않고 있었다.

크게 소문이 난 협상(과도정부 관료들과 팔루자 저항세력 대표들 사이)은 10월 내내 계속됐다. 해병대가 협상을 지켜보는 척하며 공격 일자를 늦추고 있는 것은 한 가지 이유 때문이었다. 협상을 주도하고 있는 압둘라 주말리와 팔루자 경찰서장인 사바르가 안심하고 팔루자 외곽을 방문할 때, 술레이만 중령을 포함한 여러 사람들의 살해 공모 혐의로 그들을 체포하겠다는 복안이었다. 해병대가 바라던 대로 그들은 왔고 체포했다. 하지만 알라위 총리는 자신이 그들의 안전통행을 보장했다며 석방을 지시했다. 해병대는 그들을 곧 전장에서 만나기를 바랐다.

과도정부로부터 미군 공격 중지 지원을 얻는 데 실패하고 유엔과 아랍세계도 입을 닫아버리자, 팔루자 저항세력은 마지막 책략을 들고 나왔다. 자기들의 통치위원회인 슈라가 투표를 하여 10대 2로 (지난 몇 달 동안 존재 자체를 부인해 온) 외국인 전투원들을 추방하기로 결정을 내렸으며, 미군이 시 외곽에 계속 머무는 조건으로 보안군의 시내 진입을 허용키로 했다고 주장했다.

하지만 이번에는 럼스펠드 국방장관이 이 협상을 정규 군부 및 외교상 지휘계통에 맡겨두지 않고 직접 나섰다. 4월에 그는 이라크에서 모든 결정이 내려진 후에 통보를 받았다. 10월 중순 럼스펠드는 알라위 총리와 케이시 대장과 협의하기 위해 바그다드로 날아왔다. 그때 알라위는 지항세력 통치기구인 슈라에게 자르카위를 정부에 인계하도록 요구했다. 그렇게 하는 것이 외국 전투원들을 시로부터 쫓아내겠다는 약속의 진지성을 입증하는 것이라고 했다. 슈라는 물론 거절했다. 럼스펠드와 알라위는 슈라의 앞서 제의를 위기를 모면하기 위한 책략으로 단정했다.

그 무렵 언론들은 해병대가 공격 출발선으로 얼마나 가까이 다가가고 있는지를 보도하고 있었다. 해병대의 훈련 내용이나 특성에 비춰봐 적의 성역 바깥에서 계속 인명손실을 당하며 방어에만 머물고 있을 상황이 아니었다. 9월 초순 자살폭탄 차량 한 대가 2/1대대 소속 병사 7명을 죽였다. 그 후 9월 중순에 툴란 대령이 매티스 장군과 콘웨이 장군처럼 귀국길에 올랐다. 지휘권이 바뀐 지 몇 시간 후에 저항세력이 쏜 로켓탄 한 발이 연대본부에 명중하여 연대에서 인기가 높았던 귀국직전의 통신장교 케빈 세아 소령이 죽었다. 10월 하순에는 또 다른 자살폭탄 공격으로 이제 막 팔루자에 도착한 1/3대대 병사 9명이 죽었다.

이 정도면 충분하고도 충분했다.

4부

2차 공격

2004년 11월 - 12월

24
워치 독

조지 부시 대통령이 재선된 4일 후, 팔루자를 제멋대로 날뛰게 내버려두지 않겠다고 약속한 알라위 총리가 마침내 공격명령을 내렸다. 공격작전을 시작하기 전 한동안 미국과 이라크 고위 지도자들은 전략적으로 모양새를 갖추느라 시간을 들여가며 꽤 신경을 썼다. 4월 이후 이라크 전역에서 일어난 수니파의 저항과 폭탄테러는 점점 더 강도를 높여왔다. 게다가 부시 대통령의 재선은 이라크 과도정부의 기운을 북돋아 주었다. 저항세력들의 비타협적인 자세와 팔루자 원로들의 이중성은 팔루자에 대한 시아파들의 동정론을 거의 고갈시켰다. 그들은 폭탄 테러가 시아파의 정치권력 쟁취를 저지하기 위해 저질러지는 것으로 이해했다. 수니파 엘리트들—몇몇 소규모 정당과 대형 성직자 그룹—은 다가오는 선거가 안정성이 결여돼 있다며 실시해서는 안 된다고 호소했다. 그들은 그 후 2005년 1월로 예정돼 있던 선거의 보이콧을 선언함으로써 일종의 한계요소가 되었다. 십 수 개의 도시에서 수니파 이맘들은 악담을 늘어놓으며 팔루자가 공격을 받게 되면 민중 봉기를 일으킬 것이라고 위협했다. 알라위는 그들을 무시했다. 주권 국가 총리로서 그는 국민들 지지를 살피고, 우방 아랍 지도자들이 언제 엄포를 놓는지를 잘 간파한다는 점에서 미국 외교관들보다 훨씬 유능했다.

사드르는 입으로는 '팔루자의 성스러운 전사들'에 대한 지원을 떠들어댔지만 그의 특성에 걸맞게 그들에게 도움이 될 만한 아무런 일도 하지 않았다. 친수니파인 유엔 대표 브라히미, 요르단 압둘라 왕, 이집트 무바라크 대통령, 그리고 바그다드에서 편히 앉아 있는 하사니와 같은 이라크 저명인사들의 목소리가 4월에는 날카롭고 강렬했지만 11월에는 잠잠했다. 알라위 총리는 8월에 이미 알 자지라 방송 이라크 지국을 폐쇄했다. 그 바람에 알 아라비야 방송 보도도 동시에 억제되었다.

케이시 대장은 해병대대가 좀 더 자유롭게 공격할 수 있도록 바스라로부터 영국군 1개 대대를 차출해 팔루자 외곽 고속도로를 방어토록 했다. 공격의 일부를 떠맡게 된 영국은 외부에서 미국의 전술을 비난하는 것이 썩 유쾌한 기분이 아니었다.

미국과 이라크 고위 관리들은 매일매일 공격이 가까워오고 있다는 신호를 보내며 시민들더러 시내를 떠나도록 종용했다. 럼스펠드는 이번에는 휴전이란 없을 것이라고 언론에 밝힘으로써 공공연히 압박을 가중시켰다. 군부 기획가들은 팔루자 인구가 28만 명에서 3만 명 이하로 수직 감소한 것으로 추산했다. 곧 공격이 시작될 것임을 확신한 시민들이 테러리스트들의 은거지에 대한 대폭격을 두려워한 나머지 대규모 탈출을 감행했기 때문이다. 6월에 저항세력들은 경찰과 보안군한테서 탈취한 흰색과 붉은색 줄을 그은 닛산 픽업트럭들을 타고 시내를 횡횡 신나게 달리곤 했다. 여름 내내 해병대는 시가지를 떠나는 모든 경찰 차량을 압류했다. 매일 밤 AC-130기들이 공중을 선회하며 무기를 장착한 픽업트럭을 보이는 대로 파괴했다.

10월이 되면서 무인항공기가 촬영한 비디오는 빈민가인 퀸스지역 가옥들의 빨랫줄이 텅 비어 있는 것을 보여주어 주민들이 집을 버리고 떠났음을 알 수 있었다. 미군 정보원들은 자나비가 외국인 전사들에게 퀸스지역에 원하는 아무 집이나 선택하여 주거하도록 지시하고 있다고 보고했다. 10번 고속도로 북쪽 중산층 동리에서도 매일 주민들 숫자가 줄어들고 있음이 역력했다. 11월이 되자 팔루자는 영화 블레이드 러너(Blade Runner)의 한 장면처럼 보였다. 웅크리고 있는 블록과 블록, 페인트를 칠하지 않은 시멘트 집들과 지저분한 거리에는 사람도 없고 자동차도 없고 쓰레기와 흙모래만 널려 있었다.

4월에는 저항세력 핵심 분자 약 500명과 단시간 참가자 1천여 명이 팔루자를 방어했다. 7개월이 지난 지금은 배로 늘어 핵심 분자 1천여 명과 단시간 참가자 2천여 명이 버티고 있다. 물론 10월에 그들 중 얼마나 많은 사람들이 시를 빠져나갔는지는 알 길이 없다. 해병대를 격퇴할 만반의 준비가 되어 있음을 보여주려는 열망에서 저항세력들은 아랍 기자들을 불러 들였다. 신문기사와 수많은 정보원 보고서를 보아 알 수 있듯이 저항세력들은 사진을 합성하여 뿌려댄 것으로 보인다. 그들은 4명에서 20명까지 그룹을 짓고 있으며 각 그룹에는 지휘자 1명과 이슬람 통제위원 1명이 배속된다. 일상적인 훈련에는 무기 다루는 법과 코란 연구, 자살폭탄 테러와 연합군에 대한 공격내용을 찍은 비디오 관람이 포함돼 있다.

수개월간 준비해 온 결과 그들은 버스와 트럭들을 끌어와 간선도로에 장벽을 만들고 작은 골목길을 따라 연쇄적으로 폭발물을 장치한 참호 진지 라인을 구축했다. 또 만일의 경우를 대비해 퇴로를 미리 마련해 두었다. 그들은 시 남쪽 공업지구와 퀸스지구 외곽에 불도저로 벼랑길을 만들어 지뢰를 묻고 사이사이 RPG 발사용 옹벽을 준비했다. 젬빅 대위가 싸웠던 서북쪽에는 참호 라인을 파고 거대한 벼랑길을 서둘러 만들었다. 맥코이 중령의 3/4대대가 북동쪽으로부터 공격해 왔던 곳에 그들은 헷스코 장벽(Hetsco barrier)—샌드백으로 거대한 담을 쌓고 철조망을 친 장벽—을 쌓았다. 저항세력들은 전에 해병대가 시내로 진입한 지점마다 유의하여 철저한 대비를 해 놓았다.

라마디에서처럼 저항세력들은 소규모 그룹으로 분산하여 집과 모스크 안에 숨어서 해병대에 사격을 가하며 버티는 전술을 쓸 것임이 분명했다. 4월 전투 때와 마찬가지로 졸란지구는 저항세력 핵심 지도자들의 성채로 이용되며 정부종합센터 서편 10번 고속도로 남쪽 지역은 방어자들의 집합장소로 사용될 것 같았다. 저항세력들은 시내에서 사방으로 대략 5킬로미터마다 한정된 활동을 할 수 있는 요새화된 방을 준비해 놓았다. 대략 계산을 해 보아도 시내에는 모두 3만 9천동의 건물이 있어 방이 약 40만 개 있는 셈인데, 이들 대부분이 소총공격에는 끄떡도 하지 않는 튼튼한 벽을 가지고 있다. 저항세력들은 모든 골목길과 퇴로를 훤히 꿰뚫고 있다. 그들은 미끄러지듯 주위를 헤집고 돌아다닐 수 있으며 해병대를 방어선 안쪽으로 몰아넣고 뒤쪽에서 집중사격을 가할 수 있다.

일부 성전주의자들은 집 안에 잠복하여 죽을 때까지 미군들을 향해 총을 쏘다가 순교할 계획인 반면, 일반 저항세력 대부분은 다른 그룹들과 함께 전진하다가 적의 압력이 너무 크면 작은 골목길로 전력 질주하여 달아나는 치고 빠지기 작전을 계획하고 있는 것 같았다. 미군은 장갑차량들로 거리를 포효하며 밀어붙여 시내 일정지역을 장악했다고 선언할 것이지만, 그 후 성스러운 전사들이 매일 밤 몰래 그 지역에 숨어들어와 야금야금 미군들을 죽이려 들 것이다. 바로 체첸에서 동료 무슬림들이 러시아군을 괴롭힌 것과 꼭 같은 방법이다.

———

해병대원정군 사령부 작전장교들은 미군에게 가장 위협이 되는 무기는 언제 어디서 터질지 모르는 사제폭발물이 될 것으로 보았다. 거리 땅 밑에 묻어 놓기도 하고, 집 안에 장치하기도 하고, 테이프로 전신주에 붙여놓기도 하고, 맨홀에 넣어 두기도 하고, 썩은 나무토막 밑이나 버려진 자동차 안에 철사로 매 놓기도 한다. 가장 위험한 것은 해병 분대가 진입한 후 집 안에서 터지는 1천 파운드짜리 폭발물이다.

9월에 존 F. 새틀러 중장이 신임 해병대원정군 사령관으로 부임해 와 콘웨이 중장한테 업무를 인계 받았다. 경험 많은 보병출신인 새틀러 장군은 압도적인 무력으로 제압해 전투를 끝내기로 결정했다. 해병대원정군 사령부의 주된 업무는 사단과 함께 군이라는 체스판 위의 장기말들을 이리저리 배열하여 전체적인 게임계획을 세우는 일이다. 모든 작전계획을 빈틈없이 수행하려면 보급품의 원활한 공급이 무엇보다 중요하다. 수년간 미 육군과 해병대 모두 세계 최대 유통회사인 월마트가 빼어나게 활용하는 '끌어당기는(pull)' 공급(병참)모델을 열심히 따라하고 있다. 최종 사용자들인 보병 대대들은 각 품목별로 소비비율을 계산하여 그걸 병참부대에 통보하고 그 비율에 따라 보급을 받는다. 이렇게 하면 일선부대들은 후방에서 일방적으로 내린 결정에 근거하여 '밀어주는(push)' 식으로 보낸 보급품을 받아 사용치 않고 쌓아 두는 법 없이, 더 긴급하게 필요한 품목들을 적기에 받아 사용할 수 있게 된다. 이른바 후방에서 '밀어주는' 식이 아니라 전방에서 '끌어당기는' 식이다. 지나친 재고량과 불필요한 수송을 피하기 위해 병참부대는 이처럼 즉석 공급방식(just-in-time(약어로 JIT), 재고비용을 최소화하기 위해 입하된 재료를 곧바로 제품생산에 투입하는 상품관리 방식)으로 수요에 부응하려고 노력했다.

그러나 4월에 자연발생적으로 일어난 수니파 폭동이 각 마을을 휩쓸며 바그다드로 향하는 수송 차량들이 계속 공격을 받자, 어떤 땐 유류 재고분이 이틀 치밖에 남지 않는 위급한 사태가 벌어지기도 했다. 팔루자 공격기간에 수송상 문제점이 발생하지 않게 하기 위해 새틀러 장군과 이라크지구 해병 병참사령관인 리차드 S. 크램리치 준장은 팔루자 주위에 보급품과 탄약과 연료들로 이루어진 몇 개의 '철산(鐵山)'을 쌓는 옛날 방식으로 되돌아가기로 했다. 공격이 신속하게 이루어질 것인데다 적의 고속도로 공격으로 수송이 지장을 받을 우려를 사전에 불식하기 위해서였다.

그렇게 결정한 후 새틀러는 항공부문으로 주의를 돌렸다. 항공대 사령관인 제임스 E. 에이모스 소장은 육군과 해병대 헬리콥터를 중상자 수송에 24시간 투입하는 계획을 세웠다. 시내에서 헬기 수송으로 벌이는 공격은 불필요하며, 코브라 건십은 시 측면공격에 이용할 예정이지만 시내 상공을 날게 하진 않을 작정이다. 시내의 적 방공망에 걸려들기 쉬운 회전익(翼) 건십 대신 적의 요새를 적절하게 공격할 수 있는 고정익(翼) 비행기(AIOA선더로프)가 있기 때문이다. 공중공격의 핵심은 12개 소총중대에 배치된 전진항공관제관들이 확인해 주는 목표물들에 정밀폭격을 하는 일이다.

병참과 항공공격 계획을 마무리한 다음 새틀러는 지상군 배치에 착수했다. 4월에 매티스 소장은 외곽 고리를 이루는 다른 3개 대대와 함께 4개 대대로 공격을 감행했다. 새 사단장으로 부임한 리차드 F. 네이턴스키 소장은 그 같은 기본 개념을 계속 활용하되 몇 가지 새로운 견해를 추가했다. 경험이 풍부한 작전장교인 조셉 레토얼 대령(그는 바그다드 진군 때 사단과 함께 참가했다)과 던포드 준장(최근에 진급했다)은 이번에는 제1연대의 주 공격로가 북쪽이 돼야한다고 네이턴스키 소장에게 건의했다. 저항세력이, 필경 지난 4월과 마찬가지로 해병대가 남쪽과 동쪽에서 공격해 들어올 것을 예상하여 방어를 하고 있을 것이기 때문이라고 했다. 시내 철도정거장 남쪽의 졸란지구와 마카디 모스크는 적의 지휘센터가 들어 있는 방어의 허브이기 때문에 바로 이 두 곳을 점령하여 적의 심장부에 말뚝을 박아야 한다고 던포드는 말했다.

    네이턴스키 소장은 저항세력을 오도하기 위해 제1연대로 하여금 계속 남쪽을 공격하는 척 양동작전을 펴도록 지시하면서 던포드의 작전계획을 승인했다. 4월과 마찬가지로 사단은 지원공격을 위해 제7연대를 북쪽에서 데려왔다. 그러나 이번에는 4월과 달리, 아직도 튜커 대령이 지휘하고 있는 제7연대를 제1연대와 함께 북동쪽에서 공격하게 할 예정이다. 네이턴스키 소장은 시내 주요 간선도로를 장악하기 위해 2개 기갑대대를 시 남쪽에 투입하고 건물들을 청소할 4개 보병대대를 뒤따르게 할 계획을 세웠다. 최우선적인 작전은 졸란지구와 저항세력들을 지원하는 주요 모스크 및 정부종합센터를 장악하는 일이다. 이 모든 것들이 10번 고속도로 북쪽에 있다. 그 후에 공격을 남쪽 공업지구와 퀸스지역으로 확대할 작정이다.

    네이턴스키 소장은 이 작전계획을 새틀러 중장에게 보고하며 기갑부대를 요구했고, 새틀러는 7월에 산체스 후임으로 합동기동군 사령관에 부임한 매즈 중장에게 요청했다. "톰, 내게 다시 2-7대대가 필요하네." 지난 8월 나자프에서 해병대와 함께 용감하게 싸운 육군 기계화대대를 들먹이며 새틀러는 매츠에게 말했다. "아참, 그리고 2-2대대도 함께 말일세."

"존, 특정한 부대가 아닌 특정한 역량을 요구해야 한다는 걸 자네도 잘 알잖아." 하고 매츠가 말했다.

"그럼 내 요구를 정정토록 하지. 나는 2-2대대와 2-7대대의 역량을 가진 저돌적인 2개 기계화 대대가 필요하네. 아 참, 그건 그렇고, 리크(네이턴스키 소장)가 시가지를 포위하기 위해 블랙잭 여단과 같은 것이 필요하다더군." 하고 새틀러는 말했다.

매츠는 웃었다. "좋아, 자네에게 세 개 모두를 주지. 그러나 그것은 우리가 계획한 방식의 비즈니스를 하기 위한 것이야. 우리가 장기(長技)놀이를 한다는 비난을 들어서는 안 될 걸세."

새틀러는 동쪽으로 나 있는 간선 고속도로를 방어할 만한 신뢰할 수 있는 부대가 아직도 필요했다. 4월에 저항세력들은 바그다드로 통하는 길을 거의 차단하다시피 했다. 이번에 매츠는 도로 순찰에 알맞은 역량을 가진 부대로서 영국군을 요청했다. 의회 항의를 무마하며 블레어 총리는 영국군 블랙워치대대를 잠정적으로 팔루자지역으로 이동하도록 승인했다. '정치놀음'이라며 영국국내에서 비난이 거셌다.

서방 군대들은 팔루자의 저항세력들을 분쇄할 수는 있겠지만, 시를 계속 지배할 수는 없는 일이다. 그래서 믿을 만한 이라크 부대들이 필요한데, 지난 4월 매티스 장군은 그런 구성요소를 갖춘 이라크 부대를 찾을 수 없었다. 하지만 11월에는 이라크군 훈련을 담당하고 있는 데이브 페트레우스 중장이 새틀러에게 3개 이라크 대대가 D-데이를 위해 준비하고 있다고 안심시켰다.

해병대원정군 사령관으로서 새틀러는 1개 영국군 대대, 3개 이라크 대대, 6개 해병 대대 및 3개 육군 대대를 소집했다. 해병 제1사단장인 네이턴스키 소장은 1개 혼성사단 1만 2천 명을 이끌고 전투를 치르게 되었다. 중요한 과제는 아군끼리 오인사격을 피하면서 여세를 몰아가 도록, 6킬로미터에 이르는 전선에 걸쳐 각 대대 움직임을 정확하게 조정하는 일이었다.

―

공격은 11월 7일 야간에 시 서쪽 유프라테스 강 반도에 있는 병원을 점령하면서 시작되었다. 저항군들이 정면으로 대응해 왔다. 지난 4월에는 이 병원을 포위 공격하는 동안 병원 종사자들이 끔찍한 민간인 희생자들 발생에 거센 비난을 퍼부으며 매일 언론 플레이를 했다. 그런 짓은 다시 반복되지 않았다. 일부 남아있는 환자들이 병원을 떠나도록 압박하기 위해 며칠 전에 전력을 차단시켰고, 모든 아랍 기자들은 해병원정군 사령부가 지정한 풀 기자의 기사대로 보도해야 하며 연합군의 호위를 받지 않고는 절대로 시내에 들어갈 수 없다고 알라위 총리가 경고를 내렸기 때문이다.

경장갑 정찰 대대의 지원을 받은 제36이라크 대대와 거기에 소속된 미 육군특수부대 고문관들은 어둠이 내릴 무렵 병원을 포위했다. 달이 지자 이라크의 밤은 칠흑처럼 어두웠다. 그러나 병원 상공 몇천 피트에 떠 있는 파이오니어 무인항공기에 장착된 전방감시적외선 레이더 (FLIR) 카메라가 현장을 대낮처럼 훤히 내려다보고 있었다. 조준선(line of sight) 비디오가 팔루자 남쪽 10마일 떨어진 한 텐트 안에 있는 한 쌍의 26인치 평면 스크린 위에 영상을 투영시켜 연결해 준다. 제1무인항공대(VMU-1)―파이오니어기를 공중에 날려 정보를 수집하는 '워치독 (watchdogs)'―에서 나온 해병 십 수 명이 비디오 스크린을 열심히 살펴 수집한 정보를 일선 지휘부에 전달해 준다.

병원 옥상의 검은 가장자리가 아래 마당에 있는 야자나무들의 흰 덤불과 날카로운 대조를 이루며 화면에 비친다. 한 줄의 흰 그림자가 야자나무들 주위에서 꿈틀꿈틀 움직이며 옥상으로 슬슬 올라간다. "이 녀석들이 꾸러미들을 몸에 지니고 있어." VMU-1 지휘관인 존 네우먼 중령이 옥상으로 올라가는 사람 그림자들을 바라보며 말했다. "그들은 아군이야."

"경장갑 정찰대대는 우리한테 강 저쪽을 세밀히 조사해 달라고 합니다." 하고 로버트 데니얼스 상등병이 컴퓨터 모니터에 불쑥 나타난 채팅 룸 메시지를 읽으며 말했다. "누군가가 그들에게 발사하고 있습니다."

"강 건너 동쪽을 비쳐봐. 화이트 하트를 블랙 하트로 바꿔." 하고 네우먼 중령이 데니얼스 상등병 어깨 위에서 말했다.

그의 뒤에 있는 해병이 원격조정기로 무인항공기의 비행 진로를 조정하고 그의 동료는 적외선 카메라 초점을 죄어들어 갔다. 스크린 위 영상이 약간 움찔하다가, 유프라테스 강변을 따라 있는 둑 뒤편에 반점에서 반점으로 바삐 움직이는 검은 그림자 두 개에 초점을 맞춰 영상을 확대시켰다.

"그들이 움직일 때 그들의 오른쪽 팔을 살펴보십시오. 무기를 가진 것이 확인됩니다. 그들이 강 저편으로 사격을 하고 있습니다." 하고 영상 분석관인 제니퍼 포먼 병장이 말했다.

두 검은 반점은 전방과 후방을 둘러보며 병원을 향해 사격을 하고 있었다. 카메라가 그들을 계속 추적했다. 두 그림자는 무언가를 의논하는 듯 서로 함께 깐닥깐닥 움직였다. 스크린에 갑자기 흰 꽃이 확 피어오르더니 다시 초점이 맞춰지며 두꺼운 회색 구름과 흩어져 있는 작은 반점들을 보여준다. 구름 속에 있는 누군가가 검은 돌멩이 한 움큼을 사방으로 뿌려 놓은 것 같다.

"명중했어. 탱크병들이 열 추적 망원경으로 그 두 녀석들을 정확히 조준했나봐. 그들이 지워졌어."

그들의 죽음은, 인간은 서로 일치된 생각들을 하지 않고 저마다 제 좋은 쪽으로 모순된 생각들을 하고 있음을 증명해 주었다. 몇 달 동안 해병들은 주민들이 없는 텅 빈 거리에서 밤마다 어둠을 이용하여 살금살금 다가오는 적을 (열 추적 망원경을 이용하여) 모조리 사살했다. 그러나 저항군들은 동료들이 계속 희생되고 있음에도 불구하고 어둠이 내리면 여전히 위험을 무릅쓰고 다가왔다. 2차 대전이 한창일 때, (비가 많이 오는) 5월은 독일군이 가장 많이 포탄에 희생되는 달이었다. 독일 병사들이 포탄이 날아오는 소리를 듣고서도 진흙탕 속에 몸을 던져 엎드리기를 싫어했기 때문이다. 그와 비슷하게 팔루자 저항군들은 어둠 속에서 자기들이 추적된다는 것을 뻔히 알면서도, 해병들이 '하느님 손가락'이라고 부르는 것(열 추적 망원경)이 각자 자기만은 피해갈 것이라는 막연한 희망에 매달리고 있는 것이다.

"프랜을 자세히 살펴봐." 네우먼 중령은 10번 고속도로를 가리키며 말했다.

워치독들은 파이오니어의 방향을 동쪽으로 틀면서, 쓰러질듯 서 있는 창고들과 함석지붕을 한 자동차 수리소, 거무스름한 아파트 건물들이 주위에 늘어서 있는 텅 빈 대로를 광폭(廣幅)으로 추적했다. 다른 무인항공기 두 대—이라크에 배치한 무인기 100대 중 해병대 소유분—는 시 남쪽 상공을 날고 있었다. 4월에 미국인 경호원들 시신을 매달았던 브룩클린교 동쪽 수백 미터 지점에 검은 반점 네 개가 대형 콘크리트 창고건물 모퉁이를 향해 몰려가고 있고 다른 반점 세 개가 그 모퉁이에 있었다.

"하나가 엎드려 있어. 브룩클린교를 향해 공용화기 사수들을 배치하고 있는 것 같아. 배셔(Basher, '세게 때리는 사람'이라는 뜻으로 여기서는 대형공격이 가능한 AC130기를 말함)의 목표물을 찾았다고 연대에 연락해." 하고 네우먼 중령이 말했다.

데니얼스 상등병은 비디오상의 반점 숫자를 흘깃 쳐다보곤 몇 미터 이내로 격자 소재선정을 하는 컴퓨터 자판을 두드려 그 데이터를 연대에 보냈다. 몇 초 뒤에 연대는 '배셔가 가고 있음'이라는 회신을 보내왔다. 지난 4월, 맥코이 중령이 공군 AC130기를 요청했을 때, 그 비행기의 무선호출부호가 슬레이어(학살자)여서 몇몇이서 그 이름이 지나치게 섬뜩하다고 느낀 적이 있다. 그런데 지금 바로 그 AC-130기가 배셔였다. 이 비행기는 구형이면서도 아직도 전장에서 가장 무서운 무기로서 이름을 떨치고 있다.

작전센터 안에서 해병들은 각자 하던 일을 멈추고 스크린 앞에 모여 있다. 1분이 흘렀다. 스크린 위에는 검은 반점 네 개가 창고건물 옆에서 깐닥깐닥 움직이고 있었다. 갑자기 건물 가장자리로부터 공 모양의 검은 것이 바깥으로 튀어나오며, 거대한 콘크리트 덩어리를 날려보냈다. 또 다른 검은 공들이 계속 튀어나와 빌딩 측면을 따라 쭈그리고 있는 검은 반점들을 덮어 가렸다.

배셔인 공군 AC-130 네발 엔진 항공기는 거대한 적외선 스포트라이트로 매복자들을 환히 비추며 고성능 폭약 50파운드가 들어있는 105밀리 포탄을 그들에게 쏟아 부었다. 회색연기가 현장에서 자욱하게 피어올랐다.

"누출자가 있는지 살펴봐. 지금 하나 발견됐다. 북쪽으로 향하고 있다. 그에게 초점을 맞춰 봐." 하고 네우먼이 말했다.

검은 반점 하나가 연기로부터 벗어났다. 머캐덤 도로를 배경으로 하여 한 남자의 실루엣이 선명하게 보였다. 그는 단거리경주를 하듯이 달리고 있었다.

"십중팔구 그는 가장 가까운 모스크로 가고 있을 거야." 하고 네오먼이 말했다.

"늘 하던 버릇대로 그러겠지요." 하고 제리 파크먼 중위가 맞장구를 쳤다. 그는 그 주자가 담장 위를 기어오르는 것을 바라보고 있었다.

저항세력들은 일단 그들이 모스크에 들어가면 안전하다는 규칙을 알고 있었다. 배셔가 다른 목표물을 향해 가고 있는 동안, 파이어니어 무인항공기가 손상정도를 평가하기 위해 창고건물 상공을 선회했다. 건물 뒤편 대형 문이 미끄러지듯이 열리고 두 사람이 건물 측면으로 뛰어가 시신 한 구를 끌고는 재빨리 되돌아간다. 해병들은 이것이 몇 차례 되풀이 되는 것을 지켜보았다.

"그들이 중화기를 옮기고 있는 것일까요? 아니면 어떤 녀석의 다리를?" 하고 한 해병이 물었다.

"모르겠는데. 네 명이 죽은 것은 확인이 되는데. 이곳은 안전가옥으로 표시해 둬. 재확인하기 위해 나중에 다시 돌아올 거야." 하고 파크먼 중위가 말했다.

파이어니어기는 강변을 따라 날며 살피고 있었다. 이 비행기는 아무나 장난감 가게에서 살 수 있는 박스 안에 든 모형비행기처럼 보였다. 아이들은 이런 종류의 비행기를 사서 차고 안에서 열심히 조립하여 스포츠형 자동차 지붕 위에 끈으로 묶어 싣고는 가까운 공원으로 가 하루 종일 공중에 날리며 즐긴다. 무선조종으로 앉고 뜨는 파이어니어기는 낮에는 가시광선으로 밤에는 전방감시적외선레이더(FLIR) 카메라로 확실한 포상(砲床)을 제공해 준다. 팔루자에서 4개월 동안 제

1무인항공대(VMU-1)는 무인항공기들을 400회 이상 출격시켰으며 그 가운데 기능부전은 오직 두 번뿐이었다(그리고 몇몇 경우엔 총탄구멍이 난 체 기지로 돌아왔다.) 한 시간에 100마일을 나는 파이어니어기는 한 번 출격에 몇 시간 동안 팔루자 상공에서 빈둥거릴 수 있다. 사람약 올리기 좋을 만큼 내는 소음이 그것의 존재를 알려주지만, 보통 몇천 피트 상공을 날기 때문에 육안으로는 잘 식별되지 않는다.

무인항공기에 의한 감시는 수십 년간 계속돼 왔으며 이스라엘과 미국 둘 다 목표물의 실시간 포착을 위해 이따금씩 이용해 왔다. 2004년 이라크에서 제1무인항공대와 그와 비슷한 부대들의 존재가치를 지금까지와 다르게 만든 것은 목표물 포착이 가장 낮은 전술적 수준에서도 일상화되게 했다는 점이다. 저항세력들은 도무지 숨을 곳이 없었다. 그들이 문을 열고 나오기만 하면 포착되었고, 추적되었고, 공격을 받았다. 팔루자 여단이 시를 인계 받았을 때인 5월 이후엔 날마다 그러했다.

몇 차례 워치독들은 픽업트럭 하나가 시내에서 갑자기 길을 벗어나 인적이 드문 구역으로 들어서는 것을 추적했다. 트럭 안에서 몇 사람이 튀어나온다. (그곳에 숨겨 놓은) RPG의 긴 포신을 들어 로켓탄을 몇 발 쏜다. 그리고는 대응사격을 받기 전에 재빨리 달아난다. "우리는 로켓탄 몇 발을 발사한 후 달아나는 픽업트럭 하나를 뒤쫓아가 간선고속도로에서 붙잡았습니다. 운전수는 완벽한 증명서를 갖고 있었습니다. 잘못을 찾을 만한 증거가 없었습니다. 그래서 운전수를 무인항공기가 찍은 비디오와 함께 포로 심문팀에게 넘겼습니다. 심문팀은 운전수에게 그의 좀전 행로를 상세히 이야기해 주자 비로소 진실을 고백했다고 전해 왔습니다." 하고 첩보팀장인 프란시스코 타타예 하사가 말했다.

워치독들은 어떤 모스크에서 나와 시 외곽 고속도로로 가는 픽업트럭 하나를 추적했다. 고속도로에서 그 트럭은 팔이 묶인 세 사람을 끌어내 도랑에 밀어 넣어 사살해 버리고는 어떤 집으로 되돌아갔다. 워치독들은 그 집을 나중에 폭격할 예정인 '안전가옥' 리스트에 추가했다. 리스트에 오른 각 안전가옥이 폭파된 후에, 워치독들은 남자들 수십 명이 그 폐허로 몰려와 시신들을 끄집어내어 서쪽 강 건너에 있는 병원으로 싣고 가 예식을 갖춘 후 다시 긴 구덩이들이 주검을 기다리고 있는 순교자들 묘지로 옮겨가는 과정을 살피게 될 것이다.

―

11월 8일, 유프라테스 강의 서부반도와 병원을 점령한 대대들은 철로를 따라 북쪽으로 수 킬로미터 떨어진 지점들을 공격목표로 삼고 그날 준비해 간 화력을 쏟아 부었다. 사단은 워치독과 같은 믿을 만한 소스가 확인해 준 공격 목표물 200개 이상을 갖고 있다. 그러나 언론의 반대 논조와 2차적인 피해를 우려하는 바그다드 군부연합은 20개가 조금 넘는 목표물에 대한 폭격만 허용했다. 자신들의 희생을 염려하는 일부 해병들은 그 같은 승인방법에 화가 났다.

추가 폭격은 적에 대한 적극적인 관찰에 따라 허용되었다. 워치독들은 10번 고속도로 남쪽 4평방킬로미터 지역인 퀸스지구에 대한 감시업무를 부여받았다. 범죄 집단, 테러리스트 및 외국인 성전파 저항세력들이 은거해 있는 긴 가축우리 같은 퀸스는 대부분 반쯤 짓다 만 진흙 색 시멘트로 된 2층 건물 4천 동과 초목이 거의 없는 지저분한 도로들이 난잡하게 서로 얽혀 있다. 무인항공기팀은 하루 대부분을 3~5명으로 된 패거리들이 한 집에서 다른 곳으로 달려가고 있는 것을 살폈다. 발사요청은 하지 않았다. 그러나 정오가 좀 지나서 파이어니어기에 장착된 주간 광학 카메라가 어떤 모스크 마당에서 계속 세게 터지고 있는 붉은 섬광을 포착했다.

반쯤 짓다 만 모스크는 주위에 타원형으로 된 텅 빈 마당이 있고 그 마당 끝에 몇 개 층으로 된 높은 방벽이 둘러싸고 있어 마치 조그마한 축구장 같아 보였다. 마당 한가운데 장치해 놓은 박격포 포신이 해병 대원정군 사령부와 제1연대가 들어 있는 북쪽 캠프팔루자를 향해 있었다. 매 10분 간격으로 워치독들은 그 모스크로부터 북쪽으로 수백 미터 떨어져 있는 큰 저택에서 저항군 3명이 빠른 속도로 뛰어와 모스크 방벽 처마 밑으로 사라지는 것을 지켜보고 있었다. 몇 초 후 그들은 한 사람씩 급히 뛰어 나와 박격포 포신에다 포탄을 한 발씩 떨어뜨리고는 미친 듯이 뛰어 처음 출발했던 집으로 되돌아갔다.

박격포탄 6발이 거대한 캠프팔루자 영내에 터진 후 워치독의 파견 지휘관인 켈리 램슈르 소령은 전투부대에 목표물을 지정해 주는 연대 포격부에서 걸려온 전화를 받았다. "공중폭격이 가능하지 않는가봐." 램슈르는 디스플레이 2대와 컴퓨터 모니터 4대 주위에 몰려 있는 대원 10명에게 말했다. "대포가 그 목표물을 처리하기로 했어."

이 뉴스를 듣고 대원들은 중얼중얼 불평했다. 대포는 지역전투에 필요한 무기이다. 탁 트인 곳에서 적의 병력을 향해 사용할 때 효과적이지만 포인트 타깃을 파괴할 때는 바람직하지 않다.

파이오니어의 광학 카메라 십자선이 모스크 마당에 있는 박격포 포신과 스크린 위에 나타난 10자리 숫자의 격자 안에 모아졌다. 좌표를 타자하여 포병중대로 보냈다. 대원들은 몇 분간 거의 말도 없이 기다렸다. 파이어니어기가 수천 피트 상공에서 선회하며 카메라 초점을 검은 박격포 포신에 계속 고정시키고 있었다.

켈리가 "발사했어." 하고 말했을 때, 그들은 모스크 바깥에 있는 축구장에 별안간 피어오른 거대한 회색 연기 뭉치를 보기 위해 스크린 쪽으로 목을 내밀었다. 대원들이 잘못된 거리를 계산해 보냈기 때문에 빗나간 것이다. 그래서 다시 "더하기 100, 오른쪽 50"으로 입력해 넣었다. 3분 후 거대한 먼지 구름이 모스크 마당에서 일어났다. "좋아!" 하는 몇몇 외침 속에서 다음 명령은 "효과적으로 발사하라"였다. 몇 분 후 두 줄의 빛나는 오렌지색 섬광이 모스크 마당에서 번쩍했고, 남쪽으로 100미터 떨어진 곳에 3번째 섬광이 일어났다. 연기가 걷히자, 박격포 포신은 아직 그대로 서 있었다. 대원들은 또 다른 발사를 요청했다. 같은 결과였다. 점점 더 가까이서 터지긴 했으나 명중이 아니었다. 부차적인 폭발이 없었고, 박격포신에 가시적인 손상을 주지 못했다.

소강상태가 계속되자 저항군 3명이 다시 그 집에서 모스크의 장벽 쪽으로 뛰어와 각각 포탄을 들어 박격포 포신 안에 밀어 넣고는 집 쪽으로 도로 달려갔다.

워치독들은 감탄의 절규를 교환했다. "그 녀석들이 지금 저기에 매달려 있다."

"너희들이 155밀리 포로선 살짝 몸을 피하는 나를 잡지 못할걸. 매롱."

"저 잡것들이 다음 발사 때도 그냥 저러고 있다면 고깃덩어리가 될 거야."

"우린 프레더터(Predator)를 갖고 있어." 하고 네우먼이 말했다.

헬파이어 미사일을 장착하고 있는 프레더터 무인항공기는 네바다주에서 피드백하는 비디오에 따라 공군 조종사들에 의해 제어된다. 몇 주 전 워치독들은 기관총으로 픽업트럭 한 대를 공격하도록 프레더터에 지시했다. 프레더터와 파이어니어 운용 대원들은 9천 마일을 사이에 두고 무인항공기들을 서로 제휴시키기 위해 이메일 채팅을 했다.

축구게임을 방영하는 것은 비디오 공급재료를 편집하는 프로듀서에 의해 제어되기 때문에 시청자들은 여러 다른 각도에서 그 게임을 볼 수 있다. 전쟁터 영상을 교환하기 위해 필요한 대역너비(bandwidth)는 엄청나게 크다. 팔루자에 있는 워치독들과 네바다 주에 있는 프레더터 대원들이 서로의 비디오를 동시에 볼 수 있게 되기까지는 앞으로 몇 년이 더 걸릴 것이다. 임시방편으로 양쪽 대원들은 이메일로 서로 업데이트 한다.

네우먼이 프레더터에 업데이트된 좌표를 보내며 지시를 내렸을 때, 연대는 더 이상 참을 수 없을 지경이 돼 있었다. 더 많은 적의 박격포탄이 영내에서 폭발하고 있었다.

"중지해, 모두 중지해. 연대가 임무를 프레더터 대신 프러페인(Profane)에게 주었다. 유도에 필요한 이야기를 해 줄 준비를 하도록." 하고 네우먼이 말했다.

프러페인은 팔루자 상공 1만 9천 피트 높이에 떠 있는 해병 AV-8B 해리어기 2대의 무선호출부호였다. 워치독들은 이들 전투폭격기에 공격을 유도할 전진항공관제관에게 음성과 데이터를 이용하여 목표물을 설명해 주어야 한다. 한편 적은 그 집과 모스크 사이에서 또 다른 왕복여행 역주를 하고 있었다. 적어도 박격포탄 12발이 캠프 팔루자에서 터졌다.

"저것들을 어떻게 처치할까? 박격포를 때릴까 그 집을 때릴까?" 하고 네우먼이 물었다.

"집입니다!" 답은 합창이 되어 돌아왔다.

저항세력들이 모스크를 왔다 갔다 하며 숨어 있는 2층짜리 시멘트 집은 돔으로 된 지붕에, 큰 마당이 있고 그 바깥으로 담장이 둘러쳐져 있다. 보초가 서 있는 현관 위에는 처마가 쑥 내밀고 있다. 워치독들은 그 집을 드나드는 사람을 12명 이상으로 계산했다.

일단 프러페인이 모스크에 공격 포인트를 맞추자, 네우먼 중령이 전진항공관제관에게 말했다. "모스크가 보이는가? 좋아. 목표물은 북동쪽 코너에 있는 빈터 북쪽의 첫 집이다. 기다리게. 맞아 그 트럭이 있는 집이다. 그걸 치게."

트럭 한 대가 접근하더니 팔에 무엇인가를 든 남자 5명이 집안으로 걸어 들어갔다. 개 3마리가 종종걸음을 쳤다.

"저녁식사 시간이다. 도미노 놀이가 될 수 있겠는걸." 영상분석가인 로네일 샘프슨 하사가 말했다.

"더 선명하게 해 보게." 네우먼이 말했다.

문제의 박격포 담당 저항군들이 모두 그 집 안에 있을 것이란 말이 해병들 사이에서 오갔다. 해병 20여 명 이상이 좁은 작전센터 안에 틀어박혀 중얼중얼 불평을 해가며 왔다 갔다 했다. 폭탄 유도지시를 내린 지 아직 1분이 채 안 됐다.

"나는 개를 좋아하는데. 개들아 제발 거기서 나가다오."

"무자헤딘들아 거기에 꼭 머물러 있어야 돼. 너희들 대부분이 천국에 들어갈 거니까. 지금 떠나지 마라. 떠나면 안 돼."

마당 쪽으로 난 문이 열리고 한 남자가 트럭 쪽으로 가더니 그것을 천천히 몰고 간다.

"장화 신은 무자헤딘이 콜라 마시러 밖으로 나갔다. 세상에서 가장 운 좋은 개자식이다."

두 비디오 스크린 모두 갑자기 퓨즈가 끊어졌을 때처럼 번쩍하며 흰빛으로 빛났다. 스크린에 눈을 꽂고 있던 해병들한테서 동시에 "와!" 하며 환성이 터졌다. 그 집 지붕 중앙에 거대한 검은 구멍이 나 있었다.

워치 독

"저것이 쉐크(무자헤딘들이 이용하는 집)야. 내가 쉐크라고 부르는 것이야! 무자헤딘 여남 명이 지워졌을 거야." 네우먼이 말했다.

"걔들이 가엾다는 생각이 들어." 누군가가 말했다.

———

시내에 있는 적의 몇몇 박격포와 로켓탄 발사 진지에서 시 북쪽으로 진입하고 있는 미군부대들을 향해 포격을 가하고 있었다. 워치독들이 박격포 사수들을 처치하고 있었기 때문에 포격이 뜸한 틈을 타 CH-46헬리콥터 두 대가 전투지역으로부터 팔루자 외곽 타카둠 기지에 있는 응급치료소까지 첫 사상자들을 실어 날랐다. 응급치료소는 부상자들에게 응급조치를 하고 후방병원으로 후송해야할 환자들을 선별하는 곳이다. 사상자들이 헬기에 옮겨지고 있을 때 헬기운행을 감독하는 존 디트리치 대령이 추가 도움이 필요한 지를 알아보기 위해 비행대기선에서 응급치료소로 달려왔다. 큰 천막 아래서 브라운색 T셔츠와 짧은 흰색 가운을 입고 1회용 수술 장갑을 낀 위생병 3명과 간호원 4명이 들것에 누워있는 병사 3명을 돌보고 있었다. 위생병 하나가 환자들로부터 벗겨 내거나 잘라 내어 마루에 여기저기 던져 놓은 전투복들을 모으고 있고 다른 위생병은 마루에 흥건히 고여 있는 피를 걸레로 닦아 내고 있었다. 담요 사이에서 링거 튜브가 불쑥 비어져 나온 채 병사들은 조용히 누워 있다. 둘은 눈을 감고 있고 한 사람은 천장을 쳐다보고 있다.

간호사 한 명이 디트리치 곁에 따라 걷고 있었다.

"중상자들도 있는가?" 디트리치가 물었다.

"아닙니다. 대령님, 무릎을 절단한 환자가 한 명 있습니다. 그를 즉시 후송시킬 겁니다." 하고 간호사는 말했다.

방탄조끼와 신속한 의료조치로 인해 이라크 전투에선 사망자가 부상자 11명 중 한 명 꼴로 과거 전쟁 때보다 생존율이 거의 배 가까이 높다. 일단 응급치료소로 오면, 의사, 간호사 및 위생병들이 중상자를 살릴 기회가 95퍼센트로 높아진다. 이곳에서 한 외과팀은 어떤 해병의 목숨을 구하기 위해 13시간 동안 수술을 한 적이 있다.

"대령님 곁에 있는 병사 몸에서 파편 1파운드를 뽑아냈습니다." 하고 간호사는 말했다. "그는 이번에 후송될 겁니다. 더 섬세한 수술을 받아야 합니다. 그에게 이걸 선물로 줄 작정입니다." 그녀는 어른 주먹만한 크기의 뒤틀린 검은 쇠 조각을 들고 있다.

"어떻게 안으로 들어가지? 지휘관은 누군가?" 하고 디트리치는 말했다. "모래먼지는 어떻게 처리하나? 내가 도와줄 게 뭐 없나?"

사회에서 페덱스(FedEx)사 조종사로 일했던 예비역 출신의 디트리치는, 1966년부터 해병대에 배속된 그의 CH-46헬기 부대가 업무를 잘 수행하게끔 온갖 노력을 기울이고 있다.

"그들은 잘 하고 있습니다. 우리…"

쾅, 쾅, 쾅. 로켓탄 세 발이 터지는 바람에 텐트가 세게 흔들렸다. 간호사들은 재빠른 동작으로 들것 손잡이를 꼭 부여잡고 환자를 보호하기 위해 그 위쪽으로 몸을 구부리며 마루에 내려놓았다. 디트리치는 헬기가 무사한지 알아보기 위해 밖으로 뛰어나갔다. 몇 분 후에 그는 돌아왔다.

"헬기 대기선은 무사하군. 그러나 구내 교회가 한 방 맞은 것 같아. 환자들을 잘 돌보게. 이번 한 주는 바쁘겠는걸." 하고 그는 말했다.

워치 독

25

졸란지구의 회전목마

주요 지상공격은 11월 8일 어둠이 내린 후, 탱크주포, 대포, 박격포의 포격과 모든 중소 화기들의 발사로 일어나는 눈부신 섬광과 천지를 진동하는 굉음과 하늘을 수놓는 붉은 불꽃의 궤적으로 시작되었다. 한편 배셔(AC-130기)는 포탄과 총탄이 난무하는 도시 상공 높은 곳을 선회하며 이따금씩 특정 지점에 포탄을 쏟아 붓곤 했다. 적은 일정한 타격목표를 정하지 않고 무작정 연합군 쪽을 향해 밤하늘에 붉은 아치를 그리며 로켓탄과 박격포탄을 쏘는 것으로 대응했다. 그들이 쏘는 포탄이 동쪽에서 강하게 불어오는 찬바람과 함께 이따금씩 비 오듯 쏟아질 때도 있었다. 시 전역에서 피난가지 않은 일부 주민들이 두꺼운 시멘트 장벽 안으로 허둥지둥 기어들었다.

  육군, 해병대, 이라크군으로 편성된 혼성사단은 적을 압도하기 위해 강력한 기세로 밀어붙이며 남쪽을 휩쓸었다. 3마일 전선에서 갓길로 된 세 군데 지름길을 통해 야간공격을 벌이는 6개 대대는 서로 매우 신중한 협조가 필요했다. 네이턴스키 장군은 천성이 낙관적이고 하면 된다는 지휘관이다. 이번 공격은 소대를 이끌고 중대 화력지원팀을 움직이는 수십 명의 중위들과 하사들에 대한 확고한 신뢰감이 필요했다. 시내로 진입할 때 조금이라도 각도를 잘못 잡아, 공격군이 갖고 있는 500개 이상의 중화기 가운데 어느 한 개라도 아군을 향해 오인사격을 하게 되면 엄청난 희생을 내게 된다. 네이턴스키는 위험을 무릅쓰고 야간공격을 감행했다. 주간에 각 대대들이 출발선을 따라 조밀하게 집합해 있을 때 심각한 취약점을 노출할 수 있기 때문이다. 어둠 속에서 저항군들은 조준사격을 할 수 없었다.

―

11월 9일이 밝았을 때, 전투는 모든 대대들이 공유하고 있는 리듬을 타기 시작했다. 적은 두 유형으로 나뉘어져 있다. 하나는 고립주의적인 성전파 저항군들이고 다른 하나는 주력 수비대다. 성전파는 밀실에 몸을 숨기고 죽을 때까지 싸울 준비가 돼 있는 사람들이다. 이와는 달리 주력 수비대는 더 많은 군사훈련을 받은 사람들로 주로 기동적인 방어를 한다. 일단 사물을 알아볼 수 있을 정도로 날이 밝아지자, 주력 수비대가 작은 그룹을 지어 여러 골목길로 전진해 와서는 큰 거리로 튀어나와 RPG를 발사하며 공격하고 성전파들은 시멘트 건물을 토치카로 활용하여 공격했다.

11월 9일 저항군들의 첫 박격포 집중포격은 당황할 정도로 정밀도가 높았다. 포탄이 조직적으로 거리를 따라 움직이며 떨어져, 전진하던 해병들은 얼른 대문을 부수고 집 안으로 들어가 숨을 곳을 찾았다. 박격포 포신으로부터 멀리 떨어져 있는 저항군 사수들(그들은 박격포 포신에 포탄을 밀어 넣고는 부리나케 다른 곳으로 이동해 숨는다)을 쫓아버리기 위해, 해병들은 포병대에 연락하여 200미터 또는 400미터 전방 박격포 발사지점을 향해 포격을 가하도록 했다.

1/8대대가 전진하자, 박격포탄들이 그들을 환영이라도 하듯 거리를 따라 쾅쾅 터졌다. 찰리중대 중대장인 보 베세이 대위는 무전으로 포격지원센터에다 화를 버럭 내며 소리를 질렀다.

"당장 집어치워! 빌어먹을, 너무 가까이서 터진단 말이야!"

"우리가 쏘는 게 아니야! 우린 그런 식으로 엉성하게 쏘진 않아!" 하고 지원센터의 스티브 칸 대위가 큰 소리로 되받았다.

박격포 탄막으로 엄호를 받아가며 저항군 한 무리가 해병 탱크 쪽으로 돌진해 오다가 해병 소총수들이 우박처럼 쏟아내는 총탄세례를 받고서야 물러갔다. 그런데 푸른 노동복 셔츠 위에 두꺼운 조끼를 입은 저항군 한 명은 은폐물을 찾지 않고 그냥 거리에 서서 마치 혼란에 빠진 듯 사방을 두리번거렸다. 다음 순간 그는 자신을 폭발시키며 거대한 검은 구름 속으로 사라졌다. 해병들은 그 자살폭탄의 충격파를 맞고 얼른 몸을 숙였다. 그들은 붉은 빛의 축축한 안개가 떠다니고 작은 살점 덩어리들이 굵은 빗방울처럼 그들에게 떨어질 때까지 납작 엎드려 있었다.

첫날은 지리적으로 목표지점에 도달하는 것이 우선이었기 때문에 대대 대부분은 조직적으로 개별건물 수색에 나서지 않았다. 모든 중대는 자주 적의 변칙적인 공격을 받으며 서로 가까운 거리에서 총격전을 벌이곤 했다.

어느 집에 고립주의 성전파들이 은거해 있는지 어떤 징후가 될 만한 흔적이 전혀 보이지 않았다. 3/1대대 리마중대 1소대는 20여 집을 수색했으나 아무 것도 발견하지 못했다. 아침 9시경에 남쪽 벽에 난 큰 구멍을 통해 어떤 집 안으로 들어가자 갑자기 마루를 가로질러 수류탄이 굴러오고 사방에서 AK소총소리가 콩 볶듯 했다. 폭발이 먼지구름을 일으켜 숨어 있는 저항군들 위치를 알 수가 없었다. 두 해병이 치명상을 입고 쓰러졌다. 쓰러진 동료를 끌고 밖으로 나온 해병들이 뒤로 물러서고, 에빈 말라 병장이 그가 갖고 있는 SMAW로켓발사기(그는 발사기보다 더 큰 거인이었다)로 15피트 거리에서 창문을 통해 열기압탄 한 발을 쏘아 넣었다. 적이 집 안에서 계속 사격을 해 오자, 분대는 창문 밑으로 살금살금 다가가 수류탄을 던져 넣고는 집 안쪽을 향해 총탄 수백 발을 쏟아 부었다. 그 다음 현관문을 폭파하고 마지막 남은 방어자를 죽였다. 소대는 엉망이 된 적 시신 5구를 끌어내고 무기를 부순 다음 거리를 전진해 갔다.

다음 6시간 동안 1소대는 집 54동을 수색했으나 전투는 없었다. 여섯 집에서 민간인 몇 명을 발견했다. 그들은 미군이 접근하는 소리를 듣고는 모두 흰 깃발을 흔들었다. 시내에 민간인들이 거의 남아 있지 않기 때문에, 해병들이 흔히 쓰는 전술은, 담장 너머로 수류탄을 던져 넣고 잠겨 있는 철 대문을 폭파한 후 사격조 4명이 마당 안으로 들어가 큰 소리를 내지르며 창문과 현관문을 쾅쾅 치고 인기척이 없으면 사격을 가했다. 건물 수천 동의 입구를 모두 폭파시키려면 폭발물이 부족하다. 집에 접근해도 아무런 반응이 없으면 다음 단계에선 가장 위험한 일이 시작된다. 현관문을 부수고 집 안으로 들어가 좁고 어두운 복도를 따라 모든 방을 수색해야 하는 일이다.

그러나 저항군들 대부분은 집 안에서 사격을 한 후 뒷문을 통해 달아나는 그룹 전투를 선호했다. 조금 있으면 다시 거리를 가로질러 달려오는 저항군 하나가 총을 맞고 쓰러질 것이다. 틀림없이 그의 동료들은 그 시신을 질질 끌고 가기 위해 돌진해 올 것이다. 그건 해병들을 감동시키는 곡예였다.

네이턴스키 장군은 각 연대에 병사 약 400명으로 구성된 이라크 대대 하나씩을 배속했다. 시가전에 대한 훈련을 받지 않은 그들은 선도하는 미군부대 뒤를 따라 움직였다. 11월 8일 밤, 이라크 참여군 제2대대(이 대대는 지난 4월 팔루자에 투입되는 길에 항명으로 해체되었다가 다시 복구된 대대다)가 해병 2-2대대 뒤를 따라오며 시 동북지역에 있는 학교건물 속으로 이동했다. 2대대는 6명으로 구성된 미군 고문관팀의 지도를 받고 있었다.

해가 뜬 후 저항군들 몇 그룹이 사방에서 학교건물을 공격했을 때 오직 일부 병사들만이 달아났다. 육군하사 트레보 캔들린 고문관은 학교 바깥에서 몸을 은신한 채 그가 개인적으로 가져와 M4카빈 소총에 장착한 24배수 저격용 망원경을 통해 사방을 살피고 있었다. 거리 아래쪽 300미터 지점에서 검은 운동복을 입고 목에 붉은 스카프를 두른 한 남자가 비스듬한 각도로 RPG를 쏘고 있는 것이 보였다. 그렇게 쏘면 로켓탄이 박격포탄처럼 아치를 그리며 날아갈 것이 분명했다. 캔들린은 험비 보닛 위에 M4를 걸쳐 쏘아 그날 처음 만난 그 저항군을 명중시켰다.

기분이 좋아진 그는 축하를 바라는 뜻에서 육군하사 토디 코넬을 돌아보았다. 그러나 코넬은 한 뭉치의 이라크인 옷과 장화들이 보인다며 다음 블록에 있는 어떤 집 창문 속을 저격용 망원경으로 응시하고 있었다. 저항군들이 이라크 보안군 복장으로 갈아입고 미군부대에 잠입할 공작을 꾸미고 있는 한 안전가옥을 우연히 발견한 것이다. 캔들린이 상급 고문관인 프레드 밀러 육군소령에게 이 사실을 알리기 위해 거리를 가로질러 뛰어가고 있는 동안, 코넬은 이라크군 중위인 히다와

준디스(jundis, 이라크 병사들에 대한 고문관들의 친근감을 나타내는 호칭) 5명과 함께 옷 뭉치가 보이는 그 블록 쪽으로 다가 갔다. 블록 중간쯤에 있는 한 노란색 집으로부터 총탄이 날아오자 그들은 그 옆집 현관을 통해 옥상으로 올라가 낮은 경계벽을 뛰어 넘어 노란색 집 위로 건너갔다. 그들 아래서 저항군 3명이 총을 들고 현관 밖으로 뛰어나가다가 총을 맞고 쓰러졌다.

자갈을 깐 옥상 중앙에 층계로 들어가는 작은 문이 하나 있고 여남 개의 계단으로 된 시멘트 층계를 내려가면 층계참에서 다시 대여섯 개 계단으로 된 직각 층계가 캄캄하고 엉성해 뵈는 지하로 연결되어 있었다. 아래서 아랍말로 외치는 소리가 들리자 코넬은 수류탄 하나를 계단으로 굴려 넣었다.

수류탄이 폭발한 몇 초 후 아래층으로부터, 그리고 인접한 다른 집 옥상들로부터 총탄이 날아오기 시작했다. 코넬은 엄호를 위해 서두르다가 곱드러져 뒤쪽으로 넘어지는 바람에 9밀리 권총이 손에서 떨어졌다. 이라크 병사들은 옥상의 작은 벽 뒤에 몸을 숨기고 있었고 코넬은 계단으로 들어가는 문 근방에서 옆으로 엎드린 채 한숨 돌리며 다음 행동을 궁리했다. 그때 갑자기 AK소총을 든 이라크인이 3피트 떨어져 있는 문간에 나타났다. 앞에 코넬의 권총이 떨어져 있는 것을 본 그는 코넬이 그것을 잡기 위해 앞으로 몸을 홱 기울이자 먼저 집어 들었다. 이라크병사들이 미처 어떻게 해 보기도 전에 그는 코넬의 얼굴을 향해 방아쇠를 당겨 즉사시켰다. 히다 중위가 AK소총으로 그 남자를 쏘아 계단 아래로 굴려 떨어뜨렸다.

다음에 무엇을 어떻게 해야 할지 엄두가 나지 않는 이라크 병사 6명은 다음 집 지붕으로 넘어간 후 바깥계단으로 내려가 반 블록 저쪽에 있는 학교 건물로 퇴각했다. 학교건물 주위의 전투는 아직도 계속되고 있었고, 캔들린은 한 지점에서 다른 지점으로 재빨리 숨어 다니며 조준사격을 하고는 다시 자리를 옮기곤 했다. 이라크 병사들과 중위는 캔들린의 주의를 끌려고 노력하며 계속 지켜보고 있었다. 캔들린이 사격지점을 찾아 옮겨 다니다가 그들을 보고 아는 체를 했다. 마침내 히다 중위는 캔들린에게 "아미(육군), 아미" 하고 말하며 고개를 흔들고는 손가락으로 목을 자르는 시늉을 해 보였다. 그 의미를 알아 챈 캔들린은 갑자기 미친 듯이 학교 운동장 주위를 두리번거리며 코넬을 찾았다. 코넬이 보이지 않자 그는 블록 아래쪽으로 노란색 집을 가리키고 있는 히다 쪽으로 몸을 돌렸다.

캔들린은 밀러 소령을 붙잡고 사정을 이야기했다. 둘은 이라크 병사들에게 따라오라고 손짓을 하며 거리를 달려갔다. 아무도 따라오지 않자, 그들은 그 노란색 집 현관 양쪽 벽에 붙어 서서 집 안을 향해 사격을 했다. 그들이 접근하는 소리를 듣고 저항군들은 이미 계단을 타고 옥상으로 올라가 계단통을 통해 아래로 총을 쏘고 있었다.

총탄이 주위에서 핑핑 소리를 내고 있는 가운데 바로 계단 아래에서, 땅에 떨어져 으깨져있는 저항군 시신을 바라보다가 밀러는 캔들린에게 몸을 돌리며 "내가 압박을 가할테니까, 자네는 옥상에 수류탄을 던져 올리게." 하고 말했다.

"한 걸음만 옮겼다간 벌집이 될 것 같습니다. 게다가 여기서 던지면 되튀어서 도로 아래로 떨어질 염려가 있습니다." 캔들린은 수류탄을 보스에게 던져서 건네며 "소령님이 던지십시오." 하고 말했다.

듣고 보니 그럴듯했다. 수류탄을 던져 올리는 것이 우둔한 짓이라는 생각을 한 밀러 소령은 그 대신 무전으로 지원을 요청했다. 히다 중위가 이끄는 이라크 병사 8명이 그때서야 학교건물에서 달려와 이웃집 옥상으로 올라가서 두 고문관들이 서 있는 집 옥상에 있는 저항군들을 향해 사격을 시작했다. 2/2대대가 그들을 돕기 위해 탱크 한 대를 보냈다. 탱크가 우르릉거리며 거리를 질주해 오자 저항군 3명이 나지막한 야자나무 숲에서 갑자기 튀어나오다 사살됐다. 사방에서 사격을 받고 있던 저항군들이 물러갔다. 고문관들과 이라크병사들이 함께 코넬 시신을 학교 건물로 옮겼다.

———

보병들은 70파운드나 되는 방호구와 무기 및 탄약의 무게를 견디며 하루 종일 넓은 거리를 종종걸음치고 뒷골목을 누빈다. 밤에는 긴장한 병사들에게 약간의 휴식이 주어진다. 대부분은 40시간 동안 잠을 자지 않는다. 대형 저택들을 골라 만든 소대 방어시설 안에 들어와 앉으면 밤의 냉기가 땀에 흠뻑 젖은 그들의 얼룩무늬 군복 속으로 스며든다. 7톤 트럭과 수륙양용차가 도착하여 식품과 탄약을 내려놓는다. 일부는 제대로 된 꾸러미를 움켜잡고 슬리핑백을 펴고, 나머지는 담요와 쿠션을 찾아 집 안 이곳저곳을 찾아다닌다. 저항군들의 박격포탄과 로켓탄이 전혀 예상하지 못한 방향에서 계속 아치를 그리며 날아오기 때문에 병사 대부분은 냉기 속에서 후들후들 떨며 앉아있기 십상이다. 여러 모스크로부터 영광스런 죽음을 찬미하고 권유하는 판에 박힌 영창조의 노래가 계속 흘러나온다. AC-130기의 탈수기 돌아가는 것 같은 소음이 계속되는 폭발음과 어울려 높고 낮은 메아리가 되어 온 거리에 울려 퍼진다.

지난 4월 바이른과 맥코이 중령이 지시하여 시행한 바 있는 음악을 이용한 불안심리 조성작전('라라팔루자'로)에 영감을 받은 육군소속 심리전 요원들은 험비를 타고 돌아다니며 남자들과 여자들이 내지르는 날카로운 비명소리나 고양이들이 싸우는 소리, 또는 '건스 앤 로저스' 의 노래를 온 거리에 쾅쾅 울려 퍼지게 한다. 가장 지독하게 사람들을 오싹하게 하는 것은 영화 〈약탈자(Predator)〉에 나오는 요괴의 음험하고 불길한 웃음소리인데, 심리전 요원들은 이걸 100데시벨의 낮은 베이스 음으로 만들어 포도 위에 메아리치게 한다. 한바탕 악마의 웃음소리가 울려 퍼진 후, 3/1대대 리마중대 전진기지(중대 전면 반 블록 거리에 있었다)에 있는 사격팀이 중대장 브라이언 히스맨 대위를 무전으로 불렀다. "여기는 샤크맨 식스, 조금 전 그 소리는 별 재미가 없습니다. 호통을 쳐서 그만두게 해 주십시오. 우린 이제 겨우 정상적인 상태로 돌아오고 있습니다." 히스맨 대위는 참모를 보내 그들을 위로하고 안심시켰다.

자정 후에 전쟁터는 조용해진다. 기진맥진해진 저항군들은 잠을 자두기 위해 안전가옥들로 뿔뿔이 흩어져 간다. 기진해지기는 해병들도 마찬가지다. 야간투시경을 갖고 있긴 했지만 해병들은 어둠 속에서 방들을 수색하길 싫어했다. 야간투시경이 깊이 있는 인식을 할 수 없게 만들어 층계를 헛디디거나 방 안에서 틀린 각도로 사격을 하는 일이 곧잘 일어나기 때문이다.

시가전은 역시 낮에 하는 것이 제격이었다.

———

미국 해병대 창설 229주년 기념일인 11월 10일 아침 네이턴스키 장군은 저항세력들이 당황하여 휘청거리고 있음을 알았다. 모든 대대들이 계속 남쪽을 공격했다.

전투에 투입된 10개 대대 가운데, 3/5대대는 첫날부터 건물들을 하나하나 소탕해 가는 임무를 맡은 유일한 대대였다. 3/5대대 대대장인 패트 말레이 중령은 그의 대대 전술을 '고무청소기(창닦기용)' 효과라고 불렀다. 다른 대대들이 창문바깥 쪽 가장 불결한 곳을 슬슬 문지르면서 빠른 속도로 헤쳐 나간다. 그 창문을 철저하게 닦는 일이 3/5대대 임무다.

말레이 중령은 그의 대대가 다음 10일 동안 반복해야 할 계획을 세웠다. 그는 3개 중대를 나란히 느린 속도로 전진시키되 각 중대에 탱크 2대를 배속시키기로 했다. 더 좁은 거리에서는 뒤에 따라오는 험비와 수륙양용차를 활용하기로 했다. 날이 밝자, 저항군들이 움직이기 시작했다. 말레이와 그의 소규모 지휘부가 웅크리고 앉아 중대들의 전개를 살피고 있는 옥상으로 총탄이 핑핑 소리를 내며 날아들었다. 거리와 옥상에 있는 저항군들을 쫓아내기 위해 포병부대에 요청하여 멀리 떨어져 있는 교차로와 그 근방의 건물에 대포와 박격포 공격을 하게 했다.

각 소대에 블록 두 개가 배정되었고, 첫 블록의 양 면을 한 분대씩 맡되, 세 번째 분대는 두 번째 블록 절반을 맡았다. 같은 마당과 담장을 낀 한 무더기의 집을 수색하는 데 약 20분이 소요되었다. 사격팀이 바깥에서 엄호하고 다른 두 팀이 안으로 들어가 수색했다. 집 안에서 저항군들이 사격을 해 오면, 분대는 물러서고 탱크가 앞으로 나와 그 집을 향해 계속 포를 쏘아댄다. 주포 10~20발을 쏜 후 저항군들이 AK 소총 반격을 안 하면, 해병들이 들어가 뭉개진 시신들을 끌어내고 다음 집으로 향한다.

정오까지 대대 전체에서 대규모 탄약 은닉처 일곱 곳을 찾아 낸 후, 킬로중대는 한 아파트로부터 지속적인 사격을 받았다. 창문 여러 곳에서 총구 섬광이 번쩍번쩍 했다. 중대는 탱크를 불러와 각 창문을 향해 직사포를 쏘게 하고 옥상엔 박격포탄을 퍼부어 청소했다. 저항군들은 2층짜리 집으로 물러나 휴대전화로 동료들에게 지원을 요청했다. "여

보세요, 여보세요, 우릴 도와주십시오! 동지들! 동지들!". 그들의 전화는 모두 도청되었다. 해병들은 탱크를 몰고 가 그 집을 뭉개버렸다.

오후 1시경 3/5대대는 팜 그로브로 불리는 강변 지역으로 밀고 들어갔다. 벨론 소령은 표적 집 108개를 표시한 팔루자 사진지도를 1연대에 제공했다. 팜 그로브는 공격 10순위 안에 들어가는 지역이다. 미국 사설경호원 시신 4구를 훼손한 주모자들 중 한 명이 팜 그로브에 대저택을 갖고 있으며 두 형제가 저항세력 지도자로 확인됐다.

마이클 히버트 상등병은 분대를 이끌고 창고로 보이는 건물 벽에 난 구멍으로 들어갔다. 바로 10분 전에 한 저격병을 사살한 그는 적이 강둑을 따라 늘어서 있는 파피루스 속에 숨어들어가 있지 않을까 하는 의심이 들었다. 담장을 둘러싸고 있는 하수구에서 히버트는 전선이 연결되어 있는 포탄 3개를 발견했다. 엔지니어들이 전선을 절단한 후 히버트는 그것들로 건물 측면을 폭파시켜 큰 구멍을 냈다. 건물 안쪽 격실에서 RPG와 122밀리 로켓탄 더미를 찾아냈다.

히버트는 안전하게 벽으로 둘러쳐진 더 작은 옆방에서 어떤 소리를 들었다. 해병들은 안전거리를 유지하여 천천히 움직이며 비밀통로를 따라 악취가 나고 벌레가 우글거리는 한 공간으로 들어갔다. 거기서 손과 발이 쇠사슬에 묶인 이라크인을 발견했다. 그는 8월에 납치된 프랑스 기자 2명을 태워준 택시기사였다. 그 기자들은 자기들과 프랑스 정부는 미국의 이라크 전쟁에 반대했는데 왜 납치하느냐고 저항세력들에게 항의했다. 프랑스 정부와 협상 후에 테러리스트들은 그 기자들을 팔루자 바깥으로 데리고 나가 석방했다. 그들은 택시 운전수를 묶어서 굶겨죽이기 위해 이곳에 처박아 놓은 것이다.

히버트는 수색을 계속했다. 그가 걷어차고 들어간 세 번째 문은 영화촬영소로 연결돼 있었다. 벽에는 자르카위가 이끄는 테러리스트 집단인 알 안사르의 녹색과 검은색 깃발이 걸려 있고, 바닥엔 지난 5월 니콜라스 버그의 목을 잘랐을 때 뿜어져 나온 피가 검게 엉켜 붙어 있었다. 테이블 위에는 얼음과 물이 담긴 글라스 하나가 놓여 있었다. 다음 방에는 컴퓨터 두 대와 촬영용 아크등, CD 버너 하나, 비디오카메라 2대, VHS 테이프, 텔레비전 세트 하나, VCR 하나, 그리고 영어로 타자된 녹화 스케줄이 있었다. 스케줄에는 포로가 끌려나와 세수를 하고 그의 고백을 녹화할 때와 처형할 때 비디오 시간을 얼마나 길게 잡을 것이며 복사는 얼마나 많이 할 것인지, 그리고 황금시간대에 방영하기 위하여 바그다드에 있는 알 자지라 스튜디오에 테이프를 전달하기 위해 언제 팔루자를 떠날 것인지가 적혀 있었다.

그날 늦게 3/5대대는 버그가 참수당했던 곳으로부터 동쪽으로 1킬로미터 떨어진 졸란 공원에서 또 한 군데 그와 비슷한 곳을 발견했다. 그 공원은 모스크 하나와 쭉 늘어선 중산층 주택의 측면에 접해 있는 대형 직사각형 녹지대였다. 공원 가운데는 포탄이나 폭발물에 전혀 손상을 입지 않은 대회전식 관람차와 회전목마가 하나씩 있었다. 이들 놀이기구 중앙 기둥에는 붉고 푸른 별로 돋을새김한 'United States'라는 큰 글씨가 보였다. 모스크 다음 거리 모퉁이에 있는 한 집은 평균 수준의 수수한 주택 같았다. 그러나 병사들이 대대장인 말레이 중령을 모셔와 내부를 살펴봤을 때, 제일 먼저 그들을 놀라게 한 것은 시체가 썩는 악취였다. 휴게실은 단단한 흙바닥으로 되어 있었고 거기서 좁고 어두운 복도를 따라가다 작은 방으로 들어가는 녹슨 문과 마주쳤다. 방 안에는 누더기가 되다시피 한 황갈색 디시다사를 입은 한 남자가 고통으로 인한 발작 탓이었는지 머리를 뒤로 뒤틀고 죽어있었다. 두 다리 모두 무릎 윗부분이 잘리고 없었다. 그가 누워 있는 곳 뒤에는 두 번째 방으로 들어가는 문이 있었는데 방 안에는 다리 없는 시신이 또 있었다. 방 창문을 통해 빛이 들어오는 탓에 고통으로 몸을 뒤틀고 죽어 있는 모습이 선명하게 보였다. 창은 거리로 면하고 있었는데 유리에 얇은 종이를 붙인 창문을 통해 이들이 내지른 비명이 공원 너머까지 메아리쳤을 것이다.

───

시 동쪽 끝에서 1/3대대는 4월에 '킬러' 맥코이 중령의 3/4대대가 전투를 벌였던 구역으로 밀고 들어갔다. 해병들은 아마야 상등병이 죽은 바로 그 집에서 맹렬한 사격을 받았다. 피터 메이슨 상등병이 총탄 12발을 맞고 쓰러졌다. 그러나 방탄조끼가 그의 목숨을 구해 마당 밖으로 엉금엉금 기어 나왔다. 해병들은 뒤로 물러나오고 그 집을 부숴 버렸다. 저항군들은 뒤로 빠져나갔으나 기다리고 있던 경장갑차의 25밀리 연쇄포가 그들을 도로 담장 쪽으로 밀어붙였다. 그들 중 상당수가 마약에 심하게 취해 있었다. 저항군 한 명이 성한 한쪽 다리로 절뚝거리며 거리로 달아났으나 반 블록도 못 가 도주는 좌절됐다. 다른 사람들은 폭발에 묻혀 버렸다. 시신 25구 이상이 폐허에서 발견되었다. 팔루자 전투에서 저항군들이 한 집에서 죽은 것으로는 가장 많은 숫자다.

11월 10일 어둠이 내릴 무렵 1/3대대는 프란 북쪽 무자헤딘 모스크를 점령한 후 거기서 해병대창설 기념식을 거행했다. 이 날 미 해병들이 세계 수천 곳에서 무도회를 열며 해병대 창설을 축하하는 연례적인 행사다. 옛날부터 의례적으로 행해온 식순에 따라, 마이클 버그 특무상사가 파견 근무 중인 육군 심리작전팀에게 부탁하여 험비장갑차 위에 달린 확성기를 통해 해병대찬가를 틀게 하는 한편 간이식량으로 가져온 파운드케이크를 잘라 제일 나이어린 해병에게 증정했다. 그가 이런 행사를 주선하여 진행하고 있을 때 저항군들이 로켓탄 여러 발을 쏘았다.

"저 개자식들을 침묵시켜!" 하고 버그가 소리를 버럭 질렀다.

소총과 기관총 200정 이상이 몇 초 동안 불을 뿜었다.

"사격중지!" 하고 버그가 소리쳤다.

전쟁터는 침묵에 쌓였다.

"한결 낫군, 식을 계속해" 하고 버그가 말했다.

―――

1/3대대장인 마이클 레이모스 중령은 제5이라크 대대로부터 한 중대를 차출하여 1/3대대 소총중대들과 함께 전투에 참가토록 했다. 미국인 고문관들 조언을 받아 중대급 장교가 지휘하는 이라크 병사들은 모스크를 수색하는 일에 앞장섰다. 모스크에서 나온 전단들은 아랍어로 씌어진 '팔루자-미군들에 대한 승리의 전기가 된 4월'이라는 말과 함께 해병 한 명과 탱크 한 대가 화염에 휩싸여 있는 그림이 그려져 있었다.

10일 어둠이 내린 후, 저항군들은 RPG로켓탄을 타원형으로 날려보내며 이라크대대 방어선의 취약지점을 탐색했다. 3층 건물 하나를 진지로 삼고 있는 이라크군 2중대 병사들은 그 시간에 방어를 소홀히 한 채 식사를 하느라 정신이 없었다. 실망한 중대 고문관 안드레아스 엘스키 상사는 혼자서 옥상에 올라가 몰려오는 소규모 저항군들을 향해 수류탄을 던지고 있었다. 적은 복잡한 골목길을 통해 돌진해 와서는 옥상과 창문을 향해 사격을 했다. 60시간을 한숨 자지 않고 버티어 온 엘스키는 '내가 지금 꾸벅꾸벅 졸고 있는 것은 아닐까?' 하는 생각이 들었다.

육군 브래들리 장갑차 한 대가 간선도로를 통해 우르릉거리며 다가와 포사격을 시작했다. 잠시 후 험비 한 대가 달려오더니 곧 앤드루 밀번 소령이 엘스키 바로 곁에 다가와 "도와줄 일이 없는가?" 하고 물었다. 밀번은 '학교에서 배운 학과'를 검증하기 위해 버지니아 주 콴티코(해병대 상륙전학교와 전투개발사령부가 있다)에서 파견 나온 장교였다.

"소령님이 갖고 있는 수류탄들을 제게 주시겠습니까?" 하고 엘스키가 물었다.

"수류탄 6개에다 중화기 같은 것을 요구할 경우 우리 위치를 고정시켜주는 프래시 배터리와 플래시 라이트를 몇 개 주지." 하고 밀번이 말했다.

해병대원정군 사령부에서도 고문관들 수가 부족하다는 것을 인정하고 있었다. 손을 빌려주기 위해 원정군 사령부의 참모장교들이 내려오기도 했다. 전선에서는, 그냥 나타나 조용히 하사관(고문관)들 지시에 따르고 있는, 사령부에서 나온 소령들을 아무도 이상하게 생각하지 않았다.

26

헨리 확대군사활동선

11월 11일까지 팔루자 북쪽 절반이 예정보다 며칠 앞당겨 점령됐다. 제7연대장인 튜커 대령은 피터 뉴웰 중령의 2-2기갑대대를 남쪽 공장지구와 퀸스지역에 투입했다. 저항군 수백 명이 기갑부대에 쫓겨 주택 수천 채로 숨어들었다. 튜커는 적의 근거지를 없애기 위해 1/8대대에게 정부종합센터를 장악토록 지시했다. 1/8대대장인 게리 브랜들 중령은 알파중대를 선봉에 세웠다. 10일 하루 종일 알파중대는 100미터 떨어진 10번 고속도로 남쪽에 있는 대형 아파트건물 2동에 숨어든 저격병들 및 총잡이 한 무리와 사격전을 벌였다.

2소대 소속 티모시 콘놀스 상등병과 그의 분대는 시장 사무실 건물 옥상 가장자리의 내리받이 위치에 있는 적들로부터 4시간 동안 사격을 받았다. 저항군들은 그들 앞에 있는 낮은 옥상 경계벽을 은폐물로 하여 이쪽저쪽 몸을 움직이며 총구에 달린 ACOG(망원 사격조준기)으로 조준사격을 하기도 하고, 해병들이 들어 있는 아파트 한 창문에다 집중사격을 가하기도 하고, 이쪽의 대응사격 강도가 높아져 그 경계벽에 총탄이 쏟아지면 슬금슬금 포복하여 다른 쪽으로 옮기기도 했다. 때때로 그들은 패거리들에게 "RPG를 쏘아!" 하며 외치기도 하고, 해병들 사격이 붉은 소용돌이를 이루며 작열하는 것을 보고는 살짝 그 자리를 빠져나가기도 했다. 해병들 중 아직 피격된 사람은 없었다. 그들은 총탄이나 포탄이 핑! 피웅! 하는 날카로운 소리로 날아와 앞에 있는 콘크리트 벽에 튀거나 파열하는 죽음의 광기 앞에서 킬킬거리며 웃기도 했다. 콘놀스 상등병이 고개를 들고 슬쩍 적의 동정을 살피려다가 벽에 맞은 총탄에 튄 시멘트 조각들이 그의 턱에 박혔다.

소대장인 라이언 헌트 중위가 거리 저쪽 아파트를 폭격하도록 항공지원을 요청했다. 그날 아침 수륙양용차의 60파운드 해치가 헌트의 손가락 위로 쾅하고 닫혀 그의 한쪽 손가락이 거의 절단될 뻔했다. 그러나 그는 전쟁터를 떠나려 하지 않았다. 전진항공관제관이 조종사에게 타격목표물을 지정해 준 후, 해병들은 폭격장면을 살펴보기 위해 벽을 따라 우르르 몰려들었다. 그들은 비행기가 그들 위로 잽싸게 날며 폭탄을 떨어뜨리는 걸 보았다. 앗! 이런! 그 폭탄이 바로 해병들을 향해 돌진해 오는 게 아닌가. 콘놀스 상등병은 헌트 중위가 "발사중지!" "발사중지!" 하며 무전기에 대고 절규하는 소리를 들었다. 다음 순간 그는 무전기를 꽉 쥐고 있는 헌트 중위의 손, 모든 살점이 떨어져 나가 뼈가 훤히 보이는 손에서 피가 솟구치는 것을 보고 그만 고개를 돌렸다. 중위는 고통을 느끼지 못하는 것 같았다.

500파운드짜리 폭탄은 당초 타격목표로 잡은 건물이 아닌 그 옆 마당을 강타하여 굉음과 함께 머캐덤 바닥을 엉망으로 헤집어 놓았다. 콘놀스는 숨도 제대로 못 쉬고 정신퇴행 때 나타나는 태아형 자세로 웅크리고 있었다. 그는 무사했다. 이런 고마울 데가.

우르르 쾅! 그 충격파는 너무도 강렬했다. 해병들에겐 천지가 진동하는 것 같은 그 폭발소리가 전혀 들리지 않았다. 콘놀스는 마치 간헐천에서 뿜어 올리는 온천수처럼 치솟아 오른 흙무더기, 공중으로 똑바로 날아올라가는 시멘트 조각들, 모든 것들이 중력을 무시한 채 공중에 매달려 있다가 잠시 후에 다시 아래로 떨어져 내려오는 것을 올려다보았다. 거리의 일부가 그의 머리를 향해 돌진해 오는 것을 똑똑히 볼 수 있었다. 그는 소총을 자기 몸 아래로 당기며 털썩 주저앉아 다리를 방탄조끼 아래로 끌어당기고 그의 헬멧을 앞으로 들이받아 자기 앞에 있는 해병의 헬멧에 탕하고 부딪치게 하려고 애를 썼다. 해병들은 방탄조끼 등에 붙은 케블라(강력한 합성섬유조각)와 큰 철판이 폭발 충격을 흡수할 것이라는 바램으로 서로를 향해 몸을 밀쳤다. 그들은 비 오듯 쏟아진 바위와 돌멩이에 타격을 받고 균형을 잃었지만, 상황이 끝난 후 옆에 누워 있는 한 남자와 그 옆에 놓여 있는 큼직한 콘크리트 석판을 보았을 때 자신들을 행운으로 여겼다.

"브라운의 팔이 엉망이야! 데시아토가 쓰러져 있어, 구급헬기가 필요해!" 하고 한 위생병이 소리쳤다.

트레비스 데시아토 병장이 폭발에 실신하여 창문 안에서 반듯이 누워 있었다. 몇 분 후 그는 비틀거리며 일어나려다 넘어졌다. 그러나 후송을 거절했다. 소대 선임 부사관인 리차드 필스버리 병장이 헌트 중위에게 달려갔다.

"험머가 브라운을 후송시키고 있습니다, 중위님도 가셔야겠습니다." 하고 그는 말했다.

헌트는 고개를 저었다.

"중위님과 지금 입씨름을 하고 있을 때가 아닙니다. 브랜들 중령님이 와 계십니다. 계속 이러시면 중령님을 모시고 오겠습니다. 의사 말로는 계속 방치하면 손가락을 모두 잘라야 한답니다."

건너편 옥상에서 저항군들이 사격 강도를 높였다. 콘놀스 상등병은 강압정찰대 저격팀 옆 가장자리에 엎드려 있었다. 좁은 출입구를 통해 그는 저항군들이 잠복하고 있는 건너편 건물의 한 창문에서 비치는 섬광을 보고 옆에 있는 관측병을 쿡쿡 찔렀다.

"저게 보여?"

관측병은 목표물을 곁눈질 하며 뒷걸음질로 밀고 가 수류탄 발사기를 점검했다. 그는 콘놀스에게 고개를 끄덕여 보이며 몸을 굴러 무릎으로 일어서 비스듬한 각도로 발사하고는 도로 주저앉았다. 해병 대여섯 명이 벽 쪽으로 기어가 검은 점선이 아치를 그리며 날아가 목표물인 창문 안쪽에서 터지는 것을 지켜보았다. 해병들은 와! 하며 환호성을 올리고 웃었다. 골프 코스에서 홀인원을 보는 것 같았다.

2개 층 아래에서 브랜들 중령이 총격전을 지휘하고 있었다. 그는 의료팀을 될 수 있는 대로 전선 가까이 데려오기로 결정하고 대대 군의관을 정부종합센터 쪽으로 전진 배치했다. 지난 이틀 동안 그의 병사들 10명이 죽고 70명 이상이 부상을 입었다. 그는 감정을 억제하느라 마음고생을 하고 있었다. '나는 지휘관이며 이것은 전투다. 그래 그렇게 하기로 하자. 그 일에 집중하자.' 하고 자신에게 다짐했다.

그가 하기로 한 것은 간선 고속도로를 가로질러 건너가 적에게 압력을 가하는 일이었다. '활활 태워버리고 싶다'는 생각이 들었다. 그러나 그는 배셔(AC-130기)를 머리 위에서 선회하며 기다리게 했다. 밤은 해병들 것이다. 그때 움직여야 한다.

"바로 저기가 그들이 저항하며 버티고 있는 곳이다." 하고 그는 알파 중대장인 아아론 커닝햄 대위에게 말했다. "어두워진 후 저 아파트 아래 교두보를 만들게. 그런 후에 헨리 확대군사활동선으로 전진하여 적의 측면을 찔러 포위하는 거다."

바로 정부종합센터 서쪽에서 고속도로가 번화가를 끼고 Y자로 갈라져 각각 유프라테스 강에 놓인 다리로 이어진다. '피자조각'으로 불리는, 이 Y자로 갈라진 도로 사이 좁고 긴 지역이 레스토랑과 상점들의 밀집지역이다. 커닝햄 대위는 엘리엇 에커맨 중위에게 피자조각지역에 중대 교두보를 확보하도록 지시했다.

어린 소년이었을 적부터 에커맨은 해병이 되기로 마음먹었다. 그의 가계에 해병이 없었는데도 그러했다. 툽트스 대학에서 그는 해병대 ROTC 교육을 받고 해병보병부대에 배속될 기회를 보강하기 위해 매년 여름 특별훈련과정을 지원해 이수했다. 소대를 이끌고 10번 고속도로를 가로질러 건너기 전에 에커맨은 배셔에게 그가 목표지점으로 표시해 준 건물을 폭격해 주도록 요청했다. 배셔는 105밀리 포탄을 그 건물에 쏟아 부어 소원을 들어 주었다.

새벽 3시에 에커맨은 1소대 병사 46명을 이끌고 10번 고속도로를 종종걸음으로 건넜다. 적의 사격은 없었다. 피자조각지역은 텅 비어 있었다. 배셔가 철저하게 임무를 수행한 바람에 소대가 장악하기로 했던 건물은 이미 붕괴돼 있었다. 그래서 에커맨은 어둠을 뚫고 남쪽으로 더 전진하기로 결정했다. 프랜으로 불리는 대로를 건넌 그의 소대는 한 4층 건물을 임의로 선택하여 문을 부수고 들어가 각 층의 창문 곁에 진지를 구축했다. 동이 트자마자 해병들은 그들이 적 방어선 바로 뒤에서 하룻밤을 투숙했음을 알았다. 그들이 머물고 있는 건물 양편으로 저항군들이 4~6명씩 그룹을 지어 잠입해 들어왔다. 대부분이 검은 바지나 검은 셔츠의 일반 민간인 복장을 하고 AK탄창을 단 엉성한 조끼 같은 가슴 가리개를 하고 있었다. 그들은 해병들이 M16을 발사하여 주위 건물에 숨어들어 있던 저항군 3~4명을 죽일 때까지 적이 잠입해 있는 줄을 몰랐다. 3배수 망원 사격조준기로 레이몬 베이제러노 상등병은, 어느 길로 달려 가야할 지를 몰라 거리 복판에 우왕좌왕하고 있는 한 남자를 조준했다. 창문턱에 M16을 올려놓은 베이제러노는 총을 약간 오른쪽으로 돌리면서 그 남자의 가슴을 쏘고, 아파트 현관으로 뛰어 들어가는 두 번째 남자를 쏘았다.

저항군들은 은폐물을 찾느라 흩어졌다가 다시 해병들을 향해 몰려들었다. 몇 분 안에 전투가 본격화했다. 해병소대는 사방으로 시야가 틔어 있는 견고한 건물을 장악하고 있었는데, 그것이 적의 정면공격을 자멸시켰다. 적의 저격병, RPG팀 및 기관총 사수들은 정면공격 대신 사격각도가 좋은 곳을 찾아 사방으로 둘러싼 건물의 아래 위층들을 오르내리고 건물 옥상 이곳저곳을 옮겨 다니면서 사격을 하고 있었다. 그들은 총구의 섬광을 노출시키지 않기 위해 창에서 안쪽으로 들어간 곳에 자리를 잡든가, 건물옥상의 낮은 경계벽을 따라 상하로 움직이며 사격을 하면서도 몇 초 이상 몸을 노출시키지 않으려고 애를 썼다.

해병들은 건너편 건물 창문이나 모퉁이를 눈여겨 살폈다. 저항군들이 보통 그곳에 숨어서 사격을 해오기 때문이다. 양편의 사수들은 경험 많은 권투선수처럼 잽을 먹이고 좌우로 흔들흔들하고, 자신을 절대로 노출시키지 않으려고 했다. 해병들은 구멍 뚫는 기구로 벽에 쥐구멍을 만들어 거기를 통해 사격을 하거나, 기관총 앞에 있는 바리케이드를 내버리고 10분마다 이 방 저 방 옮겨 다니며 사격을 했다.

한 저항군 저격병은 해병들이 든 건물이 내려다보이는, 사격시야가 좋은 한 창문 안에 자리를 잡고 앉아 몇 분마다 해병의 등을 조준하여 쏘았다.

"내가 저 개자식을 못질해 버릴 수 있어." 하고 딜론 로코스 상등병이 말했다. 로코스는 공격분대 분대장이었으며 SMAW로 벽을 파괴하여 날려버리는 전문가로 이름이 나 있다. 그는 포수와 함께 건물바깥으로 몰래 나와 적 저격병이 든 창문이 잘 보이는 간이차고 지붕으로 올라갔다. 총탄이 옆에서 핑핑 튀고 있는데도 그들은 SMAW의 사격자세를 취했다. 로코스는 사수에게 발사신호를 보냈다. 로켓은 정확히 발사됐다. 로코스는 주위를 둘러보다가 등 뒤로 사격을 받을 수 있는 구역에 몸을 구부리고 있는 한 해병을 보고는 뒤쪽으로 접근하여 그의 등을 두드려 안전한 곳으로 피하게 했다. 아무도 심각한 부상은 입지 않았다.

　에커맨 중위는 포격지원을 요청하러 옥상으로 올라갔다. 공중에는 보이지 않는 말벌과 꿀벌이 윙윙거리며 서로 달려들어 싸우는 것 같은 소리로 가득했다. 멀리 떨어진 곳에서 나는 AK소총들의 발사음은 거의 총소리와는 관계가 없는 것처럼 들렸다. 소대장은, SMAW팀이 아까 로코스가 했던 일을 반복하는 것을 보고 깜짝 놀랐다. 그들은 엄폐물도 없이 거리에서 무릎을 꿇고 로켓탄을 발사한 후 홱 몸을 굽혀 건물 안으로 뛰어 들어오곤 했다.

　에커맨은 GPS로 해병들 위치를 정확히 알린 후 서쪽에 있는 건물들에 81밀리와 155밀리 포격지원을 요청했다. 소대 기관총들이 쏘는 붉은 예광탄으로 탱크 주포 두 대에 타격지점을 표시해 줬다. 200미터 남쪽에 있는 건물들을 공격할 땐 때때로 항공기들도 참가했다. 그러나 간선거리 곳곳에서 저항군들이 태우는 타이어의 검은 연기가 강한 서풍을 타고 몰려와 전투먼지와 뒤섞이는 바람에 목표물 관찰을 어렵게 만들었다.

　포격 대부분은 건물 내 의심스런 구역을 겨냥한 것이었다. 의자와 창턱에 걸치고 쏘는 소총으로 양쪽은 그들이 정한 어떤 타깃도 맞출 수 있었다. 저항군들은 오직 빈터를 역주하여 건너다닐 때만 건물 밖으로 나오는 모험을 감행했다. 적의 모습을 2~3초 이상 보기가 어려웠다.

소대는 풍부한 지원무기와 탁 트인 사격공간으로 우세한 위치에 있었다. 희생자는 없었다. 커닝햄 대위는 에커맨 중위가 요새를 차지하여 싸우고 있는 것에 만족해했다. 한편 중대는 에커맨이 있는 곳으로부터 서쪽으로 100미터 떨어진 축선에서 전투를 벌이고 있었다. 그것이 적의 압력을 경감하고 나중에 양 팀이 합류하는 데 유리했다.

정오경에 에커먼 소대 선임부사관인 마이클 코오손 하사와 코리 메너드 병장이 끈질긴 저격병의 위치를 알아내기 위해 창문가 기관총 뒤에서 몸을 구부리고 있었다. 그때 총탄 한발이 메너드의 헬멧을 스치며 쳤다. 코오손이 메너드를 옆으로 밀쳤는데 두 번째 총탄이 코오손의 헬멧을 쳤다. 코오손은 마치 자기가 해머에 맞은 것처럼 넘어져 무릎으로 기어가며 고개를 흔들었다.

"괜찮아, 머리가 약간 흐릿해졌어." 하고 코오손이 말했다.

그가 일어서려고 했을 때, 방 안이 소용돌이에 휩싸여 도로 주저앉지 않을 수 없었다. 다음 총탄이 기관총 사수인 매듀 브라운의 오른쪽 넓적다리를 친 것이다. 넓적다리 동맥을 끊어놓아 피가 콸콸 쏟아져 나오고 있었다. 코오손이 엄호사격을 하는 동안 브라운은 뒤로 물러났다. 그가 일어서려고 했을 때 팔인지 다리인지 전혀 감각이 없었다.

"중위님, 엄호를 위해 제가 사격을 계속해야 합니다." 하고 코오손이 말했다.

"방법이 없어. 자넨 브라운을 데리고 여기서 나가게." 하고 에커먼이 말했다.

소대장은 구급차를 불렀다. 중대 선임부사관인 상사가 Mark19를 장착한 험비의 호위를 받으며 수륙양용차를 몰고 왔다. 저항군들은

RPG로 수륙양용차에 집중공격을 가하여 불을 냈지만 장애를 일으키지는 않았다. 탱크가 수륙양용차를 보호하기 위해 왔다 갔다 하는 동안 에커먼은 부상병들을 험비에 실었다. 상사는 부상병 7명을 싣고 떠났다.

부상자들을 후송한 후 커닝햄은 중대와 함께 10번 고속도로를 건너 남쪽을 공격했다. 미군이 헨리 확대군사활동선으로 부르는, 중앙에 잔디밭이 있는 이 왕복 6차선 도로는 커닝햄중대가 있는 곳에서 서쪽 측면을 따라 남북으로 달리고 있다. 커닝햄은 무전으로 에커맨 중위에게 소대를 이동시켜 동쪽 측면을 엄호하도록 지시했다. 에커맨은 현관 밖으로 나서려다 주춤했다. 남쪽에서 날아오는 RPK기관총탄이 건물 앞 벽을 사정없이 후려치고 있었다. 저쪽까지 도달하는 데 적어도 5초를 넘기지 않아야 할 정도로 위험했다. 측면엄호가 필요했던 커닝햄은 무전으로 에커먼 소대에게 빨리 움직이지 않고 뭐하느냐며 고래고래 소리를 질렀다.

"제가 엄호하겠습니다, 소대장님. 뒤쪽으로 나가면 됩니다." 하고 루크 데이비 상등병이 말했다.

소대 기술팀장인 데이비는 C-4화약 뭉치를 뒤쪽 시멘트벽에 붙인 후 터뜨려 큰 구멍을 냈다.

"좀 더 컸으면 좋았을 텐데 말입니다." 데이비는 그의 전매특허인 이빨 없는 웃음을 웃으며 에커맨에게 말했다. 데이비는 앞 이빨이 없었다. 몇 달 전 전투에서 인조이빨을 잃은 것이다.

해병들은 그 구멍으로 기어 나와 탱크 2대가 와서 선도할 때까지 기다렸다가 남쪽으로 전진했다. 저항군들이 이곳저곳 작은 골목길을 뛰어다니고 있었다. 적의 저항이 워낙 거세어 그들이 잠깐 어떤 건물 속으로 피했을 때, 에커맨은 탱크 뒤쪽에 붙어 있는 전화기를 들고 주포 발사를 요청했다. 탱크가 주포를 발사할 땐, 뒤쪽 약 60미터 이상 떨어져 있는 해병들도 손가락으로 양쪽 귀를 막는 것이 상례였다. 그런데 좁은 거리에선 그것이 가능하지 않았다. 곧 주포가 발사될 것이라는 사실을 아는 해병들은 몸을 웅크리고 앉아 귀를 오목하게 막고 충격에 대한 대비를 한다. 60톤 무게의 몸통을 흔들고 먼지구름을 피어 올리며 120밀리 포가 발사될 때, 그 충격파가 대단하여 해병들의 혼을 빼놓곤 했다. 몸속에 있는 액체가 진동하여 피가 머리에서 발끝으로 쏟아져 내려 마치 와이어가 끊어져 아래로 떨어지고 있는 엘리베이터 속에 갇힌 것 같은 느낌이 든다. 가슴이 폐를 빨아들이고 심장이 확장되는 것 같다. 에커맨 요청으로 탱크 한 대가 주포를 발사했을 때 해병들은 먼지 속에서 무릎을 덜덜 떨며 서 있었다. 아무 것도 들을 수 없고 망연자실한 상태에 빠져 들었다.

저항군들은 탱크 앞쪽에 있는 여러 건물에서 철수하여 측면 작은 골목길에 늘어서 있는 집들 속으로 달려갔다. 탱크와 그 주위에 늘어서 있는 해병들 뒤에서 험비 장갑차들이 물과 탄약을 운반하고 있었다. 그들이 좁은 골목길을 통과할 때 사수들이 "정지! 정지! 적이 있다!" 하고 몹시 급하게 외쳤다. RPG팀과 AK소총을 든 남자들이 북쪽으로 난 골목길을 달려가는 것이 보였다. 그들 대부분이 가슴에 푸른 탄약 주머니를 매달고 있었다. Mark19가 불을 뿜자 그들은 도주하기 위해 주변 건물의 현관 자물쇠를 망치로 치기도 하고 담장을 뛰어 넘기도 했다. 험비 장갑차들이 서로 앞서거니 뒤서거니 각 운전병들이 골목에서 트인 시야를 확보하려고 애를 쓰며 사격을 했다.

길 양편에 늘어선 해병들과 저쪽 골목길에서 미처 도망가지 못한 저항군들은 5초 동안 조우하며 총격전을 벌였다. 서로 수류탄을 던지고 옥상과 마당 담장 뒤에 숨어서 사격을 했다. 저항군의 RPG와 미군의 SMAW로켓탄들이 쉬익! 쉬익! 날카로운 소리를 내며 오갔다. 그것들의 폭발로 작은 시멘트 파편들이 시속 100마일 속도로 날아다녔다.

두 블록을 전진한 후 에커맨은 2분대를 보내 부상자 7명을 낸 1분대 역할을 맡겨야 했다. 다음 교차로에 도착했을 때 에커맨은 커닝햄 중대장의 혼선이 된 무전 명령을 받았다. "안정된 자세로 전진해!" 커닝햄이 큰 소리로 말했다. "병사들을 큰 길에서 벗어나게 해! 그들을 우리 쪽으로 데리고 와!"

에커맨은 부하들을 보고 소리쳤다. 아무런 대답이 없었다. 귀가 멍멍하여 M16과 AK와 기관총의 발사소리도, 탱크가 굴러가는 소리도, 박격포탄과 RPG와 SMAW로켓탄이 터지는 소리도 들리지 않았다. 그 자신이 부르짖는 소리도 들을 수가 없었다. 그는 거리로 뛰어나가 미친 사람처럼 팔을 흔들었다. 그리고는 팔을 아직도 머리 위에 치켜든 채, 소대원들이 갑자기 미쳐버린 그들의 지휘관을 보호하기 위해 따라오리라고 생각하며 어떤 건물 현관으로 뛰어들어갔다. 그의 소대원들은 그렇게 했다. 사격팀이 번갈아 가며 그 건물로 들어가 그를 보호했다. 에커맨은 그들에게 안에서 머물자고 말했다.

몇 분 후 커닝햄이 다시 무전으로 그들에게 저쪽 3층 건물로 철수하라고 지시했다. 탱크들에게 작전을 펼칠 기회를 주기 위해서였다. 2개 분대가 그쪽으로 옮긴 후, 저항군들은 이쪽에 남은 2분대를 못 박아놓을 생각으로 교차로에 모든 화력을 집중했다. 지난 4월 3/4대대 소속으로 팔루자에서 전투를 치르고 귀국을 연기한 윌리엄 롱 병장이 분대장 부상으로 2분대를 이끌었다. 저항군들은 이웃 건물에서 해병들이 든 건물 옥상으로 건너와 2층으로 내려오고 있었다.

"우리가 여기서 나가야겠습니다." 롱이 에커맨에게 무전으로 말했다.

거리 저쪽에는 해병들을 따라 전진해 온 이라크 기관총 사수 2명이 해병 2개 분대가 옮겨 간 3층 건물 아래 엎드려 있었다. 아랍어 회화를 배우고 있는 가렛 바턴 병장이 그 이라크병들을 옥상으로 데리고 갔다. 거기서 그들은 롱 일행이 들어있는 건물을 에워싸고 있는 저항군들을 향해 사격을 했다.

건물 안에서 롱은 층계 끝에 붙어 서서 미친 듯이 방아쇠를 당겨 저항군들을 주춤하게 만들었다. 그 틈에 해병들은 집을 빠져나와 이라크 병사들의 기관총 엄호 아래 거리를 뛰어 건넜다.

에커맨은 가렛 바턴 병장을 보강시켜주기 위해 해병 기관총 사수 1명을 덧붙였다. 곧 기관총 3정이 격렬하게 불을 뿜었다. 저항군들은 인접한 집 옥상으로 올라가 RPG를 타원형으로 쏘아대며 대응했다. 이쪽 옥상이 지나치게 노출돼 있어 에커맨은 모두 내려가도록 하고 혼자 머물며 적의 사격을 그쪽으로 유도했다.

불평이 터졌다. "그건 내 기관총입니다, 중위님." 하고 바자라노 상등병이 말했다. "내가 중위님보다 더 많이 적에게 타격을 가할 수 있습니다. 중위님이 내려가십시오. 내가 여기 머물겠습니다."

가렛 바턴을 자기들 지휘관으로 받아들인 이라크 병사들은 에커맨에게 복종하길 거부했다.

"중위님, 중위님은 내 사수들을 여기서 끌어낼 수 없습니다." 하고 바턴이 말했다. "우리가 먼저 여기에 자리 잡았습니다. 벤지도 우리한테 있지 않고 갑니다."

"난 이 사내들의 허풍에 두 손 들었다. 우린 모두 자네들 엄호를 받고 있어, 지금." 하고 에커맨이 말했다.

그들은 옥상에서 물러나 한 층 아래에 기관총 사격좌대를 설치했다. 다음 한 시간 동안 이들 세 사수는 탱크의 중포발사를 유도하기 위해 붉은 궤적을 그리는 기관총탄을 계속 퍼부었다. 어둠이 내리자 사격이 잦아들었다. 1소대는 과용한 그들의 무기를 쉬게 하고, 무거운 몸을 이끌고 반 블록 떨어진 곳에 있는 7톤 트럭 쪽으로 가 탄약 등 보급품을 옮겨 왔다. 그들은 너무 지쳐 있었다. 12시간 동안 전투를 벌이면서 3급 간호사 자격을 갖고 있는 소대 위생병인 조단 홀트슐트는 부상병과 소모성 열사병 환자 23명을 치료했다. 뒷날 8명은 미국으로 송환해야 했다. 죽은 사람은 없었다.

커닝햄 대위와 상의한 후 브랜들 중령은 대대의 전술 패턴을 바꿨다. 1/8대대는 아침 대신 저항군들이 안전가옥으로 뿔뿔이 흩어져 가고 없는 밤중에 공격키로 했다. 브랜들은 알파중대에게 내일 새벽 3시 공격이 시작될 때까지 휴식을 취하라고 말했다.

11월 11일 1/8대대 알파중대 1소대는 병사 48명으로 그날 전투를 시작하여, 부상병과 열사병 환자들을 제외한 21명으로 전투를 종료했다.

―――

1/8대대가 휴식을 취하고 있는 동안 북쪽 3/5대대는 또 다른 하루의 '고무청소기' 작전을 끝내고 방어대형을 지어 휴식에 들어갔다. 각 분대들이 7톤 트럭에서 보급품을 내리고, 순번으로 야간경계를 서고, 잠을 자기 위해 쿠션베개를 찾아다니고, 커피를 마시기 위해 물을 끓이고 그리고 거의 실패에 가까운 전투 이야기, 사나운 성전파 저항군들과 야생화한 애완동물들에 대한 이야기들을 나누며 간이휴대식품을 먹을 때가 하루 중 가장 즐거운 때였다. 버려진 고양이와 개들은 몇 주간 굶주린 끝에 시신들을 뜯어먹었다. 모든 병사들은 사람 눈알을 입에 물고 있는 새끼 고양이와 죽은 저항군의 볼을 물어뜯고 있는 어미

고양이에 관한 이야기를 이미 알고 있었다.

자정 무렵, 킬로중대가 본부를 정한 건물 옥상에는 경계를 선 병사가 슬리핑백에 들어가 잠이 드는 바람에 무방비 상태가 되었다. 바로 그때 한 남자가 계단통을 나오다 한 해병과 맞부딪쳐 그를 거의 실신 상태에 빠뜨렸다.

"이런 빌어먹을, 눈을 좀 똑바로 뜨고 다녀!"

중대 통역이 계단으로 달려와 "이라하빈(저항세력에 대한 이라크인들의 별칭)이다! 이라하빈이 나타났다!" 하고 외치자 그 남자는 어둠 속으로 사라졌다. 어둠 속에서 거친 총성이 들려왔다. 깜짝 놀란 해병들이 슬리핑백에서 나와 자신이 안전함을 퍼뜩 깨달으며 전초라인을 만들어 방아쇠에다 손가락을 넣고는 천천히 옥상으로 올라갔다. 그들은 건물 가장자리들을 살펴보고 또 살펴봤다. 아무런 이상이 없었다. 사다리도, 로프도, 비밀 탈출구도 없었다. 조그마한 틈까지 들쑤셔가며 한 시간 동안 수색했다. 숨을 만한 장소가 없었다. 그 남자는 사라져버렸다.

한 무모한 성전파 녀석이 해병들 본거지에 들어와 헤집고 다닌 마당에 잠이 다시 올 리가 없었다. 옥상에서 구조물이라곤 뚜껑이 있는 물탱크와 그리고 난방유를 채워 넣은 4각의 기름 탱크가 전부다. 기름 탱크 옆에 서 있던 한 해병이 금속판을 아주 약하게 스치는 것 같은 이상한 소리를 들었다. 그가 탱크 속 기름 표면을 드려다 보자 한 남자의 콧구멍과 꼭 감은 눈이 나타났다. 그 남자는 긴 숨을 들이쉰 후 기름 속으로 잠수했다. 해병들은 그 남자가 다시 기름 위로 얼굴을 내밀었을 때 총알을 한 방 먹인 후 슬리핑백 속으로 들어갔다.

11월 12일 아침, 제1연대장인 마이클 슈프 대령은 3/1대대를 1/8대대 서쪽지역인 10번 고속도로 건너 남쪽에 투입했다. 두 대대 사이 구분선은 헨리 확대군사활동선으로 불리는 큰 거리였다. 티모시 젠트 대위가 이끄는 킬로중대는 헨리선을 전진선으로 잡았다. 젠트의 해병들은 즉각 떼를 지어 몰려드는 저항군 패거리들에게 차단당했다. 적은 옆 골목에서 튀어나오거나 수십 동의 건물 창문에서 사격을 해 왔다. 1/8대대가 포진해 있는 동쪽 방향을 향해 탱크의 주포를 쏘게 할 수 없어 젠트 대위는 Mark19와 기관총으로 대응하면서 두 소대가 앞서거니 뒤서거니 해 가며 완강하게 밀고 나갔다.

　3소대는 후위 경계를 맡아 각 블록에서 찾아낸 사제폭발물, 박격포탄, 소형화기 탄약들을 폭파해 가며 전진했다. 이 날은 해병들이 헨리선 남쪽을 공격한 지 이틀째였다. 저항군들도 적응하고 있었다. 그들은 전진하고 있는 해병소대의 사격선 바깥으로 맴돌려고 애를 쓰며 후위에서 공격하기 위해 측면에서 준동했다.

　전면에서 치열한 총격전이 벌어지고 있는 소리를 들은 3소대장 제스퍼 그레이프스 중위는 공격작전을 논의하기 위해 폭파된 자동차 수리소 건물 안으로 분대장들을 불러 모았다. "2소대 후위가 곤경에 빠질 염려는 없다. 우리는 은거하여 사격할 만한 장소를 찾거나 기동작전을 펼칠 여유도 없이 도로 위에서 교착상태에 빠지는 일이 있어서는 안 된다." 하고 그레이프스 소대장은 말했다.

　3소대에 2년 동안 복무하고 있는 로버트 미첼 상등병과 크리스토퍼 프루이트 병장이 분대들을 길 양편으로 전진케 하여 모든 방향으로 사격을 할 수 있게 하는 것이 좋겠다고 주장했다. 처음에 그레이프스는 수긍하지 않았다. 수리소 건물 정면을 향해 쏘는 적 저격병의 사격 때문에 그들은 거리 모퉁이를 살피다가 헨리선에서 남쪽으로 좀 떨어진 곳에서 싸우고 있는 다른 소대들의 동정을 지켜봤다.

"어제 우리는 2개 분대를 통제하느라 곤욕을 치렀다." 하고 그레이프스는 말했다.

"우리는 그때 무리를 지어 모여 있었습니다. 헨리선은 양쪽 모두를 관장하기에는 아주 넓은 지역입니다." 하고 프루이트는 말했다.

"좋아. 2개 분대가 앞으로 나간다. 1개 분대는 후위 안전과 부상자 후송을 위해 험비 장갑차와 함께 뒤따라온다."

총탄 하나가 그레이프스 머리 위에서 몇 피트 떨어진 출입구를 때렸다. 그는 뒤로 물러서 엎드렸다. 몇 초 후에 두 번째 총탄이 같은 곳을 쳤다. 프루이트는 약 100미터 떨어진 튼튼해 뵈는 회색 콘크리트 주택의 2층 줄무늬 창문을 가리켰다.

"로켓탄 한 방을 먹여!"

크리스토퍼 헤플린 병장과 크리스토퍼 데이비스 일등병이 AT-4 로켓 발사기를 잡고 잡석 무더기 뒤에 앉았다. 그레이프스가 목표지점을 표시하기 위해 붉은 예광탄 몇 발을 쏘고, 데이비스가 그 창문 안으로 로켓탄을 정확히 쏘아 넣었다.

2-7대대에서 나온 브래들리 장갑차 한 대가 옆으로 지나가다가 그 폭발을 보고 차를 길가에 붙였다. 전차 운전병이 고개를 내밀며 "해치워 버려?" 하고 헬핀에게 말했다.

"그래주면 고맙겠고." 헬핀이 말했다.

브래들리 장갑차의 25밀리 연쇄포가 그 건물 모든 창문을 향해 불을 뿜었다.

"해치운 것 같아." 운전병은 헬핀을 돌아보며 이 말을 남기고는 장갑차를 몰고 가버렸다.

많은 주택들은 시멘트 계단을 타고 올라가는 평평한 옥상을 갖고 있다. 주로 사격솜씨가 뛰어난 저항군 저격병들이 이 옥상을 은거지로 활용하였다. 저쪽 한 주택 옥상에 있는 시멘트 구조물에서 총탄이 날아오자 그레이프스는 그의 소대를 지원하고 있는, 토(TOW)와 제벌린(Javeilin)을 장착한 험비를 불렀다. 토와 제벌린은 60파운드의 탄두를 가진 유선유도 미사일로 어떤 종류 건물에도 큰 구멍을 낼 수 있다. 그러나 이 미사일은 직선으로 발사되기 때문에 시가전에서 사용할 때는 이곳저곳 공중에 엉켜 있는 전화선이나 전력선에 걸려 폭발하거나 빗나가지 않도록 주의해야 한다.

"저 집은 높은 지대에 있어 괜찮을 것 같아." 그레이프스는 목표물을 가리키며 말했다.

사수는 제벌린 위에 있는 열 추적 조준기를 조정하여 목표물 영상을 기억시킨 후 그것을 탄두에 전달했다. 몇 초 후 그는 제벌린을 발사했다. 미사일은 발사 후 직선으로 나가다가 공중에서 갑자기 꺾어진 후 비스듬히 내려가 폭발했다. 옥상의 구조물이 시야에서 사라져버렸다.

사상자 보고가 킬로중대 무전 주파수에 넘쳐나고 있었다. 1소대와 2소대는 전사자 1명을 포함하여 20명에 가까웠다. 3소대는 그들이 머물고 있는 곳에서 적의 RPG로켓탄들이 공중에 아치를 그리며 날아와 거리에서 폭발하는 것을 지켜봤다. 소형화기 탄환들이 온 사방에서 날아 올라와 공중에 상체기를 내고 있었다.

"3소대, 그곳을 종결하고, 내 후위를 엄호해." 젠트 대위가 그레이프스 소대장에게 무전으로 지시했다.

탱크 6대가 지원하고 있었기 때문에 킬로중대가 전진한 길은 무너져가는 담장, 쓰러진 전화선 전봇대, 뭉그러진 승용차들, 중간이 휘어지거나 기울어진 아파트들의 흔적을 남겼다. 4시간 동안 헨리선을 따라 공격하며 킬로중대는 저항군들이 사격장소를 삼고 있는 집 벽이나 창문 또는 담장을 향해 토 로켓탄 160발, 탱크 주포 180발을 쏘았고, 저항이 완강한 곳이면 어김없이 공중폭격으로 대응했다. 클로버 잎 형태로 공중에서 선회하고 있는 고정익(翼) 폭격기는 시내에서 네 목표물을 동시에 통제받아 폭격할 수 있는 열쇠구멍으로 불렸다. 킬로중대의 전진항공관제관은 포크찹(돼지갈비살)이라는 무선호출부호를 가진 F-18기 파일로트인 데이비드 스메이 대위였다. 공중을 선회하면서 기다리고 있는 F-18기 조종사들은 개인적으로 포크찹을 알고 있었다. 그의 지휘에 따라 선도하고 있는 소대 전면 200미터 지점에 500파운드짜리 폭탄 2개를 떨어뜨렸다. 박살난 건물 잔해에서 불꽃이 피어올랐으나 산산조각 난 콘크리트와 시멘트로 생긴 작은 언덕들이 불의 확산을 막았다. 검은 연기 기둥이 킬로중대의 전진을 표시해 주었다.

인디아중대는 헨리선에서 동쪽으로 몇 블록 떨어져 있는 킬로중대 측면에서 전진했다. 킬로처럼 인디아도 탱크들이 선도 중대와 함께 움직였다. 탱크 포수장인 이스마엘 카스틸로 상사는, 지저분한 도로 양편에 늘어선 주택들 사이로 이리저리 뛰어다니고 있는 민간복장을 한 이라크인들을 볼 수 있었다. 이미 캐터필러 자국이 있는 도로는 주택 담벼락으로 죄어져 탱크가 겨우 지나갈 수 있는 넓이였다. 지상에서 8피트 높이인 포수장 좌석에서 해치를 열고 가면 주택 담장 너머를 다 볼 수 있어 탱크 뒤에서 속보로 따라오는 해병들에게 적이 있다는 경고를 보낼 수 있었다. 저항군 2명이 던진 수류탄이 반원을 그리며 날아와 탱크장갑에 부딪쳐 터졌으나 아무런 손상을 입지 않았다. 그는 해치를 닫으려고 생각하다가 열고 가면서 해병들에게 적의 움직임을 계속 알려 주는 것이 좋겠다싶어 그렇게 하지 않았다. 그 대신 그는 캐터필러 트레드를 전후로 움직이면서 '회전 포가(砲架)'를 돌려 담장들을 하나씩 박살내기 시작했다. RPG로켓탄 하나가 날아와 탱크 전면 철갑을 때렸으나 불발탄이었다. 다른 하나가 측면에 맞아 폭발했으나 손상은 없었다.

해병들이 그에게 계속 재촉하는 바람에 카스틸로는 길 옆 주택들의 현관과 창문을 향해 7.62밀리와 50구경 기관총을 발사하면서 전진했다. 탱크 뒤편 외부에 달려 있는 보병용 전화기를 이용하여 분대장들이 탱크 주포 발사를 주문했다. 한 발이 어떤 주택 측면을 날려버렸고, 거기에 있던 저항군 중 한 명이 넝마인형처럼 마당으로 날아와 패대기쳐졌다. 카스틸로는 거대한 D-9불도저가 그 집을 무너뜨리기 위해 아까 날아온 그 시신을 으깨며 마당을 가로질러 덜커덩덜커덩 가고 있는 것을 지켜보았다.

인디아중대, 킬로중대와 함께 전진하는 탱크들은 주포를 쏘아 수십 채 집 벽을 허물어뜨렸으며, 거기에 숨어서 무턱대고 총질을 하는 성전파 저항군들에게 충격을 주어 요새를 포기하게 만들었다. 10번 고속도로 북쪽에서 킬로중대는 주택 50채에 하나꼴로 자살폭탄 성전파와 조우했다. 헨리선을 따라 전진하면서 중대는 집 20채에 하나 꼴로 적이 은거해 있음을 알았다.

'벼락처럼 들이닥쳐 모든 방을 수색하라' 는 것이 일상적인 명령이었다.

젠트 대위는 그레이프스 소대가 따라올 수 있게 킬로중대의 전진속도를 늦추었다. 옥상에서 해병 저격병들이 탱크 주포에 놀라 달아나는 저항군들을 처치했고 SMAW 사수들은 각 분대들이 지정해 주는 집들을 조직적으로 파괴했다. 우르릉거리며 전진하는 탱크 뒤를 따라 좁고 흙먼지가 가득한 골목길을 뛰어가며 헨리선을 소탕하는 작전은 여간 피로하고 위험한 일이 아니었다. 사격팀이나 분대장들이 외치는 소리를 거의 들을 수 없는 상황에서 창문 속으로 수류탄을 던져 넣고, 현관을 C-4로 폭파시키고, 적의 로켓탄이나 박격포탄이 날아와 폭발할 땐 얼른 몸을 피하고, 흙먼지가 어느 정도 가라앉도록 기다렸다가 4~6명씩 그룹을 지어 소총과 권총을 갖고 방에서 방으로 내달아 쏘고 폭파하는 작업이었다.

그레이프스 중위는 약 300미터가량 소대의 전진속도를 높였다가 그 후에 늦추었다. "거의 가까이 가고 있는 것 같습니다." 그는 젠트 대위에게 무전연락을 했다.

그의 소대가 집 몇 채를 더 수색하고 있을 때 미첼 상등병이 불렀다. "브래들리 장갑차들이 북쪽에서 오고 있습니다." 하고 미첼이 말했다.

2-7대대에서 온 브래들리 장갑차 종대는 킬로중대를 위한 전위 '포격 드라이브'를 끝내고 재보급기지로 가고 있는 중이었다. 그들이 그레이프스 소대와 나란히 전진할 때, 저항군들이 쏜 로켓탄에 측면을 맞은 브래들리 한 대가 연기를 내뿜으며 멈춰 섰다. 3발이 더 날아와 그 옆에서 터졌다.

승무병들이 연기를 피해 전차에서 기어 나왔다. 그레이프스는, 프란시스 울프 상등병이 "저기서 그 우라질 놈의 RPG를 쏘고 있습니다."라고 외치며 저쪽에 있는 2층짜리 콘크리트 건물을 향해 뛰어가는 것을 보았다.

그가 여남 발자국을 떼기 전에 그의 앞 50피트도 되지 않는 곳에 있는 집 대여섯 채로부터 갑자기 총탄이 날아오기 시작했다. 울프와 나머지 해병들은 담장과 거리 여기저기 흩어져 있는 쇠 조각 무더기 뒤로 얼른 몸을 숨겼다. 부사관들이 외치는 소리에 아랑곳하지 않고 울프는 앞에 있는 집을 가리키며 다른 사람들도 나서도록 손짓을 했다.

그레이프스는 소대 소속인 험비 포차 4대를 되돌아보며 앞으로 나오도록 했다. 한편 미첼과 알랙산더 니콜 일등병이 울프와 한 팀을 만들었다. 그레이프스는 다가오는 첫 번째 험비에게 한 집을 가리켰다. Mark19 사수가 그 집에 수류탄 100개를 날렸다.

"우리는 훈련받을 때 이렇게 많은 탄약을 사용할 수 없었어." 소대장이 미첼에게 말했다.

Mark19가 발사를 멈추자, 울프와 니콜이 현관문을 차서 열고 안에다 수류탄 하나를 던졌다. 수류탄이 앞쪽 방들 안에 있던 프로판가스통 몇 개를 폭발시켰다. 연기가 창밖으로 확 뿜겨져 나오자 울프가 "가자!" 하고 소리치며 안으로 들어가 방문마다 다 열어보며 집 안을 한 바퀴 돌았다. 저항군들은 2층 계단을 통해 달아나고 없었다. 마당에서 미첼과 그레이프스는 수류탄을 아래로 던지고 있던 저항군들을 찾느라 건물옥상들을 살폈다.

"1층은 깨끗합니다! 위로 올라갑니다!" 울프가 그들에게 외쳤다.

미첼과 그레이프스는 웃었다. 울프가 겁도 없이 설쳤다.

거리 서쪽 측면에 있던 호세 산체스 상등병과 레느 로드리게즈 이등병 주위에 AK총탄이 날아와 튀겼다. 그들은 보도 가장자리에 놓여 있는 녹슨 발동기 보호용 블록 뒤로 뛰어 가 엎드려 주위를 살피다가 저항군 6~8명이 그레이프스가 있는 곳에서 동쪽으로 몇 블록 떨어진 건물 옥상에서 총을 쏘고 있는 것을 보았다. 산체스는 미첼과 그레이프스에게 경고를 보내고 싶었지만 무전기가 없었다. 일어서서 그들에게 손을 흔들다간 피격되기 십상이었다.

"저 무자헤딘들에게 한 방 먹일 우라질 탱크 같은 것이 이럴 때 필요한데."하고 그는 로드리게즈에게 말했다. "미첼이 그들을 추적하기엔 너무 멀리 있어."

산체스가 팔을 흔들었고 마침내 그레이프스가 그 메시지를 알아들었다. 그는 마침 저항군 하나가 가까이 있는 한 주택 옥상 가장자리에서 고개를 내밀 때 그쪽을 쳐다봤다. 50피트 사이를 두고 두 남자가 서로 눈을 마주친 것이다. 그레이프스는 그 저항군의 노려보는 시선에 전신의 힘이 좍 빠지는 것 같은 기분을 느꼈다. 그들은 저항군 쪽에서 얼굴을 내리기 전 아마도 1초 동안 서로 노려보았던 것 같다.

"울프! 니콜! 그들이 너희들 위 옥상에 있어!" 하고 그레이프스가 다급하게 외쳤다.

두 해병은 이미 그걸 알고 있었다. 둘이 옥상으로 밀어닥쳤을 때 저항군 한 명이 다음 건물 옥상으로 막 뛰어 건너고 있었다. 그냥 엉성한 자세로 총을 쏘고, 니콜이 수류탄 하나를 던져 그 남자에게 부상을 입혔다. 그 남자를 추격하기 위해 그쪽 지붕으로 뛰어 건넜을 때 총탄 몇 발이 그들 머리 위로 핑 핑 소리를 내며 지나갔다. 무턱대고 쏘는 저항군들의 사격권에 너무 가까이 간 것이다. 둘은 얼른 엎드려 분명한 목표물을 보지도 않고 대응사격을 했다.

아래 마당에선 제임스 크로산 병장이 그레이프스와 미첼에게 달려와 숨찬 목소리로 외쳤다. "파머가 위쪽 거리에서 한바탕 크게 벌이고 있습니다! 그가 한 녀석을 쓰러뜨렸습니다." 타일러 파머 병장은 저돌적인 행동을 곧잘 하는 친구였다.

"내가 그쪽으로 가는 것이 좋겠군. 자네는 여기 머물며 울프를 엄호하게. 거들도록 누군가를 보내주지." 하고 그레이프스가 미첼에게 말했다.

그레이프스와 크로산은 헨리선으로 뛰어 갔다. 그때 마침 험비 하나가 Mark19 사격을 하면서 거리를 내려왔다.

그레이프스가 운전병에게 소리쳤다. "누군가가 미첼 상등병을 도

우리 갔으면 좋겠어."

무기회사에서 파견 나온 브레들리 카살 상사가 토와 제벌린 미사일 담당병사들을 지도하며 뒷좌석에 앉아 있었다.

"제가 가겠습니다!" 하며 카살이 차에서 뛰어 내렸다.

카살은 노련한 전투병과 출신의 퇴역군인이며 전에 킬로중대 선임부사관이었다. 그는 이곳 해병대 모든 병사들을 알고 있었다.

카살이 미첼을 지원하러 간 사이 그레이프스는 포장도로를 따라 남쪽으로 100미터를 달려 내려왔다. 적의 기관총이 헨리선으로 연결되는 한 골목 어귀에서 불을 뿜고 있었다. 그의 뒤에서 부상을 입은 클레이 네어리 병장이 구급용 험비로 옮겨 탔다. 그의 다리에서 피가 계속 흘러내렸다.

파머 병장이 그레이프스에게 손을 흔들었다. "접니다, 중위님, 저 개자식들이 보입니다."

파머는 SAW 사수인 데니스 스티븐스 병장과 소총수인 앤드루 라이트 병장에게 다가가 한 블록 저쪽에 있는 마당 옆 골목을 향해 쏘도록 발사 위치를 정해 주었다.

"그들은 저 담장 뒤에 있어. 그들을 꼼짝 못하게 묶어 놔. 내가 옥상으로 올라갈 테니까." 하고 그는 말했다.

파머와 데이비드 스톤 병장은 대형 2층 건물 옥상으로 올라가 50미터 저쪽 집 마당에 저항군 3명이 있음을 확인했다. 파머가 스톤에게 고개를 끄덕였고, 그들의 총구가 불을 뿜었다. 평소에 조용하고 언제나 침착한 젊은이였던 스톤은 "야, 이 개새끼들아!" 하고 고함을 지르며 200발들이 SAW탄창이 비도록 쏘았다. "어디 맛 좀 봐라! 이 우라질 놈들아! 개새끼들아!" 하며 파머는 갑자기 크게 웃기 시작했다.

그레이프스가 웬일인가 싶어 그가 있는 쪽을 쳐다보며 소리를 질렀다.

"놈들을 찾았습니다. 중위님!" 하고 파머가 큰 소리로 대답했다.

그레이프스는 SMAW로켓팀을 이끌고 옥상으로 향했다. 총탄이 머리 위로 소리를 내며 지나가자, 파머는 로켓팀 리더인 제러메인 넬슨 상등병에게 근방의 한 집을 가리켰다. "저 창문을 쳐. 그들이 바로 그 뒤에 있어." 하고 파머가 말했다.

"이 친구야, 내가 이걸 쏘기 위해선 설 수밖에 도리가 없어. 너희들이 나를 커버해 줘야 돼!" 하고 넬슨이 말했다.

파머는 그레이프스와 스톤을 쳐다봤다. "좋아, 우리 세 사람 모두가 그렇게 하지. 하나, 둘, 셋."

그들은 입술을 내밀고는 난폭하게 쏘기 시작했다. 넬슨과 그의 사수인 스코트 비에라 병장이 나란히 서서 SMAW를 발사했다. 로켓탄이 어김없이 그 이층집 창문을 뚫고 들어가 터졌다.

"완벽해!" 하고 넬슨이 말했다.

파머는 스톤에게 그 집을 계속 공격하게 하고 넬슨에게 지원하라고 소리쳤다.

"이런 빌어먹을, 난 다른 곳에 가봐야 돼!" 넬슨은 파머에게 투딜거리고는 아래 거리로 뛰어 내려가 버렸다.

'그래 대단해, 역시 나와 스톤, 그리고 중위님이 끼어야 돼. 좋아. 여긴 이만큼 해 두자.' 하고 파머는 생각했다.

그들은 거리로 뛰어내려 왔다. 그들이 골목길 쪽으로 전진했을 때, 기관총 사수인 존 워니크 병장이 적이 사용하는 RPG발사기와 로켓탄이 가득 든 백을 하나 갖고 그레이프스에게 뛰어 와서 "소대장님, 이것을 저 녀석들에게 쏘아도 되겠습니까?" 하고 큰 소리로 묻는다.

"자네가 그 사용방법을 아는가?" 하고 그레이프스가 물었다.

위니크는 RPG를 만져본 적도 발사해 본 적도 없었다. "예 소대장님! 위협이 되는 적의 무기들을 배우는 과정에서 한번 쏘아 봤습니다." 하고 위니크가 말했다.

"그렇다면 한번 쏘아 보게!"

파머는 저항군들이 숨어 있는 건물 현관을 가리켰다. 위니크가 RPG를 장전하여 겨냥한 후 로켓탄을 발사했다. 문제의 현관이 박살이 나고 넓은 공간이 드러났다. "와!" 하고 해병들이 환호했다. 위니크는 씩 웃으며 다시 장전하여 이번에는 뚫린 현관을 통해 안쪽에 있는 기름 드럼통을 맞혔다. 몇 분 안에 1층에 불이 크게 번지고 저항군들이 달아나버렸다.

젠센이 소리쳤다. "크로산이 당했습니다! 구급용 험비가 필요합니다!"

그레이프스가 길가에 있는 시멘트 구조물 쪽을 돌아 봤다. 거기서 젠센이 크로산에게 붕대를 감아주고 있었다.

"파편이 삼두근에 박혔습니다. 몹시 고통스러울 것 같습니다." 하고 젠센이 말했다.

험비 한 대가 그를 싣고 가기 위해 도착했다. 전투를 마무리하는 동안 그레이프스는 무전병 없이 싸워야 했다. 크로산은 2년 동안 무전병으로 동고동락한 신뢰하는 동료였다.

헨리선을 따라 남쪽으로 더 내려가면서 미첼, 울프, 니콜, 그리고 카살은 계속 적에게 압박을 가했다. 그때 미첼이 한 창문에서 쏜 AK총탄에 피격됐다. 울프는 미첼의 윗도리 전투복을 찢어서 상처부위를 열고는 압박붕대로 팔을 감았다.

"여기에 머물고 있어, 친구. 나는 가봐야 돼. 이 구역을 소탕한 후 널 데리러 올게." 울프가 미첼에게 말했다.

울프는 카살과 니콜에게 전면으로 계속 밀고 나가자고 했다. 사무엘 세베르츠가드 병장이 그들에게 합류했다. 네 사람은 눈금이 그려져 있는 벽을 서투르게 쿵 하는 소리를 내며 뛰어 넘어 이웃 마당으로 들어섰다. 갑자기 그들 주위에 AK-47총탄이 튀었다.

"후퇴! 후퇴!" 하고 울프가 외쳤다.

"다른 쪽으로 돌아가자. 뒤에서 그들을 덮쳐야 돼." 하고 카살이 말했다.

세베르츠가드가 수류탄의 핀을 뽑은 채 들고 일행을 이끌었다. 그가 마당 구석으로 뛰어가 살펴봤으나 그쪽에서 집으로 들어가는 문이 없었다. 핀을 뺀 수류탄의 스푼을 꾹 눌러 쥔 세베르츠가드는 미첼 쪽을 쳐다보며 무엇을 어떻게 해야 할지 확신이 서지 않았다. 그들 중 누구도 거의 두 시간 동안 격전을 벌이고 있는 이 전투가 얼마나 오래 끌지, 또는 그들이 언제 탄약을 재보급받게 될지 알 수 없었다. 세베르츠가드는 수류탄을 낭비하고 싶지 않았다.

"계속 그렇게 누르고 있을 수 있어?" 하고 미첼이 그에게 물었다.

"그럴 수 있어." 하고 세베르츠가드가 말했다.

미첼을 다시 합류시킨 해병들은 뒷골목 길을 통해 전진하기로 했다. 그들이 원위치할 수 있는 유일한 길이기도 했다. 세베르츠가드가 수류탄을 꼭 쥔채 뒤를 돌아보다가 발을 헛디며 넘어졌다. 그는 비틀거리며 다른 사람들보다 약간 뒤쳐져 뛰었다. 그들이 한 숨 돌리고 다음 행동을 생각해 보기 위해 멈췄을 때, 세베르츠가드에게 좋은 생각이 떠올랐다. 그는 손에 들고 있던 수류탄을 한 주택의 마당 안으로 집어 던졌다.

거리로 되돌아 왔을 때, 미첼은 아까 해병들이 뛰어 내렸던 마당가에 있던 그 집이 저항군들이 숨어 있기에 아주 적당한 집이었다는 생각이 들었다. "소대장님, 토 미사일 한 방으로 근거지를 날려버리고 싶습니다." 하고 그는 무전으로 그레이프스와 의논했다.

"그렇게 하라고!"

미첼은 토 미사일 사수에게 목표지점을 표시해 주며 열심히 설명했다. 쉬익! 미사일은 그 집 측면을 때리고 터져 방어자들 위로 지붕이 무너져 내렸다.

헨리 확대군사활동선을 900미터 전진하며 전투를 벌인 후 3소대는 킬로중대의 다른 소대들과 합류했다. 그들은 큰 저택 하나를 하룻밤 묵을 기지로 정해 내일 다시 전진할 때까지 식사를 하며 휴식을 취했다.

27
지옥의 집

2004년 11월 13일 아침, 킬로중대는 헨리 확대군사활동선 서쪽에서 유프라테스 강 쪽으로 널려 있는 주택지역을 소탕하기 위해 출발했다. 젠트 대위는 그레이프스 중위 소대를 전위로 세웠다. 그레이프스는 각 분대별로 한 블록씩 맡겼다. 전날 전투로 소대는 지쳤으나 즉각 전투를 시작하고 싶어 할 정도로 고무돼 있었다. 그러나 저항군들이 남쪽으로 퇴각했기 때문에 첫 블록에서 그들과 조우는 없었다.

3분대는 잘 열리지 않는 자물쇠에 총을 쏘고 망치로 내려쳐 대문을 여는 방식으로 두 번째 블록의 수색을 시작했다. 따분한 생각이 든 라이언 위머 상등병은 앉아서 담배를 피웠다. '이걸 비틀며 시간을 보내고 있다니. 2분대가 C-4폭약을 좀 갖고 있을 텐데. 그들은 나중에 거길 소탕할 수 있거든.' 하고 그는 생각했다.

소대 향도인 프루이트 병장은 다음 집 대문을 비틀어 열기 위해 거리를 가로질러 뛰어 갔다. 강인하고 활력이 넘치는 프루이트는 도전적인 성격이었으며 전혀 느긋하지 않다. "어이, 이 문은 열려 있어. 빨리 와!" 하고 그는 큰 소리로 뒤에 있는 해병들에게 말했다.

위머는 피우던 담배를 던져버리고 제임스 엘드리지 병장, 코리 켈리슬 병장, 제임스 프렌티스 병장과 함께 집 수색에 나섰다.

해병 5명이 마당으로 살며시 들어섰다. 프루이트는 옥외 변소 안을 들여다보았다. 갓 눈 똥이 있었다.

"그들이 안에 있어!" 프루이트가 속삭였다.

집은 전형적인 팔루자 스타일인, 두꺼운 시멘트벽을 쌓아 지은 정사각형 2층집이었다. 보통 1층엔 현관홀을 거쳐 오른쪽엔 큰 거실, 전면 바른쪽엔 큰 휴게실, 부엌, 뒤쪽엔 구멍 하나만 있는 변소, 그리고 2층으로 올라가는 울퉁불퉁한 시멘트 계단이 있다. 계단 끝에 있는 문을 열면 복도를 따라 침실 3~4개가 있다. 그러나 이 집은 특별히 옥상 중앙에 채광용 창문을 가진 시멘트벽 돔이 있었다.

집은 적 몇 명 이상을 숨기기엔 너무 작아 보였다. 그래서 해병들은 탱크를 기다리지 않고 공격하기로 작정했다. 시내접근전(CQB)에 대한 특별교육과정을 마친 위머는 프렌티스에게 후위방어를 맡기고 켈리슬과 프루이트에게 눈짓을 해 자기 뒤에 열을 지어 따라 오도록 했다. 그는 M16을 어깨에 메고 권총을 빼 들었다. 긴 숨을 들이 쉬며 문을 차서 넘어뜨리고 방 안으로 공격해 들어갔다. 그는 '달리는 토끼' 역할을 맡았다. 수색대의 선두병사가 적을 혼란시키기 위해 방을 급히 가로질러 가면 뒤따라가는 두 번째 병사가 사격을 하는 전법이었다.

위머가 통로로 쓰는 방을 빠른 걸음으로 가로질러 갔을 때 AK소총을 가진 저항군 한 명이 문 옆에 숨어 있는 것을 흘끗 보았다. 그 남자가 옆으로 빠져나가려 하자, 위머는 그에게 세 발을 발사했다. 위머를 뒤따르던 켈리슬은 거의 그 남자와 부딪칠 뻔하면서 엉겁결에 그를 향해 발사하고는 프루이트 쪽으로 쓰러질듯 뒤로 물러났다.

"들어 가!" 프루이트는 방 안으로 그의 등을 떠밀면서 소리쳤다.

켈리슬은 몇 발자국 떼어 놓으면서 바닥에 축 늘어져 있는 그 총잡이에게 연발사격을 가했다. 그리고는 이미 죽은 그 남자에게 또 다시 쏘았다.

"사격을 멈추고 다른 곳으로 가자!" 하고 위머가 소리 질렀다.

켈리슬은 성큼성큼 방을 가로질러 가 위머 옆 벽에 딱 붙어 섰다.

"자, 준비됐지?" 위머는 왼쪽에 있는 안방으로 들어가는 열려있는 문간을 눈짓하며 말했다.

바짝 뒤따라오는 켈리슬과 함께 위머가 방 안으로 돌진해 들어간 순간 얼굴 앞에서 발사되는 AK총구의 섬광에 눈앞이 캄캄했다. 위머는 재빨리 오른 손을 그 총잡이 쪽으로 뻗어 여덟 발을 연달아 발사했다. 두 사람은 5피트 간격으로 떨어져 서서 서로 상대방의 눈을 노려보며 격렬하게 총을 쏘았다. 위머는 총탄이 그의 얼굴 옆에서 핑! 하며 소리 나는 것을 느꼈다. 벽돌과 콘크리트 조각들이 그의 볼을 세차게 때렸고 귀가 윙윙 울었다.

위머는 자격증을 가진 권총사수였다. 열두 발을 쏘아 한 발도 빗나간 적이 없었다. 그는 그 저항군을 쥐어박아도 될 정도로 가까이 서 있었다. 그 남자는 쥐어박아 쓰러질 것 같지 않았다.

위머는 탄약이 바닥나고 있었다. 그는 아직도 총을 쏘면서 문 쪽으로 뒷걸음질쳐 와 첫 번째 방 속으로 켈리슬의 등을 밀고 들어갔다.

위머가 문간을 거쳐 방 안으로 들어갔을 때 AK총탄이 그와 켈리슬을 놓치고 뒤따라 들어가던 프루이트와 엘드리지를 쳤다. 프루이트의 사격하는 손 주먹 뼈가 부서지고 엘드리지는 어깨와 가슴에 맞았다. 두 사람이 비틀거리며 그 집을 나오다 프루이트가 발을 헛디뎌 현관 옆에 넘어졌다. 그가 일어서려고 안간힘을 쓰고 있을 때 지붕에 있던 저항군 한 명이 그를 향해 사격을 해 왔다. 우두둑 땅에 박히는 총탄들이 그의 얼굴에 흙먼지를 끼얹었다. 그는 얼른 벽 쪽으로 피했다가 거리에서 엘드리지와 합류했다.

집 안에서 통로 방으로 들어서던 프렌티스는 푸른 얼룩무늬 윗도리에 검은 바지를 입은 남자 하나가 뒷방에서 뛰어 나오는 것을 보고 갖고 있던 SAW로 그 남자의 가슴과 머리를 쏘아 즉사시켰다.

위머는 켈리슬을 뒤돌아보며 "탄약을 장전해. 다른 녀석을 끝내줘야 해." 하고 말했다.

그들이 나온 문간을 응시하고 있던 위머는 권총 가죽 케이스를 툭 쳤다. '내 여분의 탄약이 어디 있지? 이런 빌어먹을.' 하고 그는 생각했다.

그는 권총을 가죽 케이스에 넣고는 등에 메고 있던 M16을 손에 들었다. 누군가가 그들 쪽으로 움직이는 기척을 느끼고는 뒤로 물러섰다. 안방에서 한 남자가 절뚝거리며 나왔다. 위머는 그의 다리를 쏘고 그가 쓰러지자 얼굴을 향해 두 발을 쏘았다. 푸른 데님 셔츠 위에 검은 방탄복을 입고 있는 밝은 색 피부의 그 남자는 곱슬머리에 홀치기 염색한 대형 스카프를 두르고 있었다.

총소리가 나고 부상자들이 나오고 있는 것을 본 다른 해병들이 그 집으로 달려왔다. 세베르츠가드 병장이 입구에 있는 방 속을 향해 드르륵 하고 방아쇠를 당겼다. 어제 전투에서 했던 것처럼 그는 수류탄 하나를 들고 있었다.

위머가 그에게 머리를 끄덕여 보이자 그는 수류탄을 안방 속에 던져 넣었다. 폭발 직후 위머와 켈리슬이 그 방으로 뛰어 들어갔다. 방 안은 검은 연기와 매운 화약 냄새로 가득 차 있었다. 위머는 오른쪽으로 돌진해 연기가 가라앉도록 잠깐 기다렸다. 그는 왼쪽 벽에 나 있는 계단통을 보고 재빨리 M16을 치켜들었다. 그 계단통 위는 돔 모양을 한 채광창이었는데, 돔으로 올라가는 사다리 계단 끝부분에 벽 쪽으로 뼹 둘러 좁은 시멘트 발판이 있고 발판 끝에는 3피트 높이의 시멘트로 된 경계 난간이 있었다.

위머가 소총을 치켜들고 그 계단통 위를 쳐다보다가 시멘트 발판 난간에 기대어 아래를 내려다보고 있던 저항군 한 명과 눈이 마주쳤다. M16과 AK가 동시에 불을 뿜었다. 좁은 통로 안이라 총소리에 귀가 멍멍했다. 위머는 다리가 뒤틀려오고 얼굴이 돌에 맞은 것 같은 강한 충격을 느꼈다.

그의 왼쪽에서 켈리슬이 집중사격을 받고 쓰러졌다. 돔 난간 안에 있는 총잡이들은 조준 없이 무턱대고 아래를 향해 총을 갈겨댔다. 소음에 귀가 멍멍해진 위머는 비틀거리며 방 입구 쪽으로 물러섰다. 연기가 가득한 방에서 그는 다리가 부서져 누워있는 켈리슬을 볼 수도 신음소리를 들을 수도 없었다.

얼굴이 얼얼했다. 피가 흐르고 있었다. 위머는 절뚝거리며 마당으로 나왔다. 며칠 전 그의 팀이 한 성전파 저항군의 얼굴을 향해 쏘았던 장면을 떠올렸다. 그는 프렌티스가 옥상을 향해 총을 쏘면서 문간 옆에 엎드려 있는 것을 보았다. "내 얼굴이 어떻게 된 거야? 상태가 얼마나 나빠?"

프렌티스는 그에게 가까스로 눈길을 주며 말했다. "눈썹 위가 찢어졌어. 별 일 아니야."

위머는 케블라를 벗었다. 힘이 빠진 탄환 하나가 가장자리 띠에 꽂혀 있었다.

켈리슬은 안방 계단통 바로 아래 누워 비명을 질러댔다. 저항군들은 그를 죽이는 대신 미끼로 이용했다.

소대 선임부사관인 존 첸들러 하사가 비명소리를 듣고 그 집으로 달려왔다. 파머 상등병과 산체스 상등병도 뒤따라 왔다. 그들은 세베르츠가드한테서 상황을 듣고 대책을 논의했다.

"우리가 그 방으로 한꺼번에 확 밀고 들어가야겠어. 다들 좋지? 그게 유일한 방법이야." 하고 첸들러가 말했다. "켈리슬을 끌고 나올 때까지 모두 총구를 높이 치켜들고 발사하도록 해. 좋아, 가자! 산체스 네가 앞장서, 내가 뒤따를 테니까."

파머는 멋진 계획이라고 생각했다. "그렇게 하자." 하고 그는 말했다.

산체스는 '그래, 좋아, 해보자' 하는 생각이 들었다. 마음이 멍해졌다. 행동만 있을 뿐 아무 생각이 없어져 버렸다.

세베르츠가드는, '수류탄을 먼저 던져 넣고 들어가야지.' 하는 생각을 했다. 그는 수류탄 두 개 중 하나를 빼내 손에 쥐고 엄지손가락으로 클립을 눌렀다.

켈리슬의 비명소리가 다시 들렸다. '내가 지금 무슨 생각을 하고 있지?' 세베르츠가드는 방 한가운데 누워 있을 켈리슬을 상상하며 이런 생각이 들었다. '아무도 내가 수류탄 꺼낸 걸 보지 않았다면 좋겠어.'

그는 슬쩍 수류탄을 도로 가죽탄대 안에 집어넣었다.

첸들러는 허리를 굽히고 있는 산체스의 궁둥이 뒤에서 역시 허리를 굽히고 있었다. 그들은 "가자!" 하는 신호와 함께 일제히 방 안으로 쇄도했다. 산체스는 방을 일직선으로 가로질러 뛰었다. 첸들러와 세베르츠가드는 좁은 통로 쪽으로 총을 겨눈 채 오른쪽으로 돌진했다. 파머는 두려워할 것 없다고 스스로에게 다짐하며 맨 마지막으로 문간에 들어서다가 순간 얼어붙었다. 바로 그때 수류탄 하나가 방 한가운데 떨어져 바로 자신이 들어가려고 했던 그 자리에서 터졌다.

문간에 서 있던 파머는 그 폭풍에 현관 쪽으로 밀려갔다. 세베르츠가드와 첸들러는 엄청난 연기와 파편의 소용돌이 속에서 보이지 않았다. AK소총소리가 온 방 안에 가득 차 귀를 멍멍하게 했다. 첸들러는 바로 쓰러졌다. 총탄 세 발이 다리를, 수류탄 파편이 어깨와 다리를 동시에 쳤다. 세베르츠가드 또한 다리와 발이 수류탄 파편에 짓이겨졌다. 한쪽 손으로 그는 첸들러를 사각지역에서 부엌 안으로 끌고 갔다.

큰 방을 가로질러 뛰어 갔던 산체스는 주위를 둘러보았으나 아무도 보이지 않았다. '도대체 이게 뭐야? 그들이 어디로 간 거야?' 하고 그는 생각했다.

앞에 작은 방으로 들어가는 문이 있었다. 이 안에 들어가면 필경 총탄이 날아올 것이라고 생각하며 문을 걷어차 열고는 한 발을 내밀었다. 침실은 텅 비어 있었다. 그는 벽에다 소총을 기대놓고 큰 방으로 되돌아 왔다. 그는 켈리슬의 어깨 밑을 잡고 뒷방 은신처로 끌고 왔다.

총탄이 벽과 방바닥에 우두둑 튀었다. 옥상 돔으로 올라가는 계단 통로 위쪽 시멘트 난간 안에서 저항군들이 왔다 갔다 했다. 그들은 아래쪽에 있는 안방 구석구석을 향해 쏠 수 있는 위치에 있었다.

부엌에서 첸들러는 신음소리를 내고 있었다. 세베르츠가드가 문간 쪽으로 계속 총을 겨누고 있었기 때문에 아무도 거길 들어와 그들을 죽일 수는 없었다. 잠시 후 첸들러가 조용해졌다.

"어이, 이봐. 부대에서 지금 우릴 고향으로 보내줄 거야." 첸들러가 말했다. "우리 모두 엉망이 돼 있어."

세베르츠가드는 웃으며 문간을 계속 주시했다.

파머는 현관 로비에서 등을 깔고 누워 있었다. 무명지와 엄지손가락이 파편에 완전히 찢겨져 소총을 잡을 수가 없었다. 그는 벽에 등을 기대어 앉으며 불경스런 말을 계속 쏟아놓기 시작했다. "우라질 놈들! 제 어미 강간할 놈들! 내 그놈들을 꼭 죽이고 말거야. 이 바보 멍청이 같은 놈들!"

더 많은 해병들이 그 집으로 몰려 왔다. 레너 로드리게즈 이등병이 사태를 파악하기 위해 잠깐 마당에 서 있었다. 그는 프루이트 병장이 손이 박살난 채 거리에 주저앉아 있는 것을 보았다. 위머가 절뚝거리며 큰 소리로 지원병을 요청하고 있는 것도 보였다. 소대 위생병과 군의관 에도라가 벽 옆에 무릎을 꿇고 앉아 가슴에 총상을 입은 엘드리지를 치료하고 있었다. 소대 선임부사관과 해병 두서너 명이 집 안에 있다는 말을 했다. 그리고 사격조장인 산체스 상등병이 집 안 어딘가에 있는지 모르겠다고 말했다.

로드리게즈가 마이클 밴호브 병장을 붙잡고 둘이서 집 안으로 뛰어 들어갔다.

"산체스 상등병님! 산체스?" 로드리게즈가 외쳤다.

"켈리슬을 데리고 있다!" 하고 산체스가 큰 소리로 대답했다. "우린 정면 방 안에 있다. 주위를 잘 살펴. 가운데 방은 사각지대야!"

로드리게즈와 밴호브는 파머 병장과 네 활개를 쫙 펴고 누워 있는 이라크인 시신들, 그리고 무기와 탄약 포장재와, 흥건히 고여 있는 피 웅덩이를 보며 이리저리 뛰어 다녔다. 그들 위 돔 난간에 있는 저항군들이 AK-47로 연발사격을 해왔다. 총탄이 이들 두 해병 사이를 쳐 밴호브가 현관 쪽으로 밀려났다. 로드리게즈는 총탄 사이를 뚫고 산체스와 켈리슬이 있는 침실로 뛰어 들었다.

"문간에서 주의 해!" 하고 산체스가 말했다.

산체스는 어깨 주머니에서 압박붕대를 꺼내 켈리슬의 다리를 똑바로 한 후 총상이 있는 뒤쪽에서 감았다. 켈리슬이 날카로운 비명을 지르자 로드리게즈는 전신에 힘이 싹 빠지는 기분을 느꼈다. 산체스는 출혈을 차단시키려고 노력하면서 켈리슬에게 농담을 건넸다. "상처를 깨끗이 하고, 압박을 하고, 붕대를 매고, 더 압박을 하고.... 군의관이 하는 것과 꼭 같이 하고 있지."

뒤쪽에 출입문이 없고 튼튼한 쇠창살을 한 조그마한 창문이 있었다. 저항군들이 문간에다 대고 계속 사격을 하고 있었다.

한 블록 떨어진 곳에서 프루이트와 엘드리지가 구급용 험비를 향해 뒤뚱거리며 거리를 걸어갔다. 무기회사에 온 카살 상사가 험비 옆에서 걸어가다 프루이트 쪽으로 뛰어가 그를 부축했다.

험비에 가까이 다가왔을 때 프루이트는 "저쪽 집에 고약한 녀석들이 있습니다. 우리 사람들이 아직 그 안에 있습니다." 하고 중얼거렸다.

카살은 가까이 있는 해병 3명을 데리고 그 집 담장 쪽으로 뛰어 갔다. 거기에 분대장인 로버트 미첼 상등병이 다른 해병 5명과 몸을 구부리고 있었다. 미첼이 그들을 앞쪽으로 이끌었다. 그들은 현관 바깥 담장을 따라 총을 걸었다. 미첼이 지휘했다. 이미 퇴역한 카살 상사는 그저 해병들을 열심히 도와주고 있는 다른 해병으로 스스로를 생각하고 있었다. 그들은 사격을 하지 않고 현관으로 몰려갔다.

그 집은 깨끗한 건식 벽체(壁體, 회반죽을 쓰지 않은 벽)를 한 새 집이었다. 옅은 브라운 색 작은 반점을 넣은 콘크리트 바닥은 시멘트 먼지로 덮여 있고, 선명한 붉은 피가 여기저기 흘러 있었다. 현관 안쪽에서 카살은 이라크인 시신 2구를 보았다.

산체스와 로드리게즈가 위생병을 부르고 있었다. "군의관을 데려와! 켈리슬이 피를 많이 흘리고 있어!"

저항군들은 해병들이 자기들 사정권 범위 안에 있는 큰 방을 통해 부상자를 옮겨야 한다는 것을 알고 있었다. 돔 발판 난간 안에서 그들은 이상적인 사격위치를 잡고 있었다. 그 집 안에서 미첼과 팀을 이루고 있는 병사들은 카살 상사, 니콜 일등병과 모건 맥코윈 병장이었다. 카살과 니콜이 함께 전투를 치르기는 오늘이 두 번째다. 군 복무 4년 동안 니콜은 카살에게 계속 밀려 아직도 일등병이다. 현역시절에 카살은 니콜이 싸움질을 하고, 술 마시고 난동부리고 지각을 하는 바람에 9번이나 사무실로 불러 타일렀다.

니콜의 불손한 언행은 부대 내에서 이미 유명해진지 오래다. 팔루자 전투 전날 저녁에 대대장인 윌리 불 중령이 그에게 마이크를 주면서, 영화 〈브레이브하트(Brave heart)〉에서 멜 깁슨이 "나는 윌리엄 월레스!"라며 충고하는 말을 패러디한, "나는 니콜 일등병이다!"라는 연설로 해병 900명에게 자극을 주도록 했다.

"니콜, 너는 나와 같이 간다. 내 뒤를 엄호해 줘." 하고 카살이 말했다.

저항군들의 사격은 그쳤다. 위생병 훈련을 받은 미첼은 더 망설이지 않기로 했다. "내가 저 방을 가로질러 간다. 모두 나를 엄호해 줘." 하고 말했다.

미첼은 최대한 빠른 속도로 문제의 안방을 가로질러 뛰어 산체스가 있는 방에 도달했다. 위에 있는 저항군들로부터 몇 발의 산발적인 사격만 있었다. 카살과 니콜이 안방 속으로 발을 들여 놓으며 벽 가까이에 붙어 섰다. 카살은 오른쪽에 있는 2층으로 올라가는 계단을 바라보았다. 계단 중간쯤에 누군가가 시멘트벽에 1피트 크기의 들여다보는 구멍을 뚫어 놓은 것 같았다. 또한 그는 미첼이 들어간 방 왼쪽에 조그마한 방 하나가 있다는 것을 알았다.

"왼쪽 방에 누가 있어?" 하고 그가 큰 소리로 외쳤다.

아무런 대답이 없자 카살은 두 해병을 뒤따르게 했다.

"저 쥐구멍과 사닥다리를 잘 커버해. 니콜, 우리가 왼쪽에 있는 저 방을 소탕할거다." 하고 그는 말했다.

카살은 그 작은 방 문짝을 차서 열고는 총열을 앞으로 내밀어 오른쪽에서 왼쪽으로 휙 돌리며 방 안을 조사했다. 그의 2초 동안의 정사(精査)는 그의 코를 겨누고 있는 AK소총 총구에 눈이 고정되면서 멈췄다. 그 남자는 문짝 뒤 전기 스위치 옆에 몸을 숨기고 있었다.

그 남자는 카살을 향해 바로 총을 쏘는 대신 아랍말로 무어라고 외친 후에 쐈았다. 바로 그 순간 카살은 감전된 듯 1피트 뒤로 후닥닥 물러섰고 총탄은 옆으로 날아가 벽에 튀었다. 카살은 얼른 그의 총열로 AK 총열 끝을 친 후 그를 향해 방아쇠를 당겼다. 그 남자 가슴에 10발을 쏘았다. 카키색 셔츠에 AK탄창이 붙은 검은 조끼를 입은 뚱뚱한 그 남자는 천천히 바닥으로 쓰러졌다. 카살은 죽어가는 사람에게 죽임을 당하고 싶지 않은 나머지 그 저항군의 모래 빛 헬멧을 벗겨낸 후 머리에 두 발을 더 쏘았다.

카살은 뒤돌아보지도 않고 어깨너머로 "저 사다리를 잘 엄호해" 하고 외치고는, 잠깐 작은 욕실을 둘러보기 위해 앞으로 걸어나갔다. 그 때 총탄이 그가 있는 쪽 주위의 벽을 쳤다. 그는 누군가가 발을 대형 쇠망치로 강타한 것 같은 느낌이 들었다. 그는 욕실 안쪽으로 넘어졌다. 다시 쇠망치에 맞은 것 같았다. 그는 화장실 구석 쪽으로 기어가기 시작했다. 그러다가 문득 니콜이 노출돼 있다는 생각이 들었다.

옆으로 엎드린 채 카살은 뒤쪽을 돌아 봤다. 니콜이 벽에 기대 서 있는 것이 보였다. 니콜은 총탄에 맞았는지 손을 방탄조끼 아래 찔러 넣은 채 씰룩씰룩 움직이다가 주춤했다. 그가 손을 빼내자 온 손이 피범벅이 되어 있었다. 카살이 배를 깔고 누운 채 기어서 그의 옆으로 가 소매를 끌어당겨 앉혔다. 그때 카살은 야구방망이가 엉덩이를 후려치는 것 같은 느낌이 들었다. 그는 다시 피격된 것을 알았다.

돔 통로 속 저항군들이 사격을 멈췄다가 갑자기 도를 더 높였다. 총탄이 계속 비 오 듯 쏟아졌다. 카살은 그것이 30초 동안 계속된 것으로 계산했다. 왜 해병들이 그 빌어먹을 쥐구멍에서 눈을 뗐을까? 카살은 도무지 이해가 되지 않았다.

그는 니콜을 욕실 안 자기 왼쪽으로 끌어당겼다. 니콜의 박살난 왼쪽 다리를 자기 가슴에 껴안고 지혈용 압박붕대를 감았다. 두 손이 피로 끈적끈적해졌다. 카살은 자기의 서투른 처치 때문에 니콜이 과다출혈로 죽을까봐 염려하며 감은 붕대를 계속 주물렀다. 그의 오른쪽에 툭 하며 무엇이 떨어지는 소리를 듣고 얼른 고개를 돌려봤다. 파인애플 수류탄 하나가 바로 손닿을 거리에 떨어져 있는 것이 보였다. 그는 왼쪽으로 굴러서 니콜을 쓰러뜨리며 그의 위를 덮쳐 꼭 껴안았다. 다리와 궁둥이에 날카로운 압력을 느꼈다. 또다시 파편을 맞은 것 같았다. 머리가 폭발의 울림에서 진정됐을 때, 그는 소총을 문 밖에 냅다 밀쳐 냈다. 그들이 방 안에 있다는 것을 해병들에게 알려 오인사격으로 동료의 총에 피격되는 일을 방지하기 위해서였다. 구원팀이 올 것임을 그는 알고 있었다.

산체스와 함께 있던 미첼은 니콜이 "내가 맞았다!"며 부르짖는 소리와, 카살 상사가 "저 염병할 놈들을 처치해!" 하는 소리를 들었다.

"니콜 맞아?" 하고 미첼이 외쳤다. "그가 위독해?"

산체스는 속이 다시 뒤집어지는 것 같았다. 니콜은 가장 친한 친구였다. 그는 죽어서는 안 된다. 뭔가 크게 잘 못됐다. 해병들이 빨리 니콜과 카살을 저 사지에서 빼내야 한다...

미첼은 산체스에게 켈리슬을 잘 돌봐달라고 부탁했다. 그는 말없이 방을 나와 벽에 바싹 붙어 화장실을 향해 뛰었다. 수류탄 하나가 되튀며 뒤에서 터졌고, AK소총 몇 정이 다시 불을 뿜었다. 한 발이 그의 총에 맞아 방 안으로 튀었다. 역시 총에 맞은 또 다른 한 발은 그의 넓적다리를 찢었다. 그의 세 번째 명예 전상장(戰傷章)이었다.

그는 카살이 있는 욕실로 미끄러지듯 들어갔다. 카살이 모로 눕는다. 비좁은 공간에서 미첼이 니콜을 돌보게 하기 위해서다. 피가 계속 흘러나오고 있기 때문에 카살이 감아 준 압박붕대도 소용이 없었다. 갑자기 의식이 왔다갔다할 때도 있었다. 그럴 때마다 니콜이 깨어 있도록 등을 흔들고 큰 소리로 불렀다. 니콜은 그때마다 졸다가 깨어난 듯 자기는 괜찮다고 중얼거렸다.

"그를 밖으로 데려나가야겠어. 이대로 두다간 과다출혈로 죽을지도 몰라." 하고 카살이 말했다.

집 바깥에는 그레이프스 소대장이 달려와 지휘하고 있었다. 프루이트, 엘드리지, 위머, 그리고 파머는 구급용 험비로 옮겨졌다. 휴대용 무전기로 그레이프스가 미첼과 연결됐다.

"우리를 구출할 다른 방법을 모색해 주십시오. 아니면 저 염병할 놈들을 다 죽여 우리가 걸어 나갈 수 있게 해 주십시오." 하고 미첼이 말했다. 하루 전날 전투에서 미첼 팔에 붕대를 감아주었던 울프 상등병이 그레이프스 뒤를 따라 들어와 미첼에게 큰 소리로 위로했다. "어이! 내가 그쪽으로 갈게, 친구야! 잠깐만 기다려, 내가 간다고!"

그레이프스와 울프는 집을 한 바퀴 둘러보았다. 다른 현관이 없었다. 창문 다섯 개는 모두 1인치 굵기의 쇠창살로 덮여 있었다.

"어디서 그들이 총을 쏘고 있지?" 그레이프스 중위가 무전을 통해 미첼에게 물었다.

"안방 위의 채광창 돔 난간 안에 폭도들이 있습니다. 적어도 그들 중 한 명은 옥상에 있습니다!"

"좋아." 그레이프스가 말했다. 그는 다시 울프에게 "자네는 그들을 밖으로 데리고 나올 팀을 준비하게. 나는 저 녀석들을 소탕하기 위해 길을 건너가 옥상으로 사격팀을 투입할 예정이야. 일단 내가 자네한테 신호를 보내면, 들어가서 그들을 데리고 나오게," 하고 말했다.

울프가 구조팀 투입을 준비하는 동안 그레이프스는 중무장 분대를 다른 집 옥상으로 이끌고 갔다.

50구경 기관총을 장착한 험비 승조장인 바이런 노르우드 병장이 울프와 함께 현관으로 들어가 중무기를 어떻게 집 안에 갖고 들어와 사용할 수 있는지 조사했다. 전에 툴란 대령 전용 험비의 승무병이었던 노르우드는 텍사스의 한 작은 마을 출신이다. 그의 날카로운 위트는 툴란에게 뉴욕 방식의 유머를 일깨워 주었다. 노르우드는 저항군이 마음대로 총질을 하여 사각지대로 만들고 있는 안방 문간 근방을 살폈다. 문간에서 침실까지 감시하고 있던 로드리게즈는 문제의 안방을 살짝 들여다보고 살피던 노르우드의 눈이 갑자기 커지는 것을 보았다. 총탄 한 발이 노르우드 이마에 치명상을 입힌 것이다. 울프도 같은 방향에서 날아온 총탄에 가슴을 맞았지만 손상 없이 뒤로 물러났다. 탄환이 구명조끼에 끼어 있었다.

노르우드의 얼굴 모습을 본 로드리게즈는 간담이 서늘했다. '다음엔 내가 피격되어 저렇게 될지도 몰라.' 하고 그는 생각했다. 로드리게즈는 산체스에게 자기를 현관으로 좀 데려가 달라고 졸랐다.

존 제이콥스 중위가 지휘하는 2소대의 신속대응군 분대가 도착했다. 제이콥스는 즉시 부하들에게 집 안에 있는 저항군 소탕 계획을 세우게 했다.

가까이 있는 건물 옥상에서 그레이프스와 부하들은 저항군들이 버티고 있는 돔의 채광창을 향해 일제사격을 시작했다. 그들이 채광창과 같은 높이에 있기 때문에 총탄이 저항군들 머리 위를 지나갔다. 채광창 아래 방 안에 해병 부상자들이 있어 수류탄을 던져 넣거나 중무기를 함부로 사용할 수도 없었다. 채광창 안에 들어 있는 적을 제압하지 않고는 울프의 구조팀이 사각지대가 된 큰 방으로 돌진해 들어갈 수도 없었다.

부엌에 꼼짝없이 갇혀 있던 첸들러와 세베르츠가드는 현관 쪽으로 난 벽에 칸막이로 붙여 놓은 금속판을 뜯어내면 그쪽으로 통하는 길이 열릴 것 같은 생각이 들었다. 몇 분 동안 그 금속판을 향해 총을 쏘고 탕탕 친 끝에 그 금속판을 떼어내고 그 구멍으로 몸을 밀어 넣었다. 울프가 압박사격을 해 주었다. 마침내 그들은 비틀거리며 현관을 통해 마당으로 나왔다.

둘 다 피를 심하게 흘리고 있었다. 첸들러는 고통을 못 이겨 신음소리를 냈다. 그의 다리가 엉덩이에서 발까지 소용돌이 골절이 되어 뒤틀려 있었다. 세베르츠가드는 부서진 발에서 계속 피를 흘리며 마당 담장에 구부정한 자세로 기대 있었다. 스티븐 테이툼 병장이 그를 간호해 주었다. 킬로중대에서 가장 두꺼운 안경을 끼고 있는 테이툼은 세베르츠가드의 부서진 발에 신겨져 있는 군화를 벗기자고 했다.

"지옥에나 가라, 이 장님새끼! 내 발에 손도 까딱하지 마라, 이 새끼야!"

세베르츠가드는 친구에게 욕설을 퍼붓고는 비틀거리며 일어서 가까이 있는 험비 쪽으로 절뚝거리며 걸어갔다.

지옥의 집

그레이프스와 제이콥스는 담장 옆에 쭈그리고 앉아 다음 작전을 논의했다. 해병 5명이 집 안에서 나오지 못하고 있었다. 소총사격으로는 안방 위쪽 돔 속의 시멘트벽 뒤에 숨어 있는 적을 움직이게 할 수 없었다. Mark19 사격이나 수류탄은 갇혀 있는 해병들을 다치게 할 수 있었다.

"그래, 플래시뱅(Flashbang, 굉음과 함께 섬광을 방출하는 수류탄. 좁은 실내를 공격할 때 곧잘 쓰는 무기다)을 사용하는 거다! 저 안에 있는 폭도들은 그걸 일반 수류탄으로 착각하고 잠복하려 할 거야." 하고 그레이프스가 말했다.

제이콥스는 부하들을 안방 문 앞으로 이끌고 가 플래시뱅 2개를 던지고 일제사격을 하며 돌진했다. 저항군들이 즉각 대응사격을 해 왔다. 실패였다.

밖으로 나온 그레이프스, 크로산, 그리고 저스틴 보스우드 이등병은 집 뒤쪽으로 나 있는 침실창문으로 살금살금 다가갔다. 그레이프스와 보스우드는 창문에 설치해 놓은 철창을 부수기 위해 큰 쇠망치를 가져갔다. 안에서 부상 입은 해병들의 신음소리가 흘러나왔다. 미첼이 "이 지옥 같은 곳에서 빨리 벗어나게 해 달라!"고 소리 질렀다. 철창을 망치로 계속 친 후 살펴보니 두 가닥이 약간 분리돼 있었다. 그들은 방탄조끼와 장비를 벗어놓고 분리된 창살을 옆으로 젖힌 후 억지로 비집고 안으로 들어갔다. 안에 있던 해병들이 무기를 그들에게 건넸다.

보스우드가 저항군 시신 하나를 문간 밖으로 끌어냈다. 두개골에서 흘러나온 피가 방바닥에 흥건히 고여 있었다. 그레이프스가 뒤로 미끄러져 안방 쪽으로 몸이 살짝 나가는 바람에 부지중에 시선이 위의 채광창에 꽂혔다. 보스우드가 무릎을 꿇어 채광창 쪽 층계를 커버하며 그레이프스의 가슴 위를 덮었다.

그레이프스, 제이콥스 그리고 산체스는 마침내 채광창 통로에다 대고 삼각형의 십자형 사격을 할 수 있는 위치를 잡았다.

"준비? 발사!" 하고 그레이프스가 외쳤다.

이 삼각 십자포화로 지금껏 채광창 통로 난간에 기대어 내려다보고 사격을 하던 저항군들이 난간 안에 숨지 않을 수 없었다.

이 기회를 이용하여 크리스토퍼 마르케즈 병장과 조나손 샤퍼 병장이 안방의 사각지대를 가로질러 내달려 카살을 부축하여 현관 쪽으로 데리고 나왔다. 그들은 다시 돌아와 니콜을, 그리고 다음엔 미첼을 데려왔다.

이제 남은 사람들은 뒷방 침실에 있는 산체스, 로드리게즈, 그리고 켈리슬이었다. 집 안에 있는 해병들이 밖으로 탈출하기 위해서는 안방을 가로지르는 곤틀릿(두 줄로 늘어선 사람들 사이를 알몸으로 뛰게 하여 채찍·몽둥이 따위로 때리는 태형제도)을 통과하거나 침실에 있는 철창을 통하거나 하는 방법밖에 없었다. '폭파광'으로 소문난 폭약 전문가인 리차드 곤잘레스 상등병이 창문에 있는 철창을 폭발물로 날려버리자고 제의했다.

"너 미쳤어?" 호세 나자리오 병장이 소리쳤다. "바보처럼 그들을 죽일 작정이야? 폭파는 안 돼!"

에릭 젠센 상등병이 긴 쇠사슬을 갖고 와 쇠창살에 맨 후 험비에 걸어 당기게 했다. 산체스와 로드리게즈가 켈리슬을 임시변통으로 만든 들것에 실어 창문으로 통과시켰다.

모든 부상병들이 집 밖으로 나오자 그레이프스가 미첼을 불렀다. "이제 곤잘레스에게 맡겨보자."

해병들은 그 집에다 집중사격을 가하고 우우하며 야유하고 마치 그들이 아직도 그 안에 있는 것처럼 비명 섞인 고함을 질렀다. 한편 곤잘레스는 20파운드짜리 가방폭약을 준비했다. 20파운드면 2층짜리 집을 무너뜨리기에 충분했다. 곤잘레스는 집 안으로 살금살금 들어가 죽어 넘어져 있는 저항군 시신 위에다 폭약을 장치했다. 몇 초 후 그가 집 밖으로 뛰어 나왔다.

"15초다!"

그들은 모두 안전거리로 나가 엎드렸다. 잠시 후 그 집은 붉은 섬광을 크게 일으키며 폭발했다. 뒤이어 거대한 먼지구름이 일어나며 큰 콘크리트 토막들이 붕 떴다가 가라앉았다. 먼지와 화약연기가 뒤섞인 핑크빛 안개가 공중으로 피어올랐다. 그레이프스는 그걸 보며 속 시원해 했다.

해병들은 몇 분을 더 기다린 후 먼지투성이의 잔해 쪽으로 다가갔다. 콘크리트 토막들 사이에 끼어 있는 시신 2구가 보였다. 더 가까이 다가갔을 때 그 중 하나가 움찔움찔했다.

"그들이 아직 살아있다!"

순간 팔 하나가 앞으로 휙 뻗어 나오고 수류탄 한 개가 해병들 쪽으로 굴러 떨어졌다. 해병들이 화들짝 놀라 뛰어 달아났다. 산체스는 그레이프스와 크로산이 자기 옆에서 달리고 있는 것을 보았다. '나는 너무 느려! 도대체 이게 뭐야!' 하고 그는 생각했다. 수류탄이 터졌으나 다친 사람은 아무도 없었다.

해병 7명이 잔해 쪽으로 도로 가 두 저항군에게 총탄 200발을 퍼부었다. 콘크리트 토막들 속에서 그레이프스 중위가 밝은 색깔의 나무로 만든 겨울용 스칼캡(챙이 없는 사발을 엎은 모양의 노인이나 성직자용 모자)을 찾아냈다. 체첸 무장 세력들이 쓰던 종류의 모자였다. 그레이프스는 그 모자를 콘크리트 더미 속으로 차 넣었다.

28
상등병 5명

그레이프스 중위와 3소대가 그 지옥의 집에서 외국인 전사들과 싸우고 있을 때 미군의 막강한 화력에 쫓긴 다른 성전파 저항군들이 남 팔루자 전역으로 숨어들었다. 킬로중대 동쪽에 있는 인디아중대가 바로 그 오소리같이 집요하게 집적대는 성전파들 저항에 부딪쳤다. 하루 전 인디아중대는 청백색 줄무늬 첨탑이 있는 어떤 모스크에서 몇 시간 동안 전투를 벌였다. 그 모스크는 무슨 성채 같았다. 모스크 앞은 지저분한 시장 마당이었고 그 저쪽엔 충충한 갈색 1층짜리 수리점 건물들이 늘어서 있었다. 상점 안 탄약 은닉장소들이 열을 받아 폭발했고, 탱크 포탄이 일으킨 먼지가 공중에 가득했다. 저항군들은 총구의 섬광이 거의 보이지 않을 정도로 건물 깊숙한 곳에 자리를 잡고 사격을 해 왔다. 탱크 주포로 모스크 담장과 첨탑을 허물어뜨리고 쇄도하여 저항군 시신 10구와 중상자 5명을 찾아내기까지 세 시간이 걸렸다. 인디아중대는 부상한 저항군들을 뒤에 남겨두고 공격을 계속해 갔다.

11월 13일, 브렛 클라크 대위는 인디아중대를 이끌고 건물 잔해 속에서 준동하는 성전파 저항군들과 교전하면서 그 모스크를 향해 다시 소탕작전에 나섰다. 제1·제2강압정찰부대가 시내접근전(CQB) 훈련을 받은 팀을 각 대대에 파견했다. 적을 제압하기 까다롭고 힘든 수많은 공격지점에 CQB팀을 요청하여 투입하였다. 투입요청에 그들은 난처한 기색을 보이는 법이 없었다. 그들의 소탕, 재소탕 작전은 중대의 일부 장병들에게 감명을 주었다. CQB 해병들은 전문가들이었다. 그러나 많은 희생자를 냈다.

해병들이 어떤 작은 집을 급습하려다 안에 있던 성전파 저항군 무리의 맹렬한 반격에 부딪쳤다. 닫혀있는 한 창문을 통해 총탄이 빗발쳐 나와 해병 하나가 피격됐다. 해병들이 그 집에 진입했을 때 불룩한 가슴덮개 조끼를 입은 남자 하나가 해병 쪽으로 돌진해 왔다. 계속 총탄을 맞고도 그는 비틀거리며 오다가 자신을 폭발시켜 저스틴 맥클리 병장을 죽였다. 해병들은 맥클리의 시신을 옮기고 그 집을 폭파시켜 버렸다.

언제 어디서 총탄이 날아올지 모르는 상황이어서 인디아중대 해병들은 긴장을 늦추지 않고 어제의 공격 루트를 다시 전진해 갔다. 그들이 어제 치열한 전투를 벌였던 모스크에 도착하여 조심하며 안으로 들어갔다. 종군 텔레비전 방송기자가 그 장면을 촬영하기 시작했다. 땅바닥엔 시신들이 놓여 있었고 어제 부상한 저항군들이 아직도 그대로 누워 있었다.

어제 싸움에서 다친 해병 하나가 총 끝으로 부상 저항군 하나를 가리켰다. "이런 우라질, 이놈은 어제 죽은 척 가장한 놈이다! 뒈진 척 하고 자빠져 있었어!" 그는 흥분한 나머지 고래고래 고함을 지르며 그 부상자의 머리를 쏘았다.

머리에서 뿜겨져 나온 피가 스프레이처럼 벽에 튀고 다리가 경련을 일으켜 부들부들 떨었다.

"그래, 녀석이 이제 진짜 뒈졌구먼." 다른 해병이 말했다.

그 장면을 빠짐없이 찍은 TV 기자는 그 비디오를 온 세계에 공급하기 위해 공동취재단 본부에 보냈다.

―――

11월 14일, 각 대대는 다시 가택 수색에 나섰다. 3/5대대는 10번 고속도로 북쪽에서 고무청소기 작전을 계속했다. 킬로중대는 야자나무들과 잔디밭과 정원이 내려다보이는 3층짜리 주택들이 즐비한 부유층 마을로 이동했다. 눈에 띄게 잘 지은 어떤 저택 안에서 조지 페이튼 병장이 넓은 계단으로 올라가다 층계참에 잠깐 멈춰 왼쪽에 있는 방문을 열었다.

갑자기 방 안에서 콩 볶듯 하는 자동소총의 집중사격에 그의 왼쪽 다리가 거의 절단되어 바닥에 쓰러졌다. 킵 예이거 병장이 뛰어올라가 그 방을 향해 M16탄창이 빌 때까지 계속 쏘았다. 메이슨 피셔 병장이 어깨 너머로 그 방을 향해 총을 쏠 때 예이거가 페이튼을 뒤로 물렸다. 그는 죽어가고 있었다. 해병 대여섯 명이 주위에 몰려들어 콸콸 쏟아지는 피를 차단시키느라 쩔쩔맸다. 피셔가 수류탄 하나를 방 안에 던져 넣었는데 곧이어 예이거가 툭! 하는 소리를 들었다. 수류탄이 바깥으로 되돌아 나와 계단턱 아래로 툭 떨어지는 소리였다.

예이거는 몸을 구부리고 그것이 두 번째 계단으로 떨어질 때 얼른 잡아 방 안으로 확 던지고는 폭발한 후 다시 사격을 시작했다. 두 저항군이 방바닥에 쓰러졌다. 다른 한 명은 벽장 안에서 굴러 떨어졌다. 예이거가 그를 사살했다. 필립 미스카가 먼지 가득한 방 안을 향해 사격을 하고 있는데 문 옆에 쓰러져 있던 저항군 하나가 수류탄을 빼려고 더듬거렸다. 사격선에 있던 미스카와 함께 예이거가 후닥닥 뛰어가 구르카(네팔의 구르카족) 나이프를 꺼내 그 남자의 목을 찔렀다.

─

11월 14일 오후 3/5대대는 졸란지구에 있는 수크의 미로 같은 뒷골목들을 소탕했다. 포장된 골목 양편에는 격자문에 맹꽁이자물쇠를 달아 잠가 놓았거나 철문을 내려놓은 상점 수백 개가 늘어서 있었다. 해병들이 맥주 캔 뚜껑 따듯 그것들을 모두 열어 놓았다. 공중폭격으로 방들이 폭파되고 지붕들이 내려 앉아 다닥다닥 붙어있던 건물 측면 공간들이 넓어졌다. 전봇대들이 부러진 채 누워 있고 거기에 달린 끊어진 전선 수백 가닥이 영화에 나오는 거대한 미친 거미집처럼 바람에 흔들거리고 있었다. 그것은 마치 사나운 토네이도가 포효하며 시가지를 박살내고 지나간 후, 일부 남은 건물들을 다시 강타하여 개개의 벽돌로 쪼개 놓기 위해 잠깐 숨을 고르고 있는 것처럼 보였다.

중동 전역 수크에서는 가죽제품과 융단, 그리고 보석을 전문으로 취급하는 오랜 역사를 가진 동업조합들이 여러 골목에 무리지어 모여 있다. 졸란지구에서 말레이 중령은 골목이 달라지면 상품도 달라지는 비즈니스의 정돈성과 자유시장의 기업정신을 보았다. 일부 골목에서는 AK소총을 팔고 다른 골목에선 RPG, 사제폭발물 또는 박격포를 팔았다. 일부 상점들은 소형화기의 탄약을 재고로 쌓아 놓고 규모가 큰 상점들은 중대구경 무기의 부품들을 전문으로 취급했다. 심지어 대공포를 파는 골목도 있었다. 6일간의 전투에서 토드 데스그로세일리어스 소령 같은 대대 고위 장교는 10만 정 이상의 무기와 대구경 포탄들을 파괴한 목록을 만들었다.

수크에서 서쪽으로 200미터 지점에 유프라테스 강이 있고 거기에 미군들이 브룩클린교라부르는 좁은 버팀 다리가 걸려 있다. 어느 오후 늦게 말레이 중령이 그 다리를 걷고 있을 때 다리 교각이 아름다운 석양을 배경으로 선명한 자태를 뽐내고 있었다. 그것은 영화 〈매디슨카운티의 다리(The Bridge of Madison County)〉 한 장면을 보는 것 같았다. 지난 3월 말 미국인 사설 경호요원들 시신을 훼손하는 사건이 벌어진 후 폭도들은 북쪽 교각 위에 흰 페인트로 '팔루자-미국인들의 묘지'라는 시구(詩句)를 아랍어로 써 놓았다.

거기서 20피트 떨어진 남쪽 교각 위에는 한 해병이 검은 페인트의 굵은 글씨로 아래와 같은 내용의 댓글을 달아 놓았다.

여기는 2004년 팔루자에서 살해된
블랙워터사의 미국인들을 추념하는 곳입니다.
셈퍼 피데일리스('항상 충실한'이란 뜻의 미 해병대 표어), 3/5 다크호스
이런 우라질

말레이 중령은 그 낙서를 힐끗 보곤, "저 마지막 줄을 지우고 그 위에 페인트로 '편히 쉬소서'라고 써야겠군." 하고 말했다.

말레이는 부하들 감정을 이해했다. 그날 오후 그들은 거리에 버려져 있는 한 여성 시신을 발견했다. 팔과 다리가 떨어져 나가고 창자가 밖으로 비어져 나와 있었다. 처음엔 그녀가 마가렛 하산인 줄 알았으나 뒷날 조사 결과 그녀가 아니었다. 마가렛 하산은 영국태생의 케어(CARE, 미국원조물자발송협회) 이라크 책임자로 환자와 약자들을 돌보며 이라크에서 20년을 살았다. 4주 전 바그다드에서 납치된 마가렛은 처형되기 전 텔레비전에 나와 눈물을 흘리며 블레어 총리에게 영국

군 철수를 호소했다. 해병들은 그 훼손된 여성시신의 신원을 확인할 수 없었다. 졸란공원의 회전목마 놀이터 옆에 있는 고문의 집에서 발견된 난도질된 시신들처럼 그 여성 시신은 '신원미상'이라는 팻말로 묘지에 묻혔다.

14일 오후까지 해병들은 북쪽의 철도역에서 남쪽의 1층짜리 주택지역까지 팔루자시 전역을 장악했다.

―――

15일 아침 1/3대대는 동부구역을 수색했다. 한 집에서 벌어진 격렬한 전투에서 라파엘 페랄타 병장이 머리에 총탄을 맞고 죽었다. 그에 앞선 어떤 전투에서, 해병들이 엄호하고 있는 방에 저항군이 수류탄을 집어던졌다. 페랄타가 손을 뻗어 그 수류탄을 잡고 그 윗부분을 감싸 폭발을 저지했다. 그의 전공에 대해 명예훈장이 상신되었다. 그의 용기는 이라크에서 50명을 잃은 1/3대대의 영예를 높였다.

10번 고속도로 남쪽에서 저항군 잔당들이 몇몇 블록의 주택에 숨어들었다. 볼 중령의 3/1대대와 브랜들 중령의 1/8대대가 모든 집들을 수색하는 고무청소기 작업을 끝내기 위해 4개 중대를 투입하여 합동작전을 벌였다.

그날 오전 중간쯤 1/8대대는 고속도로 남쪽 주거지역의 반쯤 짓다만 집들이 많은 맨 마지막 블록들을 차례차례 수색하고 있었다. 전날 오후 알파중대는 집 100여 채를 수색하여 창문에 커튼을 달고 가운데 방에 담요와 마약이 놓인 '무자헤딘' 집 몇 채를 찾아냈다. 한 집에선 부엌에 푸줏간용 칼에 옆구리를 찔려 죽은 개 한 마리가 놓여 있었다. 짖지 못하게 하려고 서투른 방법을 사용한 것이다.

알파중대는 사우디아라비아인, 이집트인, 시리아인 약 20명을 체포했다. 커닝햄 대위는 소대원들에게 완강하게 버티는 저항자들은 돌아갈 곳 없는 막가는 녀석들이므로 특별히 주의하라고 당부했다. 그의 소대는 이제 몇 블록만 더 수색하면 작업이 끝나 빈 들판에 이를 수 있다. 이곳은 팔루자에서 가장 인기 없는 곳으로 홍수가 곧잘 나고 모기떼가 극성인 가난한 동네였다. 전화선 전봇대엔 전선 몇 가닥만 매달려 있었다. 집 안에 전등 몇 개와 프로판가스 요리기구가 있다면 지금 형편으로선 아주 복받은 집이었다. 많은 집들은 모래 빛 파일과 벽돌이 여기저기 흩어져 있는 반쯤 짓다 만 것들이었다. 도로는 전혀 포장이 돼 있지 않았다. 집들 대부분이 네모진 콘크리트 덩어리처럼 단순한 구조여서 1층에 있는 방 4~5개가 전부이며 옥상으로 올라가는 층계가 있었다. 더운 여름엔 그냥 문을 열어놓고 잠을 잔다고 했다. 집들은 두꺼운 벽돌과 콘크리트로 지어졌으며 콘크리트 블록을 쌓고 시멘트를 바른 뚱뚱한 벽체를 갖고 있었다. 창문엔 굵은 금속쇠살대나 철근으로 만든 쇠창살을 달아 놓았다. 대부분 도로 쪽을 향하고 있지만 일부 구역에선 집의 방향이 제각각이어서 질서가 없었다. 서로 대각선인 것도 있고 도로와 전혀 연결돼 있지 않는 것도 있었다.

　2소대가 이 무질서한 지역의 20여 집을 수색하고 있을 때 세 방향에서 총탄이 날아왔다. 저항군들이 집 모퉁이와 1층 창문 안에 숨어서 사격을 했다. 며칠 전 헌트 중위가 손가락이 으깨져 입원한 이후 소대를 통솔해 온 선임부사관 필스버리 병장은 소대 움직임에 대해 말을 아꼈다. 그의 세 분대장들은 3년 동안 함께 전투를 치르며 고초를 겪은 동기들이었다. 몇 분 이내 각 분대들은 적의 측면을 우회하여 공격했다. 저항군들은 은신해 공격하던 집을 버리고 달아나 저쪽 도로 측면에 있는 흙 제방 아래 포진하여 사격을 해 왔다. 갑작스레 행운을 맞게 된 소대는 전진하여 제방에 인접한 두 집 옥상에 올라가 불운한 적에게 집중사격을 가해 곧 10명을 사살했다.

총격전이 그쳤을 때 필스버리는 소대원들에게 한 블록 서쪽으로 이동하여 동쪽에서 몰아오고 있는 브라보중대에게 자리를 양보하자고 말했다. 에우발도 로베이토 상등병이 1분대에 눈짓을 보내 그들은 벽돌과 시멘트로 반쯤 짓다 만 집 몇 채를 수색하기 위해 오른쪽으로 전진하기 시작했다. 콘놀스 상등병이 3분대와 함께 반 블록 쯤 전진했을 때 AK소총소리와 수류탄 터지는 소리, 그리고 "위생병!" 하며 외치는 소리가 들렸다.

3분대는 부드러운 모래와 흙으로 된 골목길을 따라 소리 나는 집 쪽으로 달려갔다. 전면에 쇠창살을 댄 창문 3개가 있는 베이지색 1층짜리 집이 그들의 길을 가로막았다. 그 집은 비슷한 시멘트 집 두 채 사이에 끼어 있었다. 집과 집 사이에는 사람이 비집고 들어갈 만한 공간조차 없었다. 해병 둘이 베이지색 집에서 한 해병을 끌어내고 있었다. 부상을 입은 것 같지는 않았다.

"난 들어가야 돼요!"

"닥쳐, 위생병. 넌 그 집에 도로 가선 안 돼."

로베이토 상등병은 위생병 줄리안 마스크의 웹 기어를 꽉 잡고 있었다.

"데시아토가 당했어. 저 우라질 놈들이 그를 계속 쏘고 있다고. 그 방엔 굉장히 많은 놈들이 죽치고 있어." 수류탄의 콤포지션 B 화약에서 나온 역한 냄새나는 검댕을 뱉어내면서 로베이토가 말했다.

"그가 중상을 입고 죽어가고 있어." 로니 론제네커 상등병이 말했다.

1년간 콘놀스 분대에 있었던 데시아토는 대대가 팔루자 공격에 나섰을 때 무기창고 감시병으로 기지에 남게 됐으나 콘놀스에게 사정사정하여 전투에 참가했다.

"나는 무기를 지키지 않고 전투를 하게 됐어." 데시아토는 동료들에게 자랑스레 말했다.

콘놀스는 로베이토 분대에 적당히 한 자리를 만들어 데시아토를 배속시켰다. 지금 그가 죽어가고 있는 것이다. 콘놀스는 책임감을 느꼈다. 그는 그 집을 바라보았다. 오른쪽에 굵은 쇠창살을 댄 창문이 있었다. 거기가 안방일 것이다. 작은 현관이 있고 왼쪽에 쇠창살을 댄 더 작은 창문이 있었다. 방이 서너 개 정도 있는 것 같았다. 2층은 없고 방어자들이 깊숙이 숨어 사격할 만한 공간도 없어 보였다.

"내가 확인해 보겠다." 하고 콘놀스가 말했다.

스물한 살인 콘놀스는 중대 내에서도 가장 전투경험이 많은 분대장이었다. 미국에서 장교들과 부사관들을 충분히 확보해 오지 못한 커닝햄 대위는 콘놀스에게 몇 주 동안 소대장 대리를 맡긴 적이 있다. 콘놀스는 팔루자에 온 후 옥내 전투를 열한 번 경험했다.

그는 현관으로 뛰어가 안쪽을 살폈다. 바닥은 단단히 다진 맨땅이었고 방문도 비품도 가구도 없었다. 지은 지 몇 달밖에 되지 않아 아직도 새 집 냄새를 풍겼으며 벽돌과 회반죽으로 형체만 만들어 놓았을 뿐인 텅 빈 집이었다. 오른편 안방은 비어 있었다. 왼쪽에 맨땅으로 된 복도가 또 다른 방 앞으로 나 있었고 그 방 뒤에 있는 침실과는 문짝 없는 문으로 연결돼 있었다. 침실 벽을 등지고 누워 있는 게 분명히 데시아토였다.

사격조장인 론제네커보다 한 발짝 뒤에서 따라가던 데시아토가 그 작고 어두운 방 안으로 발을 들여 놓으며 총구를 왼쪽으로 빙 돌리는 순간 콩 볶듯 하는 총탄 폭풍에 밀려 벽에 내동댕이쳐졌다. 그는 계속 총을 쏘고 있는 공격자들 쪽으로 얼굴과 몸통을 돌리며 벽에 기대어

스르르 쓰러졌다. 총탄이 얼굴과 방탄조끼와 다리를 향해 계속 날아와 그의 몸통을 벽에다 못 박아 놓았다. 그가 갖고 있던 SAW가 그 옆에 놓여 있었다.

콘놀스는 문간 밖에서 데시아토의 상처를 살펴보고는 이미 죽은 것으로 단정했다.

브라운 병장이 들어와 콘놀스 뒤에 서서 어깨 너머로 데시아토를 살펴보고 있었다.

"먼저," 하고 콘놀스가 말했다. "우리는 그가 죽었다는 것을 인정해야 한다. 너는 그의 죽음을 확인할 수 있겠지?"

브라운은 몇 피트 저쪽 사각선에 누워있는 데시아토를 다시 살폈다. 모든 상처가 너무도 분명했다.

"그는 죽었어." 브라운이 말했다.

"좋아. 그를 밖으로 옮기자." 하고 콘놀스가 말했다.

데시아토는 문간에서 아주 가까운 곳에 누워 있었다. 방 안 구석에 숨어있을 것이 분명한 저항군들은 말 한마디 소리 하나 내지 않았다. 재빠른 동작으로 콘놀스는 데시아토의 웹 기어를 꽉 잡고 홱 끌어 당겨 시신을 복도로 옮겼다. 그는 현관 홀 안으로 어깨를 조심스레 밀어 넣었다.

그가 데시아토의 시신을 홀 안에 거의 밀어 넣었을 때 얼굴 옆으로 AK총탄이 쏟아졌다.

"SAW! SAW를 내게 줘." 콘놀스가 소리쳤다.

그는 현관 홀 안으로 들어와 복도 저편 뒷방 쪽으로 200발 탄창이 끝날 때까지 쏘았다. 그리고는 기다렸다. 총신에서 연기가 나고 있었다. 아무 소리도 적으로부터 대응사격도 없었다.

"밖으로 나가." 그는 어깨 너머로 브라운에게 말하며 수류탄 하나를 뽑아 들었다.

수류탄 핀을 뽑고 스푼에 느슨하게 스핀을 주며 콘놀스는 "하나!" 하고 세면서 수류탄을 꽉 쥐고 치던져 원을 그리듯 날려 보내기 위해 팔을 뒤로 후퇴시키면서 복도 쪽을 바라보다가, 검고 거친 머리칼에 턱수염이 무성한 한 남자와 얼굴이 딱 마주쳤다. 그 남자의 팔 역시 뒤로 젖혀져 있었다. 수류탄 두 개가 각각 상대방을 향해 날아갔다. 콘놀스가 "수류탄이다!" 하고 외치며 아직도 밖으로 나가지 않고 그의 뒤에 있던 브라운을 옆에 있는 방 안으로 밀어붙이며 함께 쓰러졌다. 양쪽 수류탄이 터지면서 혼란에 빠져들었다. 콘놀스의 귀에 온 전신의 감각이 울리는 소리로 가득 찼다. 갈증이 느껴지며 이빨이 새까매진 입 속에서 역겹고 지독한 냄새가 났다. 연기와 먼지가 방에 가득하여 시야를 가렸다. 두 해병은 무릎으로 기어 왼쪽에 있는 현관문을 열어 비틀거리며 밖으로 나왔다.

마당에서 콘놀스는 입을 씻었다. 흑색화약에 더러워진 이빨을 칫솔로 닦아내고 싶었다. 카밀리오 아라곤 상등병이 지붕을 따라 포복해 가고 있는 한 남자를 쏘아 아래로 떨어뜨렸다. 콘놀스는 집 뒤쪽 골목길로 비틀거리며 돌아가 안방의 작은 창문가로 다가갔다. 총구를 철망 사이에 끼고는 방에 대고 긴 사격을 했다. 방 안에서 AK총탄 두세 발이 날아왔다. 저항군들이 창가로 다가와 콘놀스를 쏘아 쓰러뜨리기 전에 그는 게걸음으로 골목길을 벗어났다.

"우라질, 이건 영락없이 나치 토치카야. 저 무자헤딘 새끼들을 꼭 죽이고야 말겠어."

그는 10초짜리 퓨즈를 끼운 1파운드 C-4폭약 막대기를 쥐고 로베이토가 엄호하는 가운데 현관으로 몰래 다가갔다. 그는 폭약의 시한신관(時限信管)에 펑 하고 불을 붙이며 9밀리 권총을 몇 발 발사한 후 폭약을 복도에 던져 넣고는 오른쪽 마당으로 뛰어나왔다. 로베이토와 다른 해병 2명과 함께 약 30피트 떨어져 있는 이웃 집 시멘트 돌출부 아래로 몸을 피했다. C-4폭약이 폭발했다. 그들이 미처 대응하기 전에 AK 총구 하나가 그들이 숨어 있는 집의 옆집 옥상 경계벽 구멍 밖으로 그들을 향해 내밀고 있었다. 공격자의 비조준 발사로 날아온 총탄이 해병들 머리 몇 피트 위 벽에 튀었다.

콘놀스는 웹 기어에서 수류탄을 꺼내 핀을 뽑은 후 그 공격자가 있는 옥상으로 반원을 그리듯 던져 올렸다. 수류탄이 터졌고, 고무창 운동화를 신은 발 하나가 그들 옆에 날아왔다.

"지긋지긋한 놈들, 속이 다 시원하다." 하고 콘놀스가 말했다.

소대의 다른 병사들은 오른쪽 약30피트 지점에 있는 큰 집으로 물러났고, 이제 콘놀스 일행만이 옥외에 있었다. 곧 두 방향에서 총탄이 날아왔다. 20피트 저쪽에 있는 집 안에서 서투르게 쏘는 저항군들의 사격이 점점 정확도를 높여갔다. 다른 해병들이 있는 큰 집과 콘놀스 일행 사이에 있는 빈 마당에 계속 총탄이 날아와 흙먼지를 일으키고 있었다.

"수류탄을 몇 개 더 가져와야겠다." 하며 로베이토가 마당을 가로질러 그 큰 집 쪽으로 뛰어갔다.

콘놀스는 달려가는 그의 친구 발 뒤에서 튀고 있는 흙먼지를 바라보며 '저런, 저 친구가 저걸 안다면, 다시 돌아오지 않을걸.' 하는 생각이 들었다. 로베이토는 그 집에 있는 해병들한테서 수류탄을 수집했다. 그들은 막연하게 저항군들이 숨어있겠다 싶은 곳에다 대고 총을 쏘고 있었다. 로베이토는 수집한 수류탄을 갖고 나와 콘놀스 쪽으로 뛰어오다가 자기 주위에 일어나고 있는 총탄 흙먼지를 보고는 급한 나머지 큰 건물 옆에 있는 도랑으로 뛰어들었다.

"적이 지금 너희들을 죄고 있어, 콘놀스!" 로베이토가 소리쳤다. "수류탄을 너한테 갖다 줄 수 없겠어."

"그것들을 이쪽으로 던져! 제발 핀이 빠지지 않았으면 좋겠는데. 몇 개나 가지고 왔어?" 하고 콘놀스가 외쳤다.

"그래, 참 던지면 되겠다. 내가 깜빡 했군. 세 개야. 두 개를 던져 줄게."

"한 개는 어디 쓰려고?"

"넌 그걸 알면 좋아하지 않을 거야. 자, 받아라."

로베이토는 수류탄 두 개를 던졌다. 콘놀스가 그것들을 받았다.

큰 집 안에 있는 해병들이 집중사격을 퍼부을 때 콘놀스 일행은 수류탄을 던지며 안전하게 마당을 가로질러 합류했다.

집 안에서 필스버리 병장이 그들의 보고를 들었다.

"데시아토를 옮겨와야 돼." 하고 콘놀스가 말했다.

"네게 저격하는 저 지겨운 녀석들은 내가 맡지." 하고 필스버리가 말했다. "넌 그곳 상황을 잘 알겠지. 네가 데시아토의 시신을 옮겨 와야겠어."

콘놀스가 주위를 둘러봤다. 모두 다 앞으로 나섰다. 그는 필스버리에게 귓속말로 이야기했다. "저 수류탄 모두와 C-4폭약을 줘. 이 일을 끝낼 때 젊은 녀석들에게 데시아토를 보여주고 싶지 않아. 분대장들만 보게 해야 돼."

"좋아. 상등병들이 콘놀스와 함께 간다." 하고 필스버리가 말했다. "너희들 나머지는 나와 같이 간다. 내가 사격위치를 정해 주겠다."

모두 상등병들인 로베이토, 아라곤, 도네이기, 그리고 론제네크가 따라 나섰다. 그들은 콘놀스의 지시에 따라 그 베이지색 집으로 이동했다. 그들 뒤에서 M16이 귀가 멍멍하도록 포효했다. 아라곤이 먼저

상등병 5명

그 집 안으로 살짝 들어갔다가 재빨리 돌아 나왔다.

"이런 염병할, 시신이 사라졌어. 그들이 데시아토를 옮겨갔어." 하고 아라곤이 말했다.

해병들이 그 집에서 마지막 나왔던 때로부터 40분이 흘렀다. 그 집에 있던 방어자들이 뒷골목을 통해 그 소굴을 빠져나갈 수 있는 충분한 시간이었다.

론제네커가 두 번째로 집 안을 살피기 위해 들어갔다가 나왔다.

"우리가 실수했어. 이런 우라질, 이런 빌어먹을."

그들이 가장 두려워하는 것은, 미군병사 시신이 발가벗겨져 온 거리에 질질 끌려 다닌 모가디슈 사건의 재연이었다. 콘놀스는 전신에 힘이 싹 빠지는 기분을 느꼈다. 그는 무전기로 필스버리를 불렀다. 새틀러 장군과 네이턴스키 장군이 알게 되면 모든 작전이 중단되고 팔루자를 구석구석 샅샅이 뒤져 데시아토를 찾아 내려 할 것이다.

필스버리는 소스라치게 놀랐다. "하느님 맙소사. 한 번 더 자세히 체크해 봐."

브래드 도네이기 상등병이 세 번째로 들어가 뒷방을 더 자세히 살펴보기 위해 복도를 천천히 걸어갔다. 다른 해병들이 뒤에서 압박엄호를 했다.

도네이기가 몇 발자국 뒤로 물러났다. "데시아토를 보았다." 그가 중얼거렸다. "그들이 우리를 꼬여 들이기 위해 데시아토를 뒤로 물려놓았어. 그의 다리를 서로 엇갈리게 포개놓고 팔을 양 측면으로 가게 해 반듯하게 눕혀 놓았어. 그들이 우리를 혼란스럽게 하려는 건지 아니면 그에게 경건한 뜻을 보여주기 위해서인지 모르겠어."

바로 그때 저항군 한 명이 몇 피트 저쪽에 있는 뒷방으로 달려 들어가며 복도 쪽을 향해 AK소총을 쏘고는 미처 해병들이 대응사격을 하기 전에 도로 뛰어나왔다. 아라곤과 론제네커가 그 방에 수류탄을 집어 던졌다. 사격이 멈췄다.

"데시아토가 SAW 사수가 아니었나? 그래, SAW가 보이지 않아." 하고 도네이기가 말했다.

SAW는 하도 빨리 발사되기 때문에 2초 안에 사람을 토막 낼 수 있는 무기다.

"그들이 죽었는지 확인해봐야 돼." 하고 콘놀스는 열려 있는 침실 문을 향해 옆걸음으로 다가갔다. 아라곤이 9밀리 권총을 들고 뒤따랐다. 문 가장자리에서 콘놀스는 바닥에서 시멘트 조각 하나를 집어 올렸다.

"내가 이걸 저기에 던지겠다. 그들이 저 안에 있다면 틀림없이 쏠 거야."

그는 시멘트 조각을 던졌다. 아무런 반응이 없다.

"내가 쏘겠다." 하고 아라곤이 말했다. 그는 콘놀스 어깨 위로 손을 뻗으며 권총 방아쇠를 꼭 쥐었다.

아무 기척이 없었다. 아라곤은 한 발을 쏘고, 다시 공이치기를 한 후 쏘려고 손을 내밀었다. 바로 그때 타타타 하며 SAW가 탄환 200발을 그들의 면전으로 쏟아내기 시작했다. 콘놀스와 아라곤은 서로 엉켜 머리를 벽 안쪽으로 들이밀려고 안간힘을 썼다. 긴 붉은 불막대처럼 보이는 총탄의 연속 흐름이 아라곤의 볼을 뜨겁게 달구며 옆으로 날았다. 콘놀스는 총탄이 일으키는 열풍을 느낄 수 있었다. 시멘트벽에서 떨어진 조각들이 얼굴을 얼얼하게 때렸다.

그들은 둘 다 옆 방문 쪽으로 틔어 있는 복도를 따라 뒹굴면서 뒷걸음질치다가 때마침 급히 서두르며 수류탄 핀을 뽑고 있던 로베이토와 부딪쳤다.

"이런 빌어먹을, 수류탄이야!" 하고 로베이토가 외쳤다.

로베이토의 손에서 튕겨진 수류탄은 그들이 들어 있는 방 문간을 치고는 그들 쪽으로 되튀어 콘놀스 발에 맞았다. 콘놀스가 몸을 방 안쪽으로 던져 그의 몸이 공중에 떠 있을 때 수류탄이 터졌고 폭발의 폭풍에 떼밀려 심하게 부딪치며 낙하했다. 몇 초 동안 그로기 상태가 되어 숨을 쉴 수도 앞을 볼 수도 없었다. 잠시 후 그는 팔과 다리를 움직여 보고 손과 발가락을 흔들고 꼼지락거려 보았다. 모든 게 제대로 붙어 있었고 작동하고 있었다. 그는 방 안에 혼자 누워서, 혹시 옆방에 있는 저항군들이 밀고 들어올까 염려스러워 문 쪽을 향해 권총을 계속 겨누었다. 조금 지나 무전기 속에서 귀를 때리는 목소리가 흘러나왔다.

"콘놀스, 콘놀스! 이런, 야단났다! 내가 그를 죽인 것 같아!" 하고 로베이토가 고함치고 있었다. "대답해! 제발 대답해!"

"그래, 그래, 난 괜찮아." 하고 콘놀스가 무전기를 통해 말했다. "그러나 지금 당장 나를 이 빌어먹을 방에서 데려 나가 줘!"

론제네커는 콘놀스가 복도 왼쪽 방에 쓰러져 있기 때문에 오른쪽을 향해 엄호사격을 가했다. 3발을 발사한 후 론제네커는 사격을 멈췄다.

"네가 필요한 모든 탄약은 언제라도 내가 공급해 주겠다." 하고 콘놀스가 소리쳤다.

론제네커는 다시 사격을 시작했다. 콘놀스는 마당의 빛나는 햇빛 속으로 비틀거리며 걸어 나왔다.

아라곤은 쓰레기 더미를 뒤져 깨진 거울 조각을 찾아냈다. 거울의 모서리를 깨뜨려 그것을 막대 끝에다 테이프로 붙였다. "모퉁이를 돌아 공격할 때 적이 있는지 없는지 미리 알 수 있거든." 하고 그가 말했다.

콘놀스와 아라곤은 적을 탐색하기 위해 복도로 되돌아갔다. 아까 첫 번째 시도는 실패였다. 그래서 그들은 각각 그 조용한 침실 안에 수류탄을 던져 넣고 밖으로 나왔다.

"필스버리 병장에게 요청해야겠어. 화력이 충분치 못해." 하고 콘놀스가 말했다.

일단 큰 집으로 되돌아 온 상등병 5명은 모든 해병들이 빤히 쳐다보는 시선에 안절부절 못했다. 아라곤이 SMAW를 한 정 요청했다. 그들은 그걸 갖고 옥상으로 올라갔다. 저격병의 총격은 없었다. 아라곤은 저항군들이 은신해 있는 그 침실을 겨누었다. 마당을 사이에 둔 약 50피트 거리였다. 로켓탄은 목표물의 약간 왼쪽을 쳐 집 모퉁이를 둥글게 잘라냈지만 그 침실을 노출시키지는 못했다. 그 요새는 손상되지 않은 채 그대로 남아 있었다.

필스버리가 탱크 지원을 요청하고 상등병들은 옥상에서 내려와 조심스럽게 경계를 계속했다. 데시아토의 시신을 꼭 고향이나 다른 어느 곳으로 보내야 한다고 그들은 굳게 결심했다. 탱크가 해치를 닫은 채 굴러 와서 벽과 창문에 50구경 기관총탄을 뿌렸다. 그리고는 주포로 집을 허물어뜨리기 위해 앞쪽으로 돌아왔다.

콘놀스가 앞으로 달려 나가 탱크 측면을 권총으로 쏘았다. 해치가 열렸을 때 그는 머리를 크게 흔들면서 데시아토 시신을 묻어서는 안 된다고 말했다. 탱크 엔진 소리 때문에 말이 전달되지 않자, 손짓 몸짓으로 주포를 그가 지정하는 곳에만 쏘아 달라고 했다. 그리고는 각도를 계산하여 집 정면을 권총으로 가리키며 한 발은 높게 한 발은 낮게 현관 왼편을 향해 발사하도록 했다. 탱크병은 고개를 끄덕이며 상등병 5명이 엄호를 하는 동안 탱크를 천천히 후진시켰다.

쾅! 첫 발이 격렬한 진동을 일으키며 콘놀스가 가리킨 곳인 집 측면 상부를 바로 강타했다. 쾅! 이번에는 측면 하부를 정확히 강타했다. 그 침실요새가 깨졌다. 해병 5명 중 셋은 정문 쪽으로 둘은 탱크가 뚫은 각 구멍 쪽으로 달려가 총을 겨누었다. 먼지가 가라앉자 양쪽 구멍을 통해 뒤편 침실 속이 보였다. 도네이기 상등병이 구멍 속에서 무엇이 움직이는 것을 보았다. 오가프!(멈춰!) 하고 외치는 소리가 들렸다. 그는 그 속에 있는 어떤 남자 머리를 향해 한 발을 쏘았다. 복도 쪽으로 향하던 론제네커는 구석을 살피다 한 저항군이 총을 쏘고 있는 것을 보았다. 그는 한 쪽 무릎을 꿇고 그 남자의 가슴을 향해 세 발을 쏘았다. 콘놀스, 아라곤 그리고 로베이토는 문제의 침실 쪽으로 달려가 무너진 콘크리트 더미 구멍마다 모든 구석마다 탄창이 빌 때까지 사격을 가했다.

매운 연기 속에서 그들은 그 작은 방 속에 불규칙하게 쓰러져 있는 저항군 6명을 발견했다. 하나는 창문 아래서 벽을 향해 누워 있고, 셋은 뒷벽을 따라 축 늘어져 있고 둘은 방구석에 서로 포개져 있었다. 모두 검은 셔츠와 바지를 입고 고무창 운동화를 신었으며, AK탄창을 매단 방탄조끼를 입고 배낭을 메고 있었다. 그리고 돈, 쌍안경, 수류탄, AK소총, 망원경이 달린 드래그노프 저격용 소총을 소지하고 있었다. 가장 나이 많아 보이는 사람—콘놀스에게 수류탄을 던진 검은색의 짙은 턱수염을 가진 사람—은 40대 후반으로 보였다. 다른 사람들은 20대나 10대 후반으로 보였고, 예외로 가장 어린 한 소년은 열두 살이나 열세 살쯤으로 보였다.

5명의 상등병—호머의 말을 빌리면 '격렬한 대회전(大會戰)에서 죽음을 넘나든 사람들—은 임무를 완수했다. 그들은 저항군 요새에서 데시아토의 시신을 찾아내 담요로 감싼 후 들것에 눕혀 들고 험비에 실어 중대본부로 옮겨갔다. 그의 고향인 매사추세츠 주로 운구해 가기 위해서다.

그날 오후 텔레비전 방송들은 모스크에서 한 해병이 부상한 저항군에게 총질을 하는 비디오를 방영했다. 알 자지라 방송은 매 시간마다 그 영상을 내보냈다. 테러리스트들이 마가렛 하산의 처형장면을 찍은 비디오를 제공했으나 알 자지라는 그것이 저항세력들에 대한 분노를 유발할 것으로 예상하고 방영을 거부했다. 그 대신 알 자지라는 하산의 사진과 총을 겨누고 있는 해병의 영상을 나란히 방영하여 그들이 테러의 양면적인 측면임을 은근히 부각시켰다.

―

자르카위와 그의 휘하 테러리스트들은 6개월 동안 팔루자를 성역으로 활용하였다. 자르카위는 사악하고 교활하고 냉혹한 사람이었다. 그가 사주한 자살폭탄은 이라크로부터 유엔을 쫓아냈고, 시아파 이라크인 수백 명을 학살하고 미국인 수십 명을 죽였고, 극단주의자들에게 그의 사례를 따르도록 사주했다. 몇 차례나 특공대가 그를 함정에 빠뜨렸다고 생각했으나 그는 계속 탈출에 성공했다.

11월 16일, 콘놀스가 전투를 벌였던 베이지색 집에서 동쪽으로 1킬로미터 떨어진 곳에서 2-2기갑대대가 대형 담장으로 둘러싸인 영내에 있던 저항군 20여 명을 포위했다. 그들이 에이브람스 탱크의 맹렬한 반복 포격에도 끝까지 저항하자, 2-2대대장인 뉴웰 중령은 그곳의 복잡한 건물들을 하나씩 제거하기 위해 공중폭격을 요청했다.

연기가 나고 있는 잔해 속에서 뉴웰의 병사들은 시신조각, 컴퓨터, 여권 그리고 자르카위 한테서 온 편지들이 널려 있는 지하 터널을 발견했다. 한쪽 벽에는 아랍어로 '알 카에다 기구(Al Qaeda Organization)'라고 써 놓았다. 폭탄제조공장 안에는 포드 익스플로러 승용차 한 대 안에 조립라인 위에 놓여 있는 것들과 같은 폭발물이 장착돼 있었다. 자르카위 종합단지의 폭파는 시내 주요 전투가 종료되었다는 신호였다. 자르카위는 인터넷에 올린 녹음테이프를 통해 패배를 시인하며 팔루자에서 그가 펼치려 했던 대의를 포기한 수니파 성직자 기구를 비난했다.

"당신들은 우리를 가장 혹독한 상황에 빠지게 하여 적에게 넘겨줬다." 라고 그는 말했다.

그의 작전기지가 제거되었는데도 자르카위 자신은 체포되지 않았다.

―――

전투는 11월 7일에 시작되었으며, 이라크 정부는 11월 13일, 팔루자가 안정을 되찾았다고 선언했다. 그러나 말레이 중령의 대대와 다른 대대들은 더 넓은 지역으로 고무청소기 작전을 계속 펼쳤으며 미군 희생자도 수 주간 계속 생겼다.

4월에 공격을 중단키로 한 근본적 이유는 공격으로 입게 되는 희생과 손실이 너무 크다는 인식에서였다. 4월 한 달 동안에 공중폭격 150차례로 건물 75~100채가 파괴되었다. 11월의 손상 규모는 4월과는 비교가 안 될 정도로 컸다. 공중폭격이 540차례 있었고, 포탄과 박격포탄이 1만 4천 발, 탱크 주포가 2천 500발 발사됐다. 팔루자 건물 3만 9천 동 중 1만 8천 동이 손상을 입거나 파괴되었다. 11월 공격에서 미군 70명이 죽고 609명이 부상을 입었다.

팔루자 전투 20개월 동안 미군은 총 151명이 죽고 1천 명 이상이 부상했다.

11월 하순 바그다드에서 온 한 미군 고위 장군이 좌우를 면밀히 살피며 팔루자 시내를 차를 타고 둘러보았다. 몇 분 후 그는 운전병에게 차를 세우라고 말했다. 차에서 내린 그는 유린되어 황폐해진 거리 아래 위쪽을 바라보았다. 부러지거나 쓰러져 있는 전봇대, 파괴되고 약탈된 채 내부를 훤히 드러내고 있는 상점, 무너진 건물의 콘크리트 더미, 불에 타 쭈그러진 채 앙상하게 뼈대만 남은 자동차, 휘어져 금방이라도 쓰러질 것 같은 건물지붕, 넘어지거나 기울어진 벽과 담장 등, 전쟁이 휩쓸고 간 처참한 모습을 있는 그대로 보여주었다.

"하느님 맙소사." 하고 그는 말했다.

에필로그

진보는 아주 조금씩

2005년 1월 ~ 5월

2005년 1월 이라크는 헌법을 제정하고 정부를 구성할 국회의원 선거를 실시했다. 전국 유권자 60퍼센트 이상이 투표에 참여하고 자유민주주의 지지 후보자들이 인상적인 득표를 하여 큰 성공을 거두었다. 그러나 수니파 지역에선 투표율이 8퍼센트 미만이었다. 수니파 지도자들과 성직자들은 선거 보이콧 운동을 벌였다.

폐허가 된 팔루자로 시민들이 서서히 돌아오고 있었다. 해병대와 이라크군이 시내와 주변을 순찰했다. 군 입대 적령기의 이라크인 젊은이들에게는 지문채취와 망막검사를 한 후 신분증을 발급해 주었다. 철저한 조사를 받은 후 소수의 차량반입이 허용되었다. 사제폭발물이나 발포사건이 약간 있었다. 팔루자는 가장 엄중하게 경계를 받고 있긴 했지만 이제 이라크에서 가장 안전한 도시가 되었다. 직업을 구하기 힘들고 마시기에 알맞은 물과 전기를 얻기도 어려웠다. 팔루자가 갖고 있던 문제는 시를 가시철망 뒤에 가둬 놓음으로서 해결되었다. 다른 도시들에게 모델이 될 수는 없었다.

라마디 상황은 여름 이후 변하지 않았다. 2/4대대는 2/5대대로 교체됐다. "이곳의 진보는 야드 단위가 아니라 인치 단위로 이루어지고 있다." 하고 2/5대대의 랜디 뉴먼 중령이 말했다.

라마디에는 자나비와 같은 확실한 근본주의 지도자는 없었다. 그 대신 느슨한 조직의 저항군 패거리들이 시장과 뒷골목을 지배하며 사람들을 부추기고 협박했다. 경찰은 1월 이전까지는 이들 패거리들의 위협을 대응하지 않고 회피했다. 투표장에 나간 사람도 거의 없었다. 라마디에서 저항세력 준동이 3년째인 지금, 이 수니파 도시 안에서 그들에게 대항하여 작전을 펼칠 수 있는 세력은 미군뿐이다.

2005년 봄, 팔루자는 어떤 뚜렷한 특징을 갖지 않은 막연한 공업도시로 되돌아가 있었다. 도시 내 저항세력들은 큰 대가를 치른 후에야 진압되었다.

하지만 전체적으로 이라크 저항세력이 뿌리가 뽑힌 것은 아니다. 수니파 지도자들은 과거 시아파에 행한 억압에 대해 회개하지 않고 있으며 민주주의 이라크에서 수적 소수자가 되는 것을 용인하지 않고 있다. 졸란 공동묘지에서 젬빅 대위가 격렬한 호별전투를 벌인 지 1년 후인 2005년 4월 26일, 마이어스 합참의장이 펜타곤에서 기자회견을 했다. "그들(저항세력)의 역량은 1년 전과 거의 차이가 없다."고 그는 말했다.

미군은 저항세력에 대항하는 전열을 유지해 왔지만, 오직 이라크인 자신들만이 그들의 저항을 소멸시킬 수 있다. 팔루자의 11월 전투에서 2개 이라크 대대가 훌륭히 처신하여 미군 고문관들 어깨를 으쓱하게 했다. 그러나 이라크 병사들이 근무시간 외에는 계속 민간인 복장으로 갈아입고 버스와 승용차를 붙잡아 타려고 하는 것에 고문관들은 애를 먹었다. 전투할 때 외에 감히 유니폼을 입으려는 사람이 아무도 없었다. 저항세력들은 팔루자에서 그들의 수니파 성역을 잃었지만 주민들을 위협할 수 있는 능력을 잃은 것은 아니었다.

수니파 지역 저항투쟁은 이라크 병사들이 유니폼을 당당하게 입고 버스를 타고 시장바닥에서 내리고 집으로 돌아갈 수 있을 때 비로소 소멸될 것이다.

맺음말

영광은 어디에

지옥의 집 전투 후 바이런 노르우드의 시신은 고향인 텍사스 주 작은 도시 플루거빌로 돌아갔다. 툴란 대령은 장례식에 그의 공훈을 칭송하는 조사를 보냈다. 뒷날 그의 가족들은 부시 대통령에게 편지를 써 바이런이 조국에 봉사한 것에 긍지를 갖는다고 전했다. 대통령은 그들을 연두교서 발표장에 초청하였다. 국정연설을 하면서 대통령은 특히 바이런과 그 가족들을 지칭하여 감사를 표시했다. 20개월간의 팔루자 전투는 이렇게 지옥의 집에서 백악관까지 연장되었다.

팔루자에서 얻을 수 있는 유일한 교훈은 분명하다. 병사들을 전투에 투입할 때는 그들에게 전투를 마무를 수 있게 해줘야 한다는 점이다. 해병대에 공격을 지시했다가, 전투중지를 명령하고, 어찌할 바를 몰라 망설이다가 다시 공격을 명령하는 것은 전략결정에 흠결이 있었음을 말해 준다. 병사들은 정치 포커판 칩이 아니다. 그들은 서로를 위하여, 전투에 이기기 위하여, 그리고 조국이 내세우는 대의를 위하여 싸운다.

이라크에선 두 개의 다른 지휘체계가 있었다. 브레머 대사 겸 최고행정관은 이라크 국내 정책을 결정하고 예산을 책정하는 권한을 갖고 있었지만 미군의 작전을 지시하지 않았다. 중부군 사령관인 아비자이드 장군은 이라크 안전을 책임졌지만, 미군을 대체할 이라크군의 발전을 지도감독하지 않았다. 이같이 책임과 분리된 권한은 조직에서 중대한 결함 요소가 되었다.

팔루자에 대해 중요한 결정을 내리는 책무가 군부와 문민행정가들 사이에서 왔다 갔다 했다. 2004년 4월, 팔루자에서 미 사설경호원 네 명의 시신훼손 사건이 벌어진 후 백악관과 행정부 고위 관리들은 그 도시에 전면공격을 명령함으로써 감정적인 대응을 했다. 아비자이드 장군은 브레머의 지원을 받아 그런 결정을 내리는 데 핵심역할을 했다. 이라크 관리들이 미군의 공격에 대해 꼭 같이 감정적인 대응을 해 왔을 때, 브레머는 이라크 관리들의 사퇴라는 위험부담을 안으려 하기보다는 백악관을 설득하여 휴전을 이끌어 냈다. 해병대가 마땅히 선택해야 할 길은 팔루자를 적의 성역으로 돌아가게 하는 위험을 감수하기보다는 끝까지 싸워 전투를 마무리하는 것이었다. 아비자이드는 해병대가 아니라 브레머와 죽이 맞아 협력했다. 두 야전군 사령관(브레머와 아비자이드)이 합의함으로써 해병대의 선택권이 차단돼 부시 대통령에게 자기들 의견을 제시할 기회를 잃었다.

미국 쪽에서 일방적으로 선언한 휴전이 장기간 지속됨으로써 다양한 소스—아비자이드 중부군 사령관, 브레머 대사 겸 최고행정관, 산체스 합동기동군 사령관, 블랙윌 대사, 블레어 영국총리 등—에서 백악관으로 흘러들어가는 조언의 흐름이 차단되고 명령계통에 혼란을 가져왔다. 4월 말, 팔루자를 장악하길 꺼려하는 아비자이드와 브레머와 함께 해병대는 이 도시의 치안책임을 팔루자 여단에 인계했다. 그런 정치적인 결정에는 당연히 민간 외교관들이 참여해야 했는데 군부 지휘계통에서 그들을 배제했다.

전쟁에서 권한과 책임은 같은 조직에 귀속돼 있어야 한다. 이라크는 모든 핵심적인 결정에 책임을 질 수 있는 단일 지휘관에게 보고하는 하나의 통일된 민·군합동 참모조직이 필요했다.

군부는 임무의 투명성이 부족했다. 일부 미군 사단들이 공격작전을 수행하는 동안 다른 사단들은 시정 서비스에 박차를 가하고 이라크 지도자들을 선발하는 데 정신을 쏟았다. 2003년 7월 중부군 사령부는 저항세력을 소탕할 것이라고 발표했다. 그러나 미군이 이라크군 지휘관들을 선발하여 훈련시키느라 1년을 낭비했다. 이라크군 해산과 신속한 대체 보안병력 양성 실패가 이라크의 자유화로 인하여 지게 된 부채였다.

이 실책에는 장군들도 문민관료들과 마찬가지로 책임이 있다. 연합임시행정청은 보안군 양성 권한을 갖고 있었고, 중부군은 연합임시행정청 창설을 적극적으로 지지했다. 브레머가 이라크군 해산을 선언했을 때 중부군은 반대하지 않았다. 새 군대의 창설을 주도하게 되었을 때 성급하게 구성된 연합임시행정청 참모들에게는 그것을 추진할 만한 전문기술이 없었다. 그러나 연합임시행정청은 새 이라크 정부를 발전시키는 데 가장 중요한 역할을 하는 협상기술을 가진 외교관들을 확보하고 있었다. 따로 분리돼 있는 군부와 문민관료들이 함께 협력하여 일할 필요가 있었다.

팔루자에선 문민, 군부 할 것 없이 고위 지휘권이 지나치게 자주 간섭을 받았고 현지 실정에 너무 무지했다. 아비자이드 대장은 두 번이나 휘하 야전군 사령관들 의견을 무시했다. 처음엔 그들에게 공격을 지시했고, 다음엔 일주일 만에 공격중지 명령을 내렸다. 첨단기술을 이용하는 것은 바람직한 일이긴 하지만 원격영상회의가 너무 자주 열리고 그 회의석상에서 중요한 결정이 내려지는 바람에 참모들 조언을 통한 차분한 사전검토가 자주 생략되는 폐단이 있었다. 또한, 매티스 사단장 같은 결정적인 정보를 가진 사람들이 그런 중요한 영상회의에 초청되지 않았다. 고위 지휘권에 너무 자주 영향을 미치는 자기중심주의가 전쟁터에 끼어들어서는 안 된다.

그냥 내버려 뒀다면, 콘웨이 해병대원정군 사령관과 매티스 제1사단장은 4월에 공격을 계속했을 것이며, 그들이 공격을 계속했다면, 팔루자에서도 라마디에서와 유사한 성과를 거뒀을 것이다. 공격을 중단하고 팔루자 여단에 권한을 이양하는 바람에 결국 고속도로는 미군이 시내는 저항군이 지배하게 되었다. 그나마 고속도로를 확보할 수 있었던 것도 툴란 대령과 술레이만 이라크군 중령이 힘을 합쳐 노력한 덕분이다. 미적미적 시간만 낭비한 결과는 자르카위에게 호기를 주어 팔루자 시내에 폭탄제조공장을 만들고 많은 살인자들을 배출케 하였으며, 11월 2차 공격 때 모든 당사자들에게 더 큰 희생자를 내게 했다.

감언이설로 팔루자가 참혹한 전투를 피할 수 있는 길이 있었던지 없었던지 간에, 4월 공격도 11월 공격도 문제가 있기는 마찬가지였다. 2003년 여름에 제3보병사단은 팔루자 경제 활성화와 팔루자인들의 정치적인 회유를 강조했다. 하지만 그러한 목표를 위해 사용할 수 있는 자금이 충분치 못했다. 2003년 가을과 2004년 겨울에 제82공수사단은 앞서의 제3보병사단보다 군사작전을 더 빈번하게 펼쳤다. 총격전과 포격전이 빈번해 짐으로써 시내 젊은이들 사이에 적대감이 확산되었고, 결국 저항군들 수를 늘리는 결과를 가져왔다. 미군의 도보순찰은 위험도를 더 높였으며, 브레들리 전차와 험비에 장착된 중화기들의 발포 횟수 증가가 더 많은 원한을 불러 일으켰고 저항군 지원자들을 양산시켰다.

돈을 쓰고 군사작전을 펼치는 일은 오로지 미군 몫이었다. 현지 지도자들은 보이지 않았다. 팔루자에서 미군은 자기 책임으로 모든 일을 처리해야 했다.

저항세력들의 무력만 제압해서는 결코 저항을 뿌리 뽑을 수 없다. 1945년의 독일인들과는 달리 2004년의 수많은 수니파 지도자들은 정신적으로 항복하지 않았다. 자나비, 가지, 술레이만, 그리고 다른 모든 사람들이 미군과 함께 테이블 앞에 앉아 회의를 했다. 그들 중 일부는 실질적으로 적이었다. 그러나 외국인으로서 미군은 어느 족장들과 이맘들이 새 이라크 건설에 신뢰감을 갖고 있는지, 그리고 지도력을 발휘할 힘을 갖고 있는지 없는지 알 수가 없었다. 새 이라크건설에 기여할 사람들을 가려내는 일은 바그다드에 있는 이라크 관리들 몫이었다. 그들은 2004년 4월에 전투가 시작될 때까지 팔루자를 등한시했다. 전투가 벌어지고 난 후, 그들은 새 이라크를 무자비하게 파괴하기로 작정한 자나비 같은 저항세력 지도자들을 구하기 위해 발 벗고 나섰다.

미군 최고사령부는 4월의 팔루자 공격을 이라크 관리들이나 동맹국들과 상의하지 않고 조심성 없게 시작했다. 이라크 관리들은 미국을 공개적으로 비난하고 나섰다. 그것은 저항세력들에게 용기를 북돋아 주는 자멸적인 관대성이었다. 이들 무책임한 관리들은 알 자지라 방송국 카메라 앞으로 우르르 몰려갔다. 알 자지라 방송의 신속한 디지털 영상 활용은 정보전쟁과 선동의 새로운 영역을 개척했다. 그들은 자기들이 일방적으로 선택한 끔찍한 민간인 희생자들에 대한 영상들을 반복 방영함으로써 이라크와 온 세계에 동정과 분노를 불러 일으켰다. 영국군 장군들은 미군이 '고압적인 전술'을 펼치고 있다며 블레어 총리에게 불만을 전달했으며, 부시 대통령은 깜짝 놀랄 정도의 희생자 숫자에 우려를 표시했다.

이제 지구상 모든 전쟁은 온 세계인들의 주시를 받는 세상이 되었다. 2004년 4월의 포위공격은 팔루자가 디지털 기술의 활용장이 되는 바람에 승리를 놓쳤다고도 할 수 있다. 콘웨이 중장의 표현처럼 "알 자지라가 미군 엉덩이를 보기 좋게 걷어 차버린 것"이다.

아랍 언론들의 저항세력들에 대한 동정어린 보도는 전쟁의 잔혹성 여부와는 상관없이 미국과 서방에 대한 이슬람 세계의 분노를 확산시켰다. 아랍 언론 못지않게 수니파 성직자들의 선전선동 역시 사태를 왜곡시키는 데 한몫했다. 4월에 그들은 어떤 정치적 목적 없이 젊은이들을 죽음으로 내모는 감정적인 지하드를 자극했다. 성직자들은 젊은이들을 손쉽게 거리로 내몰아 싸우고 죽게 하는 능력을 가짐으로써 권력자가 되었다.

저항세력들은 수니파 성직자들을 통해 이슬람교를 인질로 삼아 자신들의 투쟁을 이교도 점령자들에 대한 저항이라는 종교적인 슬로건으로 포장했다. 해방자들로 믿었던 미군들이 집을 강제로 수색하고 가장을 체포해가면서 점령자들이 되었고 그들에 대한 원한이 점점 높아 갔다. 이라크군이 더 빨리 자기 본분을 다하기만 했다면 모든 당사자들이 안고 있는 문제가 그만큼 더 쉽게 풀려 갈 수 있었을 것이다. 그러나 이라크 관리들은 군대양성엔 별 신경도 쓰지 않고 수니파 성직자들을 향한 유화책만 계속했다. 심지어 폭동을 선동하고 있는 사람들에게까지 그러했다.

2004년 5월의 팔루자 여단 창설은 거리에서 뛰고 있는 일반 저항세력들을 설득하여 그들을 강경파 핵심 지도자들로부터 떼어 놓으려는 한 가지 시도였다. 그런 희망은 전직 바트당원들과 장군들의 권위가 복원됨으로써 한껏 높아졌으며, 팔루자 시민들이 새 이라크 건설에 한 몫을 할 것처럼 보였다. 그러나 그런 노력은 실패로 돌아갔다. 이유는, 사담 정권 몰락 이후 새로 등장한 저항세력 지도자들이 그 동안 권력에 맛을 들였기 때문이다. 그들 중 아무도 더 이상 옛 장군들에게 복종하려 들지 않았다.

저항세력들은 미군의 팔루자 철수를 자기들의 승리를 반증하는 것으로 생각했다. 팔루자의 발전을 위해 돈을 쓰려는 미국냄새 풍기는 전략과, 저항세력 강경파 지도자들을 체포하기 위해 이따금씩 행하는 급습은 저항세력들이 벌이는 모반의 전이(轉移)에 대한 잘못된 분석에 근거했다. 미군은 팔루자의 미래를 위해 술레이만에게 마지막으로 가장 큰 기대를 걸었다. 강경파 저항세력이 그를 고문하여 죽인 것은 미군의 그에 대한 기대 때문이었다. 팔루자에서 자르카위, 하디드, 그리고 자나비 같은 강경파들을 몰아내는 유일한 방법은 무력을 사용하는 길밖에 없는 것 같았다.

21세기 전투에서도 역시 보병은 가장 위험한 임무 수행자들이었다. 팔루자 해병들은 36년 전 미 해병대가 베트남 후에 시에서 그랬던 것처럼 방 하나하나를 수색하고 공격했다. 그러나 펜타곤은 보병들 임무에 필요한 만큼 그들에게 장비를 제공하지 않았다. 미군은 보병분대보다 더 많은 항공기와 조종사들을 갖고 있다. 보병분대 역시 항공기와 조종사들처럼 모든 면에서 정밀한 무기 시스템을 운용하는 것이 당연하다.

전쟁은 상대방이 더 큰 파멸을 겁내 항복조건을 받아들일 때까지 사람을 죽이는 행위이다. 11월에 벌인 팔루자 공격의 잔혹성은 다른 수니파 도시 지도자들의 용기를 꺾어 놓았다. 그들이 자신들 도시를 염려하는 것은 다음 문제일 것이다. 라마디 원로들은 마침내 (저항세력 대신) 자기들이 나서서 시를 다스릴 것이라고 약속했다. 하지만 그들의 결심은 재빨리 사그라져 버렸다. 미군들이 전투를 벌이고 있던 2005년 봄까지 그들은 다시 한 번 뒷방 늙은이 신세로 돌아가 있었다.

바그다드 함락 이후 2년 동안 아비자이드 중부군 사령관은 "이라크 보안군 양성 작업이 놀랄 만큼 성공을 거두고 있다."고 말했다. 그러나 아직도 전선에서 싸우고 있는 사람들은 미군병사들이다.

저항군들이 사용한 무기 중 가장 위력적인 것은 협박이었다. 모든 이라크 경찰과 병사들의 가족은 잠재적인 인질이었다. 수니파 도시들이 저항세력의 낙원이 될 수 있었던 까닭은 많은 수니파 이라크인들이 다수파인 시아파의 지배를 싫어하고 두려워하기 때문이다. 그러나 저항세력은 민중들 지원을 얻는 데 필요한 정치적인 비전을 제시하지 못했다. 결국 그들은 훨씬 유리한 위치에 있는 바그다드 정부에, 그리고 진보적인 미래에 대한 약속에 굴복할 것이다.

서방언론들은 바이런 노르우드 병장과 같은 다수의 용기 있는 행동 사례들 보다는 실수로 인한 사고를 훨씬 많이 보도했다. 아부그레이브 감옥에서의 바보 같은 범죄행위는 이라크에 있는 수십만 미군 병사들 체면에 먹칠을 했다. 11월, 모스크 안에서 한 해병이 부상자 저항군을 향해 총을 쏘는 장면은 그것이 아부그레이브 이야기처럼 직권남용 냄새가 풍기기 때문에 팔루자 전투에서 가장 많이 방영된 사건으로 나타났다. 그러나 서방언론들은 그 사건에 대한 진상조사나 제스퍼 그레이프스 중위와 티모시 콘놀스 상등병의 용기에는 별로 관심을 기울이지 않았다. 그 조사는 해병들에 대한 의구심을 풀어 주었다.

서방언론들은 이라크 침략에 대한 비난과 민주주의 이라크가 서방의 안보를 떠받쳐 준다는 인식 사이에 끼어 어느 쪽이 옳을까 하며 중립을 지키려고 애를 쓰고 있다. 2차 세계대전 때 서방언론들은—그 대의를 믿고— '미국의 가장 위대한 세대'를 격찬했다. 이라크에서 싸운 역전의 용사들은 '가장 위대한 세대'로 불리지 않을 것이다. 왜냐하면 그 병사들이 죽어가며 지키려고 한 대의에 대한 의견이 미국에서도 양분되고 있기 때문이다. 언론들은 비극적인 이야기인 그들의 개인적인 죽음에 초점을 맞추고 있다.

이것은 불충분한 기술(記述)이다. 팔루자에서의 격렬한 전투는 미군 병사들의 용감한 특성을 증명했다. 호머의 일리어스에서 맨 앞줄에 선 한 용사가 그의 동료를 돌아보며 이렇게 말했다. "싸우러 갑시다! 우리가 영광을 얻든, 적에게 영광을 안기든." 그리스 용사들에겐 그들이 뒷날 시나 노래에서 기억되지 않았다면 진정한 영광은 없었을 것이다. 이라크의 미군병사들은 그들이 희생자로서가 아니라 적극적인 용사로서 인식될 때까지 진정으로 영광스런 병사가 될 수 없다. 그들의 용기에 관한 이야기는 반드시 기록되어야 하고 다음세대에 읽혀져야 한다. 기록으로 찬미되지 않으면 그들의 가장 고귀한 공적은 사라지고 말 것이다.

그들은 지금 어디서
무얼 하고 있을까?

———

알라위 총리 : 2005년 선거 후 총리직에서 물러났으나, 주요 비종교 정당 지도자로 활동하고 있다.

브레머 최고행정관 겸 대사 : 공직생활에서 은퇴한 후 성공한 사업가로 변신했다.

콘놀스 상등병 : 해병대를 제대하고 대학에 들어갔다. 그는 죽은 데시아토 병장의 부모님에게 헌시(獻詩)와 분대병들이 준비한 기념품을 증정했다.

콘웨이 중장 : 합동참모본부 작전부장으로 승진했다.

드링크와인 중령 : 그의 대대와 함께 아프카니스탄에서 근무한 후 귀국하여 노스캐롤라이나 포트 브래그에서 근무 중이다.

고메즈 병장 : 졸란지구 공동묘지 전투 때 입은 부상에서 완쾌되어 현재 캠프 펜들턴에서 근무 중이다.

그레이프스 중위: 지옥의 집 전투 후 제대하여 천주교 평신도 전도사가 되려는 계획을 세우고 있다.

세이크 가지 : 시리아에서 살고 있다. 미래 상호협력을 논의하기 위해 미국인들을 만나고 싶다고 했다.

하디드 : 자르카위는 그의 잔혹했던 부관(하디드)이 팔루자에서 "순교했다"고 발표했으나 아무도 확인하지 못했다. 콘놀스 상등병이 데시아토 병장 시신을 찾기 위해 벌인 전투에서 사살한 턱수염 가진 지도자와 하디드 모습이 어딘가 서로 닮은 데가 있다.

하사니 : 팔루자의 4월 휴전을 성공적으로 이끌어낸 후, 수니파 이슬람당이 선거참여를 거부하자 그 당에서 탈퇴했다. 저명한 수니파 온건주의자로서 그는 그 후 국회의장으로 선출되었다.

호웰 특무상사 : 귀국 후 2005년 6월 이라크군 고위 고문관으로 임명되어 이라크에 되돌아 왔다. 이번이 그의 세 번째 이라크 근무다.

자말 회교법률고문(무프티) : 2004년 7월 이후 행방이 묘연하다. 그를 대신하여 자나비의 사촌 하나가 팔루자의 회교법률 고문직을 맡았다. 이 새 무프티는 미군과 접촉에서 조심스럽고 온당한 태도를 보이려고 애쓰고 있다.

그들은 지금 어디서 무얼 하고 있을까?

자나비 : 2005년 1월, 자살폭탄 조끼를 입고 나와 비밀 기자회견을 하며 자기는 절대 미군에 잡혀 죽지 않을 것이라고 장담했다. 라마디에서 암약하고 있다는 루머가 있다. 그를 체포하거나 제거하는 사람에게 현상금 5만 달러가 걸려 있다.

라티프 대령 : 옛 친구이며 현 이라크 정보부 책임자인 사와니 소장을 위해 파트타임으로 일하고 있다.

매티스 소장 : 중장으로 승진하여 콴티코에서 해병대전투개발본부 사령관으로 재직 중이다.

맥코이 중령 : 대령으로 승진했다. 『지휘기술(The Art of Command)』이라는 제목의 전투 지휘에 관한 책을 썼다.

라아드 후세인 : 이 전직 팔루자 시장은 2004년 4월 감옥에서 풀려나면서 적들이 자기를 모함했다고 비난했다. 2005년 4월, 웰시 중령과 일하기 위해 떠났다.

술레이만 중령 : 그의 시신은 고향인 하디사에 묻혔다. 미 해병대는 동 팔루자 입구에 있는 한 콘크리트 장벽에 그의 초상화를 새기고 그 밑에 아랍어로 '이라크의 영웅'이라고 써 넣었다. 그가 고문당해 죽은 지 7개월 후에 팔루자 외곽에서 시신 7구가 발견되었다. 술레이만 부족이 복수를 한 것이다.

툴란 대령 : 버지니아 주 콴티코의 해병대 상륙전학교 교장으로 근무 중이다.

웰시 중령 : 2003년 여름에 팔루자 제3보병사단에 근무한 후 2005년 다시 대대장으로 이라크에서 근무 중이다.

자르카위 : 2006년 6월 초순 바그다드 동북부 바쿠바 인근에 있는 안 전가옥에 숨어 있다가 미군 공습으로 그의 부하대원 7명과 함께 숨진 것으로 발표되었다.

―――

2004년 이른 가을, 제1해병사단이 두 번째 팔루자 공격을 준비하고 있을 때, 새 픽업트럭 한 대가 캠프 펜들턴에 있는 사단 기지에서 빠져나와 일리노이 주 사막을 가로질러 달리고 있었다. 아아론 고르돈 병장이 토비 그레이의 어머니를 방문하러 가는 길이었다. 그는 4월의 팔루자 철도역 전투에서 그레이의 시체를 서치라이트 타워에서 끌어내릴 때 그의 어머니를 꼭 찾아뵙겠다고 스스로 다짐한 적이 있다.

10번 주간(州間) 고속도로를 따라가다가 어떤 곳에서, 고르돈의 것보다 더 긴 전우들 주소목록을 갖고 있는 매티스 장군의 차를 지나쳤다. 매티스가 고인의 가족들을 만나기 위해 대륙을 가로질러 오는 데는 몇 주가 걸렸다.

결연한 사나이가 결연한 지도자가 된다.

감사의 글

　2003년 4월 사담 후세인 정권 몰락 때부터 2005년 1월 이라크 총선 때까지 미군 20개 대대와 이라크 보안군 4개 대대가 팔루자와 그 인근 지역에서 전투를 벌였다. 이 책을 준비하면서 나는 그 도시를 다섯 번 방문하여 약 5개월을 많은 대대들과 함께 보냈다. 총 16개월에 걸쳐 나는 팔루자지역에서 근무한 병사들 700명 이상과 인터뷰를 하거나 현지에서 그들의 전투상황을 지켜보거나 했다. 많은 인터뷰들이 수주 간 계속되는 것들이었고, 인터넷이 총격전과 전투에 대한 점검과 대조를 하는 데 멋진 도구가 되었다. 소문이 나자 병사들로부터 이메일이 답지했다. 어떤 것은 신랄하고, 어떤 것은 재미있었다. 그리고 모든 병사들은 미 해병 대대들에 널리 퍼져 있는 자만심 강한 해병정신으로 가득 차 있었다.
　유감스럽게도 한정된 공간과 이야기체로 통일시켜 달라는 편집자 요구로 수많은 이야기들을 모두 포함시키거나 모든 부대에 대한 이야기를 다 수록할 수 없었다. 존 리플레이 씨와 해병의료지원부대가 나자프와 팔루자 전투에 관한 이야기들을 완전한 형태로 열심히 써주어 그 전투에 참여한 모든 부대들을 포함시킬 수 있었다.

밴탐북스(Bantam Books) 존 플릭커 씨는 편집자로서 아주 훌륭한 작업을 해 주었다. 전직 82공수사단 정찰조장이었던 플릭커씨는 투철한 직업의식으로 이 책을 보기 좋게 꾸미고 구체적으로 모양을 내는데 전력을 다했다. 나의 대리인인 댄 멘델 씨는 통상의 사려 깊은 충고를 해 주었다.

그리고 조심스럽게 원고정리를 해 준 자넷 비엘과 초벌원고에 계속 용기를 북돋아주고 가치 있는 비평을 해 준 베스티 레이건에게 특별히 감사드린다.

빙 웨스트

저자소개

프란시스 J. 빙 웨스트는 수상작인 『진군 : 미 해병대와 함께 바그다드를 점령하다』(The March Up : Taking Baghdad with the United States Marine Corps, Bantham, 2003)의 작가이다. 『진군』은 미 해병대 헤리티지 재단에 의해 2004년 논픽션부문 제너럴 그린 상(General Greene Award) 수상작으로 선정되었으며, 훌륭한 전사(戰史)작품에 수여하는 콜비상(Colby Award)도 수상했다. 빙 웨스트는 또한 베트남 전쟁 고전인 『마을』(The Village)의 저자이기도 하다. 『마을』은 베트남 전쟁 때 어떤 마을에서 485일 동안 마을사람들과 함께 생활한 한 해병분대에 관한 이야기다. 유니버설 영화사에서 『마을』에 대한 영화 판권을 샀다. 웨스트와, 역시 해병대 출신인 그의 아들 오웬이 시나리오를 쓰고 있다. 그에 관한 기사는 슬레이트, 로스앤젤레스 타임스, 뉴욕타임스, 월스트리트 저널에 보도되었다.

조지타운대학과 프린스턴대학을 졸업한 웨스트는 베트남에서 해병대로 근무했으며 레이건 행정부에서 국방부 국제안보담당 차관보로 일했다. 그는 외교관계 위원회(Council on Foreign Relations)와 성 크리스핀 보병 기사단(St. Crispin's Order of the Infantry) 회원이다. 뉴스 아우어(The News Hour)와 폭스 뉴스(Fox News)에 자주 출연한다. 현재 로드 아일랜드 뉴포트에 살고 있으며 그의 웹 사이트는 www.westwrite.com.이다.

팔루자 리포트

첫판 1쇄 펴낸날 2006년 10월 26일

지은이 빙 웨스트
펴낸이 강수걸
펴낸곳 산지니
등록 2005년 2월 7일 제14-49호
주소 부산광역시 연제구 거제1동 1493-2 효정빌딩 601호
전화 051-504-7070 | 팩스 051-507-7543
sanzini@sanzinibook.com
www.sanzinibook.com
편집 김은경·권경옥 | 제작·디자인 권문경
인쇄 대정인쇄

ISBN 89-92235-06-2 03900
값 17,000원

이 도서의 국립중앙도서관 출판시도서목록(CIP)은
e-CIP 홈페이지(http://www.nl.go.kr/cip.php)에서
이용하실 수 있습니다.(CIP 제어번호 : CIP 2006002450)